普通高等教育"十一五"国家级规划教材
住房和城乡建设部"十四五"规划教材
教育部2009年度普通高等教育精品教材
高等学校工程管理和工程造价学科专业
指导委员会规划推荐教材
中国人民大学"十三五"规划教材

房地产经济学

（第四版）

丰 雷 吕 萍 包晓辉 严金海 编著

中国建筑工业出版社

图书在版编目（CIP）数据

房地产经济学 / 丰雷等编著. —4版. —北京：中国建筑工业出版社，2021.10（2023.12重印）

普通高等教育"十一五"国家级规划教材 住房和城乡建设部"十四五"规划教材 教育部2009年度普通高等教育精品教材 高等学校工程管理和工程造价学科专业指导委员会规划推荐教材 中国人民大学"十三五"规划教材

ISBN 978-7-112-26539-8

Ⅰ. ①房… Ⅱ. ①丰… Ⅲ. ①房地产经济学－高等学校－教材 Ⅳ. ①F293.30

中国版本图书馆CIP数据核字（2021）第176673号

责任编辑：张 晶 向建国 吴越恺
责任校对：李美娜

普通高等教育"十一五"国家级规划教材
住房和城乡建设部"十四五"规划教材
教育部2009年度普通高等教育精品教材
高等学校工程管理和工程造价学科专业指导委员会规划推荐教材
中国人民大学"十三五"规划教材

房 地 产 经 济 学
（第四版）

丰 雷 吕 萍 包晓辉 严金海 编著

*

中国建筑工业出版社出版、发行（北京海淀三里河路9号）
各地新华书店、建筑书店经销
北京红光制版公司制版
河北鹏润印刷有限公司印刷

*

开本：787毫米×1092毫米 1/16 印张：24¾ 字数：619千字
2022年3月第四版 2023年12月第二次印刷
定价：59.00元（赠教师课件）
ISBN 978-7-112-26539-8
（38049）

版权所有 翻印必究
如有印装质量问题，可寄本社图书出版中心退换
（邮政编码100037）

内容简介： 《房地产经济学（第四版）》是普通高等教育"十一五"国家级规划教材，是在第三版教材的基础上进行全面修订后完成的。新版教材保留了第三版教材"四篇、15章"的整体框架，根据我国房地产业近年来最新的发展、变化调整了部分教材内容。新版教材主要优化、更新内容如下：①部分章节进行了调整、重组；②择优增补了国内外房地产经济相关理论研究经典和前沿成果；③加强了实证分析和案例分析，更新相关数据。上述内容的优化、更新保证了教材的时效性与实用性，以期更好地服务广大院校房地产类专业师生。

本教材可作为高校房地产、工程管理、土地管理、城市经济、城市规划、公共管理、经济地理等专业本科和研究生的教材，也可作为房地产从业人员、金融机构、政府行政机构等相关人员的参考用书。

为更好地支持相应课程的教学，我们向采用本书作为教材的教师提供教学课件，有需要者可与出版社联系，邮箱：jckj@cabp.com.cn，电话：(010)58337285，建工书院 http://edu.cabplink.com。

作者简介： 丰 雷 中国人民大学公共管理学院土地管理系教授，博士生导师，主要从事不动产经济和土地制度研究。2000年毕业于中国人民大学农业经济系，管理学博士。

吕 萍 中国人民大学公共管理学院土地管理系教授，博士生导师，主要从事土地和房地产经济管理研究。1998年于中国人民大学土地管理系获得经济学博士学位。

包晓辉 英国剑桥大学土地经济系教授（Professor of Land Economy），博士生导师，主要从事房地产金融和土地经济研究。2004年毕业于香港城市大学管理科学系，统计学博士。

严金海 厦门大学公共事务学院、公共政策研究院副教授，主要从事土地经济管理、房地产经济与住房政策研究。2009年毕业于中国人民大学公共管理学院土地管理系，管理学博士。

黄燕芬 中国人民大学公共管理学院公共财政与公共政策研究所教授，博士生导师，主要从事宏观经济政策与房地产经济、房地产税收与金融研究。2002年毕业于德国埃森大学经济系，经济学博士。

张秀智 中国人民大学公共管理学院土地管理系副教授，主要从事城乡土地行政管理和房地产经纪研究。2004年毕业于中国人民大学公共管理学院土地管理系，管理学博士。

孟繁瑜 中国人民大学公共管理学院土地管理系副教授，主要从事不动产金融政策和投融资实务研究。2005年毕业于北京大学城市与环境学院，理学博士。

施昱年 中国人民大学公共管理学院土地管理系副教授，主要从事住宅价格波动、周期和泡沫的理论与计量模型研究。2007年毕业于中国人民大学公共管理学院土地管理系，管理学博士。

余华义　中国人民大学公共管理学院土地管理系副教授，主要从事城市经济学和房地产经济学研究。2010年毕业于中国人民大学经济学院，经济学博士。

苗　田　澳大利亚墨尔本大学房地产与经济发展副教授，博士生导师。主要从事住房政策、区域和城市发展研究。2012年毕业于英国伦敦学院大学巴特利特规划学院，规划和经济地理博士。

牛　毅　首都经济贸易大学国际经济管理学院常任副教授，博士生导师，主要从事城市经济学和房地产经济学研究。2012年毕业于美国马里兰大学城市与区域规划专业，获博士学位。

赵大旋　中国人民大学商学院副教授，主要从事房地产和城市经济学研究。2013年毕业于新加坡国立大学房地产专业，经济学博士。

郑林子　华中科技大学公共管理学院副教授，主要从事房地产市场与政策、住房保障研究。2015年毕业于香港大学建筑学院，获博士学位。

郭　珊　中国人民大学公共管理学院土地管理系讲师，主要从事土地可持续利用和土地生态经济学研究。2017年毕业于香港理工大学建筑及房地产学系，管理学博士。

王兵兵　美国加州州立大学金融系讲师，主要从事房地产价格、房地产市场、商业地产和空间模型研究。2018年毕业于美国南加州大学城市规划和发展专业，获博士学位。

黄　娟　重庆大学管理科学与房地产学院讲师，主要从事城市更新、房地产市场与政策研究。2019年毕业于香港理工大学建筑与房地产学系，获博士学位。

出 版 说 明

党和国家高度重视教材建设。2016年，中办国办印发了《关于加强和改进新形势下大中小学教材建设的意见》，提出要健全国家教材制度。2019年12月，教育部牵头制定了《普通高等学校教材管理办法》和《职业院校教材管理办法》，旨在全面加强党的领导，切实提高教材建设的科学化水平，打造精品教材。住房和城乡建设部历来重视土建类学科专业教材建设，从"九五"开始组织部级规划教材立项工作，经过近30年的不断建设，规划教材提升了住房和城乡建设行业教材质量和认可度，出版了一系列精品教材，有效促进了行业部门引导专业教育，推动了行业高质量发展。

为进一步加强高等教育、职业教育住房和城乡建设领域学科专业教材建设工作，提高住房和城乡建设行业人才培养质量，2020年12月，住房和城乡建设部办公厅印发《关于申报高等教育职业教育住房和城乡建设领域学科专业"十四五"规划教材的通知》（建办人函〔2020〕656号），开展了住房和城乡建设部"十四五"规划教材选题的申报工作。经过专家评审和部人事司审核，512项选题列入住房和城乡建设领域学科专业"十四五"规划教材（简称规划教材）。2021年9月，住房和城乡建设部印发了《高等教育职业教育住房和城乡建设领域学科专业"十四五"规划教材选题的通知》（建人函〔2021〕36号）。为做好"十四五"规划教材的编写、审核、出版等工作，《通知》要求：(1) 规划教材的编著者应依据《住房和城乡建设领域学科专业"十四五"规划教材申请书》（简称《申请书》）中的立项目标、申报依据、工作安排及进度，按时编写出高质量的教材；(2) 规划教材编著者所在单位应履行《申请书》中的学校保证计划实施的主要条件，支持编著者按计划完成书稿编写工作；(3) 高等学校土建类专业课程教材与教学资源专家委员会、全国住房和城乡建设职业教育教学指导委员会、住房和城乡建设部中等职业教育专业指导委员会应做好规划教材的指导、协调和审稿等工作，保证编写质量；(4) 规划教材出版单位应积极配合，做好编辑、出版、发行等工作；(5) 规划教材封面和书脊应标注"住房和城乡建设部'十四五'规划教材"字样和统一标识；(6) 规划教材应在"十四五"期间完成出版，逾期不能完成的，不再作为《住房和城乡建设领域学科专业"十四五"规划教材》。

住房和城乡建设领域学科专业"十四五"规划教材的特点，一是重点以修订教育部、住房和城乡建设部"十二五""十三五"规划教材为主；二是严格按照专业标准规范要求编写，体现新发展理念；三是系列教材具有明显特点，满足不同层次和类型的学校专业教学要求；四是配备了数字资源，适应现代化教学的要求。规划教材的出版凝聚了作者、主审及编辑的心血，得到了有关院校、出版单位的大力支持，教材建设管理过程有严格保障。希望广大院校及各专业师生在选用、使用过程中，对规划教材的编写、出版质量进行反馈，以促进规划教材建设质量不断提高。

住房和城乡建设部"十四五"规划教材办公室
2021年11月

第 四 版 前 言

《房地产经济学（第四版）》是在第三版的基础上全面修改后完成的，第三版被评为普通高等教育"十一五"国家级规划教材、教育部2009年度普通高等教育精品教材，第四版入选中国人民大学"十三五"规划教材。《房地产经济学（第四版）》主要对以下内容做了修改和充实：

1. 进一步优化了章节结构体系。在保持原书四篇、15章大框架结构稳定的同时，调整了部分章节安排。"第二章 房地产市场概述"增加了"第三节 房地产市场失灵与政府干预"；"第三章 住宅市场"将原书的两小节调整为目前的三小节"第一节 住宅市场的需求""第二节 住宅市场的供给"和"第三节 住宅市场的供求均衡"；"第十二章 住房保障政策"新增了"第三节 中国住房保障制度的历史沿革"。此外，"第一章 房地产经济学概述""第四章 住宅租金和价格""第六章 房地产开发""第七章 经济增长与房地产市场""第八章 房地产金融与资本市场""第十一章 公共物品、外部性与房地产管制"和"第十三章 房地产政策与宏观调控"等内容体系也做了适当调整。

2. 增补了国内外房地产经济相关理论研究经典和前沿成果。例如，"第一章 房地产经济学概述"引入了行为经济学及其在房地产的应用等最新进展；"第二章 房地产市场概述"增加了房地产市场失灵与政府干预内容；"第六章 房地产开发"增加了有关跨国（境）开发决策以及实物期权等内容；"第七章 经济增长与房地产市场"增加了城市结构演变下区域经济与房地产市场关系、高房价对区域经济的抑制效应、住房财富效应和挤出效应等内容；"第八章 房地产金融与资本市场"增加了货币政策、汇率政策、国际资本流动与房地产金融发展等理论；"第十章 房地产投机与泡沫"增加了非理性泡沫、房地产泡沫与金融系统关系以及房地产泡沫检验指标体系等经典和前沿理论。

3. 特别加强了各章的实证分析和案例分析，有关数据资料做了全面更新。首先，重点是"讲好中国故事"，反映我国房地产市场发展和房地产政策演变的新进展和新趋势。例如，"第十三章 房地产政策与宏观调控"以"十二五""十三五"时期为例，系统总结分析我国房地产宏观调控的实践历程、政策体系和演变规律，凸显房地产宏观调控的中国特色；"第十二章 住房保障政策"系统梳理分析我国70年住房保障制度的历史沿革以及当前我国特有的多层次住房保障政策体系。此外，"第八章 房地产金融与资本市场"介绍了我国的类REITs产品特点以及互联网金融发展，"第六章 房地产开发"介绍了当代房地产差异化开发"绿色、健康和智慧"三大主题，"第五章 工商业房地产市场"介绍了养老地产、长租公寓等当前我国地产行业发展新形式。其次，同时兼顾本土化与国际视野相结合，适当融入国外及我国港、澳、台地区的优秀实证素材和宝贵经验，以体现比较分析的方法和视角。例如，"第四章 住宅租金和价格"增加了对新加坡和中国香港住房市场的简介；"第十章 房地产投机与泡沫"补充了东亚各国（地区）、日本、英国房地产泡沫实例及其与我国的比较分析；"第十二章 住房保障政策""第八章 房地产金融与资本市场"

分别介绍了公民适足住房权理念、征信体系构建等国际通用经验及其在我国的新发展。

4. 更加注重细节的完善、素材的时效性以及形式的生动活泼。本次修订更新了全书所有章节的课外阅读材料、参考文献，大部分章节的专栏（第一、四、五、六、八、九、十一、十三、十四、十五共10章），以及部分章节的小结（三、七、八、十一、十二、十三、十四共7章）和复习题（二、三、七、八、十一、十二、十三共7章）。更加注重各方面细节的完善，例如，对所有参考文献及其引用格式逐条进行审校、修订，力求完整、规范；对"第十三章 房地产政策与宏观调控"附录"2003年以来房地产调控政策汇总"原书中的政策文件逐条修订并更新至2020年8月。特别强调选取素材的时效性，同时兼顾形式的生动活泼。例如，"第十四章 房地产税收"增加了上海和重庆房地产税改革试点专栏；"第十五章 房地产产权与制度"增加了新时代租购并举住房制度构建、城乡二元土地制度及其对房地产市场影响等专栏。

本书第四版进一步增强了编写团队的力量，编著者仍以中国人民大学公共管理学院土地管理系教师为基础，进一步拓展至兄弟院系、其他高校以及海外高校，均具有海内外一流高校博士学位并在海内外知名高校任房地产经济相关专业教职。此外，虽受疫情影响，但通过采用线上座谈会与线下小规模研讨相结合的方式（如召开线上实践从业者座谈会），努力将最新实践反映在本书修订中，加强理论与实践的联系融合。

《房地产经济学（第四版）》各章的修订编写人员如下：第一章 丰雷、包晓辉、张明辉；第二章 严金海；第三章 郭珊；第四章 黄娟；第五章 吕萍、高仁航、邱骏、罗曼；第六章 郑林子；第七章 余华义；第八章 孟繁瑜、张子墨、邹铭宇；第九章 牛毅；第十章 施昱年；第十一章 张秀智、陆同源；第十二章 苗田、李志远；第十三章 黄燕芬、杨瑶；第十四章 赵大旋；第十五章 王兵兵、杨正一。其中，张明辉、高仁航、邱骏、陆同源、李志远、杨瑶协助各章主笔撰写了修订初稿；罗曼、张子墨、邹铭宇、杨正一主要参与了相关章节的专栏修订。此外，郑文博、张明辉、胡依洁、李怡忻、孙丹、罗曼、张子墨、杨正一、邹铭宇、李聪参与了第四版修订的辅助工作，郭惠宁、闵长东、王莉、余礼欣从房地产从业实践角度提出好建议，郑文博协助做了很好的组织管理工作，在此一并表示感谢。全书最后由丰雷、严金海统稿和审定。

本书可作为高校房地产、工程管理、土地管理、城市经济、城市规划、公共管理、经济地理等专业本科和研究生的教材，同时也可供实际从业人员、金融机构、相关政府部门的管理人员等参考使用。

由于编者的水平有限，难免存在疏漏，敬请批评、指正。

中国人民大学公共管理学院土地管理系 丰 雷
厦门大学公共事务学院、公共政策研究院 严金海
2021年2月8日

第 三 版 前 言

《房地产经济学（第三版）》在第二版的基础上全面修改后完成，并经教育部组织专家评审，被评为普通高等教育"十一五"规划教材。《房地产经济学（第三版）》主要对以下内容作了修改和充实：

1. 结构体系作了较大调整：将原书共9章调整为目前的15章，分为"导论""房地产市场的微观经济分析""房地产市场的宏观经济分析"以及"政府在房地产经济中的作用"等四篇。结合中国实践，系统阐述房地产市场、房地产价格、房地产金融、房地产周期与泡沫、房地产政策、房地产税收、房地产产权与制度等基本原理。

2. 增写了"房地产开发的经济分析""经济增长与房地产市场""房地产投机与房地产泡沫""公共物品、外部性与房地产管制"和"住房保障政策"等6章。

3. 改写了原书所有章节：将"绪论"改为"房地产经济学概述"；将"房地产市场"一章拆分为"房地产市场概述"和"住宅市场的运行"两章；将"地租、地价理论"改为"住宅的租金和价格"；修改了原书"分类房地产市场及运行规律""房地产金融""房地产税收""房地产经济周期理论""房地产经济宏观调控"各章的题目以及相关内容；进一步充实完善了"房地产产权与制度"一章。

4. 加强了案例分析和实证分析。除主要应用中国的实践进行案例分析和实证分析外，还重视研究国外及中国港台地区的有关经验，将理论与实际分析结合起来，突出房地产经济学这门应用经济学科的特点。

5. 形式更加活泼生动。增加了"专栏""小结""复习思考题"以及"课外阅读材料"等内容，在扩大信息量的同时增强可读性和实用性。

《房地产经济学（第三版）》各章的编写人员如下：第一章　丰雷、林增杰；第二章　丰雷；第三章　丰雷；第四章　卢世雄、高仁航、郭惠宁；第五章　吕萍、高仁航；第六章　丁勇才、张秀智、高仁航；第七章　魏丽、丰雷；第八章　孟繁瑜、李莉、王兵兵；第九章　严金海、丰雷；第十章　严金海、丰雷、李莉；第十一章　张秀智、丁勇才；第十二章　孟繁瑜、王兵兵；第十三章　魏丽、丰雷、李莉；第十四章　赖昌干、梁维真；第十五章　赖昌干、何杨。此外，李莉、郭惠宁、梁维真、王兵兵等参与了第三版初稿的全面修订工作，吴旭、孔令娜、苗田、陈路、刘玉等对第三版初稿的修改提出了宝贵意见，在此表示感谢。全书最后由丰雷副教授、林增杰教授统稿和审定。

本书可作为高校房地产、工程管理、土地管理、城市经济、城市规划、公共管理、经济地理等专业本科和研究生的教材，同时也可供实际从业人员、金融机构、相关政府部门的管理人员等参考使用。

由于编者的水平有限，难免存在疏漏，敬请批评、指正。

中国人民大学土地管理系　丰　雷　林增杰
2008年4月5日

第二版前言

《房地产经济学（第二版）》是在第一版的基础上进行修改、充实后再版的，并经建设部组织专家评审，确定为普通高等教育"十五"规划教材。《房地产经济学（第二版）》主要对以下内容做了修改和充实：

1. 内容体系作了修改：本书突出房地产市场经济内容，并以它为主线完成本书的修改。为此，把房地产市场和分类房地产市场及运行规律调到第二、三章，把有关市场调控的内容调到第六、七、八、九章；

2. 增写了"分类房地产市场及运行规律"和"房地产经济宏观调控"两章；

3. 将"房地产产权理论"和"房地产制度"两章合并，并做适当修改；

4. 对本书其他各章的内容也做了部分删改和补充或充实。

第三章 分类房地产市场及运行规律由吕萍副教授负责编写；第九章 房地产经济宏观调控由武永祥教授负责编写；其他各章由丰雷和吕萍副教授负责修改，最后由林增杰教授负责统稿和审定。

由于编者的水平有限，难免存在疏漏，敬请批评、指正。

中国人民大学土地管理系　林增杰
2002 年 12 月 30 日

第 一 版 前 言

《房地产经济学》是国家建设部推荐，并由教育部批准确定的全国普通高等教育"九五"重点教材。本书是为满足建筑工程管理专业及其房地产方向，以及土地资源管理专业和其他相关专业的教学和实际工作需要而编写的。本书的主要特点是运用基本经济理论，从宏观和微观两方面分析房地产这一特殊领域的经济理论问题，并重视理论联系实践。如运用经济周期一般理论，结合房地产运作规律研究房地产经济周期波动特点；运用马克思经济学理论和西方经济学理论，研究地租、地价理论；运用一般产权经济理论，研究房地产制度及其产权体系；运用一般市场经济理论，研究房地产市场运行规律；运用国民收入分配原理，研究房地产税收的特点等。除此，本书还重视研究国外及港台地区的有关经验，并结合中国国情，研究我国的房地产融资和税收制度。

本书共分九章，第一章绪论是全书的总论，主要介绍有关的概念和房地产经济学的研究对象、研究范围和内容，以及不同的研究观点；第二、三、四章着重介绍地租、地价理论、房地产市场，以及分类房地产市场及运行规律；第五、六、七、八章主要研究房地产制度及其运行规律，包括房地产产权理论等房地产基本经济理论问题，房地产市场供求规律，房地产融资方式和模式，以及房地产税收体系和机制等。

原全国高校建筑与房地产管理专业指导委员会对本书编写的基本思路和大纲作了多次的讨论和修改，并聘请东北财经大学投资系杨青教授担任本书主审。杨青教授对本书的结构及各章节的内容做了非常认真、细致的审阅，并提出了许多宝贵的修改意见。作者根据主审的意见又反复做了较大的修改和补充。本书的副主编单位哈尔滨建筑工程大学管理学院王要武院长、田金信副院长等领导为作者集中修改书稿提供的便利条件，以及给予的指导和帮助，致以衷心的感谢！建设部人事教育司李竹成司长、高教处梁俊强处长和高延伟等同志对本书的编写、修改所给予的指导和帮助，在此一并表示衷心的感谢！限于编写人员的水平，难免存在疏漏，甚至谬误之处，我们恳切期望能得到同行和读者们的批评、指正。

参加本书编写人员（按章节次序排列）有：吕萍、林增杰、丰雷、武永祥、俞明轩、成力为、余祁相、谢经荣、王小映、姜东升、孙琰华等。全书由林增杰教授统稿。

主编　林增杰
1999 年 10 月 1 日

目 录

第一篇 导论 ……………………………………………………………………… 1

第一章 房地产经济学概述 ………………………………………………………… 3
第一节 经济学 …………………………………………………………………… 3
一、什么是经济学 …………………………………………………………… 3
二、经济学方法论浅析 ……………………………………………………… 5
三、经济学的新发展 ………………………………………………………… 11
第二节 房地产 …………………………………………………………………… 14
一、房地产的概念 …………………………………………………………… 14
二、房地产的性质 …………………………………………………………… 14
第三节 房地产经济学 …………………………………………………………… 17
一、房地产经济学的主要内容 ……………………………………………… 17
二、房地产经济学的学习方法 ……………………………………………… 18
小结 …………………………………………………………………………… 19
复习思考题 …………………………………………………………………… 20
课外阅读材料 ………………………………………………………………… 20

第二章 房地产市场概述 …………………………………………………………… 21
第一节 房地产市场的概念和性质 ……………………………………………… 21
一、房地产市场的概念 ……………………………………………………… 21
二、房地产市场的性质 ……………………………………………………… 23
第二节 房地产市场的特点和分类 ……………………………………………… 25
一、房地产市场的特点 ……………………………………………………… 25
二、房地产市场的分类 ……………………………………………………… 27
第三节 房地产市场失灵与政府干预 …………………………………………… 28
一、房地产市场失灵 ………………………………………………………… 28
二、政府干预 ………………………………………………………………… 30
小结 …………………………………………………………………………… 31
复习思考题 …………………………………………………………………… 31
课外阅读材料 ………………………………………………………………… 31

第二篇 房地产市场的微观经济分析 ……………………………………………… 33

第三章 住宅市场 …………………………………………………………………… 35
第一节 住宅市场的需求 ………………………………………………………… 35
一、住宅需求的概念及特点 ………………………………………………… 35

二、住宅需求的影响因素 …………………………………………………… 36
　　三、住宅需求的弹性分析 …………………………………………………… 41
　第二节　住宅市场的供给 ……………………………………………………… 43
　　一、住宅供给的概念及特点 ………………………………………………… 43
　　二、住宅供给的影响因素 …………………………………………………… 46
　　三、住宅供给的弹性分析 …………………………………………………… 47
　第三节　住宅市场的供求均衡 ………………………………………………… 48
　　一、住宅市场供求均衡分析 ………………………………………………… 48
　　二、蛛网模型 ………………………………………………………………… 48
　　三、四象限模型的构建 ……………………………………………………… 50
　　四、四象限模型的应用 ……………………………………………………… 54
　小结 ……………………………………………………………………………… 57
　复习思考题 ……………………………………………………………………… 58
　课外阅读材料 …………………………………………………………………… 58

第四章　住宅租金和价格 ……………………………………………………… 61
　第一节　概述 …………………………………………………………………… 61
　　一、租金的概念 ……………………………………………………………… 61
　　二、住宅价格的概念 ………………………………………………………… 62
　　三、住宅价格的影响因素 …………………………………………………… 63
　第二节　住宅的异质性与住宅价格 …………………………………………… 64
　　一、住宅的异质性 …………………………………………………………… 64
　　二、住宅的特征价格模型 …………………………………………………… 65
　第三节　区位因素与住宅租金和价格 ………………………………………… 67
　　一、住宅价格函数 …………………………………………………………… 67
　　二、住宅投标租金函数 ……………………………………………………… 69
　　三、模型假定的放宽 ………………………………………………………… 71
　第四节　住宅租金与价格的联系：资本化率 ………………………………… 73
　　一、资本化率的概念 ………………………………………………………… 73
　　二、资本化率与报酬率的关系 ……………………………………………… 74
　　三、资本化率的影响因素 …………………………………………………… 75
　　四、资本化率的决定 ………………………………………………………… 75
　　五、资本化率的其他讨论 …………………………………………………… 76
　第五节　中国住宅价格的实证分析 …………………………………………… 78
　　一、中国住宅价格的变化趋势分析 ………………………………………… 78
　　二、中国住宅价格持续上涨的原因分析 …………………………………… 80
　　三、住宅价格影响因素的实证分析 ………………………………………… 82
　小结 ……………………………………………………………………………… 84
　复习思考题 ……………………………………………………………………… 85
　课外阅读材料 …………………………………………………………………… 85

第五章　工商业房地产市场 ……………………………………………… 87
第一节　工商业房地产概述 ……………………………………………… 87
一、工商业房地产的概念 ……………………………………………… 87
二、工商业房地产的特点 ……………………………………………… 90
第二节　商业房地产市场 ………………………………………………… 93
一、商业房地产的需求分析 …………………………………………… 93
二、商业房地产的供给分析 …………………………………………… 95
三、商业房地产的市场均衡 …………………………………………… 97
第三节　工业房地产市场 ………………………………………………… 100
一、工业房地产的需求分析 …………………………………………… 100
二、工业房地产的供给分析 …………………………………………… 101
三、工业房地产市场的均衡 …………………………………………… 102
小结 ……………………………………………………………………… 102
复习思考题 ……………………………………………………………… 103
课外阅读材料 …………………………………………………………… 103

第六章　房地产开发 ……………………………………………………… 105
第一节　房地产开发概述 ………………………………………………… 105
一、房地产开发的含义 ………………………………………………… 105
二、房地产开发的决策分析 …………………………………………… 109
第二节　住宅密度的选择 ………………………………………………… 113
一、住宅密度的决定 …………………………………………………… 113
二、住宅密度的实证研究 ……………………………………………… 115
第三节　房地产开发的区域选择 ………………………………………… 116
一、区域选择的一般含义 ……………………………………………… 116
二、房地产开发的区位选择与场地分析 ……………………………… 119
第四节　房地产开发的其他选择分析 …………………………………… 121
一、房地产开发的物业类型选择 ……………………………………… 121
二、房地产开发模式选择 ……………………………………………… 123
三、产品市场策略 ……………………………………………………… 124
小结 ……………………………………………………………………… 125
复习思考题 ……………………………………………………………… 125
课外阅读材料 …………………………………………………………… 125

第三篇　房地产市场的宏观经济分析 …………………………………… 127

第七章　经济增长与房地产市场 ………………………………………… 129
第一节　经济增长概述 …………………………………………………… 129
一、经济增长的内涵 …………………………………………………… 129
二、经济增长的驱动因素 ……………………………………………… 131
第二节　经济增长对房地产市场的影响 ………………………………… 134
一、区域经济增长的三部门模型 ……………………………………… 134

13

二、经济增长对房地产市场的影响 ……………………………………… 135
　　三、城市结构演变下区域经济与房地产市场关系 …………………… 136
　第三节　房地产市场对经济增长的影响 ………………………………… 138
　　一、房地产供给推动经济增长 ………………………………………… 138
　　二、房地产需求促进经济增长 ………………………………………… 139
　　三、住房财富效应与挤出效应 ………………………………………… 145
　小结 …………………………………………………………………………… 146
　复习思考题 …………………………………………………………………… 147
　课外阅读材料 ………………………………………………………………… 147

第八章　房地产金融与资本市场 …………………………………………… 149
　第一节　房地产金融概述 ………………………………………………… 149
　　一、房地产经济的金融环境 …………………………………………… 149
　　二、房地产金融市场 …………………………………………………… 152
　　三、货币政策、汇率政策与房地产金融 ……………………………… 155
　第二节　住房市场需求方的资金筹集 …………………………………… 157
　　一、个人住房抵押贷款 ………………………………………………… 157
　　二、住房公积金制度 …………………………………………………… 161
　　三、住房信贷资产证券化 ……………………………………………… 164
　第三节　房地产生产资金的资本市场融通 ……………………………… 166
　　一、房地产企业融资的主要渠道 ……………………………………… 166
　　二、房地产股票与债券融资 …………………………………………… 168
　　三、房地产投资信托 …………………………………………………… 170
　第四节　房地产金融的发展 ……………………………………………… 176
　　一、住房储蓄体系 ……………………………………………………… 176
　　二、征信体系的建立 …………………………………………………… 177
　　三、互联网金融的影响 ………………………………………………… 178
　小结 …………………………………………………………………………… 179
　复习思考题 …………………………………………………………………… 180
　课外阅读材料 ………………………………………………………………… 180

第九章　房地产周期波动 …………………………………………………… 181
　第一节　经济周期理论概述 ……………………………………………… 181
　　一、经济周期的概念 …………………………………………………… 181
　　二、经济周期波动的原理 ……………………………………………… 182
　　三、主要的经济周期理论 ……………………………………………… 185
　第二节　房地产周期波动的基本原理 …………………………………… 187
　　一、房地产周期的概念 ………………………………………………… 187
　　二、房地产周期波动的阶段 …………………………………………… 189
　　三、房地产周期波动的形态 …………………………………………… 191
　　四、房地产周期与宏观经济周期的关系 ……………………………… 191

第三节　房地产周期波动的形成机制……………………………………………… 194
　　　一、影响房地产周期波动的因素…………………………………………… 194
　　　二、房地产周期波动的成因………………………………………………… 198
　　　三、主要的房地产周期波动成因理论……………………………………… 200
　　第四节　房地产周期的计量与监测……………………………………………… 202
　　　一、房地产周期的计量指标体系…………………………………………… 202
　　　二、房地产周期指标的筛选………………………………………………… 203
　　　三、房地产周期指标的综合………………………………………………… 204
　　小结……………………………………………………………………………… 205
　　复习思考题……………………………………………………………………… 206
　　课外阅读材料…………………………………………………………………… 206
　　附录……………………………………………………………………………… 206

第十章　房地产投机与泡沫……………………………………………………… 209
　　第一节　投机与泡沫概述………………………………………………………… 209
　　　一、投机的内涵……………………………………………………………… 209
　　　二、泡沫的内涵……………………………………………………………… 210
　　第二节　房地产投机与泡沫的一般理论………………………………………… 214
　　　一、房地产投机的概念……………………………………………………… 214
　　　二、房地产泡沫的概念……………………………………………………… 215
　　　三、房地产投机与房地产泡沫的形成机理………………………………… 216
　　　四、房地产泡沫的影响……………………………………………………… 221
　　第三节　房地产投机与泡沫的度量与预警……………………………………… 223
　　　一、房地产投机与泡沫的理论度量………………………………………… 223
　　　二、房地产投机与泡沫的检验指标体系…………………………………… 224
　　　三、房地产投机与泡沫的预警……………………………………………… 227
　　第四节　房地产泡沫实例………………………………………………………… 228
　　　一、各国房地产泡沫………………………………………………………… 228
　　　二、我国房地产泡沫………………………………………………………… 230
　　小结……………………………………………………………………………… 233
　　复习思考题……………………………………………………………………… 234
　　课外阅读材料…………………………………………………………………… 234

第四篇　政府在房地产经济中的作用……………………………………………… 235

第十一章　公共物品、外部性与房地产管制…………………………………… 237
　　第一节　房地产公共物品的概念和特点………………………………………… 237
　　　一、房地产与公共物品……………………………………………………… 237
　　　二、房地产公共物品的特点………………………………………………… 239
　　第二节　房地产公共物品与有效政府…………………………………………… 243
　　　一、公共物品的供给与需求………………………………………………… 243
　　　二、政府提供房地产公共物品的意义和方式……………………………… 246

  三、政府提供私人物品的配给方式 ································· 250
 第三节 房地产的外部性与房地产管制 ································· 251
  一、房地产的外部性 ································· 251
  二、解决房地产外部性的方法 ································· 256
 小结 ································· 261
 复习思考题 ································· 261
 课外阅读材料 ································· 261

第十二章 住房保障政策 ································· 263
 第一节 贫困人口的住房问题 ································· 263
  一、市场失灵与住房问题 ································· 263
  二、住房保障政策与公民住房权利 ································· 264
  三、政府的住房保障职能 ································· 265
  四、国家的住房发展目标 ································· 266
 第二节 住房保障政策的途径 ································· 267
  一、住房保障政策的措施 ································· 267
  二、供给方住房政策 ································· 269
  三、需求方住房政策 ································· 272
 第三节 中国住房保障制度的历史沿革 ································· 275
  一、福利住房分配阶段（1949—1977年） ································· 275
  二、住房保障制度改革探索发展阶段（1978—1997年） ································· 276
  三、多层次住房保障体系构建阶段（1998年至今） ································· 278
 第四节 中国住房保障政策的实证分析 ································· 283
  一、我国的经济适用房政策 ································· 283
  二、我国的廉租房政策 ································· 286
  三、我国公租房政策 ································· 291
  四、我国限价商品房政策 ································· 295
 小结 ································· 297
 复习思考题 ································· 298
 课外阅读材料 ································· 298

第十三章 房地产政策与宏观调控 ································· 299
 第一节 宏观调控概述 ································· 299
  一、宏观调控的内涵 ································· 299
  二、宏观调控的理论基础 ································· 301
  三、宏观调控的主要手段 ································· 302
 第二节 房地产宏观调控 ································· 303
  一、房地产业发展与宏观经济运行 ································· 303
  二、房地产宏观调控的政策目标 ································· 304
  三、房地产宏观调控的工具体系 ································· 307
 第三节 中国房地产宏观调控实践 ································· 310

  一、中国房地产市场与宏观经济运行概况 311
  二、中国房地产宏观调控政策的主要措施 316
  三、中国房地产宏观调控的阶段特点 318
  四、房地产宏观调控的中国特色 321
 小结 321
 复习思考题 322
 课外阅读材料 322
 附录 323

第十四章 房地产税收 331
 第一节 税收理论概述 331
  一、税收的概念 331
  二、税收的种类 332
  三、税收转嫁与归宿 333
 第二节 房地产税收的基本理论 334
  一、房地产税收的概念和特点 334
  二、房地产税收的种类 334
  三、单一税思想及其应用 335
  四、房地产税收的实践 336
 第三节 我国现行的房地产税收体系 340
  一、我国房地产税收体系的现状 340
  二、我国房地产税收体系的问题 342
  三、我国房地产税收体系的改革方向 344
 小结 345
 复习思考题 345
 课外阅读材料 345

第十五章 房地产产权与制度 347
 第一节 产权、制度与房地产 347
  一、基本概念 347
  二、科斯定理 349
  三、产权制度 350
  四、中国的房地产产权体系 352
 第二节 中国的土地制度 353
  一、农地制度 353
  二、市地制度 355
 第三节 中国的住房制度 358
  一、传统的住房制度 358
  二、住房制度改革的历程 358
  三、住房制度改革中的产权关系 361
  四、构建新的住房制度 363

小结·· 364
复习思考题··· 365
课外阅读材料·· 365
参考文献·· 366

第一篇 导 论

≫ 第一章 房地产经济学概述
≫ 第二章 房地产市场概述

第一章 房地产经济学概述

房地产经济学是应用一般经济学的基本原理和方法来研究房地产问题的一门学科。本章首先介绍经济学的主要内容及其研究方法，然后明确房地产经济学的研究对象即房地产的概念及构成，最后概括房地产经济学的主要内容和学习方法。

第一节 经 济 学

一、什么是经济学

简言之，经济学是研究资源配置的学问。资源具有稀缺性，即相对于无限的欲望而言，人类所面临的各种资源（包括生产要素和产品）是有限的。资源配置即通常所说的生产什么，如何生产以及为谁生产等问题。评价资源配置好坏，目前公认的"效率"标准是：一项经济活动不可能在不使任何人的境况变坏的条件下增进任何人的经济福利，则称这种资源配置状态是有效率的，即"帕雷托最优"。一般地说，经济学是一门研究"效率"而非"公平"的学科。

亚当·斯密（Adam Smith，1723—1790）是经济学的"鼻祖"、微观经济学（Microeconomics）的创始人。他于1776年出版的巨著《国富论》（即《国民财富的性质和原因的研究》，An Inquiry into the Nature and Causes of the Wealth of Nations）标志着经济学的诞生。微观经济学主要研究市场、企业、家庭等个体的行为。亚当·斯密在《国富论》中指出了市场的效率特征，并提出经济利益来源于个人的自利行为的观点，即著名的"看不见的手"原理。

> 很多时候，一个人会需要兄弟朋友的帮助，但假如他真的要依靠他们的仁慈之心，他将会失望。倘若在需求中他能引起对方的利己之心，从而证明帮助他人是对自己有益的事，那么这个人成功的机会较大。任何人向他人提出任何形式的交易建议，都是这么想：给我所需要的，我就会给你所需要的——这是每一个交易建议的含义；而我们从这种互

利的办法中,所获得的会比我们所需要的更多。我们的晚餐可不是得自屠夫、酿酒商,或面包师的仁慈之心,而是因为他们对自己的利益特别关注。我们认为他们给我们供应,并非行善,而是为了他们的自利……

所以,每个人都会尽其所能,运用自己的资本来争取最大的利益。一般而言,他不会意图为公众服务,也不自知对社会有什么贡献。他所追求的只是自己的安全、自己的利益。但如此一来,他就好像被一只看不见的手引领,在不自觉中对社会的改进尽力而为。一般来说,一个人为求私利而无心对社会做出贡献,其对社会的贡献远比有意图做出的更大。❶

可以说,整个微观经济学就是在构筑一个系统而庞大的体系来论证这一原理。简单地归纳,微观经济学的理论大厦是这样构建的:(1) 效用论:在一定的假设下推导出需求曲线(需求函数),其价值论基础是效用价值。(2) 生产论和成本论(或厂商论):推导出供给曲线(或供给函数),准确地说,这一部分推导出的只是成本曲线,而供给曲线的完整推导需要联系市场需求进行,这也反映出西方经济学的一个核心思想,即考虑市场需求的供给才是有效率的供给。(3) 局部均衡论:将需求曲线和供给曲线放在一起考察,得到单个市场的均衡价格和均衡产量,即完全竞争市场条件下的局部均衡论。(4) 要素市场:进而考察生产要素(土地、劳动、资本)价格决定的需求方面和供给方面,即要素市场均衡论。(5) 一般均衡:将所有相互联系的商品市场和要素市场看作一个整体进行研究,即每一商品或要素的价格都不能单独决定,必须联系其他相关商品和要素的价格一起决定,这就是一般均衡论。其中,证明了一般均衡的"存在性",则证明了市场机制或价格机制的作用使得资源的配置达到了最大效率。(6) 微观经济政策:由于现实世界存在着垄断、外部性、公共物品和不完全信息等问题,导致市场机制在很多时候不能有效地配置资源,即出现了"市场失灵",因此需要政府干预经济,实施某些微观经济政策对其进行"微调"。

宏观经济学(Macroeconomics)研究经济的总体运行,考察整个国家的总产出、就业和价格。约翰·梅纳德·凯恩斯(John Maynard Keynes,1883—1946)于1936年出版的《通论》(即《就业、利息和货币通论》,The General Theory of Employment, Interest and Money)标志着宏观经济学的诞生。凯恩斯理论的一个关键是提出"看不见的手"解决不了经济危机问题,所以需要政府干预经济的观点。例如,在经济形势不好的时候,政府可以增加财政赤字,发行国债,以拉动经济,刺激经济回升。

与微观经济学相比,宏观经济学的体系尚不完善,学习宏观经济学至少需要掌握以下基本内容:(1) 国民收入核算理论,即作为经济绩效尺度的GDP(国内生产总值)核算的统计方法;(2) 产品—货币市场均衡,即IS-LM模型;(3) 总需求—总供给模型,即宏观经济的一般均衡论;(4) 宏观经济政策,即财政政策和货币政策理论及实践。当前宏观经济学的发展有三大流派:(1) 新古典宏观经济学,其理论渊源是货币主义,代表人物为米尔顿·弗里德曼(Milton Friedman,1912—2006)、卢卡斯等。该学派反对凯恩斯主义的财政政策以及"斟酌使用"(即根据情况变化而制定和执行)的货币政策,在理性预

---

❶ 转引自张五常:《经济解释(三卷本)》,卷一:《科学说需求》. 香港:花千树出版有限公司,2002。略有改动。

期假设下提出宏观经济政策无效论；（2）新凯恩斯主义经济学，代表人物有斯蒂格利茨、曼昆、泰勒等人，主要特点是在肯定和吸收新古典学派部分观点的同时，坚持原有的凯恩斯主义的观点，如坚持和发展了黏性工资和价格理论，对宏观经济波动进行考察，进而提出新凯恩斯主义的稳定化政策等；（3）新增长理论，代表人物为罗默，其主要贡献是提出了技术因素作为经济增长模型的内生变量，利用内生技术进步和规模收益递增来说明一国经济的长期增长及各国经济增长率的差异。

微观经济学和宏观经济学这两大分支构成了现代经济学。这两个领域一度界限分明，但近来却有逐渐融合的趋势，特别是宏观经济学越来越强调其"微观基础"。

二、经济学方法论浅析

通俗地说，方法论（methodology）是指完成一项任务的一般性原则而不是具体的做法，具体的做法是"方法"（method）。这里主要讨论与本书学习紧密相关的几个方法论问题，即实证经济学与规范经济学、经济理论与经济模型、经济学的基本逻辑、经济学的基本假设，以及经济分析的基本方法等。

（一）实证经济学与规范经济学

在分析经济问题时，必须区分事实本身和是否公平这两个问题，即经济学中的实证分析和规范分析。一般地，一门实证科学是关于"是什么"这一类问题的知识系统；而一门规范科学是关于"应该是什么"这一类问题的知识系统。❶ 因此可以将经济学分为实证经济学与规范经济学。

实证经济学（positive economics）用来描述经济社会的事实，实证分析的目的在于发展出一种"理论"或"假说"，对尚未观察到的现象给出合理的、有意义（而不是用事实重复事实）的解释或预测。例如，以下这些问题可归为实证经济学的范畴：为什么医生比看门人赚的钱多？自由贸易是提高了还是降低了国内居民的工资？征收不动产税对城市居民的消费行为有什么影响？回答这些问题就可以利用事实、证据，或者从逻辑上加以验证。从某种意义上讲，实证经济学独立于任何特别的伦理观念或规范判断，换句话说，它是一门类似于自然科学的"客观的"科学。

相对于实证经济学的"客观性"而言，规范经济学（normative economics）则涉及伦理信条和价值判断。从一定的社会价值判断标准出发，根据这些标准，对经济体系的运行或经济行为进行所谓的"好坏"评价，即"应该如何"。例如，以下这些问题可归为规范经济学的范畴：穷人必须工作才能得到政府的帮助吗？自由贸易对于国内居民是"好"还是"坏"呢？应该对城镇居民征收物业税吗？由于对这些问题的回答不同的人（或集团）有不同的价值判断标准，涉及的是伦理、价值而非事实，所以往往难以得出一个"客观"的共识，其答案也无所谓对或错。

实证经济学的判断标准往往是"效率"，而规范经济学的评价标准可以概括为"公平"。规范经济学离不开实证经济学的支持。例如，一项公共政策是否应该实施，需要首先采用实证分析来预测实施这一政策的"客观"后果，至于最终是否实施往往取决于政治

---

❶ 米尔顿·弗里德曼：《实证经济学的方法论》，载《弗里德曼文萃》，191页，北京：北京经济学院出版社，1991。

辩论、公众参与以及不同利益集团的力量权衡。

(二) 经济理论和经济模型

理论是对现实的一种抽象,是我们"透视"事实的桥梁。理论研究使得经济学家能够进行一般化抽象,舍弃经济现象中的一些非基本因素或个性因素,只就基本因素或共性因素及其相互关系进行研究,从而使得经济理论能够说明经济现象的主要特征以及基本因素之间的因果关系。从构成上看,理论包括一系列假设和从这些假设中得出的结论。

在经济学中,表示"理论"的另一个术语是"模型"。经济模型就是用来描述所研究的经济现象的有关经济变量之间相互关系的理论结构。经济模型不一定必须用数学的形式(比如函数式或几何图形)来表示,也可以用文字描述,但是采用数学形式是形式化、精确化、准确化的需要,大多数时候是一种高效率的选择。尽管数学本身不能给我们带来有用的经济思想,但它确实有助于我们创造和传播经济思想。钱颖一在《理解现代经济学》❶一文中较好地总结了数学在经济理论研究中的作用:

> 从理论研究角度看,借助数学模型至少有三个优势:其一是前提假定用数学语言描述得一清二楚。其二是逻辑推理严密精确,可以防止漏洞和谬误。其三是可以应用已有的数学模型或数学定理推导新的结果,得到仅凭直觉无法或不易得出的结论。运用数学模型讨论经济问题、学术争议便可以建立在这样的基础上:或不同意对方的前提假设;或找出对方的论证错误;或发现修改原模型假设会得出不同的结论。因此,运用数学模型做经济学的理论研究可以减少无用争论,并且可以让后人较容易在已有的研究工作上继续开拓,也使得在深层次上发现似乎不相关的结构之间的关联变成可能。

经济模型一般是由一组变量所构成的方程式或方程组来表示的。变量是大小可以变化的量,即可以取不同值的量。变量是经济模型的基本要素,常见的如价格、需求量、供给量、利润、收益、成本、国民收入、消费、投资等。变量一般可以分为内生变量、外生变量和参数等几类。经济模型中的内生变量是指该模型所要决定的变量,内生变量可以在模型体系内得以说明。外生变量是由模型以外的因素所决定的变量,是模型建立的外部条件,不能由模型体系本身所说明。参数是一种特殊的变量,即不变的变量,也可以理解为常数,即可变的常数,通常由模型以外的因素所决定,也可以看作是外生变量。例如,经济学中最常见的均衡价格决定模型即局部均衡模型(见图1-1):

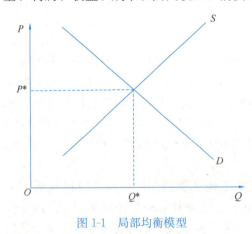

图1-1 局部均衡模型

---

❶ 钱颖一:《理解现代经济学》,载《现代经济学与中国经济改革》,5~6页,北京:中国人民大学出版社,2003。

$$Q^d = \alpha - \beta \cdot P \qquad (1-1)$$

$$Q^s = -\delta + \gamma \cdot P \qquad (1-2)$$

$$Q^d = Q^s \qquad (1-3)$$

式中，α、β、δ、γ 均为常数，且均大于零。

该均衡模型由式（1-1）、式（1-2）和式（1-3）组成，其中式（1-1）为需求函数，式（1-2）为供给函数，式（1-3）是均衡条件，即均衡方程式。该均衡模型中，Q^d、Q^s 和 P 是模型所要决定的变量，即内生变量。α、β、δ、γ 是由模型外的外部条件所决定的，是外生变量，也称为参数。外生变量 α、β、δ、γ 的值决定内生变量 Q^d、Q^s 和 P 的值。外生变量值的改变将引起内生变量值的变化。很多时候，模型中的外生变量具有明确的经济含义。

经济模型的分析方法一般分为静态分析、比较静态分析和动态分析三大类。在上述模型中，当需求函数和供给函数中的外生变量 α、β、δ、γ 被赋予确定值后，便可以求出相应的均衡价格 P^* 和均衡数量 Q^* 的值，即 (P^*, Q^*)。用图形来表示，(P^*, Q^*) 则相当于由既定的需求曲线和供给曲线的交点所表示的数值。这种根据既定的外生变量值求得内生变量值的分析方法，称为静态分析，即均衡分析。

当外生变量 α、β、δ、γ 取不同的值时，由此决定的内生变量 (P^*, Q^*) 的值是不同的。表现在图形上，相当于需求曲线和供给曲线位置的移动，从而均衡点也发生变化。这种研究外生变量变化对内生变量的影响，以及分析比较不同数值的外生变量下的内生变量不同值的分析方法，称为比较静态分析。例如，在其他条件不变时，消费者的收入增加了，则均衡价格和均衡数量都将发生变化，由于收入增加导致需求曲线向右移动，而其他条件不变则供给曲线不变，所以新的均衡价格和均衡数量 (P', Q') 将大于原来的 (P^*, Q^*)。比较静态分析在一定程度上突破了静态分析的局限性，然而由于比较静态分析忽略了变量的调整过程，我们仍然不清楚初始（变化前）均衡状态与最终（变化后）均衡状态之间的过程。同时，比较静态分析还回避了均衡的稳定性问题，即假设新均衡是可以实现的。

动态分析弥补了静态分析和比较静态分析的不足，将时间因素引入模型中，研究不同时点的变量的相互作用以及均衡是否可实现及其变动的过程等问题。一个常见的动态模型的例子是蛛网模型：

$$Q_t^d = \alpha - \beta \cdot P_t \qquad (1-4)$$

$$Q_t^s = -\delta + \gamma \cdot P_{t-1} \qquad (1-5)$$

$$Q_t^d = Q_t^s \qquad (1-6)$$

式中，α、β、δ、γ 均为常数，且均大于零。

蛛网模型的基本假定是：商品的本期供给量 Q_t^s 取决于前一期的价格 P_{t-1}，商品的本期需求量 Q_t^d 则取决于本期的价格 P_t。图 1-2 显示的是收敛式的蛛网模型。

（三）经济学的基本逻辑：演绎与归纳

无论是在经济学、物理学还是其他科学中，没有一个理论是"完全"正确的。理论的有用性和有效性只能用事实去检验。凡是有解释力的理论，都一定有被事实推翻的可能

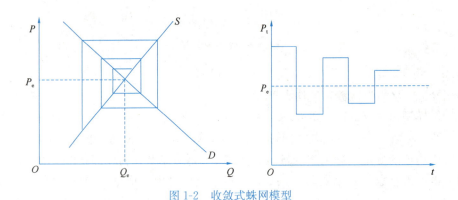

图 1-2 收敛式蛛网模型

性,但却没有被事实推翻,这就是科学哲学中的"证伪主义"。

在波普(Karl R. Popper,1902—1994)于 20 世纪 30 年代提出"证伪主义"之前,整个 19 世纪西方实证经济学方法论的思想基础是科学哲学中的"证实主义"。传统的科学方法论即逻辑经验主义认为,科学理论只能来自经验的归纳,而演绎只是同义反复。逻辑经验主义的关键在于,认为科学研究的起点(理论来源)和终点(理论检验)都有客观的标准,也就是说,理论都能用经验来"证实"。然而,基于归纳逻辑的证实主义是有缺陷的,即在论证的某个阶段,从特定的实例归纳出普遍的定律需要有一个"不合逻辑"的思想飞跃,也就是存在着从真实的前提推导出虚妄结论的外加成分,这就是"休谟问题"(也称"归纳问题")。举一个简单的例子,归纳的逻辑是这样的:

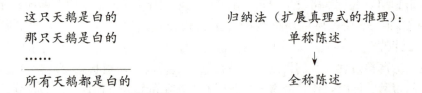

这里存在的逻辑问题很明显,无论你观察到多少白色的天鹅,你都无法真正证实"天鹅都是白的"这一命题,因为人类认识的局限性导致不可能观察到所有的天鹅。历史事实也是如此,直到 1700 年前欧洲人还认为通过自己的足够观察已经证明了"天鹅都是白的"这一命题,但此时在澳大利亚却发现了黑天鹅,从而否定了该命题。这个简单的例子告诉我们:单称陈述(这只天鹅是白的)再多,也不能合乎逻辑地推出全称陈述(所有天鹅都是白的);但是借助于演绎逻辑,仅仅一个单称陈述(一只天鹅是黑的)就能否定或驳倒全称陈述(所有天鹅都是白的)。也就是说,"证明"(即"证实")的逻辑是没有的,但有"反证"(即"证伪")的逻辑。换句话说,验证一个理论的唯一办法,是以事实进行反证。这点非常重要。

证伪主义彻底否定了归纳法,认为实证方法论的推理方法只能是演绎法,其基本思想是,以猜想的(或已知的)一般命题(知识)为前提,逻辑地推断出个别性的结论。如果说,归纳是从特殊到一般的思维方法,那么,演绎就是从一般到特殊的思维方法。例如:

所有天鹅都是白的	演绎法（保存真理式的推理）：
这个动物是天鹅	全称陈述（即定理）
……	↓
这个动物是白的	单称陈述

由于演绎的结论没有超出推理前提的范围，它的前提和结论之间是一种必然关系，演绎属于保存真理式的推理方法。演绎方法包括公理化方法和假说演绎法。所谓公理化方法，是从少数既定的公理出发，按照严格的逻辑法则推断出一系列的个别结论，从而建立起理论体系，如数学理论、数理经济学等。假说演绎法与公理化方法的不同之处在于其前提不是公理而是假说，以假说为出发点进行逻辑推导，从而得到一系列个别结论的方法。

根据证伪主义的思想，实证经济学研究方法主要采用假说演绎法，大致概括为以下三个步骤❶：（1）提出理论假说的有关假设条件。这是实证研究中最重要也是最困难的一步，是研究者独创能力或综合能力的具体表现。（2）建立理论假说的数学模型并推导出主要结论。完成这一步骤的基本要求是模型所反映的假说关系具体简单，并能从各种角度清楚描述和简单验证；同时，推导过程逻辑严密，结论的数量特征和经济含义尽量具体明确。（3）理论假说模型的经验检验。主要包括对某些基本假设条件的检验，以及对理论假说及推导出的主要结论的检验，主要为后者。经验检验所应用的主要技术是计量经济学，因此，需要对数理统计的基本概念和思想及其与经济学原理的结合有较深入的认识。

（四）经济学的基本假设

按照波普的"证伪主义"，世界上没有不可替代的理论。波普"证伪主义"的一个重要观点是"理论是大胆的猜想"，这一思想突出了人类本性中潜在的丰富的创造本能，确定了创造（猜想）在科学进化中的根本地位。按照这一观点，经济理论的假说是人为、"自由创造"、大胆猜想的结果。既然是"猜想"，就需要用实际的观察或实验去检验它，那么在此"猜想"前提下逻辑演绎的具体结论就应该是具体明确的、可检验的，其中的演绎逻辑推理是严密的。这也就是我们通常所说的"大胆地假设，小心地求证"。

西方经济学中理论猜想（假说）的核心部分具体表现为一套"假设条件"。可以说，认识假设条件是学习西方经济学及方法论最重要，也是最困难的部分。通常有这么一种认识，认为既然假设条件是对现实的一种抽象、模拟，那么这一套假设条件的基本特征应大致与现实情况一致，不应相差太远；检验理论也应首先检验其假设条件的真实性。这种认识还停留在"证实主义"阶段，而未深刻理解波普的"证伪主义"。实际上，事实证据永远也不可能"证实"某一假说的正确性，它只能通过无法将该假说驳倒来显示该假说的正确性。同样地，假说中所包含的一套假设条件的"真实性"也无法通过直接将其与"现实"加以比较，判断其是否与现实"足够"吻合而得以检验；相反，"那些真正重要且伟大的假说所具有的'假设'，是对现实的一种粗略的、不十分精确的、描述性的表述。而且，一般说来，某一理论越是杰出，那么它的'假设'（在上述意义上）就越是超脱现实。"❷

---

❶ 详细论述可参见陈璋：《西方经济学方法论研究》，中国统计出版社，2001。
❷ 米尔顿·弗里德曼：《实证经济学的方法论》，《弗里德曼文萃》，202页，北京经济学院出版社，1991。

西方经济学的一些基本假设包括"经济人"（"理性人"）假设、完全信息假设、产权清晰假设等。这些基本假设中的某些假设已随着西方经济学的发展而逐步放宽，例如，信息经济学是研究将完全信息假设放宽后的经济世界，产权学派和新制度经济学是研究将产权清晰假设放宽后的经济世界。然而，"经济人"假设一直作为西方经济学最基本的假设条件得以继承，认识该假设条件对于我们理解整个西方经济学体系，应用该学说分析不动产经济问题具有重要意义。经济人（economic man）或理性人（homo economicus）假定的基本含义是：在经济活动中，经济主体（包括消费者、厂商等）所追求的唯一目标是自身经济利益的最大化。也就是说，经济主体在做经济决策时的出发点是自利的，即在所能支配的资源限度内和现有的技术和制度条件下，希望自身利益越大越好，消费者追求自身效用的最大满足，厂商想赚取最大限度的利润（或最小的成本），工人、农民希望最大限度地获得自身的报酬（高工资）。

（五）经济分析的基本方法

如前所述，静态分析、比较静态分析和动态分析都可以称为经济学的分析方法。这里强调的经济分析的基本方法是成本－收益分析❶和边际分析方法。

资源的稀缺性要求资源得以有效利用，资源的有效利用可以理解为在各种资源利用决策中做出最优的选择。如何做选择呢？一个很直观的想法就是考察该决策的成本和收益，如果收益大于成本，则资源能得以有效利用，该决策就是可行的，其中净收益（收益减去成本）最大的就是最优决策。例如，厂商的生产决策是在生产产品的收益与成本之间进行权衡，争取利润最大化；消费者的决策也一样，权衡其购买商品所获得的效用（收益）与付出的货币（成本）；一项经济改革措施是否值得执行，则需要权衡该项改革措施的收益（改革收益）与其成本（改革成本）。目前，成本－收益分析方法不仅在经济学分析中广泛采用，而且越来越多地应用于诸如政治学、法学、社会学和历史学等其他学科中。

与成本－收益方法紧密联系的是边际分析方法。如何比较一项选择的成本和收益呢？我们采用边际分析方法。边际分析方法对于现代经济学的重要性可以从"边际革命"一词中体现出来。19世纪70年代杰文斯（W. S. Jevons）、门格尔（C. Menger）和瓦尔拉斯（L. Walras）几乎同时系统地提出边际效用价值论，由此边际分析方法正式进入经济学分析中。经济学史上的"边际革命"是一件大事，它是古典经济学向新古典经济学转变的标志，更重要的是，它意味着经济学向"科学"迈进了一大步。

经济学中的"边际"（margin）一词，无非是指"额外的""追加的"之义，既可以指某个变量的一定数量中已加上去的最后一个单位，也可以指一定数量之外可能追加的下一个单位。用数学语言来说，就是用来表示有函数关系的诸变量中，自变量的微量变化引起的因变量的相应变化。例如边际效用，是指消费品每增加微量单位引起的总效用的增加量，它可以在求解效用函数的一阶导数的基础上求得。

如前所述，经济学是研究个体进行选择的科学。我们在进行决策时，最难的决策不是做某事或不做某事，而是多做些还是少做些，即做多少的决策。换句话说，进行取舍的决策，很少具有"要么全有，要么全无"的性质，绝大多数经济决策具有在边际上进行调整的性质。例如一定数量的土地，可以种粮，也可以植棉，而粮食与棉花都是人们需要的，

---

❶ 该名词常出现在福利经济学和环境经济学中，特指社会成本－收益分析（social cost-benefit analysis，CBA）。

但需要的程度却不同。因此，我们面临的不是全部土地都用来种粮或都用来植棉的问题，而是多少土地种粮多少土地植棉的比例"搭配"问题。可以说，在经济分析中总量、平均数、百分数等是有用的概念，而"边际"的概念意义更加重大。

三、经济学的新发展

以新古典经济学为代表，基于理性人假定，采用边际分析方法并强调均衡分析（静态分析）的主流经济学，提供了包括分析现实问题的视角（角度）、参照系（基准点）以及系列分析工具等在内的一整套逻辑严密的科学研究方法体系❶，具有强大的现实解释力。同时，与任何其他科学一样，经济学也总是不断拓展新领域，关注并解释新现象，从而不断向前发展。经济学的新发展主要有（不对称）信息经济学、（新）政治经济学、新制度经济学以及行为经济学等❷。其中，行为经济学（behavioral economics）将心理学观点应用于经济问题分析，直接挑战主流经济学的"理性人"基本假定，提供了一种比传统经济理论更微妙、更复杂，但也可能更接近现实的解释人类行为的理论，从而具有更加广阔的发展前景。

最早将心理学研究应用于经济问题分析的学者之一是赫伯特·西蒙（Herbert Simon，1916—2001）。他提出了"有限理性"（bounded rationality）假说（Simon，1956），认为经济学分析不应将人视为理性最大化者，而应该是"满意者"。人们在做决策时并不总是追求"最优的"结果，而是做出仅仅是"足够好"的决策。也就是说，人们在做决策时并不总是采用"效率原则"，而往往更多地采用"满意原则"，因而表现出"有限理性"。然而，在相当长的时期内，主流经济学认为个体决策的偏误是随机的，可以被市场所纠正，在整体水平上相互抵消，因此并未给予行为经济学足够重视。直至20世纪70年代末和80年代初，随着丹尼尔·卡尼曼（Daniel Kahneman，1934—）和阿莫斯·特沃斯基（Amos Tversky，1934—1996）的《前景理论：风险条件下的决策分析》（Kahneman & Tversky，1979）以及理查德·塞勒（Richard Thaler，1945—）的《迈向消费者选择的实证理论》（Thaler，1980）两篇经典论文的发表，标志着现代行为经济学的诞生，也是行为经济学走向主流的开端。

基于"有限理性"假定，强调风险和不确定性条件下的直觉推断式决策的行为经济学，更好地解释了大量现实世界中违背主流经济学理性人假定的"异象"，而主流经济学在解释这些现象时往往存在系统性偏差❸。例如，研究发现，当商品定价为2.00元和3.99元时，44%的消费者购买了更贵的商品；当定价为1.99元和4.00元时，只有18%的人购买了更贵的商品。在传统经济学的预测中，两者的比例应该非常接近；然而，事实

---

❶ 有关主流经济学分析框架（体系）的论述可详见钱颖一：《现代经济学与中国经济改革》，2～5页，中国人民大学出版社，2003。

❷ 有关经济学新发展的论述可详见（美）曼昆：《经济学原理：微观经济学分册（第7版）》，462～507页，北京大学出版社，2015；钱颖一：《现代经济学与中国经济改革》，9～12页，中国人民大学出版社，2003；（冰）思拉恩·埃格特森：《新制度经济学》，9～29页，商务印书馆，1996；以及（美）埃里克·弗鲁博顿、（德）鲁道夫·芮切特：《新制度经济学：一个交易费用分析范式》，1～53页，格致出版社、上海三联书店、上海人民出版社，2006。

❸ 对这些"异象"的系统描述和分类总结参见尼克·威尔金森：《行为经济学》，73～75页，中国人民大学出版社，2012。

是如此微小的价格变动带来了消费者选择的重大不同,消费者倾向于受到最左边数字的非理性影响,即"左位偏差",表明个体并不总是理性的。再如,在最后通牒博弈中,两位互不认识的人去参与一项实验并有机会得到 100 元,通过掷硬币的方式分配 A、B 两个角色,A 负责在他和 B 之间分配 100 元奖金。在 A 提出建议后,B 如果接受,两人就根据这个建议拿到钱,B 如果拒绝,两人都将空手而归。在传统经济学的判断中,只要收益为正,无论如何分配 B 都应该接受,例如 99∶1 的分配;然而,实验中 A 如果将大部分留给自己,B 往往会选择拒绝,而 A 也通常会分配给 B 远远大于 1 的份额,这表明人们除了利益也关注公正❶。

20 世纪 80 年代以来,行为经济学发展迅速,并逐步获得主流经济学的认可。行为经济学的研究进展大致可以归纳为以下几个方面:(1)直觉推断式和偏差(Heuristics and Biases),即人们会做出有偏判断;(2)前景理论(Prospect Theory),人们决策时表现出损失厌恶、参照依赖以及边际敏感度递减等特征;(3)自我控制理论(Theory of Self-control),描述人们无法控制自身冲动的经济现象;(4)心理账户(Mental Accounting),人们在心理上会对经济结果进行分类记账、编码、估价和预算等;(5)助推(Nudge),即心理学、经济行为与公共政策制定;(6)行为金融学(Behavioral Finance),从心理学角度解释、研究和预测金融市场的发展;(7)神经科学(Neuroscience),利用脑科学研究经济行为等。

行为经济学是在批判新古典经济学的基础上兴起的,特别是尝试对理性人假定进行颠覆性改变,将心理学方法引入经济分析,从而给出对现实经济世界更好的解释,大大改善和创新了主流经济学的理论和模型。同时需要强调的是,至今为止行为经济学并未放弃传统经济学的核心模型,新古典经济学仍然是包括行为经济学在内的众多经济学新发展的重要理论基础和方法论来源,行为经济学是对主流经济学的发展传承而非完全替代。

[专栏 1-1] 行为经济学在房地产研究领域的应用

在房地产研究领域,基于理性人和有效市场假定的新古典房地产市场模型,其解释力和稳定性越来越受到质疑。大量的证据表明,微观层面上,个体决策会系统性地偏离期望效用理论的预测结果,宏观层面上,羊群行为(Herding behavior)、信息层叠和强化(Information cascades and reinforcement)等也表现出持久性和系统性,再加上房地产市场的异质性、信息不对称以及交易的不频繁性等传统房地产经济学强调的特性,基于理性行为假定的房地产模型不太可能产生稳定的预测结果。2008 年全球经济危机的爆发使这一问题得到更加广泛的关注,房地产领域研究中对行为和心理因素的考察越来越多。

传统经济学大量采用特征价格模型(Hedonic pricing)研究住房价格,忽视了房价内生于制度和社会结构并受个体情绪因素的影响。例如,当房屋快速升值时,想要提升居住水平的房屋所有者往往投入更多时间和劳动,投资改造现有房屋并居住更久,这类房屋所有者在出售住房时会表现出更强烈的"禀赋效应"(即卖方对于该房屋的估值仅仅是由于其为房屋所有者而高于买方估值);另一类房屋所有者则会采用快速转售(Flipping)或

---

❶ (美)曼昆:《经济学原理:微观经济学分册(第 7 版)》,474~475 页,北京大学出版社,2015。

购房出租（Buy-to-let investment）方式以应对房价快速上涨，这类房屋所有者对其房屋没有很深感情，在售房时往往不会表现出明显的禀赋效应。因此，不同类型房屋所有者的交易行为和定价标准存在较大差异。此外，住房除了居住属性外，还会涉及住户社会地位彰显、居住社群选择、住房结构类型以及可能的升值空间等因素，对这些因素的考虑加重了个体决策的负担和复杂性，增加了可能的住房决策偏差。总之，情感、制度和社会因素在住房决策中发挥着重要作用，行为经济学的房地产市场模型尝试将这些因素考虑在内以增强模型的解释力。

行为经济学在房地产研究领域的应用主要集中在三个方面，一是住房选择决策（Housing choice decisions）：关注影响居民住房选择的心理因素，包括禀赋效应（Endowment effect）、损失厌恶（Loss aversion）、框架效应（Framing effect）等，以解释非理性的住房决策。二是住房市场的参照点（Reference points in housing markets）：参照点确定对住房决策的研究尤为关键，住房决策往往涉及多个方面的参照点，且在买卖双方和不同地区之间存在差异；现有研究多采用单一的参照点，且集中于对卖方或买方的单边研究，早期研究多关注欧美国家，近期多向亚洲的国家和地区倾斜。三是行为住房金融（Behavioral housing finance）：研究集中于讨论居民在人生的不同阶段应该将多少财富用于房地产投资，前景理论、神经科学等在这一研究领域得到广泛应用。

行为经济分析属于典型的交叉学科，涵盖经济学、心理学、神经科学、社会学等，目前在各相关学科的共同努力下已形成了一系列实用的行为分析理论和模型。同时，行为经济学仍处于初步发展阶段，其理论和模型的严谨度和解释力仍存争议。例如，实验方法和实验数据能否真实反映现实生活中住房决策者的意图和行为备受质疑；诸如投资者疏忽、过度自信、不确定性和歧义避免等直觉推断式行为对住房决策的影响仍未得到充分检验。诚如尤金·法玛（Eugene Fama）在其2014年论文"Two Pillars of Asset Pricing"中对行为资产定价模型批评时所说："至今行为研究的文献尚未提供一个可被检验和证伪的价格和回报的完整模型（A full blown model）——而这一模型必须能够接受任何想要替代某一模型的新模型所必须接受的那种严格检验"。

行为经济学根植于传统经济学，是对新古典经济学的改进而非替代。人们在房地产市场上表现出来的行为既是理性的又是非理性的。在现有法律和制度框架下追求财富，甚至采用风险较大的策略以获得暴利，这些都是理性行为；同时由于现有法律和制度未充分规避人的"动物精神"从而导致的冒险行为又是非理性的。因此，研究公共政策的制定非常重要。政府的政策是基于对政策对象反应的预测而制定的，预测不良将导致政策无效甚至起负效应，住房市场的政策尤其如此。总之，行为经济学为房地产市场分析和政策制定提供了新思路，未来还需进一步探索更加完备的理论和模型，并寻求更多现实证据的支撑。

资料来源：Bao X. H. Helen, and Lizieri C. Behavioural Finance and the Housing Market. Working paper, 2020；以及 Bao X. H. Helen, and Saunders R. Reference Dependence in the UK Property Market. Real Estate eJournal, DOI：10.2139/ssrn.3436015, Corpus ID：207914737, 2019。

第二节 房　地　产

一、房地产的概念

与房地产（real estate）密切联系的一个概念是不动产。不动产（immovables）是一个规范的法律词汇，英国称为 real property 或 property，美国称为 real estate。不动产是指不能移动位置或移动位置后会引起性质、形状改变，造成经济损失的物，如土地、房屋、附着于土地上的树木等。简言之，不动产即土地及其定着物（其构成见图 1-3）。

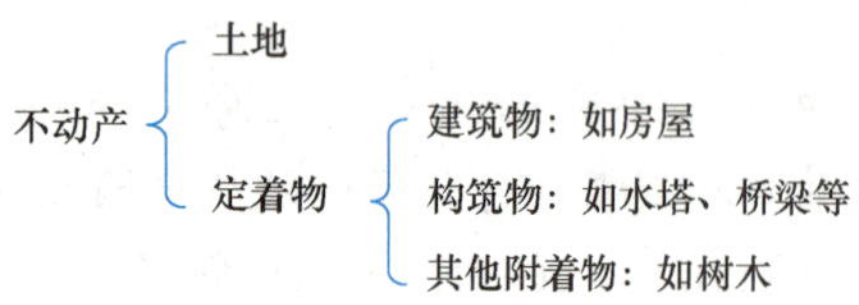

```
         ┌─ 土地
不动产 ─┤          ┌─ 建筑物：如房屋
         └─ 定着物 ┤─ 构筑物：如水塔、桥梁等
                    └─ 其他附着物：如树木
```

图 1-3　不动产的构成

房地产的概念流行于中国内地，定义多而混乱。有的认为房地产就是不动产，这是最广义的房地产概念；有的认为房地产是一定范围内（如国家、地区、城市）的全部房产与地产的总称。从目前"房地产"概念的实际应用看，是指房屋建筑与建筑地块的有机结合，也就是房产及其相关的地产的有机整体。

不动产与房地产的区别可以这样理解：首先，房地产的外延小于不动产。在实际应用中，房地产所包含的"地产"往往是与房产紧密相关的土地；而不动产则不仅包含所有的地产（土地），而且还包含如树木等其他地上定着物。其次，不动产是从土地（地产）出发，以地产为基础；房地产则从房屋（房产）出发，以房产为基础。此外，中国香港等地多用"地产"概念作为"房地产"的代名词，这也许是由于中国香港的土地弥足珍贵的缘故。中国内地早先使用"房地产"的概念，目前也仍以之为主，但"地产"一词常见诸报端，在日常用语中的使用频率也较高。

物业（property）也是从中国香港引进的一个概念。可以理解为单元性的房地产，即具体化了的房地产或房地产单位（单元）。"物业"可大可小，大至一个住宅小区，小至一套住宅，都可称为"物业"。但一个地区（如城市）的全部房产和地产的总和，却称为"房地产"而不是"物业"。换句话说，物业多用于房地产的"单称"，即个体；而房地产多用于总称，指总体。

二、房地产的性质

房地产的经济学性质是由其自然属性决定的，而房地产的自然属性归根结底是由土地的自然属性所决定。作为自然综合体的土地可以称为"自然土地"❶，其自然特性（或物理属性）可归纳为以下几个方面：

（1）不可移动性（immovability），即位置的固定性。这是房地产或土地最根本的性质，也是房地产区别于其他经济物品的根本属性。房地产业中有一句老话：房地产的三条最重要的特征，一是位置，二是位置，第三还是位置（即 location, location, and location）。房地产的这一性质将房地产经济学与一般经济学区分开来，房地产经济学强调经

---

❶ 关于自然土地的定义、构成及功能等的论述参见周诚：《土地经济学原理》，2～7 页，商务印书馆，2003。

济活动的"空间特性",而一般经济学或主流经济学到目前为止仍然是"无空间的"(aspacial)。

(2) 异质性(uniqueness),即性能的差异性。正如没有完全相同的两个人一样,世界上没有完全相同的两块土地或房地产。每一块土地的位置不同,而且土地的物质构成、土地质量等方面都有差异。房屋也是一样,即使是处于同一区位,甚至同一栋建筑物内或同一单元内,不同的房屋由于户型、楼层或朝向等属性不同也仍有较大差异。土地的异质性决定了土地利用要因地制宜,扬长避短。土地及房产的异质性决定了房地产市场的区域性以及房地产价格的异质性等。

(3) 数量的有限性。最主要的是土地面积的有限性,即大自然赋予人类的土地面积是有限的,土地面积的自然增减和人工增减都是极其有限的。例如,填海能造田,但相对于一个城市、国家乃至整个地球的表面积而言微乎其微。土地数量的有限性还包括土地可利用的地上和地下空间是有限的,这是将土地看作是"立体的"即"立体土地"的观点。与土地不同,房屋等建筑物的数量则是可以改变的,但也要受土地数量有限性的制约。

(4) 不可毁灭性(indestructibility),即存在的恒久性。自然空间既不能创造也不能毁灭,这一点与建于其上的建筑物有本质区别。土地的这一特性决定了土地可持续利用的可能性,以及土地作为资产的恒久性。同时,土地的这一属性及其建筑物的耐久性意味着房地产利用的长期性,这与大多数普通商品截然不同。

作为经济学研究对象的房地产,其经济特性可归纳为空间特性、市场特性、资产特性、法律和制度特性四个方面。

(1) 空间特性。房地产经济学能够作为一门学科独立存在,主要是由于房地产的"空间性",即空间的固定性和异质性。目前的主流经济学抽象掉了空间因素,仍停留在"空间均质"假设的阶段。沃尔特·艾萨德(Walter Isard)抨击目前的经济学分析是"在一个没有空间维度的空中楼阁中"进行的。而在主流经济学教科书,如约瑟夫·斯蒂格利茨(Joseph Stiglitz)的《经济学》中,根本没有"区位"或"空间经济学"这样的词,仅仅有一处提到"城市",还是在讨论发展中国家农村人口向城市迁移时出现的。❶

如前所述,主流经济学研究生产什么,如何生产以及为谁生产这三大基本经济问题。如果加入"空间因素"或"区位因素",则经济学还需要回答"在哪里生产"的问题。空间经济学的一个主题是企业和家庭的选址决策。房地产的这一空间特性,使得房地产经济学等"空间经济学"发展出一些区别于主流经济学的基本概念,如运输成本、区位均衡、建筑密度和建筑容积率等。这些概念在一定程度上拓展了主流经济学的研究范围。例如,与"生产成本"概念相对应,运输成本或交通成本(TC)是运输距离(u)的函数,即$TC = f(u)$。区位均衡则是经济学中局部均衡和一般均衡概念在空间经济学中的应用和发展。

(2) 市场特性。房地产的市场特性主要是指房地产市场的不完全竞争性质,具体来说包括区域性、交易费用高、供给的滞后性、需求的二重性等。房地产位置的固定性以及异质性导致房地产市场强烈的区域性和竞争的不充分性,这使得经济学的一般原理如基于完全竞争假设的一般均衡论难以应用于房地产经济问题的分析。房地产投资、开发、交易和

---

❶ (美)保罗·克鲁格曼:《发展、地理学与经济理论》,35页,北京大学出版社、中国人民大学出版社,2000。

消费的环节多且复杂，一般投资者和消费者难以掌握相关的信息和技能，由此导致市场交易费用高，进一步加剧了市场竞争的不完全性，市场效率较低。房地产生产（投资和开发）的周期长，同时使用具有耐久性，导致房地产供给具有滞后性，即供给调节滞后于价格的变动，这一特性导致房地产市场波动，并且房地产经济周期波动与宏观经济周期波动有显著不同。房地产需求具有二重性，即房地产需求可分为消费需求和投资需求两大类，也就是说，房地产既可作为最终消费品，也可作为投资品，在一定条件下甚至会成为投机的对象。

（3）资产特性。这里所说的房地产的资产特性，主要是指房地产的价值量大和使用的耐久性，以及由此导致的房地产金融、税收的重要性和房地产的投机性等。房地产与其他资产一样，由于能够产生连续不断的服务，从而带来连续不断的收益。房地产的使用具有耐久性，是典型的"耐用消费品"，并且价值量大，是人类最"昂贵"的消费品之一。因此，房地产金融对于房地产的生产环节和消费环节都具有特殊的重要意义。房地产的投资和开发需要大量的资金，一般来说，房地产开发企业的自有资金只有30%，其余的70%是银行贷款等非自有资金，可见融资对于房地产项目的重要性。房地产的消费环节也一样，消费者一般难以一次性付清全部款项，需要银行等金融机构的大力支持，即通常所说的住房抵押贷款，贷款额度一般高达80%甚至100%。

房地产具有位置的固定性和存在的恒久性等自然特性，以及价值量大和使用的耐久性等经济特性，所以房地产作为课税的对象具有税源稳定、不易逃漏、不易转嫁等特点。值得指出的是，经济学分析表明，对土地征税不会导致经济扭曲或无效率，因此，不动产税或物业税（property tax）往往成为地方政府财政收入的主要来源。

（4）法律和制度特性。动产与不动产是法律上对物所做的最重要的分类。对房地产产权的界定是由专门的房地产法来进行的，房地产的法律特性是其区别于普通商品的又一大特性。对于房地产的法律和制度特性，可以从社会制度和经济制度两方面来理解。一方面，为了处理有关房地产的利用、分配、所有等方面的法律问题，人类经过几个世纪的时间，已经形成了专门的房地产法律制度。房地产的让与必须采用书面形式，依登记而有效，动产大多不必如此；在设定担保物权时，房地产上设定抵押权，动产上设定质权；发生继承时，动产适用于被继承人居住地法律，而房地产适用房地产所在地的法律。实际上，我们称之为经济物品的房地产，只不过是伴随着房地产实物的法律权利。也就是说，房地产具有位置的固定性等自然特性，使得房地产市场上进行交易的除了房地产本身，还有利用该房地产的种种权利，即房地产权利束，这些权利反映了社会制度和观念。

另一方面，从经济学角度看，房地产的利用有很强的外部性（externality）。房地产的这一特性，导致政府对于房地产市场的干预更强。目前以科斯、诺斯为代表的产权学派和新制度经济学，将主流经济学的分析方法应用于制度问题的分析，其理论和方法对于分析房地产产权和制度尤有借鉴意义。特别是，对于目前正处于"转轨时期"的中国，诸如城镇住房制度改革、土地有偿使用制度改革等，可以应用制度变迁等理论进行解释。这些都是房地产经济学重要的研究内容。

第三节 房地产经济学

一、房地产经济学的主要内容

房地产经济学是应用一般经济学（微观、宏观及其他）的基本原理和方法，分析稀缺的房地产资源配置问题，特别是房地产活动或行为对房地产价值（价格）的影响的学科。作为年轻的经济学的一个分支，房地产经济学更是一门新兴学科。一般认为，1924年美国经济学家伊利和莫尔豪斯合著的《土地经济学原理》的出版，标志着土地经济学作为一门独立学科诞生。这样看来，房地产经济学发展至今大致有100年的历史，目前这门学科的研究范围、具体界限和理论基础等，尚在继续探讨。

本书共分四篇、十五章，各章节安排及主要内容如下：

第一篇"导论"。

第一章"房地产经济学概述"。本章介绍经济学的基本思想、主要内容、研究方法以及最新进展，房地产经济学的研究对象即房地产的概念及其经济学性质，以及房地产经济学的主要内容、特点和学习方法。

第二章"房地产市场概述"。本章介绍房地产市场的概念和性质，总结归纳房地产市场的特点，并介绍主要的房地产市场类型即房地产市场的分类，讨论房地产市场失灵与政府干预。

第二篇"房地产市场的微观经济分析"。

第三章"住宅市场"。住宅市场的供求均衡反映了住宅市场的一种稳定状态。本章介绍住宅需求和供给的基本原理；分别从静态均衡分析和蛛网模型的角度，阐述住宅市场的供求均衡；最后，重点阐述四象限模型及其应用。

第四章"住宅租金和价格"。本章介绍住宅租金和价格的概念，住宅价格的构成和影响因素；住宅租金和价格的关系，即租金是如何转化为价格的；住宅竞标地租函数以及住宅供应的区位选择；住宅的多样性以及特征价格模型，并应用我国的实证数据进行初步分析。

第五章"工商业房地产市场"。与住宅相比，工商业房地产在使用目的、物质形态、投融资、开发以及产品设计等方面都有其自身特点。本章主要介绍工商业房地产的概念、分类以及在投融资、经营过程、产品使用、区位选择以及资产价格方面的特点，并分别介绍商业房地产市场和工业房地产市场的运行规律。

第六章"房地产开发"。本章介绍住宅的异质性和特征价格模型，分析住宅属性特别是住宅密度的决定。介绍房地产开发的含义，以及进行开发决策的成本收益分析方法；介绍房地产开发区域选择的一般含义，并重点讨论区位选择和场地分析；讨论房地产开发的其他决策分析，包括开发时间选择、开发物业类型选择、开发模式选择和开发产品入市时间选择等。

第三篇"房地产市场的宏观经济分析"。

第七章"经济增长与房地产市场"。本章阐述房地产市场与经济增长之间的互动关系，介绍经济增长的内容、理论及其驱动力；分析经济增长如何影响房地产市场以及房地产市场对经济增长的影响机理;并介绍我国经济增长与房地产市场的互动关系的实证结论。

第八章"房地产金融与资本市场"。本章介绍房地产金融的概念,总结归纳房地产金融的特点;阐述为解决居住消费需求的主要融资方式;介绍房地产企业的资本市场融资;介绍房地产金融的中长期发展。

第九章"房地产周期波动"。本章介绍宏观经济周期波动理论;房地产周期的概念、阶段和形态,以及与宏观经济周期的联系;阐述房地产周期的形成原理,影响房地产周期波动的因素,以及经济学家对房地产周期波动的各种解释;介绍如何计量和监测房地产周期波动,重点介绍指标选取的原则和方法,以及两种主要指数的计算方法。

第十章"房地产投机与泡沫"。本章介绍投机和泡沫的一般理论,特别是泡沫的产生条件;阐述房地产投机与泡沫的基本理论,主要包括房地产投机和泡沫的内涵、形成条件、发展阶段及其对宏观经济的影响,并简单介绍国内外典型的房地产泡沫;进一步从市场、金融、制度和政策等方面阐述房地产泡沫的形成机理;最后介绍如何度量房地产投机和泡沫,建立预警预报机制。

第四篇"政府在房地产经济中的作用"。

第十一章"公共物品、外部性与房地产管制"。本章概述了公共物品、外部性和管制的基本概念和原理;归纳总结与房地产有关的公共物品,介绍政府在房地产领域提供公共物品的方式;讨论房地产的外部性以及房地产领域政府管制的主要方式。

第十二章"住房保障政策"。本章介绍贫困人口的住宅问题,阐述住房保障政策的主要途径;梳理我国住房保障制度的历史沿革;对我国的住房保障进行实证分析。

第十三章"房地产政策与宏观调控"。本章介绍宏观调控的基本原理,重点分析宏观调控对房地产市场的影响以及房地产政策参与宏观调控的主要手段,并对当前我国的房地产政策参与宏观调控的实践进行总结。

第十四章"房地产税收"。本章介绍税收的概念和特点,以及税收的转嫁和归宿等基本原理;介绍房地产税收的概念以及典型国家房地产税收的实践经验;总结我国现行的房地产税收制度的实践,并对该领域的有关热点问题进行探讨。

第十五章"房地产产权与制度"。本章介绍产权学派和新制度经济学的基本概念和基本原理,介绍我国的房地产产权体系,并应用上述基本原理分析我国的土地制度和住房制度改革。

二、房地产经济学的学习方法

与一般经济学相比,房地产经济学具有综合性强、应用性强,以及属于要素经济学等特点。相应地,学习房地产经济学时至少应注意以下几点:(1)不要从太窄的地方开始;(2)重视实际案例的分析以及实际问题的解决;(3)强调西方经济学中有关要素市场理论的应用等。具体来说:

(1)房地产经济学具有很强的综合性,学习时不应从太窄的地方开始。从学科理论体系看,房地产经济学除了研究房地产市场、房地产价格等经济学的核心内容外,还要研究房地产金融、房地产税收、房地产制度以及房地产周期和泡沫等相关内容。从房地产经济学及其相关学科的关系看,房地产经济学涉及投资、开发、销售,以及规划、建筑、工程、基础设施建设等各个层面。从房地产经济学所借鉴和应用的理论看,除了主流经济学外，还需要公共经济学、制度经济学、新制度经济学等其他学科理论的支持。

分析房地产经济问题不能仅就房地产谈房地产，要有综合的思想。房地产市场与劳动市场、资本市场关系密切，土地市场与产品市场、其他要素市场等关系密切，可应用一般均衡的分析思想。此外，土地市场与房地产市场之间的关系，以及土地市场、房地产市场与宏观经济之间的关系等都非常重要。因此，学习房地产经济学始终要将房地产放在整体经济中，放在与其他经济部门的联系中，才能更全面深刻地理解房地产市场和房地产经济规律。

总之，房地产经济学的综合性特点，要求在房地产经济学的学习中既要掌握主流经济学的基本原理和分析方法，还要辅以其他学科的理论和方法工具；既要把握住经济学分析这一主要视角，还要兼顾房地产的自然和技术的、法律和制度的以及金融和投资的等多视角。

（2）房地产经济学的应用性强，学习时注意理论联系实际，重视案例分析和实际问题的解决。房地产经济学、城市经济学以及区域经济学等"空间经济学"，目前理论体系远未完善，却能较好地应用于实际，是这几门学科能得以兴旺发展的一个主要原因。房地产经济学可以应用于房地产投资开发、市场营销，工商企业的选址决策、消费者的购房决策，以及政府公共政策的制定、税收制度的建设乃至宏观经济调控等。在房地产经济学的学习过程中应特别注意通过对国内外实际案例的分析和学习，更深入地掌握相关的基本概念和原理，并重点把握如何将这些原理和实际案例结合起来，即掌握应用原理和方法分析实际问题的基本思路以及具体操作过程和技巧。

（3）房地产经济学具有要素经济学的性质，学习时应特别注意对西方经济学中关于要素市场有关基本理论的把握。"要素经济学"也许并不是一个规范的称谓，这里只不过是强调不动产作为生产要素的特性，以及由此导致的在房地产经济问题分析中要素市场理论的重要性。简单分析房地产的构成，可以明显地看出这一特性：房地产包括土地和房产。作为一种典型的生产要素，土地的规律特征以及土地市场的运行与普通商品迥然不同。房产又包括住宅和工商业房地产。工商业房地产作为生产的中间投入品，与普通消费品性质不同。即使是作为最终消费品的住宅，其消费特性与投资特性甚至投机特性也往往无法截然分开。总之，在学习过程中应把握住房地产作为生产要素的独特性质。

小　　结

（1）本章对经济学和经济学方法论作了一个简要概括，这是学习房地产经济学的基础。经济学研究稀缺资源的配置，包括微观经济学和宏观经济学两大分支，其基本思想是亚当·斯密的"看不见的手"原理。经济学方法论则是学习经济学和房地产经济学的重要工具。

（2）实证经济学较多地应用数学，采用模型方法，努力做到"客观"，而尽量不作价值判断。经济理论一般用数学模型来表述，不仅是形式化的需要，也是理论深化的需要，有助于理论的检验和理论的创新。与经济模型相联系，静态分析、比较静态分析和动态分析等在房地产经济分析中广泛应用，务必熟练掌握。

（3）根据波普的"证伪主义"，理论只能"证伪"而不能"证实"，实证经济学的方法论基础是演绎法。假说演绎法的基本思路即通常所说的"大胆地假设，小心地求证"，理论假说的核心是一系列"假设条件"。有模型必有假设，作为一门学科的西方经济学的基本假设包括"经济人"假设、完全信息假设、产权清晰假设等。

（4）成本—收益分析和边际分析是经济学的基本分析方法。经济学可能不仅是"郁闷"的科学，还是一门"俗气"的科学。经济学告诉我们，经济决策是成本和收益的比较，考察是否"划算"，权衡利害得失。经济学中的"边际"概念至关重要，这一抽象概念及其相关原理是经济分析方法的核心。

（5）房地产经济学是应用经济学的基本原理和方法来研究房地产问题的一门学科。房地产的经济学性质主要由土地的自然特性所决定。土地的自然特性可归纳为不可移动性、异质性、数量的有限性和不可毁灭性等。房地产的经济特性包括空间特性、市场特性、资产特性以及法律和制度特性四个方面。"空间性"是最根本的，体现出房地产经济学作为一门学科独立存在的价值基础。

（6）与一般经济学相比，房地产经济学具有综合性强、应用性强和属于要素经济学等特点。相应地，学习房地产经济学时应注意：①不要从太窄的地方开始；②重视实际案例的分析以及实际问题的解决；③强调西方经济学中有关要素市场理论的应用等。

复习思考题

1. 经济学的研究主题和基本思想是什么？
2. 经济学有哪些基本假设？怎样理解这些假设？
3. 按照波普的"证伪主义"，经济学推理的基本逻辑是什么？
4. 简要概括房地产的自然特性和经济学性质。
5. 为什么说房地产的"空间性"体现了房地产经济学作为一门学科独立存在的价值？
6. 房地产经济学的学习中应注意哪些主要问题？

课外阅读材料

1. Helen X. H. Bao. Behavioural Science and Housing Decision Making：A Case Study Approach[M]. London：Routledge，2020.
2. （美）N·格里高利·曼昆. 经济学原理：微观经济学分册（第七版）[M]. 北京：北京大学出版社，2015.
3. （美）N·格里高利·曼昆. 宏观经济学（第五版）[M]. 北京：中国人民大学出版社，2005.
4. （美）米尔顿·弗里德曼. 实证经济学的方法论. 弗里德曼文萃. 北京：北京经济学院出版社，1991.
5. 陈璋. 西方经济学方法论研究[M]. 北京：中国统计出版社，2001.
6. 高鸿业 主编. 西方经济学（第二版）[M]. 北京：中国人民大学出版社，2002.
7. 钱颖一. 现代经济学与中国经济改革[M]. 北京：中国人民大学出版社，2003.
8. 张五常. 经济解释（三卷本）. 卷一：科学说需求[M]. 香港：花千树出版有限公司，2002.

第二章 房地产市场概述

无论是在西方的混合经济，还是在我国的社会主义市场经济中，房地产资源的分配大多发生在市场上，采用价格机制进行。本章介绍房地产市场的概念和性质，归纳总结房地产市场的特点，并介绍主要的房地产市场类型即房地产市场的分类。

第一节 房地产市场的概念和性质

一、房地产市场的概念

市场是分工和交易的产物。分工和交易使得买卖双方都能获益更多，交易的发生需要买卖双方的交流沟通，这样的一种机制称为"市场"。归纳起来，市场的概念可从以下四个方面理解：（1）市场是指买卖双方进行交易的专门场所，如农贸市场、股票交易大厅等，这是狭义的市场概念。（2）市场是买者和卖者相互作用并共同决定商品、劳务的价格和交易数量的机制❶。也就是说，采用市场这种机制可以决定均衡价格和均衡产量，其中价格是市场的核心要素。这是典型的西方经济学定义。（3）市场是交易活动或交换关系的总和，如网上书店并无固定的交易场所，但通过互联网实现交易。这是广义的市场概念。（4）市场是资源配置的一种手段，与"计划"手段相对应。市场作为主要资源配置手段的经济称为"市场经济"，反之则称为"计划经济"。

市场经济的成功，源于其三大经济功能，即竞争、分工以及分权❷。市场机制的本质特征是竞争，准确地说，是自由竞争。亚当·斯密在200多年前就告诉我们，在"经济人"的假设下，通过"看不见的手"，依靠自由竞争可以实现个人利益与社会利益的协调统一，实现资源的最优配置。竞争的作用在于提供了选择和激励机制，前者即"优胜劣

---

❶（美）保罗·萨缪尔森、威廉·诺德豪斯：《微观经济学（第16版）》（中译本），21页，华夏出版社，1999。

❷ 详见况伟大：《垄断、竞争与管制——北京市住宅业市场结构研究》，34~37页，经济管理出版社，2003。

汰"，后者则有利于生产成本和交易成本的降低。

根据不同的市场结构特征，一般将市场划分为完全竞争（perfect competition）、垄断竞争（monopolistic competition）、寡头（oligopoly）和垄断（monopoly）四种类型。完全竞争的市场必须具备以下四个条件：（1）大量的买者和卖者。市场价格由众多的买者所形成的需求以及众多的卖者所形成的供给共同决定。由于买者和卖者众多，任何单个的买者和卖者都不能决定市场价格，而只能是价格的接受者（price taker）。（2）产品的同质性。一个市场中所有厂商生产的产品是完全相同的，不存在质量、规格、商标和外观等的差异，也不存在销售地点、购物环境和售后服务等的差异。产品的同质性导致不同厂商的产品之间是可以完全替代的。（3）资源的流动性。厂商投入生产的所有资源都可完全自由流动，这不仅意味着劳动力可以在不同的职业间以及不同的地区间自由流动，资本也可以自由地流入流出某一行业；也意味着厂商进入或退出一个行业是完全自由和毫无困难的。（4）完全信息。市场上的每一买者和每一卖者都具有与自己的经济决策有关的一切信息，对商品的价格、未来走势以及交易的技巧等都了如指掌。换句话说，市场上不存在不确定性，每一买者和卖者都按照既定的市场价格成交。

显然，完全竞争市场在现实的世界中是不存在的，但这并不表明经济学中的完全竞争假设毫无意义。相反，它的意义重大，这是因为：（1）从完全竞争市场模型中可以得出关于市场机制及其配置资源的一些最基本原理；（2）该模型提供了一个进一步分析其他类型的市场乃至现实世界的"参照系"或"基准点"，类似于物理学中的"真空"和"无摩擦"假设。

套用市场的定义，狭义的房地产市场是指房地产交易的专门场所，如我国各城市中都较常见的房地产交易所，越来越多的土地拍卖场等。广义的房地产市场则是指房地产交易或房地产交换关系的总和。按照市场的交易机制定义，房地产市场是众多的买者和卖者相互作用并共同决定房地产商品或劳务的均衡价格和均衡交易量的机制。

然而，房地产市场究竟在多大程度上接近完全竞争的假设呢？我们常常讲，农产品市场如小麦市场是现实中最接近完全竞争假设的，比如即使是最大的小麦农场也只能生产世界小麦产量的很小一部分，从而无法对小麦价格产生重大影响。然而，正如经济学的经典教科书中通常指出的，很多情况下市场的竞争是不完全的，其中最重要的三种是：不完全竞争（如垄断）、外部性（如污染）和公共物品（如国防及高速公路）[1]。显然，房地产市场与农产品市场有极大的不同。由于房地产独特的自然特性和经济特性，房地产市场可以说是现实中偏离完全竞争最远的一种市场。既然如此，基于完全竞争假设的一般均衡模型能够在多大程度上适用于房地产市场的分析呢？如果直接应用主流经济学行不通的话，那么通过价格机制来配置房地产资源的房地产市场的内涵是什么？要回答这一关键问题需要学习房地产市场的性质和界定，并为后面各章节的分析奠定基础。

[专栏2-1] 房地产业的市场结构

市场结构（market structure）是指市场主体之间的垄断竞争的关系以及由此形成的市场形式。通常划分为完全竞争、完全垄断、寡头和垄断竞争四种形态，后三种可称为不

---

[1] （美）保罗·萨缪尔森、威廉·诺德豪斯：《微观经济学（第16版）》（中译本），28页，华夏出版社，1999。

完全竞争（imperfect competition）。不动产市场是不完全竞争市场，就此而言没有任何争议。可是，它到底属于不完全竞争市场的哪种类型呢？是垄断竞争、寡头市场还是完全垄断市场呢？

国内一些不动产经济学教科书对此略有涉及（周诚，2003；曹振良，2003）。此外，况伟大（2003）对此有较系统的阐述，并应用产业组织理论对中国住宅产业进行了较系统的分析。他认为北京市住宅产业的市场结构是垄断性的，改革前为行政性垄断，改革后则经历了国有企业垄断、寡头垄断和价格合谋三个阶段。具体来讲，北京市住宅产业的发展经历了以下四个阶段，即：

（1）行政性垄断阶段（1980年以前）。住宅业的行政性垄断是计划经济体制下的必然现象，这种市场结构导致了糟糕的经济绩效，并且这种行政性垄断是全方位的，既垄断住宅供给，同时也垄断住宅需求。

（2）国有企业垄断阶段（1980—1991年）。1978年后行政性垄断的坚冰开始打破，但公有制的主体地位没有丝毫动摇。这一阶段政府限制其他性质企业进入住宅业，在住宅业内部实行国有制。土地出让全部采用协议方式，同时还有大量的行政划拨。国有企业垄断造成的高房价以及住宅短缺，是房改不成功的表现。

（3）寡头垄断阶段（1992—1999年）。这一时期，几方面因素造成了北京市住宅业为寡占的市场结构：首先，土地出让采用许可证制，形成进入壁垒限制住宅业中的企业数量；其次，房地产开发环行竞争的特点使得开发商在某一区域内拥有垄断定价权；第三，强大的"集团购买"加强了开发商的垄断定价权。开发商寡占的结果是高房价。

（4）价格合谋阶段（2000年至今）。当住宅需求从"集团购买"回归至"个人购买"时，开发商必须市场适销对路的产品，否则会出现巨大的沉淀成本（烂尾楼和空置）；同时，开发商之间的环行竞争特征导致竞争"集体"的规模较小。这样，开发商容易形成默契合谋，进行"集体行动"，确定垄断高价。其结果是损害了经济效益和消费者福利。

参考文献：况伟大著：《垄断、竞争与管制——北京市住宅业市场结构研究》，经济管理出版社，2003；周诚著：《土地经济学原理》，商务印书馆，2003；以及曹振良等编著：《房地产经济学通论》，北京大学出版社，2003。

二、房地产市场的性质

如上所述，按照目前主流经济学（一般讲主要是新古典经济学）的观点，在一个完全竞争市场中，被出售的产品假定是完全一样的，而众多的买者和卖者构成了市场的需求和供给两个方面。然而，房地产具有不可移动性和异质性，很难满足完全竞争市场的假设。房地产的这种异质性主要体现在其自身属性和位置特性两大方面。

先考察房地产本身的特性。首先，影响土地价格的诸多因素如土地的面积、形状、临街宽度、开发程度、土地利用状况以及规划条件、土壤肥力和地质条件等都有很大差异。其次，土地改良物如住宅在大小（面积）、建筑形式、结构（房间布局）、朝向、楼层、房龄、物业管理服务等诸多方面也都各不相同。这是房地产自身属性的多样性或异质性。

房地产的购买者既要购买房地产自身，又要购买其位置特性。房地产的位置特性主要体现在以下四个方面：(1) 易达性（Accessibility）。位置不同，上下班、购物、娱乐的便利程度、交通成本是不同的。(2) 公共服务设施。不同区位提供的公共设施服务水平，如学校、消防、警察（安全）等都是不一样的。(3) 环境质量。位置不同，空气质量和噪声（比如主路、机场附近等噪声污染大）等都不同。(4) 邻里。即相邻住宅、土地的外部性，例如一个外立面做得非常美观的住宅项目，会使相邻的其他住宅项目升值，但这一好处也许这个项目本身无法获得。房地产领域的外部性问题将在第十一章公共物品、外部性和房地产管制中详述。

总之，土地和房地产的多种自身属性和位置特性的差异，导致房地产明显区别于普通商品，不能直接应用完全竞争市场的供求模型来分析。经济学家长期以来对此问题进行研究，已经找到虽不完美但却切实可行的解决办法，这也是房地产经济学作为一门独立学科存在的价值体现。归纳起来，主要有以下途径。

(1) 将产业组织理论中的产品差异化概念引入房地产经济学，与房地产的区位分析相结合。由于每个房地产项目都占据独一无二的位置，毗邻的建设用地有可能是类似的，但绝不是完全相同的。当一个市场上的所有产品都有一些差异时，这个市场被称为产品差异化市场（product-differentiated market）。除土地市场外，劳动力市场也可以被看作是一个产品完全差异化的市场。一些普通商品市场如农产品、石油或矿产品市场，其产品基本上是完全相同的，可称为产品同质市场。大多数耐用品市场属于产品部分差异化市场，如汽车市场等。

将产品差异化应用于土地市场分析。一方面，由于任何地段的土地供给都是固定的，而不同区位的土地又具有异质性，所以可以将不同区位的土地看作是完全差异化产品，其供给价格弹性为 0，即特定区位的土地供给是完全非弹性的。另一方面，由于有众多的土地需求者竞争使用某一宗土地，所以特定地段的土地需求对价格是弹性的。

因此，土地市场均衡价格的确定，是对每一宗土地分别定价，而这一价格体现了这宗土地所有的区位优势。基于李嘉图的"剩余原则"（the leftover principle）或"补偿原则"（the compensation principle）的竞标地租模型以及区位地租论，集中反映了这一思想，并成为研究土地定价以及城市房地产价格空间分布的理论基础。可见，房地产的区位特性是决定其市场概念的核心，所以解决房地产异质性的出路之一是对土地市场的独特分析。

(2) 房地产市场的市场细分。房地产的异质性决定了不可能有完全相同的两个房地产，但是细分后的房地产市场却具有更大的同质性，使得我们可以近似地采用主流经济学的供求模型来分析。从经济分析的角度看，房地产市场细分不仅指物业类型细分，还可以针对住宅属性，或者市场范围大小进行细分。

一是物业类型细分，将房地产市场分为住宅、工业和商业房地产市场，后两者可合并为工商业房地产市场。从宏观层面来看，住宅市场与工商业房地产市场明显不同。住宅价格和开工建设量的波动，同写字楼、工业或零售商业物业的租金波动或开工建设量之间一般没有密切联系，参与这些市场中各类子市场的机构（如中介服务公司）也完全不同。居住物业开发商很少去开发商业物业，从事工业或写字楼物业的中介企业也很少涉足居住物业。居住物业融资有一个独特的抵押贷款发起过程，在发达国家如美国，同时还有一个活跃的二级市场，但商业物业融资通常是通过民间机构完成，并且只有一个规模较小的二级市场。

根据研究的需要，还可对物业类型进一步细分，如将住宅市场进一步分为普通住宅市场、高档公寓、别墅市场、经济适用房市场等。

二是针对住宅属性进行细分。如根据房龄的不同,将普通住宅市场分为新房市场和旧房市场;根据面积的不同,分为三居室住宅市场、二居室住宅市场和一居室住宅市场。也就是说,可以根据研究需要,将住宅市场细分为同质性更强的细分市场,然后应用供求模型进行分析。

三是进行区域细分,也就是对房地产市场的区域范围进行界定。显然,我们很难将北京和天津两地的普通住宅市场合并作为一个市场进行分析,尽管它们之间的地理距离并不是很远。同样地,绝大多数在芝加哥商业区工作的人会寻找一处在该城市上下班路程范围以内的住房,而不会去打200英里或300英里以外住房的主意,即使那里的住房可能更便宜。因此,北京的房地产市场相对于天津、河北的房地产市场,芝加哥的房地产市场相对于诸如克利夫兰、休斯敦、亚特兰大的房地产市场而言,是分离的、独具特色的。我们很难说有一个全国统一的房地产市场或土地市场,因为这对开发商、投资者、消费者甚至那些强调宏观分析的政策制定者来说,都无太大的现实意义。

如何界定房地产市场的区域范围呢?从理论上讲,房地产市场区域范围的界定应包括那些受相同经济条件影响的所有房地产项目。从实践的角度看,不同地区的经济地理范围通常是以城市为单位进行区分的。在大都市统计区(MSAs)❶内上下班会经常出现交通拥堵等问题,但交通因素并不会大到足以阻止大多数家庭在任意两个地区居住和工作。换句话说,在一个大都市内部,在任何一处居住的就业者,在该区域的择业不应受到交通和通勤问题的影响。反之,大都市之间上下班的通勤行为却由于足够大的距离和交通等因素的障碍,很少发生。

这种基于劳动力流动性的区域经济定义对于房地产市场的运作有广泛的意义。假如大都市的就业者能够坦然接受在该区域的任何位置居住,那么在某种程度上,这个区域的所有住宅之间就有一定的竞争性。类似的,商业企业选择任何一处办公地点,都要考虑在该处能否找到愿意到这里来上班的就业者。而大都市区之间,这种竞争通常是不存在的。住在旧金山的家庭不太可能接受在洛杉矶的工作,这意味着这两个区域的房地产市场基本上是没有联系的。

总之,房地产市场的区域范围界定应能保证在这样的区域市场内部,所有的房地产能够相互影响,即有较大的替代性和流动性;而在不同的区域市场之间,则存在着阻力、交通成本、资源的不可移动性和较低的替代性。因此,尽管在做经济分析时会经常需要考虑全国性的住宅和商业房地产市场,但我们主要将房地产市场的分析集中在城市层面上。

第二节 房地产市场的特点和分类

一、房地产市场的特点

房地产界有一句名言,说房地产有三个重要的特点:"位置,位置,还是位置"(lo-

---

❶ 关于MSAs及其相关概念可参见(美)阿瑟·奥沙利文著:《城市经济学》,中译本,6~11页,中信出版社,2003。

cation，location，location）。与之相对应，房地产市场的三个重要特点是："不完全竞争，不完全竞争，还是不完全竞争"（imperfect competition，imperfect competition，imperfect competition）。

美国著名不动产经济学家雷利·巴洛维（Raleigh Barlowe）认为，不动产市场有如下几个特性❶：（1）只是针对待售财产总供给量的一部分而言；（2）产品位置的固定性；（3）产品的非标准化和异质性；（4）影响不动产交易的特别法律条例；（5）对当地供求状况的依赖性；（6）绝大多数交易是高额交易；（7）习惯上采用信贷方式来补充多数买者有限的自有财产；（8）普通买者不经常参与不动产市场交易；（9）广泛的经纪人服务。

美国房地产学术界在分析房地产市场特性时，认为房地产市场不像其他商品市场那么有效率。其特点如下❷：（1）一般商品市场，交易的商品或劳务本质上是同质产品，彼此容易替代；但在房地产市场，每宗土地是唯一的，且位置固定，彼此不易替代，即使某些土地具有替代性，但是因其位置的固定性，使其市场无高效率。（2）一般商品市场，市场参与者众多，自由竞争充分，较难形成垄断；但在房地产市场，在一定时间内，只有少数买者和卖者，每一类型土地只在某一价格范围和地域内互动，且因价值较高而需要较大的购买力。（3）一般商品市场，价格相当一致且稳定，商品价格经常是买卖双方决策的主要依据；但在房地产市场，因价值较高，一般难以自有资金购买，因此，提供融资的类型、可运用抵押贷款额、利率、定金支付条件及还款期限等都会影响投资决策。（4）一般商品市场，自我规范，公平竞争，限制很少；但在房地产市场，政府的法律法规限制很多。（5）一般商品市场，因竞争而易形成均衡；但房地产市场的均衡大多只是理论上的，在现实中则由于适合特定使用的房地产供给相对于市场需求调整较慢，而难以实现均衡。（6）一般商品市场，买卖双方对市场和商品有较充分的了解；但在房地产市场，因多数人不经常参与而对市场和标的物不了解，缺乏必要的知识。（7）一般商品市场，买卖双方进出市场较容易，能迅速适应市场变化；但在房地产市场，进出较难且复杂耗时，市场因不可预知因素而变化较大，参与者较难适应市场变化。（8）一般商品市场，商品易被消费，也易迅速供给和运送；但房地产为耐久产品，位置固定，因而其供给相对无弹性。

综上所述，与一般商品市场相比较，房地产市场具有以下特点：

（1）区域性。房地产市场的区域性主要是由房地产的位置固定性和性能差异性所决定的。一方面，由于房地产位置固定，房地产交易实质上是产权交易，其产权的承载物即房地产实体则是不可移动的。这就决定了各地区的房地产市场出现供过于求或供不应求时，不可能通过其他地区的调剂，来达到供求均衡。另一方面，房地产又具有性能的差异性，也即单件性，就是我们通常所说的世界上没有两个完全相同的房地产，这样，不同的房地产之间的替代性较差。由此，导致房地产市场具有强烈的区域性特点，不同区域的房地产价格水平、供求状况、交易数量等，相对于一般商品而言有极大的差异，不同区域的房地产市场之间相互影响也较小。

（2）竞争的不充分性。相对于一般商品市场，房地产市场参与者较少，并且房地产交

---

❶ （美）雷利·巴洛维：《土地资源经济学》，217页，北京农业大学出版社，1989。

❷ 参见（美）美国估价协会：《不动产估价》，69~71页，宏大不动产鉴定顾问股份有限公司，1999，转引自毕宝德：《土地经济学（第四版）》，21页，中国人民大学出版社，2001。

易价格及交易信息多为非公开的，使得买卖双方较难了解到真实的市场行情；同时，房地产市场属于区域性市场，同一用途不同区域的房地产具有较小的替代性，而且房地产投资决策受价格以外的因素影响也较大，因而房地产市场相对一般商品市场来讲，市场竞争不充分，市场效率较低。

(3) 供给调节的滞后性。一方面，土地资源一般不可再生，土地的自然供给无弹性，土地的经济供给弹性较小；同时，土地的用途一旦确定就难以改变。另一方面，房地产开发周期较长，从申请立项到建成销售，需要至少一年长则数年的时间，因而当市场出现供不应求时，供给的增加往往需要相当长的时间；而由于房地产使用的耐久性，又决定了在市场供过于求时，多余的供给也需要较长的时间才能被市场消化。因而，相对于需求的变动，房地产供给的变动存在着滞后性，房地产市场的均衡有着不同于一般商品市场的特殊形式。

(4) 交易的复杂性。首先，房地产交易形式多样。例如，我国房地产交易有土地使用权出让及转让、房地产买卖、租赁、抵押、典当、房地产开发项目转让等多种形式。其次，房地产交易从有初步意向到交易完成，需要进行寻找买方或卖方、现场考察、产权产籍资料查阅、讨价还价、签订契约、产权转移或设定登记等活动，持续时间较长；并且，由于交易客体——房地产的性能差异性，房地产交易信息的难以获得，完成一宗房地产交易通常需要中介人如律师、评估师、经纪人、金融机构、行政管理部门等参与，因而，不动产市场的交易复杂，交易费用高。

(5) 与金融的关联度高。可以说，不动产市场和金融市场是一对孪生兄弟，两者紧密联系，相互作用。由于不动产的价值量大，不仅不动产的开发需要大量的资金，即使对于一般的购房者而言，其购房款也是一笔庞大的资金，因此不论是不动产的投资者、开发者，还是不动产的消费者，对于信贷的依赖性都很强。没有金融的支持，不动产交易的规模将受到极大的限制。而金融政策、市场利率的变动，也会对不动产交易的数量、价格等产生很大影响。例如，1993年我国政府实行紧缩银根的调控政策，使北海、海南等地房地产市场由"热"转"冷"。

(6) 政府干预性强。相对于一般产品市场而言，政府对房地产市场的干预较强。由于土地是一个国家重要的资源，其分配是否公平有效，对经济的发展和社会的稳定都具有非常重要的作用，因而各国政府对土地的权利、利用、交易等都有严格的限制。此外，房地产市场的不完全性，竞争性较弱而垄断性较强，并且涉及社会福利和社会保障等，也成为政府倾向于对房地产市场多加干预的理由。政府一般通过金融政策、财政政策、土地利用计划、城市规划以及环境保护等手段，来鼓励或限制房地产开发，对房地产市场进行干预和调节。

二、房地产市场的分类

首先需要明确的是，尽管我们经常说"房地不可分"，因为很难在分析土地市场时不考虑地上建筑物，同样也很难在研究房地产时不考虑土地，但在理论分析中却有必要而且经常将房地产市场区分为土地市场和房产市场（即狭义的房地产市场）。也就是说，将土地和建筑物作为不同的研究对象进行分析，虽不完全分离，却各有侧重，即应用土地市场的概念时是以地为主，而用房地产市场概念时以地上建筑物为主。

房地产市场可以按照运行层次、交易客体、物业类型以及覆盖或影响的区域范围等标准进行划分，具体来说：

（1）按市场运行层次划分，中国的土地市场可以分为土地一级市场和土地二级市场；房地产市场也可分为一级市场和二级市场。土地一级市场也称土地出让市场，即国家将一定年限的土地使用权（如住宅70年，工业50年，商业40年）出让给土地使用者（如开发商、单位或个人），由土地使用者一次性缴纳土地出让金的交易市场。土地二级市场也称土地转让市场，是指土地使用者之间进行土地使用权交易的市场。房地产一级市场是指房地产开发公司与房地产消费者之间的交易市场，也即新盘市场、新房市场；房地产二级市场是指房地产消费者之间的交易市场，也俗称为二手房市场、旧房市场。需要注意的是，中国的住宅二级市场还有其特殊的含义，即交易对象不仅包括商品房市场中过滤下来的二手房，还包括原属改革存量的所谓"已购公房"或"已售公房"和经济适用房等。后者是中国住宅二级市场研究的理论重点。在税收和产权各章中还会详述。

（2）按市场交易客体划分，可以分为土地市场、房产市场、房地产金融市场和房地产中介服务市场等。房地产中介服务市场又包括房地产评估、房地产经纪和房地产咨询等。

（3）按物业类型划分，可以分为住宅市场、商业房地产市场（包括写字楼市场、商业用房市场）、工业房地产市场（包括仓库、厂房）、特殊用途房地产市场（如学校、公共建筑、主题公园、高尔夫球场等）以及农业房地产市场等。每一类又可以进一步细分，如住宅市场可细分为普通住宅市场、高级公寓市场、别墅市场，写字楼市场可细分为甲级写字楼市场、乙级写字楼市场等。需要注意的是，由于我国的经济制度和土地制度的特殊性，所以目前的房地产市场特指城市房地产，农村的土地市场不在此列；此外，目前我国也未形成特殊用途的房地产市场。

（4）按覆盖或影响范围划分❶，可以分为国际性、全国性和地方性的房地产市场。不同类型房地产的覆盖（影响）空间范围是有差别的。一般来讲，房地产的档次越高，市场空间范围就越大。例如，别墅市场的影响范围就大于普通住宅。东京写字楼市场、中国香港写字楼市场、上海写字楼市场等的需求都具有国际性，可以看作是国际性房地产市场。北京王府井、西单的商业用房市场、上海南京路的商业用房市场等，则可以看作是全国性的房地产市场。

此外，还可按照供货方式划分为现房市场、期房（楼花）市场；按照权益让渡方式划分为买卖、租赁、抵押等房地产市场；按照法律原则划分为合法房地产交易市场、非法房地产交易市场（隐形市场）等。

第三节　房地产市场失灵与政府干预

一、房地产市场失灵

在存在垄断、外部性、信息不对称和公共产品等情形下，市场配置资源会出现资源配置低效的市场失灵。同时，市场自发调节也会产生不公平的资源配置结果。基于房

---

❶ 乔志敏：《房地产经营管理教程》，18页，立信会计出版社，2001。

地产不同于一般商品的特殊性，房地产市场失灵更为广泛存在，大体可以归纳为以下几方面：

（1）房地产市场的垄断行为。首先，由于房地产的位置固定性和空间独占性，任一位置和空间坐标上的具体房屋，具有不动产市场事实上的稀缺性，形成固定在某个位置与空间上的自然垄断，由此导致房地产市场竞争的范围受到极大限制。其次，房地产具有性能的差异性，而多数情况下，买者的偏好又是相对明确和固定的，这种房地产产品的单件性和买者的异质偏好性，进一步加剧了房地产市场的不完全竞争程度。第三，政府的土地开发管制会对某一区域某一类型房地产开发供应构成限制，客观上进一步降低特定区域该类房地产卖方之间的竞争程度，加大卖方在市场上相对买方的优势地位。我国城市国有土地使用权出让的一级市场由地方市县政府垄断，土地市场上卖方垄断、买方竞争的市场结构对房地产市场结构和市场机制作用的发挥进一步产生影响。

（2）房地产市场的信息不对称性。由于交易对象的不可移动性、复杂性，在市场信息不充分的大前提下，房地产市场存在着严重的信息不对称问题。例如，在房地产交易中，房地产开发商或者中介机构比买者占有更多有关房屋的质量、成本、权属关系、功能效用等方面的信息，也拥有更多关于市场价格分析的专业知识，处于信息优势地位。这种信息不对称易导致开发商和中介机构有可能为了自身利益而采取损害购房者利益的市场行为。

（3）住宅社会性形成的公共物品❶。在市场经济条件下，住宅具有商品性和社会性的双重属性。住宅既表现出私人品的某些特征，又显露出公共品的若干性质，意味着市场机制的作用大打折扣，甚至失灵。一方面，住房是生活必需品，其消费具有部分公共品特征，存在很大的外部性影响。居住条件直接影响个人身心健康，进而影响其劳动力再生产、道德水准、社会行为规范，乃至社会认同感和归属感，这对社会生产力和社会和谐稳定都有显著外部性。另一方面，住房消费不仅包括个人专有部分，还有楼道、电梯、绿地、道路、公共活动场馆等社区共有部分。对这些共有部分的占有、使用、维护及重建，不适用纯私人品的决策模式。总之，住宅的双重属性决定了住房问题既是个人问题，又是社会问题。

（4）物业（土地）权关联引起的外部经济。房地产的一个重要特点是物业价值会在很大程度上受到周围其他物业和环境的影响，同时这宗物业在开发和使用过程中，又会影响到相邻物业和周围环境。在物业（土地）产权关联即空间相互影响的背景下，无论从个人还是企业层面，当行为人不能承担自身行为的全部成本，即个人（企业）成本与社会成本不一致时，就会产生外部效应。现代城市住宅（楼房）的连体性，加剧了这一外部效应。例如，住户装修时私拆乱改，将大大影响整座楼体的安全使用和经济寿命；我国商品住房小区配建保障性住房的政策在实践中产生的"隔离墙拆了又建，建了又拆"现象也是这一外部性影响的鲜活例子。

（5）不动产所有权生成的心理效用。房屋不仅具有使用价值，还具有投资功能和社会符号意义，乃至精神情感纽带价值。不动产所有权带来的这些心理满足感在性质上是非金钱性的，会带来买卖双方的决策行为偏离理性假设。一方面，以房屋占有欲为特征的买房

---

❶ 刘玉录：《房地产的七个"市场失灵"》，《中国房地产金融》，2003 年第 10 期。

心态导致置业者购买决策与"经济人"假定偏离，带来市场价格信号紊乱、失真；另一方面，由房屋所有权和损失规避心理引起的禀赋效应会导致卖方心理价位高于市场评估价，带来市场效率损失。

二、政府干预

市场失灵为政府干预经济提供了必要性。针对房地产市场失灵，政府干预应围绕弥补市场失灵，将目标设定在提供公共产品和服务、抑制垄断和土地投机、减少房地产开发的负外部性、促进公平分配等方面，实现有效市场与有为政府相辅相成，互相补充。具体来看，政府干预可以归纳为宏观调控、微观规制、住房保障等三个方面：

（1）政府对房地产市场的宏观调控。为促进房地产业稳定健康发展，政府需要从房地产发展外部协调和内部均衡两方面加强宏观调控。一方面，从房地产业与经济社会协调发展的角度，推进金融、房地产同实体经济均衡发展，避免房地产经济过快增长给生产、生活、金融、社会稳定等带来的矛盾和问题，实现房地产经济同国民经济发展的良性互动。另一方面，从房地产市场内部均衡发展角度，推进住房供应体系与需求结构相匹配，促进房地产增量与存量、销售与租赁、高中低不同档次等各类型子市场有序平衡发展，对市场供求总量失衡、结构错配和价格水平脱离居民支付能力等矛盾和问题加以调控，形成总量基本平衡、结构基本合理、价租与居民消费能力基本适应的住房供需格局。

（2）政府对房地产市场的微观规制。针对房地产发展存在的信息不对称、垄断、负外部性、投机等市场失灵现象，政府需要采取信息规制、反垄断、开发管制等各种手段对市场主体的进入退出、开发建设、价格制定等微观行为进行必要规制，以提升社会总体福利水平。一是信息披露与规制。为减少房地产市场消费者的信息劣势地位，政府通过制定房地产开发企业和中介机构信息发布行为标准，查处房地产虚假宣传行为，建立房地产市场动态监测信息系统等，向社会及时公布房地产供应、交易和价格信息。二是内部化外部性行为。通过征税、罚款、补贴等经济手段使得个人收益（成本）与社会收益（成本）相一致。通过建筑管制、土地利用管制等直接管制方式，限制房地产开发行为的负外部性，实现土地开发整体效益的社会最大化。三是对市场垄断行为的规制。通过法律手段对企业利用市场地位的价格操纵、土地房源囤积等行为进行严格查处。通过合理安排土地出让地块规模、推进公共服务配置均等化等方式，降低开发商形成区域垄断的可能性。四是对市场投机行为的抑制。采取税收工具，以及必要的行政手段等，对炒买炒卖房屋的投机行为进行抑制。

（3）政府对居民基本居住的民生保障。住房权是基本人权，是决定其他人权和生命尊严能否实现的基本前提。居民住房问题不仅是经济问题，也是社会问题和政治问题。在经济社会发展过程中，保障所有居民达到最基本的居住条件，并加以持续改善，是各国普遍采取的福利政策。从主要发达国家和地区的经验来看，随着城市化进程从快速发展逐步趋向稳定，住房保障政策经历了从公共住房建造到住房建设补贴再到住房租金补贴的发展变化规律。

小　　结

（1）市场机制的本质特征是自由竞争，通过"看不见的手"，依靠自由竞争可以实现资源的最优配置。房地产市场是众多的买者和卖者相互作用并共同决定房地产商品或劳务的均衡价格和均衡交易量的机制。由于房地产独特的自然特性和经济特性，房地产市场可以说是现实中偏离完全竞争最远的一种市场。

（2）在应用完全竞争市场的供求模型来分析房地产经济问题时，一个途径是将产业组织理论中的产品差异化概念引入房地产经济学，与房地产的区位分析相结合。基于李嘉图的"剩余原则"或"补偿原则"的竞标地租模型以及区位地租论，是研究土地定价以及城市房地产价格空间分布的理论基础。其基本思想是将不同区位的土地看作是完全差异化产品，对每一宗土地分别定价，该价格体现了这宗土地所有的区位优势。

（3）另一个途径是房地产市场的市场细分。细分后的房地产市场具有更大的同质性，使我们可以近似地采用主流经济学的供求模型来分析。房地产市场细分不仅可以按物业类型细分，还可以根据研究的需要，按照房龄、面积等住宅属性，以及市场范围大小等进行细分。

（4）与房地产的三个重要特点"位置，位置，还是位置"相对应，房地产市场的三个重要特点是"不完全竞争，不完全竞争，还是不完全竞争"。具体来说，房地产市场具有区域性、竞争的不充分性、供给调节的滞后性、交易的复杂性、与金融的关联度高以及政府干预性强等主要特点。

（5）可以按照运行层次、交易客体、物业类型以及覆盖或影响的区域范围等标准对房地产市场进行分类。根据不同标准划分的房地产子市场形成了一个复杂的房地产市场体系，这也是与普通商品市场很不相同的地方。

（6）房地产市场由于信息不对称、外部性、公共品、垄断、分配不公等因素存在市场失灵，需要政府从宏观调控、微观规制、住房保障等方面进行干预。

复习思考题

1. 什么是市场？什么是房地产市场？
2. 谈谈自己对房地产业市场结构的认识。
3. 联系实际，总结归纳房地产市场的主要特点。
4. 如何应用基于完全竞争假设的供求理论分析房地产市场？
5. 简述房地产市场的特点与房地产的特点之间的联系。
6. 简述房地产市场失灵的原因与政府干预内容。

课外阅读材料

1. （美）保罗·萨缪尔森，威廉·诺德豪斯．经济学（第16版）［M］．北京：华夏出版社，1999．
2. （美）N·格里高利·曼昆．宏观经济学（第五版）［M］．北京：中国人民大学出版社，2005．
3. （美）丹尼斯·迪帕斯奎尔，威廉·C·惠顿．城市经济学与房地产市场［M］．北京：经济科学出版社，2002.

4. （美）雷利·巴洛维. 土地资源经济学 [M]. 北京：北京农业大学出版社，1989.

5. （美）美国估价协会. 不动产估价（第11版）[M]. 北京：地质出版社，2001.

6. 况伟大. 垄断、竞争与管制——北京市住宅业市场结构研究 [M]. 北京：经济管理出版社，2003.

7. 盛松成，宋红卫，汪恒. 房地产与中国经济 [M]. 北京：中信出版集团，2020.

8. 严金海. 转型期土地供给管制政策对房价波动的影响机制与政策效果评估研究 [M]. 厦门：厦门大学出版社，2019.

9. 周诚. 土地经济学原理 [M]. 北京：商务印书馆，2003.

第二篇　房地产市场的微观经济分析

≫ 第三章　住宅市场
≫ 第四章　住宅租金和价格
≫ 第五章　工商业房地产市场
≫ 第六章　房地产开发

第三章 住宅市场

住宅市场或住房市场,是房地产市场的一种主要类型。住宅市场中的许多运行规律和基本原理,也适用于工商业房地产市场。本章首先介绍住宅需求和住宅供给的基本原理,包括其概念、特点、影响因素和弹性分析;其次分别从静态均衡分析和动态蛛网模型的角度,阐述住宅市场的供求均衡;最后,重点阐述住宅市场的四象限模型及其应用。

第一节 住宅市场的需求

一、住宅需求的概念及特点

住宅需求是指其他条件不变,消费者在每一价格水平上愿意而且能够购买的住宅的数量。如图3-1所示,住房需求曲线为负斜率,表示住宅需求量与房价呈反比变动。房价上涨,住宅需求量减少;房价下降,住宅需求量增加。这说明,住宅需求量的变动符合需求法则或需求定律。

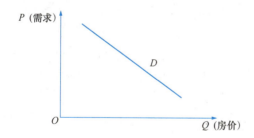

图3-1 住宅需求曲线

理解住宅需求的概念,需要区分住宅有效需求和潜在需求。住宅有效需求,是指一定时期消费者既有购买意愿又有支付能力的住宅需求,即住宅的现实购买力。住宅有效需求一般是居民收入、住宅价格、抵押贷款能力等因素的函数,即:

$$D_e = f(\text{收入}, \text{房价}, \text{抵押贷款能力}) \quad (3-1)$$

住宅潜在需求,是指过去和现在尚未转化而在未来有可能转化为实际购买力的需求,表现为居民对住宅的消费欲望,又称需求潜力。住宅潜在需求一般受人口数量、婚姻状

况、家庭户数、居民年龄、性别等变量的影响,其中人口是影响住宅潜在需求最主要的因素,用函数式表示,即:

$$D_p = f(人口) \tag{3-2}$$

住宅需求的特点可以归纳如下:

(1) 多样性。住宅需求的多样性首先是由于住宅本身的多样性造成的。住宅商品属于特征商品,即由于位置的不同、楼层、朝向、户型、功能等差异,使得住宅具有多样性。其次,由于不同的消费者收入水平不同,文化程度、职业、年龄、生活习惯等都不同,形成了不同的兴趣、偏好,对住宅的需求进一步形成了多样性。住宅需求的多样性要求住宅市场研究者必须重视这一特点,进行市场细分。

(2) 区域性。住宅具有不可移动性,不可能像其他商品那样从一个地区调往另一个地区。一个地区(如一个城市)的住宅需求基本上来自于这个地区(城市)的工商企业及居民,中小城市的住宅需求的区域性则更加明显。住宅需求的区域性还表现在同一城市的不同地段,其住宅需求的差异性很大,特别是商业用房和服务业用房,在城市黄金地段,即使价格较高,需求仍然不减;在偏远地段,即使价格较低,其需求仍然不旺。不了解住宅需求的区域性,开发商品房就会出现盲目性。

(3) 层次性。住宅需求的层次性包含以下两层含义:一是从消费者偏好角度讲,不同的消费者由于经济实力和其他条件的不同,对住宅的需求层次也不同。换句话说,住宅对于不同的消费者来说可以满足其生存资料、发展资料、享乐资料等不同层次的需求。这主要是对住宅需求而言,因此也有人称其为居民住宅的基本需求、标准需求和舒适需求。二是从住宅社会需求总量即宏观需求的角度看,一般分为住宅现实需求和潜在需求两个层次。住宅现实需求即上面所讲的住宅有效需求,这种有效需求直接参与当前住宅市场的交易活动。住宅潜在需求是一定时期内该地区住宅需求的最大可能值,也称住宅的边界需求,它随社会经济发展水平的变动而变动。

(4) 消费和投资的双重性。住宅需求的双重性是指住宅既可作为消费品也可作为投资品的特点,即可以分为住宅消费需求和投资需求两大类。前者是以自住为主,即作为消费者购买的是居住空间;后者则是以投资(租赁或买卖)为主,作为投资者购买的是资本品,要么出租以获得未来连续不断的租金收入,要么等未来住宅价格上升后出售以获得增值收益。

(5) 一定的可替代性。首先,在一定区域内,在同一供需圈内,尽管没有完全相同的两个住宅,不同的住宅在一定程度上是可以相互替代的,当然,这种替代性与其他普通商品相比要有限得多。其次,从住宅消费的角度看,买房与租房之间存在着一定的替代。当购买力不足或者不需购买(如短期暂时居住)时,可以考虑租房而不是购房。成熟的市场经济中,住宅的买卖价格和租赁价格之间有一个合适的比例。最后,从住宅投资的角度看,如果住宅投资的收益下降,那么投资者可以转向股票、债券、期货等其他投资品,这样作为投资品的住宅与其他投资品之间也存在着替代性。

二、住宅需求的影响因素

一般来说,影响住宅需求的因素除了房价外,主要有人口、收入、消费者偏好、预期、金融因素等。

(1) 人口。住宅是为人建造的,人口的大量增加必然导致住宅潜在需求的增加。需要注意的是,由于住房需求是以家庭而不是个人为单位的,所以影响住宅需求的人口因素并非只是人口数量,人口的结构如年龄、家庭结构、离婚率等都是影响住宅潜在需求的重要因素。例如,儿童随他们的父母生活,到了18岁以后,有些人就会移居到自己的公寓,30岁以后,大部分都要迁居到自己的住宅里。从美国的实际情况看,20世纪80年代有一个很强的住宅需求,这是因为美国20世纪50年代生育高峰期出生的孩子这时开始组建自己的家庭,成为住宅的购买者。20世纪80年代家庭数量以年均125万的速度净增长。20世纪90年代情况发生了较大变化,由于20世纪60、70年代新组建的家庭广泛地采用避孕药物等推迟了生育,从而导致生育低谷,20世纪90年代家庭数量年均净增长只有110万❶。

在分析住宅需求时,家庭构成及家庭数量是重要的影响因素。2019年中国城镇居民人口为8.48亿,平均每户家庭有2.92人,这表明这8.48亿城镇人口组成了2.9亿户家庭(见表3-1)。

中国城镇居民人口数及家庭户数　　　　　　　　　　　　　　表3-1

年份	城镇居民数(万人)	平均每户家庭人口	城镇居民户数(万户)
2000	45906	3.44	13344.77
2001	48064	3.46	13891.33
2002	50212	3.39	14811.80
2003	52376	3.38	15495.86
2004	54283	3.36	16155.65
2005	56212	3.13	17959.11
2006	58288	3.17	18387.38
2007	60633	3.17	19127.13
2008	62403	3.16	19747.78
2009	64512	3.15	20480.00
2010	66978	3.10	21605.81
2011	69079	3.02	22873.84
2012	71182	3.02	23570.20
2013	73111	2.98	24533.89
2014	74916	2.97	25224.24
2015	77116	3.10	24876.13
2016	79298	3.11	25497.75
2017	81347	3.03	26847.19
2018	83137	3.00	27712.33
2019	84843	2.92	29055.82

资料来源:2000—2019年城镇居民数、平均每户家庭人口来自《中国统计年鉴(2001—2020年)》;城镇居民户数由两者相除求得。

在人口总量不变的条件下,生活方式的改变,比如离婚率的升高,也会影响户均规模和家庭数量从而影响住宅需求。例如,在美国离婚率较高的州,如加利福尼亚州,离婚率是影响住宅需求的主要因素。又如,中国城镇居民家庭户均规模自21世纪以来,整体呈

---

❶ (美)丹尼斯·迪帕斯奎尔、威廉·C·惠顿:《城市经济学与房地产市场》,187页,经济科学出版社,2002。

现下降趋势（见表 3-1），在其他条件不变的情况下，这也会增加住宅需求。

（2）收入。消费者收入水平对住宅需求影响的重要性是显而易见的，居民缺少货币就买不起期望的住宅，不管他们对住宅的需要有多大。当居民有了对住宅的需要，同时他们的收入足够支付住宅的费用，就产生了住宅的有效需求。收入对住宅需求的影响主要表现在两个方面：一是影响住宅需求总量，两者基本上呈同向变动的关系，收入越高，住宅需求越大。例如，对美国的居民收入和住宅需求的研究结果表明，不仅在居民收入快速增长的时期住宅购买量会显著增长，而且在同一时期随着收入的提高，居民的住宅拥有率也是显著增加的（见表 3-2）。二是影响住宅需求的结构，收入水平的提高会引起对住宅形式和舒适需要等要求的改变，如更多的卫生间、复式住宅、甚至别墅等。收入水平的提高会引起居民住宅需求结构的变化，即从最低住宅需求转向基本住宅需求，乃至高层次住宅需求。

表 3-2 美国 1990 年的户主年龄、收入和住宅拥有率（单位：%）

户主年龄	收入（千美元）					
	<20	20~29	30~39	40~49	50 以上	所有收入段
25~34	21.7	37.3	53.4	58.9	68.5	44.3
35~44	36.6	55.2	68.3	77.6	85.4	66.5
45~64	59.4	73.1	81.5	85.6	90.5	78.1
65 以上	67.5	84.9	87.6	89.6	91.7	75.5
所有年龄段	48.3	58.3	68.0	74.9	84.3	64.1

资料来源：（美）丹尼斯·迪帕斯奎尔，威廉·C·惠顿：《城市经济学与房地产市场》，191 页，经济科学出版社，2002。

与居民住宅需求相联系的收入概念中最重要的一个是可支配收入（disposable income 或 DI）。从 GDP 到个人可支配收入均是国民经济核算的一个重要内容。国内生产总值（GDP）是指一国或地区在一定时期（通常为一年）内所生产的全部最终产品（商品和劳务）的货币总价值。从 GDP 中减去折旧和间接税就得到国民收入（NI），即劳动、资本和土地等生产要素所获得的全部收入。从国民收入中，减去所有家庭和公司缴纳的直接税，再减去企业净储蓄，再加上家庭从政府那里获得的转移支付，就得到了可支配收入（DI），即实际进入公众手中并可以自由支配的收入（见图 3-2）。2000 年以来中国城镇居

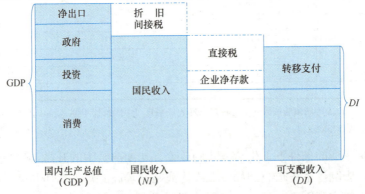

图 3-2 从 GDP 到可支配收入

资料来源：（美）保罗·萨缪尔森，威廉·诺德豪斯：《宏观经济学（第 16 版）》（中译本），74 页，华夏出版社，1999。

民家庭人均收入和人均可支配收入的变化见表 3-3。

中国城镇居民家庭人均年收入及人均可支配收入　　　　表 3-3

年份	城镇居民家庭人均年收入（元）	城镇居民家庭人均可支配收入（元）
2000	6296	6256
2001	6869	6824
2002	8177	7652
2003	9061	8406
2004	10129	9335
2005	11321	10382
2006	12719	11620
2007	14909	13603
2008	17068	15549
2009	18858	16901
2010	21033	18779
2011	23979	21427
2012	26959	24127
2013	29547	26467
2014	—	28844
2015	—	31195
2016	—	33616
2017	—	36396
2018	—	39251
2019	—	42359

注：从 2013 年起，国家统计局开展了城乡一体化的住户收支与生活状况调查，与 2012 年及以前分别开展的城镇和农村住户调查的调查范围、调查方法、指标口径有所不同。2013 年以后不再统计城镇居民家庭人均年收入。

资料来源：《中国统计年鉴（2001—2020 年）》。

（3）消费者偏好。偏好或爱好代表众多的社会和历史因素，反映出真正的心理或生理需要，也包括人为造成的需要，还可能具有很大一部分传统或宗教的因素。对住宅的最基本需求是能够遮风挡雨，提供最基本的居住需要。当居民追求更高级别的居住需要时，在住宅需求上就会反映出他们自己的愿望，这时，住宅需求反映出个人的偏好。例如，一些人选择将其收入的大部分放在住宅消费上，而一些人则选择居住一套普通的住宅和更多的非住宅消费（如假日旅游等），甚至有些人会在住宅上花费最少的钱，而将更多的钱用于投资、休闲或其他嗜好。又如，在租房与买房的决策中，如果其他条件相同，流动性较高的家庭会偏好于租房，而乐于打扫整理房间的家庭会偏好于买房。

假设在一个住宅市场上，住宅只有大小（面积，以 m^2 计算）和质量（可理解为除面积外的如位置、建筑质量、户型结构、物业服务等所有其他属性）的差异。利用微观经济学的基本工具——无差异曲线和预算约束线，图 3-3 显示出收入和偏好不同的三个家庭的住宅选择的差异。家庭 H 由于收入高，选择了一套面积大质量也高的住宅。家庭 S 和家庭 L 收入相同，但家庭 S 选择了一套面积小、质量高的住宅，而家庭 L 选择了一套面积大、质量差的住宅。可以看出，虽然收入和住宅消费总量相同，但家庭 S 偏好于更好质量（如更好的位置、户型结构等）的住宅，而家庭 L 偏好于更大面积的住宅。

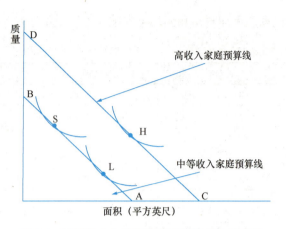

图 3-3　不同收入和偏好的家庭的住宅选择不同

资料来源：（美）阿瑟·奥沙利文：《城市经济学（第四版）》，346 页，中信出版社，2003。

（4）预期。住宅需求不仅取决于当前的房价水平，还取决于对未来价格的预期。虽然较高的当前住宅价格会降低需求，但对由价格增长带来的资本利得的预期能够刺激需求。一般来说，对收益性物业的投资需求，主要取决于对未来宏观经济发展形势的预测以及对该行业未来发展状况的预测。如果其预测是乐观的，住宅需求就会增加；反之则减小。对非收益性物业如住宅的消费性需求或投资性需求而言，主要取决于对未来住宅价格走势的预测。需要注意的是，当住宅作为一种投资品特别是投机的对象时，对未来价格的预期成为决定当前住宅需求的最主要因素。在住宅市场上常常出现这样的情况，在住宅价格下跌时，即使跌幅很大，如果消费者预期还会跌，则他们会持币待购，迟迟不肯入市；当住宅价格上涨时，若消费者预期还会上涨，即使价格偏高，也可能形成现实的住宅需求。

（5）金融因素。由于住宅高价值量的特点，住宅的购买往往不是一次性支付，而需要金融的支持，因此金融因素特别是利率的变动是影响住宅需求的一个重要因素。在国民经济核算中，家庭购买新建住宅，是作为投资的一部分看待的❶。利率是影响投资品需求的最主要因素。利率衡量了融资的资金成本，利率越高，借入抵押贷款的成本就越大。如果利率为 8%，100000 美元抵押贷款的成本是每年 8000 美元；如果利率是 10%，每年的成本是 10000 美元。随着利率的上升，拥有一所住宅的成本增加，对住宅的需求减少。利率对住宅消费需求的影响又可分为两种情形：一是对开发商贷款利率的高低变化，导致住宅价格的变化，从而影响其需求水平；二是居民个人住宅贷款利率的变化，会直接影响消费者的支付能力，从而影响其需求水平。

当某人用抵押贷款购买一所住宅时，银行往往给贷款规模设置一个上限。这一上限取决于个人的收入和市场利率。一个典型的银行规定是，每月支付的抵押贷款——包括利息和偿还的本金——不超过债务人月收入的 28%。表 3-4 显示了利率是如何影响贷款上限的。在这个例子中，买房者的收入为 3 万美元，并且申请 30 年的抵押贷款。假设银行采用标准的 28% 贷款规模限制。从表 3-4 中可以看出，利率较小的变动也会对住房需求产生

---

❶ 例如，美国 1996 年国内生产总值约为 76360 亿美元（当年价格），其中住宅投资约为 3090 亿美元，约占 GDP 总量的 4%。参见（美）保罗·萨缪尔森，威廉·诺德豪斯：《宏观经济学（第 16 版）》（中译本），73 页，华夏出版社，1999。

较大影响。例如，利率从 8% 上升到 10%，使最大贷款额从 95398 美元减少到 79766 美元，减少了 16%。❶

高利率如何减少抵押贷款资格和住房需求　　　　　　　表 3-4

（假设：30 年抵押贷款，每年收入 3 万美元，抵押贷款限额为收入的 28%）

利率（%）	最大的可能贷款（美元）
5	130397
6	116754
7	105215
8	95398
9	86997
10	79766
11	73504
12	68053

　　以上是对住宅需求影响因素的归纳和分析。在利用需求函数分析各因素对住宅需求的影响时，需要注意的是，对价格因素的分析与其他影响因素的分析是不同的。切忌混淆需求量的变动和需求曲线的移动。当房价以外的影响住宅需求的因素发生变化时，需求曲线会移动。例如，人口或收入增加，在任一价格水平上，消费者想要购买的住宅量都会增加。也就是说，更多的人口或更高的收入增加了住宅需求，使住宅需求曲线向右移动（见图 3-4）。与之不同的是需求量的变化，例如，住宅价格由于住宅供给增加而下降时，消费者会购买更多的住宅，这一变动表现为沿着需求曲线变动，而不是需求曲线的移动。沿着需求曲线的变动意味着只有价格发生变动而其他影响需求的因素都不变（见图 3-5）。

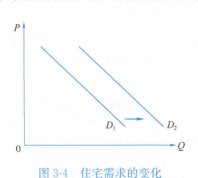

图 3-4　住宅需求的变化　　　　　图 3-5　住宅需求量的变化

三、住宅需求的弹性分析

　　经济学中的弹性表示一个经济变量对另一个经济变量变动的反应程度。住宅需求弹性一般包括住宅需求价格弹性和住宅需求收入弹性。住宅需求价格弹性是指住宅价格每上升（下降）一个百分点所引起的住宅需求量减少（增加）的百分比，即住宅需求量的变动对价格变动的反应程度。例如，住宅需求价格弹性为 -0.8，则表明其他条件不变，住宅价

---

❶ （美）曼昆：《宏观经济学》（第五版），中译本，448 页，中国人民大学出版社，2005。

格下降10%,将导致住宅需求量上升8%。住宅需求收入弹性是指收入每增加(减少)一个百分点所引起的住宅需求量增加(减少)的百分比,即住宅需求量的变动对收入变动的反应程度。例如,住宅需求收入弹性为1.2,则表明其他条件不变,购房者收入增加10%,将导致住宅需求量上升12%。一般地,当$|E_d|>1$时,称为富有弹性,表明价格或收入的变动对住宅需求的影响程度大;$|E_d|<1$时称为缺乏弹性,价格或收入的变动对住宅需求的影响程度小。住宅需求价格弹性系数可表示为:

$$E_d = \frac{\Delta Q/Q}{\Delta P/P} \tag{3-3}$$

式中　E_d——住宅需求价格弹性系数;

　　　P 和 Q——分别为住宅价格和住宅需求量;

ΔP 和 ΔQ——分别为住宅价格的变动和住宅需求量的变动。

住宅需求收入弹性系数为:

$$E'_d = \frac{\Delta Q/Q}{\Delta Y/Y} \tag{3-4}$$

式中　E'_d——住宅需求收入弹性系数;

　　　Y 和 Q——分别为居民收入和住宅需求量;

ΔY 和 ΔQ——分别为居民收入的变动和住宅需求量的变动。

由于住宅商品既是生活必需品又是耐用消费品(甚至是高档奢侈品),所以其弹性规律与其他普通商品相比较为特殊。一般地,当住宅价格在一定幅度内变化时,其需求的价格弹性较小,即缺乏弹性,这时住宅表现为生活必需品的特征;当住宅价格超出一定幅度而继续上涨时,其需求的价格弹性较大,即富有弹性,这时住宅表现出耐用消费品、奢侈品的特性。同样地,当住宅仅仅表现为生活必需品时,其收入弹性较小;当住宅具有发展、享乐型消费品的性质时,其收入弹性较大。

(1) 住宅需求收入弹性的实证研究。首先需要明确的是,由于住宅的耐久性和高昂的搬迁成本,家庭的住宅消费决策是建立在永久性或长期收入的基础上的。因此,为了估计住宅需求的收入弹性,必须引入一个家庭永久收入水平,而不是某一特定年份的收入。例如,张三有一份每年20000元的固定工资收入。2020年,他在福利彩票活动中赢得10000元。由于收入的增加,张三搬进更好一些的住宅中,住宅消费增加了5%。如果以他2019年和2020年的收入计算收入弹性,弹性为0.1(5%的住宅消费增加除以50%的收入增加量)。为了正确估算收入弹性,应该引入永久收入变量,即一段时间内的平均收入。一种可行的方法是将那笔一次性收入转化为等值的年收入,如果张三将10000元存入银行,按照10%的利息,他从奖金中获得的年收入将是1000元,这意味着该笔奖金将其永久性收入提高了5%而不是50%,所以正确估算的收入弹性应该是1.0(5%的住宅消费增加除以5%的收入增加量)而不是0.1。

对于住宅收入弹性的估计,国外已有较多的实证研究结果,典型的如:第一,总收入弹性大约为0.75,即收入增加10%导致住宅消费大约增加7.5%;第二,租房者的收入弹性小于购房者的收入弹性;第三,收入弹性随收入增加而增加。根据一项研究,低收入家庭的住宅收入弹性在 0.14～0.62 之间，高收入家庭的弹性系数则在 0.72～1.10 之间❶。

（2）住宅需求价格弹性的实证研究。大多数关于住宅价格弹性的估计值在 −0.75～−1.2 之间。一致的意见是住宅需求价格弹性属于缺乏弹性（绝对值小于 1）。这表明价格上涨导致住宅总支出的小幅上涨，因为价格上涨使需求量以较小的百分比下降，所以总支出（价格乘以需求量）小幅增加❶。

第二节　住宅市场的供给

一、住宅供给的概念及特点

住宅供给是指其他条件不变，生产者在每一价格水平上愿意而且能够提供的住宅的数量。如图 3-6 所示，住房供给曲线为正斜率，表示住宅供给量与房价呈正比变动。房价上涨，住宅供给量增加；房价下降，住宅供给量减少。

特别需要注意的是，准确地理解住宅供给的概念，需要区分住宅存量（housing stock）和住宅流量（housing flow）。上述符合供给法则的住宅供给曲线实际上表示的是新建住宅的供给，称为住宅流量或住宅增量（housing construction）。开发商每年的新建住宅的供给符合供给法则，即价格越高，则新建住宅量越大。由于住宅是耐用消费品，具有耐久性，所以市场上还存在着

图 3-6　住宅供给曲线

大量二手住宅，即住宅存量。那么，住宅存量的供给曲线一般为垂直的供给曲线，即弹性为 0，如图 3-7 所示。垂直的住宅供给曲线可以这样解释，即：从短期看，一定地区的住宅存量是固定数量的；从长期看，如果每年的新建住宅量大致等于住宅的折旧量，那么，长期的住宅存量供给曲线也是无弹性的。即使不是这样，长期的住宅存量一般来说也是缺乏弹性的，如图 3-8 所示。

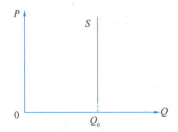

图 3-7　短期住宅存量的供给曲线（无弹性）

图 3-8　长期住宅存量的供给曲线（缺乏弹性）

显然，住宅存量和住宅流量之间的联系非常紧密。特定时点的住宅存量，可以由上一期住宅存量减去拆毁和净转换量，再加上新建住宅量得到。用公式表示为：

---

❶　（美）阿瑟·奥沙利文：《城市经济学（第四版）》，365 页，中信出版社，2003。

本年末住宅存量＝上年末住宅存量－本年内毁弃住宅量－本年内住宅净转换量（转换
　　　　　　　为其他用途住宅量－其他用途转换为住宅的量）＋新建住宅量

新建住宅量是影响住宅存量变化最主要的因素。本章第三节将要介绍的住宅市场的四象限模型，就是根据住宅市场各变量的内在关系，将住宅存量与住宅流量联系起来，对住宅市场的运行给出了一个很好的解释，并能较好地用于分析住宅市场外生变量（如宏观变量）的变动对住宅市场的影响。

[专栏 3-1]　　存量与流量

许多经济变量衡量的是某种事物的数量，如货币量、产品数量、住宅量等。经济学家区分了两种类型的数量变量：存量和流量。存量（stock）衡量一个给定时点上的数量，而流量（flow）衡量每一单位时间内的数量。

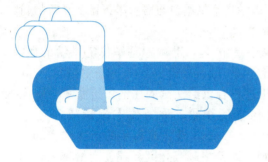

图 3-9　存量和流量

图 3-9 所表示的浴盆是用于说明存量与流量的形象例子。浴盆中水的量是存量：它是在某一给定时点上浴盆中的水的数量。而从水龙头中流出来的水的数量是流量：它是每单位时间内加到浴盆中的水的数量。我们用不同的单位衡量存量和流量。我们说，浴盆中有 50 加仑水，但水龙头流出的水是每分钟 5 加仑。

GDP 就是一个流量的概念：它告诉我们每一单位时间内经济的循环流程中有多少美元在流动。例如，当你听到某人说，美国的 GDP 是 10 万亿美元，你应当知道，这意味着是每年 10 万亿。经济中常见的存量和流量的例子还有：一个人的财富是存量，收入是流量；经济中的资本量是存量，投资量是流量；政府债务是存量，预算赤字是流量。

存量和流量往往是相关的。在浴盆的例子中，这种关系显而易见。浴盆中水的存量代表从水龙头流出的水的积累，而水的流量代表存量的变动。在构建理论解释经济变量时，确定变量是存量还是流量，以及是否存在任何关系把它们联系起来，往往是非常有用的。

资料来源：（美）曼昆：《宏观经济学》（第五版），中译本，18 页，中国人民大学出版社，2005。

由于每年新建的住宅量只是庞大的住宅存量的很小一部分，所以住宅市场的一般规律是以住宅存量市场为主体，也就是说，住宅市场以二手房的交易为主。例如，美国的经济繁荣时代，新建住宅（住宅增量）使全国住宅存量每年增加大约 2%，住宅存量占全部住宅供给的 98%❶。中国的住宅市场也大致遵循这一规律，但情况不太一样。一方面，由于仍处于较快速发展时期，城市建设尚未完全成型，城镇居民住房问题也未全部解决，所以每年新增住宅建设量占存量比例较大，约为 3%～4%。例如，2005—2018 年我国城镇住

---

❶ （美）丹尼斯·J·麦肯齐等著：《房地产经济学》，中译本，176 页，经济科学出版社，2003。

房竣工面积（房地产开发企业竣工房屋面积）从 5.34 亿 m² 上升至 9.44 亿 m²，城镇住宅存量从 135 亿 m² 增至 276 亿 m²；从住宅增量占存量的比例来看，则由 2005 年的约 4% 下降为 2018 年的约 3%❶。另一方面，中国转型经济的特征在房地产市场表现也很突出，例如住房二级市场仍未完全开放，对二手房的交易限制较多，交易量相对较少。例如，2018 年我国新房交易量约为 14.8 亿 m²，二手房交易量约为 3.95 亿 m²，新房和二手房交易的比例大约为 3.75∶1❷。

住宅供给与一般商品供给相比，具有一些显著特点，可归纳为以下几个方面：

(1) 缺乏弹性。与一般商品供给相比，住宅供给缺乏弹性，即通常所说的住宅供给的刚性。首先，土地的自然供给是土地天然可供人类利用的部分，它是有限的、相对稳定的，土地的自然供给没有弹性。土地的经济供给是指在自然供给基础上，经过开发后成为人类可直接用于生产、生活各种用途的土地供给。土地的经济供给有一定的弹性，但由于受自然供给的制约，其弹性是缺乏的。总的来说，作为住宅基础的土地，其供给缺乏弹性，是刚性的。其次，由于住宅的开发建设周期长，在短期内住宅很难直接地、快速地生产出来；同时，其他用途的住宅也很难直接转换过来，这样，短期的住宅供给是一个既定的、不变的量。而从长期来看，住宅的开发生产也要受土地有限性的制约。因此，住宅供给缺乏弹性。

(2) 层次性。住宅的层次性是由住宅开发、建设的长期性造成的。住宅开发建设的周期比较长，在市场的一个时点（即截面上）看，存在着不同层次的住宅供给。住宅供给一般可分为三个层次：一是现实供给层次，即已经进入流通领域，可随时销售或出租的住宅，又称住宅上市量，其主要部分是现房，也包括期房。这是住宅供给的主导和基本的层次。二是储备供给层次，即可以进入市场但是住宅生产者出于一定考虑（如住宅开发商或销售商的市场营销手段和策略）暂时储备起来不上市的这部分住宅。需要注意的是，这种储备供给层次的住宅与通常所说的空置房不同。三是潜在供给层次，即已经开工正在建造的或者已竣工而未交付使用的未上市住宅，以及一部分过去属于划拨或福利分配的但在未来可能进入市场的住宅。住宅的三个供给层次处于动态变化和转换过程中。

(3) 滞后性。住宅商品的价值量大且生产开发周期长，一般要一二年长则数年。较长的生产周期决定了住宅供给相对于需求的变化存在着滞后性，短期内住宅供给是固定的，长期来看住宅供给缺乏弹性，跟不上需求的变化。一方面，住宅供给的滞后性导致了住宅投资的高风险性。住宅生产者往往依据现时的住宅市场状况制订开发计划，但当房屋建成投入市场时，市场则很可能已发生变化，由此造成积压和滞销。因此，对未来宏观经济形势和住宅市场变化的预测非常重要，对住宅市场的调查以及可行性研究的要求也较高。另一方面，住宅供给的滞后性也是引起住宅市场周期波动的重要原因。

---

❶ 房地产开发企业竣工房屋面积数据来源于国家统计局官网 https://data.stats.gov.cn/easyquery.htm?cn=C01；城镇住宅存量数据来源于任泽平、熊柴、白学松：《中国住房存量报告：2019》，2019-08-16，https://mp.weixin.qq.com/s/8eF_ysYdiqXpMAIuC2rIqw；住宅增量占存量的比例由上述数据计算所得。

❷《中华人民共和国国民经济和社会发展统计公报》2018 年，贝壳研究院 RealData 数据库 https://research.ke.com/aboutus/。

二、住宅供给的影响因素

一般来说，影响住宅供给的因素除了房价外，主要有生产要素价格、开发商预期、政策因素等。

（1）生产要素价格。首先，土地价格是住宅价格的重要组成部分。可以将土地看作是住宅的一个生产要素，土地价格的提高对开发商来说是住宅生产成本的上升。一般地，开发商可供选择的对策，一是提高容积率，降低单位建筑面积的地价；二是缩小生产规模和放慢开发进度。这样，同样的资金能够运作的住宅规模就会相应减少，从而会引起住宅供给的减少。其次，建筑材料及人工费也是影响住宅供给的重要因素。建筑材料的价格是影响住宅价格的重要因素，建筑材料供应能力、建筑能力和水平也是制约住宅开发规模和水平的物质基础，是决定住宅供给的直接因素。

（2）开发商的未来预期。其包括对国民经济发展形势、通货膨胀率的预期，对未来住宅价格走势的预期，对经济周期的预期，对国家住宅政策、产业政策的预期等。由于住宅生产周期长，对未来的预期就显得十分必要。住宅开发商的未来预期中最主要的是预期的盈利水平和投资回报率，如果预期投资回报率高，开发商一般会增加住宅投资，从而增加住宅供给；如果预期回报率低，开发商一般会缩小规模或放慢开发进度，从而减少住宅供给。

（3）政策因素。政府的住宅政策、产业政策、税收政策等，都是影响住宅供给的重要因素。政府往往根据住宅市场的运行状况，采取各种宏观调控手段，对住宅开发经营活动进行引导和约束，从而引起住宅供给数量和结构的变动。例如，如果实行优惠税收政策，减免某些住宅开发的税收，则会降低住宅开发成本。开发成本的降低，既使得同量资金的住宅实物量供给增加，又会提高开发商盈利水平，从而吸引更多的资金进行住宅开发，住宅供给增加。反之，如果住宅税费增加，则会直接增加住宅开发成本，减少开发商盈利水平，最终导致住宅供给减少。

在利用供给函数分析各影响因素对住宅供给的影响时，同样需要注意的是，价格的影响和其他因素的影响是不同的。切忌混淆供给量的变动和供给曲线的移动。当房价以外的影响住宅供给的因素发生变化时，供给曲线将移动。例如，开发成本增加，在任一价格水平上，开发商想要开发的住宅量都会减少。也就是说，更高的开发成本减少了住宅供给，使住宅供给曲线向左移动（图3-10）。与之不同的是供给量的变化，当住宅需求增加导致住宅价格上升时，开发商会生产更多的住宅，这一变动表现为沿着供给曲线的变动，而不是供给曲线的移动。沿着供给曲线的变动意味着只有价格发生变动而其他影响住宅供给的因素都不变（图3-11）。

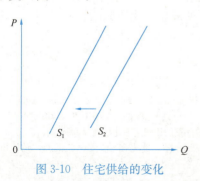

图3-10　住宅供给的变化

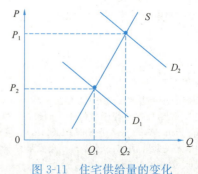

图3-11　住宅供给量的变化

三、住宅供给的弹性分析

住宅供给价格弹性，是指供给量变动对价格变动的反应程度。住宅供给弹性系数等于住宅供给量变动的百分比除以价格变动的百分比。用公式表示如下：

$$E_s = \frac{\Delta Q/Q}{\Delta P/P} \tag{3-5}$$

式中　E_s——住宅供给价格弹性系数；
　　　P 和 Q——分别为住宅价格和住宅供给量；
　　　ΔP 和 ΔQ——分别为住宅价格的变动和住宅供给量的变动。

住宅供给分为住宅存量供给和住宅增量供给，二者的价格弹性有较大差异。住宅的耐久性对住宅存量供给的价格弹性有显著影响。考察住宅需求增加所带来的影响，短期看，由于住宅存量供给是固定的，需求的增加导致价格上升。长期看，住宅供给者针对市场价格上涨做出反应，提高住宅存量供给量。住宅存量供给对价格上升的反应体现在以下三个方面：(1)建造新住宅。当价格上升时，新住宅变得有利可图，所以更多的新住宅建造出来，主要位于郊区的闲置土地上。(2)降低旧住宅的折旧速度。住宅价格上升时，维护住宅的收益增加，业主在住宅维修和维护上花费更多，住宅折旧的速度下降，从住宅存量中退出的住宅减少。(3)改建旧住宅。一些业主改建他们的住宅，增加住宅服务量。由于住宅存量市场中旧住宅占了绝大多数，所以只有后两者的反映较大时，住宅存量供给相对于价格的变化才会较大。但是，住宅折旧的速度很慢，所以住宅折旧速度下降对住宅市场的影响非常小；并且，住宅改建的成本非常高，所以住宅存量供给在相当长的时期内是缺乏弹性的。换言之，住宅存量市场中供给方的反应是迟钝的，针对住宅需求的增加和住宅价格的上涨，供给者在相当长的时间才会做出反应。在此期间，住宅价格保持在相当高的水平。已有的对住宅存量供给价格弹性的实证研究表明，旧住宅的供给价格弹性大约在 0.2~0.3 之间，即住宅价格上涨 10%，将导致住宅存量供给增加 2%~3%。另外，估计的出租住宅的长期供给弹性大约在 0.3~0.7 之间，也就是说，房租上涨 10%，将导致住宅存量供给增加 3%~7%❶。总之，现有证据表明，住宅供给在长期是缺乏弹性的。

对新建住宅供给价格弹性的实证研究结果还存在争论。达成共识的是住宅增量即新建住宅供给是富有弹性的，不同的是对其弹性系数的估计不同。一些研究估计新建住宅价格弹性系数在 1.6~3 之间，即住宅价格上升 1%，新建住宅供给增加 1.6%~3%。Malpezzi 和 Maclennan（1996）估计美国第二次世界大战前的新建住宅价格弹性系数在 4~10 之间，第二次世界大战后在 6~13 之间；英国第二次世界大战前在 1~4 之间，第二次世界大战后在 0~1 之间❷。造成住宅供给价格弹性研究结果差异的主要原因在于两个方面：一是住宅供给价格弹性的估计从理论上比需求弹性困难，因为住宅服务量较难确定，所以不同的供给函数反映出的住宅供给的内涵有差异；二是不同国家（地区）不同时期的住宅供给价格弹性本身就有较大差异，会反映在实证研究结论中。

---

❶　（美）阿瑟·奥沙利文：《城市经济学（第四版）》，353 页，中信出版社，2003。
❷　Richard K. Green, Stephen Malpezzi. A Primer on U. S. Housing Markets and Housing Policy. p19~22. The Urban Institute Press，2000.

第三节 住宅市场的供求均衡

一、住宅市场供求均衡分析

图 3-12 表示的是住宅增量市场。P_E 和 Q_E 分别为均衡价格和均衡数量。尽管住宅的生产和销售周期性较强，导致住宅的增量供给相对于价格的变动存在着"时滞"（time lag），我们仍然常常采用向右上倾斜的供给曲线来描述住宅增量供给。这当然可以理解为是一种长期状态，相应地可以说短期的住宅增量供给曲线是垂直的。但是更好的理解是视之为一种理论简化。换句话说，我们在做静态分析和比较静态分析时可以先忽略"时滞"因素，有需要时则可以建立更复杂的动态模型。

图 3-13 表示的是住宅存量市场。P_E 和 Q_E 分别为均衡价格和均衡数量。住宅的存量市场清楚地说明，一个地区的住宅市场在相当长的时期内，其住宅价格的变化是以住宅需求为主导的。住宅需求增加，导致住宅价格和租金上升；需求下降，住宅价格和租金下降。

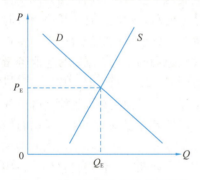
图 3-12　住宅增量市场的供求均衡
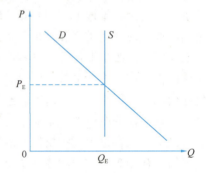
图 3-13　住宅存量市场的供求均衡

将住宅市场分为住宅增量市场和住宅存量市场分别分析，能够简单而清晰地从不同的角度反映住宅市场的运行规律。这种方法是静态分析方法，缺点在于不能够研究动态的市场均衡变化，由于现实中住宅市场处于不断变化的过程，市场的均衡点也在不断改变。下面利用蛛网模型进行动态的住宅市场均衡分析。

二、蛛网模型

蛛网模型是一种动态分析方法，将时间因素加入住宅市场的均衡状态变动过程当中。蛛网模型考虑了住宅市场供给相对于需求的时滞，通过对不同时期的住宅需求、住宅供给和价格之间的相互作用，探究住宅市场在偏离均衡状态之后的实际波动过程和结果。

住宅市场蛛网模型有以下三个假设：（1）住宅生产周期长；（2）本期住宅需求由本期市场价格决定；（3）本期住宅供给由上一期市场价格决定。根据住宅市场的供给弹性和需求弹性的不同，市场均衡点的移动可以分为以下三种形式：

1. 收敛型蛛网模型

当住宅供给曲线斜率大于需求曲线斜率的绝对值时（即供给曲线比需求曲线更为陡峭），住宅市场受到干扰而偏离原来的均衡状态，但是由于需求弹性大于供给弹性，住宅市场价格变动对住宅供给量的影响要小于对住宅需求量的影响，因此使住宅的价格和产量围绕着均衡水平上下波动，但是波动的幅度越来越小，最后回到原来的均衡点，呈现出稳定的均衡状态，相应的蛛网被称为"收敛型蛛网"，如图 3-14 所示。

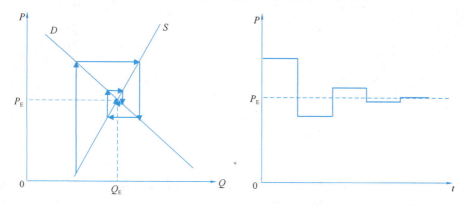

图 3-14　收敛型蛛网模型

2. 发散型蛛网模型

当住宅供给曲线斜率小于需求曲线斜率的绝对值时（即需求曲线比供给曲线更为陡峭），住宅市场受到干扰而偏离原来的均衡状态，但是由于供给弹性大于需求弹性，住宅市场价格变动对住宅供给量的影响要大于对住宅需求量的影响，因此使住宅的价格和产量围绕着均衡水平上下波动，但是波动的幅度越来越大，偏离原来的均衡点越来越远，呈现不稳定状态，无法达到均衡状态，相应的蛛网被称为"发散型蛛网"，如图 3-15 所示。

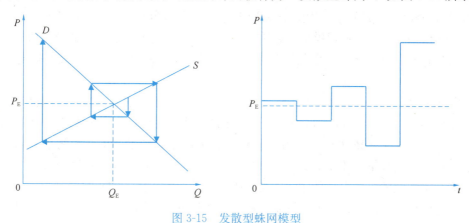

图 3-15　发散型蛛网模型

3. 封闭型蛛网模型

当住宅供给曲线斜率等于需求曲线斜率的绝对值时，住宅市场受到干扰而偏离原来的均衡状态，但是由于供给弹性等于需求弹性，住宅市场价格变动对住宅供给量的影响与对住宅需求量的影响一样，使住宅的价格和产量始终按同一幅度围绕着均衡水平上下波动，既不偏离也不趋向均衡点，呈现不稳定状态，无法达到均衡状态，相应的蛛网被称为"封闭型蛛网"，如图 3-16 所示。

然而，以上这两种均衡分析方法的缺点显而易见：由于住宅增量市场和住宅存量市场

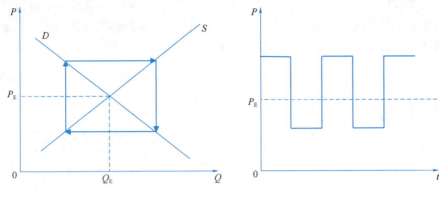

图 3-16 封闭型蛛网模型

之间客观上存在着密切联系，静态均衡分析方法和蛛网模型都忽略了这种联系，从而可能无法深入探究住宅市场的运行规律。那么，能否建立一个将住宅增量市场和存量市场联系起来的统一模型呢？Wheaton 和 Dipasquale（1996）建立的物业－资产市场模型（property and asset markets model）或四象限模型（four-quadrant market model）是这个领域的经典模型。

三、四象限模型的构建[1]

四象限模型的关键是在理论上将住宅市场分为物业市场（the property market）和资产市场（the asset market）两个子市场；分别用两个象限表示物业市场（存量市场）和资产市场（新建住房市场），再用两个象限将这两个子市场联系起来，最终形成一个包含四个象限的市场均衡。四象限模型可以用于分析住宅市场的外生变量（如经济增长、长期利率、信贷和开发成本等）的变化对住宅市场的影响，进而分析公共政策对住宅市场的影响。

Wheaton 和 Dipasquale（1996）认为，住宅是一种耐用资本品，其生产和价格是由资产或资本市场（asset or capital market）上决定的。换句话说，住宅价格或房价（housing price）主要是取决于希望拥有（wish to own）住宅的家庭数量（即住宅需求）以及可以被人们拥有的住宅数量（即住宅供给）。也就是说，对住宅的拥有或者说购买是一种投资行为，这与宏观经济核算中将新建住宅视为投资是一致的。住宅的买卖交易决定了作为投资品的住宅价格。注意，这里的投资是经济学中的投资即实际投资的概念，而不是通常所讲的金融投资。

[专栏 3-2] 实际投资与金融投资

经济学家将"投资"（有时称为实际投资）定义为耐用资本品的生产。也就是说，经

---

[1] 参见（美）丹尼斯·迪帕斯奎尔，威廉·C·惠顿著：《城市经济学与房地产市场》，中译本，13-22 页，经济科学出版社，2002；以及 Michael Ball 等著《The Economics of Commercial Property Markets》，18-40 页，Routledge，1998。这里，我们利用四象限模型解释住宅市场的运行，它还可以用于商业房地产市场。

济学中的投资是指一定的时期（如一年内）一国或地区的建筑物、设备及库存等资本品的增加部分。而在一般用法上，"投资"通常是指诸如购买通用汽车公司的股票或去开个户头之类。为了避免混淆，经济学家将后者称为"金融投资"，而与"实际投资"相区别。

如果我从自己的保险柜中取出1000美元存入银行，或者购买政府债券，那么从经济学角度讲，并没有投资发生。只不过是我将一种形式的金融资产转变为另一种形式的金融资产。只有当有形的投资品生产发生时，经济学家才认为形成了投资。

所以，住宅的拥有或购买是经济学的投资概念即实际投资而不是金融投资。此外，理解了实际投资与金融投资的区别，也就更易理解为什么我们一直强调对新建住宅的购买才是经济学的投资，而购买二手房即住房二级市场的交易并不形成实际投资。

资料来源：（美）保罗·萨缪尔森，威廉·诺德豪斯：《宏观经济学（第16版）》（中译本），70页，华夏出版社，1999。稍有修改。

住宅价格与新建住宅的成本密切相关。长期来看，住宅价格应等于包括土地成本在内的重置成本（replacement costs）；短期看，由于房地产开发的长期性和时滞现象，价格和成本之间往往产生背离。例如，如果拥有住宅的需求（即住宅的资产需求）突然增加，住宅资产的供给相对固定，住宅价格将上升。住宅价格高于开发成本时，就会出现新的住宅开发项目。

那么，是什么原因导致住宅资产需求的突然增加呢？除了住宅价格因素外，还有很多其他因素影响住宅资产需求。其中最重要的是反映住宅资产收益能力的租金水平，即房租（housing rent）。房租的决定本质上不同于房价的决定，房租是在住宅的使用市场（the user market）或物业市场（the property market）上决定的。在物业市场上，住宅的需求来源于住宅的使用者或消费者，不论这些使用者是租客（tenants）还是业主（owners）；住宅供给由固定不变的住宅存量决定，而住宅存量又与资产市场上的新建住宅量密切相关。

这样，资产市场和物业市场之间有两个结合点：一是在物业市场上形成的租金水平是决定住宅资产需求的关键因素，房租与房价之间关系密切；二是新建住宅量与住宅存量之间关系密切。

这里，我们首先分别解释描述物业市场和资产市场，以及二者结合点的函数式，然后将这些函数式合并在一起，构建一个四象限模型。

（1）第Ⅰ象限：物业市场（property market）。物业市场也可称为使用市场（user market）、租赁市场（rent market）或存量市场（stock market）。如图3-17所示，横轴变量为住宅存量，纵轴变量为房租。向右下倾斜的物业需求曲线表明，在其他变量（如家庭数量、家庭收入等）不变的条件下，物业的需求量与房租的关系。也就是说，物业需求量是房租和其他经济变量的函数，即：

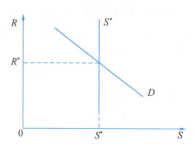

图3-17 物业市场的供给和需求

$$Q_D = D(R, Economy) \tag{3-6}$$

式中　Q_D——物业（使用）需求量；
　　　R——房租；
　$Economy$——其他经济变量。

物业市场的供给是由住宅存量所决定。在一定时期内，住宅存量是固定不变的，即：

$$Q_s = S \tag{3-7}$$

式中　Q_s——物业（使用）供给量；
　　　S——一定时期内固定不变的住宅存量。

物业市场的供给和需求共同决定了均衡的房租水平，即：

$$D(R, Economy) = S \tag{3-8}$$

在图 3-17 中，对于横轴上的某一数量的住宅存量 S^*，向上画一条垂直线与需求曲线相交，然后从交点再画一条水平线与纵轴相交，就得到了均衡的房租水平 R^*。有了这一房租水平，我们可以接着分析第Ⅱ象限。

（2）第Ⅱ象限：房租和房价的关系。这是物业市场和资产市场的两个连接点之一，也是资产市场的一部分。如图 3-18 所示，横轴变量为房价，纵轴变量为房租。从原点出发的射线表示出房租和房价的关系，也就是说，房价是房租的资本化，即：

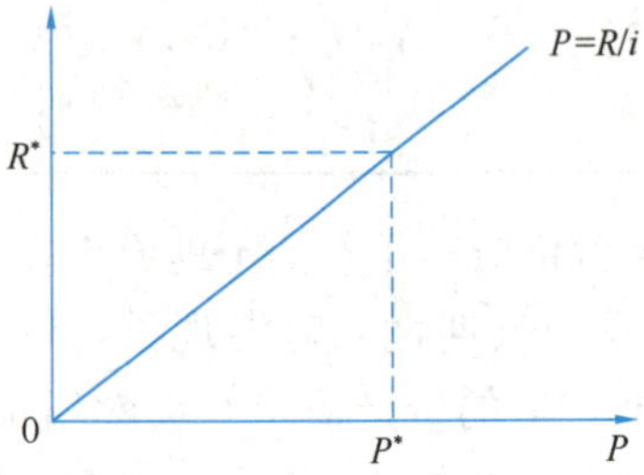

$$P = \frac{R}{i} \tag{3-9}$$

图 3-18　房租与房价的关系：房价是房租的资本化

式中　P——房价；
　　　R——房租；
　　　i——资本化率。

可以看出，这条射线的斜率代表的是住宅资产的资本化率（capitalization rate），即房租与房价的比值，也称为租售比（the ratio of rent-to-price）。这是投资者愿意持有住宅资产的当前投资收益率。在该模型中，资本化率被视为外生变量，它是根据利率和资本市场的各种资产（如股票、债券、短期存款等）的投资回报率决定的❶。因此，该模型的目的是对于房租水平 R 利用资本化率 i 来确定房价 P。这就转向了第Ⅲ象限。

（3）第Ⅲ象限：资产市场（asset market）。资产市场也可称为增量市场（construction market）、开发市场（development market）或买卖市场。如图 3-19 所示，横轴变量为新建住宅量（new construction），纵轴变量为

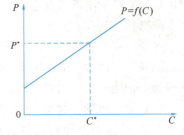

图 3-19　资产市场或开发市场：新建住宅的供给

---

❶ 资本化率的概念及其决定因素可参见（美）威廉姆·B·布鲁格曼，杰夫瑞·D·费雪：《房地产金融与投资》（第十版），中译本，266～267 页，东北财经大学出版社，2000；以及（美）丹尼斯·迪帕斯奎尔，威廉·C·惠顿：《城市经济学与房地产市场》，中译本，11 页，经济科学出版社，2002。

房价。这里的曲线 $f(C)$ 代表住宅的重置成本。新建住宅的重置成本随住宅开发量的增加而增加，是一条向右上倾斜的曲线。我们知道，当住宅市场处于均衡，即稳定状态时，开发成本等于住宅价格，经济利润为 0（开发商获得正常的会计利润）。如果新建住宅开发量低于这一均衡数量，则开发商获得经济利润（即超额利润），这会导致原有的开发商增加开发量以及新的开发商进入；反之，如果开发量大于这一均衡数量，则开发商无利可图，就会减少开发量或退出该市场。所以，新的住宅开发建设量 C，应保持在房价 P 等于住宅开发成本 $f(C)$ 的水平上，即：

$$P = f(C) \tag{3-10}$$

式（3-10）也可简单地解释为，住宅价格与新建住宅量成正比，价格越高，住宅开发商愿意建设的住宅也就越多。也就是说，式（3-10）表示的是一条与普通的供给曲线形状一样的曲线，只不过为了构建模型方便，将 $Q = f(P)$ 写为 $P = f(Q)$。

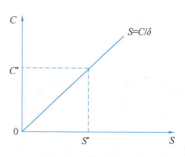

还需注意的是，图 3-20 中纵轴上的截距表示的是即使只有很小规模的开发量也必须支付的最低开发成本，可以理解为住宅开发的固定成本。

图 3-20　住宅存量与住宅增量的关系

（4）第Ⅳ象限：住宅存量与住宅增量的关系。如图 3-20 所示，横轴为住宅存量 S，纵轴为新建住宅量（即住宅增量或住宅流量）C。在一定时期内，存量变化 ΔS 等于新建住宅量减去房屋拆除或折旧导致的存量损失。用 δ 表示折旧率，则：

$$\Delta S = C - \delta S \tag{3-11}$$

当市场处于均衡状态时，住宅存量将保持一个稳定数量不发生变化。在这种稳定状态下，每年的新建住宅量即住宅增量正好等于住宅折旧量❶，即：

$$\Delta S = 0 = C - \delta S \quad \text{或} \quad S = \frac{C}{\delta} \tag{3-12}$$

以上我们分别对四个象限进行了分析。将式（3-8）～式（3-12）联立在一起，就构成了住宅市场的资产市场-物业市场模型，即四象限模型（见图 3-21）。在这个模型中，右侧的两个象限（第Ⅰ象限和第Ⅳ象限）代表物业市场，左侧的两个象限（第Ⅱ象限和第Ⅲ象限）代表资产市场。

对四象限模型的分析，一般按照逆时针方向对各象限进行解释。可以从一个给定的存量值开始，在物业市场确定房租，这个租金通过资产市场转换为房价。接着，该资产价格导致新的开发建设量，再转回物业市场，这些新的住宅开发量最终形成新的存量水平。如果我们分析开始时的存量水平与逆时针环顾一圈后分析结束时的存量水平相等，那么可以说，物业市场和资产市场达到了均衡状态，即住宅市场达到了均衡。假如分析开始时的存量水平大于分析结束时的存量水平，那么房租、房价和新开发建设量就会增长以达到均

---

❶ 对于住宅增量与住宅存量的关系，以及该模型构建的深入分析，可继续学习 Wheaton（1996）对存量-流量模型的讨论。参见（美）丹尼斯·迪帕斯奎尔，威廉·C·惠顿：《城市经济学与房地产市场》，中译本，246-249 页，经济科学出版社，2002。

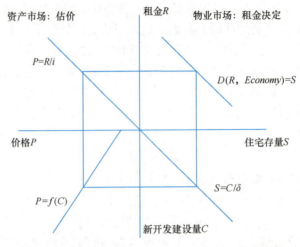

图 3-21　资产市场－物业市场模型（四象限模型）

衡；反之，如果初始存量低于结束时的存量水平，则房租、房价和新开发建设量就会减少以达到均衡。总之，均衡表示的是一种稳定状态，如果不处于这个状态，那么经济系统中总有力量使得各变量相互作用，发生变动，最终回归均衡。图 3-21 所示的矩形框反映的就是住宅市场的这一均衡状态。

四、四象限模型的应用

1. 宏观变量对住宅市场的影响

利用四象限模型，可以分析宏观经济对住宅市场的影响。那么，应该首先从哪个象限开始呢？需要根据实际问题进行判断，即要看外生变量首先产生直接影响的是哪个象限。这里采用的分析方法是比较静态分析，即比较初始的均衡状态和外生变量发生变化后的均衡状态，以观察外生变量对住宅市场各变量的影响。

（1）经济增长的影响。如果经济增长，居民收入提高（或家庭数量增加、企业数量增加），对住宅的需求增加，则在住宅存量供给一定的情况下，房租上涨（第Ⅰ象限），又会导致房价上涨（第Ⅱ象限），进而引起住宅新开发建设量增加（第Ⅲ象限），最终会导致第Ⅳ象限的住宅存量增加。住宅存量的增加会导致初始假定住宅存量一定的情况下上涨的房租下降，如此运动直至达到新的均衡（如图 3-22 中的虚线所示）。房租、房价、新开发建设量和住宅存量都较初始状态（实线所示）增加。如果经济衰退，则会出现相反的情况。

经济扩张时，新的均衡所形成的矩形框（虚线）在原市场均衡的矩形框（实线）之外，而经济衰退时则正好相反。然而，这种新的均衡并不要求在原市场均衡的矩形之外等比例地扩张或收缩。新的市场均衡矩形框的形状取决于各曲线的斜率（第Ⅱ象限和第Ⅳ象限）或弹性（第Ⅰ象限和第Ⅲ象限）。例如，如果新建住宅量相对于资产价格来说非常有弹性（表现为第Ⅲ象限的曲线几乎是一条垂直线），也就是说，资产价格发生变动后会导致新建住宅量发生较大变动，那么，经济扩张后，会导致住宅市场的租金和价格可能只有

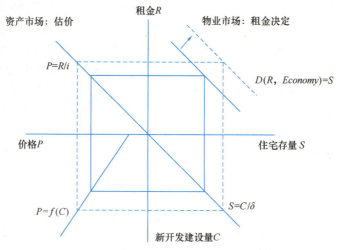

图 3-22　经济增长的影响：物业需求增加

少许上升，而新开发建设量和住宅存量会有较大增加。

（2）长期利率的影响。上面分析的是物业需求（即使用住宅的需求或租赁需求）发生变化的情况，而拥有住宅的需求（即购买需求）发生变化对住宅市场的影响则显著不同。例如，长期利率下降、房地产预期投资风险的降低，或者政府税收优惠政策等，都会降低投资者对房地产投资的收益要求，从而使得房地产的资产需求增加，则在租金不变的情况下导致房价上涨，即价格－租金曲线逆时针旋转（第Ⅱ象限）。这时，开发商会增加新的住宅建设量（第Ⅲ象限），导致住宅存量增加（第Ⅳ象限）和房租下降（第Ⅰ象限）（如图3-23虚线所示）。反之，较高的利率、较大的预期风险和相反的税收政策，都会使得资产价格下降，新住宅建设量和住宅存量下降，形成房租上升的局面。

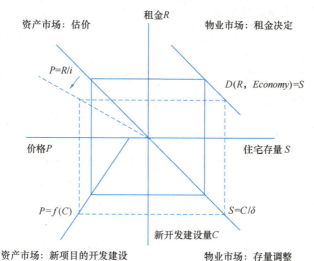

图 3-23　长期利率的影响：资产需求增加

(3) 信贷、建设成本的影响。短期利率的变动对住宅市场产生的影响与以上探讨的长期利率变动的影响极为不同。例如，短期利率增加导致住宅开发融资难度增加，类似的较严格的规划或建筑法规管制，或者政府收紧土地供应等，都会导致开发成本增加，从而降低新项目开发的获利水平（如果资产价格不变）。这将导致第Ⅲ象限的成本曲线向左移动，在住宅价格不变的情况下，新项目开发量减少，最终降低住宅存量水平（第Ⅳ象限），导致房租（第Ⅰ象限）和房价上升（第Ⅱ象限）（如图3-24中的虚线所示）。反之，如果房地产开发融资渠道较多，政府相关开发管制宽松或者政府土地供应充足，会使得第Ⅲ象限的成本曲线向右移动，在资产价格不变的情况下，新建住宅量增加，最终导致存量增加，房租和房价下降。

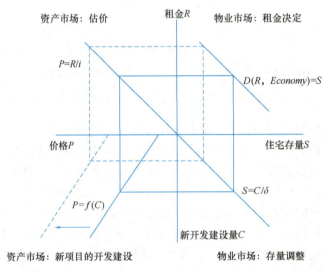

图3-24　住宅开发成本上升

2. 公共政策对住宅市场的影响

中央政府和地方政府的公共政策的变动，会对房地产市场造成影响。四象限模型在分析这些政策的影响时非常有用。

(1) 政府的住宅资助政策。政府具有保障中低收入者适当住房的职能，政府会出台一系列用于鼓励开发建设中低收入住宅的资助办法。一种方式是直接为目标群体建设住宅，如国外的公共住宅（以租赁为主）、中国的经济适用房（以出售为主）；另一种方式是帮助居民提高支付能力，如住房补贴等，可称为消费者补贴政策。

公共住宅建设和消费者补贴政策对住宅市场的影响截然不同。如果公共住宅能够成功地吸引租客或购买者，那么将会降低对私人部门提供的住宅的需求。这种情况被称为公共建设对私人部门的取代或"挤压"（public displacement of private construction）。利用四象限模型进行分析，公共住宅建设对住宅市场的影响会形成与图3-22相反的一种新的均衡状态。而消费者补贴政策对住宅市场的影响则与经济扩张的影响大致相同。消费者补贴政策的支持者认为，这种政策会刺激新住宅项目的建设，同时对房租和房价仅有轻微影响，所以最终会增加中低收入者拥有住宅的机会。反对者则认为，这种政策只会提高市场租金和价格，而对新建住宅量几乎没有什么影响，最后主要受益的是土地所有者。显然，尽管经济学家并不能得出哪个政策更好或哪个政策更坏的结论，却能通过经济模型如四象限模型对政策实施的可能结果进行预测。例如，消费者补贴政策对新建住宅量和房租（房价）的影响程度取决于图 3-22 中各曲线的相对弹性。如果新建项目供给的价格弹性相对更大，那么该政策的实施结果会有利于消费者补贴政策的支持者；反之，则有利于该政策的反对者。

（2）政府的开发管制政策。在美国，地方政府对于私人拥有土地的开发规模和开发类型都有较严格的管制；在中国，中央政府和地方政府可以通过年度土地供应计划等政策来限制城市国有建设用地的供给。这些政策常常是为了公众利益，但客观上对私人项目的开发造成了额外的成本负担。例如，在房地产开发许可证制度下，如果政府部门的效率低下，则有可能使得一个项目的审批时间过长；如果限制土地的有效供应，则会提高土地价格从而增加开发成本。总之，开发管制越严格，房地产开发成本的增加就越多，其对住宅市场的影响类似于图 3-24。

（3）房地产税收政策。美国的联邦税收政策总的来说对住宅所有者和投资者是有利的。房地产债务的利息支付额通常可以在税前扣除，住宅所有者还可以在卖掉住宅后的资本收益中获得税收减免的优惠。此外，对于投资者而言，允许远远超过实际经济损耗的折旧扣除额。中国目前对于自住的普通住宅免征城镇土地使用税和房产税，可以看作是一种税收优惠。这些税收政策将降低投资者对房地产当前收益的要求，从而使得第Ⅱ象限的资本化率曲线逆时针旋转，出现类似图 3-23 的影响结果。相反，美国的地方政府往往征收不动产税（property tax），有效税率一般在 1%～2% 之间，并直接提高了房地产所必需的资本化率，使得第Ⅱ象限的资本化率曲线顺时针旋转，结果是降低了房价，减少了新项目的建设量并提高了房租。

（4）房地产金融政策。在美国，联邦政府设立了许多方便住宅融资的金融机构。例如，储蓄和信贷银行系统（system of S&L banks）的设立，拓宽了将地方储蓄转化为抵押贷款的渠道。又如，抵押贷款二级市场的建立以及政府的抵押贷款担保制度增加了金融的流动性。这些措施都有效地降低了抵押贷款的借贷成本，从而使得第Ⅱ象限的资本化率曲线逆时针旋转，提高了资产价格，促进了新住宅项目的开发。需要注意的是，如果是长期融资获取性发生变动，则是通过影响长期利率而影响第Ⅱ象限的资本化率曲线；如果是短期项目融资获取性变动，则是通过影响开发成本而影响第Ⅲ象限的成本曲线或新建住宅供给曲线。

小　　结

（1）住宅需求是指其他条件不变，消费者在每一价格水平上愿意而且能够购买的住宅的数量。住宅需求具有多样性、区域性、层次性、双重性以及一定的可替代性等特点。影响住宅需求的因素除了房价外，主要有人口、收入、消费者偏好、预期、金融因素等。住宅需求价格弹性是指住宅价格每上升（下降）一个百分点所引起的住宅需求量减少（增加）的百分比。住宅需求收入弹性是指收入每增加（减少）一个百分点所引起的住宅需求量增加（减少）的百分比。

（2）住宅供给是指其他条件不变，生产者在每一价格水平上愿意而且能够提供的住宅的数量。特定时点的住宅存量（housing stock），可以由上一期住宅存量减去拆毁和净转换量，再加上当期新建住宅量即住宅流量（housing flow）得到。住宅供给具有缺乏弹性、层次性以及滞后性等特点。影响住宅供给的因素除了房价外，主要有生产要素价格、开发商预期、政策因素等。住宅供给弹性系数等于住宅供给量变动的百分比除以价格变动的百分比。

（3）尽管住宅增量供给相对于价格的变动存在着"时滞"（time lag），我们仍然采用向右上倾斜的供给曲线来描述住宅增量供给，这是一种理论简化。住宅的存量市场清楚地说明，一个地区的住宅市场在相当长的时期内，其住宅价格的变化是以住宅需求为主导的，住宅需求增加，导致住宅价格和租金上升；需求下降，住宅价格和租金下降。

（4）蛛网模型将时间因素加入到住宅市场的均衡状态变动过程当中，考虑了住宅市场供给相对于需求的时滞，通过对不同时期的住宅需求、住宅供给和价格之间的相互作用，探究住宅市场在偏离均衡状态之后的实际波动过程和结果。根据住宅市场供给弹性和需求弹性的大小差异，可以将蛛网模型分为收敛型蛛网模型、发散型蛛网模型和封闭型蛛网模型。

（5）四象限模型在理论上将住宅市场分为物业市场（the property market）和资产市场（the asset market）两个子市场；分别用两个象限表示物业市场（存量市场）和资产市场（新建住房市场），再用两个象限将这两个子市场联系起来，最终形成一个包含四个象限的市场均衡。四象限模型可以用于分析住宅市场的外生变量（如经济增长、长期利率、信贷和开发成本等）的变化对住宅市场的影响，并进而分析公共政策对住宅市场的影响。

（6）如果经济增长，居民收入提高（或家庭数量增加、企业数量增加），将使得第Ⅰ象限的住宅需求曲线向右上移动，导致房租上涨，进而引起房价上涨以及住宅新开发建设量增加；资本化率的下降增加了房地产的资产需求，导致房价上涨。上涨的房价又促使开发商增加新的住宅建设量，导致住宅存量增加和房租下降；住宅开发成本的增加降低了新项目开发的开发量，又降低了住宅存量水平，导致房租和房价上升。

复习思考题

1. 试区分住宅需求量的变动和住宅需求的变动。
2. 住宅需求弹性的含义是什么？
3. 简述住宅存量与住宅流量的关系。
4. 简述住宅市场的均衡。
5. 简述住宅市场蛛网模型的类型与特征。
6. 试结合中国实际，论述住宅市场的四象限模型的基本原理及其应用。

课外阅读材料

1. （美）保罗·萨缪尔森，威廉·诺德豪斯. 宏观经济学［M］. 16版. 北京：华夏出版社，1999.
2. （美）N·格里高利·曼昆. 宏观经济学［M］. 5版. 北京：中国人民大学出版社，2005.
3. （美）阿瑟·奥沙利文. 城市经济学［M］. 4版. 北京：中信出版社，2003.

4. (美)丹尼斯·迪帕斯奎尔,威廉·C·惠顿. 城市经济学与房地产市场[M]. 北京:经济科学出版社,2002.

5. (美)丹尼斯·J·麦肯齐等著. 房地产经济学[M]. 北京:经济科学出版社,2003.

6. 董藩,丁宏,陶斐斐. 房地产经济学[M]. 北京:清华大学出版社,2012.

第四章 住宅租金和价格

从拥有者的角度来看，住宅一方面是家庭的重要财富，另一方面是生活的必需品。与普通商品不同，住宅是"可以用于投资的消费品[1]"，既是消费品也是投资品。住宅的租金和价格是住宅市场上最重要的信息，反映出作为消费品或投资品的住宅的供求状况。

本章第一节介绍住宅租金和价格的基本概念；第二节分析由于住宅的异质性所导致的对房价衡量的困难，以及解决该问题的主要方法工具——特征价格模型；第三节讨论区位因素对住宅租金和价格的影响，其理论模型是住宅价格函数和住宅投标租金函数；第四节介绍联系住宅租金与价格关系的关键变量——资本化率，并分析住宅租金与价格的关系；第五节讨论现实中资本化率的确定、中国的住宅租金和价格的变动趋势以及房价的影响因素。

第一节 概 述

一、租金的概念

在日常生活中，租房的行为是屡见不鲜的。我们租住别人的住宅，必须支付相应的租金。雷利·巴洛维认为租金（rent）是经济学家赋予特定含义的一个普通名词。人们通常把租金看作是利用土地和建筑物而支付给所有者的报酬，如我们经常说到的家庭住房、房屋、商业场地和农场的租金。李嘉图则认为，租金既指承租人为租用住宅而愿意每期支付的费用，也可以定义为获得占有或使用该物业的权利而支付的年金。

作为特定的经济术语的"租金"，特别是当考察土地的经济报酬时，经济学家们通常认为应该区分以下三种租金概念，即地租（land rent）、契约租金（contract rent）和经济租金（economic rent）。

---

[1] 曹建海：《居民住房到底是消费品还是投资品呢》，中国财经时报，2006.8.23。需要注意的是，在我国的 CPI 统计中，只包含了租房价格而未包括住房销售价格。

地租（land rent）是一个比较专门的概念。它是土地要素的报酬，指土地在生产利用中产生的经济报酬（economic return）。

契约租金（contract rent）与地租（land rent）有明显的区别，前者是对不动产所有者的实际支付，而后者是理论上应该获得的报酬。契约地租可能因供需的变动而在地租水平附近浮动。当契约地租超过地租时，承租人需要多付出他可能从其他劳动、资本与管理中所得的报酬，反之则省下了一部分地租。

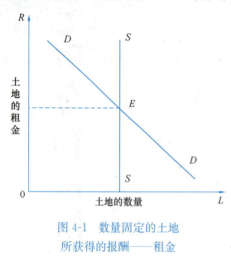

图 4-1 数量固定的土地所获得的报酬——租金

萨缪尔森认为，土地的基本特征是数量固定，对价格完全缺乏弹性。为在一定时期内使用土地而支付的价格称为土地的租金（rent），有时称纯经济租金（pure economic rent）或经济租金（economic rent）。土地需求是一种引致需求，是由对要素所生产的产品的需求所派生出来的。因为土地的供给没有弹性，土地在任何一种情况下都会同样地工作，所以土地的价值完全由产品的价值派生而来，反之则不成立。租金这一概念不仅适用于土地，同时也适用于任何一种供给固定的要素，例如为展览达·芬奇的名画《蒙娜·丽莎》而支付的费用。总之，租金或经济租金是指对使用供给固定的生产要素所支付的报酬。❶

二、住宅价格的概念

从本质上讲，价格（price）不过是用货币表现的交换价值（value）。价格是交换的产物。在货币出现之前，物物交换的比例可以称为价格。货币出现之后，物品与物品相互交换的比例由货币来衡量。价格是市场经济的核心，在市场经济条件下，生产、分配、交换和消费等各种经济行为都以价格为中心，价格是理解市场经济的基础和关键。

经济学家通常是与市场供求一起讨论价格的。❷市场经济利用供给和需求的力量将稀缺的资源配置到竞争性的用途中。供给和需求共同决定了经济物品的价格（市场均衡价格的简称），价格又是指导资源配置的信号。在市场经济中，价格是配置稀缺资源的机制，价格决定了多少人来生产某种经济物品，以及生产多少。

因此，房地产价格本质上就是房地产的交换价值，即用货币表示的房地产与其他经济物品相互交换的比例。房地产价格是房地产市场的核心和基础，保证了房地产资源的有效配置。

房地产价格的形成，是房地产效用、供给的相对稀缺性以及房地产的有效需求三方面相互作用的结果。所谓房地产效用，是指人们因占用、使用房地产而得到满足的程度。物体有效用并不一定能直接产生经济价值，只有数量有限且对于效用有相对稀缺性才能产生

---

❶（美）保罗·萨缪尔森，威廉·诺德豪斯：《微观经济学（第16版）》（中译本），202~203页，华夏出版社，1999。

❷（美）曼昆：《经济学原理（原书第3版）（上册）》（中译本），72页，机械工业出版社，2005。

价值。房地产具有效用和相对稀缺性即会产生价值，但要使房地产价格成为现实，还必须具有现实的购买力，即存在有效需求❶。

现实中的住宅价格构成极其复杂，不同地区、不同时期、不同类型的住宅，其价格构成可能不同。从房地产估价中的成本法的角度来看，房地产价格主要由7大项构成，即土地取得成本；开发成本；管理费用；投资利息；销售费用；销售税额；开发利润等❷。

常见的衡量市场住宅价格水平的相关指标包括住宅均价、住宅价格中位数、特征价格指数、重复交易指数等。住宅均价是指一段时期内所销售住宅总价格与销售住宅数量之间的比值。由于住宅销售价格往往存在极高或者极低的"极端值"情况，在统计分布上呈现有偏态势，因此一般来说住宅价格中位数是比住宅均价更优的衡量住宅价格水平的指标。然而住宅均价与住宅价格中位数的计算原理都存在系统偏误（systematic error）：（1）二者均不能反映住宅价格水平的上涨是来源于住宅本身品质的提升还是来源于住宅价格水平的上升；（2）二者均受样本选择的影响，交易频繁的住宅对住宅均价及中位数的影响高于其他交易不频繁的住宅，从而使得住宅均价及住宅价格中位数不能准确反映整个住宅存量市场的价格水平。特征价格指数与重复交易指数则是为克服上述系统偏误而构建的两类指标。特征价格指数是在效用理论与特征价格模型的基础上构建的指标，其原理是通过多元回归确定住宅各类特征的影子价格，同时确定样本各类特征的中位数进而确定该时期的市场特征价格水平，通过不同时期市场上同一住宅特征下的价格水平比值来反映住宅市场价格的变动。重复交易指数则是直接通过同一住宅的销售来控制住宅品质的变化，从而反映住宅价格水平的变动。

三、住宅价格的影响因素

住宅价格的水平及其变动，是众多影响因素综合作用的结果。房价的影响因素多而复杂，通常的一种分类是分为一般因素、区域因素和个别因素三个层次。❸

中国房地产估价师与房地产经纪人学会编写的《房地产估价理论与方法》一书中，将影响房价的因素分为以下9类，即：（1）房地产自身因素，是指构成房地产实物、权益和区位状况的因素，主要包括区位、土地面积和形状、地形与地势、地质条件、日照和风向、建筑物本身等；（2）环境因素，是指对房价有影响的住宅周围的物理性状因素，主要包括大气环境、声觉环境、水文环境、卫生环境等；（3）人口因素，主要包括人口数量、人口素质、家庭人口规模等；（4）经济因素，主要包括经济发展状况、储蓄、消费、投资水平、利率、物价、居民收入、汇率等；（5）社会因素，主要包括政治安定状况、社会治安状况、城市化等；（6）行政因素，主要包括房地产制度、房地产价格政策、行政隶属变更、特殊政策、城市规划、交通管制、税收政策等；（7）国际因素，主要包括世界经济状

---

❶ 参见华伟：《房地产经济学》，160页，复旦大学出版社，2004；以及中国房地产估价师与房地产经纪人学会编：《房地产估价理论与方法》，53～55页，中国建筑工业出版社，2006。
❷ 详见中国房地产估价师与房地产经纪人学会编：《房地产估价理论与方法》，30页，中国建筑工业出版社，2006。
❸ 有关房价影响的一般、区域、个别因素的分类及介绍详见赵财福、赵小虹：《房地产估价》，35～43页，同济大学出版社，2004；有关地价的一般、区域、个别因素的分类及介绍参见毕宝德主编：《土地经济学（第五版）》，358～360页，中国人民大学出版社，2006。

况、国际竞争因素、政治对立状况、军事冲突因素等;(8)心理因素,主要包括购买或出售心态、个人偏好、时尚风气、讲究吉祥号码等;(9)其他因素,如某些重要人物的健康与生死状况等。❶

第二节 住宅的异质性与住宅价格

住宅的异质性,即住宅的多样性,是指不同的住宅在面积、年限、内部结构、房间数量、浴室数量、位置等方面的差异性,每套住宅均包含了一系列各不相同的住宅属性,住宅的价格便是家庭对每一属性的价值判断的综合。我们可以通过以多元回归方法为基础的特征价格模型(hedonic price equation)定量地分析每种属性变化对住宅市场价格的影响。

一、住宅的异质性

住宅的属性特征可大致划分为两大类,即居住特征和区位特征。居住特征涉及与住宅本身相关的特征,包括面积大小、楼层、朝向、内部设计、建筑完整性和房龄等方面;区位特征包括道路状况、交通便利状况、到市中心距离、商店等服务设施的可达性、周边邻里状况、公共服务状况和环境质量等。消费者在购买住宅时包含了对住宅所有属性特征的选择,并针对每一属性作出相应的价值评估,一套住宅价格便是其各属性特征的隐含价值之和❷。

消费者对住宅各属性的估价符合边际收益递减规律,如图 4-2 所示。在其他属性保持不变的条件下,随着某一种住宅属性(如住宅面积)的增加,住宅价格也不断增加,但是其增加额却呈递减趋势。

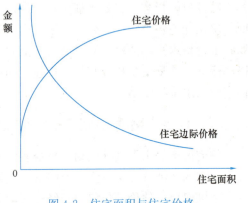

图 4-2 住宅面积与住宅价格

[专栏 4-1] 边际收益递减规律

边际收益递减规律表明在其他投入不变时,随着某一投入量的增加,新增加的产出越来越少。换言之,其他投入不变,随着某一投入量的增加,每一单位投入的边际产量会下降。

边际收益递减规律是一条可以被广泛遵守的经验性规律,而不是像地球引力规律那样的普遍真理。在许多实证研究中人们都发现了这一规律,但是,的确也有不符合这一规律

---

❶ 详见中国房地产估价师与房地产经纪人学会编:《房地产估价理论与方法》,305~326 页,中国建筑工业出版社,2006。

❷ Lancaster K J: A. New Approach to Consumer Theory. Journal of Political Economy. 1996, 74 (1): 132—157.

的例外情况存在。另外边际收益递减规律可能并不适用于所有的产量水平。那个最初的劳动投入可能实际上表现出边际产量的递增,这是因为,需要一个最小的劳动量才能走到田间并拿起锄头。尽管有些例外,但边际收益递减仍是一条在大多场合都能使用的规律。

边际收益递减规律是影响人们利用土地的最重要因素之一。如果没有这个规律起作用,人们可以把所有的生产活动都集中在一个小区内,可以在一个花园里为世界上所有的人提供粮食,全世界的人口也可以生活在一栋建筑物内。

参考文献:(美)保罗·萨缪尔森,威廉·诺德豪斯:《经济学》(第十七版),88~89页,人民邮电出版社,2004;以及(美)雷利·巴洛维:《土地资源经济学》,第五章,北京农业大学出版社,1989。

二、住宅的特征价格模型

特征价格模型可以将住宅价格表述为各属性的函数:P(住宅)$= P(X_1, X_2, \cdots, X_n)$,$X_n$指住宅的各属性。因变量是住宅的价格$P$,自变量可能包含住宅单元中卧室的数目、客厅数目、浴室数量、建筑面积、房龄、附近街区质量(好则赋值为1,差则赋值为0)、车库车位(车库或车位数量)等。通过收集住宅价格及其属性数据,应用多元回归方法获得特征价格方程,我们能够描述出住宅价格与各属性之间的数量关系。线性特征价格方程表示为:

$$P = \alpha + \beta_1 X_1 + \beta_2 X_2 + \cdots + \beta_n X_n \tag{4-1}$$

式(4-1)中,α为截距项;β_i($i=1, 2, \cdots, n$)反映出各属性的隐含价格,即假定其他属性不变,各属性变动一单位导致房价平均变动的程度。注意该方程为线性,即假定β_i不随X_i的增加而变化,也就是假设住宅属性的边际收益不变。

由于线性特征价格方程假定属性的边际效益不变,在应用上受到一定的局限。如前所述,消费者对住宅属性的价值评估符合边际收益递减规律,即随着属性特征值的增加,每增加一单位的属性特征所带来住宅价格的增加呈递减趋势。式(4-2)形式的特征价格方程解决了这个问题,函数表达式如下:

$$P = \alpha X_1^{\beta_1} X_2^{\beta_2} X_3^{\beta_3} \cdots X_n^{\beta_n} \tag{4-2}$$

式(4-2)对两边取自然对数,可转化成双对数模型形式:

$$\ln P = \ln \alpha + \beta_1 \ln X_1 + \beta_2 \ln X_2 + \cdots + \beta_n \ln X_n \tag{4-3}$$

对式(4-3)两边取微分,可以得出:

$$\beta_i = \frac{dP/P}{dX_i/X_i} \tag{4-4}$$

这时,系数β_i表示住宅价格P对住宅属性X_i的弹性,即属性X_i增加1%,住宅价格P增加的百分比。

特征价格方程还可采取另外一种函数形式,即:

$$P = \alpha \exp(\beta_1 X_1 + \beta_2 X_2 + \cdots + \beta_n X_n) \tag{4-5}$$

实际应用可以对两边取自然对数,转化成半对数模型形式:

$$\ln P = \ln \alpha + \beta_1 X_1 + \beta_2 X_2 + \cdots + \beta_n X_n \tag{4-6}$$

半对数形式可以避免对数形式函数中自变量取值为 0 时无意义的情况。对式 (4-6) 两边进行微分,可以得出:

$$\beta_i = \frac{\mathrm{d}P/\mathrm{d}X_i}{P} \tag{4-7}$$

这时,β_i 表示住宅属性 X_i 增加一单位,住宅价格 P 的增长率。

在选取住宅属性构建特征价格模型时要注意对自变量系数的处理。对于连续变量(如面积、房龄等),可以考虑其百分比的变化,如面积属性的系数表示住宅面积每增加 1% 所带来的住宅价格增加的百分比;而离散变量(如浴室的个数等)的系数则表示每增加一个浴室或房间所带来住宅价格的增加;对于定性变量(如有无车库、住宅是否处于中心城市等),则不考虑其百分比变化,而采取哑元变量(dummy variable)的方式:0 代表否,1 代表是(当自变量取对数时,将取值为 0 或 1 的变量转化为取值 1 或 2)。

这里以温海珍、贾生华(2004)[1] 的研究为例,介绍特征价格模型的实际应用。该研究选择杭州市西湖区作为研究区域,选择了 15 个变量作为住宅的特征。数据来源为房地产中介服务公司提供的成交资料,并在建筑类型上选择多层和小高层住宅为研究对象,剔除了排屋和别墅,见表 4-1。

住宅的特征及其量化　　　　表 4-1

变量序号	变量名	变量的描述及量化	预期符号
X_1	室	住宅单元中室的数目(室)	+
X_2	厅	住宅单元中厅的数目(厅)	+
X_3	建筑面积	整套住宅的建筑面积(m^2)	+
X_4	房龄	住宅建筑的房龄(年,2002 年的房龄为 1)	+
X_5	主要朝向	虚拟变量:南北赋值 1,否则为 0	+
X_6	装修程度	分为 5 档:无装修(1 分)、简易装修(2 分)、中档装修(3 分)、高档装修(4 分)、精装修(5 分)	+
X_7	生活设施	生活设施完备的程度:煤气、热水器、空调、电话、有线、宽带、家具、防盗门、封阳台,每项 1 分,满分 9 分	+
X_8	楼层	所在楼层的层数(层)	未知
X_9	车库车位	虚拟变量:有车库或者车位则赋值 1,否则为 0	+
X_{10}	阁楼	虚拟变量:有阁楼则赋值 1,否则为 0	未知
X_{11}	超市	虚拟变量:小区内或附近 1000m 内有超市赋值 1,否则为 0	+
X_{12}	学校	虚拟变量:小区内或附近 1000m 内有中小学赋值 1,否则为 0	+
X_{13}	幼儿园	虚拟变量:小区内或附近 1000m 内有幼儿园赋值 1,否则为 0	+
X_{14}	停车场	虚拟变量:小区内有停车场赋值 1,否则为 0	+
X_{15}	交通情况	小区周围公交线路的数目(条)	+

通过统计检验,剔除不显著因素,得到线性回归方程:

---

[1] 温海珍,贾生华:《住宅的特征与特征价格——基于特征价格模型的分析》,《浙江大学学报(工学版)》,2004(10)。

$$P = -8.794 + 0.567X_3 + 1.036X_7 - 0.608X_4 + 7.427X_9 + 1.150X_{15} \quad (4-8)$$

样本量为278个，实际进入模型的为239个，成交时间跨度为2002年10月1日～2002年12月31日。式（4-8）表明，建筑面积、生活设施、车库车位、交通情况都会增加住宅的价格，房龄则会减少住宅的价格，这和预期的符号一致。其他属性不变，建筑面积每增加1m²，住宅价格增加5670元；煤气、热水器、空调、电话、有线、宽带等生活设施，每增加一项则住宅价格增加10360元；车库车位的价格为74270元；交通线路增加一条，则住宅价格增加11500元；房龄每增加1年，住宅的价格减少6080元。

第三节　区位因素与住宅租金和价格

房地产的一个重要特性是位置的不可移动性，区位因素是决定住宅租金和价格的最关键变量。区位因素一般从两方面影响人们的经济行为，一是对邻近地区经济行为的影响，即邻里效应（neighborhood effects）；二是对人的通行和货物运输的影响，即产生了交通成本或运输成本❶。这里重点讨论由于区位因素造成的交通成本对住宅租金和价格的影响。

一、住宅价格函数❷

这里应用一个简单的单中心城市模型探讨住宅及其用地的价格决定，以说明住宅价格和住宅用地的价格是如何随着通勤距离的变化而变化的。

（一）住宅价格函数模型的基本假设

在住宅价格函数模型（housing-price function）中，住宅价格被定义为家庭每月在每平方英尺住宅上的开支，与住宅租金的内涵一致。该模型的基本假定有：（1）每个家庭有一名成员通勤——到中心商务区（CBD）上班；（2）非通勤行程无足轻重；（3）所有区位的公共服务设施和税收相同；（4）所有区位的空气质量相同；（5）所有家庭收入相同，而且对住宅的品位相同；（6）通勤上的时间的机会成本为零。

前四个假设使得CBD成为城市居民的焦点，所有工作机会都在CBD，而人们在意的所有其他事物（公共服务设施、税收、空气质量）均匀地分布在城市各处。这里的城市假设为单中心城市。

（二）无消费者替代的住宅价格函数

无消费者替代的住宅价格函数除有上述假设外，还有以下特定假设：（1）相同的住所：假定每一处住所都有1000平方英尺的居住空间；（2）固定的预算：如基本假定（5）中描述的典型家庭，每个月花在通勤和住宅支出上的固定预算为300美元；（3）通勤成本为每英里20美元。

这样一来，在市中心的通勤成本是零，所以家庭可以将300美元全花在住宅消费上，1000平方英尺的住所价格为30美分/平方英尺。距市中心6英里时，通勤成本是120美元，那么家庭还剩下180美元可花在住宅消费上，价格为18美分/平方英尺。无消费者替

---

❶ 韩乾：《土地资源经济学》，129～130页，台湾：沧海书局，2001。
❷ （美）阿瑟·奥沙利文：《城市经济学（第四版）》（中译本），196～200页，中信出版社，2003。

代的住宅价格函数是线性的，在图 4-3 中，其斜率是每英里 2 美分。

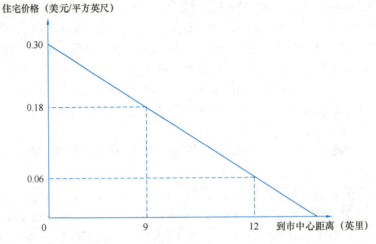

图 4-3　无消费者替代的住宅价格函数

向下倾斜的住宅价格函数对于区位均衡（locational equilibrium）是必要的。当所有家庭都对自己的区位选择满意时，区位均衡就出现了，即没有哪个家庭想要改变其区位。如果不是这样，例如我们可以假定住宅价格函数是水平的，则某家庭在向市中心移动时减少了通勤成本但其租金水平不变，那么该家庭就会向中心移近，其他家庭也会做出同样的选择。随着对市中心附近住宅需求的增加和对郊区住宅需求的减少，将造成市中心住宅价格的上涨和郊区住宅价格的下降，住宅价格函数线会由水平变成向下倾斜。均衡的住宅价格函数使所有居民对区位表现无差异，因为通勤成本上的差异和住宅费用上的差异正好抵消。

（三）有消费者替代的住宅价格函数

线性的住宅价格函数隐含这样一个假设：无论住宅价格如何，家庭都不会改变自己的住所（固定为 1000 英尺）。一个更现实的假定是消费者遵循需求定理，即随着价格的上涨而减小住房需求的数量，而以其他非住宅物品（食物、休闲娱乐等）来代替住房消费，这时表现为凸向原点的住宅价格函数。

假定某家庭从 12 英里的远处（住宅价格为 6 美分/平方英尺）搬到 9 英里处，如果住宅消费固定为 1000 平方英尺，家庭将会愿意为住宅额外支付 60 美元（通勤成本上的减少额），即每平方英尺多支付 6 美分。当住宅消费从 1000 平方英尺下降到 750 平方英尺时，家庭愿意支付比 6 美分/平方英尺更高的价钱来抵消通勤成本的减少。这样，家庭在向市中心移动时会占据更小的住所，同时住宅每平方英尺的价格会上涨，抵消通勤成本每英里固定减少的 20 美元，如图 4-4 所示。

（四）住宅价格梯度

首先来看住宅价格函数的斜率。当达到空间均衡时，住宅价格（P）和住宅消费量（H）都随着到市中心的距离（u）的变化而变化，通勤成本和住宅费用之间的关系可以表示为：

$$\Delta u \cdot t = -\Delta P(u) \cdot H(u) \tag{4-9}$$

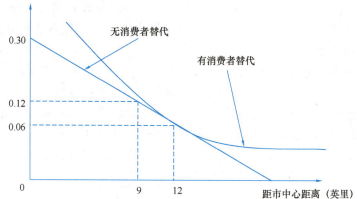

图 4-4 有消费者替代和无消费者替代的住宅价格函数

式中，t 为每英里的通勤成本。

整理后得出住宅价格函数斜率为：

$$\frac{\Delta P(u)}{\Delta u}=-\frac{t}{H(u)} \tag{4-10}$$

例如当 $t=20$ 美元，$H(9)=750$，那么当 $u=9$ 时，与住宅消费固定下的斜率 0.02 相比，此时的住宅价格函数的斜率是 0.0267（20/750），随着家庭向市中心搬迁，住宅价格函数斜率增大。

那么，随着到市中心距离的增加，住宅价格下降多快呢？住宅价格梯度被定义为每英里住宅价格变化的百分比。将上式两边同除以 P 就可以得到：

$$\frac{\Delta P/P}{\Delta u}=-\frac{t}{H(u)\cdot P(u)} \tag{4-11}$$

也就是说，住宅价格梯度等于住宅上的开支除以每英里的通勤成本，它表示到市中心距离每增加一英里，住宅价格降低的速度。

二、住宅投标租金函数❶

以上讨论了家庭（需求者）对不同区位的住宅的选择及如何达到区位均衡，那么住宅供应商愿意为城市不同区位的土地支付多少呢？住宅的投标租金函数（residential bid-rent function）是探讨住宅供应商行为的一个很好的工具。根据剩余原则（leftover principle）❷，住宅供应商愿意为土地支付的数量等于总收益减去总成本后的剩余，即地租。

（一）固定要素比例的投标租金函数

首先考虑住宅按固定要素比例供应时的情况。基于住宅行业的特点，模型假设如下：

（1）生产。每个供应商使用土地和其他投入品生产 Q 平方英尺的住宅，一旦建造了一座大楼，大楼可以用来作为单个住所（有 Q 平方英尺的空间），或是被划分成 x 单元，

---

❶ （美）阿瑟·奥沙利文：《城市经济学（第四版）》（中译本），200～203 页，中信出版社，2003。
❷ （美）阿瑟·奥沙利文：《城市经济学（第四版）》（中译本），168 页，中信出版社，2003。

每一单元有 (Q/x) 平方英尺的居住空间。

(2) 非土地成本。对于每一幢大楼，供应商使用了价值 K 的非土地投入品。

(3) 固定要素比例。无论地价如何，每个供应商以 T 英亩的土地和其他非土地投入品生产 Q 平方英尺的住宅。

(4) 住宅价格。住宅价格函数为有要素替代的凸向原点的住宅价格函数。

(5) 完全竞争。市场是完全竞争的，所以供应商的经济利润为零。

根据剩余原则，土地投标租金等于总收益减去总的非土地成本后的剩余。总收益等于住宅价格 P 乘以住宅交易数量 Q，而总成本是非土地成本（K）加上土地成本（R 乘以 T）。由于 P 随着到市中心距离 u 的变化而变化，因此土地的投标租金是：

$$R(u) = \frac{P(u) \cdot Q - K}{T} \tag{4-12}$$

图 4-5 为固定要素比例的住宅投标租金函数。水平线为每英亩土地的非土地成本，在所有区位都相同。投标租金函数位于总收益曲线之下，两者之间的距离等于非土地投入品的成本。在 u^* 点，总收益等于非土地成本，所以土地的投标租金为 0。由于住宅价格随 u 的增加而下降，所以住宅的投标租金函数向下倾斜；投标租金函数是下凸的，则是因为基于假设（4）的住宅价格函数是下凸的。

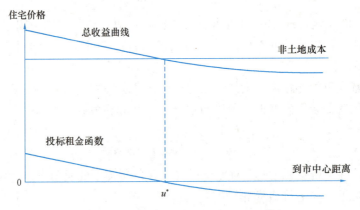

图 4-5 固定要素比例的投标租金函数

（二）存在要素替代的投标租金函数

图 4-5 描述的投标租金函数是建立在住宅按固定要素比例生产的假定之上的，即无论地价如何，住宅供给商在所有区位使用相同的投入品组合。更为现实的是当地价上涨时，理性的供应商会采用变通的做法，用其他投入品替代土地，即进行要素替代。

图 4-6 显示了可变通的和不可变通的住宅供应商的投标租金函数。不可变通的供应商在城市各处使用相同的投入品组合，相对而言，当地价上涨的时候，可变通的供应商以非土地投入品代替土地，越靠近市中心修建的建筑越高。在每个区位，可变通的租金函数位于不可变通的租金函数之上。只有在 $u=6$ 的区位，不可变通的供应商的投入品比例是有效率的，而在其他区位都是无效率的，因为在接近市中心的区位其非土地投入品比例太低，而远离市中心的区位其非土地投入品比例则太高。这样可变通的供应商以较低的生产成本供给住宅，而对土地的竞价比不可变通的供应商高。

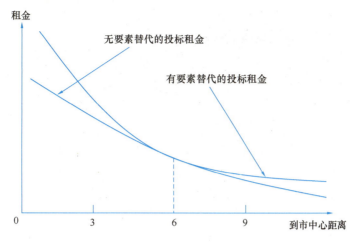

图 4-6 有要素替代的住宅投标租金函数

从以上分析中可以得出两个主要结论：一是投标租金函数向下倾斜，这是因为住宅价格函数向下倾斜；二是由于消费者替代（使得住宅价格函数凸向原点）和要素替代（使租金函数更加凸向原点），投标租金函数凸向原点。

三、模型假定的放宽[1]

上面我们讨论了在一系列严格假定基础上简化了的住宅价格模型和投标租金模型，如果放宽这些假定，则模型会更加贴近现实。

（一）通勤假定的变化

原假定通勤的唯一成本是货币成本，事实上通勤时间是以工作或休闲为代价，所以还应考虑与此相关的机会成本，这样一来住宅价格函数和租金投标函数曲线会变得更加陡峭。例如，家庭除了上下班还要购物、娱乐等，如果购物、娱乐等目的地是集中而不是分散的，那么家庭向市中心移动时节约了更多的通勤、购物、娱乐的时间成本，住宅价格函数和投标租金函数相对陡峭。又如，原假定是每个家庭只有一个人通勤到市中心，然而更为现实的是双职工家庭，这样一来家庭向市中心移动会节省双份的通勤成本，也会使得住宅价格函数和投标租金函数更加陡峭。

（二）住宅品味的变化

原假定每个家庭对住宅品味相同，现假定城市有两类家庭，按人数分为大家庭和小家庭，其收入相同，小家庭住小住所而大家庭住大住所。因为土地一般租给出价最高者，所以有较陡的投标租金函数的土地利用者占据离市中心较近的土地。根据式（4-11），小家庭消费面积较小的住宅（H 较小），所以每平方英尺的住宅价格较大幅度的变化才能补偿通勤成本的增长，结果是其住宅价格函数较陡峭，从而其投标租金函数也较陡峭，如图 4-7 所示。小家庭住在距市中心 4 英里以内的住所，住所面积较小，而大家庭倾向于住在 4 英里以外的郊区，且占据了更大的住宅空间。

---

[1] （美）阿瑟·奥沙利文：《城市经济学（第四版）》（中译本），206～216 页，中信出版社，2003。

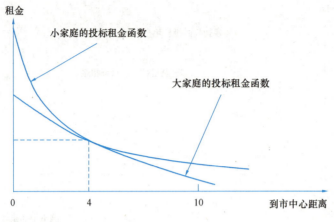

图 4-7　家庭大小与投标租金函数

(三) 公共物品和污染的变化

原假定公共设施和税收相同,实际情况是它们在大城市内常常有变化,例如如果学校的学费在不同区位都一样时,那些有较好学校的社区住宅价格往往较高;同样,相同公共设施水准的前提下,税收水平较低的社区住宅价格较高。

原假定所有区位的空气质量相同,然而更为实际的状况是工厂及汽车尾气等使得市中心的污染最为严重,这就减少了市中心附近住所的相对吸引力,住宅价格降低,同时增加了偏远地区住所的吸引力,提高了郊区住宅价格(见图 4-8)。

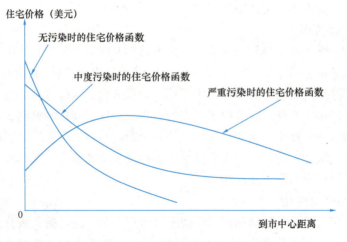

图 4-8　城市中心的污染与住宅价格函数

(四) 收入的变化

原假定所有家庭收入相同,为贴近现实,将城市居民划分为富人和穷人。富人的住宅价格函数和投标租金函数较平缓而穷人的较陡峭(见图 4-9),因为富人对市中心区域的高犯罪、高污染、交通拥挤等因素敏感,而愿意为郊区相对较安全、干净和舒适的住宅支付更高的价格。这种理论称为收入隔离理论,即富人们倾向于住在郊区,而穷人们倾向于住在市中心。这种现象在美国的一些城市很普遍,如底特律等,但是在欧洲、拉丁美洲、亚洲的一些国家,该理论却与事实经验不符。

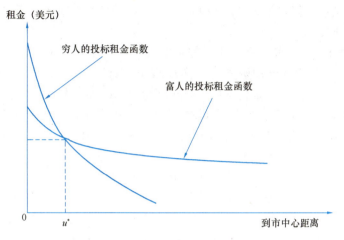

图 4-9　不同收入家庭的投标租金函数

第四节　住宅租金与价格的联系：资本化率

一、资本化率的概念

如前所述，住宅的租金是承租人为获得房屋的使用权所需支付的年度货币金额。租金是根据物业市场上的空间使用状况而不是根据资产市场上的所有权价值决定的。当对住宅的使用需求等于住宅的供给时，在物业市场上便形成了一个均衡的租金水平。投资者在资产市场上购买住宅时需要考虑当前或将来的收益流，因此，租金水平的变化将影响资产市场上对住宅所有权的需求，由此造成价格的变动。

在住宅市场上从租金转化到价格是一个复杂的过程。简单地说，住宅租金是通过资本化率转化为住宅价格的。资本化率（capitalization rate）反映了资产的收益与价值之间的关系，是联系租金和价格的纽带。资本化率是根据利率以及资本市场上各种资产（股票、债券、短期存款等）的投资回报率而定的。❶

资本化率实质上是一种投资收益率。它是投资者所投资的不同类型的物业的基准收益率或最低期望收益率。一旦预期的收益率低于最低期望收益率，该投资行为就不会发生。可以这样理解资本化率，即投资者购置该房地产时至少要达到的收益率，否则他会认为相对于其他机会而言，这项投资是亏损的。

由于购置有收益或有潜在收益的房地产是一种投资行为，因此，与其说是购买房地产本身，还不如说是购买该收益性房地产的未来收益。资本化率是房地产未来某一年（通常采用第一年）的年收益与其价格的比率，是行业中绝大多数投资者所认同的最低期望投资收益率。用公式表示为：

$$R = \frac{NOI}{V} \tag{4-13}$$

---

❶　（美）丹尼斯·迪帕斯奎尔，威廉·C·惠顿：《城市经济学与房地产市场》，9～11 页，经济科学出版社，2002。

式中　　V——房地产价值；NOI（Net Operating Income）为房地产未来第一年的净收益；
　　　　R——资本化率。

在不动产估价中，经常从物理要素的角度将不动产分为土地和建筑物。依据这种划分，对应的资本化率就有土地资本化率 RL（land capitalization rate）、土地报酬率 YL（land yield rate）和建筑物资本化率 RB（building capitalization rate）。土地资本化率是土地的年净经营收益与土地价值的比率，建筑物资本化率是建筑物的年净经营收益与建筑物价值的比率。从投资组合的角度看，土地资本化率和建筑物资本化率以及综合资本化率之间关系如下：

$$RO = L \times RL + B \times RB$$

式中　　L——整个不动产价值中土地价值的百分比；
　　　　B——整个不动产价值中建筑物价值的百分比。

特定条件下，收益率（即资本化率）与报酬率在数值上相等，但是二者属于不同的比率，在概念上也并不相同，不能互换。下面将讨论这两者之间的关系和区别。

二、资本化率与报酬率的关系

报酬率是关于资本回报的回报率，通常以年复利百分比来表示，是一种特殊类型的贴现率。要搞清楚其内涵，首先需要区分一笔投资中投资回收与投资回报的概念及区别。

资本回收是指投入资本的收回，即保本；而资本回报是额外得到的使用资本的补偿额，即报酬。以向银行存款为例，投资回收是向银行存入本金的收回，投资回报是从银行那里得到的利息。报酬率为投资回报与所投入资本的比率，因此在求取报酬率时需要考虑该投资的所有收益（正值和负值）。

报酬率是投资风险的函数，与投资风险正相关，因为风险较大的投资必然要求有较高的收益，也就是说，只有较高收益的吸引，投资者才愿意进行较大风险的投资，其报酬率也相应较高。由于房地产价值与报酬率负相关，因此风险较大的房地产价值低，反之亦然。

资本化率与报酬率的区别体现在以下几个方面：

一是资本化率是在直接资本化法中采用，是将房地产未来预期收益转化为价值的比率；而报酬率是在报酬资本化法中采用，是通过折现的方式转化两者所得到的比率。

二是资本化率是房地产某种年收益（通常取未来第一年的净收益）与其价格的比率，并不代表获利能力，而报酬率是用来除一连串的未来各期现金流量，以求得未来各期报酬率，是基于折现现金流量（DCF）分析基础上的，只不过 DCF 分析一般假设回报率是给定的或者可预期的，其报酬公式为：

$$PV = \frac{CF_1}{1+Y} + \frac{CF_2}{(1+Y)^2} + \frac{CF_3}{(1+Y)^3} + \cdots + \frac{CF_n}{(1+Y)^n} \tag{4-14}$$

式中　　PV——现值；
　　　　CF——各期的现金流量，在此处为各期房地产的收益；
　　　　Y——持有期报酬率；
　　　　n——项目的期数。

三是在报酬资本化法中，由于净收益流模式不同具体计算方法就不同，如上所述，由于净年值变化规则不同而不同，二者可能相等也可能不等，但报酬率 Y 与净年值变化以及获得净年值期限的长短并无直接关系，相反资本化率与净年值本身变化、获得净年值期限的长短均有直接关系。

三、资本化率的影响因素[1]

(一) 长期利率

通常情况下，我们把长期利率视为无风险利率。资本化率作为最低的预期收益率，应高于长期利率水平。在房地产估价的过程中，可以采用无风险利率加上风险资本化率调整值的方法获得资本化率。因此，长期利率的变动将引起资本化率的同向变动。

(二) 租金的预期增长

关于对未来住宅价格增长的预期一般有外生预期（盲目预期）、近视预期（回顾型预期）、理性预期等。[2] 资本市场是在未来预期的基础上确定资本化率的。同样 1 万元的租金收入，如果它被市场预期为增长的，则其当前的价值要比被市场预期为保持不变的 1 万元租金的收入要高。

(三) 与该租金有关的风险和不确定性

由于房地产投资存在风险，因此要求比无风险利率更高的利率作为风险补偿，其与无风险利率的差额即为风险溢价。风险补偿究竟应该多大，是学者们一直争论不休的问题。美国一般用 CAPM 模型，我国使用风险调整值法。无论何种方法，都基于下述基础关系，即：风险越高，风险补偿就越高，资本化率也就越高。

(四) 房地产方面的税制

在我国，税收对资本化率的影响与美国的情况类似，是通过影响租金增长预期来实现的。从这个角度看，税收可简单分为限制住宅租金增长和刺激住宅租金增长两种，前者的资本化率比后者要高。

四、资本化率的决定

根据住房和城乡建设部颁发的《房地产估价规范》GB/T 50291—2015，我国的资本化率决定主要有以下四种方法。

(一) 市场提取法 (market extraction method)

通过搜集同一市场上三宗以上类似房地产的价格、净收益等资料，选用相应的收益法计算公式，然后反求出各自的资本化率，再采用简单算术平均法或者加权算术平均法求出资本化率。在实际估价中，这种方法求取资本化率的数据来自于市场，结合其他理论上的资本化率的求法，可进行理论与实践的相互检验。

(二) 累加法 (built-up method)

将资本化率视为无风险资本化率加上风险资本化率调整值两部分，分别求出每一部

---

[1] （美）丹尼斯·迪帕斯奎尔，威廉·C·惠顿：《城市经济学与房地产市场》，11 页，经济科学出版社，2001。
[2] 有关预期的类型和分析详见（美）丹尼斯·迪帕斯奎尔，威廉·C·惠顿：《城市经济学与房地产市场》，245 页，经济科学出版社，2001。

分，再将其相加即可以得到资本化率。无风险资本化率可以理解为资金的机会成本，风险调整资本化率则是指承担额外风险所要求的补偿。这是求取资本化率较原始的方法，其理论基础是：投资者为了投资，须获得相应的补偿，将这些补偿率加总起来就是资本化率，这些补偿分别是：延期消费补偿、通货膨胀补偿、投资风险补偿及投资回收补偿。需注意的是，由于在现实中不存在完全无风险的投资，所以一般选取同一时期相对无风险的资本化率来代替，例如同一时期的国债利率或者银行存款利率。

（三）复合投资收益率法

《房地产估价规范》GB/T 50291—2015 规定将购买房地产的抵押贷款收益率与自有资本收益率的加权平均数作为资本化率。前提是需要确定房地产融资的抵押贷款利率、自有资金投资收益率及其占总价值的比例。要使投资收益最大化，抵押贷款占总价值的比例有一个合理值，并非越高越好，太高会带来债务风险。该方法的缺陷是自有资金投资（产权投资）收益率较难确定。

（四）投资收益率排序插入法

该方法假设具有同等风险的任何投资的资本化率都是相近的。在确定其他资产的收益率的前提下，从管理的难易、投资的流动性、管理的负担等方面考虑不同类型投资的风险程度，比较房地产投资与其他资产（银行存款、贷款、政府债券、保险、企业债券、股票及有关领域的投资收益率）的收益与风险的关系，将调查收集到的不同类型投资的资本化率按照大小关系排列，判断所求的投资风险大小所在的区间，找出相应的资本化率。

（五）确定资本化率的其他方法

我国资本化率的确定方法以"规范"为准。而在美国，除上述四种外，还有总收入乘数法（gross income multiplier，GIM）、资本边际成本法和机会成本法等。总收入乘数法是以有效总收入（非净收益）乘以一个随着房地产类型和位置而变化的乘数作为房地产价值，这个乘数实际上类似于我国的租售比。资本边际成本法，是指每新增一美元资金的成本，以此作为资本化率。资本的机会成本法，是指在不增加投资者任何风险的情况下，最好的资金利用方式所能实现的收益率，将该收益率作为资本化率。

总之，上述资本化率的确定中，最主要的是要解决风险如何确定以及如何量化的问题。

五、资本化率的其他讨论

上述关于住宅租金、价格与资本化率的讨论所应用的原理主要是传统的住宅价格租金现值模型，其前提假设是住宅价格与住宅未来现金流量即租金产生于内部交易费用为零的统一资产市场，因此理论上存在一个资本化率水平使得住宅价格乘以资本化率恰好等于住宅租金，而资本化率往往是一个给定的外生变量，由市场利率及资产市场各种资产的投资回报率等共同确定。然而住宅租赁市场与买卖市场对信息的反应速度并不相同（方毅、赵石磊，2007），通常情况下住宅买卖市场对价格的反应速度比较滞后，住宅买卖决策依据并不是即时信息；而住宅租赁市场上承租人往往签订的是较长期的租赁合同，住宅租金水平并不会依据市场价格信息随时变动，也就是说内部细分市场交易费用为零的假设并不成立，住宅价格与租金水平之间的关系并不等同于股票价格与股息之间的关系（Poterba，

1991），住宅价格与住房租金之间的趋同关系也受到广泛质疑。

事实上，住宅价格与租金水平的偏离常被作为衡量住宅市场泡沫的重要思路。住宅资产泡沫通常被定义为住宅的实际价格与经济基本面（如租金水平、收入水平等）决定的理论价格之间的偏离，通过比较住宅价格实际水平与理论水平的差异来度量泡沫的程度（关于房地产泡沫的讨论将在本书第十章详细介绍）。因此房价收入比、房价租金比往往成为人们比较关注的重要指标。房价收入比是指某一时期内市场上住宅销售价格中位数与居民家庭年收入中位数的比值，而房价租金比则是指某一时期内市场上住宅销售价格与年租金水平之间的比值。

[专栏 4-2] 房价收入比与房价租金比

作为衡量住房市场可支付性（Affordability）的重要指标，房价收入比是指某一时期内市场上住宅销售价格中位数与居民家庭年收入中位数的比值，常被用来粗略估计住房市场上中等收入家庭购买一套中等水平的住房所需年限。通常情况下，由于房价中位数、收入中位数相关数据的不可得性，住房可支付性一般通过间接观察房价工资比的趋势性。

据世界银行《东亚太平洋地区经济管理与减贫》研究报告显示，2001—2009 年间亚洲部分国家及地区如中国香港等均房价上涨速度高于居民收入上涨速度，而根据 Numbeo 数据库最新统计数据显示，2017—2020 年间，上述国家或地区房价工资比继续呈现攀升的现象，整体出现住房可支付性下降的趋势（见图 4-10）。

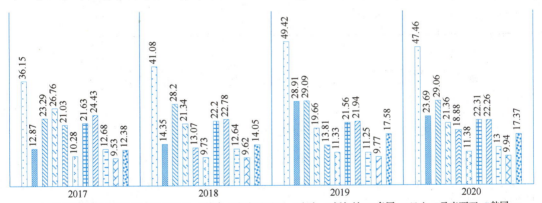

图 4-10　亚洲部分国家/地区房价工资比

资料来源：Numbeo 数据库。

房价租金比则是指某一时期内市场上住宅销售价格与年租金水平之间的比值。在公允市场上，由于租购住房之间的替代性，购房与租房之间应不存在显著差异。然而如果房价租金比在可预见的较长时间内都保持高位，那么这种现象就预示着房价受到未来资产价格上涨的预期效应影响，此时住房市场可能已经出现泡沫（Himmelberg, Hummel and Sinai, 2005）。据 Numbeo 数据库最新统计数据显示，2017—2020 年间亚洲部分地区如中国香港、中国内地、中国台湾等均出现房价租金比较长时期内保持高位的情况，韩国出现房价租金比陡增的情形，新加坡、泰国等国家房价租金比则处于稳中有增的情形（见图 4-11）。

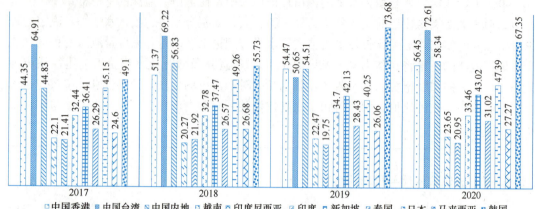

图 4-11　亚洲部分国家/城市房价租金比

资料来源：Numbeo 数据库。

资料来源：Himmelberg, C., C. Meyer and T. Sinai (2005), Assessing high house prices: Bubbles, fundamentals, and misperceptions, Staff Report No. 218, Federal Reserve Bank of New York, September. 以及 Khan, T. S. (2012). Asian housing markets: bubble trouble? (Report Number 67883: An Eye on East Asia and Pacific. World Bank: East Asia and Pacific Economic Management and Poverty Reduction). Retrieved November 5, 2020 from: http://documents.worldbank.org/curated/en/2012/01/16211688/asian-housing-markets-bubble-trouble.

第五节　中国住宅价格的实证分析

一、中国住宅价格的变化趋势分析

我国房地产市场于 20 世纪 80 年代中期起步，迄今不过 40 多年的时间。中国人民银行在《2004 年中国房地产金融市场报告》中将我国房地产市场的发展历程分为以下四个阶段：理论突破与试点起步阶段（1978—1991 年）、非理性炒作与调整推进阶段（1992—1995 年）、相对稳定协调发展阶段（1995—2002 年）和价格持续上涨，多项调控措施出台的新阶段（2003 年以来）。

2003 年以来，我国房屋价格持续上扬，大部分城市房屋销售价格上涨明显，国家出台了多项针对房地产行业的调控政策。[1] 在房价快速上涨的期间，房地产开发、投资、销售等均以 20% 以上的速度高速增长，全国房价连年迅速攀升。以商品房（包括住宅、办公楼、商业营业用房）销售均价为例，2002 年全国商品房平均销售价格为 2092 元/m²，

---

[1] 中国人民银行房地产金融分析小组：《2004 年中国房地产金融市场报告》，2005 年 8 月 5 日，http://image2.sina.com.cn/cj/pc/2005-08-15/32/U448P31T32D21031F651DT20050815163507.pdf。

2004 年房价迅速涨至 2608 元/m², 2006 年商品房均价为 3119 元/m², 2008 年全国商品房销售均价经历短期下跌之后保持了 10 年的持续增长,2018 年全国商品房销售均价为 8803 元/m²(见图 4-12)。

图 4-12　近 20 年我国商品房销售均价走势图

为遏制这种价格飞涨的局面,中央政府在 2004 年和 2005 年连续采取一系列宏观调控措施。尤其是 2005 年,在"国八条""新国八条"以及"七部委新政"的轮番推动下,曾一度弥漫在国内部分重点城市的短线炒房行为一定程度上被扼制,房价有所回归,但总体来看,房价特别是老百姓关注的商品住宅价格还是处在高位运行,只是涨幅有所减小。❶
由图 4-13 可以看出,我国商品住宅销售价格指数 1998 年下半年开始至今一直高于 100,且涨幅逐渐增加,2004 年第四季度更是超过了 111。2005—2006 年,涨幅有所下降,商品住宅销售价格指数处于较低水平。2008 年受全球金融危机等的影响,在经历短期下跌

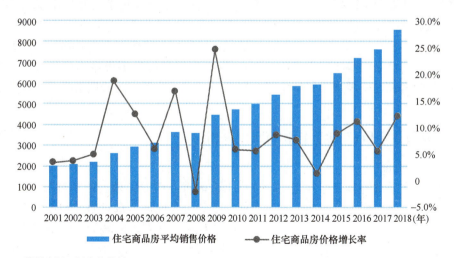

图 4-13　近 20 年来我国住宅销售价格和与增长率

---

❶ 周毕文,郑硕. 上海和北京商品住宅价格的实证分析和趋势研究. 中国商品学会第九届学术研讨会暨商品学发展与教育论坛论文集. 2006.

之后，住宅销售价格出现大幅反弹，2009年价格增幅达到近20年来最高峰，增幅高达24.7%。2009年之后，住宅销售价格继续维持快速上涨态势，年均增长率为7.1%。

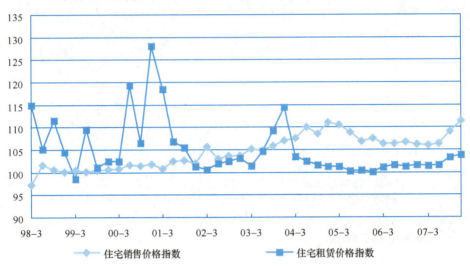

数据来源：中经网统计数据库。

图 4-14　我国住宅销售价格指数和与租赁价格指数（上期=100）

关于租金与价格，倪鹏飞等（2005）认为房地产租赁市场能够准确反映真实的消费需求，当房地产销售市场存在投机需求时，供给大量增加的同时，需求大量由租赁市场转向销售市场，结果导致房地产的租赁价格下降。因此，房价迅速上涨而租金上涨较缓，价格租金比提高，预示着房地产销售市场存在着严重的泡沫。由图4-14可以看出，2003年以后我国住宅租赁价格的增长幅度小于住宅销售价格。2004—2005年间，住宅销售价格与租赁价格的增幅差距不断扩大，2006年两者差距缩小，2007年末又开始出现销售价格增幅远快于租赁价格增幅的现象。方毅、赵石磊（2007）通过对我国35个大中城市房屋销售价格和租金面板数据的协整检验，认为房屋销售价格与租金存在着长期均衡关系。就全国而言，房地产价格的泡沫并不严重，但自2002年以来房屋销售价格增长过快，如果房屋销售价格的增长进一步快于租赁价格，则可能破坏两者间的长期均衡关系，产生较大的价格泡沫。

二、中国住宅价格持续上涨的原因分析

（一）需求方面

消费者真实需求的客观存在是住房价格上涨的重要因素。随着改革开放40多年的快速发展，人民生活水平大幅提高，对高质量生活的追求使得大众对通过购置房产改善居住条件的欲望空前强烈。此外，城市化进程的加快促使购房需求的增加。城市化的高速发展首先带来城市人口的膨胀，对住宅需求的增长是必然结果。[1] 人们对国家未来经济发展看好，将住房作为保值增值的投资品；国外资本对未来人民币升值的预期使得热钱纷纷涌入

---

[1] 朱晓刚、杨小雄、周书祥：《我国房地产价格非理性增长的动因剖析及对策建议》，《改革与战略》，2007第3期。

中国房市，也是引发住房价格上升的客观原因。❶

同时，市场预期也推动了住房价格的上涨。因为缺乏足够的客观的市场信息，购买者容易受周围环境的影响，采取超前购买等非理性决策，这在一定程度上进一步又扩大了需求。2003年和2004年发达城市商品房价格的飙升就是"追涨杀跌"的产物。2005年以来，上海等地的房市低迷也是上述心态使然。❷

（二）供给方面

土地资源作为一种不可再生资源，其总量有限。特别是在我国人多地少的基本国情下，国家实行严格的耕地保护政策，这使本来就不足的建设用地的供给更加捉襟见肘。土地供应的不足在很大程度上抑制了房地产供应的增长。而一些实力雄厚的房地产商通过各种方式大量购置地产，并将相当一部分土地储备或囤积起来，进一步加剧了土地的供不应求，从而抬高了房价。这种行为在一定时段内抑制了供给，加剧了供求不平衡。❸

目前我国商品住宅供应结构失衡，中低价位商品房供给不足和高档房屋过量供给不仅带动了市场均价的上涨，更使得中等收入群体难以承担高企的房价，"买不起房"成为一大社会问题。此外，地价上涨及住宅建造成本的增加也对房价上涨起到了重要的影响。❹

（三）其他因素

在对房地产市场的调控中，地方政府与中央政府目标并不完全一致，中央政府希望从全国市场和长期的角度来调控房地产市场，地方政府却往往从短期和局部利益出发，如果房价不断上升，能够从土地批租中获得更大的财力。地方政府有更强的动因来推动房地产市场发展，某些地方政府的行为对房价的上涨起到了推波助澜的作用。

商业银行在房价的上涨中也扮演着重要角色。个人住房抵押贷款是商业银行的优质资产，风险低、收益稳定，因此商业银行往往并不严格执行央行关于调控房地产市场的相关政策。❺

除上述原因外，收入差距问题和租赁市场发育滞后问题也是重要原因。我国的基尼系数已经由1981年的0.29上升为2006年的0.47，已超过国际公认的0.4的警戒线，并且有进一步扩大的趋势。❻城镇内居民收入差距导致大量中低收入者的住房需求得不到满足，生活压力和成本增大。同时，我国租赁市场发育滞后，规模较小，管理体系无序，缺乏信誉良好、服务周到的中介等问题，使得租赁还不能成为分解消费压力的有效途径。因此发展和完善住房保障体系，更多地运用税收、转移支付等经济手段消减贫富差距，大力培育租赁市场，短期内对平抑房价、实现宏观调控目标都有较大作用；长期来看，则对维持经济长期稳定增长、建设和谐社会等大有好处。

---

❶ 高宇波：《我国城市住房价格持续上涨的原因分析及对策研究》，《北京房地产》，2005年2月。
❷ 参见朱晓刚，杨小雄，周书祥：《我国房地产价格非理性增长的动因剖析及对策建议》，《改革与战略》，2007年第3期；以及汪洪涛：《影响我国发达城市房地产价格走势的因素分析》，《城市》，2007年1月。
❸ 朱晓刚，杨小雄，周书祥：《我国房地产价格非理性增长的动因剖析及对策建议》，《改革与战略》，2007年第3期。
❹ 高宇波：《我国城市住房价格持续上涨的原因分析及对策研究》，《北京房地产》，2005年2月。
❺ 余凯：《中国房地产价格上涨的内生机制研究》，《云南财经大学学报》，2007年8月。
❻ "光明日报：基尼系数理论与中国现实的碰撞" http://www.gmw.cn/01gmrb/2006-02/14/content_373070.htm.

三、住宅价格影响因素的实证分析

(一) 一般因素

国内很多学者就宏观经济发展状况与住房价格之间的关系进行了实证分析。沈悦、刘洪玉（2004）利用 1995—2002 年我国 14 城市的中房住宅价格指数与宏观经济基本面的相关数据进行实证分析，结果表明，14 城市经济基本面的当前信息或历史信息可以部分解释住宅价格水平或者变化率，但对近年来各城市住宅价格增长的解释能力变弱。吴公樑、龙奋杰（2005）认为房价与收入之间存在长期均衡增长关系，短时期内收入对房价没有显著影响。而曲闻（2006）的研究则表明，房地产价格是由上一期的收入水平和投资规模决定的。丁珊（2007）认为不管是从长期还是短期来看，国内生产总值和城镇居民人均可支配收入都影响房地产价格的波动。

王来福、郭峰（2007）认为，货币供应量变化对房地产价格有长期的持续正向影响，货币供应量的增加会导致房地产价格上涨；利率变化对房地产价格有负向影响，但在长期内其动态影响逐渐减弱直至消失。段忠东、曾令华、黄泽先（2007）认为，房地产价格与银行信贷之间在长期内互为因果关系；在短期内，银行信贷是房地产价格短期波动的格兰杰原因，而房地产价格波动对银行信贷发放的直接影响十分有限。宋勃、高波（2007）对我国的房地产价格与国际资本流动的关系进行了实证检验，认为就短期而言，房地产价格上涨吸引了外资的流入；长期来说，外资的流入对我国的住房价格上涨产生了影响。他们认为在现阶段控制外资过度流入房地产市场，有利于保持我国房地产价格的稳定。高凌江（2008）应用全国 35 个大中城市的数据进行了多元回归，认为地方财政支出和房地产价值存在高度正相关关系。城市持续高水平的财政支出，经过一段时间的积累，必定通过房地产价值的增加体现出来。

(二) 区域因素

冯群科等（2007）对商品住宅价格与城市人居环境的关系进行了研究，发现杭州市商品住宅价格与城市人居环境之间有很大的一致性。城市人居环境质量越好，商品住宅价格越高；反之，城市人居环境质量越差，商品住宅价格越低。王德、黄万枢（2007）应用住宅的特征价格模型对上海市 210 个住宅实际成交价格进行分析，发现有黄浦江视线的住宅总价高 33.96%；有公园视线的住宅总价高 17.86%；到地铁站点地面距离 100~600m 的圆环内，距离每增加 1%，住宅总价下降 0.058%。蒋立红、高霞（2007）分析了全国 35 个重点城市 1999—2005 年的数据，发现职工平均工资、单位面积固定资产投资、人均铺装道路面积、距海岸线的距离、通过城市的国道数量以及建成区绿化覆盖率 6 个因素是影响城市住宅价格的主要因素。阳光充足、水资源丰富、交通便捷的近海地区城市的商品住宅价格变动幅度会由于经济发展、人口增加、区位条件的优化、投入加大等变化而高于其他城市。

(三) 个别因素

国内外对于城市轨道交通对住宅价格的影响进行大量的实证研究。Daniel P. McMillen、John McDonald（2004）考察了从芝加哥市中心至中途岛机场快速交通线的开通对独户住宅价格的影响。结果显示，1986—1999 年期间，样本地区与距站点较远地区相比，住宅价值增幅相差约为 2.16 亿美元，将近该交通线建设费用的一半。王霞等（2004）

以北京市轻轨 13 号线为例，分析了沿线房地产价格的分布特征。结果表明，轻轨站点在城市中心区对房价的影响较小，离城区越远对房价的影响程度和范围越大；在城市中心区和外围区对地价的影响一直集中在 1km 范围内。郑捷奋、刘洪玉（2005）的分析表明，深圳地铁建设对站点周边居住房地产的影响范围为 400~600m，房地产的增值效益共计 335.36 亿元，为总造价的 2.916 倍。

Adair 等（2000）、Follain 和 Malpezzi（1981）、Mozolin（1994）、Soderberg 和 Janssen（2001）采用特征模型对城市内部住宅价格的差异进行了研究，发现住宅价格一般随着与中心商务区的距离增加而趋于下降，但是公用设施的布局、环境舒适性以及其他次中心等因素的影响也非常重要。Chau 等（2001）研究住宅价格与建筑特征关系时，把住宅的特征分为两大类，一类是有形建筑特征，即住宅的物理状况，如住宅大小、层次、建筑特征等；另一类是无形建筑特征，即住宅的可达性、海景状况、环境质量、开发商的声誉等。他用 1997—1998 年中国香港的交易数据进行实证分析，结果表明，消费者愿意多支付每平方英尺 416 港元给大的、有商业声誉的发展商，这部分价格大约占整个住宅平均价格的 7%。❶

[专栏 4-3] 中国香港和新加坡的住房市场

新加坡和中国香港的土地都归政府所有，政府通过市场方式向私人部门提供土地。但与中国内地不同的是，新加坡和中国香港拥有大量的公共住房：大约五分之四的新加坡人以及一半左右的香港居民都居住在政府提供的公共住房中。

1947 年，英国殖民政府同时在新加坡和中国香港采取租金管制措施。第二次世界大战后，英国殖民政府将主权归还新加坡政府，自此新加坡人口进入了快速扩张期：1949—1959 年间，新加坡人口保持年均 5% 的增速。为解决人口快速增长与住房短缺的矛盾，新加坡总理李光耀在执政后迅速筹建了住房发展局（Housing Development Board, HDB），并在 1965 年建设完成 54000 套公共住房。1966 年，新加坡土地征收法（Land Acquisition Act）开始生效，该法赋予新加坡政府能够为住房发展局项目获取低价土地的权力。该法生效后，新加坡国有土地占比从 1960 年的 44% 上升至 1985 年的 76%。1968 年，新加坡中央公积金（Central Provident Fund, CPF）储蓄首次被允许用来支付 HDB 住房项目首付和按揭。20 世纪 60 年代形成的 HDB-CPF 模式在此后 50 年中持续影响新加坡的住房市场。新加坡这种低价获取土地、建设公共住房、提供住房贷款的良性 HDB-CPF 模式使得新加坡拥有高储蓄水平及高住房拥有率水平，同时使得新加坡的住房可支付性一直保持在可接受的水平，从而有利于社会稳定和经济增长。2014 年，新加坡家庭年收入中位数为 99504 美元，同时中等住房被定义为新加坡住房发展局提供的一套户型为 4 房、面积 90m² 左右的住房，价格中位数约为 428298 美元。2014 年，新加坡拥有家庭总户数 120 万，其中 80% 居住在 HDB 所建住房中（见表 4-2）。2014 年新加坡的房价收入比约为 4.3。

---

❶ 李敏捷，傅泽田：《住宅价格的影响因素综述》，《建筑经济》，2007 年 2 月。

新加坡住户家庭月均收入及住宅类型   表 4-2

住宅类别	住户比例	家庭月均收入（美元）
HDB 住宅	80.40%	2313
1~2 房	5.30%	5805
3 房	18.30%	8293
4 房	32.20%	11606
5 房及以上	24.40%	
私人住宅		
公寓	13.50%	19843
豪宅	5.80%	27363

数据来源：Government of Singapore, Department of Statistics (2015).

与新加坡情况类似，中国香港在第二次世界大战结束后也进入了人口快速扩张阶段：从1945年的60万人激增至1951年的230万人。2019年，中国香港拥有1106.66km² 土地面积，然而开发使用的土地面积却不到25%，与此对应的是2019年香港拥有752万总人口，人口密度高达6880人/km²，是世界人口密度最高的城市之一。

虽然人口增长情况与新加坡类似，但是中国香港政府选择了与新加坡政府全然不同的住房市场模式：香港尊崇资本主义自由经济，并没有通过立法直接将私人土地收归国有。人口激增带来了大量的住房需求与居住用地需求，然而中国香港政府在制造业撤离香港之后并没采取有效强力的措施将空置工业用地进行再次规划。取而代之的是，中国香港政府采取了溢价转换的逐案谈判模式，这种进程繁琐且缓慢的模式并不能解决大规模土地再规划的需要。此外，中国香港政府于2004年通过了《城镇规划条例》（Town Planning Bill），该条例扩大了规划与物业开发体系的问责范围。然而该条例同时也增加了管制税收并提升了土地成本，这就增加了物业开发的交易成本，导致物业开发活动被延迟，包括住房供应在内的各种物业供应都出现下降。1979—2011年间，中国香港每平方米住房价格暴涨1022%，年增长率高达7.6%，而与此同时香港GDP的年增长率约为5.0%。在住房市场需求持续上涨的情况下，中国香港政府在供应方面的延迟与管制政策措施使得香港住房可支付性逐年降低，2019年香港房价收入比约为20.9，香港成为全世界主要城市中房价收入比最高的城市。

资料来源：Phang, S.-Y., and M. Helble. 2016. Housing Policies in Singapore. ADBI Working Paper 559. Tokyo: Asian Development Bank Institute. Available: http://www.adb.org/publications/housing-policies-singapore; Wong, Y. (2015). Hong Kong Land for Hong Kong People: Fixing the Failures of Our Housing Policy. Hong Kong: Hong Kong University Press. Retrieved November 15, 2020, from http://www.jstor.org/stable/j.ctt1ffjpc3.

小　结

（1）地租（land rent）是土地要素的报酬，指土地在生产利用中产生的经济报酬（economic return）。西方经济学认为，土地需求是一种引致需求，土地的基本特征是数量固定，土地供给对价格完全缺乏弹性，所以土地的价值完全由产品的价值派生而来，为在一定时期内使用土地而支付的价格即为土地租金（rent），有时称纯经济租金（pure economic rent）或经济租金（economic rent）。

（2）供给和需求共同决定了经济物品的价格（即市场均衡价格），价格是指导资源配置的信号。房地产价格本质上是房地产的交换价值，即用货币表示的房地产与其他经济物品相互交换的比例。房地产价格是房地产市场的核心和基础，保证了房地产资源的有效配置。房地产价格的形成，是房地产效用、供给的相对稀缺性以及房地产的有效需求三方面相互作用的结果。

（3）住宅是一种异质性产品，住宅属性可大致分为居住特征和区位特征两大类。消费者在购买住宅时包含了对住宅所有属性特征的选择，并对每一属性作出价值评估，一套住宅价格便是其各属性特征的隐含价值之和。实际应用中常常采用特征价格模型（Hedonic price model）定量地分析每种属性变化对住宅市场价格的影响。

（4）区位因素是影响住宅租金和价格最重要的因素，其关系可以用住宅价格函数和住宅投标租金函数表示。住宅价格函数反映了家庭愿意为城市不同区位的住所支付多少费用；住宅的投标租金函数则分析了住宅供应商愿意为城市不同区位的土地支付多少费用。根据是否具有消费者替代和要素替代，住宅价格函数和住宅投标租金函数都有线性和非线性两种形式。

（5）租金和价格是通过资本化率联系起来的。资本化率是房地产未来某一年（通常采用第一年）的年收益与其价格的比率，是行业中绝大多数投资者所认同的最低期望投资收益率。在特定条件下，收益率（即资本化率）与报酬率在数值上相等，但二者本质上不同。

（6）我国住宅市场从20世纪80年代起步，发展至今40余年，共经历了理论突破与试点起步（1978—1991年）、非理性炒作与调整推进（1992—1995年）、相对稳定协调发展（1995—2002年）以及价格持续上涨、多项调控措施出台（2003年以来）四个阶段。对我国房价的持续上涨，国内很多学者进行了实证分析，并从需求方面、供给方面以及其他方面给出了一定的解释。此外，国内外学者也对影响住宅价格的因素从一般因素、区域因素和个别因素等方面进行了大量的实证分析。

复习思考题

1. 什么是租金？常见的三种租金如何区分？
2. 简述特征价格模型的几种形式以及各方程中自变量的系数的含义。
3. 简述住宅投标租金函数。
4. 住宅租金是怎么转化为价格的？资本化率与报酬率的联系与区别是什么？
5. 住宅价格的影响因素有哪些？如何解释中国的城市房价持续上涨的现象？

课外阅读材料

1. Case K. E., Shiller R. J. Forecasting Prices and Excess Returns in the Housing Market. Journal of

the American Real Estate and Urban Economics [J]. 1990 (18): 253-273.

2. Clayton, J. Further Evidence on Real Estate Market Efficiency. Journal of Real Estate Research [J]. 1998 (15): 41-57.

3. (美) Arthur O' Sullivan. 城市经济学 [M]. 北京：中信出版社，2003.

4. 陈柏如. 总体审慎政策工具与台湾房价的关系-特定目标信用工具与房市相关租税工具的影响 [J]. 经济研究，2018（2）.

5. 丰雷，朱勇，谢经荣. 中国地产泡沫实证研究 [J]. 管理世界，2002（10）.

6. 高波，王文莉，李祥. 预期、收入差距与中国城市房价租金"剪刀差"之谜 [J]. 经济研究，2013（6）.

7. 韩立彬，陆铭. 供需错配：解开中国房价分化之谜 [J]. 世界经济，2018（10）.

8. 刘洪玉，张红. 房地产业与社会经济 [J]. 北京：清华大学出版社，2007.

第五章 工商业房地产市场

工商业房地产与住宅在经营过程以及物质形态形成上有一定相似性，但是在使用目的、投融资、开发以及产品设计等方面，工商业房地产又有其自身的特点。本章第一节介绍工商业房地产的概念、分类及特点；第二节重点介绍商业房地产市场的运行规律；第三节主要介绍工业房地产市场的运行规律。

第一节 工商业房地产概述

一、工商业房地产的概念

（一）工业房地产[1]

工业房地产是指直接用于工业生产和辅助工业生产的建筑物实体及其所附属的所有权益。由于工业经济活动差异很大，为满足不同生产工艺的需要，工业房地产在构成材料、建筑结构和建筑形式上存在重大差异。

工业房地产按照标准化程度可分为标准厂房和非标准厂房。标准厂房具有标准的柱距、层高和楼面负载，一般适用于轻工业产品的生产，如电子装配、成衣加工等。在一些新兴工业园区、出口加工区，标准厂房较多。通用厂房一般都是标准厂房。非标准厂房是根据特定的生产需要设计建造的，其跨度、柱距、梁底标高、（行车）轨顶标高、楼面负荷等都是根据生产需要而定，也有一些非标准厂房只有屋盖、没有围护（外墙）。专用厂房一般都是非标准厂房，通常只能为冶金、化工、纺织、采掘或军事工业的特定生产服务。

（二）商业房地产

商业房地产是指用于零售、办公、餐饮、娱乐、健身服务、休闲设施等经营用途的房地产。按照商业房地产未来的功能划分，其主要形式有[2]：

（1）百货商场。指用于百货商场运营的商业房地产，通

---

[1] 曹振良等：《房地产经济学通论》，387 页，北京大学出版社，2003。
[2] 陈建明：《商业房地产投融资指南》，4~14 页，机械工业出版社，2003。

常为多层建筑，很少超过六层。

（2）写字楼。用于办公的建筑物，按功能差异可分为三类：单纯用于办公功能的房地产；商住型写字楼，用于提供办公和住宿；综合型写字楼，以办公为主同时兼有其他多种功能。

（3）超市。通常采用两层或单层建筑形式，为便于商品管理，空间布局、电梯布置等具有明显的个性化，不同零售商可能有不同的建筑要求。

（4）商业街和购物中心。前者如以经营某类商品为特色的服装街、酒吧街、建材街、汽车配件一条街等，以及政府规划的体现地域特征的综合业态商业街。根据国家质量技术监督局2000年5月发布的《零售业态分析》，购物中心是指"企业有计划地开发、拥有、管理运营的各种零售业态、服务设施的集合体"。购物中心一般由发起者开设、实行商业性公司统一管理；内部一般以百货店或超级市场为核心，集各类专业店、专卖店等零售业态和餐饮、娱乐设施于一体。

（5）各类专业市场。例如电子市场、电器市场、家具城等所用房地产都属此类。

（6）餐饮娱乐类商业房地产。娱乐类房地产指用于电影院、民俗村、戏水乐园、鱼类世界、儿童娱乐场、户外剧场、户外水池广场、剧院、动物园、健身俱乐部等商业内容的房地产。

在研究实践中，西方国家更多使用"零售房地产"和"商务房地产"这一对概念，前者泛指用于零售业、服务于居民消费的地产形式，后者则泛指用于商务办公用途的地产形式。因此，这一对概念的加总事实上与本章所述"商业房地产"基本等同。本章对商业房地产的分析主要依据具体的分类进行，不对此对概念做严格区分。

[专栏5-1] 养老地产与长租公寓

养老地产和长租公寓不属于传统的"商业-住宅"地产分类，可以认为是"商业＋住宅"混合的新的地产形式。养老地产是由企业开发主导的以养老为主题的产权类项目，是养老住宅＋一般住宅＋配套＋服务的综合开发模式，一方面为老年人提供良好的养老住宅以及相应的配套设施，另一方面在功能组合与产品形态上与养老产业相互渗透，涉及医疗、保险、旅游、餐饮等多个领域，具有居住和商业双重价值。长租公寓是将业主房屋租赁过来，进行装修改造，配齐家具家电，以单间的形式出租给有租房需求人士。与养老地产类似，长租公寓不仅具有为租房群体提供住所的居住属性，还具有商业属性。在盈利渠道上，除租金收入外还有清洁维修、餐饮娱乐多种服务的增值收入；在运营模式上，大多长租公寓属于商业用房改建为租赁住房，在租赁10至20年后可依政策规定进行出售。

养老地产和长租公寓是我国房地产市场的新型行业，近些年来呈现快速发展态势。2011年2月，民政部在发布的《社会养老服务体系建设"十二五"规划》中提出建设以居家为基础、社区为依托、机构为支撑的养老服务体系，由此衍生出养老社区（CCRC）、老年公寓和养老驿站三种养老地产类型，见表5-1。2014—2018年，我国养老地产行业的市场规模从4.9万亿元增长至6.5万亿元，年复合增长率为7.3%。据预测，我国养老地产行业在2023年将达到10.4万亿元。长租公寓在近些年来也取得了飞速发展，已经形成一批规模化、专业化的品牌运营机构，按资本来源、股东背景、物业持有和物业形态可以划分为多种类型（见表5-2）。2017年我国的长租公寓品牌多达1200家，运营房屋数量已超200万间。大多分布在北上广深一线城市以及杭州、成都、武汉、天津、南京和苏州等区域核心城市。按照平均每套月租金2000元计算，目前一年的交易额大致为480亿元，相较于万亿的租赁市场规模，目前长租公寓所占的比例还是相对较低。

养老地产的类型 表5-1

地产类型	养老模式	地理位置	特点	典型案例
养老社区	综合性养老社区养老	城市郊区度假风景区	仅供老年人入住，包含养老住宅、养老公寓、养老设施等多种居住类型以及医疗、文娱、运动、教育等服务配套设施	上海康桥亲和源泰康之家
养老社区	全龄化养老社区养老	城市郊区度假风景区	适合全年龄段人群居住，社区中开发养老组团或规划适老住宅，配备养老配套设施，形成混合居住模式	恒大养生谷
老年公寓	机构养老	城市中心	机构养老模式，老年人集中入住，配备专业康复和护理机构，提供各式文娱服务	汇晨养老公寓
养老驿站	居家社区养老	社区中心	提供短期全托、日托、膳食供应、生活照料、康复护理、紧急救援、文娱活动、交通接送等服务，同时为老人提供居家养老服务，如上门医疗护理、家政、餐饮、陪同出行等	诚和敬养老驿站

长租公寓的类型 表5-2

分类标准	分类	描述
资本来源	国有资本	国有房地产开发企业、国有投融资企业通过自建、购买、资产划拨、租赁等方式获得房源，一些地方在租赁用地出让方面要求只允许国有企业参与
资本来源	社会资本	社会资本主导参与的长租公寓
股东背景	开发企业	开发企业通过拿地、利用自持存量物业、租赁外部房源的方式来发展长租公寓平台
股东背景	经纪机构	经纪机构依托房地产服务企业例如二手中介企业或者一手中介企业背景建设长租平台
股东背景	酒店	城家、窝趣、缤润亚朵即为酒店背景长租公寓
股东背景	创业企业	目前行业内数量最多的参与者，经营思路和方式较为灵活
物业持有	轻资产	运营方不持有长租公寓产权，而是通过租赁协议租入物业，再向普通租客出租
物业持有	重资产	运营方持有长租公寓产权
物业形态	集中式	公寓集中，房源为整栋物业，至少为整层物业
物业形态	分散式	公寓房源来源十分多源，一般通过租赁普通居民的住房，加以改造装修后再向外出租

泰康养老社区是我国养老地产市场上的典型案例。泰康养老地产是我国目前最大的全功能、大规模、高品质候鸟连锁养老社区，具有以下四个特点：（1）大规模、持续护理。引入国际领先的CCRC持续照料模式，打造老人长期居住的大型综合高端医养社区。社区内规划了独立生活、记忆照护、协助生活、专业护理四个基本业态，配套专业康复医院

和养老照护专业设备，为居民提供生活照料、医护康复、文娱社交、旅居养老等服务，实现一站式退休生活解决方案。(2) 医养融合。对内配备二级康复医院，"一个社区，一家医院"是泰康之家养老社区标配，根据老年人特点发展急救保障、老年慢病管理、老年康复三大特色学科。对外与城市三甲医院建立绿色通道，社区签约999急救车驻场，及时响应紧急医疗救治需求。(3) 文化养老。提供全功能设施，社区内配备健身房、游泳馆、卡拉OK、棋牌室、舞蹈房等文娱活动区域，设有各类文化、体育、休闲俱乐部以及老年大学等文化社交活动，组织摄影展、音乐会、文艺汇演等活动，丰富老年人的退休生活。(4) 候鸟式旅居养老。入住居民可通过预约异地泰康之家养老社区的方式，满足居民短住、交换居住、分时度假等养老需求。

自如是我国长租公寓市场上的典型案例。作为分散型长租公寓的代表，自如的优势主要体现在以下两大方面：(1) 旗下拥有自如友家、自如整租、自如寓、自如驿、自如民宿以及业主服务6大产品线，为有合租、整租、短租和中高端租住需求的租户设计了多款产品形式，覆盖更大范围的租房群体。(2) 在运营模式上，接受外部投资方的投资，通过线上平台为主、线下团队相互配合的模式开展业务，而且线下业务多采用外包模式实现，降低运营成本并提高管理效率，企业的净利率在市场上处于领军水平。长租公寓在拥有上文所述的优势同时，也具有"地贵、钱贵、周转慢"的特征，其短期盈利的风险很大。以万科翡翠书院为例，出租20年才能够收回房源成本。因此，在巨大的财务压力下，积极利用创新金融产品、增强资产运营能力以及通过租赁业务带动产业链协同盈利成为长租公寓未来的发展趋势。

资料来源：头豹研究院：《2019年中国养老地产行业概览》，2019年；天风证券：《保险系列深度之二——"保险＋养老社区"：布局养老产业，抢占蓝海市场，提升保险服务覆盖度》，2020年；头豹研究院：《2018年中国长租公寓行业研究报告》，2018年；联讯证券：《宏观专题研究：长租公寓融资工具深度解析》，2018年。

二、工商业房地产的特点[1]

与作为消费品的住宅不同，工商业房地产是一种生产资料，具有社会生产的性质。从财产占有状况来看，工商业房地产具有明显的社会法人财产性质[2]。

1991年，美国50个大都市区办公楼存量的建筑面积为31.1亿平方英尺。从所有权角度来看，所有者自用的建筑面积占写字楼存量的32%，其他68%的写字楼使用者并非是所有者。而且，业主自用写字楼超过一半的空间租给其他承租者使用。假定业主自用写字楼有一半稍多的建筑面积被业主自己使用，那么这50个大都市区中仅约25%的写字楼空间是由业主自用的，75%空间由承租者使用。

1991年，美国50个大都市区工业房地产存量建筑面积为90.55亿平方英尺。从所有权角度来看，所有者自用的建筑面积占工业房地产存量的48%。其中，单一所有者使用

---

[1] Denise Dipasquale, William C. Wheaton. Urban Economics and Real Estate Market, p 277～280, Prentice-Hall, 1996.

[2] 曹振良等：《房地产经济学通论》，373～374页，北京大学出版社，2003。

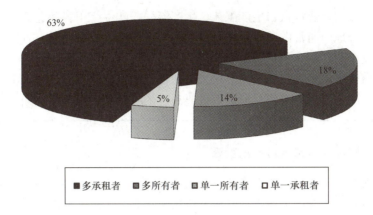

图 5-1　美国 50 个大都市区写字楼按建筑面积统计的承租情况（1991）

资料来源：Denise Dipasquale and William C. Wheaton：《Urban Economics and Real Estate Market》，279 页，Prentice Hall，1996。

的空间占绝大多数（单一所有者 43%；多所有者 5%）。另外，出租的工业房地产中也有半数以上是单一承租者使用的。总之，所有工业房地产中由一个使用者单独使用一幢建筑物的建筑面积占所有工业房地产建筑面积的比例接近 3/4。

写字楼开发投资一般通过开发商完成，并最终大多用于出租。这种经营模式容易造成市场的波动，因为当房地产建设完成成为市场存量时，市场状况已经变化了，建设完成的存量房地产不一定真正被使用。而在企业要求下建造的工业房地产或工业企业自身投资建设时，总供给总是等于需求。因此，这也许是工业房地产空置率比写字楼低，而且波动不如写字楼剧烈的一个原因❶。

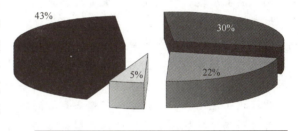

图 5-2　美国 50 个大都市区工业房地产按建筑面积统计的承租情况（1991）

资料来源：Denise Dipasquale and William C. Wheaton. Urban Economics and Real Estate Market，p279，Prentice Hall，1996.

由于零售商的经营产品和理念不同，即使同类零售企业对商业房地产的位置、面积和内部结构等需求也有所差异。为满足经营需要，通常商业房地产可以在项目方案设计深化之前，完成主要零售商的招商工作❷。这样既可以避免招租不利，又防止设计方案的重复修改或项目建设后翻修改动加大建造成本。

与住宅开发投资一般是通过开发商的投资行为完成不同，相当部分商业房地产的投资者是企业自身，或者其开发建设是按照企业要求完成的，工业房地产更是如此。由于不同

---

❶　Denise Dipasquale，William C. Wheaton. Urban Economics and Real Estate Market，P273～277，Prentice-Hall，1996.

❷　参见陈建明：《商业房地产投融资指南》，59 页，机械工业出版社，2003。

工业企业有其自身的行业特点、生产工艺、生产流程，其生产用房和仓储用房可能截然不同，因此，大部分地产通常由工业企业自身投资组织建造，或者在所有者或长期承租者的要求下，由开发企业"量体裁衣"组织建造。

此外，工商业房地产大多出租而非出售，这种长期运营的特点，决定了这类房地产的盈利能力不仅取决于当时的市场状况，更重要的是依赖于对未来市场长期趋势的预期。

[专栏5-2] 北京市写字楼热点区域的变迁

写字楼热点区域的变迁，其内核是现代城市中热点产业的勃兴与快速发展，以及随产业发展而在写字楼、产业园区等办公空间所留下的产业发展的热力痕迹。

热点产业在其发展过程中，始终密切跟踪企业发展所必需的社会资源，同时产生适应自身各发展阶段的办公需求，因而逐步换租、扩租和迁徙，是企业发展投射在地缘意义上的一种"逐水草而居"。以近年产业高速成长、产生大量办公租赁需求的高新技术创新企业为例，其发展过程中重要的发展资源包括：(1) 顶尖高校人才资源；(2) 优质成熟的产业环境与孵化空间；(3) 大量活跃的天使投资、风险投资机构。这三点是高新技术企业发展条件中最为必要的核心要素。

中关村区域作为北京甚至全国科技创新领域的发源地，依托中国最好的高校群落、雄厚的互联网产业基础、大量活跃的投资基金服务——这些不可或缺的因素，给中关村的持续迭代提供了原动力。利好市场下越来越多的高校人才以及海外归国人才选择在中关村创业，并且聚集了一批成功进行国际化的独角兽企业和潜在企业。同时全国80%的天使投资人活跃在中关村，披露的创业投资案例金额占全国40%以上。中关村是全球仅次于硅谷的独角兽最密集区域。

正因为占据人才、投资、产业环境等"得天独厚"的资源优势，得以营造出最有利于高新技术企业快速发展的产业温室，中关村核心区域及其产业园区吸纳了大量高新技术企业的租赁需求。

由于中关村产业片区的强吸纳能力，在北京写字楼市场受疫情整体较大冲击的形势下，中关村区域的市场空置率仍然保持了极低的水平（据戴德梁行2020年2季度数据，中关村区域甲级写字楼空置率仅为2.5%）。

同时从企业写字楼租赁需求的角度来看，对于处在不同发展阶段的科技创新企业，也有各自比较明显的需求特征（见表5-3）。

不同发展阶段的企业对写字楼的租赁需求特征　　　　　　表5-3

初创阶段企业	成长阶段企业	成熟阶段企业
• 租金承受能力弱 • 地理位置要求 • 弹性办公等 • 工作灵活	• 办公形象要求 • 交通便利要求 • 扶持政策需求 • 上下游业务关联	• 办公形象要求 • 群居效应需求 • 配套功能要求

资料来源：戴德梁行《2020年二季度北京写字楼零售市场报告》《北京重点区域写字楼市场研究及未来发展趋势》；以及华高莱斯《技术要点·城市更新之科技回归都市》。

第二节　商业房地产市场

一、商业房地产的需求分析

（一）经济增长与商业房地产需求

商业房地产的需求与经济增长关系密切。经济增长是指国内生产总值的增长状况，体现了一国经济活动能力的扩大。经济增长率作为一国宏观经济的重要评判指标，对商业房地产的发展具有重要的指导作用。经济增长率较高时，投资者信心增强，国民的消费动机相应提升，也会相应增加对商业房地产的需求❶。

与增长相联系的一个概念是经济发展，是指随着经济增长而发生的一系列社会经济多方面的变化，如投入要素比例变化、产出结构变化、文化教育的变化等。例如，有学者选取成都市第三产业就业增长、地方财政预算内支出中教育事业费支出等指标进行分析，认为它们对成都市商业房地产需求都有正的影响。第三产业就业增长短期内就会带来对商业房地产需求的增长，教育事业费支出却不会在短期带来商业房地产需求的明显变化，因此就业结构可用于预测商业房地产的短期需求，而教育投入可用于预测商业房地产的长期需求❷。

（二）城市就业增长与商业房地产需求

20世纪80年代后我国加快了城市化的步伐。在最近十几年，我国城市化水平以平均每年1.45%的速度增长。城市化的高速发展在拉动经济的同时，也给农村人口创造了大量的进城就业的机会❸。2004年全国在城市的农民工数量达到1.2亿❹。城市人口特别是就业人口的增加，促进了消费的增长和商品零售额的增加，从而导致对商业房地产的需求增加。

写字楼需求与就业量之间的关系更为直接，其需求量表现为使用写字楼的人数与人均使用量的乘积。表5-4提供了一种利用地区统计的行业就业人口来估算写字楼使用人数的方法。对各类行业分别求出办公室工作人员和总就业数量之比，就可以估算写字楼使用人员数量。从表5-4中可以看出，芝加哥大约81%的写字楼由金融、保险、房地产和服务业（包括广告、计算机和数据处理、信用公司、邮递和复印、法律和社会服务、会员协会以及工程和管理服务等）使用。全市制造业、采矿业、建筑业、交通、通信和能源、贸易、金融、保险和房地产、服务业总就业人口中大约25%的人员使用写字楼。

1989年芝加哥写字楼使用人数（单位：千人）　　　　表5-4

标准产业分类	总数	办公室人员
制造业	499.1	49.4
采矿业	1.3	0.6

---

❶ 项敏，王学英：《商铺攻略》，49页，上海远东出版社，2003。
❷ 邹高禄：《成都市商业房地产市场需求敏感因素分析》，《资源与人居环境》，2004（5）。
❸ 项敏，王学英：《商铺攻略》，67～71页，上海远东出版社，2003。
❹ 国务院研究室课题组：《中国农民工调研报告》，69页，中国言实出版社，2006。

续表

标准产业分类	总数	办公室人员
建筑业	93.8	0.4
交通、通信和能源	148.5	6.2
贸易	613.6	51.1
金融、保险和房地产	246.0	246.0
服务	730.2	227.0
总计	2332.5	580.7

资料来源：（美）丹尼斯·迪帕斯奎尔，威廉·C·惠顿：《城市经济学和房地产市场》，282页，经济管理出版社，2002。

（三）影响商业房地产需求的其他因素

房地产业的整体繁荣将带动商业房地产市场的繁荣，整体市场的萧条也将导致零售业房地产的萧条。商业房地产不可能脱离房地产行业单独存在，商业房地产与整体房地产市场状况表现出同步变动的趋势。此外，相对于其他类型房地产而言，商业房地产对宏观经济更为敏感。在1998年亚洲经济危机之际，亚洲一些国家整体房地产市场进入萧条时期，零售业房地产与写字楼市场率先转向，而且跌幅远大于住宅。

不同类型的商业房地产有其自身的特点，其需求的影响因素也有所差别。例如，国民收入对零售业房地产需求的影响就更为显著。排除通货膨胀因素，国民收入的增长与零售业房地产市场的发展呈正相关关系。国民收入增加时，社会购买力和社会总体投资量都会增加。社会购买力增加导致商品总量支出增加，投资量增加也会增加零售业房地产的需求量❶。

零售业房地产的需求一般局限于一定的地理范围内，而写字楼房地产的需求对当地的人口统计状况依赖性较小，更多地依赖于交通的便捷程度和可达性，因为便捷的轨道交通和快速公路有利于工作人员的通勤和业务往来❷。

如果写字楼工作人员每个人使用的面积保持不变，写字楼需求量与写字楼工作人员数量成正比，那么估算写字楼的需求量会很容易。然而实际上这个数量是变化的。一方面，不同的职业使用的写字楼空间不同，而随着经济发展，各地区职业的组成可能发生变化，由此导致人均使用量的变化；另一方面，写字楼作为一种生产要素，由于要素替代的作用，写字楼的人均使用量随之变化。租金较低时，企业通常增加人均写字楼使用面积；租金较高时，则会减少人均使用面积。除租金水平外，另一个影响人均使用面积的因素是预期的企业增长率（严格讲，应为企业预期使用写字楼人员的增长率）。如果企业预期未来会有较大增长，就会事前多租用一定的办公空间，以给未来留出发展的空间。

[专栏5-3] 办公招商网络与互联网化

全北京甲乙级写字楼合计约为2300栋，一年产生的写字楼代理佣金约为25亿元。全

---

❶ 项敏，王学英：《商铺攻略》，45～46页，上海远东出版社，2003。

❷ （美）丹尼斯·迪帕斯奎尔，威廉·C·惠顿：《城市经济学和房地产市场》，281～285页，296～301页，经济管理出版社，2002。

北京参与商办资产出租代理的经纪人大约 2 万人，其中 1 万人同时从事住宅和商办经纪代理，有 1 万人专职做写字楼的出租代理。目前这 1 万专职做写字楼出租代理的人群主要分布在 CBD、望京、中关村和金融街片区。

写字楼出租商业模式偏向于超低频（通常 2~3 年换租一次）、客单价很高（十几万、上百万不等）并且交易链条很长（通常需要 3 个月左右成交），上述三个特点决定了它是一个典型的 To B 端业务，所以会高度依赖写字楼代理公司。目前北京写字楼代理公司中，经纪人人数超过 50 人的公司不超过 15 家。头部机构远行地产约 600 位经纪人，毛佣金收入约 1 亿元，是行业排名第一的经纪公司，但也仅占 4% 的市场份额，代理网络的整体分散度可见一斑；企小秘有 200 位经纪人，佣金收入为 5000 万，仅占市场份额的 2%；DTZ、CBRE、JLL 走精英化路线，20~40 人的团队一年可斩获 2000 万~4000 万佣金，人均产出相对更好，但总体而言市场占有率也是寥寥，并且外资客户的市场趋势也在下滑；瑞宇、中原、京东联行、京城房产、宏达联行、宏成行等也都是市场中的重要参与者，但区域性特征非常明显，瑞宇聚焦于望京片区，主做望京 SOHO；宏达联行是金融街之王，与金融街管委会有深度合作，形成了天然的租客拦截堤坝；京城房产长期坚守在 CBD 万达片区，可谓固若金汤。

简要总结北京的经纪生态特点，主要有以下三点：一是商办领域的链家还没有出现，市场份额高度分散；二是区域特征明显，仍处于诸侯割据时代；三是暂未被互联网化，或者说租客端互联网不经济。

资料来源：高和资本研究部。

二、商业房地产的供给分析

（一）商业房地产供给及其特点❶

商业房地产的供给量，等于已使用的商业房地产面积、处于空置状态的商业房地产面积和在建的商业房地产面积之和，即商业房地产总存量与商业房地产增量的总和。写字楼和零售房地产从决定开工到推向市场真正使用需要很长时间，因此相对于需求而言，商业房地产的供给有较大的滞后性。而且不同房地产类型滞后时间差异也比较大，豪华商业大厦、甲级写字楼可能滞后 3~5 年，一般零售商店仅需要数月就可能上市满足需求。因此商业房地产的供给弹性较小，而且不同房地产类型供给弹性差异也较大。零售商店和一般店铺供给弹性相对大一些，大型购物中心和写字楼供给弹性相对较小。从时间上看，商业房地产长期供给弹性比短期供给弹性高得多。市中心商业区是在很长时间内形成的，而且通常具有特定的社会文化内涵和无法替代的区位优势，因此市中心商业房地产的供给弹性长期来看也是非常小的。

（二）商业房地产供给的影响因素

开发商投资建设的规模取决于预期利润率，利润率水平越高，工商业房地产的建设量越大。经营成本相同，较高的价格或租金意味着开发商预期收益的增加，其预期利润率必

---

❶ 曹振良等：《房地产经济学通论》，411~412 页，北京大学出版社，2003。

然提高。因此，预期租金水平决定了开发商的投资和建设规模。

开发商对预期租金水平的判断主要取决于当前的空置率和吸纳率。因此，开发商在决定是否建设写字楼或零售业房地产时，需要考虑当前的房地产市场状况。也就是说，开发商期望推向市场的竣工量占存量的比例，取决于其对推出时期市场租金水平的估计。❶ 对未来租金和空置率的预测需要将当期的租金或前一期的吸纳率、空置率作为预测变量。即使在相同租金水平下，如果商业地产存量不同，期望竣工量差别也很明显，因此，商业房地产的存量也是影响未来建设规模的重要变量。

此外，开发商能够并且愿意提供的新增商业房地产数量的一个重要决定因素是建设成本。在相同的未来租金预期水平下，开发成本下降会使商业房地产的供给数量增加。

国家政策对于商业房地产的供给也有重要影响。例如，货币政策的变化影响所有者和投资者的行为，从而刺激或抑制商业房地产的发展速度。由于资金回收期比较长、价值高，商业房地产开发需要长期大规模的信贷支持。银根放松时，货币供给量增加，信贷规模扩大，信贷对商业房地产市场起到扶持作用；银根收紧，信贷规模缩小，信贷对商业房地产市场起到限制作用。另一个重要影响因素是长期利率，长期利率可以看作开发商投资建设商业房地产的机会成本。长期利率越高，机会成本越大，商业房地产的建设量就会降低❷。

[专栏 5-4] 写字楼新增供给的重要渠道——以高和资本某城市更新项目为例

随着中国城市建设的逐步成熟，新地块建设之外，城市更新越来越成为写字楼新增供给的重要来源。以国内知名地产基金管理人高和资本的一个城市更新案例，介绍此类供给渠道。

● 投资逻辑和盈利来源

将整个投资逻辑和盈利来源做量化拆分，可以看出交易链条上逐步的盈利来源有以下几个方面：(1) 买入价格折扣（贡献利润10%～20%）。通过对市场资产价格周期的精确把握，专注于获取低估值的资产收购机会（商场、酒店、旧写字楼），保障价格足够低、高安全边界的资产买入价格。(2) 期间运营提升（贡献利润约40%）。通过对标的资产的重新定位和改造升级，让物业重新焕发价值，带来租客的更新和租金的增长，进而直接带动相应的估值提升。(3) 运用杠杆效应（贡献利润率10%～20%）。灵活的设计融资结构和融资工具，通过设计并购贷款、类REITs结构及其他结构化安排（CMBS等资产证券化工具），运用杠杆资金的正向效应，撬动项目收益。(4) 放大退出价值（贡献利润率20%～30%）。通过对退出时点的敏锐掌握，以经过市场考验的资产处置能力广泛的行业人脉合作网络达成最优的退出价值，从而在长周期中获利。

● 更新改造项目主要难点

(1) 从硬件方面，需要解决几个核心问题：层高是否足够高？传统写字楼的层高2.8～3.2m左右，如果商业的层高超过5m，则具备改造成为特色产品（如办公空间的跃

---

❶ (美) 丹尼斯·迪帕斯奎尔，威廉·C. 惠顿：《城市经济学和房地产市场》，306～309页，经济管理出版社，2002。

❷ 详见丹尼斯·J. 麦肯齐，理查德·M. 贝兹：《房地产经济学》（第四版），193～194页，经济科学出版社，2003。

层、艺术感空间)的空间;办公所需求的垂直交通问题如何解决?结构框架能否增加直梯?车位是否足够充裕?机电主机房的空间预留能否符合办公楼的要求?写字楼周边配套的需求能否满足?周边市政条件是否有重大利好,尤其是地铁的开通和政府产业引导。

(2)改造风险与招商风险。城市更新类项目改造过程中的关键环节主要包含设计、产品定位、施工管理以及成本与造价管理四大方面,在上述关键岗位高和都直接把控、配置的每一个细项的牵头负责人。同时在成本控制方面需要有严格的约束机制,对高和资本的成本机制而言,从收购前的测算假设,到每季度的资管会议,以及每一笔改造成本的支出对应在退出环节的影响,都有清晰明确的审批流程。超过红线的支出都需要直接由决策负责人直接审批同意。

(3)政策审批。在城市产业升级过程中,政府部门是非常欢迎企业通过改造实现物业的提升,以实现税收的增加及区域形象的改善。从政府改造审批流程而言,过往城市更新项目的改造审批流程没有明确的规章制度和实施办法,导致审批流程长、审批流程不清晰,但通常在半年之内可完成审批。以新街高和的审批流程和周期为例,该项目是高和2015年1月完成收购,前后共取得了包括规划和消防部门的三个审批文件。其一是针对外立面报批的《规划批复函》,审批周期约2个月;其二是《外立面建筑施工许可证》,审批周期为1个月;其三是室内装饰装修报批,取得《消防开工证和竣工验收手续》,审批周期为1个月。

● 更新改造项目取得的实际效果

(1)业态调整:传统购物中心大盒子商业,调整业态改造为写字楼与配套商业;(2)交易价格:相较于收购价格,出售价格提升了75%以上;(3)租金价格:出售时租金价格较改造前提升了100%以上;(4)租户类型:原有低端产业租户调整为以金融为主、科技、文化等为辅的租户结构;(5)物业管理:原有小型物业公司,改为高和与国际知名物业管理公司的合资公司;(6)项目退出:通过整售给核心增值型基金实现退出;(7)投资人收益:最终实现远高于15%的 IRR。

资料来源:《京政办发〔2018〕36号·北京市人民政府办公厅关于印发〈北京市工程建设项目审批制度改革试点实施方案〉的通知》;以及高和资本研究部。

三、商业房地产的市场均衡

这里,以写字楼市场为例,说明商业房地产的市场均衡。

(一)写字楼市场的空置率和租金水平❶

空置率可以表示为未出售或未被使用的房地产占同期全部房地产存量的比例。住宅的空置率一般较低,并且较稳定,因此住宅市场通过租金和价格的调整,可以在一个周期内消化市场上的供应量。然而,商业房地产的空置率一般较大且波动性强,同时可能持续多个周期,这说明仅仅通过租金和价格的调整不能完全消化市场上的全部供应量。从图5-3中可以看出,北京市甲级写字楼在2014~2019年呈现波动上升的趋势,空置率在2019年

---

❶ 参见(美)丹尼斯·迪帕斯奎尔,威廉·C.惠顿:《城市经济学和房地产市场》,296页,经济管理出版社,2002。

达到最高，为 9.2%，空置率最低时为 2015 年的 3.6%。对比发现，租金水平与空置率是反向变动的，且具有一定的滞后性（见图 5-3 和图 5-4）。那么，这一现象应如何解释呢？

图 5-3 北京市甲级写字楼空置率（2014—2019 年 3 季度）

资料来源：房地产咨询集团 Savills 每季度北京写字楼市场简报

图 5-4 北京市甲级写字楼租金指数（2014—2019 年 3 季度）

资料来源：房地产咨询集团 Savills 每季度北京写字楼市场简报

  房地产所有者在与潜在租户谈判时，会根据市场状况形成一个最低的保留租金，在此租金下房地产所有者将房地产出租出去与继续空置没有差别。空置量越多或者重新寻找房地产的承租者越少，则将房地产再出租的预期时间越长，房地产所有者出租房地产的最低保留价格将越低。对潜在承租者来说，空置率越高，其在市场上找到合适房地产的概率越大，预期时间越短，形势对其越有利，因此承租者愿意支付的最高租金也会降低。因此，租金随着空置率的升高而降低，两者呈现反向变动的关系。而市场上的供给者和需求者往往根据之前的空置率进行判断，所以存在着一定的滞后期。由于滞后性，当前商业房地产的市场均衡租金很大程度上取决于过去的空置率水平和承租者活跃程度[1]。

---

[1] （美）丹尼斯·迪帕斯奎尔，威廉·C·惠顿：《城市经济学和房地产市场》，301~306 页，经济管理出版社，2002。

（二）写字楼的市场均衡❶

如前所述，仅仅通过租金或者价格并不能完全消化商业房地产市场上的供应量，因此必须采取与供应不同的方式度量需求。用实际已使用物业的数量 OC_t 来表示 t 期的需求，用已使用物业和空置的物业数量之和来表示供给。事前需求（OC_t^*）是指在某一时期所有企业的潜在需求，由于有租约的限制，租赁物业数量的调整一般都要等到上一期租赁期满后才会进行，所以供给既有可能无法满足事前需求，也有可能出现过剩。事前需求由写字楼行业的工作人数（E_t）、企业增长率（$(E_t - E_{t-1}) \div E_t$）和租金水平（R_t）决定。其中，工作人数和企业增长率与事前需求呈正相关关系，租金水平与事前需求呈负相关关系，可用下式表示：

$$OC_t^* = \alpha_0 + E_t \left[\alpha_1 + \alpha_2 \frac{(E_t - E_{t-1})}{E_t} - \alpha_3 R_t \right] \tag{5-1}$$

将净吸纳量（AB_t）❷定义为相邻两期之间写字楼物业使用数量的变化额：

$$OC_t - OC_{t-1} = AB_t = \tau_1 (OC_t^* - OC_{t-1})$$

其中，τ_1 是在一个特定时点上，租约已到期且需要更新写字楼物业使用面积的企业占全部企业的比例。于是，就业人数、企业增长率和租金水平间接地影响当期的净吸纳量。

接下来，通过三个方程将物业存量（S_t）、空置率（V_t）和需求（OC_t）联系起来。这三个方程是定义方程，而不是经济学理论中的行为方程。第一，当期物业存量等于上期物业存量减去折旧的部分，再加上上期新建设竣工量；第二，当期需求等于上期需求加上当期净吸纳量；第三，空置率等于当期存量与当期需求的差再除以当期存量。用公式表示如下：

$$S_t = (1-\delta)S_{t-1} + C_t \tag{5-2}$$

$$OC_t = OC_{t-1} + AB_t \tag{5-3}$$

$$V_t = \frac{S_t - OC_t}{S_t} \tag{5-4}$$

可以看到，当某个租金水平决定了当期的净吸纳量之后，上期需求和当期净吸纳量就能共同决定当期需求，然后再决定当期空置率。于是，在上述模型中，租金水平、就业人数和企业增长率通过影响当期事前需求、当期净吸纳量和当期需求而影响当期空置率。

那么，空置率又是如何影响租金的呢？假定当期租金（R_t）由上期空置率（V_{t-1}）和上期吸纳率，即上期净吸纳量与上期存量之比（AB_{t-1}/S_{t-1}）决定，空置率越高，租金越低；空置率越低，租金则越高，即：

$$R_t = \mu_0 - \mu_1 V_{t-1} + \mu_2 \frac{AB_{t-1}}{S_{t-1}} \tag{5-5}$$

综上所述，当期租金水平影响当期的净吸纳量和竣工量，当期的净吸纳量和竣工量又将影响当期空置率，当期空置率影响下期的租金水平。这三者不断调整，直至市场上租金

---

❶ 详细的数学公式推导参见（美）丹尼斯·迪帕斯奎尔，威廉·C·惠顿：《城市经济学和房地产市场》，296～304页，经济管理出版社，2002。

❷ 需要区分净吸纳量与毛吸纳量。毛吸纳量主要是依据承租者的变动数量或物业的流转量进行测算，是物业需求的非必要性增长。

水平不再变动，空置率也保持在一个特定的水平上。这时，市场达到均衡。

假如写字楼使用行业的就业人数增加，那么物业的吸纳量就会增加。在存量一定的情况下，空置率下降。空置率下降导致租金上升，从而使得吸纳量又有所减少，最终市场达到新的均衡。这时，实际租金水平升高，空置率降低，吸纳量为零。市场上已使用的物业空间增加，而每个工作人员的使用面积将会减少。

假如物业存量增加，空置率上升，将导致租金下跌。租金下跌可以促使吸纳量增加，而这将有助于空置率下降。最后，在新的均衡状态下，实际租金比较低，吸纳量为零，空置率也处于较高的状态。由于有新增供应，物业使用空间的数量增加，而较低的租金使得每个工作人员的使用面积增加。

最后需要强调的是，工商业企业的发展对房地产的引致需求是影响房地产吸纳量和空置率的因素。而空置率和吸纳率仅仅是影响未来租金的直接因素或者投资者的直接决策依据，其背后的经济发展状况才是未来租金水平的决定因素。

第三节 工业房地产市场

一、工业房地产的需求分析[1]

工业房地产是指直接用于工业生产和辅助工业生产的建筑物实体及其附属的所有权益。上述影响商业房地产需求的宏观经济、整体房地产业等因素，对工业房地产的市场需求也有同样的作用。但是，还有一些影响工业房地产市场需求的不同因素，如工业就业量、人均工业产品产量以及存货量等。

(一) 工业就业量与工业房地产需求

在讨论就业与零售业房地产之间的关系时，就业量是指全部就业总人数，就业量的增加意味着购买力的增加。这里讨论的就业量仅指使用工业房地产的工人数量。一般认为，其他条件相同时，就业人数越多，使用的工业房地产也越多。通过美国一项对工业房地产使用情况的调查，可以看到究竟哪些企业在使用工业房地产。

1991年，美国50个大都市统计区中，制造业使用了约53%的工业房地产，商业批发企业使用了大约22%的工业房地产（表5-5）。统计各行业中使用工业房地产的工人数量比较困难，可以假定大部分制造业工人需要在工业房地产中生产，大部分商业批发企业需要工业房地产存放货物。这两个行业一共使用了75%的工业房地产。

1991年美国50个大都市统计区的工业房地产使用情况　　　　表5-5

标准产业分类	工业房地产使用面积（百万平方英尺）
制造业	3373.0
交通、通信和能源	538.3
商业批发	1353.4

---

[1] （美）丹尼斯·迪帕斯奎尔，威廉·C.惠顿：《城市经济学和房地产市场》，282~286页，311~320页，经济管理出版社，2002。

续表

标准产业分类	工业房地产使用面积（百万平方英尺）
商业零售业	200.5
服务业	424.4
其他	316.1
总计	6205.6

资料来源：(美)丹尼斯·迪帕斯奎尔，威廉·C·惠顿：《城市经济学和房地产市场》，283 页，经济管理出版社，2002。

（二）人均工业产品产量、存货量与工业房地产

由工业就业量到实际对工业房地产的需求量，还需要各个行业对工业房地产的人均使用面积。如果人均使用面积是一个常数，不随时间变化而改变，则工业房地产需求量增长率等于就业量的增长率，预测工业房地产需求量就很容易，但这样的假定显然不符合事实。工业行业总的就业率在 1972—1991 年间仅增长 8.5%，而工业房地产存量却增长 64%。工业房地产和工业就业增长率之间的差异，主要来源于这期间工人的人均工业产量增长，或者批发业中人均存货量的增加。似乎工业房地产需求量更多来源于产量和储存货物数量的增加，而不是就业量的增长。所以工业房地产的需求量的测度与写字楼需求的测度不同，需要将工业就业量和工业产量分别纳入估计模型中。

1972—1991 年美国每个工人的工业产量增加了 70.4%，工人产量的增加很大一部分是由于生产设备的增加所带来的。生产设备增加需要更多的工业房地产，人均工业房地产使用面积相应会不断增加。批发行业人均存货量增加也需要更多的房地产空间，因而可以用人均工业产量来衡量工人人均工业房地产使用面积的变化。

二、工业房地产的供给分析

与商业房地产市场一样，工业房地产的投资建设规模主要取决于预期投资利润率。利润率水平越高，工业房地产的建设量越大。预期现金流的重要组成因素是未来房地产的资产价格和租金，预期租金水平决定了开发商的投资和建设规模。而对未来的预期很大程度上是建立在当前市场状况下的。所以工业房地产供给量的决定类似于写字楼市场，依赖于建造时期的租金水平和市场上工业房地产的存量。

国家的宏观经济政策也会影响到工业房地产的供给量。由于我国特殊的土地制度，工业房地产建设受土地政策的影响更为明显。工业房地产选择的区位大多在城市周边地区，这些区域的土地大多为农村集体土地，所以国家有关集体土地方面的政策会直接影响工业房地产的供给量。与住宅建成后直接出售不同，工业房地产建成后通常长期经营。工业企业可以吸纳周边地区大量的劳动力，特别是劳动密集企业，这对剩余劳动力丰富的农村集体来说有很大吸引力。所以，征地过程中，农村集体对工业用地要求的补偿相对住宅、商业房地产较低，从而使得工业用地的征地成本较低，而较低的土地取得费用导致企业对工业用地需求数量增加。此外，国家在调节产业发展时，一个重要手段是对各类产业用地的控制。对工业用地数量的调控会对工业房地产的供给量产生很大影响。

三、工业房地产市场的均衡[1]

工业房地产市场的均衡与写字楼市场的均衡类似，但由于工业物业与写字楼的差异，模型也需要做出一些调整。首先，需要区分批发业和制造业。在工业房地产市场上，对库存空间的需求直接来源于该地区制造业持有存货的数量，而一些作为"分销中心"的批发行业也可能成为库存需求的重要源泉。其次，需要明确工业房地产的需求是取决于工人数量，还是产量或存货量。由于存货信息难以获得，所以只能用就业数据来估算仓储物业的需求。最后，尽管工业房地产市场中所有者自己使用的比例远高于写字楼等商业房地产，租金仍然会对工业房地产的需求量和开发建设面积产生影响，只是其调节作用可能不如写字楼那么明显。

如果大多数地产是直接为使用者建造的，那么空置率或者租金是否应包括在吸纳量方程甚至竣工量方程中呢？假如多余的地产在市场上用于出租，从而引起租金的下降。租金的下降将不仅减少投机性的项目建设，而且吸引潜在的业主进入租赁市场。这样一来就会减少业主自用地产的开发建设。如果使用者具有高度的自主选择权，那么市场上租赁行为增多将会造成供给减少。于是，将工业房地产的事前需求（OC_t^*）定义为当期或滞后的批发业和制造业的就业人数（EM_t 和 EW_t）、每个工人工业产量（Q_t）和租金（R_{t-2}）的线性函数（式 5-6）。

$$OC_t^* = \alpha_0 + \alpha_1 EM_t + \alpha_2 EW_t + \alpha_3 Q_t - \alpha_4 R_{t-2} \tag{5-6}$$

与写字楼市场均衡模型类似，制造业、批发业未来就业人口和每个工人工业产量的估算值与上期需求共同决定当期净吸纳量，上期空置率、上期存量和上期吸纳量决定当期竣工量。当期的净吸纳量和竣工量又将影响当期空置率，当期空置率最终影响下期的租金水平。这些变量不断调整，直至市场上租金水平不再变动，空置率也保持在一个特定的水平上。这时，市场达到均衡。

实证研究表明，与写字楼市场相比，工业房地产似乎有更短的建设周期，并且由于大部分是直接为使用者建设，所以由实际竣工量和实际租金向均衡水平调整的速度较写字楼更快。

小　　结

（1）工业房地产是指直接用于工业生产和辅助工业生产的建筑物实体及其所附属的所有权益。商业房地产是指用于各种零售、办公、餐饮、娱乐、健身服务、休闲设施等经营用途的房地产形式。大部分工业房地产的投资者是工业企业自身；大部分写字楼的使用者并非所有者，并且承租者中绝大多数要与其他承租人共用写字楼。从已有的统计数据来看，大多数工业房地产业为承租者所用，与写字楼市场不同的是，所有者自己使用的工业房地产中，单一所有者使用的空间占绝大多数。

（2）经济增长和经济发展、城市就业增长和房地产业的繁荣，都会使得商业房地产的

---

[1] 详见（美）丹尼斯·迪帕斯奎尔，威廉·C.惠顿：《城市经济学和房地产市场》，311～319 页，经济管理出版社，2002。

需求量增加。写字楼的需求量更多地取决于写字楼工作人员的数量和人均使用写字楼的面积，而零售业房地产则受国民收入等因素的影响。商业房地产的供给受预期租金水平、当前房地产市场状况、开发成本和国家政策等因素的影响。

（3）经济增长、经济发展和房地产业的繁荣也会增加工业房地产的需求。此外，行业就业量、人均工业产品产量、存货量是影响工业房地产需求的因素。社会价值观念和国家宏观政策也对工业房地产供给产生影响。

（4）工商业房地产的空置率一般比较大而且波动性强，租金和价格的调整不能完全消化工商业房地产的全部供应量。在就业量和经济发展平稳时，经过吸纳量、空置率和租金水平的调整，最终市场将达到均衡状态。而实际上，宏观经济发展的不稳定导致了工商业房地产市场的波动。

复习思考题

1. 简述工商业房地产的概念及其主要形式。
2. 工商业房地产的所有者和承租者所占比例有何特点？
3. 工商业房地产的供给和需求之间的关系与住宅有什么不同？
4. 工商业房地产的空置率有何特点？为什么写字楼的空置率和吸纳率会影响租金水平？
5. 工业房地产需求量的影响因素有哪些？与写字楼需求量相比二者有何区别？
6. 在写字楼供给量和使用人员数量固定的条件下，说明写字楼需求量的决定以及写字楼市场是如何达到均衡的。
7. 经济发展和经济增长对零售业房地产市场的影响是相同的吗？如果不同，试说明其中的差别。

课外阅读材料

1. William C. Wheaton. The Cyclic Behavior of the National Office Market [J]. AREUEA Journal，1987，15（4）：287-299.
2. William C. Wheaton，Raymond G.. Torto. An investment Model of the Demand and Supply for Industrial Real Estate [J]. AREUEA Journal，1990，18：530-547.
3. William C. Wheaton，Baranski M. S.，Templeton C. A.. 100 Years of Commercial Real Estate Prices in Manhattan [J]. Real Estate Economics，2009，37（1）：69-83.
4. （美）阿德里安娜·施米茨，德博拉·L·布雷特. 房地产市场分析——案例研究方法 [M]. 北京：中信出版社，2003.
5. （美）丹尼斯·迪帕斯奎尔，威廉·C·惠顿. 城市经济学与房地产市场（中译本）[M]. 北京：经济科学出版社，2002.
6. （美）丹尼斯·J·麦肯齐. 理查德·M·贝兹. 房地产经济学 [M]. 北京：经济科学出版社，2003.

第六章 房地产开发

房地产开发作为空间生产的主要方式，是满足人类在生存、工作、学习和生活等方面不同层次需求的重要经济行为，影响到每一个人。因此，理解和掌握房地产开发背后的经济学原理，对于房地产开发商、其他利益相关者（包括政府），以及需求者来说都是非常重要的，是各方进行科学、正确的投资决策的重要前提。

本章第一节阐述房地产开发的含义以及房地产开发决策的基本方法——成本收益法；第二节以住宅为例，分析房地产开发密度的选择问题；第三节分析房地产开发的区域选择，并重点讨论区位选择和场地分析；第四节分析房地产开发的其他决策，包括开发的物业类型选择、开发模式选择以及产品入市时间选择等。

第一节　房地产开发概述

一、房地产开发的含义

（一）房地产开发的经济学定义

房地产开发通常指房地产建造与经营管理的过程，跨越建筑与房地产两大行业，是产业结构链中的重要一环。房地产开发创造了人们居住的住宅、城市基础设施、公用配套设施、高层办公大楼、工业厂房和商店等。在经济学范畴内，房地产开发项目通常以开发商对市场需求的预期为起点，结合自身的风险偏好、技术水平、融资能力等因素形成一个可实现的开发创意，进而通过多种资源的组合使用，将开发创意转变为存续期内可使用的建成空间、环境与相关服务。这里的资源包括土地、建筑材料、劳动力、资本、信息、技术、专业人员经验和企业家才能等。房地产开发所提供的空间、环境和服务，正是消费者期望通过购买或租用建筑空间来获得使用或增值收益的本体。在人口数量、技术水平不断增长的前提下，社会对于通过房地产开发来满足和改善空间环境的需求是永续增长、复杂多样的。

我国的房地产开发以住宅开发为主，2019 年住宅投资占房地产开发总投资的比例达 73.4%❶。开发商作为市场主体,进行房地产开发的主要目标是追求利润最大化。由于需求方的住房支付能力与收入有直接关系,不规范的房地产开发行为可能促使高收入家庭聚居在高房价或高租金的社区内、低收入家庭聚居在低房价或低租金的社区内,即在空间上形成居住分离,并导致社会上不同阶层之间的隔离。此外,不规范的房地产开发行为还可能造成污染、碳排放量超出规定标准等环境负外部性。因此,世界多国的政府都会对房地产开发行为进行规范和干预,其目的通常是既要促进城市空间开发、带动经济增长,又要在不损害环境的条件下,提供完善的城市基础设施服务,改善居民的生活质量,促进城市包容性增长。

[专栏6-1] 一个智慧社区项目简介——华中·中交城(A区)

项目名称:华中·中交城

项目开发商:中国交通建设集团有限公司

项目位置:位于武汉开发区春晓路,总建筑面积 27 万 m²,总投资近 20 亿元。周边有永旺梦乐城、万达广场等商业,紧邻华中科技大学同济医学附属协和医院西院、武汉市中医医院、亚心医院。公交线路:707、335、202、760、387、383、385、547、637、653;地铁:3号线、6号线;自驾:项目位于三环线与江城大道交汇处,轻松通达武汉三镇。

项目概况:该项目定位为中国交通建设集团华中区域总部基地,旨在整合建筑产业优质资源,搭建世界级建筑行业交流与贸易平台。项目建设用地共计约 49596.62m²,总建筑面积 208532.77m²。其中 A 栋为 33F 总部办公楼,B 栋为 16F 酒店,C、D 栋为出租办公楼。本期项目涉及范围为 A 栋公区、地下层、室外园区及屋顶空中花园部分。监控中心与消防控制室合用,位于 A 栋办公楼首层,面积约为 100m²;弱电机房紧邻消防控制中心,面积约 50m²。

开发过程:该项目于 2017 年 2 月 10 日开工;

2019 年 6 月初总部办公大楼第 33 层楼层板浇筑完成;

预计 2021 年 5 月份完工交房。

智能化系统:该项目智能化系统主要包括以下 16 个子系统:综合布线系统,计算机网络系统,信息发布系统,无线对讲及无线巡更系统,电梯五方对讲系统,视频监控系统,入侵报警系统,门禁一卡通系统,访客管理系统,停车场管理系统,车位引导与反查询系统,建筑设备管理系统,能源管理系统,智慧建筑综合管理平台,机房工程。

合作伙伴:规划、建筑设计由戴德梁行和上海联创建筑设计有限公司、中信建筑设计院负责;

园林景观设计由深圳万漪景观设计负责;

主要承建商为中交第二航务工程局有限公司。

建成后,华中·中交城将成为辐射华中地区的中交战略总部新城,有效提升中国交建品牌的吸纳力、辐射力和带动力。该项目产生了良好的市场联动效应及广泛的社会影响力,受到政府与公众关注,其原因正是它一方面是基于对现代市场需求与动向的精准把

---

❶ 数据来源:国家统计局官网 http://www.stats.gov.cn/tjsj/zxfb/202001/t20200117_1723389.html。

握，另一方面担任了把武汉经济技术开发区做大做强的重要角色。

资料来源：房天下 https：//www.fang.com/xinfang/wuhan-2610155866/。

（二）房地产开发的程序

房地产开发所涉及的活动十分复杂。从房地产开发商有开发意向，至项目建设完毕后实施物业管理，房地产开发需要遵循一定的开发程序。不同物业类型的开发，会因项目目标的差异导致各开发环节的工作内容有所不同，但开发程序的一般步骤大致相同。房地产开发的程序一般可以归纳为投资想法形成、投资机会选择、投资决策分析、合同谈判、签署合同、施工建设、物业销售和试营业、资产管理八个阶段（图 6-1）。

第一阶段：投资想法形成。开发商在对当地房地产市场有较深入的了解并占有大量市场信息的基础上，探讨投资的可能性，寻找多个可供选择的投资机会，在头脑中进行快速判断。在这个环节中，房地产开发商是最具创造性的，需要预测消费者未来需要什么类型的房地产产品和服务，并让消费者确信其开发建设的房地产完全能够满足消费者需求。

第二阶段：投资机会选择。开发商选择可实现其开发设想的开发用地，初步探讨技术可行性，与潜在的租客、业主、银行、合作伙伴、专业人士等接触，做出初步设计方案，进行简单的财务评价，探讨获取开发用地的可行性。

第三阶段：投资决策分析。在确定项目可行性之后，开发商进行正式的市场研究和初步规划设计。市场研究包括估算市场吸纳率、分析竞争环境、目标市场和财务能力，根据预估的成本和价格进行可行性研究等。开发商还要根据城市规划、土地利用规划和城市基础设施规划进行建设项目的初步规划设计、区域规划研究、市政条件调查、规划限制分析、土地物理条件调查、初步建筑设计。开发商将有关开发计划和可行性研究方案报送政府有关部门，从法律、技术和经济等方面综合判断项目可行性。在这个阶段，房地产开发商要形成较详细的开发项目财务分析报告、市场前景预测报告和建筑设计方案。

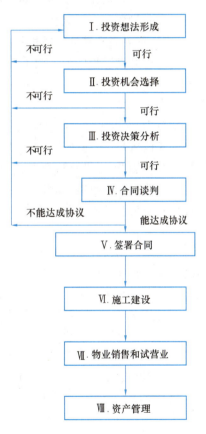

图 6-1 房地产开发的八个阶段

第四阶段：合同谈判。开发商根据投资决策分析中得到的客户需求特征和财务能力确定最终设计方案，开始合同谈判。需要进行谈判的合同包括土地合同、投资合作合同、建筑设计合同、建筑施工合同、融资合同、营销代理合同等，以得到贷款承诺，确定总承包商，确定租售方案，获得政府的用地、规划等许可。

第五阶段：签署合同。需要签署的合同包括合作开发协议、建设贷款协议和长期融资协议、土地出让或转让合同、工程施工合同、保险合同和预租（售）合同。在签订合同时需要注意的是，一些合同往往是另一些合同签订的前提，需要统筹合同签订的时机。

第六阶段：施工建设。在施工建设阶段，开发商根据预算进行成本管理，批准市场推广和施工单位提出的工程变更，解决建设纠纷，支付工程款，确保工程施工质量，实施进度管理。

第七阶段：物业销售和试营业。开发商组织宣传广告营销活动，进行物业销售；组织物业管理队伍，进行市场推广活动。经政府部门验收物业建筑质量合格后（竣工验收）批准入住，接入市政设施，调试各种设备，业主入住。开发商偿还各种建设贷款，长期融资到位。

第八阶段：资产管理。业主（开发商或新业主）进行物业管理、更新改造、市场推广等工作，以延长物业的经济寿命、提高资产运用质量；非房地产企业将物业作为固定资产，进入其投资组合，以尽可能低的风险获得最大收益。

（三）开发商及其他利益相关方

房地产开发过程中的各项工作都不可能由开发商凭借自身的知识和能力独立完成，必须与专业人士或机构合作并组成一支开发队伍，在开发商的组织协调下，完成整个项目的开发建设。

1. 房地产开发商。其包括私人和政府（政府作为开发商往往是公共住房和公共基础设施的建设者）。房地产开发商是房地产开发项目的发起者和组织者，他们发现潜在需求并形成开发创意，然后整合土地、资本、劳动力、专业人才等资源，具体实现这一开发创意，同时获得预期收益。此外，由于风险和不确定性存在于房地产开发的整个过程，开发商还要具备控制各种风险的能力，并不断地做出科学决策。

2. 政府及其机构。房地产开发必须满足当地规划和相关法规的要求。因此，开发商从购买土地使用权开始，就不断地与政府的土地管理、城市规划、建设管理、市政管理、房地产管理、环境保护等部门进行沟通，以获取各种开发许可证。政府行为及其制定的政策也是开发商预测未来市场供求、确定投资开发方向的重要依据。

3. 金融伙伴。房地产开发过程需要大量资金，因而离不开金融伙伴的资金支持。金融伙伴包括合资伙伴（权益融资）、金融机构（提供建设融资和抵押贷款）、长期权益投资者等。

4. 建筑承包商。建筑承包商是建造者和管理者，他们将图纸上的想法转化为实实在在的建筑空间。建筑承包商将其承包的业务扩展，同时分担一些开发风险。

5. 专业顾问。房地产开发的复杂性需要开发商在不同阶段聘请专业顾问公司提供咨询顾问服务。包括：建筑师、工程师、土地规划师、环境顾问、交通顾问、房地产估价师、会计师、律师、市场研究专家、房地产经纪人等。

6. 物业管理者。开发项目竣工使用后，物业管理者主要负责项目的运营管理，有助于延长物业的经济寿命，提高资产运用质量。

7. 最终用户。有了对这些最终用户需求的发现和预测，才会有开发商的开发创意，才会有房地产开发的实现——提供建筑空间和相关服务。

二、房地产开发的决策分析

(一) 成本收益分析原理

成本-收益分析（Cost-Benefit Analysis，CBA）的基本原理是，通过比较各类项目或某一项目的各种实施方案的全部预期收益和全部预期成本，对项目或方案的经济效益进行评价。成本收益分析方法广泛地用于资源开发和社会投资方案决策，既可以用来评判或排列各种可选择项目的优先顺序，也可以用于确定某一项目方案是否经济可行，即是否可以在扣除成本之后带来净收益。成本收益分析强调经济效率，旨在指明开发项目中最有效地利用资源的途径。因此，从社会整体福利的视角考虑，它不是赞成或反对资源开发项目的唯一依据。国防、环境等社会公共利益也在项目开发决策中起着决定性作用。特别是近年来随着企业社会责任感的加强，房地产开发决策在经济效益的基础之上，越来越注重对社会福利效益的考虑。

成本收益分析方法的使用通常需要基于一定的假设，主要包括❶：(1) 开发项目所提供的产品和服务已经存在切实需求，具备既定的市场交易条件，接近于资产评估中的交易假设；(2) 每个开发项目必须在使其净收益最大的规模（即边际收益等于边际成本时的规模）上实施；(3) 每个开发项目或项目的每个独立部分，都必须以符合项目总目标的最小可能成本实施；(4) 每个开发项目的开发优先顺序应按其经济合理程度排列。

(二) 成本收益分析与房地产开发

成本收益分析提供了一个可用来评估房地产开发项目经济前景的重要方法，即开发项目只有在预期收益超过预期成本的条件下才能真正得以实施，小型住宅开发项目如此，三峡水利工程等巨型开发项目也不例外。

1. 收益和成本的概念

在房地产开发中，收益由货币和非货币两部分组成，具体包括：(1) 销售收入与租赁收入，即销售或出租房地产所得收入；(2) 物业的长期权益（对于这种权益的获得，开发商可能未支出现金），在这种情况下，开发商成为被动的投资者；(3) 由于提出了一个新概念或改善了城市环境，获得的个人或专业上的满足；(4) 提高了开发商的社会声誉，有助于创造未来的开发机会。

房地产开发中的成本是指为了提供建筑空间和相关服务而获得各种资源时必须付出的代价或费用支出。通常提及房地产开发成本时，按不同角度可分为多个类别：按照与开发过程是否直接相关，可分为直接成本和间接成本；按照投入资本的流动性，可分为固定成本和变动成本；从投资的角度来看，又有机会成本、沉淀成本和社会成本等；按照实际中的估算原则，还可分为土地费用、前期工程费、基础设施建设费、建筑安装工程费、公共配套设施建设费、管理费用、财务费用、销售费用、开发期税费、其他费用、不可预见费等，见表6-1。

2009年7月24日，国土资源部对外公布了《房地产项目用地地价专项调查》结果。结果表明，在受调查的全国620个房地产开发项目中，土地成本（包括土地出让金、置换成本、批租费用、动迁费用、拍卖佣金等）平均约占最终房价的23.2%，税费成本平均

---

❶ Raleigh Barlowe. Land Resource Economics. 4th ed. p173, Prentice-Hall, Inc., 1985.

约占 10%[1]。

[专栏 6-2] 经济学中的"成本"概念

机会成本。在经济学范畴，成本概念与人们日常生活和生产中提及的成本有所不同。在日常情况下，人们提到的成本通常指的是会计成本、历史成本或货币支出，而经济学中的成本，严格来说，仅指机会成本[2]。这是由经济学的基本假设——理性人假设决定的。经济学假设理性人追求以最小的代价得到最好的结果，此处的代价即是机会成本（opportunity costs）。人们在做出选择的同时也意味着放弃其他机会，在这些被放弃的机会中，价值最高的选择即为机会成本。事实上，经济学中的价格理论也称为选择理论。经济学中的成本要从"放弃"的角度来理解，而不能简单地将其等同于支出。在房地产开发中，机会成本（opportunity costs）可以理解为开发企业因选择某一房地产开发项目，而放弃投资其他项目或选择其他投资方式（如股票、债券等）所可能获得的最高收益。

社会成本。社会成本可称为社会机会成本（social opportunity costs），与社会不经济（social diseconomies）或负外部效应（negative externalities）密切相关。房地产开发过程中引起的社会机会成本，是指因房地产开发而牺牲的其他社会报酬与利益，例如房地产开发可能会带来环境污染等社会不经济或负外部效应。

沉淀成本。沉淀成本（sunk costs）是指开发企业已经投入但无法收回的成本，如某开发企业为开发一个项目已经投入 500 万元资金，但还未收回，此时发现该项目无法取得成功，决定转做新的项目，这 500 万元便是沉淀成本。

直接成本与间接成本。直接成本（direct costs）是指与房地产开发过程直接有关的成本，如土地、建筑材料、建筑工人工资等；间接成本（indirect costs）是指与房地产开发过程没有直接关系的成本，如开发企业员工工资及办公大楼折旧、外聘专业人员工资等。

固定成本与变动成本。固定成本（fixed costs）是指开发企业在短期内不能调整的生产要素的费用，如土地、开发企业员工工资及办公大楼折旧等；变动成本（variable costs）是指开发企业在短期内可以调整的生产要素的费用，如建筑材料、建筑工人工资等。

直接成本、间接成本、固定成本、变动成本都是从会计视角来理解的成本。

思考题：从经济学角度，沉淀成本是成本吗？

某大型普通商品住宅项目成本费用构成表　　　　表 6-1

序号	项目或费用名称	投资金额（万元）	单位成本（元/m²）	占开发成本比例（%）
一	土地费用	104385.50	1439.8	35.7
1	出让金	14500.00	200.0	5.0

---

[1] 资料来源：《国土资源部专项调查揭秘房地产项目地价房价比》，2009 年国土资源部信息，中央政府门户网站。http：//www.gov.cn/gzdt/2009-07/28/content_1376834.htm。

[2] Buchanan J. M. Opportunity Cost. In: Eatwell J., Milgate M., Newman P. (eds). The World of Economics, p520, The New Palgrave. Palgrave Macmillan, London, 1991.

续表

序号	项目或费用名称	投资金额（万元）	单位成本（元/m²）	占开发成本比例（%）
2	城市建设配套费	20300.00	280.0	6.2
3	拆迁安置补偿费	68135.50	939.8	23.3
4	手续费及税金	1450.00	20.0	0.5
二	前期工程费	4884.81	67.4	1.7
三	房屋开发费	117936.32	1626.8	40.3
1	建筑安装工程费	97012.25	1338.1	33.2
2	基础设施建设费	11977.00	165.2	4.1
3	公共配套设施建设费	8946.87	123.4	3.0
四	管理费	6239.51	86.2	2.1
五	财务费用	27774.75	383.1	9.5
六	销售费用	8516.31	117.5	2.9
七	开发期税费	12723.34	175.5	4.4
八	其他费用	1043.68	14.4	0.4
九	不可预见费	8879.78	122.5	3.0
	总计	292389.96	4033.0	100.0

资料来源：刘洪玉：《房地产开发》（第三版），210～211页，首都经济贸易大学出版社，2006.

2. 项目的最佳规模

明确预期收益与成本只是制定项目方案的一个方面。在项目形成的初期，首先要考虑和论证项目的必要性，然后还要拟定项目的最佳规模以及最经济有效的开发方式。

所谓最佳规模就是能够产生最大净收益的规模。图 6-2 表明了在既定的土地面积上，市场完全竞争和充分资源的条件下，随项目规模增大而变化的收益与成本的关系。B 点是收益与成本比最大的开发规模，C 点是扣除成本之后净收益最大的开发规模。图 6-2 的下半部分是边际分析。C 点也是边际收益等于边际成本时的开发规模，而 A 点与 D 点是总收益等于总成本时的开发规模。因此，单一房地产开发项目的最佳规模应该在 C 点，此时，边际收益等于边际成本。然而实际的情况通常是，市场非完全竞争与资源有限同时存在，最佳规模可能达不到 C 点，具体的位置取决于非完全竞争和有限资源条件下收益曲线与成本曲线的形状。此时，最佳规模不一定是边际收益等于边际成本时的规模，但一定是净收益最大的规模❶。

尽管开发商十分关注开发规模问题，但却很少用上述边际分析方法来确定开发项目的最佳规模，这可能是缺乏充分的信息支持。开发规模一旦确定，接下来就要确定最经济有效的开发方式，以保证项目或项目的每个独立部分都能以最小成本实现。

3. 收益和成本的计算

由于房地产开发项目经济评估关心的是整个开发过程的收益和成本，而收益和成本的

---

❶ 约束条件下，单一房地产开发项目净收益方程最大值的解不一定是切点，即得到的最佳规模不一定是边际收益等于边际成本的规模，但一定是净收益最大的规模。

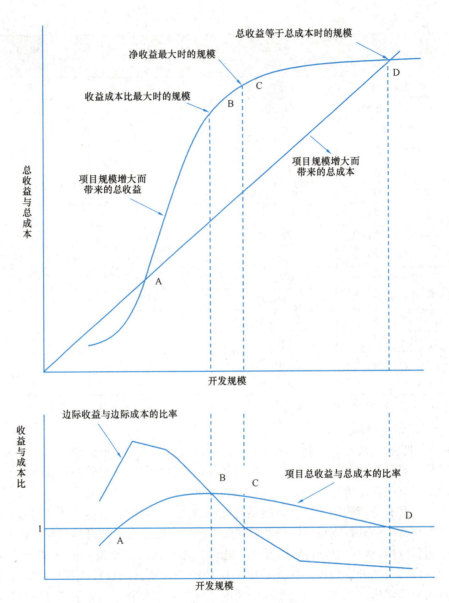

图 6-2　不同开发规模的收益与成本关系

资料来源：Raleigh Barlowe. Land Resource Economics. 4th ed. p176, Prentice-Hall, Inc., 1985.

具体形式不同、发生的时点不同，因此，计算收益和成本时，必须采用一致的价格水平（通常转化为现值）、利率、风险折扣和考虑同样的影响因子。

计算收益和成本的方法，大致可归纳为四种：

第一种方法，以项目总收益减去总成本（$B-C$）来计算净收益，但未能考虑到不同规模间的差异。例如，某一个收益100万美元、成本99.9万美元的项目，与另一个收益1万美元、成本0.9万美元的项目，两者的净收益均为1000美元，但规模却相差100倍。

第二种方法，用项目的预期收益现值除以预期成本现值来得到益本比（B/C）。益本比大于1.0，则表示该项目具有经济可行性。

第三种方法是测算项目的净收益率,即从总收益中扣除总成本,然后用得到的差值除以总成本,即 $(B-C)/C$。

第四种方法是分别计算项目的建造及投资成本现值和运营及维护成本现值,然后从项目预期收益现值中扣除运营及维护成本现值(OC),再用得到的差值除以建造及投资成本现值(IC),得到项目建造及投资成本的报酬率,即:$(B-OC)/IC$。

[专栏6-3] 实物期权决策方法

实物期权决策方法(Real-option Analysis,ROA)是一种动态的投资决策方法,起源于金融学领域的资产定价或估价方法,本质上也是基于对投资项目未来的成本与收益的预期和衡量。ROA的核心在于将"动态价值"融入对现金流的预期之中,从而对资产在将来可能的价值状态进行更准确的认识、支持更正确的投资决策。ROA在现值法框架基础上作出改进,是一个可以与资本预算理论、企业战略计划、资本结构与投资偏好等理论模型结合使用的动态方法框架。

现值法的不足:(1)机会成本难以准确估算;(2)由于对折现值的误估、折现方法的不当,以及对企业战略和竞争力的忽视,可能出现对项目价值低估的结果;(3)对未来现金流产生的场景预设单一;(4)特别是在房地产开发中,根据现值法所作出的决策可能使企业放弃一些短期收益不足,但长期收益颇丰的项目。

ROA的改进:ROA主要是通过将风险与不确定性模型引入资产定价框架之中,从而克服现值法在理论上的不足。常用的风险模型包括蒙特卡罗模拟方法、决策树等。事实上,ROA的基本形式简单明了,可写为:拓展的$NPV=$静态$NPV+$期权风险益价

基于ROA的决策选择:基于ROA法不仅可简单决定投资与不投资,还可支持"延期投资""改变项目规模""改变项目开发时间"等更具多样性、更符合实际、可操作性更强的决策选择。

第二节 住宅密度的选择

开发密度是影响房地产开发模式选择的重要因素。这里以住宅为例,分析房地产开发的最优密度或最优容积率的确定。

一、住宅密度的决定[1]

住宅具有多重属性,其中住宅密度的决定尤其复杂。开发商了解消费者对住宅属性的价值判断和开发成本至关重要。一般地,特定时期的住宅属性是由建造时的消费者对住宅属性的需要和建造成本决定的。

住宅密度对于房价有两方面的影响:一方面,随着单位土地上建设住宅面积(即住宅

---

[1] (美)丹尼斯·迪帕斯奎尔,威廉·C.惠顿:《城市经济学与房地产市场》(中译本),76~83页,经济科学出版社,2002。

密度）的增加，将会失去绿化空间，需要与更多的居民分享公共设施，交通安全状况也会有所恶化，从而降低了消费者对每套住宅的支付意愿，进而降低了每套住宅的价值；另一方面，密度越高，则相同面积土地上建筑物的数量越多，从而增加了开发的总收益。开发商需要权衡这两方面的因素，选择一个合适的开发密度使得扣除开发成本之后的净利润最大，也就是说，开发的原则是保证开发净利润（即土地潜在价值）最大化。

假设每单位住宅的价格为：

$$P = \alpha - \beta F \tag{6-1}$$

式中 α ——除住宅密度以外的其他住宅属性的价格之和；

β ——建筑密度每增加一单位所导致的单位住宅价格减少的数额；

F ——住宅密度，即容积率（住宅建筑面积除以占地面积）。

当容积率增大时，对建筑物的基础、结构性能要求提高，如需要加固基脚、增设电梯和防震设备等，因此单位住宅的开发成本也会相应增加，用公式表示为：

$$C = \mu + \lambda F \tag{6-2}$$

式中 μ ——单位住宅的固定成本；

λ ——容积率增加时单位住宅成本的增加额，这里假定增加额为常数。

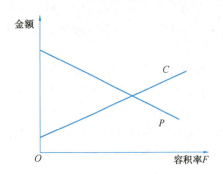

图 6-3 单位建筑面积的住宅价格与成本

图 6-3 描述了单位住宅价格 P 与单位住宅成本 C、容积率 F 之间的关系。$P-C$ 相当于建设单位住宅带来的每单位建筑面积的剩余利润（即土地的潜在价值）。因此，每单位土地面积的剩余利润（R）为：

$$R = (P - C) \times F \tag{6-3}$$

将式（6-1）和式（6-2）代入式（6-3）中，剩余利润与容积率之间的函数关系式为：

$$R = -(\beta + \lambda)F^2 + (\alpha - \mu)F \tag{6-4}$$

根据剩余利润最大化原则，通过求 $\partial R/\partial F = 0$，得到最优容积率 F^* 为：

$$F^* = \frac{\alpha - \mu}{2(\beta + \lambda)} \tag{6-5}$$

将 F^* 的表达式代入式（6-4），得到 R^* 为：

$$R^* = \frac{(\alpha - \mu)^2}{4(\beta + \lambda)} \tag{6-6}$$

图 6-4 描述了土地剩余利润与容积率之间的关系，以及土地剩余利润最大时的容积率。根据式（6-6），图中曲线为以（F^*，R^*）为顶点，以 $F = F^*$ 为对称轴，向下开口的抛物线在第一象限中的部分。

从式（6-1）可以看出，其他条件不变，区位条件变好，则式中的 α 增加，使得图 6-5 中的价格曲线向上移动。

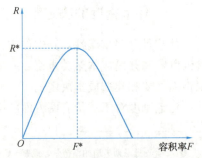

图 6-4 最佳容积率的确定

较好区位的剩余利润与容积率函数中的参数 a 变大,根据式(6-6),抛物线的形状也发生了变化,对称轴向右移动,顶点向上移动,住宅的最佳密度 F^* 和最大土地潜在价值 R^* 均有所增加,如图 6-6 所示。

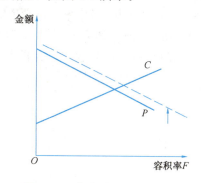
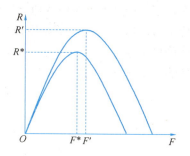

图 6-5　区位变动导致住宅价格曲线的变动

图 6-6　区位条件变化导致最优容积率的变化

二、住宅密度的实证研究

(一)最优容积率的确定

Denise Dipasquale 和 William C. Wheaton(1996)根据 1984 年波士顿地区巴克湾地区的调查数据,对最佳容积率作了估算。

首先,他们根据 1984 年该地区 578 宗销售案例,拟合每平方英尺住房的销售价格,为简化分析,采用线性方程,即:

$$P=181.0+6.3×卧室个数+2.7×浴室个数+23.1×有停车场的单元-38.6×单元位于比肯大街-40.5×单元位于马尔比勒大街-46.2×单元位于国民大道-1.48×层数+0.0007×到共有区的距离 \tag{6-7}$$

式(6-7)显示,楼层越高单位面积住宅价格越低。为获得最佳容积率,选取一套典型住宅:两个卧室、两个浴室、有停车场,除容积率外的其他住宅属性价格相加为每平方英尺 222.04 美元。根据式(6-1),住宅价格为:

$$P = 222.04 - 1.48F \tag{6-8}$$

根据当地建筑师的建议,1984 年每平方英尺的建筑成本为:

$$C = 100 + 2F \tag{6-9}$$

根据式(6-5),最佳容积率为 $F^* = \dfrac{222.04-100}{2(1.48+2)} = 17.5$,每平方英尺土地价值为 $R^* = \dfrac{(222.04-100)^2}{4(1.48+2)} = 1068$ 美元,每英亩的价值为 4650 万美元。而现实中住宅的平均层高仅为 4 层,在该容积率水平下,新开发土地价值仅为 1060 万美元。这种较低容积率所造成的土地价值的下降很可能是对建设用地容积率进行管制的结果。

(二) 容积率与地价

章波等[1]按照交易时间为1999年、交易方式为转让、地块的级别为6类地、每个样本的容积率各不相同且容积率范围大于2、土地开发程度为三通一平的原则，选定了15个商业用地交易样点、14个住宅用地交易样点和11个工业用地交易样点。运用二次回归模型得到容积率—城市地价响应（Plot Ratio and Land Price，PRLP）模型，其中商业和住宅用地价格可以通过检验，工业用地价格没有通过检验。研究表明，容积率与商业地价、居住地价呈正相关关系，并且商业地价受容积率影响比住宅用地更为强烈，工业地价受容积率影响不明显（见图6-7和图6-8）。

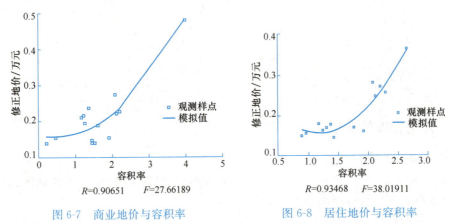

图6-7 商业地价与容积率　　　图6-8 居住地价与容积率

第三节　房地产开发的区域选择

区域选择是影响房地产开发成功的关键决策之一。区域选择可分为跨境选择以及境内选择，其中后者又包括两方面的内容：一是不同城市间的选择，二是城市内不同区域的选择。成功的房地产开发商首先对房地产投资环境进行评价，并在（境/国内外）不同城市之间做出最优选择；其次是在选定的目标城市内，选择恰当的并且符合城市规划的区位和场地。当然，区域选择的最终目标是实现开发商经济利益最大化。

一、区域选择的一般含义

（一）城市间的选择：城市房地产投资环境

城市是区域经济活动的核心，区域房地产投资环境的优劣主要取决于其区域内城市房地产投资环境的好坏。城市房地产投资环境是指在某个特定城市和一定时期内，影响房地产开发投资活动的各类外部条件的综合。不同城市的地理位置、规模、基础设施状况、历史、文化和对区域的影响不同，各自面临的经济社会问题也千差万别，导致了不同城市房地产投资环境的差异。

城市房地产投资环境的评价方法有分值法、模糊聚类分析法、灰色指数法、层次分析

---

[1] 章波，苏东升，黄贤金：《容积率对地价的作用机理及实证研究——以南京市为例》，《地域研究与开发》，2005（10）。

法（AHP法）等。表6-2是运用层次分析法构建的城市房地产投资环境评价指标体系[1]。

城市房地产投资环境评价的指标体系 表6-2

系统	子系统	子系统权重值	因素层	因素权重值	解释性指标层
房地产投资环境	政治环境	0.0985	政治制度健全程度	0.0104	
			对外政策	0.0256	
			政府形象	0.0625	
	经济环境	0.4161	经济发展水平	0.1128	恩格尔系数
					人均国内生产总值
					每万元固定资产投资新增GDP
			经济活力	0.0782	国内生产总值增长率
					新增固定资产
			房地产生产要素市场	0.0945	土地基准价格
					职工年平均工资
					人均耕地面积（土地丰度）
					地域资金可供给量及贷款利率
			房地产市场机会	0.0861	市场潜力（人均居住面积）
					市场规模（人口×人均收入）
			房地产中介服务环境	0.0287	中介及咨询机构的从业人员
					房地产网站的个数及信息量
			配套工业水平	0.0158	建筑业水平（全员劳动生产率）
					建筑材料工业发展水平
	基础设施环境	0.1609	交通便捷度	0.1020	对外交通网密度
					实有铺装道路面积
			服务设施完备性	0.0418	每万人拥有公交车辆数
					人均给水、排水、供热、供气量
			环境质量	0.0171	建成区绿化覆盖率
					空气污染指数
	政策法规环境	0.2619	城市规划控制因素	0.0423	
			房地产政策法规的完备性	0.1220	
			审批手续的繁简程度	0.0251	各种项目审批的平均时间
			对外资的优惠条件	0.0725	
	社会文化环境	0.0626	人口因素	0.0337	人口密度及增长率
			心理因素	0.0103	
			社会治安因素	0.0186	每10万人刑事案件发案数

---

[1] 方维慰：《房地产投资环境评价体系的构建及应用》，《南京航空航天大学学报（社会科学版）》，2002年第4期。

有观点认为❶，类似于表 6-2 中的城市房地产投资环境评价只是一种总体性和综合性评价，由此得出的结果只是对衡量当前城市房地产投资环境有意义。至于城市房地产投资环境未来发展趋势，还要借助于城市房地产开发潜力❷评价。表 6-3 是城市房地产开发潜力评价指标体系的一种❸。

城市房地产开发潜力评价指标体系　　　　　　　　　　表 6-3

一级指标	二级指标	三级指标
城市经济发展状况	经济容量	国内生产总值、社会零售品总额、地方财政收入、全社会固定资产额、实际利用外资
	经济质量	人均国内生产总值、人均社会零售品总额、人均地方财政收入、人均全社会固定资产额、人均实际利用外资
房地产市场运行状况	市场均衡程度	房地产销售面积与竣工面积比、房地产预售面积与施工面积比
	市场景气程度	商品房新开工率、商品房预售面积增幅、商品房销售额/开发投资额、房地产开发投资额增速、土地购置面积增速
	与社会经济发展协调度	房地产投资占 GDP 比、房地产投资占固定资产比、房地产投资增速占 GDP 增速比、房价收入比
房地产市场发展潜力	经济增长态势	GDP 增速、社会零售品总额增速、地方财政收入增速、全社会固定资产增速
	人口因素	人口增长速度、新增人口规模、人口密度、人口年龄结构（20～49 岁年龄段占总人口比例）、学历层次（大专以上学历的人口所占比例）
	建成区扩建速度	
	人均年底储蓄额	
	恩格尔系数	
	人均居住面积	

当然，无论城市房地产投资环境评价，还是城市房地产开发潜力评价，只要运用的评价方法或者选取的评价指标不同，得出的结果（即城市间的排序）也就不尽相同。房地产开发商可以将其作为房地产开发目标城市选择的依据。

（二）城市内的选择：房地产开发与城市规划

由于城市房地产投资环境受城市形状、城市规划等因素的影响，在城市内部不一定呈均质分布，因此，在选定目标城市后，还要在目标城市内进行区位选择和场地分析。这就需要明确房地产开发与城市规划的关系。

一方面，房地产开发受城市规划的指导和制约。科学合理的城市规划，为房地产开发商提供了大量信息和开发依据，房地产开发的地块面积、土地用途、基础设施条件、容积率、建筑密度、建筑高度、绿化率、建筑结构与造型，以及开发方案的选取等都能从城市

---

❶ 文余源：《中国主要城市投资环境评价》，《国土与自然资源研究》，2001 年第 4 期。
❷ 所谓城市房地产开发潜力，是指某特定城市未来时期内房地产开发的能力，是城市经济水平、房地产市场运行状况、预期等多种因素的综合，它反映了该城市未来时期内房地产开发和投资的空间。
❸ 傅玳：《城市房地产开发投资潜力评价》，《统计与决策》，2006 年第 1 期。

规划中获得指导。同时，房地产开发必须接受城市规划的制约。

另一方面，城市规划所绘制的城市发展蓝图大部分要靠房地产开发来实现。例如，某一新的现代化大型房地产开发项目的完成，可能会带动相邻地段的开发，这种连锁反应会导致整个区域的开发或更新。同时，城市规划还须针对房地产开发过程中出现的新情况及时做出调整和补充。

当然，房地产开发商在目标城市内进行区位选择和场地分析时，除考虑城市规划之外，还应考虑城市地租、预期等因素。

（三）跨国（境）的选择：机会、收益与风险

跨国（境）房地产开发是我国新时期"引进来""走出去"双向投资工作的重要一环，具有收益高、机会多，同时风险高、挑战大的特点❶。据商务部统计数据显示，自 2012 年以来，我国房地产业对外直接投资存量及流量呈加速增长态势（见图 6-9）。2014 年后，我国经济发展进入新常态，房地产业也随之进入新一轮调整期，特别是在中小城市，房地产业发展逐渐转向"去库存"。此外，国家层面也不断出台对楼市的宏观调控政策，并对房地产开发企业的信贷加强监管，强调各地政府"因城施策"，保证房地产市场平稳健康发展。在多方力量作用下，中国房地产业将不断转型升级，基于高质量和新动力不断向海外拓展，通过提升企业品牌价值增强国际影响力。

跨国（境）房地产开发与投资通常采取两种方式❷：一是直接投资（也称绿地投资），即直接开发住宅或商业综合体项目，通常在发展中国家采用；二是海外并购和海外融资等，即购入成熟的物业，通常在欧美发达国家的高端物业市场采用。跨国（境）房地产投资开发涉及的资金额巨大，相关企业不仅需要管控出境资本所面临的风险、了解当地法律法规及市场的规则要求，还要注意提升自身的国际资本运作能力，对国际化管理的适应能力、与当地在环境治理、文化与风俗等方面良好融合的能力。

二、房地产开发的区位选择与场地分析

（一）区位选择❸

区位理论为房地产开发关于区位选择的决策提供理论基础。在利润最大化等经济学假定条件下，不同物业类型开发项目的空间布局和土地租金梯度如图 6-10 所示。从图 6-10 中可以看出，商业项目占据了 CBD 地区（直到距离 m_1 处）；住宅项目占据了距离 m_1 到 m_2 之间的地区；在住宅项目以外，土地用途为低密度的工业项目。例如，新的工业建筑一般建设于城市边缘处。这意味着，当不同物业类型的房地产市场同时达到均衡时，房地产开发商将会按照类似图 6-10 描述的区位与租金分布，选择各物业类型房地产开发的最佳区位。

区位理论的核心思想表明，房地产开发的区位选择要体现土地租金最大化原则。这也体现出市场配置土地资源的效率。随着我国土地资源市场化配置程度提高，我国大多数城

---

❶ 顾清明：《跨国房地产投资的动因及其风险分析》，《中国国土资源经济》，2007 年第 20 卷，第 6 期。

❷ 德勤：《房地产行业投资促进报告》，2018 年 4 月（https://www2.deloitte.com/cn/zh/pages/real-estate/articles/re-industry-investment-promotion-report.html）。

❸ （美）丹尼斯·蒂帕斯奎尔，威廉·C·惠顿：《城市经济学与房地产市场》（中译本），第 3 章、第 5 章，经济科学出版社，2002。

数据来源：商务部《对外投资统计公报》(http://www.mofcom.gov.cn/article/tongjiziliao/)。

图 6-9　2005—2015 年我国房地产业对外直接投资存量与流量

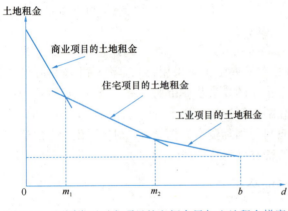

图 6-10　不同类型开发项目的空间布局与土地租金梯度

市的空间发展表现出与理论分析相吻合的特征，土地租金高的地区作为商业用途，工业项目等选择搬离城市中心区或在城市郊区建设❶。

在现实中，由于城市规划大致确定了每宗城市土地的用途及其他开发属性（如容积率等），使得房地产开发的区位选择变得相对简单。这时，开发商必须充分理解城市规划提供的信息，掌握不同类型开发项目的空间布局，然后借助其对房地产市场的判断能力和对未来的预测能力，找到当前或未来能够带来最大经济利益的地段。

（二）场地分析

如果说区位是房地产开发的大前提，那么场地条件可称为房地产开发的小前提。因此，房地产开发商有必要通过实地查勘和调查等手段，对诸如地块大小、形状、地质与地形条件、交通条件、基础设施条件、利用现状、周围环境状况和规划限制等场地条件进行分析。

场地条件的好坏，直接影响房地产开发的成本与收益。例如，在许多城市的边缘地区进行房地产开发时，场地周围的市政基础设施条件一般较差，开发商不得不到离场地几千米外的地方接驳市政管线，从而支付大量额外费用。场地当前使用状况的差异，则会导致

---

❶ 例如，上海市是最早将市政府行政办公地搬离城市中心区的城市之一，原来的行政办公地转为商业用地。北京市在 20 世纪 90 年代初期开始将位于城市中心区（如二环路以内）的污染扰民企业、破产企业、低效益企业搬迁到工业开发区或城市边缘区（如三环路以外），即所谓"退二进三"（也有减少工业企业用地比例，提高服务业用地比例的含义）。

拆迁安置补偿、其他土地开发费用投入以及所耗费时间等存在巨大差异。场地的大小、形状与规划限制等，会对场地的建筑密度、建筑高度、建筑结构与造型等产生影响，特别是对商业项目而言，交通条件等对其未来的营业收入和租金回报都有重要影响。如果场地附近存在垃圾填埋场等环境污染状况，也会对场地的价值产生较大影响。

第四节　房地产开发的其他选择分析

房地产开发过程中面临的重要决策有很多，除上面讨论的开发密度选择和区域选择外，还有开发物业类型选择、开发模式选择、开发产品入市时间选择等。

一、房地产开发的物业类型选择

房地产开发的物业类型有多种，按照产品经营方式，可分为出租型房地产和销售型房地产；按照交易价格的高低，可分为高价房地产、中价房地产和低价房地产；按照供应体系，可分为商品房、经济适用住房和廉租住房；按照具体用途，可分为住宅房地产、商业房地产、工业房地产和特殊房地产等。这里主要讨论按照具体用途划分的开发物业类型选择。

如前所述，不同物业类型的房地产市场都有各自的运行特点，因而不同物业类型房地产开发的成本收益、区域选择、产品设计等技术特征，以及面临的风险等都不尽相同（详见表6-4）。

不同物业类型房地产的开发特性　　　　　　　　　　　　　　　表6-4

开发物业类型		开发的决定因素	开发投资特性	主要风险
住宅房地产	普通住宅	宜居性好 基础设施配套完善 地点的便捷性好	变现性一般 多为销售 保值增值性好	产权纠纷 建筑质量
	公寓	收入增加 地点的便捷性较好 较好的物业管理	变现性较好 多为租售并举 增值性较好	空置率较高
	别墅	高收入阶层的存在 环境条件很好 自备交通的满足	变现性较差 多为销售 增值性一般	销售困难
商业房地产	写字楼	大量企业的存在 地点的便捷性很好 易于分割、组合 较好的物业管理	变现性尚可 多为出租 维修费用高 增值性一般	空置率较高 商业中心的转移 物业功能易过时
	购物中心	巨额投资者的存在 商业繁华度高 地段的便捷性很强 便利的停车区 易于分割、组合	变现性有限 多为出租 维修费用高 增值性较差	商业周期波动 空置率较高

续表

开发物业类型		开发的决定因素	开发投资特性	主要风险
商业房地产	酒店	旅游休闲及商务活动的存在 地点的便捷性很好 功能设施齐全 很好的物业管理	变现性差 多为出租 维修费用高 增值性较差	商业周期波动 客房周转率高 空置率较高
工业房地产	厂房、仓库	工商业经济活动频繁 便于移送运转的地理位置 适宜长久使用的结构设计	变现性尚可 多为出租	环境问题 交通运输地位的变化 设备老化过时
特殊房地产	加油站	邻近交通干道 耐火性能强的建筑设计	变现性很差 依附营业收入	环境问题
	旅游房地产	旅游业的发展 合适的自然环境 便利的交通 很好的物业管理	变现性较差 依附旅游收入 维修费用高	周期波动 环境问题

对那些专注于某物业类型房地产开发的开发商来说，应首先考虑自己擅长开发的物业类型，可以很好地利用其多年开发积累的经验，把握市场状况，保证开发项目的成功并获取最大收益。如果开发商具备了从事多种物业类型房地产开发的经验，则应根据待开发土地的规划许可用途，结合自身经济条件、市场调查分析结果，以及对表6-4中各物业类型房地产的开发特性的认识，选择能够带来最大经济利益的开发物业类型。

[专栏6-4] 绿色、健康与智慧——当代房地产开发差异化发展的三大主题

绿色房地产。中国的房地产业正面临着转型升级的挑战。提高产品品质、实现绿色产业链的发展是应对当前挑战的重要着手点之一。然而，在我国经济发展的现阶段，开发商投资建设绿色房地产很可能使其边际成本高于产品价格。因此，近年来国家密集出台各种绿色建筑政策。在政策励下，获得绿色建筑评价标识的地产项目呈爆发式增长。同时，越来越多的房地产企业开始推出绿色发展理念。

健康房地产。当前我国房产业库存高企、竞争充分，传统地产的吸引力持续下降，开发商纷纷谋求房地产产品差异化，寻找新的增值途径。健康是构成人民美好生活需要的基本元素，也是国家和社会可持续发展的宝贵资源。在"健康中国2030"国家战略背景下，住房企业积极探索将健康融入房地产，在住房的居住属性上配以健康服务，打造"地产+健康"的跨界发展新模式，提升住宅品质，实现住房产品增值。

智慧房地产。信息技术的快速发展给房地产开发企业带来机遇与挑战，使其更深入地思考自身的战略转型策略，并进行相应的数字化布局。近年来涌现大批开发商打造相应的数字化应用，从而为消费者多元、碎片化的需求提供更加精准、定制化、个性化的产品和服务。例如，万科物业建设与运营数字化"睿平台"，连接住户、物业设备与员工，使住户的需求可得到"管家式"的满足。此外，商业地产产品也越来越重视企业客户对办公空间的便捷性、多样性的需求，拓展例如人脸识别、语音识别等技术，实现智能门禁、虚拟

前台、灵活会议室和工位预定等应用,实现高效空间利用,具有节省租金,提高办公效率,强化员工体验等优势。

二、房地产开发模式选择[1]

房地产开发包括初次开发与再开发两种模式。如果开发前场地处于空置状况(一般为城市边界处的农用地),则为初次开发。如果是需要拆除已有建筑物,产生新用途的空置场地,然后进行开发,则称为再开发模式。这里以住宅开发为例讨论初次开发与再开发模式的选择。

(一)初次开发模式

住宅的初次开发多出现在城市现有边界的空置土地上。城市边界处的开发密度是由两个因素决定的:一是住宅需求与建筑成本曲线的形状;二是城市边界空置土地的价值(由农用地租金和土地发展权确定的价值)。实际上,在均衡状态下,任何城市边界处新住宅初次开发的剩余土地价值与该处空置土地价值相等。于是,我们可以用这个等式关系将前述有关最优容积率的分析结论与住宅初次开发的密度、价格联系起来。城市边界处新住宅初次开发的密度和价格应该满足:当土地以最佳容积率 F^* 开发时,其剩余价值 p^* 应该正好等于空置农用土地的价值 $p_0(d)$。由此可以得到一个重要结论,即城市边界住宅初次开发的密度并不取决于交通成本、城市规模或其他影响内部土地价值的因素。在城市边界处,空置土地价值固定为其农用价值加上土地发展权的价值,而这也决定了城市边界住宅初次开发的密度。

值得强调的是,尽管城市人口和交通系统能够影响城市边界的距离,但对城市边界处空置土地的价值和住宅初次开发的密度却没有多少影响。所以,尽管不同城市内部的土地价值有天壤之别,但是在城市边界住宅初次开发的密度却基本一样。

(二)再开发模式

当城市边界不断横向扩张时,城市内部市场条件也会发生变化,导致若干年前建造的住宅价格发生变化。如果住宅维护得好,城市发展会使其内部土地的位置租金不断提高,其价格一般会上升。如果住宅维护得不好,当建筑物折旧造成的价值减少额超过地块价值的增加额时,其价格将会下降。有时,旧住宅可能已经完全毁坏,形成一块空置土地,这时,这些空置土地在城市内部形成了新的开发机会,即住宅再开发。从成本与收益的角度来看,如果开发成本不变,但足够大的市场需求使得能够获取的收益增加;或者如果收益不变,但不断进步的技术水平使得开发成本降低时,就有可能出现再开发的机会。

再开发代表了住宅资本被不断替代的调整过程。原有密度被新的市场密度所替代,而这种调整发生的速度和难易程度非常重要。快速调整时,城市看起来非常现代,纵向再开发与横向初次开发同时进行,其结果是整个城市的住宅密度都接近于当前经济条件所决定的市场密度水平。慢速调整时,城市住宅总体上是一个缓慢演化的过程,住宅开发多为在城市边界的横向初次开发。

---

[1] (美)丹尼斯·蒂帕斯奎尔,威廉·C.惠顿:《城市经济学与房地产市场》(中译本),第4章第6节,经济科学出版社,2002。

住宅再开发的前提条件是,进行最佳开发后的土地净剩余价值要超过原有土地和资本的总价值与旧有建筑的拆除成本之和。如果市场条件在短期内发生较大变化,尤其是在经济高速发展、城市快速扩张、原有住宅建筑折旧较大的情况下,纵向再开发在经济上是可行的,也容易发生。但是,实际中再开发难度较大,主要原因有两个:一是为了获取一个理想的开发地块,开发商需要进行区位选择和场地分析,然后筹措资金购买土地,这要花费很多时间和努力;二是城市规划大致确定了每一宗城市土地的用途及其他开发属性,这些限制常常会禁止土地用途和容积率等的变更,或者使得这种变更不易实现。

三、产品市场策略

房地产开发的预期收益,只有在开发商将其开发出来的房地产产品推向市场时才会实现。开发产品的市场策略,是指开发商根据自身内部条件和外部竞争状况所确定的关于选择目标市场、入市时间等策略。其中,入市时间,即获得开发收益的时间,是开发商们普遍关心的问题。这是因为,市场供求是不断变化的,必然也会造成房地产价格的波动,从而影响到开发收益的多少,而开发收益的多少以及在什么时间获得,是开发项目能否成功的关键。因此,通常在可行性研究阶段,房地产开发商就应该进行开发产品的入市时间决策。

这里所说的房地产开发产品入市时间可分为两种情况:一是在开发项目建设尚未完成时以预售方式入市,即期房入市;二是在开发项目竣工完成后入市,即现房入市。

(一)期房入市

期房入市即商品房预售,是指在房地产开发产品尚未建设完成时,开发商与承购人之间就未来建设完成后商品房的买卖达成协议的一种交易方式。在商品房预售中,承购人一般需支付定金或房价款。

对房地产开发商来说,期房入市存在很多优势。首先,可以帮助开发商在项目建设完成前收回投资,降低了入市的不确定性和风险;其次,开发商可以将预售款作为后续开发资金,减少了开发商向银行借贷资金,节约融资成本;再次,提高了开发商资本运营的能力,资金周转越快,投资扩张能力和盈利能力越强。理性的开发商会权衡期房入市的优势和代价,确定期房入市的产品数量,而不是将全部开发产品都以预售的方式推向市场。

期房入市也涉及很多不确定性。例如,开发商预收了购房款后,所建项目不能继续进行,甚至停工,或者开发商因未能按期竣工而延期交付,都会给期房承购人造成巨大经济损失。同时,由于期房承购人大多通过银行贷款承购,对发放贷款的银行而言,可能会由于上述不确定性,导致这些贷款成为银行的不良资产。为了保护期房承购人和银行的利益,政府一般会对期房入市实施较为严格的管制❶。

(二)现房入市

现房入市是指在房地产开发产品建设完成后,开发商以销售或出租的方式将产品推向市场的一种交易方式。对大多数开发项目而言,现房入市可能是开发商收回全部投资的最后途径。通常情况下,现房入市的过程比较复杂,需要懂得大量市场营销知识和营销技

---

❶ 需要说明的是,开发商能够将预售款作为后续开发资金,主要是特指中国的期房入市制度,其他国家或地区的情况可参考张涛、陈颖梅、张怀清:《房屋预售制度的国际比较》,《金融纵横》,2006年第1期。

巧，仅凭开发商自身的能力，很难顺利实现。因此，开发商一般会聘请专业营销顾问，帮助实施现房入市。当然，如果开发商在项目开发的早期就已找到了承租人或购买者，例如，工业企业与开发商合作，共同开发工业厂房和仓库，则此类房地产开发就不存在开发产品入市时间选择的问题了。

小 结

（1）房地产开发是指由开发商及其合作方组成的开发队伍，通过多种资源的组合使用，遵循开发的八个阶段，提供消费者需要的建筑空间和相关服务，同时获得期望利益的一种复杂的经济活动。

（2）成本收益分析不仅可以帮助开发商确定开发项目的最佳规模，还是开发商进行各种开发决策的重要参考依据。只有在扣除成本后能够带来最大净收益时，项目开发才会得以进行。

（3）由于边际收益递减规律，房地产开发中必须保证生产要素最佳组合或者合理的比例，住宅密度（或容积率）并不是越高越好。一方面，容积率增加可以在单位土地上获取更多的位置租金和住宅产品；另一方面，高密度也会降低住宅单位价格，增加单位住宅成本。因此，开发商需要对二者进行权衡，选择合理的开发密度，使得土地潜在收益最大化。

（4）除了开发密度的选择外，房地产开发过程中的重要决策还包括开发区域选择、开发物业类型选择、开发模式选择、开发产品入市时间选择等。区位理论有助于开发商进行城市内房地产开发的区位选择，但仍需要充分理解城市规划的信息。当城市人口增长时，新开发多集中在城市边缘处，因此，城市边缘扩张的速度决定了城市边缘以外某位置的开发时间。有时，拆除旧有建筑进行再开发是可以获取利润的，但大多数情况下，只有在市场决定的最佳容积率远大于旧有建筑容积率的前提条件下，且符合城市规划等限制约束时，再开发才会发生。

复习思考题

1. 如何理解房地产开发的经济学含义？
2. 房地产开发的参与者有哪些？
3. 房地产开发的一般程序包括哪几个阶段？
4. 用公式和图表说明最优住宅密度（即容积率）的决定。
5. 简述房地产开发的区域选择。
6. 什么是房地产初次开发和再开发？

课外阅读材料

1. （美）Raleigh Barlowe. Land Resource Economics [M]. 4th ed.，Prentice-Hall，Inc.，1985.
2. （美）阿瑟·奥沙利文. 城市经济学 [M]. 8 版. 北京：北京大学出版社，2015.
3. （美）丹尼斯·蒂帕斯奎尔、威廉·C·惠顿. 城市经济学与房地产市场 [M]. 北京：经济科学出版社，2002.

4. （美）迈克·E·米勒斯、盖尔·贝伦斯、马克·A·韦斯. 房地产开发原理与程序［M］. 北京：中信出版社，2003.

5. 李荣梅. 房地产企业开发成本核算业务的难点与重点分析［J］. 现代商业，2019（32）.

6. 崔寒清. 城市用地容积率与城市经济发展的关系研究——以全国九个大型城市为实证分析的对象［J］. 中国房地产，2006（3）.

7. 慎勇扬，叶艳妹. 城市化进程中建设用地开发方式选择的经济学分析［J］. 经济地理，2004（11）.

8. 吴旭. 朗诗物业的绿色探索［J］. 城市开发，2018（21）.

第三篇 房地产市场的宏观经济分析

≫ 第七章 经济增长与房地产市场
≫ 第八章 房地产金融与资本市场
≫ 第九章 房地产周期波动
≫ 第十章 房地产投机与泡沫

第七章 经济增长与房地产市场

经济增长与房地产市场之间有着密切联系。经济增长提高人们的福利水平，影响人们对经济发展的预期，从而对房地产市场的需求产生重要影响；房地产行业作为宏观经济的重要部门，其健康发展促进经济增长，反之则阻碍经济增长。本章阐述房地产市场与经济增长之间的互动关系。第一节简述经济增长的内涵和驱动因素；第二节引入三部门模型，分析经济增长对房地产市场的影响；第三节阐述房地产市场对经济增长的影响机制。

第一节 经济增长概述

一、经济增长的内涵[1]

（一）经济增长的含义

我们在看电视、书刊或到各国旅游时，经常会感觉到各国生活水平的差异；在与上几代人交流或阅读其作品时，也会体会到现在的生活水平已远超过去，这些体现了不同地区、不同时期经济增长的差异。为充分理解经济增长，首先对经济增长给出如下定义：

经济增长（Economic Growth）是指一国潜在的 GDP 或国民产出的增加。也就是说，当一国生产可能性边界（PPF）向外移动时，就实现了经济增长。经济增长是各国长期的重要的政策目标，与之密切相关的一个概念是人均产出增长率。人均产出增长率决定了一国生活水平提高的速度。通常我们更关注人均产出的增长，因为它带来平均收入的增加。

考察各国长期经济增长的模式，我们会发现，对生活水平有直接影响的是生产率（Productivity）。生产率是指一个工人每小时工作能生产的物品和劳务的数量，是决定生活水平的关键因素，而生产率的增长则是决定生活水平提高的关键因素。

---

[1] 对经济增长的含义及驱动因素更详细的论述可参见：（美）萨缪尔森：《经济学》（第十七版），455~465 页，人民邮电出版社，2004；以及（美）曼昆：《经济学原理（第三版）》，130~135 页，机械工业出版社，2003。

(二) 经济增长的衡量指标

1. 国内生产总值 (GDP)

为了衡量经济增长，经济学家使用国内生产总值。国内生产总值是指一国在一定时期内所生产的最终物品和劳务的市场价值，是衡量一国经济活动的重要指标。

GDP 总量的变化说明一国的产出是增加还是减少。为反映经济增长的快慢，还需要计算 GDP 增长率。GDP 往往是用当时的市场价格衡量的，由于价格会随着时间变化，所以在利用 GDP 衡量经济增长时，必须区分实际 GDP 和名义 GDP。一般根据名义 GDP 计算的增长率会因通货膨胀（通货紧缩）而高估（低估）实际 GDP 的增长率，可以根据名义 GDP 进行指数平滑后再做比较。

图 7-1 是以 1978 年价格计算的中华人民共和国成立以来实际 GDP 增长率的情况。可以明显地看出，改革开放前（1978 年前）中国经济增长波动较大；改革开放后，中国经济增长变化幅度小，且一直是正增长，1992—2015 年经济增长率保持在历年 7% 以上的高水平，2016—2018 年经济增长有所放缓，但仍维持在历年 6.5% 以上。由表 7-1 可见，目前发达国家经济增长速度一般低于世界平均水平，而中国经济增长速度处于世界领先地位。

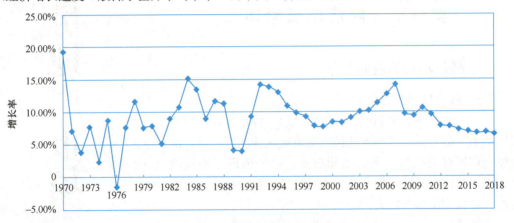

图 7-1　1970—2018 年中国 GDP 增长率

资料来源：根据 CEIC 数据库有关数据计算（https://www.ceicdata.com/zh-hans/plan）。

2010—2018 年世界各国 GDP 增长率（%）　　　　表 7-1

年度 国家	2010	2012	2014	2016	2018
世界	4.30	2.52	2.86	2.61	2.98
中国	10.64	7.86	7.31	6.70	6.60
印度	7.86	5.24	6.39	8.00	7.04
印度尼西亚	6.22	6.03	5.01	5.03	5.17
日本	4.19	1.50	0.37	0.61	0.79
韩国	6.80	2.40	3.20	2.95	2.91
新加坡	14.53	4.46	3.94	3.24	3.44
加拿大	3.09	1.76	2.97	1.00	2.01
墨西哥	5.12	3.64	2.85	2.63	2.20

续表

年度 国家	2010	2012	2014	2016	2018
美国	2.56	2.25	2.53	1.64	2.93
法国	1.95	0.31	0.96	1.10	1.79
德国	4.18	0.42	2.21	2.23	1.27
俄罗斯联邦	4.50	4.02	0.74	0.19	2.54
英国	1.95	1.48	2.61	1.92	1.34
澳大利亚	2.07	3.92	2.53	2.77	2.95

数据来源：世界 GDP 增长率数据来自：世界银行数据库（https://data.worldbank.org.cn/indicator/NY.GDP.MKTP.KD.ZG? end=2019&start=1961&view=chart）；各国 GDP 增长率来自：CEIC 数据库＞全球数据库（http://gfiic386a21c031fa40cbsffpo0p00nkox6bn6.fcxz.libproxy.ruc.edu.cn/Untitled-insight/myseries）。

2. 人均国内生产总值（人均 GDP）

人均 GDP 是指在相同计算期内一国 GDP 与国内总人口之比。通过比较 GDP 及其变化率，可以判断一国经济是增长还是衰退，哪个国家经济增长比较快，但每个人的收入的变化却并不清楚。例如：如果 A 国 GDP 增长了 6%，人口增加 1%；B 国 GDP 增长 8%，人口增加 4%；则在比较两国经济增长时会得出：B 国经济总产出增长快于 A 国，但人均产出的增长却慢于 A 国。我们往往更关注人均产出的变化，人均 GDP 衡量了平均个人的经济福利水平。当然由于其为平均值，在反映社会福利时存在缺陷，然而由于加入其他指标可能会使分析复杂化，且有些因素不易量化，所以 GDP 和人均 GDP 是目前研究经济增长最好的衡量指标。与 GDP 增长趋势相同，1978 年以来中国人均实际 GDP 是增加的，2018 年人均 GDP 为 9776.4 美元，是 1978 年（156.4 美元）的 63 倍，是 1990 年（317.9 美元）的 31 倍❶。

二、经济增长的驱动因素

（一）经济增长的源泉

生产函数（Production Function）是经济学家用来描述用于生产的投入量和产出量之间关系的函数式。短期内厂商可以根据生产函数决定生产要素投入的数量以实现利润最大化；长期则可以分析一国经济增长的情况以及生产要素对经济增长的贡献。假设 Y 代表总产出，K 代表投入资本，L 代表劳动力，N 代表自然资源。我们可以写出以下总生产函数：

$$Y = AF(K, L, N)$$

式中　$F(\ )$——投入如何结合各要素以生产产出；
　　　A——可以得到的生产技术（在计量结果中，A 也可以表示除了资本、劳动力和自然资源外，其他因素对经济产出的总影响）。

随着技术进步，A 上升，那么一个经济体可以用任何既定投入组合生产更多的产出。对总生产函数进行分解，可以得到一个描述投入要素增长率、产出增长率与技术进步增长

---

❶ 数据来源：https://data.worldbank.org/indicator/NY.GDP.MKTP.CD? locations=CN。

率之间关系的方程,称为增长率的分解式,即:
$$G_Y = G_A + \alpha G_K + \beta G_L + \gamma G_N$$

式中　G_Y——产出增长率;

　　　G_A——技术进步增长率;

　　　G_K——资本增长率;

　G_L 和 G_N——劳动和自然资源的增长率;

　　　α、β、γ——资本、劳动力和自然资源对产出的弹性,即产出的变化率对资本、劳动和自然资源变化率的反应。

[专栏7-1] 科布-道格拉斯生产函数（C-D production function）

每一个生产单位,小至车间、企业,大至一个行业或整个国民经济,只要有投入和产出,就都有自己的生产函数。生产函数的形式可以用统计方法根据经验数据来进行估计。在20世纪20年代后期,美国经济学家科布（C. W. Cobb）和道格拉斯（P. H. Douglas）对这种函数做了大量研究并取得了成功,他们建立的这种函数称为科布-道格拉斯生产函数。

$$Y(t) = A(t) K^\alpha(t) L^\beta(t)$$

式中　Y——总产值;

　　　A——综合技术水平;

　　　L——投入的劳动力;

　　　K——投入的资本;

　　　α、β——资本和劳动力对产出的弹性,即产出的变化率对资本或劳动变化率的反应。

根据 α 和 β 的组合情况,有三种类型:

1) 如果 $\alpha+\beta>1$,则为规模收益递增（IRS）,表明按现有技术用扩大生产规模的方式来增加产出是有利的。

2) 如果 $\alpha+\beta<1$,则为规模收益递减（DRS）,表明按现有技术用扩大生产规模的方式来增加产出是得不偿失的。

3) 如果 $\alpha+\beta=1$,则为规模收益不变（CRS）,表明生产效率不会随着生产规模的扩大而提高,只有提高技术水平,才会提高经济效益。

(二) 经济增长的驱动因素

从上述总生产函数和增长率的分解式可知,产出的增加主要由以下五个因素解释。

1. 劳动力

产出是劳动的结果,参加生产的劳动力的数量和技能将影响生产的速度和效率。劳动技能有时称为人力资本,是指劳动者通过受教育、训练或经验而获得的知识和技术。很多经济学家认为,劳动者的技能、知识是一国经济增长的最重要因素。计算机在经济发展中的作用已很明显,但计算机并不是每个人都可以操作,只有经过培训获得计算机使用技术的人才可以有效地利用它而增加生产。

2. 资本

资本是指用于生产物品和劳务的设施、设备和建筑物存量,或称为物质资本,不同于上面的人力资本。资本是生产出来的,资本的生产改进及投入使用大大提高了人们的生产效率，例如计算机和信息高速公路的兴起，将对21世纪经济的增长产生巨大的推动作用。

生产中的资本是存量的概念，资本存量的变动引起经济增长。影响资本变动的因素有投资和折旧。投资带来资本存量的增加；相反，折旧表示资本的磨损，使得资本减少。经济增长快的国家，一般都曾在新的资本品上进行过大量的投资；在大多数经济高速发展的国家，用于净资本形成的资金都占到产出的10%～20%。❶

3. 自然资源

自然资源是自然存在而非生产出来的，包括土地、森林、水资源和矿产资源等。自然资源是生产不可缺少的因素，但在当今世界，自然资源的拥有量并不是一国经济发展取得成功的必要条件。资源匮乏的国家或地区可以通过进口资源或发展劳动密集型、资本密集型的产业来发展经济。例如日本，尽管本国自然资源不多，但仍然是当今世界最发达的国家之一。

自然资源中大多数是可以移动的，但有些却不可移动，最典型的是土地。土地是人们生活、生产的承载体，在古典经济学初始及以前，土地被当作唯一的生产要素。马尔萨斯理论认为由于土地的数量是一定的，因此供给固定的土地最终将阻碍经济的增长，然而事实却是，要素替代和技术进步大大缓解了土地对经济增长的阻力作用，使得各国经济不断增长。

4. 技术进步

技术进步是影响经济增长的另一重要因素。历史上，经济增长过程从来不是简单的产出增加的重复。技术的创新改变了生产的方式、劳动力的技能以及物质资本的生产，大大提高了生产率。如图7-2所示，技术进步使得生产函数由 $F(x)$ 向外移动到 $F_1(x)$，促进了经济增长。

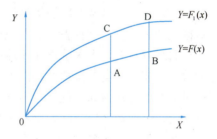

图7-2 技术进步对生产的影响

有必要区分技术知识与人力资本。技术知识是社会对世界如何运行的理解，人力资本是把这种理解传递给劳动力的资源消耗❷。用一个相关的比喻来说，知识是高质量的教科书，人力资本是人们阅读这本教科书的时间量。劳动生产率既取决于人们可以得到的高质量教科书，又取决于人们用来阅读教科书的时间。

在当今知识信息大爆炸的时代，各国对知识的变革创新都十分关注，发展激励机制促进技术进步成为许多经济学家研究的一个主题，并且经济学家发现技术进步能够解释世界范围的经济增长。

5. 制度

制度为社会经济活动提供各种规则和行为准则，其功能是建立一个稳定的人类互动结构，来减少不确定性。从历史发展中可以看出，制度对经济增长的影响深刻而长远，它对经济增长的影响不仅体现在当下的制度环境中，也体现在一个制度环境向另外一个制度环境演化的制度变迁中。制度通过发挥不同的激励机制以及资源配置方式，产生不同的生产效率水平。

政府可以通过设立新的制度来提高经济绩效，好的制度不仅能有效解决市场的失灵问

---

❶ （美）萨缪尔森：《经济学》第十七版，458页，人民邮电出版社，2004。
❷ （美）曼昆：《经济学原理（第三版）》，134页，机械工业出版社，2003。

题，而且能激发市场活力，避免市场过度依靠政府管制的尴尬局面。1978年以来中国进行的改革开放意味着经济体制的大转型，逐步确立了建设社会主义市场经济体制的目标，这一市场化取向的制度改革为中国带来了持续、稳定的经济增长。

第二节 经济增长对房地产市场的影响

一、区域经济增长的三部门模型

Denise Dipasquale 和 William C. Wheaton（1996）提出了区域经济增长的三部门模型[1]，有助于进一步理解经济增长与房地产市场之间的关系。三部门模型是一个简单的静态模型。三部门包括一个区域产出市场以及两个要素市场，即区域劳动力市场和区域房地产市场。下面首先分析区域产出市场。

从短期来看，区域产出需求包括当地居民对其产出的需求即区域内部需求以及区域外居民对该区域产出的需求即区域输出需求。区域输出需求取决于出口产品与其他区域同种产品的相对价格。区域产出需求是该产品价格的减函数，如图7-3（a）所示。图中，横轴表示区域产出数量，纵轴表示价格或成本，需求曲线 Q_d 的倾斜程度反映了需求的价格弹性。当曲线垂直时，需求价格无弹性；当曲线水平时，需求价格弹性无限大，说明区域产品的输出可能是在竞争激烈的国内市场中进行的。再看区域产出供给。影响生产成本的因素这里只考虑劳动力和房地产，不考虑其他要素，因为可以认为其他要素在区域间的价格差别不大，进而对区域产品的价格影响较小。假设劳动力与房地产之间的替代弹性为0，即它们之间不存在要素替代，那么对于任一单位产出都需要固定数量的劳动力（α_l）和房地产（α_k）。则单位产出成本 $C = \alpha_l r + \alpha_k \omega$，其中 r 和 ω 分别为房地产和劳动力的边际要素收入（即租金和工资）。因此，生产成本曲线是一条与横轴平行的直线。

再来看区域劳动力市场和区域房地产市场（图7-3b、c）。劳动力与房地产之间不存在要素替代这个重要假设决定了在这两个要素市场中，要素的需求曲线（L_d 曲线和 K_d 曲线）是垂直的，即要素需求与各自的价格无关，而只与产出数量有关，且随着产出水平的提高等比例向右移动。

在劳动力市场中（图7-3b），横轴为劳动力数量，纵轴为劳动力的有效工资（ω/p），即区域工资除以商品和服务的价格（图7-3a中纵轴的价格）。长期来看，劳动力的供给 L_s 取决于有效工资，即经地区的价格指数或生活费用调整之后的工资标准，而非名义工资。当有效工资增加时，区域外劳动力会被吸引到当地，劳动力供给量增加，即劳动力的供给曲线是向右上倾斜的。曲线的倾斜度反映了劳动力流动的难易，若曲线相对平坦，则工资的提高容易带动劳动力的流入；若曲线很陡峭，则区域很难吸引劳动力流入。

房地产市场（图7-3c）的分析与劳动力市场类似。横轴为房地产存量（K），纵轴为房地产租金（r）。短期内，由于受地理条件约束、开发限制等因素的影响，房地产的供给接近于垂直，供给弹性小；长期来看，随着城市扩张，产出增加，租金升高，房地产供给

---

[1] [美] 丹尼斯·迪帕斯奎尔，威廉·C·惠顿：《城市经济学与房地产市场》，159～162页，经济科学出版社，2001。

量增加。房地产开发一般需要较长的时间，但在静态分析中，忽略开发时间的影响，所以这里的房地产供给曲线是一条向右上倾斜的曲线。

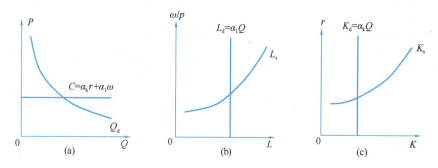

图 7-3　区域经济的三部门模型
（a）产出市场；（b）劳动市场；（c）房地产市场

区域经济中三个部门是相互联系的。在图 7-3（a）中，如果产出需求曲线 Q_d 已知，租金 r 和工资 ω/p 决定了生产的成本 C，因此也决定了均衡的产出水平 Q。在图 7-3（b）、（c）中，产出水平又决定了要素需求 L_d 和 K_d，当要素供给 L_s 和 K_s 已知时，要素需求又决定了要素的价格 r 和 ω/p。如果这三个图的解在三部门之间相互吻合，则区域经济是稳定的并且没有增长，即达到均衡状态。

二、经济增长对房地产市场的影响

影响区域经济增长的因素很多，如区域的产品变得更加流行，或者是区域的产品在其他区域的价格上涨从而带来区域输出产品需求的增加，使得区域经济增长。同时，当区域经济增长时，对生产要素的需求增加，对生产要素的支付也会增加。下面通过三部门模型来分析经济增长对房地产市场的影响。

图 7-4 反映了产出需求增加对劳动力和房地产市场的影响。首先假设区域最初处于均衡状态，该均衡状态由三个市场的初始值决定：Q^0、p^0、L^0、ω^0、K^0 和 r^0。区域产出需求的增加表现为需求曲线上移，即 Q_d 上升到 Q'_d（见图 7-4a）。

在当前的成本下，需求移动导致产品需求的大幅度增加（到 Q''）。由于产品需求的增加，使得要素需求曲线向外平移，这样在要素供给不变的情况下（即要素供给曲线不动），要素价格上升，并进一步带来生产成本的上升，最终产品需求的增加不会到达 Q''。假设比较静态均衡❶下产出需求到达 Q'，则劳动力需求由 $\alpha_1 Q^0$ 增加到 $\alpha_1 Q'$，房地产需求由 $\alpha_k Q^0$ 增长到 $\alpha_k Q'$（见图 7-4b、c）。

为了保证劳动力的增加，有效工资增加到 ω'/p'。同样在房地产市场，需求增长导致房地产租金提高达到 r'。这样，新的要素价格为 ω' 和 r'。在新的要素价格下产生了新的成本 C'，通过这个新的成本与新的产出需求曲线，可以得出在新的要素价格水平下满足要素供给的要素需求，因此新的均衡状态为：Q'、p'、L'、ω'、K' 和 r'（见图 7-4）。可以看到新解中的所有变量均大于其初始解，也就是说区域经济增长使得就业和房地产要素投

---

❶　比较静态分析是不考虑时间因素，分析一变量变化对其他变量的影响，如果系统存在均衡，则一个变量的变化可能改变其他变量而使系统进入新的均衡。

入量增加,并相应地提高了劳动力工资和房地产租金。

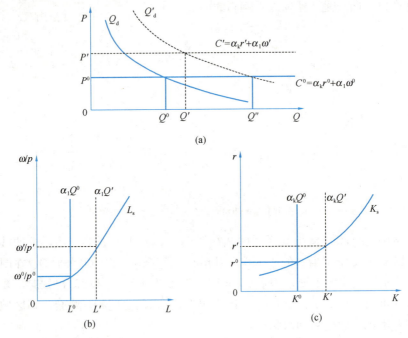

图 7-4 区域经济的三部门模型:经济增长对要素的影响
(a)产出市场;(b)劳动力市场;(c)房地产市场

进一步分析,如果要素供给是显著弹性的,即要素市场的供给曲线接近于水平,那么要素需求增长对工资和租金的影响将很小,从而在产出市场上成本线仅有微小的向上平移,导致区域产出的增长较大。反之,如果要素供给是非弹性的,那么要素需求的增长会带来工资和租金的大幅增加,从而造成成本曲线大幅上移,最终区域产出的增长很小。

三、城市结构演变下区域经济与房地产市场关系

(一)城市化与房地产市场

城市化一般指人口向城市地区集聚的过程和乡村地区转变为城市地区的过程。城市化既是我国现代化进程中的一个必经过程和远大战略,也是我国现代文明的重要标志。随着中国工业化过程的推进,人均收入水平提高,中国的产业结构发生显著变化,其中第一产业在总产值和劳动力就业构成中的份额不断下降,第二、第三产业的比例持续增加,产业结构的这种基本变化引起资本和劳动从农村向城市转移。

中国城市化的快速发展对经济增长产生重要影响。经济增长可归因于复杂的要素系统,包括投资率、人力资本积累、政府职能、基础设施状况、体制和政策环境等。城市正是这些要素的集合载体。进入21世纪后,城市化进入相对独立的大发展阶段,土地要素被重估,直接成就了政府的"土地财政",扩张了公共基础设施的投资,推动了土地城市化和区域经济增长。

房地产问题本质上也是城市化问题。一方面,城市化进程促进了经济发展,带动城市人口增加,引致潜在的房地产需求,为房地产业发展创造了广阔的市场空间。尤其是在经

济发展水平较高和人力资本集聚的地区，商业竞争和人才竞争更加激烈，对商业用房和住宅用房的需求会更加旺盛；另一方面，城镇化的问题也制约着房地产市场自身的发展，例如产业结构和由此带来的人口流动决定一个城市的房地产市场需求是否可持续，土地供给结构则决定了住宅用地是否可以满足潜在的住房需求。总之，房地产与城镇化之间存在紧密的互动关系。同时，未来的城镇化将以城市圈与城市群为依托，形成新的城市发展与住房发展特征。

如图 7-5 所示，以累计指标衡量，消除年际波动因素，各城市人均 GDP 与房价之间具有明显的指数拉动作用，表现为人均 GDP 越高，对房价的拉动作用就越明显。其拉动效用因城市化发展水平不同而不同，深圳、北京、上海、厦门、杭州等东部发达城市，由于人口集中和资源集聚，房价对人均财富的响应更加剧烈，而广州、长沙、青岛、武汉、郑州等城市，响应稍弱。

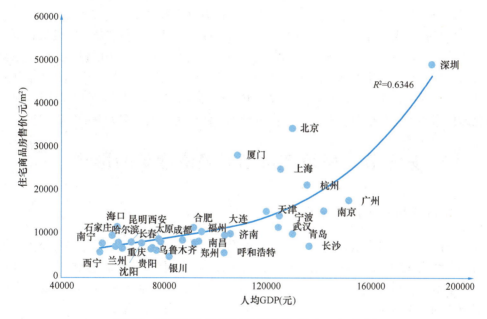

图 7-5 城市人均 GDP 与房价关系（2010—2016 年）

资料来源：巴曙松，杨现领：《从城镇化大趋势看房地产市场的未来发展》，《东岳论丛》，2020 年第 2 期。

（二）城市群与房地产市场

城市群是城市化的一种新形式，是支撑经济社会发展、区域协调与平衡、国际竞争与合作的重要平台。都市圈是以特大城市或辐射功能强的大城市为主导，以 1 小时通勤圈为范围的城市化空间形态。"十一五"以来，我国将城市群作为推进城镇化的主体形态，区域发展重心不断转移调整，过去传统的东中西部"条状"区域发展思路已经改变，以城市群为单位的"块状"区域规划上升为国家战略。党的十九大报告指出，要以城市群为主体构建大中小城市和小城镇协调发展的城镇格局。

城市群的快速发展促使中国房地产市场拥有更大的发展潜力。城市群对房地产市场的影响机制主要表现为以下几个方面[1]：

---

[1] 赵永升：《主要城市群及其房地产市场发展分析》，《现代管理科学》，2019 年第 11 期。

第一，城市群核心城市的行业升级带动房地产市场需求。受益于行业的不断转型和升级，核心城市人口的持续净流入预计将推动大量增量购房。同时，居民收入稳步增长，购买力普遍较强，改善型购房需求将继续得到释放，预计交易量和价格将保持在较高水平。主要城市土地供应仍然存在限制，短期内供不应求的市场格局难以扭转。从长远来看，一些城市的开发强度存在很大空间，对于未来房地产市场的发展仍有较大承载力。

第二，核心城市与周边城市在公共服务领域的密切合作刺激周边城市的经济发展与住房需求。得益于城市群协同发展加速推进，城市群内形成不同的都市圈，既相互促进又相互融合，核心城市和周边城市将在交通、工业、信息和公共服务等领域进行更密切的合作，周边城市将受益匪浅，如广东省大湾区的中山、惠州、佛山、江门、肇庆和东莞等。在粤港澳一体化的背景下，周边城市有望分享产业链上的利益，更快地推动城市经济，从而吸引大量涌入的移民，逐步增加住房需求。此外，随着核心城市与周边城市之间的交通日益便利，公共服务逐渐趋于一体化，周边城市将吸收更多的核心城市外溢的住房需求。

第三，城市群内的互联互通有助于房地产市场保持稳健的运行态势。随着城市群协调发展战略的实施，城市之间房地产市场宏观调控的联动性也将进一步增强，未来城市群房地产市场会保持平稳健康的运行态势，低收入群体有健全的租赁市场，中等收入群体能够通过新房或二手房解决住房需求，中高收入群体能够得到品质更佳的居住体验。多层次、多样化的住房供给将从根源上有效抑制住房投机，使市场告别大起大落的周期轮回。

第三节　房地产市场对经济增长的影响

一、房地产供给推动经济增长

当城市的生产要素供给弹性较大时，城市经济能够迅速增长。但是，当经济持续增长一段时期后，当地的资源可能会消耗尽，经济增长将受制于吸引外部要素的能力以及当地要素生产率水平的提高。为吸引外部的资金和其他要素，当地会加大对基础设施等的投入，房地产的开发建设为生产活动提供了一个基础，有利于经济增长。

房地产（土地和建筑物）的不可移动性决定了一个区域不可能依靠引进房地产来支持本地区的经济增长。房地产要素的供给增加可以通过土地供应的增加以及提高容积率获得。一个城市的土地面积在短期是固定的，长期则可以通过城市扩张增加；容积率的提高依赖于当地政策和建筑技术。不管采用哪种方式，房地产要素的增加将推动经济增长。

可以应用三部门模型来分析房地产供给对经济增长的影响（见图7-6）。同样地，三个市场的初始均衡状态为：Q^0、p^0、L^0、ω^0、K^0和r^0。如果土地供应量增加或容积率提高，那么房地产市场的产出增加，房地产市场的供应曲线就会向右平移，租金下降（低于r'）（见图7-6c）。在劳动力供给不变的情况下产出市场的生产成本降低，产出增加（见图7-6a）。这又进一步增加了对要素市场的需求，劳动力市场和房地产市场的需求曲线向右平移，要素价格上升造成产出市场的生产成本略有回升，但仍低于初始生产成本，因为如果此时的生产成本高于初始成本，那么产出量就会下降从而生产要素的价格也随着下降，生产成本必将下降。最终，市场达到新的均衡状态为：Q'、p'、L'、ω'、K'和r'（见图7-6）。

上述分析表明，房地产供给的增加，使得产出市场的产量增加、价格下降，以及房地产的租金下降；产量的增加和产出价格的下降使劳动力投入增加以及有效工资上涨。进一步分析，如果区域产出需求表现为显著弹性，那么房地产供给的增加将导致区域产出和房地产数量的大幅增加，而租金和价格下降幅度小，同时，区域产出的大幅增长导致对劳动力需求大幅增加，工资也相应提高，换句话说，在无要素替代的假设下，产出增加劳动力必须增加，而只有工资增加了，均衡状态的劳动力才增加，所以工资也相应提高；反之，如果区域产品需求缺乏弹性，那么房地产供给的增加将导致价格大幅度下降，而区域产出变化不大，对房地产需求和劳动力需求的变化也不大，从而名义工资下降，但有效工资基本不变。

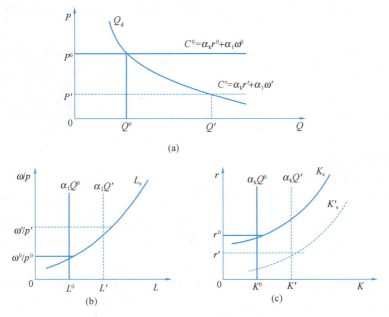

图 7-6　区域经济三部门模型：房地产市场对经济增长的影响
（a）产出市场；（b）劳动力市场；（c）房地产市场

二、房地产需求促进经济增长

房地产业是各国经济发展的重要部门，房地产增加值在各国国内生产总值中都占有很大比例。1980～1990 年日本房地产业增加值占 GDP 的 9.4%～10.9%❶，与建筑业持平或略高于建筑业。目前，美国房地产业增加值占 GDP 的 12.2%，加拿大占 12.5%，挪威、韩国、法国、日本等占 7%～12%❷。中国房地产投资占 GDP 的比例已由 20 世纪 80 年代初不到 2% 上升到 2018 年的 6.5%❸。除了房地产自身产值对经济增长的贡献外，房地产业在生产、流通和消费等过程中对其他产业具有很高的"关联效应"和"扩散效应"，房地产业的增加值对整个国民经济增长具有乘数效应。此外，房地产业的发展还能带动就业的增长。2017 年底中国城镇单位就业人数总计 4.2 亿，其中从事房地产业的有 444.8

---

❶ 叶剑平，谢经荣　主编：《房地产业与社会经济协调发展研究》，18 页，中国人民大学出版社，2005。

❷ 数据来源：腾讯新闻 https：//xw.qq.com/cmsid/20190425A0JPJG00? f=dc 和雪球网 https：//xueqiu.com/1910783512/110935803。

❸ 数据来源：由历年《中国统计年鉴》相关数据计算而得。

万,建筑行业有 2643.2 万,两项合计占到总就业的 7.4%❶。

(一)房地产消费与经济增长

1. 恩格尔定律

恩格尔系数是指食品支出占家庭总支出的比例。根据恩格尔定律,随着收入的增加,食品在支出中所占比例减小,即恩格尔系数降低。表 7-2 是 1999 年以来中国居民消费恩格尔系数变化的情况。可以看出中国农村居民家庭与城镇居民家庭的恩格尔系数都是逐年下降的。随着收入的增加和食品支出比例的减小,住房等消费支出的比例增加。消费结构的变化将会引起产业结构的高度化❷,产业结构的高度化对经济增长起着重要作用。

中国居民消费恩格尔系数表(%) 表 7-2

年份	1999	2002	2005	2008	2011	2012	2013	2014	2015	2016	2017
农村居民家庭	52.6	46.2	45.5	43.7	40.4	39.3	37.7	33.6	33.0	32.2	31.2
城镇居民家庭	42.1	37.7	36.7	37.9	36.3	36.2	35.0	30.0	29.7	29.3	28.6

资料来源:《中国社会统计年鉴(2018)》。

2. 房地产消费支出

居住消费支出是居民消费支出的一部分。居民消费支出包括食品、衣着、居住、家庭设备用品及服务、医疗保健、交通和通信、文教娱乐用品及服务、金融中介服务、保险服务和其他十类支出。其中,居住类支出包括房租、住房维修管理费、水电煤气费用和自有住房虚拟支出,构成房地产消费。房地产消费支出比是指居民的居住消费支出占居民总消费支出的比例。

消费是社会生产过程的终点和起点。消费对经济增长具有直接的拉动作用,它体现在消费创造出新的生产需要,为生产提供动力和目的。表 7-3 是近些年中国居民消费结构变化情况,可以看出,房地产消费在居民总体消费支出比例显著提升,房地产消费的扩增对中国消费率的增长有直接的促进作用。

1999—2018 年中国居民消费结构比较(%) 表 7-3

年度	食品	衣着	用品及服务	医疗保健	交通通信	娱乐文化	居住(住房、燃料和能源)	杂项商品
1999	41.9	10.5	8.6	5.3	6.7	12.3	9.8	5.0
2000	39.2	10.0	8.8	6.4	7.9	12.6	10.0	5.2
2003	27.1	9.79	6.3	7.31	11.08	14.35	10.7	3.3
2014	31.0	7.6	6.1	7.2	12.9	10.6	22.1	2.5
2015	30.6	7.4	6.1	7.4	13.3	11.0	21.8	2.5
2016	30.1	7.0	6.1	7.6	13.7	11.2	21.9	2.4
2017	29.3	6.8	6.1	7.9	13.6	11.4	22.4	2.4

资料来源:《中国社会统计年鉴(2018)》。

---

❶ 数据来源:《中国人口和就业统计年鉴 2018》。
❷ 产业结构高度化是指三次产业产值和就业由第一产业向第二产业为主,再向第三产业为主体的转变。按三次产业分类,房地产业属于第三产业。

3. 住房消费与经济增长

房地产消费作为居民消费支出的重要部分，与经济增长是相互影响、相互促进的关系。表7-4 显示了 2008—2011 年我国房地产消费情况，可以看出，房地产消费与居民消费支出、最终消费支出和支出法 GDP 保持相近规模速度的增长，占居民消费支出、最终消费支出、支出法 GDP 的比例保持稳定。房地产消费对国民经济增长的影响程度可以用房地产消费对 GDP 增长的贡献率体现，2009—2011 年房地产消费对 GDP 增长的贡献率分别为 4.1%、2.6% 和 2.8%，贡献率保持相对稳定❶。

2008—2011 年我国房地产消费情况　　　　　　　　　表7-4

年份	2008	2009	2010	2011
支出法 GDP（亿元）	315975	348775	402816	472619
最终消费支出（亿元）	153422	169275	194115	232112
居民消费支出（亿元）	111670	123585	140759	164945
农村居民（亿元）	27677	29005	31975	37395
其中：居住类（亿元）	5006	4851	5042	5792
城镇居民（亿元）	83993	94579	108784	127551
其中：居住类（亿元）	14187	15889	19168	21596
房地产消费（亿元）	19193	20740	24210	27389
房地产消费占居民消费支出比例	17.2%	16.8%	17.2%	16.6%
房地产消费占最终消费支出比例	12.5%	12.3%	12.5%	11.8%
房地产消费占支出法 GDP 比例	6.1%	5.9%	6.0%	5.8%

资料来源：许宪春，贾海，李皎，李俊波：《房地产经济对中国国民经济增长的作用研究》，《中国社会科学》，2015 年第 1 期。

目前中国城镇居民的恩格尔系数已由 1999 年的 42.1% 下降到 2017 年的 27.6%，住房消费支出比从 9.8% 上升到 22.4%。随着人们对居住水平要求的不断提高，房地产经济对国民经济的拉动作用越来越显著。

因此，扩大住房消费将通过影响房地产业及相关产业的生产、流通和消费从而对经济增长产生重要作用。陈伯庚（2003）把住房消费对经济增长的拉动作用概括为六点：住房消费直接促进住房建设；对扩大投资有重要拉动作用；对扩大流通有重要作用；对相关产品的生产和消费有很强的拉动作用；拉动财政收入中税收的增加；带动金融业的发展等。❷

（二）房地产业的关联效应与经济增长

1. 产业关联

房地产业对经济的促进作用可分为三个部分：首先是房地产开发投资活动本身（包括房地产建筑安装工程、房地产开发与流通服务等）拉动经济增长；其次是房地产建设产生了对建筑材料、建筑设备的需求，从而带动这些为房地产业提供中间投入的产业部门的发展；最后是房地产建成使用过程中，房地产使用者消费支出（指购买家具、家用电器，进

---

❶ 数据来源：许宪春，贾海，李皎，李俊波：《房地产经济对中国国民经济增长的作用研究》，《中国社会科学》，2015 年第 1 期。

❷ 陈伯庚：《经济理论与房地产研究论文集》，558～559 页，上海人民出版社，2003。

行装修、物业管理，使用抵押贷款等）的增加，带动需求，拉动经济增长。

第一部分是房地产业对经济的首轮拉动，房地产建设过程中产生的工资、利润、折旧和税金等增加值均计入 GDP。第二部分和第三部分的促进作用就是房地产业的产业关联效应。产业关联是指在国民经济中一个产业与其他产业之间的技术经济联系，即一个产业的发展对其他产业发展产生的不同程度的连锁反应。据统计，与房地产业相关联的产业部门约有 50 个。

正因为房地产业广泛的产业关联性，房地产投资消费对整个国民经济的发展，包括就业、其他产业以及商业的发展，都具有较大的乘数效应。据世界银行 1994 年的一项研究：房地产业对国民生产总值的影响约为 10%❶，即房地产建设增长 10%，能带动国民生产总值增长 1%；每投入 100 元的房地产资金，可创造相关产业 170～220 元的需求，每销售 100 元的房地产，可带动 130～150 元的其他产品或服务的需求。另外，房地产建设的发展及其带动的大批产业的发展，会给全社会创造更多的就业岗位，从而吸纳大量的待业和下岗人口。据世界银行研究，房地产建设对吸纳劳动力的系数为：房地产建设每增加 1 名职工可带动相关产业增加 2 名职工。

图 7-6　房地产业与其他产业的关联关系

房地产业与其他产业间的关联关系可以分为以下三种：后向关联产业为房地产业提供生产要素；房地产业为前向关联产业提供产品和服务；环向关联产业与房地产业互相供给要素（如图 7-6 所示）。进一步分析各关联关系，因直接供给和需求产生的产业关联为直接关联，因直接和间接共同作用的供给和需求产生的关联为完全关联。

2. 产业增加值

增加值是衡量一个产业规模的核心指标，国民经济各产业部门增加值之和即为当年的国内生产总值（GDP）。由与房地产业相关联产业的经济增加值，可知房地产业对这些产业的关联效应与拉动作用。

可以运用投入产出模型来分析房地产业与国民经济其他产业在产业链上的结构关系❷。表 7-5 测算了 2012 和 2013 年房地产开发投资拉动国民经济主要行业增加值情况。

---

❶ 曹嘉辉：《住房消费对经济增长的带动作用》，《武汉冶金管理干部学院学报》，2000。

❷ 相关模型构建及分析可参见许宪春，贾海，李皎，李俊波：《房地产经济对中国国民经济增长的作用研究》，《中国社会科学》，2015 年第 1 期。

2013年，房地产开发投资拉动GDP为53843亿元，占GDP比例为9.4%，其中第一、二、三产业增加值分别为1651亿元、39418亿元和12779亿元，对第二产业拉动作用最大，产业增加值占总GDP增加值达73.2%。其中，第二产业中对建筑业增加值作用最大，达到16808亿元，占到第二产业增加值的42.6%，对第三产业部门也有较强的拉动作用，其中拉动金融业增加值2281亿元，占金融业增加值的6.8%。

2013年房地产业增加值为33295亿元，房地产开发投资拉动的相关行业增加值合计53848亿元，两者之和为87143亿元，占全部GDP的15.3%；房地产业对GDP增长的贡献率为4.6%，房地产相关行业对GDP增长的贡献率为24.8%，两者合计对GDP增长贡献率为29.4%。

房地产开发投资拉动国民经济主要行业增加情况（单位：亿元） 表7-5

行业	增加值	
	2012年	2013年
合计	43839	53848
第一产业	1344	1651
第二产业	32091	39418
其中：建筑业	13683	16808
非金属矿物质品业	3382	4155
金属冶炼及压延加工业	2516	3090
煤炭开采和洗选业	1634	2007
电力、热力的生产和供应业	1478	1816
化学工业	1450	1781
通用、专用设备制造业	1176	1444
石油和天然气开采业	1025	1259
石油加工、炼焦及核燃料加工业	919	1129
金属制品业	668	820
金属矿采选业	652	801
非金属矿及其他矿采选业	553	679
电气机械及器材制造业	536	659
第三产业	10404	12779
其中：交通运输及仓储业	3220	3956
批发和零售业	2164	2659
金融业	1857	2281
信息传输、计算机服务和软件业	682	837
综合技术服务业	562	690
住宿和餐饮业	548	673

资料来源：许宪春，贾海，李皎，李俊波：《房地产经济对中国国民经济增长的作用研究》，《中国社会科学》，2015年第1期。

(三) 高房价对区域经济的抑制效应[1]

虽然房地产业通过其关联效应能直接或间接推动前向和后向关联产业的发展，但在资源有限的情况下，当过多的资源配置到房地产及相关产业，房地产价格的持续升高以及房地产投资的快速扩张，可能对区域经济的资源配置、产业发展以及城市创新等造成不可忽略的负面影响。

首先，房地产的快速膨胀会对企业投资特别是长期投资形成挤占效应，导致资源错配效应。一方面，住房价格的快速上涨使房地产相关行业获得更多资源，对应资源配置的三大途径依次体现为：房地产相关行业更有能力进行规模扩张，潜在投资者更可能进入房地产相关行业，且更不易被淘汰；另一方面，房价上涨会导致与房地产相关的行业利润率上升，但是房地产相关行业的企业生产效率往往较低，将造成资源向高利润和低效率的企业流动，导致资源错误配置，进而损害经济可持续发展能力。

其次，城市相对房价过度上涨会导致劳动力和企业流失，进而产生产业空心化。一方面，当城市相对房价过高时，对大部分劳动力产生"推力"，城市劳动力市场出现"劳动力短缺"等现象，影响产业发展；另一方面，企业成本过重使得企业在周边低房价区域的利润大于现有利润与迁移成本之和，企业将选择外迁，使得城市出现产业空心化，不利于高产值产业聚集。

最后，房地产泡沫的形成会对城市创新能力提升形成显著的抑制效应。房地产对创新活动的影响效应及其作用机制，可从以下四个方面来解释：一是城市中企业创新活动往往需要自身内源融资渠道提供的长期投资来维持，房地产投资的快速膨胀，会对企业创新研发活动所需的长期投资资金造成显著的挤占效应，进而对创新活动形成抑制效应。二是在房地产泡沫发展的特定阶段，由于房地产投资的收益率要高于其他行业的投资收益率，商业银行体系则偏向于将有限的贷款资金优先提供给低风险、高收益的房地产部门，这就会对城市制造业部门的创新研发活动所需的长期投资资金造成显著的挤占效应，进而对制造业部门创新活动以及转型升级活动造成显著的抑制效应。三是在房地产泡沫发展的特定阶段，房地产价格的快速上升可能导致一国消费结构的扭曲，其主要表现为家庭将储蓄的主要部分用于购买房地产或与房地产相关商品，而且房价高使得年轻一代不得不为买房而储蓄，为基本生存而奋斗，压抑了创造能力，进而对该国的经济可持续发展能力造成负面效应。四是在一国特定的发展阶段，如果房地产部门的净利润率远大于制造业部门，就有可能会激励制造业部门的微观企业将自身用来进行创新研发活动的资金或积累利润，通过多元化投资策略或者是对房地产的投机行为，转移到高投资收益回报率的房地产部门，从而对制造业部门的创新活动造成突出的抑制效应。从中国的现实来看，房地产部门和工业部门的利润率恰恰存在巨大的落差。2014年以前，中国房地产行业的平均净利润率均在30%以上，而同期中国工业企业的平均净利润率不超过7%，工业企业500强是2.3%，规模以上工业企业主营活动平均净利润率为6.04%。这种巨大落差会导致中国工业部门的资金向房地产部门的大规模转移，从而对中国工业部门的创新活动造成不可低估的抑制

---

[1] 张杰，杨连星，新夫：《房地产阻碍了中国创新么？——基于金融体系贷款期限结构的解释》，《管理世界》，2016年第5期；陈斌开，金箫，欧阳涤非：《住房价格、资源错配与中国工业企业生产率》，《世界经济》，2015年第4期。

效应。

三、住房财富效应与挤出效应[1]

1. 住房财富效应

一般来说,房地产市场的繁荣会刺激国民经济的发展,从而刺激居民的整体消费水平,但理解房价上涨对居民非住房消费的影响则需要兼顾住房的财富效应和挤出效应。住房财富效应包括正的效应和负的效应。狭义上讲,住房的财富效应,即正的财富效应,指房价上涨使得拥有住房的家庭财富增加,从而增加居民消费。住房的挤出效应,即负的财富效应,指对无房(租房)户而言,房价上升一方面增加了其租金支出,直接减少非住房消费支出;另一方面需要为购房进行更多的储蓄,间接减少了非住房消费支出。

2. 财富效应的传导机制

住房财富效应不仅体现在房价对不同居民消费的总量影响上,还体现在对不同种类消费的影响,即住房的分类财富效应。基于消费者对住房的需求差异,可以将房价对消费者的传导机制分为四种(见图7-7),即直接财富效应机制、流动性约束效应机制、挤出效应机制、投资品效应机制。将消费主体分为有房家庭、有房且有房贷家庭、拟购房的租房家庭和较贫困租房群体。将消费类型分为生存型消费、发展型消费和享受型消费。

对于有房家庭:一方面,房价上涨会使其住房财富增加,持久收入增加会促使消费者调整其消费计划,从而刺激其他非住房消费,特别是发展型和享受型消费;另一方面,由于住房兼具投资品属性,富裕家庭在预期房价上涨时,可能会减少当期享受型消费,增加在房地产上的投资,以期获得投资收益。对于有房贷家庭:住房利率的上升会增加其住房成本,居民流动性约束增大,进而减少当期消费。对于拟购房的租房家庭:一方面,房价的上涨加重了购房压力和当期租金成本,直接促使其收紧当期的消费支出;另一方面,需要为购房进行更多的储蓄,间接减少了非住房消费支出,尤其是对发展型和享受型消费支出具有明显的挤出效应。对于较贫困租房群体:房价上涨增加了租金支出,对基本的生存型消费具有明显的挤出效应。

中国房价财富效应是通过以上四种传导机制对不同群体相互作用的综合结果。一般而言,房价上涨情形下的直接财富效应提高居民消费支出,挤出效应、流动性约束、投资品效应降低居民消费支出,总体财富效应是这四种效应的加总。由于城市间的不同发展水平,以及消费群体间迥异的敏感度和反应程度,这四种传导路径因此消彼长的关系可能使得住房总体财富效应、分类财富效应发挥作用的方向具有不确定性,因而,住房财富效应更需要从实证的角度加以分析。

由于不同国家和地区在传统观念、人口结构、贫富差距、金融发展、投资渠道等各方面都存在显著差异,因此不同国家和地区以及不同经济发展阶段的财富效应表现程度具有明显差异。对于中国房地产市场,房价上涨是否抑制了居民消费?抑或像西方发达国家那样促进了居民消费?学术界存在明显的争议。一些学者认为中国住房存在正的财富效应即房价上涨在宏观上推动了居民消费的增长,同时一些学者认为中国住房市场存在负的财

---

[1] 余华义,王科涵,黄燕芬:《中国住房分类财富效应及其区位异质性——基于35个大城市数据的实证研究》,《中国软科学》,2017年第2期。

富效应,即高涨的房价会引发抑制消费的挤出效应。不同学者基于不同年限,不同城市的数据得出相似、相反或互补的结论,这里列举了部分学者对住房财富效应的研究结论(表7-6)。

图 7-7　住房分类财富效应及其区位异质性的传导机制

资料来源:余华义,王科涵,黄燕芬:《中国住房分类财富效应及其区位异质性——基于35个大城市数据的实证研究》,《中国软科学》,2017年第2期。

住房财富效应相关研究结果 表 7-6

Muellbauer、Murphy(1997)	房价上涨促进了英国20世纪80年代后期消费激增
Benjamin、Chinloy、Jud(2004)	每增加1美元的房地产财富将使当年的消费增加8美分
Case、Quigley、Shiller(2005)	房地产市场远高于股票市场的强烈财富效应
高春亮、周晓艳(2007)	中国住宅财富效应为负
崔光灿(2009)	房地产价格上涨会增加社会总投资和总消费
黄静、屠梅曾(2009)	房地产财富对居民消费有显著的促进作用
骆祚炎(2010)	住房支出的比例与居民消费的增长呈现反方向变动关系,资产呈现较弱的负财富效应
况伟大(2011)	房价对家庭住房面积和非住房消费影响为负
严金海、丰雷(2012)	房价变化对消费的财富效应和担保效应对于不同群体是不一样的,并受到金融环境的约束
杜莉、沈建光、潘春阳(2013)	上海的房价上升总体上提高了居民的平均消费倾向
陈斌开、杨汝岱(2013)	中国存在负财富效应
颜色、朱国钟(2013)	中国不存在财富效应,高涨的房价会引发"房奴效应"
周华东(2015)	中国整体的住房"财富效应"为负
余华义、王科涵、黄燕芬(2017)	高消费水平城市表现正的住房财富效应,低消费水平城市表现负的住房财富效应

小　　结

(1)经济增长是指一国潜在的GDP或国民产出的增加,通常用国内生产总值(GDP)以及人均GDP来衡量。经济增长的驱动因素包括劳动力、资本、自然资源、技术进步和制度等。

(2) 区域经济增长的三部门模型是研究房地产市场与经济增长关系的一个重要工具。三部门模型是一个简单的静态模型,它把一个区域产出市场和两个要素市场(区域劳动力市场和区域房地产市场)联系在一起,并假设劳动力与房地产之间不存在要素替代。

区域产出需求的增加(产出市场中的需求曲线向右移动),会带动区域经济增长,即产出以及产出价格的增加,并引致房地产需求的增加和房地产租金的上涨。如果要素容易获得并且供给是显著弹性的,那么产出、就业和房地产数量增加的幅度要大于产出价格、工资和租金的增加幅度。

房地产供给的增加(房地产市场中的供给曲线向右移动),使得就业、房地产和产出市场的数量增加,产品价格、房地产租金下降。如果产出需求相对于价格是富有弹性的,则会使得产出、就业和房地产数量大幅增加,而租金和价格小幅下降。

(3) 房地产业是国民经济中重要的经济部门,房地产消费对居民的消费结构有很大影响,增加房地产消费对经济增长具有直接的拉动作用。房地产业与其他行业具有高度的产业关联性,房地产投资和消费的增加会带动相关产业的发展,对国民经济的增长具有重要作用;但是,房地产的快速膨胀以及房地产泡沫对经济可持续发展存在抑制效应;房价上涨对居民消费会产生财富效应和挤出效应。

复习思考题

1. 怎样理解经济增长的含义,经济增长的驱动因素有哪些?
2. 简述区域经济增长的三部门模型的静态均衡。
3. 试运用三部门模型,分析房地产供给对经济增长的拉动作用。
4. 房地产消费如何影响经济增长?目前中国的住房消费现状如何?
5. 为什么房地产是高度关联性产业?这与经济增长有什么关系?
6. 怎样理解住房财富效应和挤出效应?结合你所在地区的情况,分析房价对居民消费的影响。
7. 收集有关数据,尝试分析一个城市或国家的经济增长与房地产市场的关系。

课外阅读材料

1. (美)丹尼斯·迪帕斯奎尔,威廉·C.·惠顿. 城市经济学与房地产市场 [M]. 北京:经济科学出版社,2002.
2. 贾康. 中国住房制度与房地产税改革 [M]. 北京:企业管理出版社,2017.
3. 况伟大. 房地产与中国宏观经济 [M]. 北京:中国经济出版社,2010.
4. 梁云芳,高铁梅,贺书平. 房地产市场与国民经济协调发展的实证分析 [M]. 中国社会科学,2006(3).
5. 吕风勇. 房地产与中国宏观经济:历史与未来 [M]. 广州:广东经济出版社,2019.
6. 沈悦,刘洪玉. 房地产资产价值与国家财富的关系研究 [J]. 清华大学学报(哲学社会科学版),2004(1).
7. 王学德. 宏观层面的中国房地产研究 [M]. 青岛:中国海洋大学出版社,2016.
8. 叶剑平,谢经荣. 房地产业与社会经济协调发展研究 [M]. 北京:中国人民大学出版社,2005.
9. 张永岳,谢福泉,胡金星. 房地产市场与上海经济发展 [M]. 上海:上海交通大学出版社,2016.

第八章 房地产金融与资本市场

房地产投资具有投资量大、周期长、周转慢等特点。资金犹如房地产业发展中的血液循环，贯穿再生产过程的各环节，一刻也不能停止。房地产业与金融业的密切关系产生房地产金融业，房地产金融最基本的任务就是以有效的方式、方法和工具向社会筹集资金，并用于房地产开发、经营和消费等各方面，促进房地产业的发展。

本章第一节简述房地产金融的基本概念，包括房地产金融、房地产金融市场，以及货币政策、汇率政策与房地产金融的关系等；第二节介绍几种主要的有关居住消费需求的融资方式，包括个人住房抵押贷款、住房公积金、住房信贷资产证券化等；第三节侧重房地产企业融资，介绍房地产生产资金的资本市场融通，包括房地产股票与债券融资、房地产投资信托基金等；第四节介绍房地产金融的中长期发展，主要关注住房储蓄、征信体系的建立和完善，以及互联网金融对房地产资金融通的影响等。

第一节 房地产金融概述

一、房地产经济的金融环境

（一）房地产金融的概念

房地产金融是指在房地产经济活动中，通过各种金融方式、方法及工具，为房地产及相关部门融通资金的行为，有时也称为房地产融资，二者之间并无本质差别，均更偏重于供需双方所需资金的筹集和融通。

与房地产金融相联系的一个概念是房地产投资，是指投资者为了取得未来资产使用权而将当前资产使用权转让给房地产及相关部门的行为。广义上说，实现资金从资金剩余主体向资金不足主体的转移，本身就是一个集筹资、融资、投资为一体的过程，即广义的房地产金融。房地产投资和房地产金融是广义房地产金融的两个不同方面。房地产投资侧重于研究投资决策过程，核心问题是选择预期回报与风险的一定组合，它不一定直接参加房地产开发企业的生产和经营；而房地产金融则与房地产开发企业的生产经营及房地产消费市场的各种活动密切相关，侧重于房地产资金融通渠道、融通方式、融通成本和项目融资可行性等问题。

(二) 房地产金融的特点

1. 资金来源的短期性和资金运用的长期性

房地产金融的资金来源包括各级政府、企事业单位和个人等多种渠道，资金相对分散，而且大部分属于短期资金。而住房消费或房地产开发经营，如住房购置、土地购置、开发、改良、建设、房屋开发和道路建设等，相对来说所需资金多、占用时间长，并且由于住房商品价值大、使用周期长，普通个人和家庭受正常收入局限，一般采用摊销的融资方式购买，贷款年限更长。因此，房地产金融具有长期性和相对集中性的特点。

2. 资金来源的固定性和资金运用的特定性

如何建立稳定的资金来源渠道、并保证专款专用，从而稳步扩大房地产发展的资金总量，这是各国房地产业发展过程中普遍遇到的问题。各国政府针对本国经济发展的实际情况，制定各种政策和措施来解决和缓解房地产金融业务活动中资金来源不足的问题。我国住房制度改革中曾采取了建立城镇、企事业单位和个人三级住房基金的体系，新加坡推行住房中央公积金制度，即为维护劳工和受薪者福利而采取的一种强制性住房储蓄制度，通过这些措施的采取来建立稳定的资金渠道，增加投入并保证专款专用。这些都体现了房地产金融中资金来源固定性和资金运用特定性等特点。

3. 房地产金融有很强的政策性，融资效率和风险受宏观经济环境影响

房地产业作为国民经济的一个组成部分，其产业发展同整个国民经济发展一样存在着周期波动，房地产金融受宏观经济环境影响较大。在经济起飞和高速增长期，房地产业的预期收益高、风险小，房地产融资相对容易，这时房地产业的增长率一般高于国民经济增长率；而在经济衰退期，伴随房地产积压和一些开发商偿付能力不足而破产，房地产商品的价格大幅下跌，预期收益差、风险大，房地产业获得资金支持的难度就大于其他产业。此外，国家和政府推行的诸如调控房地产证券的规模和流通渠道、调整房地产信贷利率、改变房地产贷款投向等政策措施，对房地产金融也会产生很大影响。

(三) 房地产融资方式

1. 房地产融资与土地融资

房地产融资是指为房屋再生产融通资金，并为个人或单位购买、租赁、建造房屋融通资金的行为。房地产融资集抵押业务与产业发展为一体，对于提高居民居住水平、推动政府住房政策等起了积极的作用。

土地融资是房地产融资中主要以土地资源性资产为核心的专门融通资金行为。根据土地用途的不同，土地融资可分成农地融资和市地融资两类。农地融资是以农村土地为担保品而融通资金的行为。农地融资与农业生产关系密切，主要供给农、林、牧、渔业所需中长期信用，主要业务包括农地改良融资、农地经营融资以及农地流转融资等。市地融资是以城市土地为担保品而实现资金融通的行为。主要业务包括：土地收储融资、城市建设融资、企业经营发展融资、区域发展重要项目融资等所需中长期信用。城市土地价格相对较高，单位面积收益水平也高，所以以土地为抵押容易获得贷款，并且资金回收也较安全。这样，市地融资形成了不同于农地融资的特点：风险较小、效率相对较高。

2. 直接融资与间接融资

直接融资就是资金的供求双方（包括政府、企事业单位和居民个人）在房地产金融过程中直接进行票据和证券（债券、股票）的买卖和货币借贷。需要资金的房地产开发企业发行房地产债券和股票等金融产品，通过房地产金融市场出售而取得资金，而有闲置资金的单位和个人通过购买这些票据或证券提供资金，或者双方直接进行货币借贷（见图8-1）。

间接融资与直接融资正好相反，它由资金供应者将资金交给房地产金融中介机构，而再由房地产金融中介机构以一定的方式（通常以房地产抵押贷款的方法）将资金提供给房地产开发经营企业，这时的房地产金融机构起着融资媒介的作用（见图8-2）。

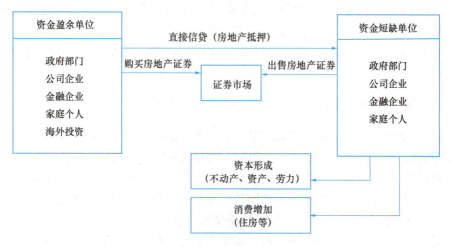

图 8-1 直接融资过程

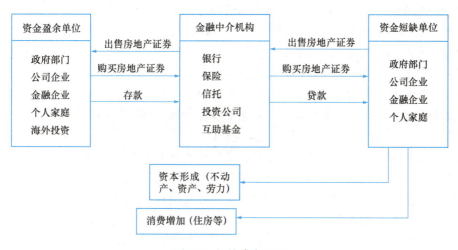

图 8-2 间接融资过程

随着金融业和金融市场的发展和波动，两种融资方式会阶段性各占优势，房地产直接融资方式占的比例较大的时期，个别大企业甚至根本不从银行贷款，完全依靠发行股票、可转换公司债券（在一定时期内依据约定条件可转换为股份的公司债券）、新股认购权等方式直接融资。

3. 权益性融资与债务性融资

按房地产开发企业融资者所承担的责任和义务,可以将房地产融资分为权益性融资和债务性融资。权益性融资是指融资者以出让一部分企业所有权份额为条件向出资者融资的行为。其特点是:(1)所融入资本是企业永久性资本,其资本使用方向不受限制;(2)出资者和融资者共同承担风险;(3)出资者参与利润分配;(4)融资程序较复杂、融资成本较高。如发行房地产企业股票就属于这种方式。

债务性融资方式是指融资者以还本付息为条件向出资者融资的行为,其又可分为直接债务融资和间接债务融资。直接债务融资是指企业直接与债权人确立债权债务关系而获得资金的行为,包括商业信用、金融租赁、发行房地产债券等;间接债务融资是指房地产企业通过各种房地产金融中介机构融入资金的行为,如通过抵押、质押等担保形式的借款。债务性融资方式的特点是:(1)所融入资本不能永久使用,要还本付息;(2)债权人不参与企业利润分配;(3)所融资金的使用方向上大多受债权人限制;(4)融资程序简便、融资成本低。

二、房地产金融市场

房地产金融市场是指从事与房地产融资活动相关的金融产品交易活动以及相关社会经济环境的总和。其可以有固定场所,也可以无固定场所。随着现代科技迅猛发展,尤其是通信设备日趋先进,房地产金融市场的交易可以在营业大厅内进行,也可用电话、电传或各种互联网终端在办公室、住所或者休闲场所甚至物理位置移动中完成。

(一) 房地产金融市场在房地产市场体系中的地位

在商品经济运行中,完整、统一的市场体系起着一种协调、制衡的作用,各生产要素之间的组合以及各经济实体之间的关联离开了市场运作基础就无从谈起。金融市场作为关键的要素市场在统一、完整的市场体系中起着传导和融通的重要作用。

房地产市场体系离不开金融市场。首先,内部协调和均衡必须借助于房地产金融市场。例如,在商品房市场上,当商品房供不应求时,房地产金融市场的资金需求增大,房地产股票和债券的预期收益率增加,吸引社会游资投向房地产金融市场,增加房地产市场资金供给;随着房地产资金供给的增加,商品房供给也相应增加,商品房市场的供求矛盾缓解。如果房地产市场的供求失衡,单纯依靠国家行政调控,而不依靠房地产金融市场,则往往带来"一刀切"的后果。其次,房地产市场中各子市场间的协调也离不开金融市场。房地产金融市场的建立,使资金在各市场间的流动处于市场的调控之下,各经济单位从事经营活动一开始就在资金融入上处于平等地位,否则就会造成房地产价格失真,交换不等价,房地产流通行为混乱,土地和其他生产要素出现不恰当的组合,影响土地配置效益。最后,房地产金融市场本身就是房地产市场的一部分。房地产债券和房地产抵押信贷契约在房地产金融市场的流通,实质上也代表着一种产权的流动和转移形式。房地产金融市场的建设,丰富了房地产市场体系的内涵。

(二) 房地产金融市场的主体与客体

房地产金融市场的客体是在房地产金融市场上可以同货币交易的各种金融契约,如股票、债券等有价证券。房地产金融市场的主体是与房地产业有关的各类资金交易的资金供给者、资金需求者和中介机构组织,具体包括政府、银行与非银行金融机构、房地产开发经营企业和居民个人。

1. 政府

在房地产金融市场的运行中,政府充当多重角色。一是作为投资者,即政府财政投入专款发展房地产金融业,活跃房地产市场。房地产金融具有较强的政策性,政府在房地产金融市场中往往以投资者的面目出现。例如,美国联邦银行成立时,全部本金都是政府投入。我国原有的房地产经济体制中,国家更是唯一的投资主体。二是作为借款者,即通过房地产金融市场为政府筹集建设资金,包括住房资金、农业资金、土地资金等。三是作为房地产金融市场的调节者,采用利率、价格、税收等经济手段来调节房地产金融市场的资金供求,从而达到宏观调控的目的。也可采用行政、法律手段,明确规定房地产金融市场的交易规则、各种证券发行和流通办法、各金融机构业务范围等,规范房地产金融市场的运行。

2. 银行与非银行金融机构

银行包括中央银行与银行型房地产金融机构。中央银行一方面可以通过实施货币金融政策,如利用存款准备金率、再贴现率、公开市场业务和房地产信贷管理等政策工具扩充和紧缩房地产金融市场的融资规模;另一方面又依法对商业银行、住房专业金融机构、信用合作机构、房地产证券交易市场进行有效监管,防范和化解金融风险。银行型房地产金融机构主要包括商业银行下设的房地产信贷部、住房储蓄银行、房地产抵押银行和土地银行等。银行型房地产金融机构是房地产金融市场上资金供给者和资金需求者的桥梁,是信用中介机构。其主要进行购买房地产抵押证券、开办各类型的房地产抵押贷款以及开办房地产信托和租赁业务等活动。

非银行金融机构是指银行之外主要开展房地产金融业务或业务涉及房地产金融的机构,包括住房合作社、住房贷款保险机构和信托投资公司等。这些金融机构大都不开展广泛的吸收存款业务,有的依靠雄厚的自有资金,有的靠贷款取得资金,还有的从事对资金要求不高的金融业务,如代理房地产企业发行股票、债券、提供咨询、信息服务等,通过这些业务参与房地产金融活动。

3. 房地产开发经营企业

房地产开发经营企业是资金的需求者,又是资金的供给者,房地产开发经营企业作为资金需求者与资金供给者的双重身份参与房地产金融市场的融资活动。这些企业除了通过银行等金融中介机构进行融资外,还可通过发行股票、公司债券等融资方式筹措所需资金,或将其暂时盈余的资金投资于生息资产上,并通过房地产金融市场的中介功能、信息传递功能、资源再分配功能等为社会再生产服务。

4. 居民个人

个人是房地产金融市场的主要参与者,家庭或居民个人的收入除去必要的消费支出后,一般会出现剩余,这部分资金是构成房地产金融市场的主要资金来源。居民个人可以将这笔剩余资金购买各种证券,投资于房地产开发和流通,也可存入金融机构,而金融机构一般又以房地产抵押贷款方式把资金融入房地产开发经营中去。同时,居民个人也是房地产金融市场的融资人,因为每个居民都要进行住房消费,而买房需要大量投资,这种一次性大额付款一般都需要在房地产金融市场上融资,采用分期付款的方式满足其住房需求。

(三) 房地产金融市场的划分

房地产金融市场可分为一级市场和二级市场。一级市场是指房地产融资活动的初始市场，包括发放房地产信贷、新房地产证券上市交易等。二级市场是指房地产融资工具的再交易和再流通市场，包括房地产金融机构将持有的房地产贷款直接出售或以证券的形式转让给二级市场机构的交易活动。

房地产金融市场又可以细分为房地产抵押贷款市场、房地产有价证券市场、房地产保险市场和房地产信托投资市场等。

1. 房地产抵押贷款市场

房地产抵押贷款市场包括初级抵押市场（也称一级抵押市场）和二级抵押市场。初级抵押市场主要提供抵押贷款，包括：

（1）土地权益抵押贷款。金融机构按被抵押权益地块的市价的60%左右提供贷款，期限一般为3年以内。这类贷款包括地契抵押贷款、土地交易定金抵押贷款和土地使用权抵押贷款等，主要用于土地的开发和经营。

（2）建筑抵押贷款。金融机构以贷款合同的形式按建设项目投资预算额的一定比例向房地产开发企业提供期限不超过3年的抵押贷款，以供兴建楼宇之需。

（3）购房抵押贷款。购房人先签订购房合同并交纳房价的10%～30%作为首期付款，然后以该住房为抵押品向金融机构申请贷款，以贷款付清剩余的房款，同时在规定的期限内定期向债权人还本付息，直至贷款清偿才能按贷款合同规定收回房屋所有权。

（4）其他有形资产质押贷款。其包括房地产股票质押贷款和房地产债券质押贷款等。

房地产二级抵押市场即房地产抵押债券或抵押契约的交易市场。二级抵押市场是初级抵押市场的有效补充，也是抵押市场和证券市场的一种融合。它的主要功能是通过出让抵押贷款的债权保持房地产金融机构资产的流动性，将巨额投资细分化，并实现金融秩序的稳定。

2. 房地产有价证券市场

房地产有价证券市场是房地产有价证券发行、交易的场所，是房地产经营证券化的必备条件。它的形成标志着房地产金融市场步入成熟阶段。按有价证券的不同种类，房地产有价证券市场可分为房地产股票市场和房地产债券市场；按房地产市场的运行程序，又可分为有价证券发行市场和有价证券流通市场；按房地产有价证券的发行方式，分为公募和私募两种；按房地产交易的空间又分为场内交易和场外交易。

房地产证券交易要顺畅进行，必须具备房地产证券交易的客观条件，必须有明文规定的交易规则。房地产证券交易的要素有：（1）供买卖的物品，即房地产证券包括普通股、特别股和债券。（2）从事交易双方当事人，即买方和卖方。不过，从事房地产股票交易的买方和卖方，其角色较不固定，今天是买方，明天可能成为卖方，所以房地产证券市场将从事交易的当事人分为多头和空头。（3）中介，是指提供交易服务的中介机构和中介人，包括房地产证券经纪商和房地产交易所。（4）房地产证券市场，包括各种类型的房地产证券市场。

房地产证券市场的运行过程为：政府或企业委托证券承销商发行有价证券，承销商接受委托并代理发行，投资者在发行市场购买有价证券，这是一级市场的发行活动。经过一级市场的发行活动后，有价证券进入交易市场，投资人在交易所和证券经纪人处开户并委托买卖各种有价证券，通过竞价成交、交割、过户，完成二级金融市场的交易活动。

3. 房地产保险市场

房地产保险市场是指对投保人的房地产及其相关利益所产生的损害赔偿责任提供保险和保险人依托保险基金参与房地产投资的市场。该市场上的保险业务有火灾保险、政治风险保险、投资保险和保证保险等；投资业务包括向房地产企业提供抵押贷款，为政府公共工程提供特殊贷款、购买房地产企业股票、债券，兴建或购买新办公楼、厂房或仓库然后向工商企业出售、出租等。

房地产保险市场是以保险基金为核心，通过风险选择机制、损失补偿机制和资金运用机制进行运作的。所谓风险选择机制，就是正确识别风险的性质，根据自己承保能力选择承保规模和承保方式，如全部承保、分保或拒保并且不断优化风险结构，从而提高保险经营的成功率。损失补偿机制是保险本质功能发挥作用的过程，包括补偿金的来源、补偿金的使用，以及补偿关系的建立等。资金运用机制是保险人在不断履行其赔付义务的过程中，将部分闲置资金通过投资和其他业务渗透到房地产开发经营活动中去，使其增值，以便增强自我经济补偿能力。房地产保险市场的运行过程大致如下：被保险人以房地产作为标的投保，保险人按风险性质选择承保对象；确定保险费率并收取保险费；再建立保险基金和保险准备金；最后对所投保标的损失予以补偿或进行房地产投资以增加保险基金的收益使其增值。

4. 房地产信托投资市场

信托指财产的所有者为了实现一定目的，通过签订合同，把其指定的财产委托信托机构全权代为管理或经营的行为。它是一种金融活动，是以资产和财产为核心、以信托为基础、以委托为方式的财产管理制度。

房地产信托市场的运行要素包括：（1）信托人。又称委托人，它指资金或财产所有者把自己的资产以信托方式，委托受托人代为管理和经营的人。信托人可以是自然人也可以是法人。（2）受托人。它指接受信托人委托、并按约定的信托合同对信托资产进行管理或经营的人。受托人一般是法人。受托人有占有、经营和管理信托资产的权利及从信托人处取得信托报酬的权利。在经法院批准的前提下，受托人可以中途解除受托职责。受托人为了补偿对信托资产所负担的租税、课税及其他费用，以及弥补处理信托事务中不是自己过失所蒙受的损失，可以出售信托资产，并可以优先于其他权利人行使该项权利。受托人须按信托合同对受托人的资产进行慎重的管理和经营。受托人不得以任何理由把信托资产变为己有。因受托人自身原因使信托资产遭受损失，或违反合同处理信托资产时，受托人在信托人、信托继承人或收益人要求下，支付补偿金。信托关系结束时，受托人应将信托资产交还信托人或受益人。（3）受益人。它指信托人指定接受信托资产在经营中产生利益的人。受益人通常是第三人，但也可以是信托人自己。

信托行为是由信托合约约束的。信托合同是受托人与信托人确定信托行为的书面依据，即经公证后的信托合同受法律保护，三方不得违约。

三、货币政策、汇率政策与房地产金融

（一）货币政策的作用

根据宏观经济学理论，广义货币政策是指政府、中央银行和其他有关部门有关货币方面的规定以及所采取的影响金融变量的措施（包括金融体制改革，以及规则的改变等）。

通过中央银行调节货币供应量，影响利息率及经济中的信贷供应程度来间接影响总需求，以达到总需求与总供给趋于理想的均衡的一系列措施。

货币政策调节的对象是货币供应量，即全社会总的购买力，具体表现形式为：流通中的现金以及个人、企事业单位在银行的存款。流通中的现金与消费物价水平变动密切相关，是最活跃的货币，一直是中央银行关注和调节的重要目标。

货币政策是涉及经济全局的宏观政策，与财政政策、投资政策、分配政策和外资政策等关系密切，应实施综合配套措施以保持币值稳定。货币政策目标一般有四个：稳定物价、充分就业、促进经济增长和平衡国际收支，这也是宏观经济政策的目标。

(二) 货币发行与房地产信贷规模

通过货币政策可以实现对房地产经济运行的影响，除一般性货币政策外，中央银行还可以采取选择性政策工具，如不动产信用控制和对商业银行的直接信用管制。前者是对特定的对象分别进行专项管理，后者是中央银行采取对商业银行的信贷活动直接进行干预和管制的措施，以控制和引导商业银行的信贷活动。

不动产信用控制，是指中央银行对商业银行办理不动产抵押贷款的管理措施。主要是规定贷款的最高限额、贷款最长期限以及第一次付现的最低金额等。美国在第二次世界大战和朝鲜战争期间，为确保经济资源的合理利用，特设置规则 W 及规则 X 两项信用控制措施，前者为消费者信用控制，后者即为不动产信用控制。规则 X 不仅适用于美联储成员银行，而且适用于一切放款机构。1952 年，美国基于信用的公正原则和个人隐私保护取消了对不动产信用的管理措施。

不动产信用控制作为货币政策工具，目的在于当经济过热使得不动产信用膨胀时，中央银行可通过规定和加强各种限制措施减少不动产信贷，进而抑制不动产的盲目生产或投机，减轻通货膨胀压力，防止经济泡沫的形成。当经济衰退时期，中央银行也可通过放松管制，扩大不动产信贷，刺激社会对不动产的需求，进而以不动产的生产扩大和交易活跃带动其他经济部门的生产发展，从而促使经济复苏。

自 20 世纪 70 年代中期以来，由房地产金融引发的经济危机给各国政府和社会带来惨痛教训。无论是 20 世纪 70 年代开始延续至 80 年代的美国储贷协会危机，还是 20 世纪 80 年代的日本泡沫经济，以及 20 世纪 90 年代的东亚金融危机，直至 21 世纪 2008 年爆发席卷全球的次债危机，我们都可以发现房地产是主要载体，经济过热是泡沫产生的温床，日本、美国、东南亚相继因为货币政策执行不当等原因导致房地产泡沫破灭，国家经济陷入困境。

那么，银行信贷是否会诱发房地产和金融危机？从理论上讲，在现代信用经济社会，银行借贷作为一种融资的手段，其本身并不是造成金融危机和社会经济损害的原因，而取决于资金的投向和使用效率，商业银行房地产信贷规模和增速只是一个变量，关键是看资金的投向和资产的质量。房地产是一种投入大、价值高的资产，无论其投资与消费都不离开金融的支持。当房地产泡沫出现时，房地产价格急剧上涨的背后原因除了由正常的消费需求和物价上涨引起的基本面变化，往往还包含大量投资性购房和投机性购房因素。

为了防止房地产经济过热出现资产泡沫化，同时又有效支持普通个人和家庭解决和改善住房问题，政府常采用金融、土地、税收等多种手段对房地产市场进行调控。其中，央行通过对商业银行等金融机构向客户提供不动产抵押贷款进行管理，使商业银行对房地产企业开发贷款、个人住房贷款的审查更加严格，放贷规模和额度下降，会限制和减少信贷资金向房地产业的投放，降低了房地产业的杠杆系数，控制放贷规模，有利于降低房地产业中的信用风险。由于房地产贷款的借贷需求下降使得社会总融资需求下降，也会影响货币供应量随之下降。控制住了货币供应量，就能有效控制通胀导致的物价上涨和资产价格上涨，从而起到抑制房价的作用，有助于减轻解决正常住房需求的负担。

（三）国际资本流动、汇率与房地产金融

面对金融全球化的冲击，各国金融市场都面临寻找新利润增长点的迫切需要。同时开放性对一个经济体来说意义重大，问题是开放性对经济的影响是双重的，在赋予经济体许多封闭条件下不具备的条件的同时，也给经济的稳定与发展带来冲击。因此，既保持经济体内部的稳定发展，又使经济体的对外开放处于合理状态之中，就成为开放条件下宏观经济调控的两个重要目标。

汇率波动最直接的一个影响就是国际资本的流动，大量的资本流动影响资产市场和资产价格。房地产作为一种兼具消费和投资属性的资产，不管是在封闭经济还是开放经济状态下，其价格波动也都可以通过经济增长、资本流动及国际收支对汇率产生影响。因此，在本币国际化、汇率市场化时代，两者的关系越来越紧密，汇率与房地产业相互影响。在保证货币政策独立性的前提下，即使实行汇率浮动和资本项目开放，只要能够合理控制国内的货币供应量、利率以及银行信贷，就可以使房地产业保持长期健康运行。

第二节　住房市场需求方的资金筹集

一、个人住房抵押贷款

自1998年以来，我国个人住房贷款市场发展迅速，居民个人购房贷款余额直线上升，2018年底和2019年底末分别达到25.75万亿元和30.07万亿元，余额同比分别增长17.8%和16.7%。2016年以来，人民银行按照党中央、国务院关于房地产市场平稳健康发展长效机制的部署要求，会同相关部门围绕"稳地价、稳房价、稳预期"目标，采取措施抑制资金过度流入房地产，取得了较明显的成效。2019年末，个人住房贷款余额增速比上年回落1.1个百分点❶（图8-3）。

从居民个人住房贷款增长的地区结构看，2019年底东、中、西和东北地区个人住房贷款余额分别比上年增长14.4%、20.3%、20.7%和16.8%❶。东部地区在全国个人住房贷款余额中占比最高，但增长率低于全国平均水平，西部地区个人住房贷款余额增长率较高。我国个人住房贷款地区间分布极不平衡，截至2018年末，东部地区个人住房贷款余额为16.31万亿元，占全国个人住房贷款总额的63.24%；中部地区个人住房贷款余额为4.84万亿元，占18.77%；西部地区个人住房贷款余额为4.64万亿元，占17.99%。从各地区个人住房贷款余额来看，超过1万亿元的地区有广东、江苏、浙江、上海、山东、北京、福建、四川和河北九个省市，其规模合计占全国个人住房贷款余额的62.22%❷。

---

❶ 中国人民银行：《中国区域金融运行报告（2020）》，7页，2020年5月。
❷ 中国人民银行：《2019年金融机构贷款投向统计报告》，3页，2020年1月。

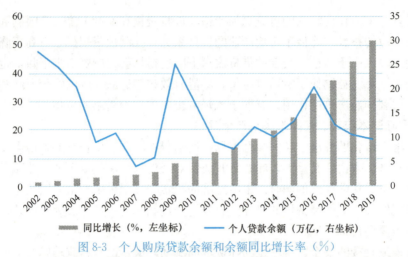

图 8-3　个人购房贷款余额和余额同比增长率（％）

资料来源：由中国人民银行各年度及季度官方报告中收集整理而得（中国人民银行官方网站 http// www.pbc.gov.cn）。其中，2002—2010 年数据来自于中国人民银行货币政策司《中国货币政策执行报告》，2011～2019 年数据来自于中国人民银行调查统计司《金融机构贷款投向统计报告。》

从个人住房贷款不良率来看，我国的个人住房贷款不良率比较低，2010—2018 年一直维持在 0.3%～0.4% 的区间内，2018 年为 0.3%，相比同期商业银行贷款不良率 1.83% 低很多❶。与其他贷款相比，个人购房贷款属优质资产，但是按照近年的发展速度，潜在风险也逐渐显现。个人住房贷款风险的产生，是银行未能完全顺应市场的结果，市场经济不成熟不规范所形成的一些不健全的机制以及银行内部一些不完善的管理环节都会诱发不良贷款产生。如果个人购房贷款的不良率上升，加上银行体系的原有风险已积聚到相当程度，国家一方面要求银行严控风险，另一方面又想通过扩大住房抵押贷款促进房地产业发展，这对银行而言就成了两难选择。如果不对现行住房抵押贷款方式进行改革和创新，不仅房地产业得不到有效的金融支持，想通过扩大住房抵押贷款来促进房地产业发展的设想也无法实现，而且将进一步加大我国银行体系的风险。因此，要建立和完善我国抵押贷款二级市场，提高抵押贷款证券化程度，拓宽融资工具，使银行能够通过转让贷款债权的方式转移资金风险。

此外，住房公积金贷款作为我国的政策性住房贷款的主要形式，一直以较快的速度增长。截至 2019 年末，住房公积金个人住房贷款余额 55883.11 亿元，比上年末增长 12.11%，住房公积金委托贷款余额与商业性个人住房贷款余额的比例为 1∶5.38❶。住房公积金具有较低的利率，因而成为个人住房贷款的重要组成部分，但是住房公积金贷款有额度限制，一般较难申请，支持中低收入职工购房的效果不明显。此外，在公积金贷款方面还存在一定的风险，重复贷款、超标贷款、逾期贷款等风险导致住房公积金管理中心放出的贷款不能如期如数收回，使得广大住房公积金缴交户的利益无法得到有效保障。

（一）个人住房抵押贷款的概念

住房贷款业务的主要工具是个人住房抵押贷款，通常被社会公众称为"房贷"。抵押贷款是各金融机构对房地产企业及置业者普遍采用的资金借贷方式，是金融机构要求借款

---

❶　中华人民共和国住房和城乡建设部：《全国住房公积金 2019 年年度报告》，8 页，2020 年 6 月。

人提供以房地产及相关权益凭证为抵押品作为担保而发放的贷款。抵押贷款中房地产一经抵押，支配权在法律上即归债权人所有。如果债务人到期不能归还借款，作为债权人的金融机构有权通过司法渠道以拍卖或变卖等方式处置抵押品，以抵偿债务。

提供房地产抵押既能让房地产企业以较低利息获得所需资金，又能使金融机构减少放款风险。房地产抵押贷款的对象必须是具备行为能力和意识能力或其法律行为有效的个人和房地产开发经营企业等。贷款一般用于购置房地产或融通房地产开发经营企业的资金。贷款额度通常不超过抵押品价值的70%，期限则根据用途、资金的需求情况由当事人商定。偿还方式可一次还本付息，也可分期偿还。

（二）个人住房抵押贷款价格的确定

抵押贷款是一种金融产品，它的价格表现为抵押贷款利率。在市场经济环境下，住房贷款的利率一般由市场供求决定。贷款利率总体上是由贷款机构的融资成本、管理成本以及违约风险和利率风险等风险补偿决定的。决定抵押贷款利率的因素包括：融资成本、贷款条件、借贷双方的信贷关系、服务费等。

在实际计算中，抵押贷款利率等于市场实际利率、预期通货膨胀率和各种风险补偿率之和。用公式可简单地写为：

$$i = r + p + f$$

式中　i——抵押贷款利率；

　　　r——实际利率；

　　　p——各种风险补贴率；

　　　f——预期通货膨胀率。

实际利率是根据价格水平的变动对名义利率进行调整之后得到的利率，与名义利率相比，它能更精确地反映借贷的真实成本。资金运用中最基本的或最低的实际利率标准就是所谓真实利率或纯粹利率，即无通货膨胀时期或低通货膨胀时期的短期国债利率。

预期通货膨胀率是指未来物价水平变动的比率，通常以年度的百分比来表示。通货膨胀率对贷款收益的影响至关重要。因为，抵押贷款的显著特点是贷款期限长，在贷款未清偿期间，通货膨胀率如果持续上升，会使贷款的实际利率减小甚至成为负值，这就减少了贷款方的预期收益，甚至造成巨大的损失。要防止通货膨胀造成的损失，银行在确定贷款利率时就要考虑通货膨胀的因素，保证贷款利率高于通货膨胀率。如10000元贷款，按10%的名义利率计算，贷方的年收入应该是11000元，当通货膨胀率为6%时，贷方的实际收入就只有10377元（即11000÷1.06）。受通货膨胀率的影响，这笔贷款的名义利率为10%，而实际利率还到4%。贷方要获得4%的投资收益，应考虑通货膨胀的因素其名义利率就应大于10%。

各种风险补偿率是指弥补贷款机构在抵押贷款中各种风险而要求的补偿利率。对抵押贷款来说，最主要的风险补偿是违约风险和利率风险补偿。违约风险是指抵押贷款的借方不能履行协议按期清偿贷款，而出现拖欠贷款和终止贷款的可能性。违约风险的成因很多，如借款人收入水平、就业状况和房地产市场环境的变化等，都可能导致借款者违约。为了防止违约风险给贷款机构造成的损失，贷款机构除了在贷款前对借款者进行严格的资信审查外，在确定贷款利率时，还要加上违约风险的系数。利率风险是指金融市场上利率的变化对抵押贷款利率的影响。在经济活动中，资金的供给与需求、通货膨胀等都会发生变化，也就是说，经济生活中存在着大量的不确定因素，这些因素的变化都会引起金融市场上的利率变化。市场利率的变化改变了借贷条件，会使借款方做出提前还贷或清偿贷款的决定，贷款方会因此遭受损失，形成利率风险。风险补偿率除了要考虑上述因素外，还要考虑流动性风险、提前还款风险、政策风险等补偿因素。

然而，仅仅考虑上述因素还不能最终确定抵押贷款价格，因为，贷款的期限也是一项影响抵押贷款收益的重要因素。1年期的抵押贷款利率，可以根据1年内实际利率、各种风险的保险系数和通货膨胀率确定为：

$$i_1 = r_1 + p_1 + f_1$$

那么，对于长期抵押贷款的利率，则要依据未清偿贷款期限内的各项因素而定。假定贷款利率为i，贷款金额100元，下一期可以收回$100(1+i)$元。如果贷款期限为n年，那么n年抵押贷款的利率可用公式表示为：

$$(1+i)^n = (1+i_1)(1+i_2)(1+i_3)\cdots(1+i_n)$$

以期限为4年的抵押贷款为例，如果第1年的利率是9％，第2年的利率是10％，第3年的利率是12％，第4年的利率是11％，那么4年期贷款的综合利率为：

$$(1+i)^4 = (1+0.09)(1+0.10)(1+0.12)(1+0.11) = 1.4906$$

$$i = \sqrt[4]{1.4906} - 1 = 0.1049$$

（三）个人住房抵押贷款的运作过程[1]

抵押贷款购房活动发生在购房人和银行之间，前者是借款人，这里称为抵押人；后者是放款人，也称为抵押权人。个人住房抵押贷款的运作过程，实际上是抵押贷款关系产生后到抵押贷款债务消失的全过程。

在住房贷款中，抵押人以购房合同和房屋产权证换取抵押权人的贷款；抵押权人凭借房屋产权证和抵押贷款合同承诺贷给抵押人资金。在正常情况下，购房人按约还本付息，到期取得房屋全部产权；银行收回本金和利息，构成图8-4的外圈良性循环。当抵押人违

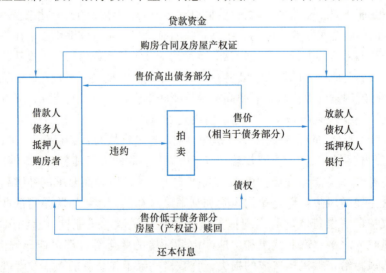

图8-4　抵押贷款运行过程

---

[1] 详细论述参见谢经荣，殷红，王玉玫：《房地产金融（第三版）》，54页，中国人民大学出版社，2012。

约时，抵押房屋将被拍卖，所得收入首先偿还银行还清债务，剩余部分返还抵押人。如果拍卖价不能弥补银行债务，则成为抵押人欠银行的债务，抵押人向银行承担偿还义务，这就构成图8-4的内圈。

（四）个人住房抵押贷款的偿还与违约风险

按照抵押贷款按利率是否变化分为固定利率抵押贷款和可变利率抵押贷款。根据中国人民银行的规定，目前个人住房贷款的偿还主要采用等额本息还款法和等额本金还款法两种方式❶。等额本息还款法就是在贷款期限内，每月以相等的额度平均偿还贷款本息。按复利计算，每月等额还款，直接冲减应付贷款本息余额，是国际通用的住房抵押贷款还本息的办法。等额本金还款法也称为递减还款法，就是在贷款期限内，每月等额偿还贷款本金，贷款利息随本金逐月递减。

抵押贷款人面对的主要风险之一是违约风险，即借款方不能按照约定责任支付利息和本金的风险。这种情况下，贷款方的经济利益会受到严重损失。这种风险在房地产价值普遍下降时更大，因为特定房地产的价值有可能下降到购买房地产所用贷款的余额以下。为了使自己贷出的资金具有良好的安全性并取得一定的收益，贷款方往往搜集尽可能多的借款方信用信息，并使用法律工具来防范违约风险，例如要求借款的同时提供一定方式的担保，这种担保可以是第三方，也可以是足够的资财，或者是两者综合。

二、住房公积金制度

住房公积金与后面将介绍的住房储蓄最根本的区别在于，住房储蓄是以自愿为原则的，而住房公积金是以强制性缴纳为原则。我国实行的住房公积金制度是以新加坡的中央公积金制度为参考，借鉴了其中的住房金融的部分。

（一）新加坡的中央公积金制度

1955年7月，新加坡依据"中央公积金法"成立了中央公积金局。按照中央公积金法，中央公积金局的主要职能是在全国强制性地实施社会储蓄计划。根据该计划，在新加坡的居民，无论是雇主或雇员，每月收入在200新币以上的，都必须由雇主按月缴纳规定比例的公积金，统一存到中央公积金局。雇主可以按月从雇员工资中扣回一部分，但月薪在200新币以下者，由雇主缴纳公积金，雇员就可以不再缴纳。不过，不管是雇主还是雇员，其所缴纳的公积金按规定都要分别存入普通账户、医疗账户和保健账户。由此可见，新加坡的中央公积金制度是一种强制性的社会保障制度，它是通过强制储蓄、限制使用的方式来实行的。

1. 公积金的缴交率

缴交率即公积金占工资的比例，一般由中央公积金局根据经济景气程度、居民生活水平提高幅度、企业劳动力成本以及公众对公积金的评价等因素确定，每年确定一次。开始时缴交率定为工资的10%，其中雇员与雇主各为5%。后来时常有变化，1984年和1985年最高时曾达到50%，其中雇员和雇主各为25%。受东南亚整个金融危机的影响后，新加坡政府及时对公积金的存放比率做了调整，再次将公积金存款的比率确定为雇主和雇员

---

❶ 详细公式及计算参见谢经荣，殷红，王玉玫：《房地产金融（第三版）》，80～81页，中国人民大学出版社，2012。

各 5%。另外，新加坡公积金局还规定了最高存款额，即只要会员存款达到一定的限额以上的部分就可以免缴，以此来适应高收入者的要求。

此外，新加坡中央公积金局对于不同年龄的会员，考虑到他们对公积金需求的不同，制定了不同的缴交率，即对 55 岁以上的职工实行公积金缴交率递减的政策。新加坡的公积金局还规定，在政府规定收入线以下者可免缴公积金；当职工工资在 50~200 新币之间时，则公积金的缴纳就只由雇主单方面负责，而雇员就可以免缴。

2. 公积金的利率

新加坡公积金的利率是根据新加坡四大银行的平均存款利率来确定的，利率水平基本上在 6.5% 的水平线上波动，该利率每 6 个月调整一次。由于新加坡的通货膨胀率较低，公积金利率平均高于通货膨胀率的 2% 左右，所以公积金一般不会贬值。此外，政府还规定公积金法定最低利率为 2.5%，这样，公积金会员的基本利益得到保护。

3. 公积金的使用方向

公积金的使用有着严格的方向，但也在不断变化。新加坡的公积金从最初的养老保障逐步发展到购房贷款和医疗保险等方面，最近又开辟了公共交通股票投资、信托投资股票和黄金投资以及教育贷款和亲属保险等新的使用方向。由此可见，新加坡中央公积金制度不仅具有经济意义，而且还具有某种政治作用。事实上，自从新加坡独立以来，政治稳定、经济发展、人民生活水平不断提高，所有这些在某种程度上都与新加坡中央公积金制度的建立与完善有着一定的关系。

新加坡中央公积金制度的房地产金融功能体现在：首先，为房地产生产建立了稳固的资金来源渠道，提供了巨额的资金；其次，资金渠道的开拓、巨额资金的投入，为建屋发展局开发建设大量的房地产提供了条件，也为居民购买房产提供了支付的基础；最后，为房地产金融的发展建立了良性循环的机制。总的来看，这一机制是按照市场经济的原则建立起来的，无论是建屋发展局开发资金的融通，还是居民购买住房的贷款，其资金都是互利互惠，有偿使用。

（二）中国的住房公积金

中国住房公积金与新加坡的中央公积金在作用和管理模式方面均存在一定的差别。新加坡中央公积金制度是覆盖全社会的，是一种具有住房、医疗、投资等综合保障职能的制度，而中国住房公积金参加者是城镇在职职工，用途也只限于住房方面。

中国的住房公积金是指在职职工及职工所在单位按照规定比例缴存的长期住房基金，它是具有保障性和互助性的职工个人住房基金，归职工个人所有。住房公积金只能用于支付职工家庭购买自住住房、自建自住住房、私房翻建和大修等费用。

住房公积金实行"低存低贷"的政策，根据规定，职工个人住房公积金存款一般按法定半年期定期存款利率计息。职工住房公积金按月缴存，缴存额为职工本人上一年度月平均工资乘以职工住房公积金缴存比例；单位为职工缴存的住房公积金的月缴存额为职工本人上一年度月平均工资乘以单位住房公积金缴存比例。职工和单位住房公积金的缴存比例均不得低于职工上一年度月平均工资的 5%。

住房公积金具有专用性、强制性、政策性等特点。专用性是指住房公积金专门用于住房建设和消费，职工可用住房公积金购买、建造、翻建、大修自住住房，其他任何单位和个人不得挪用。这一点与新加坡等国家的公积金不同。我国最初建立住房公积金时，重点考虑的是为住房发展筹集一部分资金，公积金使用的重点是住房建设。经过近十年的实践，公积金用途主要集中在职工购建住房方面。强制性是指公积金制度带有一定的法律强制性，是强制性的长期储蓄，凡符合规定条件的单位和个人，都必须缴纳公积金。政策性是指公积金的运作、管理、使用都受到有关政策规定的制约，国家对单位给职工交纳的公积金部分给予免税等，带有很强的政策性。

[专栏8-1] 住房公积金：存废之争？

不可否认，住房公积金在促进城镇住房建设，提高城镇居民居住水平方面功不可没。但是从各地住房公积金管理中心制定的申请贷款条件看，倒是有为数不少的中、高收入家庭利用住房公积金贷款购建住房，有的甚至是第二套住房了。

一方面，低收入者每月要从微薄的薪水中拿出一定数额来缴存住房公积金，却无力利用它来改善住房条件；另一方面，还要将自己的住房公积金贡献出来（公积金归缴存人所有，但损失了部分息差）给中、高收入者贷款之用，让这部分借款户享受到了住房公积金的优惠政策。从这个角度看，住房公积金似已违背初衷，存在"劫贫济富"之嫌。

2020年初，受公共卫生事件影响，很多企业的生存压力大增。2020年2月11日，中国国际经济交流中心副主任黄奇帆提出"取消公积金"的建议。他认为，住房公积金存在的意义并不大，将之取消可以直接为企业降低12%的成本。就在黄奇帆提出该建议之后不久，格力集团董事长董明珠也表示赞同。不过，也有人对此持反对意见，认为取消住房公积金会极大地增加普通工薪阶层的住房压力，因为公积金除了可以直接用于办理贷款，也可以提取出来用于租房、按揭还款、装修等，是除了工资以外一笔很重要的收入。

事实上，尽管住房公积金是一种强制性缴纳的公共基金，但并非人人都可以享受到。据住房和城乡建设部提供的数据显示，截至2019年底，全国住房公积金实际缴存职工人数为14881.38万人，约占城镇在岗职工人数的82.7%。这个数据不包括城镇个体工商户、自由职业人员、外来务工人员、农民等尚未纳入公积金缴存范围的群体。不仅有许多私营、民营企业没有参加到公积金体系中来，就连一些大型国有企业或事业单位也实行"二元模式"：对正式编制内员工缴纳公积金，而对聘用员工不缴纳公积金。

即使是在缴纳了公积金的人群中也存在着一些不公平的现象。由于各地的缴存比例都不同，在同一地区，各单位也可以根据各自情况调整缴存比例。比如在天津，有每个月缴存两百多元的，也有缴存两千多元的，在一些外资企业里这个数额还要高。由于住房公积金可以免税，部分单位、公司也存在住房公积金缴存金额过高的情况，有利用住房公积金避税的嫌疑。

截至2019年底，全国住房公积金缴存余额为65372.43亿元。除去个人住房贷款、购买国债和保障性住房建设试点项目贷款，约有结余资金9461.52亿元。这些资金的保管运作完全掌控在340多家住房公积金管理中心手中。这就意味着，当人们在想方设法解决自身居住问题时，本应用于保障人们住房需求的公积金，竟然还有九千多亿元没有被利用起来，而是变成了银行账户里的沉淀资金。住房公积金制度已经陷入了一个"怪圈"。

房地产商对于公积金贷款的积极性普遍不高，一般都不向买房人推荐公积金贷款。房地产开发商在获得银行商业贷款时，已与银行达成某种"捆绑协议"，银行要求其在做购房贷款时，必须推介银行自营性贷款。而银行自营性贷款利率比公积金要高，银行收益大得多。事实上，银行的住房贷款与公积金贷款之间存在一定的利益竞争关系。银行在办理同样金额的按揭业务时，利息收入相差至少60%。

中国住房公积金制度建立之初的设想是，"几乎所有的工薪阶层都可以通过这个制度受益。"1991年5月，上海最早试点建立住房公积金的筹集、管理以及发放购房抵押贷款等机制，成为中国住房公积金制度的发源地。此举当年被誉为"新的住房制度的雏形"。2005年，中国人民银行却批评公积金贷款有额度限制，一般较难申请，支持中低收入职工购房的效果不明显，建议今后住房公积金在运作中应向中低收入家庭提供更多的便利。

根据住房和城乡建设部发布的数据显示，2019年全国总计发放住房公积金个人住房贷款12139.06亿元，其中中低收入群体贷款占比93.88%；总计提取额16281.78亿元，提取金额的74.88%用于购建住房及偿还购房贷款本息。从这些数字中可以看出，我国住房公积金制度对于保障人们的住房需求的确起到了很大的积极作用，同时也还需要进一步完善，目前的住房公积金制度在缴存者和非缴存者之间仍存在一定程度的不公平，需要扩大住房公积金的覆盖范围，进一步关注中低收入群体及不同职业性质群体的住房需求。

三、住房信贷资产证券化

（一）抵押贷款证券化（MBS）的基本含义

当银行将资金抵押贷款给需要融资购置房屋的家庭后，这些抵押贷款就成为银行资产负债表上的金融资产，它们的偿还期可能会是5～10年，也可能延续长达20～30年，但银行以吸收存款的方式获得这些资金的负债期限却远达不到这么长久，银行随时面临着其存款客户要提取资金的要求。随着金融市场的发展，这种"短存长贷"的矛盾在具有高度流动性的、有效的证券市场上得到解决。融资证券化特别是长期融资证券化已成为金融市场发展的潮流，构成当今世界融资活动的主要特征。

抵押贷款证券化最完善的国家是美国，通常以债权组合作为抵押担保品而发行的证券，统称为"抵押支持证券"（Mortgage-backed Securities，MBS）。抵押支持证券有三种，即：抵押转递证券（Pass-through Securities）、剥离式抵押担保证券（Stripped Mortgage-Backed Securities）以及担保抵押债务（Collateralized Mortgage Obligations，CMO）。❶

抵押转递证券是指将抵押贷款组成抵押贷款组合，然后运用该抵押贷款组合作为担保发行证券。被证券化的抵押贷款的所有权随证券的出售而转移，被证券化的抵押贷款从发行人的资产负债表中移出。服务机构将继续对这些抵押贷款进行管理，并定期收集抵押的本金和利息，通过托管机构，扣除服务费、担保费和其他费用后转递或者说过手给投资者。一般来说，转递证券有两种方式：一是完全限制的转递证券（Fully Modified Pass-through），无论代理人是否实际收到本金利息，均应交付给证券持有人；二是直接转递证券（Straight Pass-through），是指代理人实际收到利息之后，方转交给证券持有人的一种

---

❶ 施方：《住房抵押贷款证券化——运作和定价》，58页，上海财经大学出版社，2005。

证券。不管是完全限制的转递证券还是直接转递证券,其风险都大大降低了。

剥离式担保支持证券是一种衍生抵押支持债券,通过把利息和本金支付剥离,然后再分给不同种类证券的方式而创立。剥离式抵押支持证券在美国最常见的类型是只获得本金的证券和只获得利息的证券两种。

担保抵押债务是一种新的住房金融工具。首先通过抵押贷款偿付现金流量的不同进行分类,然后根据这种分类将其转换成不同类别的债券,再把这种不同类别的债券分门别类的处理,最后使这一债权的现金流量得以实现稳定。从投资学的角度来看,由于不同类别的债券具有不同的风险/收益率,因此投资者可根据自己风险喜好程度决定自己的投资组合。如果投资者投资期限较短的债务类别,那么一旦抵押贷款组合有提前偿还本金的情形时,其回收的本金就可以先行支付给投资期限较短的到期类别,然后依此类推,最后再支付给期限最长的投资者。这样一来,抵押转递证券所产生的现金流量不稳定的风险就可以大幅降低,从而达到规避提前偿付风险的目的。当然 CMO 的创立并不能完全消除提前偿付的风险,它不过是把这种不同的风险分配给了不同的投资者而已。

(二)住房抵押贷款证券化与商业房地产抵押贷款证券化

房地产抵押贷款证券化中除住房抵押贷款证券化,还包括商业房地产抵押贷款证券化。住房抵押贷款支持证券(Residential Mortgage-Backed Security,RMBS)由一个抵押贷款资产池(assets pool)提供担保和支持,偿付该证券唯一的现金流来源是资产池中每笔贷款的每月还款。由于抵押贷款资产池的每月还款由借款人经证券发行人"转手"至该证券的投资者,所以该证券又被称为转手证券(pass-through security)。住房抵押贷款转手证券被看作是最早的资产证券化模式。在交易中,资产出售人就是住房抵押贷款的发放人(originator)。贷款发放人将资产池每月利息和本金现金流的直接所有权出售给特殊目的实体(SPV),即证券的发行信托机构。信托机构以此现金流为支撑发行住房抵押贷款转手证券,并将获得的证券发行收入转付给贷款发放人作为接受现金流所有权所支付的对价。而投资者通过购买转手证券最终获得上述现金流的所有权,成为抵押贷款资产池收益权的持有人,也成为购房者间接但最终的资金提供者。住房抵押贷款转手证券实际上是将资本市场中的资金引入了房地产市场。在 20 世纪的后 30 年里,绝大部分时期美国的房屋需求都处于历史较高水平,住房抵押贷款转手证券在为房地产交易提供融资、提高美国住房拥有率、提高居民生活水平、推动经济增长等方面发挥了重要的作用❶。

商业房地产抵押贷款支持证券(Commercial Mortgage-Backed Security,CMBS)市场是资产证券化市场中最新发展起来的一个部分。这个市场最早出现在 20 世纪 80 年代中期的美国,但直到 90 年代中期才开始快速发展。1990 年代初,CMBS 的年发行规模仅为 40 亿美元。到 1995 年的时候,年发行额也只有 150 亿美元。而到了次债危机前的 2006 年,CMBS 发行额扩大了十几倍,达到 2100 亿美元。2006 年末 CMBS 的未清偿余额估计约为 6000 亿美元❷。

从现金流结构的角度看,CMBS 与非机构担保 RMBS 没有什么显著的不同。但

---

❶ 详细论述参见 [美] 扈企平:《资产证券化:理论与实务》,63~79 页,中国人民大学出版社,2007;以及金融:《住房抵押贷款证券化》,中国金融出版社,2002。

❷ 详细论述参见 [美] 扈企平:《资产证券化:理论与实务》,126~144 页,中国人民大学出版社,2007。

CMBS 基础资产（商业房地产抵押贷款）在发放、担保品、偿还贷款期限及现金流的来源等方面与 RMBS 有很大区别（见表 8-1）。更重要的是，商业房地产抵押贷款的违约发生率远远高于优质住房抵押贷款。鉴于此，信用评级对 CMBS 所必须提供的信用支持要远高于其对 RMBS 所提供的支持。

商业房地产抵押贷款与住房抵押贷款比较　　　　　　　　　　表 8-1

	商业房地产抵押贷款	住房抵押贷款
借款人	商业企业	房屋所有人
借款人信用	企业的信用评级（如果有）；商业房地产的信用评估	收入、工作、资产负债、信用历史
基础抵押资产	商业房地产（多户住宅、办公楼、零售用建筑、工业建筑、宾馆等）	住宅
偿债能力	商业房地产的现金流	个人收入
发放时考虑的关键指标	按揭比率、偿债覆盖倍数	按揭比率、债务收入比率、收入房价比率
抵押贷款	固定利率10年期或浮动利率3、5、7年期气球型贷款，几乎全部以30年期为基础制定摊还计划	固定利率15年或30年完全摊还，或者利率可变，大部分情况有1年的利率可调整期和30年的摊还计划
提前偿还风险保护	通常10年锁定期，对提前偿还进行一定金额的惩罚	到期前任何时候均可按面值提前偿还

资料来源：［美］扈企平：《资产证券化：理论与实务》，128 页，中国人民大学出版社，2007。

第三节　房地产生产资金的资本市场融通

金融市场包括货币市场和资本市场两部分。货币市场交易的是短期资金借贷（期限为 1 年或 1 年以下），而资本市场交易的是长期资金借贷（期限在 1 年以上），房地产融资大部分发生于资本市场。

一、房地产企业融资的主要渠道

房地产业是典型的资金密集型行业，由于具有项目资金沉淀量大、资金占用时间长、高周转率等特点，融资渠道对于房地产业尤为重要。我国金融体系特征深刻影响着房地产行业的融资渠道和形式，主要表现为以间接融资为主的资金融通体系，并经过不断发展和完善，也逐渐发展出更加多元化的融资渠道。

按照房地产融资的资金提供主体进行划分，我国房地产融资形式主要包括国内贷款，如银行贷款、非银金融机构贷款等；自筹资金，如包括企业自有资金以及上市、信托、信托基金等；其他资金，比如定金及预付款、个人按揭贷款等；利用外资方式，比如外资直接投资、对外借款、外商其他投资等。特别是，由于我国实行商品房预售制度，预售资金作为其他资金已成为房企重要的资金融通方式，但预售资金有很大部分来自于按揭贷款。

此外，在自筹资金中也可能会包括债务性资金，我国房地产融资中的自筹资金中很大部分来自银行贷款。总体而言，间接融资为主的金融环境与行业制度特征深刻影响着我国房地产融资形式。此外，由于我国金融市场发展还处于初级阶段，间接金融在整个金融市场中占有绝对地位，而资本市场等直接金融发展却相对落后；同时国有商业银行本身改革还不到位，这些问题导致了我国房地产融资渠道单一的难题。

1997—2019 年房地产开发投资资金来源（单位：亿元）　　　　　表 8-2

年份	资金小计	国内贷款	利用外资	自筹资金	其他资金
1997	3817.07	911.19	460.86	972.88	1454.79
1998	4414.94	1053.17	361.76	1166.98	1811.85
1999	4795.90	1111.57	256.60	1344.62	2063.20
2000	5997.63	1385.08	168.71	1614.21	2819.29
2001	7696.39	1692.20	135.70	2183.96	3670.56
2002	9749.95	2220.34	157.23	2738.45	4619.90
2003	13196.92	3138.27	170.00	3770.69	6106.05
2004	17168.77	3158.41	228.20	5207.56	8562.59
2005	21397.84	3918.08	257.81	7000.39	10221.56
2006	27135.55	5356.98	400.15	8597.09	12781.33
2007	37477.96	7015.64	641.04	11772.53	18048.75
2008	39619.36	7605.69	728.22	15312.10	15973.35
2009	57799.04	11364.51	479.39	17949.12	28006.01
2010	72944.04	12563.70	790.68	26637.21	32952.45
2011	85688.73	13056.80	785.15	35004.57	36842.22
2012	96536.81	14778.39	402.09	39081.96	42274.38
2013	122122.47	19672.66	534.17	47424.95	54490.70
2014	121991.48	21242.61	639.26	50419.80	49689.81
2015	125203.06	20214.38	296.53	49037.56	55654.60
2016	144214.05	21512.40	140.44	49132.85	73428.37
2017	156052.62	25241.76	168.19	50872.22	79770.46
2018	166407.11	24132.14	114.02	55754.79	86406.15
2019	178608.59	25228.77	175.72	58157.84	95046.26

资料来源：国家统计局（http://www.stats.gov.cn/）；以及 Wind 金融数据库。

长期以来，我国房地产业一直面临资金短缺问题，单一银行体系支撑着我国整个房地产金融。从房地产开发方面的资金需求现状来看，我国房地产开发企业除了自有资金外，商业银行贷款是其融资的主要渠道。如表 8-2 和图 8-5 所示，1997—2019 年我国房地产开发资金来源中，其他资金、自筹资金和国内贷款是三大主要资金来源。但是，自筹资金主要由商品房销售收入转变而来，大部分来自购房者的银行按揭贷款，按首付 30%计算，企业自筹资金中有大约 70%来自银行贷款；"定金和预收款"中也有 30%的资金来自银行贷款，以此计算房地产开发中使用银行贷款的比例在 55%以上❶。尽管自 2002 年至今，开发资金中银行贷款的比例有所下降，但是降幅较小，我国房地产开发企业仍未摆脱以商业贷款为主要筹资手段的现实。

因此，为防范商业银行以及房地产行业的金融风险，我国房地产金融需要扩大融资渠道，积极推进房地产开发投资建设资金来源的资本化，建立完备的房地产金融体系。不仅

---

❶ 中国人民银行房地产金融分析小组：《2004 中国房地产金融报告》，13 页，2005 年 8 月。

图 8-5　1997—2019 年我国房地产开发资金来源比例变化

资料来源：国家统计局（http://www.stats.gov.cn/）；以及 Wind 金融数据库。

要进一步发展银行间接金融，更重要的是发展包括市场信用在内的一级市场以及以证券化为主要手段的二级市场。具体来说，一是推行房地产证券化，通过房地产股份公司、股票上市或发行企业债券向社会筹集资金，降低房地产企业的融资成本，改善企业的资本结构；二是大力发展房地产信托业务；三是成立房地产投资基金，由投资公司支持房地产开发；四是推行融资租赁，建立和完善抵押贷款管理公司；五是积极引导国外资金进入房地产融资市场；六是培育房地产金融二级市场，尤其是积极推动住房贷款证券化，引进抵押贷款投资者以解决银行资金问题，另外通过投资者在房地产金融市场上对证券化金融资产的自主交易，可以把集中于房地产信贷机构的市场风险和信用风险有效分散于整个金融市场❶。

二、房地产股票与债券融资

1. 房地产股票融资

股票是股份公司发给股东证明其资本所有权的证书或凭证。股票是金融市场的主要金融商品之一，股票持有人可根据票面额每年从股份公司取得一定的股息收入，上市股票可在证券交易所出售，但不能退还给股份公司。房地产股票融资和房地产债券融资一样，同属于直接融资方式，克服了间接融资方式的不足。房地产开发经营企业发行股票的融资能量大，伸缩弹性强，吸收的资金来源稳定，没有还款年限的限制，因而发行股票已成为房地产开发经营企业普遍采用的融资方式。

相对于其他融资方式，房地产股票融资有如下特点：（1）发行房地产企业股票可以在短时间内筹资到房地产开发所需资金。房地产开发投资单靠企业难以提供巨额资金且风险极大，而靠银行贷款也会遇到银行财力的限制，银行一般也不愿发放长期巨额贷款。通过发行股票，房地产开发企业能够在短时间内将资本市场上的游资集中起来，满足房地产金融的资金需要。而且由于房地产开发投资计划性强，有政策保险，与人民生活息息相关，

---

❶ 郭连强，刘力臻，祝国平：《我国房地产金融创新面临的突出问题与对策》，《经济纵横》，2015 年第 3 期。

融资潜力巨大，对个人投资者有很强的吸引力，因而房地产开发企业发行股票一般都能迅速实现融资。(2) 促使房地产开发企业提高资金使用效益。股东是房地产开发企业财产的最终所有者，他们更关心房地产开发企业的经济效益和发展前景，为了给股东带来丰厚的回报，房地产开发企业必须提高资本产出效益，提高竞争能力。(3) 降低房地产开发融资成本。房地产开发企业通过公开招股融入资金，没有固定的利息支出，资本来源充足、稳定，而且可以长期使用，这就避免了因利率波动和资本短缺对房地产开发造成的不良影响和损失，降低了房地产开发融资的成本。

我国房地产类股份公司股票融资的基本方式有：(1) 筹募股东资本。筹募股东资本是股票融资最基本的方式。需要指出的是，并非所有的股东资本都可以称为"股票融资"。常见的股份公司股本结构中，国家股和法人股里的发起人法人股作为股份公司筹募资本以前就实有的部分，不能算作股票融资，只有社会法人股和社会个人股（含内部职工股）持有的股东资本才是通过股票融资获得的股东资本，个别公司的外资股（B股）资本也包括在内。这部分资本在各股份公司的股本结构中所占比例不等。(2) 增资配股。增资配股是上市公司为企业发展所需资金进行筹集的一种方式。根据发行对象不同，分为股东配股、第三者配股、公开招股三种。股东配股是以原来的股东为发行对象，它按股东原持股票比例分配；第三者配股是以与公司有特定关系的第三者为发行对象，一般在公司遇到困难时与第三者合作时所采取的一种方式；公开招股是以公众为发行对象的一种发行方式。(3) 有偿转让股权。有偿转让股权是以国家股股东出让所持有股份，向公司个人股股东有偿转让而发生的股票融资行为。(4) 公积金转为资本金。把公积金转为资本金即"送股"，这是一种常见的却容易被忽视的股票融资方式。和前述的增资配股实质相同，但配股需股东追加资本，而送股则将应派给股东的现金以派红股的方式继续使用。(5) 招募外资股。即直接向国外资本市场进行股票融资的方式。

2. 房地产债券融资

债券作为一种政府、公司向社会公众筹措资金而发行的具有固定收益的有价证券，所表明的是一种债权债务关系。当债券到期时，债券持有人可以要求发行者偿还本金和利息。债券上载有发行单位、面额、利率、偿还期限等内容。利用债券融资是房地产金融的主要渠道。

房地产债券融资有多种方式，按发行者不同分为政府债券、金融债券和公司债券三种。房地产开发经营企业利用债券融入资金所发行的是公司债券。房地产开发企业由于生产周期长、资金占用量大，一般都要发行公司债券，房地产公司债券的期限一般为10～20年，其发行必须经证券管理当局和董事会批准。与国家提供保证所发行的债券相比，公司债券风险较大，因此其利率也相对较高。但是公司债券比政府债券易做到信贷平衡，因为公司债券的发行是以企业提供的一定的抵押物为基础的，其发行量是有限的，而国家提供保证所发行的债券缺乏这种基础，其发行量从技术上讲是无限的，如果由国家担保发行的债券过多，则易引起信用货币供应量增加，导致信用膨胀。

公司债券的类型主要有：(1) 按是否公开进行，分为公募和私募两种。公募发行即公开发行，是指将债券发售给非特定投资者的一种发行方式；私募发行又称私下发行，即指限定投资者范围的债券发行方式。(2) 按是否委托证券发行中介机构，分为直接发行与间接发行两种。直接发行指由房地产开发公司自己组织发行工作，向投资者推销债券。优点是不必向中介机构支付代理发行或承购包销费用,进而降低了发行成本。缺点是筹集资金有限,所涉及的事物很复杂,如果债券级别不高,则容易导致发行失败。间接发行是房地产开发企业通过证券中介机构发行债券。证券中介机构拥有较高的资金实力、广泛的销售网点和可靠的情报与专业人才,其代理发行债券更迅速、更可靠。因此,大多数房地产公司债券都采用间接发行方式。

三、房地产投资信托

(一) 房地产投资信托 (REITs) 的基本含义

房地产投资信托(Real Estate Investment Trusts,简称 REITs)是一种证券化的产业基金,它通过发行收益凭证来汇集投资者的资金,用以购买房地产项目,委托专门从事房地产经营活动的投资信托公司进行经营管理,并且将投资收入通过派息的方式分配给投资者。投资者既可以长期持有收益凭证,也可以在证券市场上转让收益凭证。

REITs 起源于美国,最早可以追溯到 1880 年。20 世纪 90 年代以来,REITs 在全球资本市场上得到迅猛发展。以美国为例,1991 年底 REITs 的数量为 138 只,市场总价值为 130 亿美元,2004 年底 REITs 的数量为 193 只,市场总价值为 3080 亿美元,在短短 14 年间市场总价值增长了 24 倍❶。

REITs 本质上是一种投资基金。首先,参与主体多元化。与其他类型的投资工具相比,REITs 的参与主体较多,除投资者、信托和托管金融机构、房地产经营机构和银行外,还涉及证券中介机构、投资银行、房地产中介机构和政府监管机构等。其次,其品种既可以是股票,也可以是信托受益凭证。与房地产公司的股票不同的是,REITs 的股票或凭证是以房地产实物为支持的,而房地产公司的股票则与其他公司的股票一样,是以公司资产为支持的。最后,通过多元化投资,选择各种不同的房地产证券、不同的地区、不同类型的房地产项目和业务进行投资组合,能够有效地降低风险,取得较高的收益,见图 8-6。

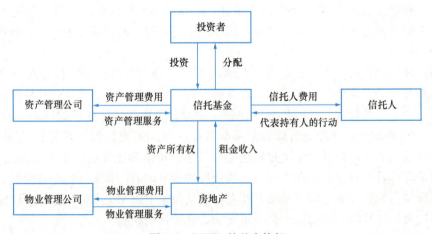

图 8-6　REITs 的基本构架

---

❶ 毛志荣:《房地产投资信托基金研究》,深圳证券交易所综合研究所,2004。

（二）REITs 的种类

1. 根据资金投向分类

（1）权益型

权益型房地产投资信托（Equity REITs，简称权益型 REITs）是指投资组合中对具有收益性的房地产的直接投资超过 75%，其投资标的物的所有权属于整个信托基金。该类 REITs 主要收入来源为房地产出售的资本利得和房地产出租的租金收入，影响其收益的因素主要为房地产的景气与否，故投资风险较高。

（2）抵押型

抵押型房地产投资信托（Mortgage REITs，简称抵押型 REITs）是指投资组合中对房地产开发公司的放款、房地产抵押贷款债权或抵押贷款债权证券合计超过 75%，而非直接投资于房地产本身，其主要收入来源为贷款利息，其价格的变动与利率有密切关联，故投资风险较低。

（3）混合型

混合型房地产投资信托（Hybrid REITs，简称混合型 REITs）是指投资标的包含房地产本身与房地产抵押贷款，为权益型与抵押型的混合。影响该类 REITs 收益的因素既有房地产市场，又有利率，故投资风险居中。

2. 根据组织形态分类

（1）公司型

公司型 REITs 是由一批具有共同投资理念的投资者依法组成投资于特定对象的、以赢利为目的股份制投资公司，该类公司通过发行股票的方式募集资金，是具有独立法人资格的经济实体。公司型 REITs 的运作模式为：发起人向社会发行股票，公众投资者购买这种股票，通过这种方式将资金投入以设立专营投资的股份有限公司。在该公司成立后与存续期内，将投资者投入的资金集中形成一种法律上称为"共同基金"的投资基金，由该公司负责将共同基金投资于各类有价证券，并将投资所得的收益以股息或红利的形式按投资比例在投资者之间进行分配。

在公司型 REITs 中，投资者购买公司股票而成为公司股东，并由股东选举董事会负责公司的运营，在投资者与公司型 REITs 之间形成股东与公司的关系，二者之间的权利义务依据公司法而设定，故二者之间不存在信托法律关系。当公司型 REITs 成立后，往往委托专业管理公司或独立投资顾问管理资产，同时还委托保管机构（trustee）保管资产，在公司与保管机构之间则形成信托法律关系，这也是公司型 REITs 法律关系中仅有的一个信托法律关系，即公司作为委托人与保管机构签定信托协议后，将公司财产转让给保管机构，由保管机构作为名义上的财产所有人，同时保管机构作为受托人负责保管公司的财产，执行并监督管理公司的指令。

（2）契约型

契约型 REITs 是指投资者与投资公司或基金管理公司签订以证券投资为标的的信托契约，后者又与基金托管人订立信托契约而组建的投资信托基金。在契约型 REITs 中，投资者是委托人，投资公司或基金管理公司是受托人。受托人按信托契约将受益权均等地进行分割而发行受益证券，投资者（委托人）由于得到受益证券，所以同时又是受益人。根据信托契约，投资公司或基金管理公司一方面负责基金的经营管理，另一方面又委托基金托管人负责基金的保管、管理人指令的执行以及基金项下资金往来的办理,见表 8-3。

契约型和公司型 REITs 的比较　　　　表 8-3

区别	组织形式	
	契约型	公司型
资金属性	信托财产	构成公司财产
资金的使用	按信托契约规定	按公司章程使用
与投资人关系	信托契约关系	股东与公司的关系
与受托人关系	以受托人存在为前提	本身即受托人身份
利益分配	分配信托利益	分配股利
经营主体	股份有限公司、信托协会	股份有限公司、信托协会

(三) REITs 的属性

首先,从理论上讲,属于房地产资产证券化产品,具有资产证券化属性,其中抵押型是房地产债权的证券化产品;权益型是房地产权益的证券化产品,是房地产项目融资证券化的主要形式之一,主要应用在商业性的房地产项目中。商业性房地产项目主要是以租赁的方式把商场、货仓、酒店式公寓、办公大楼等分租给租户,收取的以租金形式表现的现金流就是商业房地产的股东回报。

其次,房地产信托投资基金具有合作性和信托性,资本市场中分散的中小投资者在储蓄方式之外,可以将资金投向利润较高的房地产领域,但个人单独进行投资势单力薄,风险较大。于是投资者们将分散的资金集中起来,采取签订信托契约的形式,或类似股份公司的形式成立某种房地产信托投资基金,委托对房地产市场具有专门知识和经营经验又可以信赖的人从事这方面的投资。

(四) REITs 与房地产信托的关系

REITs 与房地产信托都是在信托法律关系基础上发展起来的,二者都是房地产金融产品,都属于信托行为。REITs 与房地产信托既有联系也有区别,二者的区别是:(1) 流通性不同。后者不能在证券交易所流通,没有二级市场。(2) 信托业务范围不同。REITs 是通过发行受益凭证向社会公众募集的资金,而房地产信托范围广泛,信托内容既可以是土地或房屋,也可以是通过信托存款等方式收存的信托资金。可以说房地产信托的范畴包括 REITs,即房地产信托能够投资于 REITs,但是 REITs 并不能投资于房地产信托。(3) 产品周期不同。REITs 产品以长期投资为目的,产品周期一般为 8~10 年,比较注重已完工房地产项目的经营;相比之下,国内的房地产信托周期较短,产品信托计划周期一般为 1~3 年。(4) 委托人不同。REITs 的委托人是房地产投资信托基金公司,是法人机构,而房地产信托的委托人是土地、房屋或资金的所有者,它既可以是法人也可以是自然人。(5) 收益方式不同。REITs 的收益主要来源于 REITs 持有不动产的出租收益,收益与经营管理水平直接相关,并且 REITs 需要把收入的大部分以红利形式分配给投资者,比如西方一些国家要求把所得利润的 95% 分配给投资者;而房地产信托持有人的收益几乎与开发商的经营效果无关,仅与产品风险相关,因为国内房地产信托计划对投资者的回报为信托计划方案中的协议回报,即便开发商用信托融资赚很多钱,信托持有人也只能获得固定收益,并且一旦开发商偿还不了本息,信托持有人却还要承担风险。

(五) REITs 的风险

首先,根据各国有关 REITs 的法律规定,REITs 至少要将 70% 以上的资金投资于房地产行业,与那些可以在不同行业中自由进出的基金相比,REITs 的投资过分集中于单一行业,从而面临着更高的市场风险。由于房地产投资的流动性相对较低,这可能影响 REITs 在市场基本面改变后调整投资组合的灵活性。其次,REITs 的收益凭证市场价值面临着利率风险。利率上升一般令投资者提出更高的投资回报率要求,但是由于房地产租金水平普遍在租期内锁定,这就造成利率上升时,REITs 的投资回报率会相对下降。此外,利率上升也会造成投资者投资成本的上升。最后,根据各国有关 REITs 的法律规定,REITs 至少要将 90% 以上的税后红利分配给投资者,而且 REITs 的借款占总资产的比率一般不能超过 60%,这就使得 REITs 难以获得足够的资金来拓展业务。甚至在某些极端情况下,例如大量租约同时到期,可能出现流动性匮乏的情况。

(六) REITs 的收益构造和业绩评价

大体而言,权益类 REITs 具有三种收益:一是房地产租赁取得的租金收入;二是房地产买卖或置换时的溢价收入;三是如果存在税收优惠的话,在税收负担减小方面的收益。

如何对该 REITs 的业绩进行评价呢?一般而言,评价 REITs 的业绩有以下四个指标。第一个指标是收益率(Return on Earnings,ROE),该指标衡量基金的盈利能力,收益率等于每股红利除以每股价格。第二个指标是营运资金(Funds for Operations,FFO),该指标衡量基金所能产生的现金流量。由于营运资金是一个存量而非比率,很难用于不同公司之间的比较,因此第三个指标就是营运资金倍率,即 REITs 的每股市价除以每股红利与每股折旧之和,相当于股票的市盈率(Price-Earning Ratio,PER)。第四个指标是净资产价值倍率(Net Asset Value,NAV),该指标等于 REITs 的每股市价除以每股净资产,相当于股票的市净率。一般而言,收益率越高越好。而营运资金、营运资金倍率和净资产价值倍率过高和过低都不好。营运资金过高说明资金未得到很好的运用,过低则说明公司可能面临流动性不足,即亏损的迹象。营运资金倍率和净资产价值倍率过高,说明股价可能存在泡沫;过低则说明该 REITs 在市场上无人问津、不受欢迎。因此,后三项指标位于较合理的区间内为好。

[专栏 8-2] 众望所盼的中国 REITs

国内 REITs 发展起步较早,但因各种原因,一直未能出现真正意义上的 REITs 产品。我国 REITs 的发展历史可以追溯到 2002 年在北京推出的第一支商业房地产投资信托计划——法国欧尚天津第一店资金信托计划,这是我国 REITs 的雏形。此后,国家陆续出台一系列政策文件以鼓励、规范国内 REITs 产品的发展(如图 8-7 所示)。

整体来看,当前国内的 REITs 产品基本为类 REITs。类 REITs 是以设立资产支持专项计划、向合格投资者募集资金、嵌套基金等灵活方式直接或间接投资于不动产资产,并可选择未来通过 REITs 公开发行实现 ABS 投资者退出以及融资人轻资产转型的创新资产

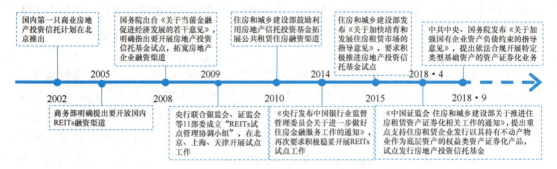

图 8-7 2020 年以前我国的 REITs 相关政策

运作工具。因此，类 REITs 是资产证券化和 REITs 的有机结合，见表 8-4。

类 REITs 与公募 REITs 的区别　　　　　　　　　　　　表 8-4

主要区别	类 REITs	公募 REITs
募集方式	私募	公募
基础资产	固定	不断收购
交易结构	私募＋ABS	直接持有物业股权
收益分配	A级呈现债券特征，B级大多自持	呈现股权特征
税收优惠	无	符合条件的分红可免税
产品期限	存在到期日，长短期共存	长期或永久存续
退出方式	发行人回购或引入公募 REITs	二级市场减持

现阶段，我国类 REITs 主要为私募发行，流动性较差，由机构投资者持有，且基础资产以商业地产和写字楼为主，稳定的租金收入是付息的来源。类 REITs 主要有以下两类：

(1)"私募基金＋ABS"。"私募基金＋专项计划"结构以专项资产管理计划为载体，通过私募基金实现对 SPV 公司/项目公司股权的收购，是我国当前 REITs 产品交易结构的主要模式。典型案例：新派公寓权益型房托资产支持专项计划（简称新派公寓权益型类 REITs）是国内首单租赁住房类的权益型 REITs，于 2017 年 12 月在深交所上市。

(2)"信托＋ABS"。"信托＋专项计划"结构通过信托计划将资金最终投向物业资产，信托计划将以增资、发放信托借款等权益性或非权益性的方式向 SPV 公司/项目公司进行投资。最终信托计划持有 SPV 的 100% 股权及股东借款债权。典型案例：兴业皖新阅嘉一期房地产投资信托基金资产支持证券（简称兴业皖新类 REITs）是国内首个在银行间市场公开发行的类 REITs 产品，如图 8-8 所示。

REITs 产品在我国推行最大的挑战是税负较高且存在重复征税，标的物业注入（类）REITs 平台时，会产生印花税、契税、增值税、土地增值税以及所得税等一系列税收，资产持有过程中也须缴纳房产税、增值税、所得税，严重影响了产品收益率。另外一个障碍是当前的一些法律法规限制。例如，根据《合伙企业法》《信托法》《证券投资基金法》等现行法律规定，公募基金不能直接持有商业地产。这也是我国发行的类 REITs 大多采取私募基金构建模式的原因，而私募基金投资人数不能超过 200 人，这在很大程度上影响

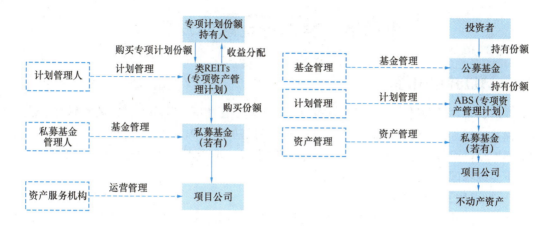

图 8-8 类 REITs 架构（左）和"公募基金＋ABS"模式（右）

了类 REITs 的流动性。

近年来围绕打通投融资渠道、解决公租房融资、盘活存量资产等主题的政策密集出台，一系列 REITs 相关支持政策铺垫已久，2019 年上交所、深交所等部门均提出加大力度推进公募 REITs 规则出台和试点。2020 年 4 月，证监会和发改委发布《关于推进基础设施领域不动产投资信托基金（REITs）试点相关工作的通知》《公开募集基础设施证券投资基金指引（试行）》（征求意见稿），正式启动基础设施领域公募 REITs 试点工作。

基础设施 REITs 即投资于基础设施资产且具备 REITs 核心特征的金融产品，适用于高速公路、物流仓储、电力配送网络、新能源汽车充电桩、5G 电信塔、数据中心等新老基建设施资产。作为与基础设施特性高度匹配的创新金融工具，有望盘活存量资产、化解地方债务风险，并提供基础设施项目定价锚。

此次 REITs 新规明确了未来"公募＋ABS"交易结构，指出"由符合条件的取得公募基金管理资格的证券公司或基金管理公司，依法依规设立公开募集基础设施证券投资基金，经中国证监会注册后，公开发售基金份额募集资金，通过购买同一实际控制人所属的管理人设立发行的基础设施资产支持证券，完成对标的基础设施的收购"。既一定程度上承袭国内类 REITs 交易习惯，又进一步向境外 REITs 规范模式靠拢，正式启动国内 RE-ITs 市场。

资料来源：第一太平戴维斯：《2019 中国 REIT 市场报告》，2019-11-05，https：//www.savills.com.cn/research_articles/166704/181095-0；兴业证券，《一文知晓中国类 REITs 市场——ABS 系列之房地产 REITs 篇一》，2019-05-20；光大证券，《我国 REITs 有哪些特点？——资产证券化专题研究之二》，2019-04-04；兴业证券，《基建 REITs 系列深度报告之三：发展篇——深度剖析国内 REITs 发展的历程、潜力、影响、趋势》，2020-08-23；兴业证券，《基建 REITs 系列深度报告之一：总览篇——好风凭借力，一举入高空》，2020-05-08；招商证券，《REITs"花"开——基础设施公募 REITs 解读（多行业报告）》，2020-05-05。

第四节 房地产金融的发展

一、住房储蓄体系

住房储蓄在欧洲已有一百年左右的历史,尤其是在德国,其房地产金融的最大特点是互助储蓄信贷。住房储蓄受到经济合同和国家行政法规保护,从总体上看它是一种有计划的储蓄形式,而且储蓄存款利率一开始就固定下来,不受市场利率波动和资金供求的影响。下面以德国为例介绍住房储蓄体系。

(一) 建房互助储蓄信贷社

建房互助储蓄信贷社是德国专门经营住房储蓄和贷款的金融机构,分为公营和私营两种。公营建房储蓄信贷社是地区性的金融机构,按照一般银行储蓄方式经营业务;私人经营的建房互助储蓄信贷社是不受地区限制,在全德国都可以经营的金融机构。

德国建房互助储蓄信贷社是一种颇具德国特色的房地产金融机构,有自己独特的储蓄—信贷运行机制。归纳起来,其特点表现在以下几方面:一是资金的来源。德国建房互助储蓄信贷社的资金主要是依靠自行筹集,主要是同社员签订契约储蓄,其他渠道的融资方法,如发行债券等,不仅融资规模不大,而且数量也很小。二是贷款的发放。德国建房互助储蓄信贷社由于其资金的来源是契约式互助储蓄,因此,贷款资金的发放完全是封闭式的,仅仅限于签订契约的社员。三是贷款的利率。德国建房互助储蓄信贷社实行的是"低存低贷"的利率政策,社员的存款利率一般在 2.5%~4.5%之间浮动,而贷款利率则按照德国中央银行的规定,在存贷利差为 2%的基础上发放,不受或者说很少受资金市场利率波动的影响。因此,德国建房互助储蓄信贷社是一家最大限度地发挥了居民互助合作精神的金融机构。

按照德国建房互助储蓄信贷的有关规定,凡是加入德国建房互助储蓄信贷的社员,必须履行先储蓄、后贷款的义务,当储蓄达到所需贷款额的 40%~50%时,才有资格得到所需的贷款。之所以说是有资格,是因为社员即使存款额达到 40%~50%,也不一定就可以马上得到贷款。因为社员最后究竟能否得到贷款,还需根据建房互助储蓄信贷社资金的状况来决定。就一般情况而言,社员存款达到一定数额之后,申请贷款的要求是可以得到满足的。德国政府对于建房互助储蓄信贷社的发展非常支持,实行财政奖励政策,鼓励居民踊跃参与建房互助储蓄信贷的活动。按照德国建房储蓄奖金的有关规定,凡是参加了互助储蓄的居民,只要是储蓄契约满 7 年以上的,就可以获得一定的奖励金,因此,尽管建房互助储蓄存款的利率很低,但是一旦获得奖励金之后,二者加起来就与市场利率水平不相上下了。建房储蓄奖金政策出台之后德国建房互助储蓄信贷社的存款有了大幅提高。

(二) 储蓄银行

在德国,个人储蓄存款机构主要是储蓄银行。据统计,到 1985 年底,储蓄银行个人存款占德国个人储蓄存款总额的 54%。储蓄银行在德国住房金融体系中的作用不仅表现在其发放的住房抵押贷款上,还表现在德国中央资金划拨机构对住房金融发挥的作用上。德国中央资金划拨机构是德国储蓄银行在各地的中央银行。这样的中央银行在全德国共有 12

家，每一家都为一个地区服务。因此，这一机构相当于储蓄银行在各个地区的货币中心，它肩负着货币流通的责任，并且为储蓄银行在各个地区提供服务。经过多年发展，德国的中央资金划拨机构既从事银行的一般业务，又扮演着储蓄银行在各地区中央银行的角色。

德国的储蓄银行都是公营银行，其债务完全由政府负担，因此储蓄银行信贷的安全性就有很大的保障，居民储蓄的积极性也较高。储蓄银行可靠的资金来源和良好的信誉，使其在德国抵押贷款市场上居于重要地位。

二、征信体系的建立

（一）资信评估的定义

资信评估是由独立、中立的法人评估机构，根据评估客体的委托，依据相关的法律、法规、制度和有关标准化的规定，凭借科学系统的程序和方法，对评估客体履行相应经济承诺的能力及其可信任程序进行调查、审核和测定，经过同评估事项有关的参数值进行横向比较和综合评价，并以简单、直观的符号反映其评价的结果的活动[1]。从资信评估的自身机构设置、评估过程、评估结果发布及其作用来看，它具有超脱性、信息性、公正性、严密性、客观性、科学性、系统性、时效性、主动性、全面性、权威性、监督性等特点。从国内外资信评估业的活动情况看，资信评估的对象与活动范围一般分为四类：即证券评级、企业信誉评级、特定信用关系评价和个人资信评估。资信评估实施的必要性在于，它能够通过公布企业资信信息，一方面促进社会资源有效配置，另一方面引导投资者合理高效投资，有利于投资体系的完善。同时，资信评估通过科学的评定，维护证券市场的繁荣与稳定，达到优化资本市场的目的。此外，它还担任着国家与企业、政府与社会之间中观协调层的角色，有利于现代企业制度的建立。

（二）征信体系的建立完善

1. 个人征信

个人资信评估是通过综合考察影响个人及其家庭的内外客观、微观环境，使用科学严谨的分析方法，对个人及其家庭的资产状况，履约各种经济承诺能力和信誉程度进行全面评判与估计，并以一定的符号表明其资信状况，通常涉及个人资产评估和个人信用评估两方面。个人征信系统通常是指一个征集和管理个人信用或信誉度的信息管理系统。2006年，中国人民银行征信系统个人信用信息基础数据库正式运行，负责采集、整理、保存个人信用信息，为商业银行和个人提供信用报告查询服务，为货币政策制定、金融监管和法律、法规规定的其他用途提供有关信息服务。我国传统的个人征信系统是以央行为主导的各个银行个人征信系统，其结构主要包括档案信息系统、查询系统、信用评估系统、信息管理系统、实行公示系统五个部分。随着互联网技术与大数据的发展，我国新兴个人征信系统还拥有了信息决策系统等多种功能。

个人住房抵押贷款与贷款申请者个人的资信评估息息相关。贷款申请者首先要根据银行制定的评估标准进行自检，银行也要根据评估标准分析判断申请者能否按期按质偿还贷款。由于我国传统个人征信系统采集用户主要为有丰富信贷记录的个人而非所有公民，故申请住房贷款时，个人仍需提交与个人基本信息和个人财产信息相关的文件，如身份证、户口本、

---

[1] 吴晶妹：《资信评估》，1～13页，中国审计出版社，2001。

收入证明、房产证等。审批者根据所掌握的个人信息进行评估并决定是否发放贷款。

2. 企业征信

企业资信评估就是依照一定的评价标准，对企业现有资力与信用进行客观的、全面的、定期的综合评价与鉴定。企业资信评级的范围主要包括证券资信评级、工商企业信用评级、金融企业信用评级。

我国的征信体系采用"政府主导型"模式，央行的征信中心是国内最大的信用基础数据库，接入机构最全，在非银行信息上面采集也较全面。此外，鹏元、中诚信等传统企业征信是企业征信市场的重要补充，为企业出具信用报告，内容基本包含企业基本信息如联系信息、注册信息、股东信息、变更信息、财务信息、法律诉讼信息等。随着移动互联网时代的到来，一些互联网大数据征信公司以互联网利用大数据技术为用户提供更及时全面的征信服务❶。当前，我国信用文化逐步形成，征信行业市场需求巨大。但企业征信行业中，仍存在着相关法律法规不完善、信用数据封锁成为企业征信服务业发展瓶颈、行业职业技术规范不统一等问题。

三、互联网金融的影响

（一）互联网金融的概念

互联网金融最早兴起于美国。20 世纪 90 年代初，民用互联网技术率先在美国出现并迅速普及，基于互联网的新型商业模式和金融模式开始涌现。2000 年，随着高科技泡沫的破灭，互联网金融的发展进入了一个更加理性和平稳的时期，以大银行为代表的传统金融机构进一步加快了信息化和网络化的步伐，传统金融机构的网络化成为这一时期美国互联网金融发展的主流。几乎与次贷危机同时，美国互联网金融的发展在 2007 年前后出现了较为明显的变化——网络融资模式开始兴起❷。在中国移动互联、云计算、大数据等信息通信技术迅速发展，电子商务快速兴起的同时，传统金融服务与社会投融资需求之间的空档为中国互联网金融提供了发展的土壤，2012 年，互联网金融在中国呈"井喷式"发展。

互联网金融的概念是谢平在国内首先提出❸。以互联网为代表的现代信息科技，特别是移动支付、社交网络、搜索引擎和云计算等，对人类金融模式产生了根本影响，导致出现既不同于商业银行间接融资、也不同于资本市场直接融资的第三种金融融资模式，称为"互联网金融模式"。业界和学界对互联网金融内涵与本质的认知和理解存在较大争论。一种观点认为互联网金融模式可能成为不同于商业银行间接融资与资本市场直接融资的第三种融资模式；另一种观点认为互联网金融只是在渠道意义上挑战传统的银行和资本市场，但在产品结构和产品设计上与传统金融产品没有区别。

互联网金融的发展为我国金融体系的建设提供动力，同时也为现代金融普惠体系的构建提供了新途径❹。互联网金融在降低交易成本、提高金融普惠覆盖率、确保普惠金融持续性、促进众筹模式建设、丰富金融服务产品以及创新个人与企业融资渠道方面起到了重

---

❶ 何平平等：《大数据金融与征信》，清华大学出版社，2017。

❷ 王达：《美国互联网金融的发展及中美互联网金融的比较——基于网络经济学视角的研究与思考》，《国际金融研究》，2014 年第 12 期。

❸ 谢平，邹传伟：《互联网金融模式研究》，《金融研究》，2012 年第 1 期。

❹ 徐伟川：《互联网金融快速发展对金融普惠的重要意义》，《改革与战略》，2017 年第 10 期。

要的作用。

(二) 互联网金融对房地产市场的影响

一方面，互联网金融通过其相较于传统金融在资金筹集方式和发放速度上的巨大优势，拓宽了房地产企业的融资渠道，提高了房地产行业的融资效率；另一方面，互联网金融能够实现有效信息的共享，解决金融与房地产行业融资需求信息不对称的问题，并通过其自身强大的信息网络技术基础，密切房地产企业与互联网金融平台的联系，相对简化审批程序，降低房地产行业的融资成本。由此，互联网金额的发展有利于房地产企业缓解资金压力，促进房地产行业的可持续发展。

互联网金融的发展有利于加速房地产企业的转型。与互联网金融的联手不仅能为房地产企业带来资金，更能为其提供将自身资产金融化的机会，从而提高资产流动性，达到轻资产化的战略目标。同时，互联网金融让房地产企业得以获取更广阔的客户资源。通过互联网平台，房地产企业能获得更多投资用户数据，从而进行房地产产品的定点推送及产品的改良升级，有利于房产的推广与销售。

随着国内房地产调控政策的发力，传统住宅销售领域利润下滑，房地产企业转型与业务开拓成为新一轮的发展重点。在未来，房地产企业能够通过不断深入互联网金融领域，利用互联网金融拓宽融资渠道，在非住宅市场获得更大的发展空间，从而实现企业的转型与多元化发展。同时，通过打造"地产＋金融"的双轮驱动业务模式，布局金融领域，能够有效提升地产企业的盈利能力与整体竞争力。此外，在政策利好和市场蓬勃发展的大环境下，住房租赁市场的成长对资本的需求为互联网金融提供了发展空间。借助互联网金融，房地产企业能够更加顺利地进入租赁市场。

小　　结

（1）房地产金融是指在房地产经济活动中，通过各种金融方式、方法及工具，为房地产及相关部门融通资金的行为。房地产金融有自身的特点。房地产融资可分为房产融资和土地融资、直接融资和间接融资、权益融资和债务融资等。

（2）房地产金融市场是指从事与房地产活动相关的金融商品和金融工具交易活动的总和，它在房地产市场体系中起着关键性的作用。房地产金融市场可以分为一级市场和二级市场；又可细分为抵押贷款市场、房地产有价证券市场、房地产保险市场和房地产信托投资市场等。

（3）抵押贷款是房地产融资最主要的融资模式，房地产抵押贷款是金融机构要求借款人提供以房地产及相关权益凭证作为抵押担保品而发放的贷款。抵押贷款是一种金融商品，它的价格表现为抵押贷款利率。在市场经济环境下，贷款利率一般由市场供求决定。抵押人以购房合同和房屋产权证换取抵押人的贷款；抵押权人凭借房屋产权证和抵押贷款合同承诺贷给抵押人资金，抵押权人面对的主要风险之一是违约风险。

（4）中国住房公积金以强制性缴纳为原则，新加坡中央公积金制度则是覆盖全社会的，是一种具有住房、医疗、投资等综合保障职能的一项制度，而中国的住房公积金参加者是城镇在职职工，用途也只限于住房方面，具有专用性、强制性、政策性等特点。

（5）随着资本市场的发展，房地产股票融资和债券融资规模日益增大，同时房地产抵押贷款证券化（MBS）和房地产投资信托（REITs）也迅猛发展。以债权组合作为抵押担保品而发行的证券，统称为"抵押支持证券"（Mortgage-backed Securities，MBS）。抵押支持证券有三种：抵押转递证券、剥离式抵押担保证券和担保抵押债务。

（6）我国房地产金融长期以来过度依赖于银行体系，房地产开发企业以及个人住房贷款融资渠道单一，加剧了商业银行以及房地产行业的金融风险，因此我国房地产金融需要多元化融资渠道，积极推进资本化、证券化，建立完备的房地产金融体系。

（7）房地产投资信托基金（Real Estate Investment Trusts，REITs）是一种证券化的产业基金，它通过发行收益凭证来汇集投资者的资金，用以购买房地产项目，委托专门从事房地产经营活动的投资信托公司进行经营管理，并且将投资收入通过派息的方式分配给投资者。投资者既可以长期持有收益凭证，也可以在证券市场上进行收益凭证的转让。其分为权益型、抵押型和混合型信托等。

（8）无论是个人还是企业的信用评估制度的建立和完善，都是我国一直缺失的房地产金融基础设施的建设。互联网金融通过其相较于传统金融在资金筹集方式和发放速度上的巨大优势，拓宽了房地产企业的融资渠道，提高了房地产行业的融资效率。

复习思考题

1. 什么叫房地产金融，房地产金融有哪些特征？
2. 房地产融资方式主要有哪些？
3. 简述房地产金融市场及其划分。
4. 个人住房抵押贷款如何定价？
5. 比较新加坡的住房公积金制度和我国的住房公积金制度。
6. 什么是房地产抵押贷款证券化（MBS）？
7. 简述我国房地产企业融资的现状及主要问题。
8. 什么是房地产投资信托（REITs），如何看待 REITs 在中国的发展前景？
9. 简述德国的住房储蓄体系以及储蓄银行。
10. 互联网和大数据技术的发展，对房地产金融有怎样的影响？

课外阅读材料

1. Clauretie T. M., Sirmans G. S. Real Estate Finance: Theory and Practice [M]. 7th edition. Brookfield: OnCourse Learning, 2013.
2. （美）陈淑贤，约翰·埃里克森，王诃. 房地产投资信托：结构、绩效与投资机会 [M]. 北京：经济科学出版社，2004.
3. 曹建元. 房地产金融 [M]. 上海：上海财经大学出版社，2003.
4. 何平平、车云月. 大数据金融与征信 [M]. 北京：清华大学出版社，2017.
5. 施方. 住房抵押贷款证券化——运作和定价 [M]. 上海：上海财经大学出版社，2005.
6. 谢经荣，殷红，王玉玫. 房地产金融 [M]. 3版. 北京：中国人民大学出版社，2012.
7. 谢平，邹传伟. 互联网金融模式研究 [J]. 金融研究，2012（12）.
8. 殷红，张卫东. 房地产金融 [J]. 北京：首都经济贸易大学出版社，2002.

第九章 房地产周期波动

房地产业在发展过程中存在着周期波动现象。认识房地产周期波动的规律性以及市场供求的变动趋势,生产者和消费者可以更主动地适应经济形势的变动,避免由于周期性波动带来的损失;政府可以更好地把握房地产周期规律及其与国民经济的关系,通过采取适当的宏观经济政策,避免房地产业发展中的大起大落,使之与国民经济发展相协调。

本章第一节简述宏观经济周期波动理论,包括经济周期的概念、基本原理以及主要的经济周期理论;第二节分析房地产周期波动的内涵、阶段、形态及其与宏观经济周期的关系;第三节重点介绍房地产周期的形成机制,即房地产周期波动的因素、传导机制以及主要的房地产周期成因理论;第四节介绍房地产周期的计量与监测。

第一节 经济周期理论概述

一、经济周期的概念

经济周期(business cycle)是指长期经济增长过程中,在一系列因素冲击下,国民总产出、就业量和价格总水平等宏观经济变量的短期波动。按照发展阶段,经济周期一般可划分为复苏、繁荣(波峰)、衰退和萧条(波谷)四个阶段,或者合并为高涨(包括复苏、繁荣)和低落(包括衰退、萧条)两个阶段。在高涨阶段,国民经济活动处于上升时期,一般地,总产出、总收入和就业量等宏观经济变量均保持上升态势;而在低落阶段,国民经济活动处于下降时期,总产出和总收入下降,而失业量增加。

纵观各国不同时期的经济周期波动,都有以下两个最重要的特征:

(1)经济周期是经济活动的不规则的扩张和收缩[1]。它并不遵循一种有规律、可以预期的形式,人们难以准确地预

---

[1] [美]萨缪尔森,诺德豪斯:《宏观经济学》,第十七版,105页,人民邮电出版社,2004。

测周期的发生和结束。有的经济周期持续时间很长，有的则很短；有的两次衰退之间间隔很久，有的则几乎接着就发生。也就是说，所谓的经济周期（business cycle）实质上就是经济波动（economic fluctuation）。

（2）经济周期波动中大多数宏观经济变量几乎同时波动❶。比如，在经济繁荣时期，伴随着实际 GDP 的增加，个人收入、企业利润、消费支出、投资支出、就业水平、价格水平等其他国民经济变量也都会上升。不过，不同变量上升的幅度有很大差异，一般而言，经济周期中投资支出的波动最大。

研究人员通过传统的经济周期理论研究发现了几种典型的周期类型：

（1）基钦周期（存货周期）。美国经济学家基钦（Joseph Kitchin）经研究发现，经济活动中有一种有规律的短期波动，其持续期间约为 40 个月，这种波动同商业库存的变化有关。基钦以 1890 年至 1923 年的英国和美国的票据清算额、批发物价、利率等资料证明了经济周期实际上有大周期（major cycle）与小周期（minor cycle）两种，小周期平均持续期间约为 40 个月，一个大周期一般包括两个或三个小周期。经济学界将其提出的短周期（40 个月左右）称为基钦周期。一般认为这种周期主要同市场商品可供量和企业存货量的变化有关，影响短周期的主要因素是企业存货增减而引起的投资数量的变动，所以又称存货周期。

（2）朱格拉周期（固定投资周期）。法国经济学家朱格拉（Clement Juglar）基于银行贷款的数字、利率、物价等统计资料，研究了英、法、美等国家工业设备投资的变动情况，发现了 9~10 年的周期波动，即"朱格拉周期"，也称为中周期。西方经济学界认为，朱格拉周期主要是工商业固定投资变动起主导作用所引发的周期。一般认为，影响中周期的主要因素是产业结构和产品结构的变动而引起的投资结构和投资数额的变动，又称为固定投资周期。

（3）库兹涅茨周期（建筑周期）。美国经济学家库兹涅茨（Simon Kuznets）通过对 1840~1914 年美国某些商品生产与价格变动长期趋势的研究发现，存在着 15~25 年的中长期的周期循环，即"库兹涅茨周期"。由于该周期与建筑业扩张、收缩的关系密切，所以，也称为建筑周期。

（4）康德拉季耶夫周期。俄罗斯经济学家康德拉季耶夫（N. D. Kondratieff）根据美国、英国、法国 100 多年的批发物价指数、利息率、工资率、对外贸易量以及铁、煤炭、棉花等产量的变化推算出 50~60 年周期的长期波动，即"康德拉季耶夫周期"，又称为"长周期"。西方经济学家对影响康德拉季耶夫周期的因素有不同的解释，包括人口增加、居民生活环境、生活方式、生活习惯以及与此相关的一系列观念的变化所引起的投资结构和投资数额的变化、地理上的新发现、战争等因素。认为各时期的主要发明、新资源的开发利用等所引起的技术进步和革新是康德拉季耶夫周期的产生原因的说法被普遍接受。

二、经济周期波动的原理

究竟是哪些因素对经济的稳定增长造成了冲击？这些冲击是通过怎样的机制发生作用，导致经济波动的？这里我们介绍大多数经济学家常用的解释经济短期波动的总需求-

---

❶ [美] 曼昆：《经济学原理》（下册），第三版，278 页，机械工业出版社，2006。

总供给模型（model of aggregate demand and aggregate supply）❶以及乘数-加速数原理。

（一）总需求-总供给模型

图9-1刻画了总需求和总供给模型。在该模型中，纵轴是用CPI（消费物价指数）或者GDP平减指数衡量的物价总水平，横轴是用实际GDP衡量的产品与服务的总量。向右下倾斜的曲线是总需求曲线AD，表示在其他条件不变的情况下，在不同的价格水平上，经济中所有的当事人实体（家庭、企业、政府和国外消费者）想购买的产品与服务的总量，包括投资、消费、政府购买和净出口四个部分。向上倾斜的曲线是总供给曲线AS，表示在其他条件不变的情况下，在不同的价格水平上，企业生产并销售的产品与服务的总量。产量和物价水平的调整使得总供给和总需求在某一点达到均衡。

1. 总需求曲线

图9-1中，总需求曲线向右下方倾斜。也就是说，在其他条件不变的情况下，随着物价总水平的上升，产品与服务的需求量下降。这主要因为以下三点：一是物价水平上升，在名义货币供应量不变的情况下，货币贬值了，消费者能够购买的产品减少，因此消费支出就减少了；二是物价水平上升，在名义货币供

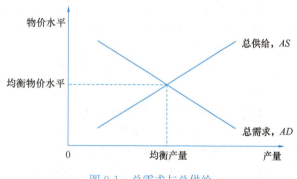

图9-1　总需求与总供给

应量不变的情况下，实际货币供应量减少，利率上升，投资减少，从而减少了对产品与服务的需求；三是物价水平上升，利率上升，实际汇率上升，刺激净出口减少，从而减少了产品与服务的需求量。

当其他条件发生变化后，一定物价水平下的总需求量将发生变化。这些影响因素主要包括由政府控制的宏观经济政策变量（货币政策和财政政策）和其他外生变量。这些变量的变化将引起消费、投资、政府购买和净出口等总支出的变化，使得总需求曲线发生移动，具体见表9-1。

一些使总需求增加并使AD曲线向右平移的因素　　　　　　　　　　表9-1

变量		对总需求的影响
政策变量	货币政策	货币供给量的增加会降低利率，改善贷款条件，从而增加投资和消费
	财政政策	政府增加开支将直接增加支出总量；减税或者进行转移支付将增加消费；税收刺激政策会使某个领域支出增加
外生变量	国外产出	国外产出的增长会导致净出口增加
	资产价值	资产价格的上升会增加家庭财富，从而增加消费
	技术进步	技术进步可以为商业投资提供新的机会
	其他	如政治事件、自由贸易协定等

资料来源：（美）萨缪尔森，诺德豪斯：《宏观经济学》（第十七版），111页，人民邮电出版社，2004。

---

❶　对总供给-总需求模型更详细的论述可参见（美）曼昆：《经济学原理（下册）》（第三版），280～298页，机械工业出版社，2006；以及（美）萨缪尔森，诺德豪斯：《宏观经济学》（第十七版），59～63页、108～111页，人民邮电出版社，2004。

2. 总供给曲线

图 9-1 中，总供给曲线向右上倾斜。也就是说，在其他条件不变的情况下，随着物价总水平的上升，产品与服务的供给量增加。主要解释有以下三种：一是黏性工资理论，认为名义工资变动可能会滞后于经济情况变化；二是黏性价格理论，认为一些商品和服务的价格调整对经济情况的变化不够灵敏；三是错觉理论，认为社会总体价格水平的变化可能使企业对本产品市场情况产生误判❶。

总供给曲线可能产生平移，主要影响因素包括劳动力、资本、自然资源等生产要素的变化，技术知识的变化，以及企业预期的变化。生产要素的增加、技术进步以及企业预期物价水平的下降等都会使得总供给增加，AS 曲线向外移动，反之亦然❷。

值得指出的是，图中总供给曲线描述的是短期的情形。长期时间内，总供给取决于资本、劳动力、自然资源和技术，并不受物价水平的影响，因此长期总供给曲线是垂直的。

3. 总需求-总供给引起的经济波动

总需求方面（见图 9-2），假设经济开始时处于长期均衡，此时，短期总供给曲线、总需求曲线和长期总供给曲线相交于 A 点。如果由于某种原因，比如股市崩溃，

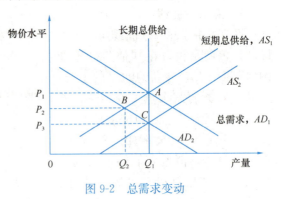

图 9-2 总需求变动

人们改变了对未来的乐观预期，纷纷减少消费和投资，那么，在短期内，总需求曲线将从 AD_1 向左移至 AD_2，经济从 A 点变动到 B 点，产量从 Q_1 下降为 Q_2，物价水平从 P_1 下降为 P_2，经济处于衰退中。这时，伴随着企业减少生产，人们收入下降，失业增加。

此时，如果政府采取积极的货币政策，增加货币供给，将会刺激消费和投资，使得总需求曲线回到 AD_1，经济回到 A 点，实现长期均衡。如果政府不采取任何政策，那么经济将在衰退中进行自我调整，企业会在物价水平下降的预期下，增加供给，供给曲线从 AS_1 向右移至 AS_2，从而经过一段时间经济从 A 点变动到 C 点，重新实现长期均衡。

总供给方面（见图 9-3），假设经济开始时处于长期均衡，此时，短期总供给曲线、总需求曲线和长期总供给曲线相交于 A 点。

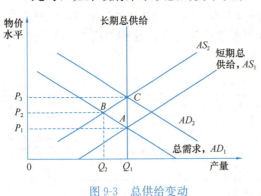

图 9-3 总供给变动

如果由于某种原因，比如石油价格上升，企业生产成本增加，那么，在短期内，总供给曲线将从 AS_1 向左移至 AS_2，这样，经济从 A 点变动到 B 点，产量从 Q_1 下降为 Q_2，物价水平从 P_1 上升为 P_2，经济处于滞胀中。伴随着企业减少生产，人们收入下降，失业增加。

---

❶ 详细论述可参见（美）曼昆：《经济学原理（下册）》（第三版），290 页，机械工业出版社，2006。
❷ （美）曼昆：《经济学原理（下册）》（第三版），292 页，机械工业出版社，2006。

此时，如果政府采取积极的货币政策，增加货币供给，将会刺激消费和投资，使得总需求曲线移到 AD_2，经济从 A 点变动到 C 点，实现长期均衡。如果政府不采取任何政策，那么经济将在衰退中进行自我调整，低产量和高失业会加大工资下降的压力，工资的下降使得供给曲线回到 AS_1，从而经过一段时间经济又回到 A 点，重新实现长期均衡。

（二）乘数-加速数原理

乘数-加速数原理通过将经济系统内外的因素结合起来，很好地解释了经济波动，特别是投资在经济波动中的作用。

乘数原理是指投资的增加，不仅直接增加了国民产出，而且能够带来一系列轮次的消费，从而带来国民产出数倍的增加；反之，投资的减少，不仅直接减少了国民产出，而且能够引起一系列轮次的消费减少，从而带来国民产出数倍的减少。我们假设消费者的边际消费倾向为 MPC，那么投资乘数 γ 为 $1/(1-MPC)$，1 单位的投资会引起产出增加 $1/(1-MPC)$ 单位。需要说明的是，乘数分析只能适用于有闲置资源存在的情况，也就是说，只有在实际产出小于潜在产出时，投资的增加才能带来产出的增加。如果投资超过了劳动力、资金、土地以及技术所决定的最优投资水平，就会使得宏观经济处于过热状态。

加速数原理是指产出的增加，会引起投资数倍的增加；反之，产出的减少，会引起投资数倍的减少。在式（9-1）中，I_t 表示 t 期投资，Y_t、Y_{t-1} 分别是 t 期、$t-1$ 期总产出，v 表示加速数，一般而言，v 在 3~4 之间。

$$I_t = v(Y_t - Y_{t-1}) \tag{9-1}$$

如果考虑到由于调节成本的存在和未来的不确定性，投资对产出的反应是逐步的，而不是立即的，那么在 t 期就会只有一部分 β 比例的投资发生了。但是，这不会对加速数的作用产生很大影响。

$$I_t = \beta(K_t^* - K_{t-1}) \tag{9-2}$$

式中 K_t^* ——t 期 Y_t 产出水平下需求的资本存量水平；

K_{t-1} ——$t-1$ 期 Y_{t-1} 产出水平下实际的资本存量水平。

这样，在乘数原理和加速数原理相互作用下，经济周期波动就内生地产生了：当投资增加时，首先在乘数原理作用下，会引起国民产出的大幅增加，而随着国民产出的增加，通过加速数作用，会引致投资的加速增加，从而形成螺旋式上升的经济扩张。当经济扩张达到甚至超过现有资源充分利用的上限时，就会出现投资引发的经济过热，供给超过了需求。从而经济进入调整期。投资将减少，然后在乘数原理作用下，会引起国民产出的大幅减少，而随着国民产出的减少，通过加速数作用，会引致投资的加速减少，从而形成螺旋式下降的经济衰退。当经济下降到极限时（供给小于需求），在一定的消费需求下，投资又会慢慢增加，从而经济进入新的一轮扩张期。需要说明的是，上述乘数 γ 和加速数 v 的不同相互关系，将会带来经济的不同波动方式。

三、主要的经济周期理论

针对不同历史时期不同经济现象，西方经济学者根据影响总供给和总需求因素的不同，提出了若干经济周期波动的理论解释，形成了各种经济周期成因分析理论。这里对 20 世纪 30 年代以来的西方主要经济周期理论做一介绍。

1. 有效需求不足论

该理论的代表人物为凯恩斯（J. M. Keynes）。1936 年他在《就业、利息与货币通论》中提出，衰退和萧条之所以会发生，是因为对产品与服务的有效需求不足。有效需求包括消费需求和投资需求，由三个基本心理因素决定，即边际消费倾向、资本预期收益和货币流动偏好。其中，资本预期收益决定资本的边际效率，对经济周期波动的产生起重要作用。在假设工资和价格固定、社会资源未被充分利用的基础上，凯恩斯运用乘数模型说明了投资、政府税收和支出政策通过乘数机制对总支出和总产出的倍数化影响。凯恩斯认为，要消除这种源于有效需求不足的经济波动必须进行国家干预，刺激总需求，使总供给与总需求一致，保持经济的稳定发展。萨缪尔森则在此基础上，进一步应用乘数-加速数模型说明了在乘数效应和加速原理的相互作用下，外部冲击产生后，总需求是如何产生有规律的周期波动的。

2. 技术创新理论

熊彼特（J. A. Schumpeter）是技术创新决定论的创立者。熊彼特认为，企业家的创新活动实现了生产要素的重新组合，从而获得垄断利润，创新浪潮的出现引起经济繁荣。当创新扩展到越来越多的企业，盈利机会趋于消失，同时创新引起了信用扩张，造成了过度投资行为，经济开始衰退。随之而来的是失衡的必要调整阶段，即经济复苏，经济复苏要借助于新发明的刺激，而新发明的实际应用则借助于经济的扩张过程。这样由创新所引起的繁荣和衰退就形成了经济周期波动。根据熊彼特的解释，对于经济周期，政府的人为干预是不必要的甚至是有害的，市场经济有自行恢复的能力。

3. 货币学派理论

该理论的代表人物为弗里德曼（Milton Friedman）。这种理论将经济周期波动的根源归结为影响总需求的货币冲击，认为总需求主要受货币供给量的影响，货币供给的无规律变动造成了名义 GDP 和实际 GDP 的短期波动。在假设经济主体的预期是适应性预期和价格、工资相对灵活的基础上，基于货币数量论，弗里德曼认为，当货币供给增加后，资产相对价格水平发生变化（货币也是一种资产），导致支出、收入和物价水平上升，但经济主体的适应性预期使其在短期内高估实际货币资产价格，从而导致更多的暂时性支出，经济波动继而发生。该理论深信私人部门的内在稳定性，认为为保持经济平稳增长，政府的货币政策应该实行单一货币规则，使货币供给以固定的速率增长，以免造成经济波动。

4. 均衡商业周期理论

该理论的代表人物为卢卡斯（Robert E. Lucas）。与货币学派理论相似，这种理论也将经济周期波动归根于影响总需求的货币冲击，但是在假设条件和解释冲击发生作用的传导机制上有差别。除价格和工资具有灵活性这个古典假设外，它还假设人们的预期是理性预期。基于卢卡斯供给方程（孤岛模型），它认为价格信息不完全（经济主体对价格水平与相对价格的预期误判）致使货币冲击引发了周期波动。货币供给增加后，一般物价水平上升，经济主体由于信息不完全，会错将一般物价上升当作相对价格变动从而扩大生产、增加投资。而当他们意识到上述错误进行调整时，产出又跌至较低水平，从而导致产出和就业的周期性波动。该理论认为：由于理性预期的存在，被人们预料到的系统的经济政策不会对实际产出和就业产生影响，只有政府随机地改变政策且人们未预料到时，才会形成货币冲击，影响实际产出和就业，但是会带来产出的剧烈波动。

5. 新凯恩斯主义经济周期理论

该理论的代表人物为曼昆（G. Mankiw）、罗默（D. Romer）、斯蒂格利茨

(J. Stiglitz) 等。新凯恩斯学派批判地综合了老凯恩斯主义、货币主义和新古典宏观经济学的理论要素，在假设市场不完全性和理性预期的基础上，认为总供给和总需求两方面的冲击会使宏观经济产生偏离长期趋势的短期波动，政府应该相机抉择采取适当的货币政策和财政政策进行干预。

6. 真实经济周期理论

该理论的代表人物为基德兰德（Finn Kydland）和普雷斯科特（Edward Prescott）。该理论虽与新古典宏观经济理论一样信奉新古典信条，以竞争市场和理性预期为假设前提，但是在经济周期波动的根源和机制方面两者完全不同。该理论认为，经济周期仅仅取决于以技术冲击为代表的真实因素，与货币或者其他需求方面的因素没有关系。当正的技术冲击发生后，劳动生产率得到提高，就业、投资和产出上升，经济高涨。而且，在经济波动过程中，具有理性预期的经济主体根据外生的技术冲击引起的工资、利率等经济变量相对价格水平的变动来调整消费、投资和劳动供给，所以经济波动是帕累托最优调整后的结果，它在很大程度上表现为经济基本趋势本身的变动，而不是经济对长期趋势的短期偏离。因而，不存在市场不完善导致的市场失灵现象，政府不需要通过稳定政策来消除经济波动。

以上各种经济周期理论分别基于不同的假设，从不同视角考察了经济波动的成因。新老凯恩斯主义理论、技术创新理论基本都属于内生论，将经济周期的冲击归为内生因素；货币学派、新古典宏观经济理论、真实经济周期理论和政治经济周期学派都将经济周期的冲击归为政策变动、政治因素或者外生的技术进步等外生因素。实际经济运行中，这些内生因素和外生因素共同作用，导致经济周期波动的发生。

第二节　房地产周期波动的基本原理

一、房地产周期的概念

所谓房地产周期是指房地产业在发展过程中，在一系列因素冲击下，随着时间的变化而出现的扩张和收缩交替反复运动的过程，它体现为房地产投资、销售、价格以及就业等经济变量的短期波动。在扩张阶段，房地产业处于上升时期，此时，房地产投资、销售、价格以及就业都保持上升；而在收缩阶段，房地产业处于下降时期，此时，房地产投资、销售、价格下降，而失业量增加。

从各国房地产业的发展进程看，由于各国经济发展的进程与政策不同，房地产周期波动的频率也各不相同。例如，美国的房地产周期从1870年开始，大约按18～20年的频率完成一次周期循环，10年上升，10年下降，其周期波动大致按照库兹涅茨周期模式运行。美国房地产最近一次繁荣期（波峰）大约在2006年，历经6年左右下降期后，大约在2012年前后到达谷底，开启上升期（图9-4）。日本房地产经济周期大体是10年一次循环，其房地产繁荣期（波峰）分别为1961年、1973年、1981年、1990年，基本上遵循朱格拉周期波动模式（图9-5），但最近一次下降期持续较长（图9-6）。我国香港地区一般为9～10年，其中上升期为5～6年，下降期4～5年（图9-7）；我国台湾地区为7～8年，1990年达到房地产繁荣期波峰后，1991—1992年连续下降，1993—1997又有所回升，此后受亚洲金融危机的影响进入衰退和萧条期，于2002年开始复苏。

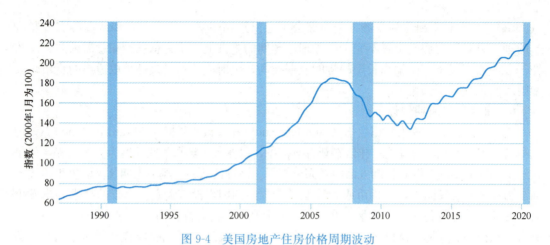

图 9-4 美国房地产住房价格周期波动

资料来源：Case-Shiller 住房价格指数（https：//fred.stlouisfed.org/series/CSUSHPINSA#0）。

图 9-5 日本地价指数增长率周期波动

数据来源：曲波：《房地产经济波动理论与实证分析》，47~51 页，中国大地出版社，2003。

图 9-6 日本东京地区住宅用地（上方曲线）和独栋房屋（下方曲线）价格指数

数据来源：日本国土交通省网站（https：//www.mlit.go.jp/common/001083949.pdf）。

图 9-7 我国香港住宅价格周期波动

资料来源：https://tradingeconomics.com/hong-kong/housing-index。

二、房地产周期波动的阶段

房地产周期运动过程可简单描述如下：经济增长对物业的需求→刺激建筑业的发展→经济繁荣进一步刺激物业需求→新建物业超过实际需求→产生过剩物业积压→物业需求迅速减退进入调整期→物业需求逐步消化现存量进入恢复期→物业供求关系达到平衡阶段→新的经济增长使物业需求大于供给→开始新一轮经济周期运动。

同宏观经济周期一样，房地产周期波动的阶段也可分为扩张和收缩两个阶段，扩张阶段包括复苏与增长、繁荣（波峰）两个阶段，收缩阶段包括危机与衰退、萧条（波谷）两个阶段。下面就各个阶段的主要特点作简要分析。

（一）复苏阶段

经历了房地产业萧条之后出现的复苏与增长期，一般会经历较长时间。这一阶段的主要特征为：①交易量回升，购楼者开始增多，少数炒家开始入市，但买房者仍多为自用，投机者较少；②需求趋旺刺激房地产价格慢慢回升，呈持续增长状态，但期房价格仍然低于现房价格；③交易量的增加推动房地产开发数量的上升，房地产开发投资逐渐增多，且开发速度逐步加快；④随着房地产市场的加速回升，人们对市场形势充满乐观情绪，购楼者特别是炒家进一步涌入，不但现房价格上涨，期房价格也进一步回暖，市场交易尤其是二、三级市场的交易活跃。于是，在条件成熟时，整个房地产经济又进入繁荣阶段。

（二）繁荣阶段

即经济周期中的波峰。这一阶段持续的时间较短，主要特征是：①开发规模加大，交易量急剧增加。房地产开发企业对土地以及物业的开发与建设规模进一步增大，其他行业的企业也因市场极度乐观和高额利润而进入房地产市场，房地产投资量剧增，于是现房和期房都大量推出，各级市场的房地产交易量激增，整个房地产业呈现出兴旺发达的景象。②房价越来越高，逐渐到达顶点，市场中投机者活跃。一般来说，先是期房价格增幅紧跟现房价格，然后两者并驾齐驱；接着期房价格增幅慢慢超过现房价格；最后期房价格迅速上升，并在房价上涨过程中起带头拉动作用。房地产市场炒风日盛，限制投机的呼声日益成为社会的共识。③到一定阶段，由于房地产价格和房地产经营利润率畸高，房地产开发量的过度增加，以及房地产开发内部结构不合理等因素，房地产开发建设逐渐超过市场有效需求，开始出现衰退下滑迹象，并且影响了国民经济发展。这时，真正自用买房者大多被迫退出市场，只留下投机资金支撑房地产市场，形成有价无市的局面。

（三）衰退阶段

当楼价高到把真正房地产消费者挤出，仅仅依靠投机资金支撑时，房地产业也就由盛转衰，预示着危机和衰退阶段的到来。相对来说，这一阶段较为短暂，其主要特征是：①房价在开始时虽仍然继续上升，但是涨幅明显放缓并开始出现下跌迹象，现房价格基本上停顿不前。②交易量明显减少，形成明显的有价无市的状态。在受到一些突发性事件的影响下，房地产价格急剧下降。其中期房价格下跌速度要快于现房价格的下跌。房地产价格的暴跌趋势阻止了真正的消费者及投机家进入市场，又进一步加剧了房地产价格的下跌速度。③由于交易量锐减，一些实力较差、抗风险能力较弱的开发商因为资金债务等问题而难以为继，房地产从业人员减少，失业率和破产率增加。

（四）萧条阶段

这一阶段也就是常说的波谷，持续时间较长。其主要特征是：①房地产价格跌势继续，大多物业只跌不起，甚至跌破物业原值，期房价格加速下降而大大低于现房价格；②伴随着房地产价格的大幅度下降，房地产交易量锐减，其中期房交易量降幅更大；③一部分房地产开发商面临困境，破产现象更加普遍，甚至有一些实力雄厚的大型公司也难免蒙受重大损失。

[专栏 9-1] 亚洲金融危机前后香港房地产周期波动情况

受宏观经济发展、人口、政治、政府宏观调控等诸多因素的影响，从20世纪90年代开始，香港房地产业表现出明显的周期波动特征，经历了平稳发展→繁荣→衰退和低迷→复苏的一系列过程。

1. 持续升温的增长与繁荣期（1990—1997年）。1985年以前，香港房地产处于平稳发展状态。1985年底"中英两国关于香港问题的联合声明"的签署，使得香港政治局势和前途明朗化，激发了投资者的信心和投资热情，加上良好的经济发展形势和较宽松的货币政策，香港房地产从1990年起一直处于快速发展阶段并达到繁荣的顶峰。

2. 调整下跌的衰退和低迷期(1998—2003年)。香港回归祖国后，面对房地产狂涨热潮，香港特区政府提出了一系列调控政策。但亚洲金融危机的爆发使得香港房地产业遭受重创，陷入持续的衰退和低迷期。自1997年4季度到2003年2季度，香港房价累计跌幅高达50%。

3. 复苏期（2003年至今）。亚洲金融危机后，香港政府采取了一系列稳定楼市的政策，包括对楼花买卖的解禁、暂停卖地、停售停建居屋和增加购房贷款供应等。2003年在香港股市大幅攀升以及宏观经济出现好转的背景下，香港房地产进入复苏时期。2003年第3季度，香港房价止跌开始逐步回升，2004年全年平均房价上涨了26.6%。

资料来源：谢百三，蔡文洁：《香港房地产市场累及全港经济的教训及警示》，《价格理论与实践》，2006年第2期。

三、房地产周期波动的形态

一般地,可以把房地产周期的时间序列划分为长期趋势、景气循环、季节波动、随机波动四种形态。

(一) 长期趋势

房地产周期中的长期趋势反映的是房地产业发展过程中长时期的总量变化趋势。房地产业发展的长期趋势主要受人口增长、城市化进程、资本积累、产业结构变化、技术进步等因素的影响。一般说来,由于土地资源的稀缺性和国民经济总量的发展,房地产业在较长时期的持续运动过程中,基本上都表现出一种增长的趋势。尤其是在经历经济起飞过程后,往往持续较高的经济增长率,使房地产业在此阶段的长期趋势也表现出较快的增长态势。

(二) 景气循环

所谓景气循环,就是指房地产业的实际发展与其长期趋势之间的偏差,围绕长期趋势发生的波动,即房地产市场不断从繁荣滑向萧条,又从萧条走向繁荣这样一种周而复始的运动过程。影响不动产景气循环的主要因素有:存量房的调整、就业与收入水平的变化、地区人口的增长以及政府货币政策的变化等。与宏观经济周期相比,房地产景气循环具有涨落快、波幅大、萧条时期长等特点。

(三) 季节波动

季节波动是指房地产业在一年之内活动的有规则的变化。引起房地产业这种季节波动的因素有多种,有的来自市场需求方面,有的来自市场供给方面。例如,欧美冬季多雨,所以房地产业特别是建筑业的活动在这一时期大幅减少;而中国台湾有所谓3月、10月"黄金档期",7月鬼月销售业绩"度小月"的说法。以上这些因素都会影响房地产经济周期中的季节波动。

(四) 随机波动 (不规则波动)

房地产业的发展还可能受到各种不确定的外生因素的干扰和影响。这些因素既包括地震、洪水等自然灾害,也包括战争、政治风波等不可控因素。由于这些因素发生的时间与强度具有不规则和不可测性,对房地产业的总体发展的影响基本属于一种随机现象,因此将这些因素所引起的房地产周期的波动称为随机波动或不规则波动。由于房地产位置的固定性和不可移动性,这种随机波动对房地产业和房地产市场的影响有时也是十分巨大的,房地产业发展因而面临巨大风险。

四、房地产周期与宏观经济周期的关系

(一) 房地产周期与宏观经济周期的相互影响

从房地产周期与宏观经济周期的关系看,宏观经济周期对房地产周期波动具有决定性作用;同时,具有自身特点的房地产周期波动也对宏观经济周期产生影响,影响的程度取决于国家(或地区)房地产业发展的进程及其在国民经济中的地位。

1. 宏观经济周期对房地产周期的决定性作用

根据总供给-总需求模型,房地产周期也取决于房地产业供给和需求的变化,而宏观经济波动是影响房地产业供给和需求最大的外在因素。在供给层面,通货膨胀率、工资、

利率、货币供应量等宏观经济变量的变化通过影响房地产开发投资的生产成本和预期对房地产供给产生影响；在需求层面，收入、利率、通货膨胀率等宏观经济变量通过影响居民和企业持有物业的成本和预期对房地产需求产生影响。一旦经济衰退，居民由于失业、高利率、收入的下降以及对未来的悲观预期，对于增量住房的需求就会大幅度减少；企业也因为利润的下降和对未来的悲观预期，大量减少生产和投资，继而对写字楼、商铺和工业厂房的需求也会减少。而房地产开发企业面对日益萎缩的需求，在高利率、利润的减少和悲观预期下，就会减少开发投资，甚至退出该行业。经济扩张时期，情况正好相反。

根据美国经济学家库兹涅茨的分析，宏观经济增长率与房地产业发展之间存在密切关系。从表 9-2 可以看到：房地产业与国民经济发展水平高度正相关，宏观经济增长越快，房地产业发展越快，宏观经济增长率低于一定水平，房地产业处于停滞甚至萎缩状态。

房地产业周期与宏观经济发展的相互关系　　　　　表 9-2

宏观经济增长率	房地产业发展状况
小于 4%	萎缩
4%～5%	停滞甚至倒退
5%～8%	稳定发展
大于 8%	高速发展
10%～15%	飞速发展

资料来源：谭刚：《房地产周期波动》，149 页，经济管理出版社，2001。

2. 房地产周期对宏观经济周期的影响

房地产业作为国民经济的组成部分之一，由于具有融资量大、产业链长、波及面广等特点，其周期波动对宏观经济周期产生重要影响。这种影响可以从房地产投资和价格对总供给与总需求的影响来认识。

从房地产投资的影响来看。在房地产业扩张时期，房地产投资增加，根据总供给和总需求模型，在投资乘数作用下，一定量的起初投资引发了一系列轮次的消费，带来了总产出的数倍增加。同时，由于房地产业关联产业多，房地产投资的增加必然带来上游、下游诸多产业投资的增加，从而增加总投资水平，进一步增加总产出。在图 9-8 中，房地产投资引起的消费和投资的增加使得总需求曲线向右移动，均衡时的 GDP 从 Q_1 增加为 Q_2，物价水平从 P_1 上升为 P_2。

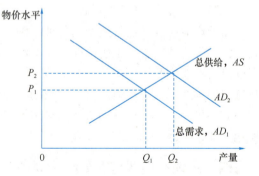

图 9-8　房地产业扩张期房地产投资增加对总产出和价格水平的影响

从房地产价格的影响来看。在房地产业扩张时期，根据总供给和总需求模型，对于居民来说，房价上升不仅增加了其财富，而且借贷能力也得到提高，这样通过财富效应人们会增加当期消费，使得总需求增加。Case、Quigley 和 Shiller（2005）根据 14 个国家的面板数据（Panel Data）对房价上涨带来的财富效应进行了实证研究，结果表明房价上涨带来的财富效应为 6%，大于股市的财富效应。对于企业来说，房价上升会增加其净财富，改善其资产负债情况，进而可以降低外部融资成本，增加贷款量和投资额。因此，房价的上升会促进消费和投资的增加，使得总产出增加。但是，如果这种上升超过一定限度，就会引起企业生产成本和居民生活成本的提高，从而不仅抑制消费和投资的增加，也会提高总供给成本，当这种负作用超过积极作用时，就会引起宏观经济的衰退。在图9-9中，房价上升引起消费和投资的增加使得总需求曲线从 AD_1 向右移动到 AD_2，均衡时的 GDP 从 Q_1 增加为 Q_2，物价水平从 P_1 上升为 P_2。但是，如果房价上升过高，就会使得总供给曲线从向上移动，总需求曲线从 AD_1 仅移动到 AD_3，均衡时的 GDP 从 Q_1 减少为 Q_3，物价水平从 P_1 上升为 P_3。

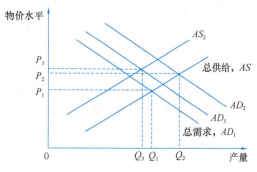

图9-9 房地产业扩张期房地产价格上升对总产出和价格水平的影响

（二）房地产周期与宏观经济周期的波动差异

房地产周期作为宏观经济周期的组成部分之一，其周期波动与宏观经济周期相协调，二者是一种正相关关系，波动方向同向。同时，由于任何产业都有它自身的特殊性，而这种特殊性必将在经济运行中表现出来，从而决定了不同产业的周期曲线与宏观经济的周期曲线不可能完全重合。

1. 周期波动次序的差别

从周期波动次序来看，房地产周期与宏观经济周期的复苏、繁荣、衰退、萧条四个阶段在时间上并不一致。一般来说，房地产周期的复苏、萧条期滞后，而繁荣、衰退期超前（图9-10）。

图9-10 1976年以来日本经济周期和房地产周期波动情况

数据来源：曲波：《房地产经济波动理论与实证分析》，159页，中国大地出版社，2003。

从复苏阶段看，尽管房地产业是基础性和先导性行业，但由于产品价值大，耗用资金多，生产周期长，并且是非工厂化单件设计单件生产，故当经济开始复苏时，房地产开发商需要经过较长时间的筹备、计划才能投入生产。因此，房地产业的复苏要稍微滞后于宏观经济，但时间很短暂。

进入高涨时期，房地产经济周期相对要提前一些。之所以如此，总的说来是由于房地产业经过复苏阶段的准备和发展，其先导性、基础性产业的作用开始充分显现出来。具体来说，首先是市场的作用。由于经济高速发展、居民收入水平提高，全社会对各种商品用房、工业用房、各类住宅别墅等居住用房等的需求扩张，拉动房地产业迅速发展。其次是有充足的资金。在经济高速发展并且市场状况良好的情况下，房地产开发商不仅可以加速自有资金的周转，同时还可以取得更多的贷款；当经济具有良好的发展势头时，银行也愿意将更多的资金投入房地产业，使得房地产业得到更快的发展。再次是价格的刺激。房地产产品的开发周期较长，一般需要1~3年，有的时间更长。当需求扩张时会引起房价的上涨，由于商品房的供给价格弹性较小，从而加剧了房价的进一步上扬，势必刺激房地产投资，进一步加速房地产业的发展。

从衰退期来看，房地产业要早于和快于宏观经济。房地产业之所以提前衰退，一方面是由于房地产业作为基础性和先导性产业，其"超高涨"或"超前发展"可以满足宏观经济继续高涨的需要，而提前进入衰退期；另一方面，房地产业的发展应以社会经济各部门的发展为基础。如果房地产业长期一枝独秀，必然导致与其他部门的脱节，最终也会使房地产业难以维持较长时间的高速发展而逐步降下来，进入衰退期。从房地产业自身发展的局限性看，它要先于宏观经济进入衰退期，而宏观经济的衰退进一步加速了房地产业衰退的步伐。

从萧条阶段来看，房地产经济周期的萧条阶段要滞后于宏观经济周期。因为当宏观经济出现萧条时，各行各业的发展都处于停滞不前的状态，失业率、通货膨胀率较高。但是由于房地产本身具有保值增值的特点，所以在其他行业都萧条的时候，人们会放弃其他投资，转向房地产开发投资或直接购买房地产，从而维持了房地产市场一定的供给和需求，推迟了房地产业的萧条。

2. 波幅及波长不同

一般来讲，房地产周期波动的幅度要大于宏观经济周期，即波峰要高于宏观经济周期，波谷要低于宏观经济周期；从波长来看，房地产周期的波长与宏观经济周期不一定相同。例如，英国宏观经济周期平均波长为20年，而房地产周期的平均波长为9年。而有研究认为，我国房地产周期的波长与宏观经济周期的波长基本一致，均为4~5年。

3. 房地产周期的长期趋势显著

与宏观经济周期相比，房地产周期的长期趋势显著，即由于土地资源的短缺和房地产的不可替代性，在政府采取反周期政策的干预下，房地产周期以螺旋式上升的方式形成增长趋势。具体表现为：在一个周期内，尽管波谷阶段低于波峰阶段，但却高于前一周期的波谷，而有时则会超过前一周期的波峰。这种增长循环的长期趋势表明，房地产价格长期处于上升，因而可以较好地说明地价或者房价即使有回落，但长期来看仍然是一波高过一波的现象。

第三节 房地产周期波动的形成机制

一、影响房地产周期波动的因素

影响房地产周期波动的因素可分为内生因素和外生因素两大类。所谓内生因素，即房地产经济体系本身的内部因素，如收益率、投资、市场特征等；所谓外生因素，是指房地产经济体系以外的、对房地产经济活动产生外部冲击的影响因素。外生因素通过内生因素起作用，房地产周期波动是内生因素与外生因素共同作用的结果。

（一）影响房地产周期波动的内生因素

1. 收益率

一般来说，当房地产开发商的预期收益率提高时，开发商会扩大投资和开发规模；当预期收益率下降时，开发商的投资行为就会变得较为谨慎。因此，收益率就像指挥棒一样引导着开发商的投资行为。

由于市场竞争的存在，房地产开发商不可能长久地获得高出社会平均投资收益水平的超额利润。只要房地产开发投资存在着超额利润，就会不断有新的投资者进入到房地产开发的行列。新的投资者的进入导致商品房供应增加和市场竞争的加剧，结果使房地产开发的收益水平逐渐回落到社会平均水平甚至以下。此时，新的投资者不再进入，原有部分投资者还会退出，房地产市场上的新增供应减少。而随着房地产消费和投资需求的增加，超量的供应被市场吸纳，房地产市场的开发利润水平又会回升，回升到一定水平时，又会有新的投资者进入房地产市场。

房地产周期波动的直接原因是市场供应与需求之间不匹配的矛盾。这一矛盾通过成本、价格和销售量等几个指标最终反映在收益率的变化上，而收益率这根指挥棒进而引导着房地产的投资走向扩张或收缩，使房地产经济出现周期性变化。

2. 投资

在房地产经济活动中，房地产投资是房地产业发展至关重要的因素，房地产投资的波动常常被看作是房地产周期波动的引擎。从理论上说，房地产投资的增加会引起房地产业的扩张，市场进入繁荣阶段；投资下降则会使房地产业出现萧条的局面。也就是说，房地产投资的变动与房地产周期的变动基本上是一致的，两者几乎是同向共振的；但是，从波幅上看，房地产投资波动比房地产周期的波动更为活跃一些。

3. 市场特征

由于房地产具有价值量大、异质性、不可移动性、耐久性、需求的二重性、消费的层次性等特点，房地产市场具有不同于一般商品市场的市场特征，包括区域性、不完全竞争性、供给缺乏弹性、与金融高度关联性、易受政府调控干预等。这些市场特征对房地产周期波动有着显著的影响，突出表现为以下三方面：一是由于房地产市场的不完全竞争性，对需求者而言，信息不完备导致较大的搜寻成本和交易费用，需求往往不能立即得到实现，并且容易诱发羊群效应；对供给者来说，往往能够形成市场力量，即对市场形成一定垄断定价能力。因此，价格信号不能完全真实反映市场的供求状况，导致房地产供给和需求难以实现完全的匹配，从而带来房地产周期波动。二是房地产市场的区域性特征不仅使得不同区域的房地产业具有不同的周期波动特点，而且某一区域的房地产业因为一系列冲击出现波动后，会通过所谓传染（contagion）机制对其他区域形成波及效应，从而形成更大区域内的房地产业波动。三是房地产业易受政府调控干预影响的特性，国家宏观调控政策往往对房地产业产生巨大的影响，如果调控政策运用得当，就会减少波动，反之则有可能造成更大的波动。

(二) 影响房地产周期波动的外生因素

影响房地产周期波动的外生因素可以分为以下三大类：①影响房地产开发活动的政策因素，主要是与房地产业密切相关、敏感程度较大的政策因素；②影响房地产开发活动的社会经济因素和技术因素，如国民收入和消费水平、通货膨胀率、经济增长方式的转变、产业结构的演进、城市化进程以及技术进步等因素；③影响房地产业的随机因素，包括地震、洪水等自然灾害，战争、政治风波等社会突发因素。

1. 政策因素

影响房地产周期波动的政策因素包括货币政策、财政政策、土地政策、经济体制和经济制度改革政策以及区域发展政策等。这些政策工具从房地产业发展的各个方面对房地产市场进行调控，从而影响房地产的周期波动。

政府可以通过利率、货币供应量、贴现率等货币政策工具对房地产供给和需求进行调节，从而影响房地产周期波动。一般地，利率变动与房地产周期波动呈反方向变化。在供给方面，开发商融资成本的高低和借贷资金的取得，都与金融市场息息相关。当金融市场资金宽松时，利率下降，开发商融资较易，融资成本较低，房地产价格较低，从而促进了房地产供给和市场的繁荣。在需求方面，由于房地产价值高的特性，进入房地产市场必须获得金融的支持。就住宅而言，大部分购房者必须依赖长期的负债以取得住房。这就必然涉及长期融资的取得与长期融资的成本。利率高则加大了购房者的按揭成本，从而阻碍了房地产的投资需求和消费需求。

政府可以通过财政税收和政府支出等财政政策对房地产供给和需求进行调节，从而影响房地产业的周期波动。比如，为了促进房地产业的发展，在供给方面，可以通过降低房地产税率、减免税收等措施刺激房地产开发投资，增加供给；在需求方面，减免税收、财政补贴等手段将增加有效需求，相反，提高税率、取消税收优惠措施将抑制房地产业的过快发展。

政府可以通过调节土地市场的供应总量、结构和节奏对房地产业开发和需求进行调节，进而影响房地产业的周期波动。一般地，在容积率、建筑密度等规划指标不变的情况下，土地供给增加将增加未来的房地产供给，而且会使得开发商在未来房价可能放慢增长速度的预期下加快已获得土地的开发进度，从而进一步增加房地产开发投资。

最后，不同的经济体制下，经济主体的生产效率和资源的配置效率是不同的。房地产市场、金融市场越完善，在价格竞争机制下，企业利用土地、资金和技术进行房地产生产的效率就高，生产成本和交易成本就可降到最低水平，从而一定的投入就可以产生出更多的产品。随着住房制度和金融制度的改革，房地产市场和金融市场将逐渐完善：在供给层面，不仅通过提高生产效率推动了增量市场的快速发展，而且因产权的明晰和交易费用的降低，存量市场也得到发育；在需求层面，消费者的潜在居住和投资需求得到极大释放，成为支撑市场发展的巨大有效需求。供给和需求的双向作用有力地促进房地产业的持续繁荣。

2. 社会经济与技术因素

国民收入和消费水平。国民收入的变动通过影响消费者对房地产的支付水平和对未来财富积累的预期，对投资和消费需求产生影响。一般地，随着国民收入的增加，消费水平逐步提高，人们有更多的支出用于房地产投资和消费，从而促进房地产业的繁荣。

通货膨胀率。在经济发展过程中，通货膨胀与通货紧缩的交替变化，会对房地产投资的预期回报率产生周期性的影响，从而影响房地产周期波动。在发达成熟的房地产市场中，一般来说，长期租金直接与通货膨胀率挂钩，通货膨胀率的上升会直接导致长期名义租金的上升；而短期名义租金除受供求关系影响外，总体上也要受通货膨胀率的影响。通货膨胀率的变化与房地产租金的波动联系十分紧密。另一方面，通货膨胀率的变化还会引起房地产的建设成本、经营成本以及利率等的变化，从而影响房地产的投资回报率。

经济增长方式的转变。不同的经济增长方式下，房地产需求的数量和结构都有很大差别。例如，粗放型增长方式主要依靠规模的扩大实现增长，因而对土地、厂房、仓库等不动产的需求很大，当经济增长方式由粗放型转向主要依赖于技术含量的集约型增长时，对房地产的需求会发生较大变化，进而影响房地产市场的发展繁荣。如果这种经济增长方式的转变是在较短时期内发生的，则对房地产周期波动的影响效果就比较显著；如果这种转变是在较长时期内缓慢发生的，则对房地产周期波动的性质产生深远的影响，这种影响一般通过产业结构的变化表现出来。

产业结构演进。一定时期的产业结构特征决定了当期的国民经济周期波动的基本形态。作为国民经济整体的一部分，房地产周期波动的形态特征也受产业结构演进的影响。从发达国家经济发展的历史来看，在工业化初期和中期，由于制造业发展迅速，造成对工业用地需求剧增，工业地价的涨幅一般要大于其他类型用地和平均地价的涨幅。而在工业化的后期，由于第三产业的长足发展，房地产业的规模越来越大，在国民经济中的地位也越来越高，房地产周期对国民经济周期的影响也越来越大。同时，由于房地产业与金融业的联系愈来愈紧密，房地产周期波动受金融市场波动的影响日趋严重。例如，第二次世界大战后日本经济高速发展时期，地价出现的三次猛涨就伴随着产业结构的变化，即以工业用地价格上涨引起的第一次地价猛涨、以住宅用地为主的地价上涨以及以第三产业用地为主的地价上涨。而不论哪次地价上涨，其趋势与工业化和产业结构演进的方向都基本一致。

城市化。城市化进程包括城市生活方式的兴起以及城市生活方式向郊区的扩散即郊区化过程两个方面。城市化进程增加了对城市基础设施和城市住宅的需要，并影响人口增长、人口流动以及交通运输业等的发展，而这些因素又进一步对地价上涨和房地产业的发展产生持久性的影响；同时也影响到各类房地产市场发展的长期趋势，进而影响各类房地产经济周期波动的特征。例如，1955～1993年日本房地产业经历了不到四个周期，其中以住宅建设拉动地价上涨的现象就有两个周期，大约持续了20年。

技术进步。每一次技术变革，都会不同程度地对房地产的生产、交易和消费等环节产生影响。在生产方面，技术进步在微观层面优化土地、资金和劳动力等生产要素的组合，提高容积率、降低生产成本；在宏观层面则通过促进房地产业的产业化，实现科技成果的产业化和生产方式的工业化，建立起工业化的房地产建造体系，提高生产效率，降低资源消耗水平。技术的进步推动了房地产供给水平的提高，在需求不变的情况下降低房地产价格。在交易方面，知识经济的到来，信息技术得到广泛应用，极大地降低了交易成本，促进了房地产的流通。在消费方面，短期内，供给增加导致的价格下降使更多消费者的潜在需求转为有效需求；长期内，现代技术的应用和产业化的推进使"节能省地"型住宅与绿色生态住宅得以推广，有效地延长住宅经济寿命，降低折旧率。技术进步对房地产供给和需求的这些冲击,不仅会对房地产业发展的长期趋势和产业特征产生重大影响,而且在短期内每一次技术进步和创新必然推动房地产业的扩张,而当技术停滞甚至倒退时,也会加剧房地产业的收缩。

3. 随机因素

影响房地产业的随机因素包括地震、洪水等自然灾害,战争、政治风波等社会突发因素。这些因素对房地产周期有突然的、直接的、猛烈的影响,这些影响一般是短期的,但有时也会持续很长时间。

[专栏 9-2] 我国"三步并作一步"大力推进住宅产业化

"住宅产业化"起始于20世纪50年代的欧美国家。1989年,在国际建筑研究与文献委员会(CIB)第11届大会上,它被列为当前世界建筑技术的八大发展趋势之一。纵观发达国家的住宅产业化进程,大体经历了三个阶段:(1)在住宅产业化初期阶段,欧美国家建立了工业化的住宅建造体系,提高了生产效率,加快住宅建设的进程;(2)在住宅产业化的成熟期,发达国家住宅产业化的重点,是提高住宅的质量和性能;(3)当前发达国家的住宅产业化已经进入建筑的可持续发展阶段,重点转向节能、降低物耗、降低对环境的压力以及资源的循环利用。与发达国家相比,当前我国住宅建设正处于从第一阶段向第二阶段过渡的时期。但是,我国的住宅产业化不能重复发达国家的老路。建设部提出:我国的住宅产业化,必须把"三步并作一步",直接以住宅建设的可持续发展为目标。

资料来源:刘志峰:《大力推进住宅产业化,加快发展节能省地型住宅》,《建设科技》,2005年第13期。

二、房地产周期波动的成因

房地产周期波动是由房地产经济体系的内生因素和外生因素相互共同作用形成的。这些因素对房地产的供给和需求,以及房地产开发投资、销售、价格、租金等变量产生影响。内生因素形成房地产周期波动的内在传导机制和基础结构,外生因素一般通过内生因素的作用实现对房地产经济活动的影响。

在房地产周期波动中,乘数-加速数原理能够较好地解释需求冲击对房地产周期波动的作用机制。由于房地产生产需要较长时间,供给具有时滞性,因此,供给往往不能立即对需求冲击做出反应,时滞效应则从供给层面解释了房地产周期波动的形成机制。

(一)房地产周期波动的乘数-加速数原理

乘数-加速数原理可以较好地解释房地产周期波动的内生形成机制。根据乘数原理,在房地产业中,房地产投资增加,不仅直接增加了产出,而且能够带来一系列轮次的消费,从而带来产出数倍的增加。假设消费者的边际消费倾向为 MPC,则通过投资乘数 γ,1单位的房地产投资会引起产出增加 $1/(1-MPC)$ 单位。对于房地产业而言,房地产业的扩张既受宏观经济基本面的需求约束,也受土地、资金和技术等因素的供给制约,特别是受土地资源有限性的约束,形成房地产扩张的"瓶颈"。

根据加速数原理,房地产业中产出的变化会导致房地产投资水平数倍的变化。假设给定技术水平下，资本产出比是一定的，则：

$$K_t^* = \alpha Y_t \tag{9-3}$$

式中　K_t^*——t 期 Y_t 产出水平下需求的房地产存量水平；
　　　α——给定技术水平下的资本产出比，即加速数。

当产出水平发生变化时，投资发生，即：

$$I_t = \alpha(Y_t - Y_{t-1}) \tag{9-4}$$

式中　I_t——t 期房地产投资；
　　　Y_{t-1}——$t-1$ 期产出水平。

产出增加会导致房地产投资 α 倍的增加。如果考虑由于调节成本的存在和未来的不确定性，房地产投资对产出的反应是逐步的而不是立即的，则 t 期就会只有一部分（β 比例）的房地产投资发生，即：

$$I_t = \beta(K_t^* - K_{t-1}) \tag{9-5}$$

如果进一步考虑房地产存量的折旧率为 δ，那么 t 期末房地产存量水平为：

$$K_t = K_{t-1}(1-\delta) + I_t \tag{9-6}$$

这样，在乘数原理和加速数原理的共同作用下，房地产周期波动就内生地产生了：当房地产投资增加时，在乘数原理作用下，产出大幅增加；再通过加速数作用，房地产投资进一步增加，从而形成螺旋式上升的房地产业扩张。当房地产业扩张超过现有资源充分利用上限以至于资源承受能力和宏观经济发展不相协调时，就会出现房地产过热。进而投资将减少，房地产业进入调整期，在乘数原理作用下，产出大幅减少，然后通过加速数作用，投资加速减少，从而形成螺旋式下降的房地产业衰退。当房地产业下降到波谷时，随着宏观经济的好转，需求增加，房地产投资又慢慢增加，从而进入新一轮的扩张期。

（二）房地产周期波动的滞后性原理

房地产供求变化的"时滞效应"是引起房地产周期波动的另一个重要原因，它形成了房地产周期波动特有的特征。

1. 时滞效应的产生

房地产的时滞效应产生的原因主要表现在三个方面。一是决策的滞后。当经济状况发生变化时，由于信息不足以及判断不够迅速或正确等原因，房地产投资、生产、交易、使用等计划、决策无法完全根据实际情况进行改变，造成计划上的延迟。二是生产的落后。当投资者决定对某个房地产项目进行投资时，常常需要时再去准备各项固定设备、资金和生产技术。房地产的生产期一般为 1～3 年，相对其他一般商品，一旦投入就难以撤资，供给弹性较小，因此对市场变化无法迅速作出相应调整，造成时滞。例如，在房地产市场不景气时，原计划投资生产建筑的房地产还要进行，否则会面临庞大的银行贷款压力，从而使房地产景气波动加大。三是由于房地产市场的信息不完全，房地产交易很难适时、适地地有序进行。尤其在房地产交易缺乏透明化时，买卖双方的接触和谈判往往需要耗费大量的搜寻成本。

2. 房地产周期波动的滞后性原理

这种时滞效应在房地产周期波动中，表现为房地产供给相对于需求冲击反应滞后，加大了波动幅度和波动频率，导致高涨与衰退过程较为迅速，周期较短。当房地产市场处于扩张期时（图 9-11），假设市场处于供求均衡点，均衡价格和交易量分别为 P_1 和 Q_1。在外部因素冲击下，房地产需求增加，需求曲线由 D_1 移动至 D_2，房价上升至 P_2。如果商品房供给能够及时做出调整，供给曲线 S_1 移动至 S_2，则供求仍会在 P_1 的状态下达到均衡，产量则由 Q_1 增加到 Q_3。但是由于房地产供给的"时滞效应"，商品房的供给量短期内将仍然维持在 Q_1 的水平，致使房价上升至较 P_1 或 P_2 更高的 P_3，从而加剧了房价的上涨。

而在房地产周期的衰退阶段（图 9-12），随着房地产市场需求的下降，需求曲线由 D_1 移动至 D_2，房价下降至 P_2。如果商品房供给能够及时做出调整，供给曲线 S_1 移动至 S_2，则供求仍会在 P_1 的状态下达到均衡，供给量由 Q_1 减少到 Q_3。但是由于房地产供给的"时滞效应"，商品房的供给量短期内将仍然维持在 Q_1 的水平，致使房价下降至较 P_1 或 P_2 更低的 P_3，从而加剧了房价的下跌。

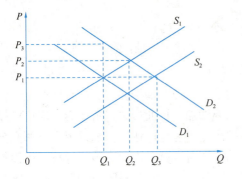 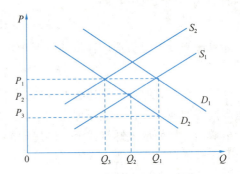

图 9-11　供给滞后性下房地产业扩张期的均衡　　图 9-12　供给滞后性下房地产业衰退时的均衡

以上分别从需求冲击和供给滞后两方面介绍了房地产周期波动的形成机制，实际上，可以将两者综合起来进行分析。一个方式为：将房地产投资的滞后性加入乘数-加速数模型中，然后再进行相关分析。这时，假设房地产投资的滞后期为 n，那么式（9-3）中，t 期末房地产存量水平改写为：

$$K_t = K_{t-1}(1-\delta) + I_{t-n} \tag{9-7}$$

三、主要的房地产周期波动成因理论

对影响房地产周期的因素重要程度的强调不同，产生了不同的房地产周期波动成因理论。典型的有租金调节理论、行为解释理论、期权定价理论、蛛网理论以及货币金融理论等。

1. 租金调节理论❶

该理论着重于从租金和空置的角度来解释房地产周期形成原因。其认为：租金调整对空置率变化反应缓慢。随着经济发展减缓，下降的需求减少了市场吸纳水平，从而提高了空置率。但是，由于租金具有黏性特征，对这种变化下降调整缓慢，因此，市场回报率（利润率）仍然高于实际需求允许的水平，开发建设仍然继续。于是产生了过多的建设，

---

❶ 对租金调节理论、行为解释理论和期权定价理论等更详细的论述可参见 Michael Ball，Colin Lizieri，Bryan D. MacGregor. The Economics of Commercial Property Markets. p208-215，Routledge，1998.

加剧了空置率的上升。同样，当经济高涨时，租金调整的滞后又使得市场回报率低于实际需求允许的水平，开发建设增长缓慢，这样，进一步减少了空置率。

2. 行为解释理论

该理论强调非理性经济行为是房地产周期形成的重要原因。非理性包括对市场信号反应的缓慢和不能从过去经验中学习等方面。在房地产市场中存在评估者、开发商和金融机构三类主要参与人，其中前两者提供了房地产周期的内生解释，金融机构的行为则提供了外生解释。

对于评估者来说，采用市场比较法计算出的价格是一种目前和过去的市场信息的加权平均，是适应性预期的一种形式。当经济基本面已经迅速发生变化，评估往往反应滞后。在经济高涨期，评估往往低估物业价值，导致开发供给行为对需求反应滞后；在经济衰退期，评估往往高估市场价值，导致开发供给行为过多，金融机构持续贷款给开发企业。

对于开发企业来说，Henneberry（1995）通过对需求和开发之间的联系进行建模，发现开发商是习惯形成的。他们做出开发决策时往往是根据市场价格、资本化率、利润率等指标当期的状况来判断，而不是对这些关键指标的未来值进行理性预期后进行决策。这种情况在房地产业上升时期更为强烈，于是，更多的开发建设发生了。

与开发商一样，金融机构也倾向于习惯形成。他们在房地产业扩张期过度乐观，放宽贷款条件；房地产业衰退时，又过度悲观，实行紧缩贷款，必然加剧房地产业的波动。

3. 期权定价理论

Grenadier（1995）应用期权定价理论解释房地产周期波动的原因，说明了为什么即使在租赁需求发生变化后，出租人仍不愿调整租赁结构，以及即使面对已经很高的空置率，新的开发还在继续等现象。他认为，需求的不确定性、物业改善成本以及建筑工程的时滞是房地产周期波动的主要成因。

在租赁市场上，所有者可以出租物业，也可以等待市场进一步改善后再出租以获得更高租金。如果出租行为已做出，则出租人不仅要支付直接的租赁成本（如代理费、广告费等），而且等待的期权价值也损失了。因此，当物业改善成本以及未来的不确定性很大，从而期权价值很大时，出租人宁愿选择等待。这样，即使市场需求增加，空置房仍然处于空置状态。

同样地，在开发市场上，开发商并不是短视的，他们之所以会在市场景气时大量开发也是基于上述三方面的考虑而做出的最优决策。开发建设时间越长，物业改善成本越大，未来需求的不确定性越大，期权价值也就越大，因此即使房地产空置率已经很高，但是新的开发仍在继续，最终导致房地产的过度开发。

4. 蛛网理论

蛛网理论是一种动态分析，可应用于分析房地产市场的需求或供给发生变动时，从旧均衡点转向新均衡点变动的动态过程。由于房地产生产周期较长，房地产供给存在时滞；同时，房地产市场信息不完全，生产者只能以目前的景气状况作为决定产量的依据，因此房地产供给无法在短时间做出相应调整，导致供给与需求失衡，市场产生"摆动"现象。根据需求弹性与供给弹性大小的相对不同，这种摆动可分为收敛式摆动、扩散式摆动和循环式摆动。当需求价格弹性大于供给价格弹性时，房地产价格和产量的变动幅度越来越小，呈现出收敛式摆动现象；当需求价格弹性小于供给价格弹性时，房地产价格和产量的变动幅度越来越大，呈现出扩散式摆动现象；当需求价格弹性等于供给价格弹性时，房地产市场呈现出循环式摆动现象。总之，由于房地产供给的滞后性，产生了房地产周期波动。

5. 金融货币理论

在市场经济比较发达的国家或地区，房地产业的活动与政府的金融货币政策关系密切。根据货币学派的理论，货币供应量的变化导致了经济周期波动。并且，由于货币供给有松有紧，因此房地产市场景气也就有兴衰的循环，而货币供应量不易控制正是房地产周期波动的主要原因。政府可以采取相应的货币政策，调节货币供应量来调控房地产市场的景气状况。

值得注意的是，货币因素对房地产周期波动的影响是有地域性的。房地产市场的结构和发育程度不同，货币因素对房地产市场景气状况的影响程度也不同，政府采用货币政策的效果也就有所不同。例如，美国的房地产金融市场完善，抵押贷款制度健全，利率的影响对房地产需求与供给影响显著，从而对美国房地产周期的形成产生较大影响。但在房地产市场发育不成熟、金融市场不完善、金融制度不健全的国家和地区（如中国），货币因素对房地产周期形成的影响尚需进行实证分析。

第四节 房地产周期的计量与监测

一、房地产周期的计量指标体系

从大量的房地产经济指标中，选择反映房地产周期波动的代表性指标，必须遵循一定的指标体系设计和指标选择的原则。

（一）房地产周期计量指标的确定原则

1. 经济显著性（economic significance）

经济显著性主要是判断某项经济指标是否属于主要经济指标，即对宏观经济或某行业经济活动的反映具有一定广度和深度的指标。例如，可以将经济意义分为三级，以百分制评分划分等级：90～100分为高级；80～90分为中级；70～80分为低级。低于70分的指标则不能列为主要经济指标。

2. 统计数据的充分性（statistical adequacy）

判断某项指标统计数据充分性的主要依据有：①充分、直接的统计报告体制；②统计方法的全面性；③统计时间间隔、密度越充分越好；④误差估计要尽量准确；⑤统计数据修订的次数；⑥时间数列的起始时间越早、越充分；⑦不同时期数据的可比性；⑧其他因素。

3. 对周期长度的要求（consistent timing）

一般地说，一个周期长度至少要在15个月以上，其扩张期和收缩期不得短于6个月。

4. 方向的一致性（conformity）

当某项时间序列指标在宏观经济的扩张期是上升的，在宏观经济的收缩期是下降的，则这个时间序列指标与同期变动方向是一致的；反之，则不一致。

5. 序列的平滑性（smoothness）

在其他条件相同的情况下，平滑的数列比不规则的数列更易于进行经济分析和预测。由于很多时间数列是不规则的，即使经过季节性调整也是如此，所以通常的解决办法是用适当间隔的月度数据，来观察时间序列的周期运动。

6. 数据的时效性（currency）

判断指标数据的时效性一般考虑两个因素，即数据发布的频率和数据公布的滞后时间。及时获得一定时期的数据，对当期的经济分析和预测非常重要。

（二）房地产周期指标体系的构成

房地产周期指标的变化体现了房地产经济活动的变化。按照与房地产（基准）周期波动的先后关系，可以分为先行指标、同步指标和滞后指标三类。至于各个具体指标的选取，则应根据不同的目的、不同的地区具体选择。

1. 先行指标（leading indicators）

先于房地产基准周期波动变化的指标称为先行指标，可以用于预测房地产周期波峰和波谷。具体处理时，将选取的各项指标变动的波峰和波谷出现的日期与基准循环的基准日期比较，如果平均较为领先，则为先行指标。这些指标大致包括：①全社会固定资产投资；②房地产开发活动的资金来源合计；③房地产投资实际完成额；④土地购置面积；⑤完成土地开发面积；⑥基本建设贷款利率；⑦建筑安装工程价格指数；⑧商品房新开工面积；⑨商品房施工面积；⑩沪深房地产综合指数等。

2. 同步指标（coincident indicators）

同步指标是与房地产周期波动大体一致的指标，反映当前房地产业的发展形势。具体处理时将选取的各项指标变动的波峰和波谷出现的日期与基准循环之基准日期比较，如果平均同步，则为同步指标。这些指标大致包括：①国内生产总值；②商品房实际销售面积；③预售面积；④出租面积；⑤商品房实际销售额；⑥商品房销售均价等。

3. 滞后指标（lagging indicators）

滞后指标是滞后于房地产周期波动的一类指标，用于认定经济周期波动的峰和谷是否确已出现。具体处理时，将选取的各项指标变动的波峰和波谷出现的日期与基准日期比较，如果平均较为滞后，则为滞后指标。这些指标包括：①商品房竣工面积；②竣工房屋价值；③商品房空置面积；④租金等。

二、房地产周期指标的筛选

（一）基准循环和基准日期

基准循环和基准日期不仅是选择房地产周期指标和确定指标体系的依据，而且是观察房地产周期波动形态的最主要条件。

基准循环也叫基准周期。房地产周期波动的复苏、扩张、收缩和萧条都不是在一个月发生的，而是通过许多变量在不同的经济过程中的不断变化而展开的。可以根据不同的经济变量参与房地产周期波动各阶段的先后顺序来确定基准点，再根据专家建议确定各阶段，特别是峰和谷的转折点日期。而峰和谷的转折点日期构成了基准循环。基准循环是进行房地产周期分析的基础，而基准日期就是基准循环转折点的位置，即房地产经济周期中的峰谷点的时间。确定基准循环和基准日期，一般采用 HDI 法，即初选几项重要的经济指标计算历史扩散指数（Historical Diffusion Index，简称 HDI）。

（二）指标的筛选方法

确定了基准循环和基准日期后，以此为参照系，选择若干与基准日期相比超前、同步、滞后波动的三类指标。景气指标的挑选用数学方法与人为判断相结合，挑选的三条准则是：①与基准日期相比较，指标的时间相关性要好，即在时差分布上，先行、滞后关系稳定，在各循环时期内差异基本一致；②与基准日期比较，景气指标循环次数基本相同，不规则变动次数少、幅度小；③景气指标不能选得过多，同时要考虑指标对宏观经济的覆盖面。

目前用于选择景气指标的方法主要有：①马场法；②K-L 信息量法；③时差相关法；④峰谷对应法；⑤聚类分析法；⑥循环方式匹配法；⑦三角函数法等。

三、房地产周期指标的综合

对房地产周期进行测度的指标一般可分为单项指标和综合指标两类。用单项指标（一般为房地产价格指数）反映房地产市场的变化，形式简单明了，能够较好地反映出指标的前后联系、变动状况以及市场的活跃程度等。但是，如果要全面反映房地产经济周期波动的状况，单项指标则显得过于简单，对于市场信息的利用不充分，因此有必要使用综合指标。房地产周期各项指标的综合可以采用扩散指数（Diffusion Index，DI）法和合成指数（Composite Index，CI）法。

扩散指数是一个能反映和衡量各经济部门波动的集中趋势和偏离趋势之间关系的指标，它以扩张的经济指标占全部选用的经济指标的百分比来表示经济的变动。扩散指数类似于总量的变化率或一阶导数，它趋于在总量变动改变方向之前先行变动，对预测具有较重要意义。

合成指数是由一类特征指标以各自的变化幅度为权数的综合加权平均数。它是将各种不同计量单位计算的景气指标转变为无量纲的增长率指标，然后经过标准化处理，综合成的一个定基指数。合成指数除了能描述经济波动及其转折点外，还能较好地反映市场经济波动的幅度。

[专栏 9-3] 我国国房景气指数的介绍

"国房景气指数"是国家统计局 1997 年研制建立的"全国房地产开发业综合景气指数"的简称。它是对房地产业发展变化趋势和变化程度的综合量化反映，由多个分类指数合成运算出综合指数，是房地产市场景气变化的综合反映。其数据资料来源于国家统计局房地产统计机构进行的调查，月月更新。"国房景气指数"的编制方法根据经济周期波动理论和景气指数原理，采用合成指数的计算方法，以房地产开发投资为基准指标，选取了房地产投资、资金、面积、销售有关指标，采用增长率循环方法进行测算。目前，国房景气指数选择 2012 年为基年，将其增长水平定为 100。通常情况下，国房景气指数 100 点是最合适的景气水平，95～105 点之间为适度景气水平，95 点以下为较低景气水平，105 点以上为偏高景气水平。

自 2000 年以来，国房景气指数分别在 2005 年 12 月、2009 年 3 月、2012 年 9 月和 2015 年 5 月前后出现较明显谷底，在 2003 年 2 月、2008 年 1 月、2010 年 4 月前后出现较明显波峰，一定程度上反映了我国房地产周期变化。国房景气指数已成为衡量我国房地产周期阶段和总体走势的主要指标之一。

资料来源：丰雷，公衍奎：《中国当前几种主要的房地产指数》，《中国房地产》，2002 年第 4 期；国家统计局网站等。

小　结

本章在阐述宏观经济周期基本理论的基础上，分析了房地产周期波动的内涵、阶段、形态及其与宏观经济周期的关系，重点解释了房地产周期波动的影响因素和形成机制，最后对如何选取和综合房地产周期的计量指标进行了介绍。

（1）经济周期是指长期经济增长过程中，在一系列因素冲击下，国民总产出、就业量和价格总水平等宏观经济变量的短期波动。它是经济活动的不规则的扩张和收缩。总需求-总供给模型以及乘数-加速数原理可以解释经济周期波动。任何带来总需求和总供给变化的冲击都会通过移动总供给和总需求曲线使得经济发生波动；投资通过乘数原理和加速数原理使得经济周期内生地产生。20 世纪 30 年代以来主要的经济周期理论有：有效需求不足论、技术创新理论、货币学派理论、均衡商业周期理论、新凯恩斯主义经济周期理论、真实经济周期理论以及政治经济周期理论。

（2）房地产周期是指房地产业在发展过程中，在一系列因素冲击下，随着时间的变化而出现的扩张和收缩交替反复运动的过程，表现为房地产投资、销售、价格以及就业等经济变量的短期波动。房地产周期波动可分为复苏与增长、繁荣（波峰）、危机与衰退、萧条（波谷）四个阶段。其波动过程可划分为长期趋势、景气循环、季节波动、随机波动四种形态。

（3）宏观经济周期对房地产周期波动具有决定性作用；同时，房地产业由于具有融资量大、产业链长、波及面广等特点，其周期波动也对宏观经济周期产生影响，影响的程度取决于一国（或地区）房地产业发展的进程及其在国民经济中的地位。一般来说，与宏观经济周期相比，房地产周期的复苏、萧条期滞后，而繁荣、衰退期超前，波动幅度要大于宏观经济周期，而且长期趋势显著。

（4）影响房地产周期波动的因素大体上可分为内生因素和外生因素两大类。内生因素即房地产经济体系本身的内部因素，包括收益率、投资、市场特征等；外生因素即房地产经济体系以外的、对房地产经济活动产生外部冲击和作用的影响因素，包括货币、财政、土地等政策因素、国民收入和消费水平、通货膨胀率、经济增长方式的转变、产业结构的演进、城市化进程以及技术进步等因素。

（5）乘数-加速数原理能够较好地解释需求冲击对房地产周期波动的作用机制，而时滞效应从供给层面解释了房地产周期波动的形成机制。典型的房地产周期波动成因理论有租金调节理论、行为解释理论、期权定价理论、蛛网理论以及货币金融理论等。

（6）房地产周期计量与测度指标的选取需要遵循相应的原则，一个完善的指标体系一般包括先行指标、同步指标和滞后指标三类。对房地产周期的测度可以使用单项指标，也可以使用综合指标，综合指标由于对市场信息的利用更加充分，所以能够更全面地反映房地产周期波动的状况。综合指标主要包括扩散指数和合成指数。

复习思考题

1. 用图示表示总需求-总供给模型，并利用该模型解释经济周期波动。
2. 20 世纪 30 年代以来西方主要的宏观经济周期理论有哪些？它们是如何解释经济波动的？
3. 房地产周期波动有什么特点，可以分为哪几个阶段，具有哪些形态？
4. 试结合中国实际，论述房地产周期波动与宏观经济周期波动的关系。
5. 影响房地产周期波动的主要因素有哪些？
6. 试应用乘数-加速数原理解释房地产周期波动的形成。
7. 时滞效应如何导致了房地产周期波动？
8. 简述典型的房地产周期波动成因理论。
9. 现实中如何计量和测度房地产周期波动？怎样综合房地产周期的各项指标？

课外阅读材料

1. Malpezzi, Stephen, Susan Wachter. The role of speculation in real estate cycles. Journal of Real Estate Literature [J]. 2005, 13 (2): 141-164.

2. Michael Ball, Colin Lizieri, Bryan D. MacGregor. The Economics of Commercial Property Markets [J]. Routledge, 1998.

3. Renaud, Bertrand. The 1985 to 1994 global real estate cycle: an overview [J]. Journal of Real Estate Literature. 1997, 5 (1): 13-44.

4. Wheaton, William C. Real estate "cycles": some fundamentals [J]. Real estate economics. 1999, 27 (2): 209-230.

5. (美) N·格里高利·曼昆. 经济学原理 [M]. 第 3 版. 北京：机械工业出版社，2006.

6. (美) 保罗·萨缪尔森，威廉·诺德豪斯. 经济学 [M]. 第 17 版. 北京：人民邮电出版社，2004.

7. 丰雷，公衍奎. 中国当前几种主要的房地产指数 [J]. 中国房地产，2002 (4).

8. 曲波. 房地产经济波动理论与实证分析 [M]. 北京：中国大地出版社，2003.

9. 谭刚. 房地产周期波动 [M]. 北京：经济管理出版社，2001.

10. 谢百三，蔡文洁. 香港房地产市场累及全港经济的教训及警示[J]. 价格理论与实践，2006, (2).

11. 叶剑平，谢经荣. 房地产业与社会经济协调发展研究 [M]. 北京：中国人民大学出版社，2005.

附　　录

(一) 扩散指数的计算公式

$$DI_t = \sum W_i I(X_t^i \geqslant X_{t-j}^i) \times 100\% \tag{9-8}$$

式中　DI_t——t 时刻的扩张比率，即扩散指数。

若各变量的权数（W_i）相等，则上式变为：

$$DI_t = \frac{\sum I(X_t^i \geq X_{t-j}^i)}{N} \times 100\% = \frac{\text{在 } t \text{ 时刻扩张的变量个数}}{\text{变量总数}} \times 100\% \tag{9-9}$$

式中　X_t^i——第 i 个变量指标在 t 时刻的波动测定值；
　　　W_i——对第 i 个变量指标分配的权数；
　　　N——变量指标数总和；
　　　I——示性函数（只取 0.1 或 0.5 或 0 三个值）；
　　若：$X_t^i > X_{t-j}^i$，则 $I = 1$；
　　　　$X_t^i = X_{t-j}^i$，则 $I = 0.5$；
　　　　$X_t^i < X_{t-j}^i$，则 $I = 0$。

式（9-9）中的 j 确定取决于比较的基础，若与前期比，则 $j=1$，若和前 2 期比，则 $j=2$。

权数 W_i 相等的确定可以采用专家系统评价法、相关系数加权法、动态加权法和多层次权重分析法等。

（二）合成指数的计算公式

1. 对剔除了季节因素、不规则变动因素影响的各种不同单位的指标求对称变化率。

设指标 $Y_{ij}(t)$ 为第 j 指标组的第 i 个指标，$j=1、2、3$ 分别代表先行、同步、滞后指标组，$i=1、2、3\cdots\cdots K$，K 是第 j 指标组的指标个数。则对称变化率 $C_{ij}(t)$ 为：

$$C_{ij}(t) = \frac{Y_{ij}(t) - Y_{ij}(t-1)}{Y_{ij}(t) + Y_{ij}(t-1)} \times 200 (t=2,3\cdots\cdots n) \tag{9-10}$$

当 $Y_{ij}(t)$ 中有零或负值时或者是比率序列时，取一阶差分：

$$C_{ij}(t) = Y_{ij}(t) - Y_{ij}(t-1) \tag{9-11}$$

为了防止变动幅度大的指标在合成指数中取得支配地位，各指标的对称变动率 $C_{ij}(t)$ 都被标准化，使其平均绝对值等于 1。标准化对称变化率 $S_{ij}(t)$ 为：

$$S_{ij}(t) = \frac{C_{ij}(t)}{A_{ij}} \tag{9-12}$$

其中，

$$A_{ij} = \frac{\sum_{t=2}^{n} |C_{ij}(t)|}{n-1}$$

2. 求领先、同步、滞后三组指标的组内、组间平均变化率，使三类指数可比。

① 求出先行、同步、滞后指标组的平均变化率 $R_j(t)$

$$R_j(t)R_j(t) = \frac{\sum_{i=1}^{k_j} S_{ij}(t) \times w_{ij}}{\sum_{i=1}^{k_j} w_{ij}} \tag{9-13}$$

② 计算指数标准化因子 F_j

$$F_j = \frac{\sum_{t=2}^{n} |R_j(t)|/(n-1)}{\sum_{t=2}^{n} |R_2(t)|/(n-1)} \tag{9-14}$$

③ 计算标准化平均变化率 $V_j(t)$

$$V_j(t) = \frac{R_j(t)}{F_j} \tag{9-15}$$

3. 以某年为基期，计算其余年各月（季）的动态相对数，即合成指数。

① 求初始合成指数

令

$$I_j(1) = 100 \quad I_j(t) = I_j(t-1) \times \frac{200 + V_j(t)}{200 - V_j(t)} \tag{9-16}$$

② 趋势调整：趋势调整这一步骤是使三个指标组得到的合成指数的趋势与计算同步指标组中被采用的序列的趋势平均值一致。

对同步指标组的每个序列分别求出各自的平均增长率 G_r：

$$r_i = \left[\sqrt[m_i]{\frac{C_{L_i}}{C_{I_i}}} - 1 \right] \times 100 \tag{9-17}$$

其中：$C_{I_i} = \dfrac{\sum\limits_{t \in 最先循环} Y_i(t)}{m_{I_i}}$ ； $C_{L_i} = \dfrac{\sum\limits_{t \in 最后循环} Y_i(t)}{m_{L_i}}$

式中　C_{I_i} 与 C_{L_i} ——分别是同步指标组第 i 个指标最先与最后循环的平均值；

　　　m_{I_i} 与 m_{L_i} ——分别是同步指标组第 i 个指标最先与最后循环的月数；

　　　m_i ——最先循环的中心到最后循环的中心之间的月数。

然后，求出同步指标组的平均增长率，把它称为目标趋势，且记为 G_r：

$$G_r = \frac{\sum\limits_{i=1}^{k_2} r_i}{k_2} \tag{9-18}$$

其中，k_2 是同步指标个数。

接着，对先行、同步、滞后指标的初始合成指数分别求出平均增长率：

$$r'_j = \left[\sqrt[m_j]{\frac{C_{L_j}}{C_{I_j}}} - 1 \right] \times 100 \tag{9-19}$$

其中：$C_{I_j} = \dfrac{\sum\limits_{t \in 最先循环} I_j(t)}{m_{I_j}}$ ； $C_{L_j} = \dfrac{\sum\limits_{t \in 最后循环} I_j(t)}{m_{L_j}}$

最后，对三个指标组的标准化平均变化率 $V_j(t)$ 做趋势调整。

$$V'_j(t) = V_j(t) + (G_r - r'_j) \tag{9-20}$$

③ 求合成指数令 $I'_j(1) = 100$，则

$$I'_j(t) = I'_j(t-1) \times \frac{200 + V'_j(t)}{200 - V'_j(t)} \tag{9-21}$$

以基准年份为 100 的合成指数为

$$CI_j(t) = \frac{I'_j(t)}{\bar{I}'_j} \times 100 \tag{9-22}$$

其中，$\bar{I}'_j$ 是 $I'_j(t)$ 在基准年份的平均值。

第十章 房地产投机与泡沫

房地产既是消费品，又是资本品，具有双重属性。房地产资产价格异常膨胀以致严重背离其真实价值时，泡沫就产生了。无论是在市场经济成熟的发达国家，还是处于快速发展阶段的发展中国家，都不同程度地出现过房地产泡沫。对消费者、投资者、开发商、金融机构等市场参与者来说，了解房地产泡沫产生的内在机理和判断标准，可以避免遭受损失；对政府管理者来说，把握房地产泡沫的形成原因和识别标准，建立预警预报机制，可以及时采取应对措施，防范房地产泡沫的产生。

本章第一节简述投机和泡沫的一般理论；第二节分析房地产投机与房地产泡沫，包括房地产投机与泡沫的内涵、形成机理以及对宏观经济的影响；第三节介绍如何度量房地产投机与泡沫，建立预警预报机制；第四节对国外典型的房地产泡沫进行简单介绍，并对我国当前是否存在房地产泡沫进行简要分析。

第一节 投机与泡沫概述

一、投机的内涵

（一）投机的概念

投机（speculation）是指从市场价格的波动中获利的活动。通常，一个投机者买入一种商品，是为了在将来该商品价格上涨时卖出以获得利润。投机商对商品本身并不感兴趣，他们只想低价买进，高价卖出。卡尔德（1939）指出投机是为了日后再出售（或再购买）而进行的购买（或出售）行为，这种行为背后的动机是对商品价格变动的预期，而不是通过使用商品、改变商品或不同市场间的商品交易获得收益。

与普通经济行为相比，投机行为具有以下几个特点：

第一，从行为方式来看，投机是需求和价格的正反馈。一般情况下，商品价格越高，需求量就越小。而在投机行为下，价格越高，投机预期的资本收益就越高，因此需求反而越高。不断膨胀的投机需求又会推动价格的上涨，从而形成需求与价格的正反馈。

第二,从行为目的来看,投机是短期套利行为。投机者在购买商品后,一般只是短期持有,待价而售,以谋取价格差额,而不关心商品的使用价值。对于一般的经济行为,人们更多地是关心商品的使用价值,并且会进行维护投资以延续商品的使用寿命。

第三,从行为对象来看,投机行为一般要求投机对象的交易成本相对较低、需求比较普遍、交易活动比较频繁,这样投机者才能将投机品迅速转手,例如股票、房地产等。

第四,从行为风险来看,投机具有高风险性。投机者在待价而售、谋求超额利润的同时,也面临着高风险。一旦市场在外部因素冲击下发生突变,如果没有预期到,投机者就要承受巨额损失。

(二) 投机的影响

投机对经济系统的运行既有正面影响,也有负面影响。金德尔伯格(Kingdleberger, 1989)认为投机活动对市场是否会产生稳定或不稳定作用,取决于投机者是否具有共同的投机资本的运动方向,或者说是否形成了对未来价格运动的群体看法。如果看法不同,部分投机者看涨,部分投机者看跌,那么投机活动的效应就可以被部分或全部抵消;如果看法相同,就会放大价格波动。

根据传统的投机"稳定说",投机者具有比一般人更好的市场洞察力和预见性。在暂时的供过于求时,投机者作为买者参与市场,平缓了价格的下跌;在暂时的供不应求时,投机者作为卖者参与市场,抑制了价格的上扬。萨缪尔森认为投机活动可以平抑商品在空间和时间的价差,投机者在追求私人利益的同时,也提高了公共福利和经济效率。

但是,当投机者的群体预期与市场价格的走向相同时,个体的理性就表现为市场的非理性。如果大多数投机者认为未来价格会上升,他们在现期就会大量买进以期在未来抛出,这样,需求大增,价格会被抬高。如果此时市场价格的走向本身是上行的,则投机者的群体活动会使价格以更快的幅度上升,这样就有可能形成资产泡沫。

二、泡沫的内涵

(一) 泡沫的概念

金德尔伯格(C. Kindleberger)在《经济学词典》中这样定义"泡沫"(bubble):一种资产或一系列资产在一个连续的过程中的陡然涨价,初始的价格上涨使人们产生价格会进一步上涨的预期,从而又吸引新的买者——这些人一般只是想通过买卖牟取利润,而对资产的使用及其盈利能力不感兴趣。随着价格的上涨,常常是预期的逆转,接着是价格的暴跌,进而引发经济危机,或者以繁荣的逐渐消退而告终。这个定义形象地给出了泡沫发生的过程,指出了泡沫产生的根本原因是投机。从泡沫与实体经济的关系看,泡沫是一种经济失衡现象,可以定义为某种价格水平相对于经济基础条件决定的理论价格的非平稳性向上偏移,即现实资产价格与实体资产价格的差或者资产价格中不能用实体经济解释的部分(王子明,2002)。

这两种定义分别从泡沫的形成原因和实质两方面对泡沫进行了界定。总结起来,可以将泡沫定义为由预期一致的投机行为导致的资产价格持续脱离经济基础的上涨。需要注意的是,泡沫的破灭并不是泡沫的唯一运行方式。理论上,资产价格泡沫存在"破灭"、缓慢消失和被市场容忍而持续存在三种可能的运行方式❶。

(二) 泡沫的形成条件

泡沫的形成需要一定的条件，包括泡沫发生的载体、大量投机者的存在、市场主体预期的一致性和非理性行为等。

1. 泡沫发生的载体

作为泡沫的载体必须具有一定的前提条件：一是产品可以被标准化，交易成本较低；二是不易达到供求平衡，例如艺术品、古董、房地产、股票等。20世纪80年代初，我国东北曾经出现过君子兰泡沫现象。当时民间流传："生财无路问君子，致富有道养兰花"。在东北的君子兰交易市场上，一盆君子兰标价达到数十万，每天有40万人次交易❷。

2. 大量投机行为的存在

投机是泡沫形成的主要原因。对资产的需求可以分为三类：消费需求、投资需求和投机需求。前两类属于真实需求，发生在实体经济领域内。市场中如果真实需求占主导地位，那么一定数量的投机者的存在能够发挥积极的作用。只有当市场参与者中的投机者占据主体地位时，才可能发生泡沫。

3. 预期的一致性

如上所述，只有当投机者具有相同的资本运动方向，或者形成了对未来价格变动的群体看法，也就是说形成了一致的预期时，泡沫才可能发生。凯恩斯描述道："从事职业投资（投机），好像是参加选美竞赛，每个参加者都从同一观点出发，于是都不选他自认为最美者，也不选一般人认为最美者，而是运用智力推测他自认为的一般人认为最美者。"金德尔伯格（Kingdleberger, 1989）❸认为在经济快速扩张或繁荣时，投机者常被一种"幼稚"的预期所鼓动，即繁荣将无限期持续，或者至少足够长，以致可以使最初的投机者出售资产给另外的更不避风险的投机者，从而形成投机繁荣。

4. 非理性行为

市场往往不是完美的，人们在信息获取和利用的认知方面都存在着差异，在作出决策时常常受到从众心理、时尚、情绪、本能等心理情感因素的影响，从而使人们的实际行为偏离"最大化"。这些外来因素引起的投机行为，也是决定资产价格的重要因素。特别是从众心理，投机者购买资产时，往往并不是他认为该资产价值多少，而是他预期会有其他人以更高的价格来购买。

(三) 泡沫理论

典型的泡沫理论有理性泡沫理论、信贷扩张泡沫论以及非理性泡沫论等三种理论。

1. 理性泡沫理论❹

理性泡沫是从理性预期和局部均衡出发，研究资产价格问题，认为泡沫是市场价格相

---

❶ 王子明：《泡沫与泡沫经济非均衡分析》，9页，北京大学出版社，2002。
❷ 徐滇庆：《泡沫经济与金融危机》，11~12页，中国人民大学出版社，2000。
❸ Kingdleberger, Charles P. Maniacs, Panics, Crashes: A History of Financial Crisis. 2nd Edition, John Wiley & Sons, 1989.
❹ 详细论述可参见王子明：《泡沫与泡沫经济非均衡分析》，44页、80页，北京大学出版社，2002；周京奎：《金融支持过度与房地产泡沫》，29页，北京大学出版社，2005；以及徐滇庆：《房价与泡沫经济》，156页，机械工业出版社，2006。

对于资产未来各期收益现金流的贴现值的偏离。理性预期概念的提出者约翰·穆斯(Muth)(1961)[1]认为,"预期在本质上与有关经济理论的预测是一样的,因为它们是被接受的关于未来事件的预测……这个理论包含三条假设:(1)信息是稀缺的,并且经济系统一般不会浪费这种信息;(2)预期的形成方式特别地依赖于描绘经济的相关系统结构;(3)一种公开的预测对于经济系统的运转不会产生实质性影响。"从形成方式来看,在理性预期假设下,市场主体的主观预期等于市场价格的条件数学期望。追求利益最大化的人们在做决策时,会充分借鉴过去的经验、充分利用现在所掌握的信息,以期作出最佳预期。除了理性预期外,还有简单预期、外推预期和自适性预期等其他预期形式。

经济学家认为,如果经济人行为和预期是理性的,那么资产价格就只取决于资产未来各期收益的现值和。但是,两者并不一定相等,存在着资产价格对市场基础价值的偏离,这种偏离就是理性泡沫。我们可以用方程(10-1)来表示资产的市场价格与基础价值和泡沫的这种关系。

$$AP_t = EP_t + B_t \tag{10-1}$$

式中 AP_t——资产的市场价格;

EP_t——资产的基础价值,可以用预期的资产未来各期收益的现值和来表示;

B_t——泡沫。

通常,理性泡沫可分为马尔可夫泡沫、内蕴泡沫和外来性泡沫三大类。马尔可夫泡沫也叫增长泡沫,其大小依赖于前期观测到的泡沫;内蕴泡沫假设泡沫完全依赖于基础价值,认为基础价值增加,泡沫也将发生相同方向的变化并随之增加;外来泡沫认为泡沫大小取决于任意的外生随机变量,与基础价值没有关系。

2. 信贷扩张泡沫论[2]

20 世纪 80 年代以来,随着信息经济学的发展,信息不对称理论被逐步纳入到泡沫理论的研究中来。Mckinnon 和 Pill(1998)以及 Krugman(1998)的研究表明:政府外在或内在的担保,会导致风险分散行为或者较高的资产价格,这会加剧泡沫问题。他们认为经济中未来信用工具创新的不确定性以及金融中介的代理问题,是产生资产泡沫的关键[3]。Allen 和 Gale(1993)[4]指出信息不对称使得价格操纵成为可能,并最终导致资产价格泡沫。

Allen 和 Gale(1998)[5]进一步构建了一个金融机构与实际部门互动的资产泡沫模型,说明了银行等金融中介的代理问题如何导致资产泡沫的存在。可以从实际部门收益的不确定性和金融机构信贷规模的不确定性两个方面来认识。一方面,信息不对称时掌握充分信息的借款人更倾向投资于风险资产,而不是安全资产,因为即使投资失败发生违约行为,他们也不必承担损失,可以将风险转嫁给金融机构。这样,风险转嫁的存在使得投资者过度投资风险资产,诱发了资产泡沫,使得资产价格高于基本价值。资产价格偏离基本价值

---

[1] Muth, J. F. Rational expectations and the theory of price movements. Econometrica, 1961(7): 315-335。

[2] 详见谢经荣等:《地产泡沫与金融危机》,35~36 页,经济管理出版社,2002;以及周京奎:《金融支持过度与房地产泡沫》,34 页,北京大学出版社,2005。

[3] 周京奎:《金融支持过度与房地产泡沫》,34 页,北京大学出版社,2005。

[4] Allen F., Gale G. Churning bubbles. Review of Economic Studies, 1993(60): 813-836。

[5] Allen F., Gale G. Optimal Financial Crisis. Journal of Finance, 1998(53): 1245-1284。

越高，投资者违约概率越大，资产泡沫迅速破灭，随之金融危机爆发。另一方面，金融部门的行为也会引起资产价格泡沫。例如，金融自由化带来的信贷扩张引起的资产价格泡沫。而由于投资者对于金融机构可提供的信贷额度是不确定的，资产价格的上涨是靠对未来信贷更多和资产价格更高的预期所支撑的。这样，随着泡沫的膨胀，这种累积过程的任何变化都会诱发泡沫的破灭和金融危机。

3. 非理性泡沫论

上述泡沫理论是建立在理性预期基础上的，事实上许多泡沫似乎是由非理性行为引起的，并且呈现出非理性的特征。金德尔伯格等❶指出大多数泡沫存在非理性因素，市场并不是有效的，存在着大量的"愚笨"投资者和受心理情感因素支配的投资者。非理性的方式是多种多样的，主要包括羊群行为、处置效应、过度反应或反应不足等，而其中噪声交易者更有代表性。Black（1986）❷ 最早将噪声概念引入泡沫理论，将市场中虚假或者误判的信息称作"噪声"（noise），而非理性地把这些噪声当作信息进行交易的投资者称为"噪声交易者"（noise trader），他指出噪声交易者通过交易将噪声不断累加到股票价格中，不仅会导致股票价格不能充分反映市场信息所包含的内容，降低了股票市场的有效性，严重的还会使股票价格持续偏离其内在价值，形成股市泡沫。随后 Delong 等（1990）❸ 提出了一个跨时迭代的噪声交易模型（DSSW 模型）。在该模型中，假设存在两类参与人：一是具有理性预期的理性投资者；二是非理性的噪声交易者。他们对未来价格的预测会出现误差，并且通过看涨或看跌来对未来收益进行估计。噪声交易者的存在造成了资产价格在很大程度上偏离基础价值，产生了资产价格泡沫❹。噪声交易者的非理性行为不仅给资产价格带来了风险，也阻碍了理性投资者积极参与市场交易。除了噪声交易者的认知偏差及其对资产历史基础价值冲击的过度反应，投资心理学和行为金融学的有关研究表明，投资者在投资过程中的情绪也能在很大程度上导致投机泡沫的产生。随着 Barberis（1998）❺ 投资者情绪模型等的发展，对非理性泡沫的研究愈加深入。2013 年诺奖得主罗伯特·希勒将"非理性繁荣"中人的心理动因称为"动物精神"（animal spirits），这是理解市场泡沫形成的人性原点。在现代经济中，由于资产证券化以及收益未来化，资产的价值越来越难以确定，越来越不可知，更多地依赖于人们的心理预期和主观判断，从而增加了心理层面的重要性。

近年来，学者们对于非理性泡沫的研究有了新的进展。黎超等（2018）❻ 在 Binswanger（1999）改进的 DSSW 模型基础上进一步拓展，建立新的基于投资者情绪构建的非理性投机泡沫模型，研究了噪声交易者的认知偏差，其在投资过程中所带有的情绪及其对风险资产历史基础价值冲击的过度反应对股市投机泡沫的影响。结果表明，在市场

---

❶ Kingdleberger, Charles P. Maniacs, Panics, Crashes: A History of Financial Crisis. 1st Edition, John Wiley & Sons, 1978。

❷ Black F. Noise. The Journal of Finance, 1986, 41 (3): 529-543。

❸ De Long, Shleifer, Summers, et al. Noise trader risk in financial markets. Journal of Political Economy, 1990, 98 (4): 703-38。

❹ 史东升：《投机泡沫与投资者行为》，99 页、103 页，商务印书馆，2005。

❺ Nicholas Barberis, Andrei Shleifer, Robert Vishny. A model of investor sentiment. Journal of Finance Economics, 1998 (49): 307-343。

❻ 黎超，胡宗义，施淑蓉. 基于股市投资者情绪的非理性投机泡沫模型研究. 财经理论与实践，2018，39 (05)。

中带情绪的噪声交易者数量越多，股价中的非理性投机泡沫成分越大，波动也越剧烈。刘艳萍等（2017）[1]对投资者的非理性行为和情绪相互影响的机理进行了研究，认为投资者情绪的传染类似传染病，因此借助传染病 SIR 模型分析了股票市场投资者情绪传染的过程，探索股市非理性泡沫的产生机理和形成条件。扈文秀等（2016）[2]扩充了传统非理性行为的定义，指出个人市场选择中的非理性行为还表现为过度自信、期望选择和自我防御等，同时大众行为的集体无意识形成的一致行为往往会成为投机泡沫扩展的动力。余华义等（2015）[3]对于我国房地产市场的非理性泡沫进行了测算，实现了非理性泡沫的量化，将 Black（2006）[4]的房价泡沫成分分解方法拓展为面板形式，分别测算了房屋基础价值以及包含理性泡沫的房价，结果发现我国大量购房者并非基于能够反映实际可支配收入的房屋基础价值进行理性的购房决策，反映了我国房地产市场存在着信息不对称和投资者的盲目性。

第二节　房地产投机与泡沫的一般理论

一、房地产投机的概念

（一）房地产投机的定义

房地产投机可以定义为从房地产市场价格的波动中获利的活动。投机者预期未来房价上涨，购入房地产后不是为了居住以获得效用，也不是用来生产经营来获取利润，而是为了在将来房地产价格上涨时卖出以获得利润。

同一般投机行为一样，在一定条件下，房地产市场中存在一定数量的投机者对于房地产市场的稳定是有好处的。在房地产市场供过于求时，作为买者参与市场，平缓了房价的下跌；在房地产市场供不应求时，作为卖者参与市场，抑制了房价的上扬。但是，房地产泡沫时期情况正好相反，投机成为房地产泡沫形成的最主要原因。

（二）房地产投机与房地产投资的区别

房地产投机与房地产投资都是买入房地产而期望在将来通过这项投资品或资本财产获得利益。但是，二者具有较大差异：首先，动机不同。房地产投资在于追求该项资产产生的未来收益；而投机追求的是房地产当前价格与未来价格的差额，赚取资产价格变化的差价。例如，购买房地产后用于出租，属于投资行为；既不出租，也不自住，而是等待房价上涨后转手，则属于投机行为。其次，持有期限不同。由于房地产投机和房地产投资动机上的差别，一般而言，房地产投资者会长期持有房地产；而投机者根据市场价格变化来确定转手时机，随时准备转让房地产资产。最后，行为方式不同。投资者一般遵循一般的需求定律，随着房价的上涨，房地产投资需求减少；而投机则体现出价格与需求的正相关特

---

[1] 刘艳萍，于然. 投资者情绪传染、非理性决策与股市危机. 科技与管理，2017，19（02）.

[2] 扈文秀，刘刚，章伟果，付强. 基于因素嵌入的非理性资产价格泡沫生成及膨胀演化研究. 中国管理科学，2016，24（05）.

[3] 余华义，徐晨旻. 地方政府发展工具有限、非理性投机与城市房价泡沫变动. 社会科学研究，2015（04）.

[4] Black A., Fraser P, Hoesli M. House Prices, Fundamentals and Bubbles. Journal of Business Finance and Accounting，2006，33（9-10）：1535-1555.

征,房价越高,房地产投机需求越多。

二、房地产泡沫的概念

(一) 房地产泡沫的定义

房地产泡沫是指由预期一致的投机行为导致的房地产价格持续脱离经济基础条件决定的理论价格的上涨。一般来说,在房地产泡沫发生时,价格往往会出现突然攀升,价格的攀升趋势使得市场产生价格进一步上升的预期,并且吸引新的买主,形成自我实现的正反馈过程。随着房价的持续快速上涨,一旦市场出现风吹草动,预期往往发生逆转,接着是价格的迅速而急剧的下降,导致泡沫的破灭。

(二) 房地产作为泡沫载体的基础条件

房地产之所以能够成为泡沫载体,是由房地产产品和房地产市场的特性所决定的。首先,房地产供给缺乏弹性。一种商品成为泡沫载体的一个基本条件就是该种商品的供求关系短期内难以实现平衡。房地产供给短期缺乏弹性,长期弹性也较小。一方面,房地产生产所需要的土地资源是稀缺的,无论是宏观上可供的房地产开发用地总量,还是微观上具有相似特征的一定程度上可以替代的土地,其供给曲线短期内几乎都是垂直的。另一方面,房地产产品的生产建设时间较长,一般 1~2 年的建设时间使得房地产产品供给存在很大的时滞性,价格变化后,供给往往不能立即做出反应。因此,与其他商品相比,房地产业的供给弹性相对较小,短期内房地产市场难以实现供求关系的平衡。其次,房地产市场信息不对称。信贷支持与泡沫理论强调信息不对称在泡沫发生过程中的作用。房地产市场的各类参与者之间,无论是房地产需求者与供给者之间,还是金融机构与借款人(包括房地产需求者和供给者)之间,都往往存在大量的信息不对称现象。最后,泡沫的产生离不开金融的支持。房地产业无论是在生产阶段,还是在消费阶段,都与金融信贷密切相关,大量投机行为更是以金融机构的资金作为主要投入。"成也萧何,败也萧何",银行等金融机构的行为对房地产泡沫的产生和破灭都起了很大的作用。

(三) 房地产泡沫与房地产周期的区别与联系

房地产周期最早由美国学者霍默·霍伊特 (Homer Hoyt,1933) 在其出版的《房地产周期百年史》中提出,与经济周期相似,一个典型的房地产周期分为复苏期、扩张期、衰退期和萧条期四个阶段❶。房地产周期波动是房地产业在发展过程中出现的扩张与收缩交替反复运动的过程。而房地产泡沫也是房地产业的一种波动现象,表现出上升、高涨再到崩溃和衰退的运动过程。但是,二者在运动特征、产生原因和后果影响等方面都有着很大的差异。

在运动特征方面,房地产泡沫的上升阶段和下降阶段往往很不对称,上升阶段相对比较平滑,而下降阶段则非常陡峭;房地产周期波动的上升阶段和下降阶段往往都相对比较平滑,一般很少出现崩溃的现象。

在产生原因方面,乘数-加速数原理和滞后理论模型说明了房地产周期波动是房地产业发展过程中的内在的运行规律,我们无法彻底消除房地产周期波动,尽管运用宏观调控

---

❶ [美]霍默·霍伊特. 房地产周期百年史:1830—1933 年芝加哥城市发展与土地价值. 北京:经济科学出版社,2014.

政策可以减少周期波动的幅度，延长繁荣时期；而房地产泡沫的发生需要一系列条件支撑，特别是投机者的心理因素和金融政策的支持，对于泡沫是否是房地产业内部蕴藏的必然运行规律，以及导致泡沫产生和破灭的根源是什么，目前仍在探索和讨论之中。

在后果影响方面，房地产泡沫对金融体系和宏观经济会产生巨大的消极影响，泡沫破灭时期往往伴随着金融危机和经济危机；房地产周期波动对宏观经济的影响则相对小得多。

房地产泡沫和房地产周期也存在紧密联系。根据传统的房地产周期理论，房地产泡沫会发生在周期繁荣阶段，房地产经济逐渐升温，供需两旺，投资额和投资规模进一步扩大。由于开发商拿地直至建造完成期间产生时滞效应导致供需结构钝化，促进了介于投资者和消费者的投机行为，房价和租金进一步上涨，房地产泡沫由此产生。

国外学者认为房地产周期和信贷周期之间相互影响，而信贷变动是导致房地产泡沫的重要原因之一。Suparna Chakraborty（2016）❶ 通过建立动态随机模型实证分析出房地产的周期性波动是基于抵押品的质押明显地放大了对实际宏观总量的初始冲击，金融加速器通过"再分配通道"将资产价格转化为抵押品的价值。Mohannad Tajik（2015）❷ 等通过研究1999~2011年美国房地产信贷与房价的波动走势，分析发现房价波动对银行信贷具有显著影响。Timo Virtanen等（2018）对1980—2012年欧洲货币联盟15国的相关数据进行单位根检验，实证发现大多数国家在2000年代初就已经开始了房价和信贷的爆炸性增长，并且信贷和房价的相互促进加大了房地产泡沫。

国内对于房地产周期波动与房地产泡沫关系的研究较为有限。郭子睿等（2017）❸ 指出房地产周期和信贷周期的走势是大体一致的，2016年"9·30"楼市调控开始，房地产已进入下行周期，政府制定的房地产相关政策就是为了逐步化解房地产泡沫。修梓峰（2019）❹ 指出房地产的短周期是由金融政策等短期变量引发的波动，从国内外经验看，房地产泡沫的形成在很大程度上都是受低利率政策和充裕的流动性推动，而房地产泡沫破裂大多源于加息政策的影响以及流动性的紧缩。

三、房地产投机与房地产泡沫的形成机理

房地产投机与房地产泡沫的形成是多因素综合作用的结果。宏观经济环境是泡沫产生的基础性条件；市场的不确定性、信息不对称和羊群效应的存在是泡沫形成与膨胀的微观机理；金融机构的信贷支持和金融自由化是泡沫进一步膨胀的推动因素；而政府实行的土地、货币、税收等政策则是泡沫产生的深层次原因。

（一）房地产投机与房地产泡沫形成的宏观经济环境

房地产泡沫的产生离不开一定的宏观经济背景。正如房地产周期波动很大程度上取决于宏观经济波动一样，房地产泡沫发生的背后往往是宏观经济的持续繁荣。发生房地产泡

---

❶ Chakraborty S. Real estate cycles, asset redistribution, and the dynamics of a crisis. Macroeconomic Dynamics. Macroeconomic Dynamics, 2016, 20 (7): 1873-1905.

❷ Mohannad Tajik, Saeideh Aliakbari, Thaana Ghalia, Sepideh Kaffash. House Prices and Credit Risk: Evidence from the United States. Economic Modelling, 2015 (51): 123-135.

❸ 郭子睿，陈骁，魏伟，张明. 房地产周期嬗变：短期走向、城市差异与宏观影响. 金融市场研究, 2017 (12).

❹ 修梓峰. 房地产短期周期的研究——基于金融政策的视角. 市场周刊, 2019 (04).

沫的国家经济普遍缺乏良好的市场规则，约束机制的建设落后，投资的效率低下，无法保证投资能获得较高的投资回报率。相对较高的房地产投资利润率吸引了国内外资金大量进入房地产业，房地产市场呈现一片繁荣状态，而对房地产业的过度投资又严重扭曲了投资结构，使得国民经济的发展出现实体经济与资本市场的偏离。这样，持续增长的宏观经济使得人们对未来充满了乐观的估计，而忽视了背后因缺乏坚实基础而隐藏的经济危机，为房地产投机与泡沫的产生和破灭提供了一个宏观背景。高汝熹（2005）通过对上海房地产泡沫的实证研究认为：投资拉动型经济增长、通货紧缩以及投资渠道狭窄等宏观经济环境是泡沫产生的基础条件。

（二）房地产投机与房地产泡沫形成的微观机理

房地产泡沫作为一种因价格变动而产生的经济现象，终归是由市场主体的投机行为引起的。房地产市场具有不完全竞争的市场结构，是一个弱有效市场，具有很大的不确定性、信息不对称性，成为投机与泡沫发生的平台。

1. 不确定性

Knight（1921）认为，不确定性是不服从任何概率分布、不能被人们预测的随机事件。在现实世界中，大多数经济决策都是在不确定性条件下做出的。在房地产市场中，不论是开发商还是消费者，在做出开发或者购买决策时，都面临着很大的不确定性。这些不确定性既有宏观经济环境、国家货币、财税、土地政策等因素，也有微观市场价格的变化，还有战争、自然灾害等突发事件。房地产市场的不确定性为投机者提供了获取价差收益的机会，也为房地产泡沫的发生创造了条件。

经济主体的投资行为在不确定性下要涉及风险选择，当经济主体宁愿冒很大的风险去追求高额预期收益时，他就是风险偏好者。房地产市场是一个收益较高风险也较大的市场。在市场景气时期，投机者往往预期房地产价格会不断上涨，在房价上涨的预期下，投机者相信房价下跌的风险不会落到自己的头上，就会希望通过购买房地产来获得再销售的超额利润。投机需求的增加造成了市场需求旺盛的现象，房价也继续攀升。在这种正反馈机制的作用下，房地产市场泡沫不断膨胀。而当外界一个随机的利空消息出现后，房地产投机需求就会减少，价格迅速下跌。日本房地产泡沫崩溃前政府上调利率和改革土地税制起到的就是这种随机因素的作用。

2. 信息不对称

房地产市场在开发商、购买者和金融机构之间存在严重的信息不对称问题。这种信息不对称在投机与泡沫的形成过程中起了关键的作用。在健全的市场环境下，房地产价格应该等于各期租金收益现值之和，并受供求关系的影响。但是，在信息不对称的情况下，过度的炒作常常会导致投资者高估或者低估房地产投资的未来收益。当投资者过度看好经济形势及房地产市场的预期收益率时，在巨大的利益吸引下，就会有大量的投资者涌入房地产市场。他们通过借贷从事房地产投资，然后以房地产资产作为抵押借贷进行更大规模的房地产投资。根据 Allen and Gale（1998）的模型，在信息不对称条件下，掌握充分信息的房地产投机者属于风险偏好者，他们不会过多地考虑万一房价下跌的风险，因为即使房价下跌，他们也不必承担损失，可以将风险转嫁给金融机构。这样，风险转嫁的存在使得投资者过度投资房地产，诱发了房地产价格的泡沫，使得房地产价格高于基础价值。随着房地产价格偏离基础价值越高，投资者违约概率越大，房地产泡沫迅速破灭。

3. 羊群行为

心理学家认为：人天生害怕孤独，总在本能地努力寻求一种安全感，而让自己感到安全的手段之一，就是保持自己的行为同其他大多数人的行为一致。这种心理因素下羊群行为就发生了，特别是在充满不确定性和信息很不对称的房地产市场上，这种从众行为更容易产生。由于信息不对称，房地产投机者更相信市场上绝大多数人的行为，房价越是上涨，投机者越要跟进，他们认为将来会有人以更高的价格来购买，而房地产市场上供给与需求之间的信息不对称，又会被开发商所利用，他们会利用人们的这种跟风心理进一步抬高价格；当房价出现动摇的时候，房价越是下跌，投机者越要抛售，他们认为如果现在不抛售，会有越来越多的其他人抛售，将来房价会下跌得更厉害。房地产投机者的这种羊群行为直接导致了房价的暴涨和暴跌。

（三）房地产泡沫形成的金融因素

1. 金融机构的信贷过度支持

房地产泡沫和金融系统相互作用、互为影响，一方面表现为房地产泡沫加剧了金融不安全，另一方面金融运行的波动也深刻影响了房地产泡沫的变化。房地产泡沫的形成往往伴随金融机构的信贷过度支持、金融监管的不完善以及金融自由化的推动。

房地产业是一个资本密集型的产业，房地产开发投资和购买都离不开金融的支持。在宏观经济景气和房地产市场繁荣时期，金融机构对房地产市场乐观估计，对资金需求者的借贷条件大大放松。特别是在以银行为主导的金融体系下，银行放贷时，常常偏好房地产抵押贷款，以抵押房地产的价格高低决定贷款额度的多少。当房地产市场持续繁荣时，银行预期未来房价仍然会上涨，往往提高贷款额度，而忽视对借款企业或个人的事前资信审查、项目盈利评估和贷款跟踪调查，从而造成信用扩张，大量资金流入房地产业，加速了房地产价格的上涨和泡沫的膨胀。另外，金融市场上的信息不对称导致了逆向选择问题。在银行贷款市场上，往往是那些具有风险偏好倾向的投机者愿意接受较高的利率，最有可能获得贷款，这样市场的"逆向选择"就发生了，信贷支持对投机活动起到推波助澜的作用。1985 年"广场协议"以后，日本银行于 1987 年 2 月下调了贴现率，导致日本的货币供应量 M_2 快速增加，1987 年 5 月到 1988 年 2 月连续 9 个月超过 10%，1987 年 11 月达到 12.4%。这一时期货币供应量的超额增长是地产泡沫产生的重要原因。1991 年后，货币供应量开始下降，从这个时期开始地价一路下跌[1]。在从亚洲金融危机的例子来看，考察房地产贷款价值比指标，发现在东亚房地产泡沫崩溃前期，泰国、马来西亚、中国香港和新加坡的银行信贷中高达 40%以上是房地产贷款，其中中国香港的比例更是高达 55%（见表 10-1）。

1997 年东亚各个国家和地区的银行信贷在房地产业的聚集程度（%） 表 10-1

国家和地区	房地产贷款价值比	贷款价值比	不良贷款		资本资产比
	1997	1997	1997	1998	1997
韩国	15~25	80~100	16	22.5	6.0~10.0
泰国	30~40	80~100	15	25	6.0~10.0

---

[1] 曲波：《房地产经济波动理论与实证分析》，165~166 页，中国大地出版社，2003。

续表

国家和地区	房地产贷款价值比 1997	贷款价值比 1997	不良贷款 1997	不良贷款 1998	资本资产比 1997
印度尼西亚	25~30	80~100	11	20	8.0~10.0
马来西亚	30~40	80~100	7.5	15	8.0~14.0
菲律宾	15~20	70~80	5.5	7	15~18
中国香港	40~55	50~70	1.5	3	15~25
新加坡	30~44	70~80	2	3.5	18~22

注：房地产贷款价值比，是房地产贷款占银行贷款总额的比例；贷款价值比，是房地产贷款金额占房地产抵押品价值的比例；资本资产比率，是银行资本与全部资产总额的比率，反映银行自有资本占总资产的比重和银行承担风险的能力。

资料来源：Charles Collyns and Abdelhak Senhadji (2002), Lending Booms, Real Estate Bubbles and the Asian Crisis, IMF Working Paper, WP/02/20.

我国各项主要信贷余额在不断扩张，根据人民银行《金融机构贷款投向统计报告》，2011年我国全部金融机构人民币各项贷款余额为54.79万亿元，贷款余额总值逐年上升，2019年达到153.11万亿元，从2011年到2019年增幅达到179.45%。其中与房地产相关联的贷款项目，固定资产贷款余额由19.10万亿元扩张到42.64万亿元，增幅123.25%；房地产贷款由10.73万亿元扩张到44.41万亿元，增幅313.80%；房地产开发贷款由3.49万亿元扩张到11.22万亿元，增幅221.49%；个人购房贷款由7.14万亿元扩张到30.07万亿元，增幅321.15%；保障性住房贷款由0.35万亿元扩张到4.61万亿元，增幅1217.14%。从增幅较大的项目中可以看出，增幅排名前五的项目依次为：保障性住房开发贷款、个人购房贷款、住户贷款、房地产贷款和房地产开发贷款，五项中的四项均为房地产相关贷款。这说明，我国金融机构信贷的扩张也是泡沫形成的重要因素，即使是在房价不断上涨的阶段，信贷仍然在不断扩张，房地产相关项目的贷款余额仍然不断增多且增幅较大（见表10-2）。

2011～2019年中国金融机构各项贷款余额（万亿元）　　　表10-2

年份	贷款余额总值	企业及其他部门贷款	固定资产贷款	工业中长期贷款	服务业中长期贷款	三农贷款	房地产贷款	房地产开发贷款	个人购房贷款	保障性住房开发贷款	住户贷款
2011	54.79	43.48	19.10	6.09	14.92	17.69	10.73	3.49	7.14	0.35	13.61
2012	62.99	49.78	20.97	6.34	15.91	20.89	12.11	3.86	8.10	0.57	16.13
2013	71.90	55.18	23.09	6.6	17.66	24.83	14.61	4.59	9.80	0.73	19.86
2014	81.68	61.80	26.47	7.13	20.44	28.20	17.37	5.63	11.52	1.14	23.15
2015	92.13	67.69	28.49	7.46	23.02	30.66	20.24	4.99	13.45	1.69	26.26
2016	106.60	74.47	30.82	7.71	26.05	33.74	26.68	5.66	19.14	2.52	33.37
2017	120.10	81.00	34.60	8.10	30.80	37.10	32.20	7.00	21.90	3.30	40.50
2018	136.30	89.03	38.31	8.59	34.88	39.81	38.70	10.19	25.75	4.32	47.90
2019	153.11	98.37	42.64	9.18	39.40	43.15	44.41	11.22	30.07	4.61	55.33
增幅（%）	179.45	126.24	123.25	50.74	164.08	143.92	313.89	221.49	321.15	1217.14	306.54

资料来源：中国人民银行：《金融机构贷款投向统计报告》（2011—2019年）。

2. 金融监管的不完善

在经济迅速增长和信贷过度扩张的过程中，中央银行的金融监管至关重要。如果中央银行能够采取有力措施引导金融机构的贷款投向，那么贷款就不会过于集中于房地产业。相反，如果中央银行不具备足够的能力和技术有效地监管金融机构，金融机构在进行贷款决策时，就会产生严重的"道德风险"问题❶，即很少考虑资产的安全性，而一味追求高收益，盲目追求信贷规模的扩张。倘若贷款失败，金融机构尽管需要承担一部分损失，但它相信政府绝不会袖手旁观，因为由此造成的更大范围的损失将最终由全社会来承担，这样，在房地产市场繁荣时期，银行就大胆地向资金需求者放贷。

以英国1986—1994年的房地产泡沫为例，尽管1979年执政的撒切尔政府崇尚货币主义的政策主张，将反通货膨胀视为最高经济目标，实施从紧的财政货币政策，但由于金融管制的放松以及金融创新的不断涌现，银行和非银行金融机构竞相贷款，信贷规模增长失去控制。同时，为了应对1987年10月全球股市危机可能引发的经济衰退，政府被迫放松银根，数次调低利率，将基础利率降到10年来的最低水平，从而导致信贷和房地产泡沫双膨胀❷。在房地产泡沫膨胀期间，金融机构有关房地产的贷款在其资产组合中的比例也快速上升，其中住房协会（Building Societies）住房贷款比例从1987年的50.3%快速上升至1989年第2季度的74.5%。货币部门该比例在1984年为12%，而在1985—1988年间则迅速增至25%以上，1987年更是高达34.5%❸。房地产价格的不断上升推动了金融系统贷款在房地产行业的集中，20世纪80年代前期房地产贷款占整个银行业贷款的比例在4%以下并且波动不大，1986年以后则持续快速上升，1990年达到9%，使得银行系统对房地产的风险暴露成倍增加❹。

3. 金融自由化的推动作用

20世纪70年代以来，金融自由化浪潮在全球兴起，自由化的重点是放开利率，实行利率自由化；减少对信贷的控制；增加金融体系的竞争和效率；促进金融市场的发育，放松对国际资本流动的限制；增加汇率安排的灵活性等。金融自由化促进了金融全球化，但是如果金融自由化的发展不能与本国经济发展水平相适应，没有强有力的金融监管制度做支撑，就又可能引发资产泡沫。20世纪70年代日本逐渐放开了对利率的管制和信贷配置，对资本市场的管制也有所放松，这些措施极大地加剧了金融机构间的竞争，银行大量投资于房地产业，房地产抵押贷款余额占银行贷款总额的比例由1984年的17%上升至1988年近22%，而1992年更高达35.5%❺。同样，20世纪80年代东南亚国家纷纷开放资本市场，实行金融自由化，国际资本大量流入。20世纪80年代中期，泰国面临较好的国际经济环境，优惠的外资政策和不断扩大的国内国际利率差导致大量外来资金流入。根据泰国中央银行统计，1993—1995年间，净FDI的45%和通过曼谷国际银行便利（BIBF）净借入的国外资金的15%都投入到房地产和建筑行业，还有5%~15%的BIBF

---

❶ 谢经荣：《地产泡沫与金融危机》，244页，经济管理出版社，2002。
❷ 施兵：《论撒切尔夫人执政时期英国的货币政策》，《国际金融研究》，1991（4）。
❸ 陈国庆：《英国金融体系的特征与新发展（上）》，《南开经济研究》，1990（3）。
❹ Rupert Nabarro, Tony Key：《Performance Measurement and Real Estate Lending Risk》, Bis Papers Chapters, Vol. 21.
❺ 邵谦谦，王洪：《日本房地产泡沫的成因分析及对我国的经验借鉴》，《中国房地产金融》，2003（5）。

资金投入了建筑材料业和金融机构。国内金融机构竞争加剧，缺乏有效的金融监管，导致泰国房地产泡沫不断膨胀，而外资高度集中泰国房地产业又放大了金融机构贷款资产的汇率风险、外汇流动性风险，成为东南亚房地产泡沫膨胀和金融危机爆发的重要原因。

相比之下，中国香港的金融机构自律性非常强，不仅严格遵守监管当局的各项规管和银行公会的各项银行指引，而且能够根据市场的变化调整经营策略以防范金融风险。加之香港金融监管当局长期以来致力于维护香港金融体系的稳定，通过资本充足比率、流动资金监管等制度形成了对金融体系事前、事中和事后连续的监管，成为香港金融机构抵御亚洲金融危机的制度基础❶。

（四）房地产泡沫形成的政策因素

许多学者认为❷，日本地产泡沫的发生与不合适的土地政策和税收政策有很大关系。日本长期以来实行的土地政策缺乏调整，政策上的滞后性在一定程度上造成了土地的资产功能过强，从而促成房地产泡沫的产生。1941年日本对有关土地和房屋出租的法律进行了修改，明确规定：出租者不得通过终止租约、不与承租者续约或大幅度提高租金等方式来驱逐承租者。这种对租地权的过分保护抑制了出租地的供给，使得地价上涨。另外，日本土地税制上的偏差使土地资产的投机性进一步加大，主要表现在：相当低的固定资产实际有效税率促使大量资金向土地转移，对等待升值的土地保有起不到应有的经济惩罚作用；继承税的优惠政策使得土地所有者倾向于保有土地，而且还会促使更多的人将金融资产转变为土地，这种倾向在限制土地供给的同时扩大了土地的需求，造成地价上涨。

关于我国1992、1993年海南和北海发生的房地产泡沫，有学者❸指出：土地供应的"双轨制"以及相关的政府干预失败是地产泡沫发生的主要原因。土地供应的"双轨制"是指行政划拨供应土地与出让供应土地两种方式并存，一轨价低，一轨价高，这样，就为土地投机者提供了可乘之机。一些单位利用手中的划拨土地与房地产开发公司搞合作开发，分享收益，还有的将划拨土地通过"招标"和"拍卖"方式高价炒卖给他人，获取高额差价。这种土地投机行为比比皆是，诱发了地产泡沫的发生。

四、房地产泡沫的影响

首先，从微观角度看，房地产泡沫降低了资源配置效率。市场经济下，价格在资源配置中发挥基础性作用。房地产泡沫发生后，市场价格的杠杆作用将扭曲土地、金融和劳动力等生产要素的合理配置，使得经济背离帕累托最优。在房地产泡沫兴起阶段，房地产价格偏离由基础经济条件决定的理论价格越高，投资于房地产的利润率就越高，甚至比一般社会平均利润率高出几倍。这种过高的利润率必然吸引社会大量资金和劳动力投入房地产行业，使大量土地被用于房地产开发，而实体经济领域则会因为资金、土地和劳动力供给不足而生产效率下降。在房地产泡沫破灭阶段，大量资金和土地被套在闲置房地产上，大量劳动力处于失业状态而得不到有效利用。这样，房地产泡沫所导致的资源配置的扭曲必然降低整个国民经济的运行效率，导致巨大的效率损失。

---

❶ 王雪峰：《房地产泡沫和金融不安全研究》，61页，中国财政经济出版社，2008。

❷ 最有代表性的是野口悠纪雄（1997、2005）。

❸ 丰雷等：《中国地产泡沫实证研究》《管理世界》，2002年第10期。

其次，从中观角度看，房地产泡沫影响了产业结构，加大了收入分配差距。一方面，在房地产泡沫期间，房地产业往往呈现出一片繁荣，而其他产业的发展则因为上述的资源配置的扭曲受到很大影响。表 10-3 显示，在我国台湾地区 20 世纪 80 年代末，由于房地产泡沫和股市泡沫的发生，制造业的发展大受影响。一旦房地产泡沫破灭，由于许多金融机构可能出现大量呆账坏账，这些原先受到影响的产业可能面临借贷紧缩的状况，从而得不到进一步发展。

再次，房地产泡沫使得富人更富，加大了收入分配差距。在社会经济生活中，往往是越富有的人持有的房地产越多，有更多财力从事房地产投机活动，房地产泡沫的膨胀使得资产升值，从而使得富人更富，穷人更穷。20 世纪 80 年代末的日本，房价、地价高涨，而工资水平基本上保持不变，结果造成了"房地产拥有者变得越来越富有"的财富分配效应。而从区域空间来看，房地产泡沫期间，不同地区的房地产收益差异也扩大了。一般是，越是黄金地段的房地产被炒得越厉害，价格上涨得也越高，而越是偏僻地区的房地产往往无人问津。因此房地产泡沫同时也扩大了地区间的收入差距❶。

1987—1990 年我国台湾地区制造业增长率与劳动生产率　　　　表 10-3

年份	制造业增长率（%）	劳动生产率
1987	11.09	7.13
1988	3.61	7.49
1989	3.64	5.69
1990	−0.74	5.00

资料来源：徐颠庆：《泡沫经济与金融危机》，25 页，中国人民大学出版社，2000。

最后，从宏观角度看，房地产泡沫加大了金融风险，破坏了宏观经济的稳定。房地产行业是资金密集型产业，房地产泡沫的形成和崩溃必然对金融稳定产生很大影响。房地产泡沫发生后，对房价进一步上涨的预期使得任何投资于房地产的项目看起来都是有利可图的，而被要求用于抵押的房地产价值也一路飙升，这样金融机构发放贷款的标准就失效了，从而产生了潜在的金融风险。泡沫破灭后，房地产持有者的资产大幅缩水，资产价值要远远小于其负债价值，房地产投机者将无力偿还债务，作为主要债权人的金融机构只能承受巨额呆坏账。而且，随着金融机构资产状况的恶化，很可能出现原先的存款债权人提款的挤兑风潮，这样，金融机构就面临支付困难和信用危机。可以说，金融机构在房地产泡沫的形成中起到关键的推动作用，同时也是泡沫破灭后的最主要受害者。

同时，房价上升对消费具有财富效应，在房地产泡沫发生后，这种财富效应也同样存在，不断上升的房价增加了社会名义总财富，导致总消费增加。但是，这种财富的增加并不是实体经济的增长带来的财富的增加，也不是物价下跌导致的实际货币余额的变化带来的，而是由于房价超过由经济基础条件决定的基础价格所带来的财富虚增。一旦泡沫破灭，房价大幅下跌，虚幻的财富增加就会消失，特别是采取抵押贷款购房者甚至有可能成为负资产者。同样，房地产泡沫对投资的影响也是一样的。泡沫期间，大量资金用于房地产投机，企业资产负债状况也会因房价的上涨而得到改善，可以从银行借到更多的贷款。

---

❶ 王子明：《泡沫与泡沫经济非均衡分析》，137 页，北京大学出版社，2002。

泡沫破灭后，企业和金融机构的资产负债状况的恶化使得借贷量下降，投资也相应减少。一般而言，房地产泡沫往往出现在宏观经济的繁荣时期，这种房价的高涨和暴跌引起的消费和投资水平的变化对经济波动起到了放大的作用。经济过热时期，房地产泡沫膨胀，推动了总消费和总投资的增加，加剧了经济过热；经济由热转冷时往往会导致房地产泡沫破灭，加剧了消费和投资的下降，使得经济进一步衰退。

房地产泡沫的发生除了对社会经济产生重要的影响外，还会对社会风气造成不良影响。在房地产泡沫期间，重投机、轻生产、奢侈浪费、寻租受贿等[1]种种不良风气充斥整个社会。

第三节 房地产投机与泡沫的度量与预警

一、房地产投机与泡沫的理论度量

根据房地产泡沫的定义，房地产泡沫可以用房地产价格持续脱离经济基础条件决定的理论价格的部分来度量。所以，如果能够求出这样一个理论价格，那么房地产泡沫的检验和度量问题就迎刃而解了。而求解理论价格，关键要求得未来各期房地产收益的理性预期贴现值，这取决于以下三个因素：持有期可获得的房地产收益、持有期末资产的终值、未来收益转换成现值的折现率。Levin（1997）认为：房地产预期价格的形成主要考虑以下两个因素：一是房地产所有者从物业的使用中获得的收益；二是房地产所有者预期价格变化导致资本收益的增减量。

假设 t 时点的房价为 P_t，房地产所有者从物业的使用中获得的收益为 r，市场利息率为 i，房地产所有者心理预期的房价上涨额 $(P_{t+1}^e - P_t)$ 为 ΔP^e，则在房地产资产市场处于均衡时，房地产资产的收益率和其他资产的收益率相等，即[2]：

$$i = r/P_t + \Delta P^e/P_t \tag{10-2}$$

从这个公式中可以推导出：

$$P_t = r[1 - 1/(1+i)^{n-1}]/i + P_n^e/(1+i)^n \tag{10-3}$$

式中　$r[1 - 1/(1+i)^{n-1}]/i$——前 $n-1$ 年房地产收益贴现值的和；

　　　P_n^e——对 n 年后房价的预期。

从式（10-3）中可以看出，当房地产市场不存在投机行为时，也就是房地产持有者只是为了自住或者获得稳定的房租收益流，则当 $n \to \infty$ 时，式（10-3）右边第一项将等于 r/i，这可以看作经济基础条件决定的理论价格。但如果房地产持有者是为了从未来房价会上涨的预期中获取差额收益而炒买炒卖，那么现期的房价就会上涨，特别是，当房地产短期内被频繁转让，则房价就完全取决于式（10-3）右边第二项，而与由租金收益流所决定的理论价格 r/i 相脱离。

---

[1] 徐滇庆：《泡沫经济与金融危机》，33页，中国人民大学出版社，2000。
[2] 详细论述可参见曲波：《房地产经济波动理论与实证分析》，184页，中国大地出版社，2003。

在日本，中尾宏（1996）、野口悠纪雄（1997）根据上述原理对日本地产泡沫的程度进行了描述❶。从图 10-1 中可以看出：从 1987 年起，实际地价超出理论地价的幅度迅速上升，犹如泡沫的迅速泛起；在 1991 年，实际地价超出理论地价 5 倍之多，此时日本地产泡沫达到了顶峰并出现下跌趋势；1992 年之后，实际地价迅速跌落，逐步与理论地价接近；到了 1996 年，实际地价首次低于理论地价。

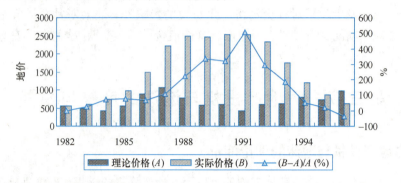

图 10-1　东京商业用地实际地价与理论地价比较

资料来源：曹振良，傅十和：《房地产泡沫及其防范》，《中国房地产》，2000 年第 2 期。

二、房地产投机与泡沫的检验指标体系

上述度量房地产投机泡沫的方法是基于居民普遍符合理性预期的假设，将房地产市场价格分解为理论价格和超出理论价格的泡沫部分。用理论价格测度泡沫的方法面临如何合理确定未来预期房地产收益和贴现率的问题，而房地产市场有很大的不确定性，特别是发生投机与泡沫行为时，这种方法不能全面真实反映泡沫的大小。目前学界常见的检验房地产投机和泡沫方法可划分为指标法、统计检验法和理论价格法❷。

房地产投机与泡沫表现为价格的大起大落，当投机性需求高涨时，价格迅速攀升，大量资金进入房地产业，生产和销售一片繁荣，市场泡沫不断膨胀；而当泡沫破灭时，价格迅速下跌，大量资金被套在空置的、未建成的房地产上。房地产泡沫发生时，房地产市场存在大量的投机行为，房价迅速上升，上涨的速度远远超过居民实际可支配收入的上涨速度，使得自住需求因承受不了过高的房价而被抑制。同时，从价格与租金的关系来看，由于租金与居民实际可支配收入紧密联系，泡沫发生时房价也严重脱离租金价值。

（一）指标法

指标法通过构造一个或多个检验指标对房价与基本经济变量之间的差异关系进行度量，根据度量结果推断房地产泡沫存在的情况。在检验指标的选择方面，主要从房价偏离其基础价值的程度，房地产投机是否过热以及房地产投资是否过剩等方面进行考虑，常使用房价租金比、房价收入比、房价增长率与 GDP 之比、房地产投资与固定资产总投资之比、房屋空置率等指标❸。通过选择的指标多少和类型，还可以分为简单指标法、指标体

---

❶ 曲波：《房地产经济波动理论与实证分析》，185～188 页，中国大地出版社，2003。
❷ 孙焱林，张攀红，王中林. 房地产泡沫的测度方法及实证比较. 统计与决策，2015（24）。
❸ 韩克勇，阮素梅. 中国房地产泡沫测度及成因分析. 东岳论丛，2017，38（11）。

系法、功效系数法、综合指数法。

房价收入比（price to income ratio，PIR）采用标准化住房单位的中位数市价与中位数家庭收入的比率，是衡量房屋负担能力最常用的指标❶。世界银行认为发达国家的房价收入比一般在 1.8~5.5 之间。当 PIR 低于 3 时，说明住宅价格合理，PIR 达到 5 时，价格则已经偏高❷。基于房地产泡沫直观表现为一种价格波动偏离基本面供求因素，房价收入比也可用于测度住房市场的泡沫。用房价收入比对房地产泡沫进行测度，可以把收入作为市场的基本面，房价不能偏离这个基础，房价与收入存在一个稳定的比率关系，因此可以通过计算房价收入比的值/区间以判断是否存在泡沫。其中消费者预期是影响房价收入比的主要因素，对房地产泡沫变动的影响最大❸。从表 10-4 可以看出，日本房价收入比在 1990 年达到 10.2，此时正值泡沫高峰期。

日本房价收入比情况　　　　　　　　　　　　　　　表 10-4

年份	1955	1960	1970	1980	1985	1990	1994
房价/收入	4.2	5.4	7.6	7.3	8.5	10.2	9.4

资料来源：曲波：《房地产经济波动理论与实证分析》，195 页，中国大地出版社，2003。

除房价收入比外，还有其他的指标常被用作测量房地产泡沫。有学者采用贷款收入比（loan to income ratio，LIR）衡量住房负担能力，高 LIR 隐含住宅价格可能已经产生泡沫。Chen et al.（2010）以 LIR 分析中国的住宅价格，指出中国的贷款收入比不宜超过 8.5 倍，当超越此标准，住宅融资贷款就会发生问题❹。此外，也有学者使用了房地产销售额、销售面积、CPI、居民人均可支配收入、建房成本等指标测算房地产市场泡沫。❺

此类测度方法操作简单，但缺乏理论基础，在指标的选择和指标体系权重的确定上缺乏客观标准，只能判断出泡沫是否存在，但无法确定泡沫的发生、存续和破裂的具体时间点。因此近年来以指标体系来量测泡沫的做法已不普遍。

（二）统计检验法

统计检验法是运用统计分析测度房地产市场泡沫的存在。当房地产市场存在泡沫时，其实际价格会出现较大波动；当不存在或出现轻微泡沫时，则价格变化会比较平稳。该方法主要包括方差界检验、设定检验、单位根检验等。

基于单位根检验的泡沫测度方法起源于传统的 ADF 检验，其特点是可以准确判断资产价格泡沫产生、存续和破灭的具体时间点。单位根检验是房地产泡沫最常用的一种检验

---

❶ Hulchanski, David J. The concept of housing affordability: Six contemporary uses of the housing expenditure to-income ratio. Housing Studies, 1995, 10 (4): 471-491.

❷ Suhaida M S, Tawil N M, Hamzah N, et al. Housing Affordability: A Conceptual Overview for House Price Index. Procedia Engineering, 2011, 20 (3): 346-353.

❸ 张炜. 预期、货币政策与房地产泡沫——来自省际房地产市场的经验验证. 中央财经大学学报, 2017, 360 (8).

❹ Chen J, Hao Q, Stephens M. Assessing Housing Affordability in Post-reform China: A Case Study of Shanghai. Housing Studies, 2010 (25): 877-901.

❺ 陈长石, 刘晨晖. 利率调控、货币供应与房地产泡沫——基于泡沫测算与 MS-VAR 模型的实证分析. 国际金融研究, 2015 (10).

方法，Hamilton 和 Charles（1985）❶ 提出用单位根检验的方法判断泡沫是否存在。单位根检验将房价所有的非平稳归结为泡沫，因此对泡沫的估计偏高。协整检验与单位根检验同时使用，可以有效弥补单位根检验的不足。即使变量存在单位根，但若房地产价格和房屋租金之间存在协整关系，仍可接受"不存在"泡沫的假设。施昱年等（2014）采用可以捕捉结构性转变的单位根以及协整分析检验价格理性泡沫，发现中国多数省市存在泡沫以及支付能力不足的问题❷。有学者基于单位根右侧 ADF 泡沫检验方法对中国商品房的周期性泡沫进行了检验，发现在该时间段内我国的住宅、办公楼和商铺均出现了多次周期性泡沫，且泡沫分化较明显❸。

（三）理论价格法

理论价格法是指建立数学模型计算出房地产的理论价格，再与实际价格比较，二者的偏离部分即房地产价格泡沫的大小。资产泡沫是一种经济失衡现象，是资产的实际价格相对于经济基本面决定的理论价值（一般均衡稳定状态价格）的非平稳性偏移。基于理性预期的观点，以外生的宏观经济变量作为市场经济基本面变量预测住宅价值，能够避免推算理论价格出现的现金流数据缺失问题。根据计算房地产理论价格的思路不同，分为收益还原法、边际收益法和市场供求法。

近年来，理论价格法获得了较大发展。如通过 MS-VAR 模型，讨论了动态制度背景下货币政策与房地产价格泡沫之间的非线性关系❹。该模型是在 Hamilton（1989）❺ 提出的 VAR 模型的基础上发展而来的，VAR 模型用来捕捉经济或金融系统中的时变状态变化，而马尔科夫区制转换（MS-VAR）模型则主要分析时间序列存在明显的结构性变化，从而导致 VAR 模型参数不变假设不再适用的情况。由于中国对房地产可能产生影响的制度处于不断变化的情况中，在动态制度背景下的研究会得到更具解释力的结论。近年有学者采用包含房价泡沫变量和金融稳定性变量的双变量二阶 PVAR 模型进行回归分析，考查中国房价泡沫与金融稳定性的互动关系❻。其他方法如将房价中的基础价值和投机泡沫分离，用偏离值测算房地产泡沫，发现杠杆对资产价格泡沫具有非对称性效应❼，或运用对数周期性幂律模型（LPPL）对 100 个大中城市的房地产泡沫进行定量测度❽。

（四）小结

实际上，房地产泡沫测度方法的分类也存在很多种，除了上述的分类方法，国内外研

---

❶ Hamilton J. D., Charles H. W. The Observable Implications of Self-Fulfilling Expectations. Journal of Monetary Economics, 1985, 16（3）：353-373.

❷ Shih Y N, Li H C, Qin B. Housing price bubbles and inter-provincial spillover: Evidence from China. Habitat International, 2014, 43：142-151.

❸ 郭文伟. 中国多层次房价泡沫测度及其驱动因素研究——兼论我国房地产调控政策的实施效果. 经济学家，2016（10）.

❹ 陈长石，刘晨晖. 利率调控、货币供应与房地产泡沫——基于泡沫测算与 MS-VAR 模型的实证分析. 国际金融研究，2015（10）.

❺ Hamilton J D. A New Approach to the Economic Analysis of Nonstationary Time Series and the Business Cycle. Econometrica: Journal of the Econometric Society, 1989, 2：357-384.

❻ 沈悦，李博阳，张嘉望. 城市房价泡沫与金融稳定性——基于中国 35 个大中城市 PVAR 模型的实证研究. 当代财经，2019（04）.

❼ 刘晓星，石广平. 杠杆对资产价格泡沫的非对称效应研究. 金融研究，2018（03）.

❽ 李伦一，张翔. 中国房地产市场价格泡沫与空间传染效应. 金融研究，2019（12）.

究主要从两种路径考察房地产泡沫：一是比较房地产实际价格与房地产市场基础价格的差异，确定房地产泡沫是否存在；二是对比房地产泡沫指数和国际标准值判断房地产泡沫是否存在。基于两种不同的研究路径，学术界测算房地产泡沫的具体方法可分为直接检验法、间接检验法、简单指标法、综合指标法四类④。

无论怎么进行测度方法的划分，现有研究方法在泡沫识别和测算中都存在一定不足。一是只能研判是否存在泡沫，无法识别房地产泡沫的存续周期时点，如综合指数法、局部均衡模型分析方法等；二是能够揭示单个房地产泡沫及其存续周期时点，但无法识别出可能存在的多个泡沫，如 SADF、West 模型等；三是能够识别房地产业可能存在的多个泡沫，但难以区分不同泡沫之间的异质性特征，如 BSADF、HB、MRS 模型等。以往对简单指标法、指标体系法、功效系数法、综合指数法、单位根-协整检验、边际收益法和市场供求法 7 种方法的比较研究也表明❶，房地产泡沫的测度方法各有优缺点，房地产泡沫测度方法选取及泡沫设定标准的差异是泡沫分歧产生的根源，简单指标法各指标的测度结论相差较大甚至完全相反；单位根－协整检验只能测度房地产泡沫的存在性，无法测度其严重程度及大小；其他五种测度方法测度的房地产泡沫的波动方向基本一致，但波动幅度有所不同，指标体系法比功效系数法和综合指数法对泡沫反应更为敏感，市场供求法比其他四种方法测度的房地产泡沫的波动幅度更大。

三、房地产投机与泡沫的预警

1. 选定预警指标

在上述房地产泡沫的检验指标体系的基础上，根据本地房地产市场发展特点，选择最能准确预报泡沫发生变化的指标。一般地，可以采用时差相关分析、K-L 信息量法、马场法等统计方法来确定指标。

2. 确定预警指标的权重

各个指标的灵敏度不同，对房地产投机与泡沫的大小的影响程度也不一样，这样在预警系统中需要对各个指标进行对比，确定其权重。一般地，可以采用因子分析法、层次分析法、专家经验法、第一主成分法等方法来确定权重。

3. 确定指标临界区间，划分警级

根据房地产泡沫产生和破灭的概率，将房地产泡沫变化的区间划为安全区、警戒区、危险区、高度危险区等几个警级区间。对应每个警级区间，各预警指标都有相应的临界区间。预警指标临界区间的确定可以采用专家经验法、系统化法、正态归一化法等方法。

4. 测算地产泡沫的预警级别

对于每一个预警指标，当预警指标值落入某个临界区间内，该指标就处于相应的警级区间，并可以计算得到相应的分值。对于地产泡沫综合警情，通过对各个指标的分值的加权平均，就可以得到总的警值，从而根据警值所处区间得到相应的警戒级别。房地产泡沫综合警值 V 的求取可以用以下公式表示：

$$V = \sum_{i=1}^{k} V_i P_i \tag{10-4}$$

---

❶ 吴传清，邓明亮. 土地财政、房价预期与长江经济带房地产泡沫指数. 华东经济管理，2019, 33（06）.

式中　k——预警指标个数；
　　　V_i——第 i 个预警指标的分值；
　　　P_i——第 i 个预警指标的权重。

第四节　房地产泡沫实例

一、各国房地产泡沫

(一) 东南亚房地产泡沫与金融危机❶

1. 泰国房地产泡沫

20世纪90年代以来，泰国经济持续高速增长，投资率居高不下，国内信用不断膨胀，国外资金大量涌入。这些资金并非全都投入到实体生产部门，很多投向了房地产、证券等部门。1996年，泰国发放的住房贷款总额比1989年增加了5倍多，外商直接投资中有一半是房地产投资❷。在国际资本的炒作和国内信用的扩张下，泰国一些大城市的房价、地价迅速上涨。1992—1997年上半年，地价年均上涨速度达到40%。在超额利润激励下，别墅、写字楼、高尔夫球场等房地产大量兴建，同时，空置率迅速攀升。房地产过度投机带来的泡沫抑制了实质部门的生产，增加了经常项目的赤字和金融机构呆坏账，为金融危机的爆发提供了基础条件。金融危机爆发后，房价急剧下跌，仅1997年下半年曼谷的房地产价格就下跌了20%~30%。房地产泡沫的破灭又加剧了金融危机和经济危机，还引发了政治和社会危机。

2. 印度尼西亚房地产泡沫

与泰国的情况类似，在高速经济增长的同时，印度尼西亚也出现了相当严重的房地产泡沫。房地产市场的狂热又严重扭曲了印度尼西亚的金融结构。1991—1995年印尼房屋租金的年增长率大多超过了10%，银行大量资金涌向房地产业，1996年印尼商业银行房地产贷款占贷款总额20%。大量的银行贷款加速了房地产泡沫的形成，同时，国外资金大量进入印尼，投机于利润较高的房地产业，这对增加泡沫成分和加快泡沫破灭起到催化作用。金融危机爆发后，房地产泡沫彻底破灭，1998年雅加达写字楼租金比1996年下降了一半多，空置率达到22.1%。泡沫的破灭又加剧了金融危机，银行发放的房地产贷款无法收回，致使银行系统的坏账越来越严重。据统计，印尼银行坏账的一半是房地产贷款，1997年4月底，坏账总额达到41.7亿美元。

3. 马来西亚房地产泡沫

20世纪90年代马来西亚经济过热和泡沫成分的增加也产生了严重的房地产泡沫。银行贷款和国外资金大量进入房地产业，房地产投机活动日胜一日，租金和价格直线上升。在吉隆坡1995年初到1995年底写字楼的租金上涨了15%，零售物业的租金上涨了7%，价格上涨了4%，住宅的租金上涨了55%，价格上涨了66%。金融危机爆发后，1998年1~8月马来西亚房地产销售量比上一年下降了47%，各项房价指数出现了较大幅度下降，

---

❶ 详见谢经荣等：《地产泡沫与金融危机》，经济管理出版社，2002。
❷ 徐滇庆：《泡沫经济与金融危机》，221页，中国人民大学出版社，2000。

以 Klang 工业区的工业用地为例,从 1997 年中期到 1998 年中期价格降幅在 20% 左右。同时,住宅、商铺、写字楼大量空置,1998 年吉隆坡写字楼空置率达到 25%。

(二)日本房地产泡沫[1]

2018 年 G20 峰会期间,中美两国领导人在贸易战方面达成了暂时休战的共识,给我们反思 2018 年应对贸易战政策的得失留下了时间。中美贸易战日益呈现出与 20 世纪后期美日贸易战相似的特点,但是日本却因应对策略不当陷入了"失去的十年"[2],日本房地产泡沫产生的原因值得我们仔细分析。

20 世纪 80 年代末到 90 年代初,日本房地产业经历了泡沫膨胀到泡沫破灭的痛苦过程。第二次世界大战后的 20 年内,日本成为仅次于美国的第二大经济体,巨大的贸易顺差使日元面临较大的升值压力,日美贸易摩擦日趋剧烈。美元汇率过高为美国带来大量贸易赤字,因此在 1985 年"广场协议"后,日元为融入国际贸易被迫大幅升值,升值幅度高达 86.1%[3],被低估的货币大幅度升值,引发大量热钱流入日本,因为短期之内办厂是不可能的,因此热钱涌入了股票与房地产市场。同时汇率的上升使得日本出口急剧下滑,日本贸易短暂受到了影响。可见,经济增速换挡阶段往往是风险易发期,汇率的大幅波动引发热钱流入是日本房地产泡沫产生的最初原因,汇率的大幅度波动是十分危险的。

为刺激经济的发展,平抑日元对美元的升值,以扩大和提高本国的经济竞争力,日本银行采取了非常宽松的金融政策,一方面连续降低利率,另一方面增加国内货币供应量,大量游资流入房地产市场,国内市场也加入炒作,刺激了房地产市场的火爆。同时,美元贬值后,大量国际资本进入日本的房地产业,更加刺激了房价的上涨。从 1985—1990 年日本全国房价上涨了 2 倍多。1990 年日本土地总价值达到 15 万亿美元,比美国土地资产总值多 4 倍,相当于日本当年国内生产总值的 5 倍多。为抑制投机,日本政府开始实行"重交易税,轻保有税"的土地税收政策,这样的土地政策使得企业大量购入土地作为资产持有,一定程度上减少了短期土地供给,加剧了房价上升。有研究指出,20 世纪 80 年代的日本,其城市化进程趋缓、人口结构老龄化严重、房地产空间分化凸显等特征使得日本经济基本面对于房地产发展的支撑作用减弱,因此房价一旦出现持续过快上涨,就很容易脱离经济基本面形成泡沫[4]。

针对日益严重的泡沫,日本政府采取了紧缩的货币政策进行控制,于 1989 年 4 月起开始连续上调利率,以期使市场降温。紧缩性的金融政策下,股票开始下跌,股票因应政策下跌实际上属于合理情况,但日本政府采取的紧缩政策程度太大,升息和限制放款等一系列举措,引发了社会恐慌,日本国民对于经济发展的信心崩溃。在这样的社会氛围下,股票的下跌引起了房价的下跌,房地产泡沫迅速破灭,房价、地价大幅下降。1991 年全国地价下跌了 4.6%,东京、大阪、名古屋等大城市地价下降了 15%~25%,1997 年跌至 20 世纪 80 年代水平。下跌高潮时期,部分地区地价甚至下跌一半。虽然日本政府采取了措施抑制泡沫发展,可是政府的作为却也是泡沫形成的原因之一,日本升息时间太慢,

---

[1] 详细内容可参见徐滇庆:《房价与泡沫经济》,221~228 页,机械工业出版社,2006。
[2] 杨静,陈亮. 20 世纪后期日本应对贸易战策略及其对我国的镜鉴. 理论探索,2019(02)。
[3] 王捷. 关于我国房地产市场风险防范与协同监管的若干思考——基于中日泡沫对比. 时代金融,2020(08)。
[4] 丁如曦,李东坤. 日本房地产泡沫形成及破灭原因的综合检视及其对当代中国的启示. 当代经济研究,2019(07)。

升息慢是因为担心升息使更多的国际资本流入日本，推动日元升值，引起经济衰退，一直到 1989 年 5 月日本银行才提高利率，但泡沫发展的程度已经覆水难收。

房地产泡沫所造成的虚假繁荣将日本银行和房地产市场、建筑业绑在一起。据估计，1997 年银行有 87 万亿～140 万亿日元的坏账是由地价、房价下跌造成的。在越来越多的坏账压力下，日本的金融机构纷纷告急。日本太平洋银行、三洋证券、北海道拓殖银行破产倒闭。泡沫的破灭给国民经济造成了严重的打击，企业大量倒闭，资产大幅缩水，日本经济陷入长期衰退中，20 世纪 90 年代被视为日本"失落的十年"。

（三）美国房地产泡沫[1]

20 世纪 20 年代中期，美国经济出现了空前的繁荣。在实体经济增长的同时，投机热也出现了。在这种背景下，拥有特殊地理位置的佛罗里达州出现了前所未有的房地产泡沫。佛罗里达州位于美国东南端，气候温暖宜人，交通十分便利，是一个极具魅力的地区，它迅速成为人们的休闲胜地。许多人来到这里，迫不及待地购买房地产。随着需求的增加，土地价格快速上升。在投机狂热的 1924—1925 年，地价可以在几周内翻倍。据统计，到 1925 年，迈阿密市有 2000 多家地产公司，超过 2.5 万名的地产经纪人在从事交易。当时，地价每上升 10%，炒家的利润几乎就会翻一倍。在那几年，人们的口头禅就是"今天不买，明天就买不到了！"在这种狂潮的催动下，一向保守冷静的银行界也纷纷加入炒房者行列。然而好景不长，到 1926 年秋天两次飓风袭击后，佛罗里达房地产泡沫迅速破碎，多家房地产企业、金融机构破产，产生一系列经济和社会问题。

二、我国房地产泡沫

我国自 1998 年实施住房商品化改革以来，随着我国房地产市场的快速发展，面对房地产投资规模不断扩大、价格不断上涨、空置面积不断增加的市场特征，有关中国房地产是否存在泡沫的争论在 2002 年燃起。部分学者认为，城镇化进程所释放出的巨大住房需求与土地供应不足是导致房地产价格上升的主要原因，因此，市场中并不存在泡沫；而更多学者则认为，中国房地产市场广泛存在投机行为以及投资扩张，导致市场价格脱离基础价值，存在泡沫。各位专家学者、政府官员和实业界人士对我国房地产市场是否存在泡沫的观点大体可以分为泡沫论和无泡沫论两种。

1. 泡沫论

该观点以部分经济学者和专业金融投资机构为代表，认为当前我国房地产价格上涨过快，局部地区出现房地产过热现象，已经形成房地产泡沫。

王小广（2003）指出：根据判断房地产泡沫的"五高"标准，即投资和消费的持续超高增长、房价持续大幅攀高或持续居高不下、房地产投资所占比例高及房价收入比明显偏高，目前中国房地产存在区域性泡沫现象，这些地区主要集中在东部地区，其中以北京、上海、辽宁、广东和浙江最为突出。少数西部地区如重庆和四川、陕西等省的一些中心城市也存在一定的泡沫现象[2]。易宪容（2004、2005）认为：从房价收入比、房地产投资与

---

[1] 参见杨红林：《历史上的三次房地产大泡沫》，《环球时报》，2006 年 6 月 6 日；以及野口悠纪雄：《泡沫经济学》，52～56 页，三联书店，2005。

[2] 马克：《房地产泡沫已经出现》，南方周末，2003 年 2 月 28 日，来源：http://www.people.com.cn。

价格增长速度和空置率这几个指标来看，当前房地产市场存在严重的泡沫，房价存在很大的虚高成分，开发商们采取价格合谋来维持高房价态势，以保持房价刚性，形成对住宅市场的价格垄断，从而获得超额利润❶。叶卫平，王雪峰（2005）利用 Ramsey 模型，采取资本边际收益率法，实证测试了 2000—2004 年我国房地产的泡沫度，得出了期间我国房地产经历了负泡沫、无泡沫和正泡沫三个阶段，从 2003 年三季度后真正出现正泡沫❷。姜春海（2005）采用 1994—2003 年房地产的建房成本、1990—2004 年的商品房销售价格的真实数据以及 1990—1993 年和 2005—2008 各年的商品竣工造价和销售价格的预测数据，计算出 1991—2004 年中国房地产基本价值、泡沫和泡沫度。认为 1991 年后中国房地产市场一直存在泡沫。1991—2004 年，平均每年泡沫的绝对规模为 336.5 元，泡沫度为 40.6%。其中 1992 和 1993 两年的泡沫最大，从 1994 年起，中国房地产市场泡沫度逐步下降，1999 年后基本上稳定在 10% 左右，但仍然高于 5% 的警戒水平，2004 年快速增长到 13.9%，说明房地产市场不但存在泡沫，而且还比较严重❸。高汝熹（2005）❹ 用实证分析的方法，研究了我国上海的房地产泡沫。从供给、需求和投机价值三方面，选取房地产投资占 GDP 的比例、房价家庭收入比和房地产销售价格与租金的比值这三个指标来刻画房地产市场泡沫程度，并按照低谷区（$x_i \leqslant 0$）、安全区（$0 < x_i \leqslant 1$）、警戒区（$1 < x_i \leqslant 2$）、危险区（$2 < x_i \leqslant 3$）和严重危险区（$x_i > 3$）将各个指标指数 x_i 划分为 5 个区域。通过对 2004 年三季度各个指标实际值与临界标准值的对比，计算得到单一指标指数，再加权计算得到泡沫度指数。计算结果显示：上海房地产投资/GDP 指数值为 1.67，房地产泡沫度指数值为 2.02，已经跨入危险区范围。闫妍等（2006）利用日本泡沫经济时期的数据建立了一个地产泡沫预警模型，并对我国 16 个重点城市地产市场的泡沫情况进行了实证分析，认为中国各城市的房地产市场发展不均衡，存在较强的地域性。我国长三角地区以杭州和上海为代表，地产泡沫过大，如果任其继续膨大，泡沫将面临破灭的危险；东北沈阳的地产市场过热；西南主要城市成都和重庆的地产市场也需"降温"；天津、成都、大连和厦门的地产市场亦有过热迹象，但尚不严重；北京的地产市场仍处于安全区，但由于其基准地价较高，对房价产生了显著的影响；其他城市地产市场发展基本正常❺。施昱年等（2014）采用可以捕捉结构性转变的单位根以及协整分析检验价格理性泡沫，实证结果显示，多数省市存在泡沫以及支付能力不足的问题❻。陈长石和刘晨晖（2015）将房屋价格中的基础价值和投机泡沫进行分离，指出我国房地产泡沫度呈现上升趋势，1998—2005 年几乎不存在房地产泡沫；2005—2008 年后泡沫快速上升，但整体仍然处于可控水平；2008 年后流动性大大增加，2014 年 9 月泡沫达到 45%，并在中央出台各种房地产调控政

---

❶ 易宪容，《房地产如何消解泡沫》，南风窗，2004 年 12 月 2 日，来源：http://www.eastmoney.com。

❷ 叶卫平，王雪峰：《中国房地产泡沫到底有多大》，《山西财经大学学报》，2005 年第 4 期。

❸ 姜春海：《中国房地产市场投机泡沫实证分析》，《管理世界》，2005 年第 12 期。

❹ 详见高汝熹，宋忠敏：《上海房地产泡沫的实证研究》，上海社会科学院出版社，2005。

❺ 闫妍，成思危，黄海涛，汪寿阳：《地产泡沫预警模型及实证分析》，《系统工程理论与实践》，2006 年第 6 期。

❻ Shih Y N, Li H C, Qin B. Housing price bubbles and inter-provincial spillover: Evidence from China. Habitat International, 2014, 43: 142-151.

策后趋稳❶。彭俊华等（2018）将房价区分为基础价值和泡沫成分两部分，并将泡沫进一步分解为理性泡沫和非理性泡沫，其中理性泡沫受广义货币供给量、地均房地产投资完成额以及理性预期等短期性因素影响，非理性泡沫则由房地产投机的盲目性、炒作性和跟风效应造成。进一步利用35个大中城市面板数据构建泡沫度量模型，结果表明深圳、北京、厦门、合肥、南京、上海、天津存在显著的泡沫❷。张凤兵等（2018）运用SADF和GSADF递归单位根检验对2011年1月—2017年9月中国房价进行泡沫检测，结果表明中国房地产市场存在多重泡沫和泡沫层级扩散，2016年"930楼市新政"后层层加码的调控使中国房地产市场快速降温，但并未如愿走出泡沫❸。刘骏等（2020）采用小波分析方法建立了房地产泡沫测算模型，通过小波去噪提取出了全国27个省会城市及4个直辖市1998—2017年的房地产真实价格以及相应泡沫数值，结果表明：1998—2009年房地产泡沫整体呈温和上升趋势，但是自2010年开始各个城市的泡沫加速增长，且一、二、三线城市之间差异相对明显；自2010年起一线城市泡沫上涨迅猛；从2014年开始全国二、三线各城市泡沫也都开始迅速上升❹。还有学者研究了房地产泡沫的空间溢出效应，如施昱年等（2014）构建泡沫溢出效应的向量误差修正模型分析了省市价格泡沫化是否会外溢影响其外围省市住宅价格的长期均衡波动，结果表明北京和上海是主要的泡沫溢出城市，会外生影响外围省市住宅市场的长期均衡❺；韦汝虹等（2018）基于GIS的空间计量模型对中国城市房地产泡沫的空间传染性进行分析，结果表明中国房地产泡沫具有空间传染性，且在时间尺度上，传染能力具有明显增强的趋势，在空间尺度上，传染能力表现为由东部沿海向西北内陆逐渐递减的空间趋势❻。

2. 无泡沫论

该观点以部分专家学者、房地产开发商和政府管理部门为代表，认为当前房价上涨是有真实需求支撑的，尽管房地产市场存在一些问题，但不存在泡沫。

杨慎（2004、2005）认为：从将房地产业增加值占GDP的比例、房地产业的开发投资占固定资产比例和住房的产销率这三个指标与国际经验数据比较来看，我国房地产市场不存在泡沫❼。以任志强为代表的开发商（2004、2005）认为：由于房改政策的实施，1998年以后房地产开发年平均高增长量只是对原先自给自足开发模式的替代，同时目前中国第二套住房的拥有率非常低，因此房价普遍上涨并不意味着"泡沫"，而是表示需求

---

❶ 陈长石，刘晨晖. 利率调控、货币供应与房地产泡沫——基于泡沫测算与MS-VAR模型的实证分析. 国际金融研究，2015（10）.

❷ 彭俊华，许桂华，周爱民. 城市房地产泡沫测度研究——基于基础价值与泡沫成分甄别的分析. 价格理论与实践，2018（07）.

❸ 张凤兵，乔翠霞，张会芳. "结束"还是"延续"：中国房地产市场泡沫测度——基于递归SADF与GSADF检验. 统计与信息论坛，2018，33（07）.

❹ 刘骏，赵魁，张平. 基于小波分析的中国房地产泡沫测算. 统计与决策，2020，36（03）.

❺ Shih Y N，Li H C，Qin B. Housing price bubbles and inter-provincial spillover: Evidence from China. Habitat International，2014，43：142-151.

❻ 韦汝虹，金李，方达. 基于GIS的中国城市房地产泡沫的空间传染性分析——以2006—2014年35个大中城市为例. 长江流域资源与环境，2018，27（09）.

❼ 杨慎：《中国房市没有泡沫》，2004年11月21日，http://emba.gsm.pku.edu.cn/NEWS/2003006.htm.

的客观存在，房地产市场还有很长一段时间的高速增长期❶。面对由房地产价格持续大幅上涨所引发的泡沫争论，建设部政策研究中心（2004）发表了一篇题为《怎样充分认识当前中国房地产市场形势》的报告，指出：判断房地产是否出现泡沫，关键是看是否存在真实需求，目前的住宅需求仍是真实需求，在有真实需求支撑的前提下，即使局部地区可能出现房地产过热或结构性过剩现象，也不能就此判断房地产已经是泡沫经济❷。胡健颖（2006）等采用1990年1季度~2005年1季度的数据分析了经济基本因素和投机行为对中国房地产价格的影响，认为就房地产市场总体而言，房地产的价格基本是由经济基本面决定的，投机成分在一定程度上影响了房价，但影响不大❸。吴艳霞（2006）利用1996—2004年的数据进行实证分析，认为1996—2004年我国的房地产平均投机度为0.1538，距离警戒线（0.4）还有一定距离。因此中国房地产业投机度整体处于正常水平，房地产市场虽有局部泡沫（如上海等），但尚未出现全局性投机泡沫❹。吴地宝（2007）利用1997—2006年的数据，采用理性泡沫模型分析，认为我国目前正处于房地产周期的复苏与繁荣期，房地产市场总体运行比较健康，但是有整体向泡沫一方倾斜的迹象，各项相关指标均运行在高位，因而存在着较高的潜在的房地产泡沫风险因素，但尚未形成严重的房地产泡沫❺。

小　结

本章在阐述投机与泡沫基本理论的基础上，对房地产投机与泡沫的内涵、形成条件、发展阶段和对宏观经济的影响进行了介绍，然后重点解释了房地产泡沫的形成机理，最后对如何度量和监测房地产泡沫进行了介绍。

（1）投机是指从市场价格的波动中获利的活动。投机对经济系统的运行既有正面的影响，也有负面的影响。泡沫是由预期一致的投机行为导致的资产价格持续脱离经济基础的上涨。泡沫的形成需要一定的条件，包括泡沫发生的载体、大量投机者的存在、市场主体预期的一致性和非理性行为等。目前对泡沫的研究形成了理性泡沫、信贷扩张与泡沫和非理性泡沫等主要理论。

（2）房地产投机是指从房地产市场价格的波动中获利的活动。房地产投机与房地产投资在动机、持有期限和行为方式上存在较大差异。房地产泡沫是指由预期一致的投机行为导致的房地产价格持续脱离经济基础条件决定的理论价格的上涨。房地产之所以能够成为泡沫载体是由房地产供给缺乏弹性、房地产市场信息不对称、与金融业联系紧密等特点所决定。

（3）房地产投机与泡沫的形成是多因素综合作用的结果。宏观经济环境是泡沫产生的

---

❶ 专家开发商之争：《房产业是经济过热"祸首"》，《广州日报》，2005年02月28日，来源：http://news.soufun.com。

❷ 建设部政策研究中心课题组：《怎样充分认识当前中国房地产市场形势》，《中国经济时报》，2004年10月25日，来源：http://gz.focus.cn/。

❸ 胡健颖，苏良军，金赛男，姜万军：《中国房地产价格有几成泡沫》，《统计研究》，2006年第1期。

❹ 吴艳霞，王楠：《房地产泡沫成因及其投机度测度研究》，《预测》，2006年第2期。

❺ 吴地宝，余小勇：《房地产泡沫问题及实证分析》，《经济研究导刊》，2007年第2期。

基础性条件；市场的不确定性、信息不对称和羊群效应的存在是泡沫形成与膨胀的微观机理；金融机构的信贷支持和金融自由化是泡沫进一步膨胀的推动因素；而政府实行的土地、货币、税收等政策则是泡沫产生的深层次原因。

（4）房地产泡沫对社会经济有着多方面的深刻影响。从微观角度看，房地产泡沫降低了资源配置效率；从中观角度看，房地产泡沫影响了产业结构，加大了收入分配差距；从宏观角度看，房地产泡沫加大了金融风险，破坏了宏观经济的稳定。

（5）房地产泡沫可以用房地产价格持续脱离经济基础条件决定的理论价格的部分来度量。另一种检验房地产投机与泡沫的方法是建立若干指标来反映市场泡沫大小，可以从供给、需求、价格和金融支持等几方面设置指标体系。房地产泡沫的预警过程包括选定预警指标、确定预警指标的权重、确定指标临界区间、划分预警级别、测算房地产泡沫的预警级别等。

（6）世界上很多国家都发生过房地产泡沫，影响较大的是东南亚房地产泡沫与金融危机、日本房地产泡沫、美国房地产泡沫等。从 2002 年开始，我国许多专家学者、政府官员和实业界人士对中国房地产市场是否存在泡沫展开了激烈争论，观点大体可以分为泡沫论和无泡沫论两大类。

复习思考题

1. 如何理解投机与泡沫？目前对泡沫的研究有哪些主要理论？
2. 如何理解房地产投机？它与房地产投资的区别是什么？
3. 如何理解房地产泡沫？房地产为什么能够成为泡沫的载体？
4. 房地产泡沫的形成原因是什么？房地产泡沫的危害有哪些？
5. 如何度量与预警房地产泡沫？
6. 请举出三个较典型的房地产泡沫的案例。
7. 如何看待当前中国房地产市场的泡沫现象？

课外阅读材料

1. Black F. Noise. The Journal of Finance [J]．1986，41 (3)：529-543.
2. （美）霍默·霍伊特．房地产周期百年史：1830—1933 年芝加哥城市发展与土地价值 [M]．北京：经济科学出版社，2014.
3. （日）野口悠纪雄．土地经济学 [M]．北京：商务印书馆，1997.
4. （日）野口悠纪雄．泡沫经济学 [M]．上海：三联书店，2005.
5. 王雪峰．房地产泡沫和金融不安全研究 [M]．北京：中国财政经济出版社，2008.
6. 王子明．泡沫与泡沫经济非均衡分析 [M]．北京：北京大学出版社，2002.
7. 谢经荣等．地产泡沫与金融危机 [M]．北京：经济管理出版社，2002.
8. 徐滇庆等．泡沫经济与金融危机 [M]．北京：中国人民大学出版社，2000.
9. 周京奎．金融支持过度与房地产泡沫 [M]．北京：北京大学出版社，2005.

第四篇 政府在房地产经济中的作用

≫ 第十一章 公共物品、外部性与房地产管制
≫ 第十二章 住房保障政策
≫ 第十三章 房地产政策与宏观调控
≫ 第十四章 房地产税收
≫ 第十五章 房地产产权与制度

第十一章 公共物品、外部性与房地产管制

房地产具有私人物品和公共物品的双重属性。人们可以在房地产市场上购买到合适的住房和土地，进行消费、投资开发以及抵押融资等。但由于市场失灵的存在，诸如低收入居民的住房、城市道路、公共绿地、河道防洪设施等物品不可能完全由自由市场供给。若全部由市场提供则会产生经济效率低下的问题，还需要政府实施市场干预。同时，由于房地产领域存在着外部性，这还要求政府对房地产资源配置以及土地利用进行管制。

本章共三节。第一节介绍公共物品、房地产公共物品等基本概念和基本原理；第二节主要分析房地产公共物品与有效政府，提出政府在房地产领域需要提供必要的公共物品，弥补市场失灵；第三节讨论房地产外部性与政府管制，分析房地产领域政府管制的有效性。

第一节 房地产公共物品的概念和特点

一、房地产与公共物品

（一）公共物品的概念

经济学家一般将经济物品分为私人物品（private goods）和公共物品（public goods）两大类。私人物品通常可以由市场有效地生产和分配，如衣服、食品等；公共物品则往往很难通过市场的方式来供应，如国防、免费公园、政府管理等。一般来说，私人物品具有消费上的竞争性（rivalry）和排他性（excludability）。所谓消费的竞争性，是指某人使用一种产品，其他人就不能使用该产品，或者一个人使用某种产品，就减少了其他人使用该产品的机会。排他性指有无可能将他人排除在该物品的利益之外，也即有没有可能阻止其他人使用这些物品[1]。公共物品具有非竞争性和非排他性。例如，政府提供的不动产权利登记服务就是典型的公共物品，政府为不动产权利人提供登记服务，全体不动

---

[1] （美）斯蒂格利茨：《公共部门经济学》（第三版），110页，中国人民大学出版社，2005。

产权利人都可以享受到政府登记服务的利益。一个人享受了政府登记服务，并不妨碍另一个人也享受政府的该项服务，不动产权利登记服务具有非竞争性和非排他性。

公共物品可以分为纯公共物品（pure public goods）和非纯公共物品。纯公共物品是指多为一个人提供公共物品的边际成本为零，且人人都可享受该物品。这里的边际成本是指增加一个消费者对供给者带来的边际成本。纯公共物品严格满足非竞争性和非排他性，如国防。非纯公共物品，在一定程度上具有非竞争性或非排他性中的一个特征，又可分为公有资源（common resource）和自然垄断（natural monopoly）两大类❶。公有资源具有竞争性却无排他性，如拥挤的免费道路，多一个人使用就给其他人使用增加了困难（交通堵塞），即具有竞争性；然而将任何人排除在免费道路使用之外都是不现实的。不动产登记服务的非排他性表现在，政府不动产登记部门不能拒绝为某人办理不动产登记服务，但是当有多人需求该项服务且超过了政府在当时的服务能力时，则需要建立轮候机制要求不动产登记需求者排队办理。自然垄断的物品具有排他性却无竞争性，如城市自来水系统（供水）。供水系统的排他性表现在供水公司通过建设管网系统并输送到每个用水户，不在管网系统的终端用水户不能获得饮用水；而无竞争性表现在管网系统内增加一个用水户并不影响供水公司向其他人供应饮用水，也不增加供水公司的边际成本，反而会降低供水公司的平均总成本。总之，可以将经济物品大致划分为私人物品、纯公共物品、公有资源物品以及自然垄断物品等四大类，其性质及举例具体见表11-1。

四种类型的经济物品　　　　　　　　　　　　　　　表11-1

物品	私人物品	纯公共物品	非纯公共物品	
			公有资源物品	自然垄断物品
是否具有竞争性	是	否	是	否
是否具有排他性	是	否	否	是
例子	食品、衣服	国防、基础研究	免费的城市公园、免费的道路、水资源	供水系统、卫星信号

（二）房地产领域中的公共物品

房地产是指土地以及建筑物等土地定着物。根据表11-1划分私人物品和公共物品的两个特性，粗略地对房地产进行分类（见表11-2）。显然，有一些房地产是属于私人物品，如高档公寓、别墅和商业店铺等，消费行为具有竞争性和排他性。另外一些房地产是属于公共物品，如军事设施、城市免费道路、人防工程、防洪大堤、经济适用住房以及图书馆等，具有消费的非竞争性或非排他性。

房地产四种类型物品分类一览表　　　　　　　　　　表11-2

物品	房地产私人物品	房地产纯公共物品	非纯公共物品	
			公有资源	自然垄断物品
是否具有竞争性	是	否	是	否
是否具有排他性	是	否	否	是

---

❶ （美）曼昆：《经济学原理》（原书第三版），梁小民译，189页，机械工业出版社，2006。

续表

物品	房地产私人物品	房地产纯公共物品	非纯公共物品	
			公有资源	自然垄断物品
举例	别墅、高档公寓、商业房地产、餐饮房地产、商务办公楼、旅馆房地产、部分农业房地产和工业房地产	防洪大堤、不拥挤的城市道路、军事设施、纪念碑、不拥挤的免费国道	国有森林、教堂、寺庙、公立图书馆、博物馆、自然保护区、公立医院、公立学校、土地有偿制度改革前的国有土地	城市基础设施、轨道交通、收费的高速公路、车站、机场、码头

二、房地产公共物品的特点

（一）公共物品的特性

1. 公共物品与市场失灵

在市场经济中，人们享受的物品或服务大多都需要花钱购买，买者和卖者达成一致的信号则体现为市场价格。然而，市场并不能完全保障所有上述四类经济物品的提供，例如若没有政府提供的免费公园，那么私人部门提供的收费公园往往无法满足低收入群体对公园休闲的需求。政府通过有效提供公共物品，能够改善市场结果，解决市场失灵问题，增进全社会的经济福利。

2. 非纯公共物品的付费问题

对于存在消费竞争性而非排他性的公有资源，由于对公有资源的使用不具有排他性，如城市内不收费道路和免费公园，所以不能排除其他人使用道路和在公园休闲娱乐的权利。这就造成私人决策者（如道路或公园的使用者）完全根据个人的成本收益核算使用城市道路或免费公园，包括出行地点和时间等，而不考虑道路和公园是否处于承载高峰期。公有资源具有消费的竞争性，当一部分人同时使用道路和享受公园时，道路和公园就变得拥挤了，使另外一部分人失去使用通畅道路和怡人公园的机会。经济学上的"公地的悲剧"（tragedy of the commons）就是对这类现象的概括。因此，为了防止由于私人决策者根据自己的决策无限制、过度地使用公有资源，造成"公地的悲剧"，政府需要制定相应的管制措施（如实行收费、公交专用车道、限制年度私人小汽车牌照数量），约束使用者的行为，以减轻过度使用。

对于无消费竞争性却具有排他性的自然垄断物品，政府（或国有企业）需要向产品或服务的受益者收费，即用户使用费（user fee）。对非竞争性产品收费，可能引起对这种产品或服务的消费不足（under consumption）；反之，不收费则对这种产品或服务的供给缺少激励，形成供给不足（under supply）[1]。例如，城市供水，如果不收水费，必然造成用水户大量用水，供水公司在政府财政补偿不足的情况下，一定会减少供水量，以维持基本运营；如果征

---

[1] （美）斯蒂格利茨：《公共部门经济学》（第三版），111页，中国人民大学出版社，2005。

收的水价超过用水户承受能力,用水户在保证基本需求的前提下减少用水量。

[专栏 11-1] 解决纽约市交通拥堵问题:曼哈顿的拥堵定价

2019年4月,纽约州通过了一项法律,允许在纽约市曼哈顿进行交通拥堵定价,并将在2020年底某个时候生效。法律规定向驾驶员收取进入第六十街以南的小岛的费用,可能约为14美金。该法律类似于伦敦和斯德哥尔摩已经实施的计划,旨在减少汽车数量,改善公共交通并创造收入。这种对拥堵进行收费的规定在欧洲城市的实施中已经奏效。

纽约市都会区人口为2000万,遍布三个州的25个县,面积约4500平方英里(约11654.6平方千米),是世界上最大的都市区。假设纽约州对该地区实行每人0.54辆汽车的标准,则意味着在任何一天中,可能有近1100万辆家用车上路,这还不包括商用和货运车辆。相对于美国其他125个人口最多的都会区,纽约大都会区的通勤时间排名最差,交通全面堵塞浪费了大量资源,并降低了生产力和幸福感。征收交通拥堵费,是改善纽约市交通拥堵问题的一个可行方法。

资料来源:杰森·巴尔. Solving Traffic Congestion: A Plan for New York City(解决交通拥堵:纽约市的计划),https://buildingtheskyline.org/traffic-plan-nyc/,2019年5月16日。

---

3. 搭便车问题

公共物品具有非排他性,排除任何人使用或享受公共物品是很困难的,它也不能用价格体系进行分配,因此通过竞争性市场达到公共物品的帕累托效率数量是不可能的。以国防为例,假定国防是由私人收费提供的,每个人都相信即使自己不交费也会从国防服务中获益。因为将这个国家的任何人排除在国防服务之外都十分困难,这样人们就没有自愿交费获得服务的激励。那些得到物品的收益却避开交费的人就是"搭便车者"(free rider),人们不是自愿为公共物品交费的现象称为"搭便车"问题[1]。由于公共物品具有非排他性,存在搭便车行为,所以私人不可能提供公共物品,需要政府提供,并用税收支付,使每个人的状况得到改善。因此,自然保护区、国家博物馆、公立体育设施、公立医院等公共设施都是由政府以财政支出建设。

4. 非纯公共物品的排他成本

非纯公共物品在分配和使用中,涉及排他成本和交易成本问题。不具有竞争性但具有排他性的公共物品,如何要排除其他不属于供给范围内的消费者则需要使用者支付一定成本。例如,轨道交通建立的隔离栅栏和收费系统,可排除未付费乘客,但这样做要付出成本。

(二)房地产纯公共物品的特点

房地产中的纯公共物品,如军事设施、防洪大堤、纪念碑、监狱、人防工程等,通常不由市场提供,在现实中即使由市场提供,数量也很少,如私人兴建的纪念馆。房地产纯公共物品的特点包括以下四个方面:

---

[1] (美)斯蒂格利茨:《公共部门经济学》(第三版),112页,中国人民大学出版社,2005。

1. 房地产纯公共物品通常由政府提供

房地产纯公共物品具有消费的非竞争性和非排他性。由于消费存在非排他性，意味着排除任何一个消费者消费这种产品都非常困难，因此消费者没有支付的激励，也没有价格体系为房地产中的纯公共物品提供支付的可能性。例如，当洪水来了，城市防洪大堤发挥作用，保护了城市居民，但政府无法通过对防洪大堤设定每平方米的价格，对居民征收防洪大堤使用费。而房地产中的私人物品由于存在消费的排他性，销售者可以通过价格体系，如公寓按照一定的价格销售给消费者，那些不能支付房款的消费者则不能享有公寓的利益。正是由于纯公共物品消费的非竞争性和非排他性，私人市场没有相应的激励，一般不会提供这类房地产或供给不足，而需由政府来提供。

2. 房地产纯公共物品通常具有正外部性

政府提供的房地产纯公共物品，主要是为了满足公众对此类物品的需求，从一般意义来讲，这类产品对社会公众的影响重大而且广泛。例如军事设施，保护一个国家全体公民的安全，具有正外部性。道路的正外部性作用主要表现在提高了城市繁华程度、便捷度，使道路周边的不动产升值。"要想富，先修路"就是对道路外部性的形象概括。有学者将外部性分为技术外部性、金钱外部性和政治外部性，城市免费道路的外部性主要体现为金钱外部性。

3. 有效率地提供纯公共物品相对比较困难

纯公共物品一般由政府提供，但政府必须在了解公众的消费意愿、公众的需求量，以及公众为此能够或者愿意支付的价格基础上，才能有效率地提供相应的公共物品。现实则很复杂，公众对政府是否应该提供某一种公共物品、应该以多大的成本提供、是否满足了公众对物品的需求等，都很难评价。总之，由于没有价格系统反映出该类产品的成本，所以政府有效率地提供房地产纯公共物品比较困难。

4. 房地产公共物品投资数额巨大，政府投资决策困难

公共物品支出与私人物品支出的决策机制不同，公共物品支出由公共预算决策机构决定，如中国各级人民代表大会决定各级政府年度公共预算支出，各级人民代表大会代表以投票机制决定。公共物品决策是集体决策，由于个人偏好、收入和税收不同，不同的人对公共物品的支出有差异性。如开汽车和骑自行车的市民对建设城市道路的需求意愿不同，前者希望更宽的机动车道路系统，后者则希望更安全的绿色非机动车道路系统。通过投票决定对某一种公共物品支出，多数投票均衡的情况是难以存在的，这造成现实中公共物品的供给过量或不足。此外，还存在着可以影响最终的投票结果的特殊利益集团，影响公共物品的有效供应。房地产公共物品的特点为投资数额巨大、影响广泛以及受政府财政支出的约束，这造成政府投资决策非常困难。

（三）房地产非纯公共物品的特点

房地产中的非纯公共物品，也可以分为公有资源和自然垄断的物品。属于公有资源的房地产，具有消费的竞争性和非排他性，如公共墓地、行政办公楼、土地有偿使用制度改革前的城镇国有土地等。属于自然垄断物品的房地产，具有消费的非竞争性和排他性，如各种市政设施、轨道交通等，任何人都可以使用这些不动产，但使用者需要付费，否则就不能得到这种物品。房地产非纯公共物品通常是公众所需要的物品，一般具有正的外部性，但是某些房地产由于其特殊用途，也会对周围环境和相邻不动产产生负的外部性，如传染病医院、核发电站、垃圾焚烧厂、污水处理厂等。莱昂纳德（2016）认为房屋周围的环境是一种公共物品。并且对其环境的维护可由居民自发进行，这是对私人财产进行维护的行为。考虑到这种环境具有非纯公共物品的属性，这为研究邻里质量水平对房屋住宅维护的影响提供了理论性基础。在低收入社区，通过制定公共政策来改善社区环境是十分重要的，具有正替代效应。当社区环境质量提高，居民也会主动改善自己房屋的周围环境。这会促进其他居民对环境更加重视，同时对社区的外来公共投资都有正向促进作用[1]。

1. 房地产中的公有资源存在"公地的悲剧"问题

房地产中的公有资源具有消费的非排他性，为个人利益考虑会尽可能多地去利用它；其同时具有竞争性，有可能会被过度地使用，造成灾难性的后果。以经典的"公地的悲剧"为例，在一块公有（共有）的土地上，非排他性的存在使得每个村民都可以无限制地自由使用公地进行放牧（例如养牛），他们根据个人的利润最大化目标决策养牛数量。当个人决定增加牛的数量时，仅仅比较个人的收益与成本，而忽略了个人增加牛的数量会使其他村民放牧的收益下降，即增加了养牛的社会成本。由于边际私人收益与边际社会收益存在差别，均衡情况下的放牧数量超过最优数量。最终由于长期过度放牧而造成资源枯竭，形成"公地的悲剧"。又如我国进行土地有偿使用制度改革前的城镇国有土地，实行无偿、无限期和无流转的使用制度，国有划拨土地使用者无需支付地价，土地使用者多占地、占好地、占而不用，而不考虑其造成的社会成本。由于存在城镇国有土地无偿使用的非排他性和竞争性，土地资产的价值不能得到较好的显现，土地利用存在着严重的低效和浪费现象。

2. 政府通过土地规划管制和收税（费）限制对房地产公有资源的过度使用

对房地产中的公有资源，各个国家都通过建立土地规划或税收制度来解决对公有资源的过度使用问题。为了防止过度使用土地资源的情况，政府往往通过土地利用规划和土地税收制度对土地公有资源的使用进行限制和规整。例如，我国张家界自然资源保护区明确地划分为不可开发区、限制开发区和可以开发区三类区域，在不可开发区人们不能进入或建设任何建筑物，以保护自然生态环境。又如，在1990年我国颁布《城镇国有土地使用权出让和转让暂行条例》，随后我国开始土地使用制度改革，土地市场逐步建立，土地使用者根据土地价格信号决定土地使用量。通过改革，过度使用国有土地的现象得到有效控制，合理的土地使用税费制度对控制私人过度使用土地起到显著作用。

3. 房地产中的自然垄断物品一般由政府垄断经营

因为市场缺乏竞争和规模报酬递增等因素的存在，自然垄断产品由政府经营成为一种必需的方式。房地产中的自然垄断物品，如收费的高速公路和轨道交通等非纯公共物品，通常由国有企业垄断经营。自然垄断物品往往只有一家企业提供，在利润最大化的市场机制中，垄断产品的价格大于边际成本。垄断企业在没有提供市场效率产量的情况下，可以获得垄断利润，造成市场资源配置无效率。而垄断产量低于市场效率产量，不能满足市场对物品的需求（图11-1）。

政府对垄断采取的处理方式包括促进垄断行业的竞争性、管制垄断者的行为、把一些

---

[1] Leonard. T. Housing Upkeep and Public Good Provision in Residential Neighborhoods, Housing Policy Debate, 2016, 26 (6): 888-908.

私人垄断变为公共企业、无所作为[1]。房地产中的自然垄断物品，政府通常采取管制和公有制的做法，如规定高速公路、轨道交通的价格，控制房地产开发企业经济适用住房的售价和利润。例如，某地政府财政资金困难、地区经济落后，为建设这个地区唯一的一条高速公路，促进经济发展，政府以 BOT 方式与私人企业达成协议，企业建设并运营高速公路，20 年后政府获得该高速公路的产权。在运营过程中，企业为了尽快收回

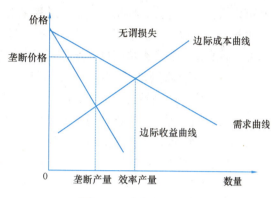

图 11-1　垄断的无效率

成本并获得利润，协议合同将高速公路的收费价格定得很高，造成消费者负担加重，部分地区高速公路使用者（如工厂和销售企业）考虑交通成本而离开该地区，使地区经济出现进一步滑坡的趋势。当地政府很快意识到这个问题的严重性，高速公路的高收费已经影响到当地的经济发展，政府不得不决定另外再建一条所有权、经营权、定价权都属于政府的高速公路（但又造成了资源浪费和巨额成本，以及私人运营高速公路闲置）。可以看出，政府在处理垄断产品时采用了促进垄断行业竞争性的方法。

第二节　房地产公共物品与有效政府

一、公共物品的供给与需求

（一）公共物品的效率条件[2]

政府供给多少公共物品才合适？评价标准是什么？纯公共物品供给的效率条件可以用福利经济学资源配置中的帕累托效率来表达。帕累托有效或帕累托最优是指资源分配的一种状态，在不使任何人境况变坏的情况下，不可能单独再使某些人的处境变得更好。政府需要为供应公共物品筹资，即向私人征税。政府提供的公共物品越多，意味着私人需要放弃的私人物品也就越多。纯公共物品供给的帕累托有效条件是：当（所有人的）边际替代率之和等于边际转换率时，纯公共物品的供给是有效的。私人物品对公共物品的边际替代率意味着每个人为多得 1 单位公共物品愿意放弃的私人物品的数量，边际替代率之和就是所有社会成员为多得 1 单位公共物品愿意一起放弃私人物品的数量。边际转换率意味着，为多得 1 单位公共物品，不得不放弃的私人物品的数量。公共物品的帕累托有效要求人们愿意放弃的总量（边际替代率之和）必须等于他们不得不放弃的数量（边际转换率）。

例如，住房公积金作为一种单位及其职工缴存的长期住房储金，用于满足居民住房消费方面最基本需要的最低标准的住房[3]的一项住房制度，相对于住房商业银行贷款（私人物

---

[1]（美）曼昆：《经济学原理》（原书第三版），梁小民译，272 页，机械工业出版社，2006。
[2]（美）斯蒂格利茨：《公共部门经济学》（第三版），120～124 页，中国人民大学出版社，2005。
[3] 陈锋．住房公积金的属性争论与再思考．暨南学报（哲学社会科学版），2019（09）。

品）可以认为是一种公共物品。从缴存过程来看，单位和职工放弃了部分工资的当期消费，将其投放于资金池，类似于国家向私人收税；从使用过程来看，由于住房公积金贷款利率低于商业贷款利率，购房人希望尽可能多使用公积金，公积金贷款与商业贷款的组合贷比例额最好是1∶0。但如果满足了一部分人住房贷款组合比例是1∶0，在公积金资金池总额限定的条件下，一定不能满足另一部分人这个要求，不能实现帕累托有效。实践中，各地一般都对住房消费者的公积金最高贷款额做了限制❶，公积金贷款和商业贷款组合比小于1。

（二）公共物品的需求与有效供给

个人对公共物品的需求与每个人缴纳的税收有关。一个人不得不为每一额外单位公共物品所作出的额外支付称为其税收价格（tax price）。假定某人的税收价格为 p，即对于每一单位的公共物品，他必须支付 p。他的预算约束为：

$$C + pG = Y \tag{11-1}$$

式中　C——私人物品的消费；

　　　p——税收价格；

　　　G——公共物品提供总量；

　　　Y——其收入。

预算约束表明，在总收入和税收价格既定的情况下，他能购买私人物品和公共物品的产品组合。图 11-2（a）显示出他的预算约束线（BB 线）和无差异曲线。为多得 1 单位公共物品所愿意放弃的私人物品的数量是其边际替代率，即无差异曲线的斜率。个人的最高效用水平处于无差异曲线与预算约束线的切点，即图 11-2（a）中的 E 点。在该点，个人为多得 1 单位公共物品而愿意放弃的私人物品的数量（边际替代率）等于为多得 1 单位公共物品而必须放弃的数量（边际转换率）。

以住房公积金为例分析公共物品的需求与有效供给。假设职工缴存公积金是购买公共物品，pG 是公积金月缴存额，Y 是其月工资收入。一个职工根据国家和地方公积金缴存额规定缴纳了公积金后，是否会影响他对当期私人物品消费呢？研究显示，公积金制度对无房无贷、有房无贷和有房有贷等不同类型缴存家庭消费的影响是不同的。公积金制度仅能显著提高有房无贷家庭的消费水平，对无房无贷、有房有贷的家庭都施加了较强的流动性约束，不能提高两类家庭的消费水平。无房家庭因单方向承受公积金存款的利息损失，个税减免额度受限，消费受到抑制。对有房有贷家庭，每月的公积金缴存额不仅要用于还款，如果有剩余将累积存款后加速提前还款，或者定期提取余额偿还商业贷款。这种"专款专用"可能迫使家庭偏离最优的消费储蓄跨期决策，从而扭曲家庭福利❷。

预算约束线的斜率即税收价格。当降低税收价格时，预算约束线外移（从 BB 移到 BB′），个人最偏好的点将移至 E'，个人对公共物品的需求通常会增加。通过提高和降低税收价格，可以画出公共物品的个人需求曲线，如图 11-2（b）所示。以公积金缴存为

---

❶ 2018 年，北京市规定为了体现制度的公平性和公正性，每缴存一年可贷 10 万元，最高可贷 120 万元。"《北京住房公积金管理中心关于调整住房公积金个人住房贷款政策的通知》政策解读"，http：// gjj. beijing. gov. cn/web/ _ 300587/ _ 300708/361074/index. html，2020/2/4。

❷ 康书隆，余海跃，刘越飞. 住房公积金、购房信贷与家庭消费——基于中国家庭追踪调查数据的实证研究. 金融研究，2017（08）。

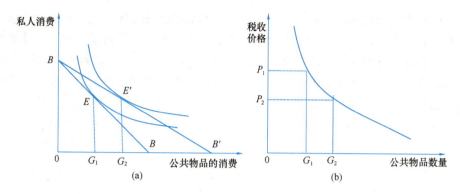

图 11-2 公共物品的个人需求曲线

例,对于无房无贷、有房无贷的职工个人,由于公积金利息收益低于理财产品收益,他们希望缴存比例降低,也就是降低公共物品的价格,实现当期消费;而对于使用公积金贷款的职工个人,他们希望提高缴存比例,获得更多的贷款额度。因为相对于房价的增长速度,提高公积金缴存额意味着他们获得了价格更便宜的购房资金。

将公共物品的个人需求曲线纵向加总,就可得到公共物品的集体需求曲线,如图 11-3 所示。由于纯公共物品对所有人必须提供同样的数量,一个人使用公共物品不会减少其他人使用,因此,对于给定数量的公共物品,每个人都要消费固定数量 G 的公共物品,得到 A 和 B 的需求曲线。将每个人的支付意愿加总,即将 P_A 与 P_B 加总后得到 P。这体现了公共物品消费上的非竞争性特点。例如,城市交通出勤人口增加导致道路拥挤,每个人的出行成本加总得到社会总成本。再以公积金缴纳为例,职工个人和单位为职工缴存的住房公积金的月缴存额分别是职工本人上一年度月平均工资乘以职工住房公积金缴存比例和单位住房公积金缴存比例。企业公积金缴存比例在 5%~12% 之间。国有企业的住房公积金实际缴费率高于非国有企业,不论是低缴费率还是高缴费率,国有企业缴费率均高于非国有企业[1]。也就是说,不同主体购买的公共物品数量是有差异的,尽管加总到总需求内,但不同斜率的需求曲线主体的收益存在差异。

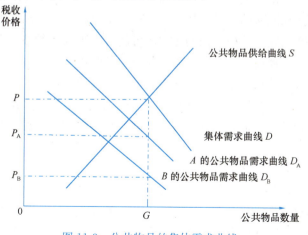

图 11-3 公共物品的集体需求曲线

---

[1] 郭磊,许玲玲. 企业住房公积金缴费的所有制差距. 公共管理与政策评论,2018(05)。

可以像画私人物品的供给曲线一样画出公共物品的供给曲线。对于曲线上的每一产出水平，价格代表多生产1单位的公共物品需要放弃的其他物品的数量，即边际成本或边际转换率。在公共物品的集体需求曲线与供给曲线的交点（E 点），边际支付意愿之和（边际替代率之和）正好等于生产的边际成本或边际转换率，即多生产1单位公共物品的边际收益等于边际成本，达到帕累托最优（图11-4）。

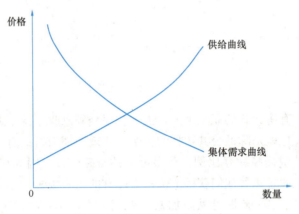

图11-4　公共物品的有效生产

二、政府提供房地产公共物品的意义和方式

（一）政府提供房地产公共物品的意义

1. 干预市场，使资源配置达到帕累托效率

政府提供公共物品被认为是纠正市场失灵的方法之一。土地作为一类生产要素，其资源的有效配置对于国民经济健康发展有重要的作用。但由于土地市场具有地域性、竞争不充分性、供给弹性小、低效率和政府管制严格等特性，单纯依靠市场机制达到土地资源配置效率非常困难。政府可以通过直接提供土地整治、工矿地复垦、自然资源恢复、建设博物馆等方式以纠正土地市场失灵现象。再如，房地产开发商往往追求开发利润，在选择开发项目时，首先选择利润高的项目，如高级公寓、别墅、商场、高尔夫球场等，而不会去考虑低收入者的住宅问题。价格高昂的房地产可能会由于没有足够的市场需求，造成产品积压、空置率提高、土地资源浪费等现象；同时中低收入者对住房的强烈需求又得不到满足。因此，政府进行土地利用规划时，在谋求整个社会"居者有其屋"的价值观下，需要考虑将土地用途确定为高级住宅或中低收入住房用地的一个合理比例。政府向社会提供房地产公共物品，如开发建设福利性公租房等以满足社会需求，使房地产资源的配置达到帕累托最优。

2. 干预收入分配，解决收入不公平问题

竞争性市场可能带来不公平的收入分配问题，导致市场并不总是能公平地分配资源，这要求政府需要对收入进行再分配。个人收入与天赋能力、人力资本、工资水平和歧视等问题相关，这些因素的存在使收入出现了差异，决定了穷人与富人的差异。政府采取了相应的公共政策调整收入再分配，帮助需要帮助的人。在房地产方面，政府通过实行对高档房地产消费品的消费、交易征收消费税、所得税，对中低收入者实施提供福利性公租房、建设公共空间、完善城市基础设施等公共政策,从而较有效地调整了在房地产领域中的收入分配问题。

(二) 政府提供房地产公共物品的方式

城市化的快速推进,城市人口的持续增长,以及对公共教育、公共卫生、基础设施等公共需求的增加,造成政府公共支出的不断提升,需要生产更多的房地产公共物品以满足社会的需求。人们对公共物品的需求差异很大,有些人要求增加公共教育开支,有些人要求增加公共住房开支,那么到底政府应该扩张哪些项目以满足社会需求?这个需要进行系统分析❶。本节以政府提供经济适用住房为例进行分析。

1. 确认项目必要性

公共项目分析应与项目产生的历史和环境相关。1994年国务院下发了《关于深化城镇住房制度改革的决定》,提出了建立以中低收入家庭为对象、具有社会保障性质的经济适用房供应以及以高收入家庭为对象的商品房供应体系。该政策的出台是在总结前10年住房制度改革经验的基础上,彻底取消计划经济体制下福利分房,实行住房商品化和社会化的目标下提出的。

2. 确认存在市场失灵

公共项目评估要确定这个项目是否存在市场失灵、收入分配不公平、个人福利判断的标准是否是适当和充分的。如前所述,由于房地产开发商追求利润,不可能低价为中低收入者提供普通住房,存在市场失灵问题。另一方面,住房是私人物品,也是人类生存的必需品,人人享有合适的住房是基本人权,保障公民的基本住房是政府的职责。商品住宅价格昂贵,许多中低收入者买不起商品住宅,政府有必要提供公共住房,特别是提供由政府或住宅协会持有产权的租赁型公共住房。以低于市场价格出售的公共住房,无法实现市场均衡,容易产生效率低下问题,即非帕累托效率改进。

3. 确认政府干预形式

政府提供房地产公共物品的方式主要有两种。一是政府直接生产进行供给,如军事设施、图书馆、防洪大堤、铁路、城市道路等。二是政府以预算安排、补贴、直接购买、政策安排等方式提供。政府通过财政预算安排建设大型基础设施,如垃圾填埋场;政府也可以给予补贴的方式提供,如对承租廉租住房的低收入者提供房租补贴;向企业购买一定数量的商品房,然后将房屋低租金出租或低价格出售给中低收入者,或者政府通过对建设公共住房的开发企业减免有关税费的政策,激励企业向社会提供低价的公共住房。各种方式均有优缺点。

4. 确认项目资格标准

确定项目资格标准,关系到哪些人可以享受到项目的利益。公共住房不是人人都可以享受,不同的地区应根据本地区的社会经济发展水平和人均收入情况,确定公共住房的购买条件。例如,北京市2011年发布的《北京市公共租赁住房申请、审核及配租管理办法》规定,申请公共租赁住房的对象是城市中低收入住房困难家庭。如果具有北京市城镇户籍,则要求家庭人均住房面积15m²(含)以下;3口及以下家庭年收入10万元(含)以下、4口及以上家庭年收入13万元(含)以下。

---

❶ (美)斯蒂格利茨:《公共部门经济学》(第三版),209~224页,中国人民大学出版社,2005。

5. 确认私人部门对政府项目的反应

私人部门将对政府项目做出反应，其行为甚至可以抵消项目预期的成效。政府提出建设低价位的公共住房，一些房地产开发商认为提供低价位住房，拉低了整个房地产市场价格，损害了房地产开发商的利益，希望限制政府供应公共住房的规模。私人部门有可能通过种种手段迫使政府减少公共住房的土地供应规模，增加商品房的供地规模。

6. 确认项目的效率结果

分析项目的效率结果需区分替代效应和收入效应。政府降低某一商品的价格，个人就会购买这种便宜的产品，放弃购买其他商品，产生替代效应；政府拨款补贴给个人，个人收入增加状况变好，但并未改变不同商品的相对价格，从而产生收入效应。有关中低收入者的住房问题，是"补砖头"还是"补人头"一直存在激烈的争论。"补砖头"属于供给方政策，即政府通过对住房的建设提供政策优惠、对住房出售和出租进行税费减免与补贴等，来调整住房供给能力和水平。"补人头"属于需求方政策，即政府通过对居民住房消费的经济补贴，直接给家庭补贴住房支出，来影响居民的住房需求水平，提高居民的住房负担能力。❶ "补砖头"的结果是房价降低，人们放弃其他商品需求而购房，产生替代效应。"补人头"的结果是增加了家庭收入，产生收入效应，人们可能不一定购买住房，而去购买其他商品❷。

7. 确认项目的分配结果

分析到底谁从政府项目中获得利益很不容易，往往一些人受益而另一些人受损。公共住房主要是为中低收入者提供，但由于初期制度设计不严格和监管不力等原因，高收入者也可能购买公共住房而获得好处。例如，政府决定在一个地区建设总规模百万平方米的公共住房项目，表面上看受益者仅仅是中低收入者，但实际上并不尽然。公共住房选址一般都离市中心相对较远，居住者的交通成本显著增加，使得公共交通、私人交通的运行者也获得了利益。对于居住者来说，一方面低价购买了公共住房，享受了政府支出的好处；另一方面由于交通成本的增加，又减少了个人利益。

8. 确认公平效率的权衡取舍

政府支出项目达到帕累托效率的结果是：使一些人状况得到改善，同时没有使另一些人状况恶化。政府支出项目需要既达到收入公平分配又提高了资源配置效率，但其中大多数项目在公平与效率之间难以权衡取舍，甚至个别项目既未改善公平，也没有提高效率。例如，低于市场价销售的经济适用住房就是这种情况。由于价值观的不同，人们对公平与效率的选择不同。在一块土地上规划建设公共住房，解决中低收入者住房问题，政府不但要增加财政支出，还损失了房地产税费收入。如果规划建设为商业项目，政府没有财政支出反而增加了税费收入，整个社会可供支出（用于其他方面的支出）的收入增加。公平与效率之间的取舍，往往是一个难题。

9. 确认项目的公共政策目标

私人项目一般以追求利润最大化为目标，同时也兼顾某些社会利益，如通过慈善和捐

---

❶ 建设部甲级科研项目：《城市暂住人员住房问题研究报告》，91页，海天出版社，2005。
❷ 关于住房公共政策的经济学分析可参考［美］阿瑟·奥沙利文著：《城市经济学》，"第15章住宅政策"，中信出版社，2003。

赠等承担一些社会责任。政府公共政策目标往往是多元的，除了达到经济效率、促进社会公平外，还有其他政策目标。政府建设公共住房，其政策目标除了改善中低收入者的住房条件外，往往还含有刺激经济增长、提升政府形象、获得政绩等多重目标。

10. 确认政治过程影响公共项目的设计和实施

任何一个公共项目支出需要一定的政治过程或政治程序来完成，项目中涉及的不同利益集团对支出项目有不同的观点、信念和利益，他们通过各种方式影响项目的设计和实施。以公共住房建设为例，中低收入者希望将住房建设在城市中心区附近，离学校、医院等市政公共设施比较近，而其他利益群体则希望公共住房不要占用城市中心区的土地，这些区域也许应建设价值更大的商业项目。不同的利益集团通过一定的政治程序影响政府关于公共住房的设计和实施，最终的结果反映了他们影响公共政策制定和实施的程度以及政府可接受的程度。

[专栏 11-2] 2019 年北京政策房首批开工 17 万套，更多蓝领公寓入市稳定住房

无论是买房还是租房，今年老百姓将有更多机会通过政策房这一渠道来解决。近日，北京市住房城乡建设委、市发改委和市规自委联合下发《关于印发 2019 年度政策性住房首批开竣工计划的通知》。这份开竣工计划披露，首批项目有 147 个、房源约 17.2 万套。

这 17.2 万套政策房中，既有今年新开工的项目，也有推进前期手续的。其中计划 2019 年开工的项目 116 个、房源 13.6 万套；推进前期手续的项目 31 个、房源 3.6 万套。

今年新开工的 116 个项目中，有老百姓可购买的产权性住房，也有可租赁的租赁住房。市住房城乡建设委介绍，计划年内开工的项目中，政策性租赁房项目 45 个、房源约 4.6 万套，政策性产权房项目 71 个、房源约 9 万套。

详细来看，政策性租赁房主要包括公租房、集体土地租赁房和企业自持租赁房等。而政策性产权房，则有共有产权房等。按照此前住建部门的披露，今年计划开工的 45 个政策性租赁房项目包括 0.8 万套公共租赁房、3.5 万套集体土地租赁房、0.3 万套企业自持租赁房。

此前，老百姓更熟悉的政策性租赁房是公租房。而集体土地租赁房是在集体土地上建设的。未来建成后，这些房子将综合考虑项目周边就业人群、城市运行服务人员和保障人员及城市中低收入家庭的实际需求。

户型方面，集体土地租赁房将主要分为职工集体宿舍、公寓及成套租赁住房。成套租赁住房户型以 90m^2 中小户型为主，所有项目实施全装修成品交房。市住房和城乡建设委相关负责人此前也向本报记者披露，住建部门也在筹划编制集体土地租赁住房建设导则，力争今年编制完成标准并择机出台。

资料来源：《北京日报》，2019 年 4 月 3 日，记者：曹政，http://www.gov.cn/xinwen/2019-04/03/content_5379247.htm。

三、政府提供私人物品的配给方式[1]

由公共向个人提供的边际成本很大的物品，被称为公共提供的私人物品（publicly provided private good），如公共住房。由公共提供住房的一种通常解释是收入的再分配，即人们是否有住房居住不应只取决于他们收入的高低。住房虽然是一种私人物品，但有些家庭和个人由于收入水平和资金能力的限制不能享有住房，需要由政府提供公共住房以满足其居住的基本需求。但某些私人物品的免费或低价格提供，很可能会造成对这种物品的过度消费，如大学学生公寓的免费自来水，如不对学生收水费，就造成水资源浪费。

[专栏11-3] 住房和城乡建设部部长谈如何完善住房政策体系

住房和城乡建设部部长姜伟新日前在中国发展高层论坛上首次以部长的身份公开谈住房，谈及他对建立和完善中国住房政策体系的三点思考。他认为经过多年探索，中国已经初步建立了比较适合国情的城镇住房政策框架。但是目前我国的住房政策体系和住房保障体系还不健全，住房供应结构不大合理，住宅建设还不适应人口、资源、环境状况，科技贡献率低，资源消耗高。在建立中国的住房政策体系时要坚持三个原则。

第一，贯彻节约资源环保原则。一是坚持从我国人多地少的基本国情出发，建立科学合理的住房建设和消费模式。制定住房政策必须坚决贯彻节约资源、保护环境的原则，减少住宅发展的资源环境代价。要合理规划，主要建设中小套型住房。要引导居民适度消费，既要支持和保护居民住房消费的积极性，改善居住条件，同时也要加强国情教育和政策引导，反对超前消费，树立经济适用、理性适度的住房观念。

第二，市场调节与政府保障结合原则。要坚持正确发挥政府和市场的作用，建立和完善市场调节和政府保障相结合的住房政策体系。姜伟新表示，目前中国城镇80%左右的住房交易已经通过市场进行配置。市场机制可以较好地适应不同家庭的多样化住房需求，提高资源配置的效率，在解决居民住房问题中处于基础性地位。同时，要继续强化政府对困难群众的住房保障职责，建立住房保障体系。一要合理确定廉租住房保障范围和保障水平，要坚持适度保障的原则。随着经济发展，逐步扩大覆盖范围，提高保障水平。二要从中国未来一段时期的实际情况出发，增加中低价位、中小套型普通住房供应，帮助那些既不属于廉租住房保障对象又没有能力进入市场的家庭。要更多地发挥地方政府的积极性，中央政府确定大的原则、大的政策，具体做法允许各地区因地制宜。三要多种途径改善困难群体的住房条件。建立多渠道的投融资机制。进一步完善住房公积金制度，逐步向中低收入家庭倾斜等。

第三，坚持城乡统筹原则，加强对农民住房的政策研究和引导。要根据农村人口向城镇迁移的情况和严格保护耕地的要求，按照统筹城乡建设的原则，深入研究进城定居农民享受城市住房政策和农村宅基地政策的衔接。积极探索改善农民工居住条件的措施。要强化规划管理，治理农村人居环境，按照集约和节约使用农村建设用地的要求，加强对旧村

---

[1] （美）斯蒂格利茨：《公共部门经济学》（第三版），116页，中国人民大学出版社，2005。

改造的规划指导。要加强对农村住房建设的设计、施工、材料等技术服务，提高建筑质量。

资料来源：http：//www.cfi.net.cn/newspage 中国财经信息网，2008 年 03 月 31 日人民日报海外版，刘泉

公共提供私人物品的配给方式主要有三种：使用费、统一提供和排队。

（1）使用费是一种受益者承担成本的方法，属于价格系统，如水费、房租。采取使用费的方式向私人提供物品，要对价格体系进行管理，有可能产生交易成本，如收取廉租屋房租要花费人力和物力。

（2）统一提供是一种不考虑个人需求和愿望的方式，其特点在于给每个人都配给等量同质产品，如统一户型、统一建筑质量和统一地理区位的廉租房，这使得每个低收入家庭得到的住房几乎都一样。统一提供的方式节约了交易成本，但不如私人市场具有适应不同人的需要和愿望的特性。由公共统一提供的私人物品往往只维持在一个满足个体基本需求的水平上，例如公共住房的面积不会很大，只能满足基本居住需求，位置不会很好，这就遏制了一些中高收入群体占有公共住房的欲望。

（3）排队是一种以轮候的方法提供私人物品的方式，人们获取公共提供的产品和服务不需要交费，但在排队等候的过程需要付出等待的时间成本。中国香港公屋采用排队方式向符合资格者的申请者供给，按照配额排队轮候。2018 年，中国香港的中老年一人申请者的平均轮候时间维持为 2.6 年，一般申请者由 4.6 年延长到 4.7 年❶。

第三节　房地产的外部性与房地产管制

一、房地产的外部性

（一）外部性与市场效率❷

外部性（externality）是一种发生市场失灵（market failure）时的性质，导致资源配置无效率，而且往往与环境问题有关。外部性是指当一个人从事一种影响其他人福利的活动，而对这种影响既没有支付成本又得不到相应报酬，即没有市场价格机制将这种影响反映出来。如果这种影响是不利的，称为负外部性，如工厂污染的生产活动；如果这种影响是有利的，则称为正外部性❸，如城市绿地的景观作用和名牌大学的教学科研活动。

在一些情况下，决策者并不考虑自己行为的外部效应，政府需要通过种种努力和制定相关规定改善这种效应，以保护其他人的利益。例如，作为公共交通重要组成部分的城市轨道交通，既存在正外部性，也存在负外部性。轨道交通的出站口，由于人流的作用，一

---

❶ 资料来源："在香港等公屋有多难？轮候时间再创历史高位！"，http：//www.sohu.com/a/217604937_99959587，2020/2/3。

❷ （美）曼昆：《经济学原理》（原书第三版），梁小民译，125 页，机械工业出版社，2006；以及（美）斯蒂格利茨：《公共部门经济学》（第三版），182 页，中国人民大学出版社，2005。

❸ 详细论述可参见（美）曼昆：《经济学原理》（原书第三版），梁小民译，172 页，机械工业出版社，2006。

般对周围商业不动产产生正外部性;而轨道交通运行时产生的噪声,给沿线住宅不动产的使用者带来了负外部性。轨道交通运营者往往不考虑噪声等负外部性的影响,但政府通常会强制运营者在一些路段加装隔声板,以保护周边居民的利益。根据福利经济学,当市场达到供求平衡时,消费者与生产者的剩余之和最大化,均衡的结果是资源的有效配置,如图 11-5 所示。消费者剩余与生产者剩余之和为总剩余,即:

总剩余 = 消费者剩余 + 生产者剩余
　　　 =(买者效用评价 - 买者支付的成本)+(卖者得到的量 - 卖者的成本)
　　　 = 买者的效用评价 - 卖者的成本

其中买者支付的成本与卖者得到的量相等,总剩余等于用买者支付意愿衡量的买者对物品的总评价减去卖者提供这些物品的成本,总剩余最大化意味着资源的有效配置。

当某种产品具有负外部性时,产品的社会成本等于产品生产者的私人成本加上该产品给其他人造成的不利影响即外部成本(如污染成本)。当没有外部性时,市场均衡产量是有效率的,供给曲线反映生产 1 单位产品的边际成本,需求曲线反映 1 单位产品的边际收益。当存在负的外部性时,社会成本大于私人成本,社会边际成本曲线高于产品的供给曲线即边际私人成本曲线。边际社会成本等于边际收益,即边际社会成本曲线与需求曲线的交点所决定的产量为最优量。然而生产者由于不考虑污染的外部成本,由边际私人成本曲线和边际收益曲线的交点决定了市场均衡产量。可以看出,市场均衡产量大于社会最优量,负外部性造成了过度生产(见图 11-6)。

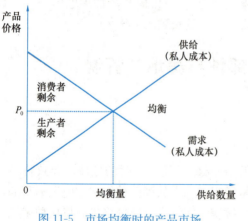

图 11-5　市场均衡时的产品市场

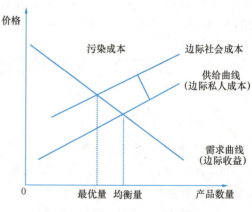

图 11-6　带有负外部性的过度生产

(二)房地产的外部性

房地产与其他物品存在一个显著的差异,就是房地产之间的相互影响性很大,房地产的外部性非常显著。一宗房地产价值在很大程度上受到周围其他物业和环境的影响,而这宗房地产在开发和利用过程中,又会影响到相邻房地产和周围环境状况。房地产的外部性是指一宗房地产对其他房地产及其业主产生外部收益或外部成本,而其他房地产和业主却无需对这种外部收益或外部成本支付成本或获取报酬。

1. 公共设施对房地产的外部影响

居住在公共设施完善的社区生活很方便,所以社区内的房地产价格比那些公共设施相对较差的社区房地产价格要贵。比如居住小区附近有一所高级中学,中学附近的住宅价格比其他地区同样建筑质量的住宅要高。

公共设施对房地产价值的影响是双方面的。以上述毗邻中学的学区房为例，显然中学对其周边住宅产生外部影响。对于出租型住宅而言，如果业主以面向到该中学就读的家庭为主要出租对象，那么学校对住宅产生正的外部性，学校办得越好，或者说高考升学率（高中考取大学的比例）越高，则收益性住宅的租金越高，业主获得的收益也越高，但业主并不因此为学校支付费用。然而，对于那些自用型住宅而言，学校可能会对其产生负的外部影响，例如早晚接送学生造成的暂时性交通拥堵，住宅小区人口状况复杂使业主安全性受到影响等，对于这些因素导致的居住环境恶化所带来的负面成本，业主并没有获得相应的补偿。

一般地，类似公共设施、开放空间、公园、历史文化保护区给房地产带来正外部性，由于房地产业主搭便车的心理，业主都希望获得收益，而不愿为此支付费用。此外，低收入者居住的住房可能对周围其他物业产生负的外部性。

2. 环境因素对房地产的外部影响

环境因素，往往对房地产产生负的外部性。房地产中的环境污染有很多种，杰克逊（2002）将其归纳为碳氢化合物（如石油等）、石棉、溶剂（如各种干洗溶剂、生产用溶剂）、放射性物质、金属（如铅、铬等）、生物制剂（如污水、医药废弃物）6类。约瑟夫·E·高特尔斯（2005）通过搜集美国的相关法律法规和大量案例，对房地产领域的环境问题进行了较深入的研究，他把房地产领域的环境问题总结为石棉、氡、铅、有毒废物、湿地、濒危物种、病态建筑综合症、地下储藏罐、电磁场9类。❶ 研究表明，由于这些环境因素的存在，伤害了人们的健康，使得居住性物业价值降低，租金收益减损。由于污染物的存在而导致物业价值减损，业主通常会向物业开发商寻求赔偿。如果污染是由开发商造成的，如施工方法不当、使用了不符合标准的建筑材料等，开发商会积极消除损害，但补偿业主的物业价值减损却很难。例如研究表明，飞机飞行中产生的中等噪声会使该航线下的居住物业价值减少5%~10%。❷

[专栏11-4] 电磁辐射污染

2001年6月，北京朝阳区南十里居某小区正式入住了。选择这里的业主大多是IT精英、职业律师、职业经理人等白领阶层。搬入新居不久，业主们出现了头痛、脱发、失眠、健忘、智力下降等共同的身体症状。

中央电视台10套《走进科学》节目就东润枫景小区问题制作了一个系列专题片。摄制组组织了有关专家对枫景小区进行实地监测调查。首先确认了周围没有排污工厂，排除了工厂污染。专家组对房屋的建筑材料及人体理化指标进行了检测对比，发现建筑材料中没有致病的污染成分，否定了房屋装修可能导致的污染。

最终的目标指向了两座发射塔：这两座塔为北京人民广播电台正在使用的发射塔。两

---

❶ 张秀智，丁勇才：《受污染房地产的估价初探：北美地区与大陆地区的比较》，"两岸四地土地学术研讨会"会议论文，2006（9）。

❷ （美）丹尼斯·迪帕斯奎尔，威廉·C·惠顿：《城市经济学与房地产市场》，353页，经济科学出版社，2001。

座塔每天运转近20h。东塔距该小区260m，发射功率为50kW，南塔距该小区300m，发射功率为100kW。两座发射塔的发射强度相当于7.5万部手机同时发射时的强度（每部手机以2W发射功率计算）。于是，专家组对小区室内外进行了多点测量，证实了辐射的真实存在。其中一家业主的阳台外侧，辐射值超过了90V/M。

业主们自筹资金8000元，请专家来对小区住房进行测试。结果，24个测点中，有20个超过国家标准。按照我国卫生部起草制定的《环境电磁波卫生标准》（GB 9175—1988），适合人长期居住的安全环境电磁波辐射值必须小于10V/M，而检测报告中，小区住宅窗口外侧检测点有的高出限值几倍，有的阳台高出限值十几倍，人们常去的大阳台，竟然高出限值30多倍。开发商迫于压力也找来了检测人员，检测结果是1214个测点中有32％超标（按10V/M标准），污染最高值高达333V/M。

开发商在建筑顶层加装了金属屏蔽网，在辐射值超过40V/M的家庭窗户上装了防辐射玻璃。但是，业主们对于这样的措施并不满意。根据国务院令第295号广播电视设施保护条例规定，严禁在中波天线周围250m范围内建筑施工，或者以天线外250m为计算起点兴建高度超过仰角3°的高大建筑。国家电磁辐射环境保护管理办法第20条规定，在集中使用大型电磁辐射发射设备或高频设备的周围，按环境保护和城市规划要求规定的规划限制区域内不得修建居民住房和幼儿园等敏感建筑。因此，最终结果是开发商与北京人民广播电台签订了一份迁塔协议，由开发商出资完成发射塔的搬迁。

资料来源：http：//www.ce.cn/ztpd/cjzt/fangdichan/2004/dcwqljdy/wqdsj/200411/10/t20041110_2244975.shtml，2006-7-28，中国经济网

3. 物业相互之间的外部影响

物业相互之间，由于业主的行为也会产生外部影响。例如，在高层公寓楼内，养狗的住户由于狗吠对邻居的生活质量和物业价值都会产生影响。在澳大利亚，高层公寓楼由于居住密度大、邻里之间容易受到相互影响，因此，法律规定在高层公寓楼不允许养狗。设想某一层楼的8位业主中的一位业主养了一条狼狗，其他7位业主都不喜欢养狗，在没有管制的情况下，其他7位业主的生活显然受到影响。如果7位业主选择将物业转售出去，他们必须选择也喜欢养狗的人士购买此物业，这样造成业主销售物业的选择性受到约束或者不得不选择降价出售。

尽管房屋的区位对确定其价格至关重要，但工作场所和商店的可及性也是影响价格的决定因素，因为它可以节省通勤时间。其他关键因素包括周围房屋的质量、绿地、街道和邻居等特征。这些因素意味着居民区可以参与到居民与其房屋之间的各种非市场相互作用之中，而在任何给定位置上这种相互作用都反映在土地价格中。换句话说，正是房屋的区位使房屋能够进行这些非市场的互动，并反映在土地价格中。由于家庭无法通过自己的决定来影响非市场互动的强度，故这些互动是外部的，将这些非市场互动称为住房外部性[1]。

---

[1] Rossi-Hansberg, E., Sarte, P., & Owens, R. Housing Externality, Journal of Political Economy, 2010, 118 (3)：485-535.

住宅小区密度对居住性物业来说非常重要,从居住舒适度来说,人们首选密度低的居住小区。低密度小区通常有大片的公共绿地和开敞空间,绿地等开敞空间面积大小会影响住宅小区的物业价值。业主个体希望小区密度低,使居住环境优良、物业价值增加,而开发商则希望在国家绿化面积规范(特别是城市市区的高层住宅区)的许可下,尽量减少绿化面积,增加建筑面积,获得更多利润。居住社区内部的绿地的外部影响,可以通过业主与开发商之间的协商得到解决。居住社区外部的公共绿地和开敞空间,主要是由城市规划确定的。

4. 交通对房地产外部性的影响

交通对房地产的外部性作用是双向的。宽敞、便捷、通畅的道路会增加物业价值,相反则减少物业价值。邻近高速公路的住宅小区,由于噪声的影响使物业的舒适性和租金收益都大大减损。因此,房地产业主一方面希望物业周围的交通便捷,另一方面又希望尽量减少交通拥挤、道路噪声等带来的负面影响。

房地产物业与交通之间是唇齿相依的关系。不同的交通工具对城市扩张有不同的作用。在不考虑城市规划的条件下,开发者可以自由选择开发区域,这时交通成本成为决定开发区域的首要因素,并决定该地区的土地租金水平。以公共汽车、地铁为单一交通工具的地区,居民负担的公共交通费用固定(即不论乘客多少,居民从一地到另一地的单位交通费用负担一样,比如乘坐公共汽车从甲站到乙站,不论车上有一个人还是十个人,每个人支付的车票是不变的)。以自有汽车为交通工具时,交通费用(包括汽油费、通行时间成本、车辆养护费用等)与道路的拥挤程度、使用者成正比关系,道路越拥挤、使用人越多,交通费用越高。也就是说,交通费用的高低与该区域房地产的开发数量存在着正相关的关系,开发量越大,交通费用也越高,而受交通成本的影响,距目的地(往往是城市中心区、商业繁华区)越近的地方,由于交通费用的节省,其土地租金相对也越高。图 11-7 比较了两个采用不同的交通工具导致土地租金差异的地区❶。在土地租金为 P 的地方,对应着公共交通和汽车两种交通工具下土地租金与距离的关系,在这一点,两种交通工具的交通成本是相同的,它们所对应的土地租金也是一致,但距离市中心 D_0 的距离是不同的。

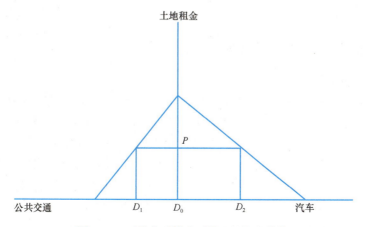

图 11-7 两种交通模式下的土地租金曲线

---

❶ (美)丹尼斯·迪帕斯奎尔,威廉·C·惠顿:《城市经济学与房地产市场》,368 页,经济科学出版社,2001。

在以汽车为交通工具的区域，土地开发量越大，人口增加，引发的交通拥堵越严重，交通成本越高。这时私人可以采取的办法是自发迁居到以公共交通工具为主的区域，以减少交通成本和高昂土地租金带来的成本。政府则可以通过三种办法解决该问题：一是通过人口迁移规划，强制地将交通拥挤区域的人口疏散到其他地区；二是征收交通拥挤区域的交通拥挤税（费），谁使用道路就对谁收税（费），征收的税费与个人使用道路给他人带来的费用增加额相等，征收的交通拥挤税（费）最终返还全体居民，即通过外部性的内在化使全体居民支付全部交通成本；三是对公共交通提供补贴，降低交通费用，从而使土地租金随之降低。一般来说，政府通常采取征收交通拥挤税（费）调整交通运输模式，进而影响土地开发。

[专栏 11-5] 北京市城市总体规划建 11 个新城疏解中心区压力

北京市新制定的《北京城市总体规划（1991—2010 年）》提出，北京城市规划区按照市区（即中心城市）、卫星城（含县城）、中心镇、一般建制镇四级城镇体系布局。

新北京规划提出了"两轴—两带—多中心"的城市空间布局。新城是新的城市空间结构中的重要节点，根据新规划，发展新城 11 个，以疏解中心城区的压力。这些新城分别是：通州、顺义、亦庄、大兴、房山、昌平、怀柔、密云、平谷、延庆、门头沟。未来将重点发展位于东部发展带上的通州、顺义和亦庄 3 个新城。3 个新城应成为北京中心城人口和职能疏解及新的产业聚集的主要地区，形成规模效益和聚集效益。

新规划提出，2020 年，中心城人口控制在 850 万人以内，城镇建设用地规模控制在 778km^2，人均建设用地控制在 92m^2。中心城应从外延扩展转向调整优化，严格控制中心城地区城市建设规模。中心城规划分为三个层次，即以旧城为核心的中心地区、围绕中心地区的 10 个边缘集团以及绿化隔离地区。

资料来源：http：//www.soufun.com，2004 年 11 月 08 日北京娱乐信报，彭信琼，2006-8-21，搜房网

二、解决房地产外部性的方法

（一）外部性的私人解决办法

一定条件下，私人市场可以在没有政府的帮助下解决外部性问题。私人解决办法包括外部性内在化和界定产权（科斯定理的应用）等。外部性内在化是指通过形成足够大规模的经济单位，使得经济行为的大部分影响都发生在特定单位的内部。例如，一个小区中，四邻的生活质量受到每一个家庭的居住行为的影响。如果有人栽花，则大多会带来正的外部性；如果有人养狗，则多半会带来负的外部性。这个小区的家庭可以形成一个合作或者共管协会，对影响所有家庭的行为（比如建筑外观的维修和保养、限制养狗等）进行集体决策，并共同签署协议保障该决策的执行，从而实现外部性的内在化。

私人解决外部性问题的另一个办法是界定产权。根据科斯定理（Coase theorem），如果私人各方可以无成本地就资源配置进行协商，那么，私人市场就能解决外部性问题，

并有效地配置资源。例如,在近海捕鱼,如果没有对近海海域的产权进行安排,会出现过度捕捞,因为个人不需要为捕鱼的权利支付费用。但是,当把海洋以海域使用权的方式赋予某人时,为了防止过度捕捞,此人可通过出售捕鱼权给几个人,或者通过协商和讨价还价确定每个人的捕鱼数量,以防止过度捕捞造成的每个人的状况都变坏的情况。这种通过产权界定和协商将外部性内在化以提高经济效率的方式,就是科斯定理的典型应用。

(二)外部性的公共部门解决办法

外部性的公共部门解决办法可分为两大类,即基于市场的解决办法(market-based solution)和直接管制(direct regulation)。

1. 基于市场的解决办法

即使有时市场本身无法实现资源的有效配置,比如存在外部性时,经济学家也倾向于采取类似市场的机制解决问题。基于市场的解决外部性问题的办法包括:罚款和税收(例如,征收豪宅税)、消除污染的补贴以及生态(环境)补偿制度等。

(1)征税、集资或收费

本书以污水排放外部性为例分析征收税费的原理。如图11-8所示,为了使工厂或居民的私人生产者的产量达到社会最优量,政府可以通过对其罚款(污水排放过量征收罚款)或征税(征收污水处理费),使边际私人成本曲线向上移动。如果罚款或税收的数量等于建设污水处理设施和进行污水处理的成本,则边际私人成本曲线与边际社会成本曲线重合,新的市场均衡量等于社会最优量。罚款和税收可以反映外部性的边际社会成本的正确信息,并达到帕累托有效的结果。这种纠正负外部性的税收被称为庇古税或矫正税。图11-8中,距离EA代表每个单位产出的污染税,面积EABC代表所支付的总污染税。

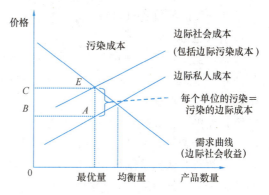

图11-8 有罚款和税收的市场均衡

中央和地方政府建设的大量公共设施,资金主要来源于财政税收收入。公共设施的建设和运行对房地产价值产生正的外部性,使房地产价值增值。政府向私人房地产拥有者征收房地产税或土地增值税,相当于征收了公共设施对房地产带来的正外部性的收益部分,补偿了政府建设公共设施的资金来源,使边际私人成本向边际社会成本移动。

政府通过集资或收费的形式筹集资金建设公共设施。例如,公共基础设施的改善给房地产带来正外部性,假设政府以公共财政投资维修了一条路面通行条件恶劣的道路,道路两边的物业价值因此得到提高并获得收益,但业主并不需要为此支付费用。如果政府不投资改善道路,则物业价值存在不断减损的可能性。在政府存在资金困难的情况下,单一物业所有者没有能力改善整条道路的状况,这时政府可以通过向整条道路两侧的物业所有者募集资金的方式,并与物业所有者合作改善道路状况。政府建设公共设施可以采用三种方法筹集资金:一是通过评估确定合适的税率向所有享受该项公共设施利益的人征税;二是征收建设(影响)费,即通过估算公共设施的建设成本,然后向物业所有者或开发商征收与成本相当的建设（影响）费；三是规定或命令，即要求房地产开发商直接建设公共基础设施，如承担建设道路工程等❶。目前我国应用比较多的是后两种方式。特别是第三种方式非常普遍，政府要求开发商以代征道路或绿化的方式建设公共设施。

(2) 补贴和罚款

补贴手段往往用于那些对环境改善有帮助的物业开发商，即对那些采用现代建筑技术、现代建筑材料而减少垃圾和污水排放，使用清洁能源的开发商给予补贴，以奖励其对环境保护所做的贡献。这种补贴实际上是对建筑物产生的正外部性所进行的补贴❷。为了解决邻避设施（垃圾焚烧厂、殡仪馆、污水处理厂）对周边房地产价值造成的负外部性，建立环境改善专项基金或者生态补偿制度是一个有效补贴手段。即由邻避设施建设者在受到影响的社区，以建设公园、图书馆等正向设施或支付补偿费等方式弥补居民的损失。我国的邻避设施一般是国有企业或事业单位承担建设和运营，政府可以建立房地产贬值补偿基金用于补偿邻避设施区域的房地产业主，资金来源可以从土地出让金或房地产税费中计提❸。

罚款是一种政府在房地产领域实施管制的一种手段，如享受了公共住房的家庭，在符合销售的条件下将住房以市场价格出售给他人，政府规定所获收益的一定比例要补交地价款。这种补交的地价款可以看作是一种罚款。

2. 直接管制

管制，就是政府采取的干预行动，通过修正或控制消费者或生产者的行为，来达到某种目的❹。大多数经济学家相信，基于市场的解决外部性的办法最有前景，但是政府传统上依赖或者说更喜欢直接管制的方法，通过规定或禁止某些行为来解决外部性。管制的好处在于其提供了良好的确定性和针对性。例如，为了使建筑节约能源，政府颁布建筑节能标准，使设计者、开发者、建设者和使用者都有可依靠的标准。

大多数研究认为管制行为对房地产市场产生了实质性的影响，特别是在提高房价、减少建筑工程、降低房屋供给弹性并改变城市形态等方面。除对房地产市场本身的作用，房地产管制也使得当地劳动力市场和整个社区的家庭分类产生变化。在管制产生的福利效用中，尽管一些特定规则明显减轻了负外部性，但由管制行为普遍产生的收益是难以量化的。总体而言，最近的研究表明，对住宅开发约束会导致市场整体效率的损失加大❺。

(1) 建筑管制

建筑管制主要是政府针对建筑物的设计、施工、安装、监理、建筑材料、建筑设备等进行的管制。建筑管制的主要目的是维护公众的安全和健康，防止恶性事故发生。政府建筑管制的方法包括颁布各种标准、规范和标准图，向施工项目发放施工许可证，使所有的

---

❶ （美）查尔斯·H．温茨巴奇，迈克·E．迈尔斯，苏珊娜·埃思里奇·坎农：《现代不动产》，任淮秀等译，538页，中国人民大学出版社，2001。
❷ 根据《山东省省级建筑节能与绿色建筑发展专项资金管理办法》，山东省拨付专项资金用于支持建筑节能与绿色建筑发展。http：//www.shandong.gov.cn/art/2017/3/14/art_2259_25309.html，2020/2/7。
❸ 李光槔，解直凤．邻避设施致使房地产贬值的弥补路径研究．山东警察学院学报，2018（09）。
❹ 张昕：《公共政策与经济分析》，275页，中国人民大学出版社，2004。
❺ Gyourko, J., & Molloy, Raven. Chap 19 Regulation and Housing Supply. Handbook of Regional and Urban Economics, 2015, Volume 5B.

建筑都按照统一的标准进行施工建设。例如，混凝土是一种主要建筑材料，混凝土质量的高低对建筑物质量有非常重要的作用，因此国家对混凝土的材料的构成、混凝土的施工工艺、外加剂等都有严格的规定，比如要求用来搅拌混凝土的水不能是海水、污水、酸性水，以及含硫酸盐超过1‰的水等。

由于节能和环保的要求，政府对建筑物节能提出了更高要求，以减少建筑物对环境的负外部性。例如，住房和城乡建设部颁布实施的《民用建筑节能设计标准（采暖居住建筑部分）》《夏热冬冷地区居住建筑节能设计标准》《夏热冬暖地区居住建筑节能设计标准》等设计标准，对建筑物的设计和施工进行强制性管制。

(2) 房屋安全使用管制

房屋安全使用管制，主要是政府对在房屋使用过程中的对房屋所有人、使用人和其他利害关系人的房屋使用行为进行的管制。房屋安全使用，涉及公共安全，管制的主要目的是为了规范房屋使用管理，维护社会公共利益，保障公众的人身和财产安全，杜绝恶性事故发生。在房屋使用过程中，影响和破坏房屋使用安全的行为种类非常多，一旦发生房屋坍塌事件，造成人员伤亡，则损失巨大。例如，拆改房屋的基础、墙体、梁、柱、楼板等承重结构；擅自拆改房屋结构，在室内增设超载分隔墙体；将住宅性质房屋改为生产、娱乐、餐饮等经营性用房；未及时清除房屋内的白蚁；擅自拆改上下水、电、燃气、暖气等管线。一般来说，房屋所有人是房屋使用安全责任人，承担了保证房屋使用安全的责任。同时，政府负有对房屋安全使用监管责任，一是政府通过日常巡查、设置房屋安全鉴定部门对房屋安全隐患进行管理和鉴定；二是经鉴定确认为危险的房屋，要求房屋所有人采用技术手段对危险房屋进行处置。政府部门对房屋安全使用建立的监管制度，通常是一种行政管理手段。

(3) 土地利用管制

房地产外部性往往是正外部性和负外部性同时存在，而且有些外部性存在不确定性。对此，政府往往通过土地利用管制来消除负外部性。分区是土地利用管制的一种主要措施。土地分区的方法主要包括三类：一是使用分区（zoning），即将某一区域分为居住区、商业区、工业区、农业区、自然保护区、开放空间等，从而使那些能够产生正外部性的房地产得到保护；二是排除性分区（exclusive zoning），把不相容的生产性用途的和消费性用途的土地分开；三是混合使用分区（mixed use zoning），把相容的正外部性和负外部性的土地整合在一起❶。

此外，还有多种类型的分区，如公害分区（nuisance zoning）、财政分区（fiscal zoning）和设计分区（design zoning）等。公害分区（外部性分区）把被认为不相容的土地利用隔离开，如将污染工厂搬离住宅区。财政分区则将那些不为地方政府分担费用份额的家庭排除在外，例如通过规划规定土地的建筑规模（如某一区域土地只能建别墅或连排公寓），从而限制低收入者购买此类高价住房，那么不能分担地区财政公共支出的低收入家庭就被排除在区域之外。设计分区通过城市规划师安排城市基础设施负担能力将住宅与其他行业进行分区❷。

---

❶ 韩乾：《土地资源经济学》，455页，沧海书局，2001。

❷ (美) 阿瑟·奥沙利文：《城市经济学》，284～291页，中信出版社，2003。

除了分区制外，政府还可以进一步通过土地利用分区管理达到消除房地产负外部性、增强正外部性的目的。政府颁布各种规范、规章、法令规定某一区域的建筑密度、建筑高度、道路宽度、人口数量、公共设施比例等，达到有效规范使用土地的目的。例如为了保护皇城建筑，限制其周边建筑物的开发和建设，2003年北京市政府出台了《北京皇城保护规划》，严格控制建筑高度和人口密度，以保护皇城的传统空间尺度和肌理，减少其他建筑对皇城建筑产生的负外部性。

开发密度是住宅的一个重要属性，在同等条件下，人们愿意住在低密度的住宅中。开发商需要权衡这种购买意愿与增加单位面积土地上的开发数量这两方面的利弊得失，从而确定一个最佳容积率。一宗物业的密度高低往往不仅影响其自身价值，还会影响周围物业的价值。当周围住宅密度非常大时，物业的采光、通风等可能会受到影响。但是开发商往往忽略对相邻物业价值影响的负的外部性，选择使自己收益最大化的容积率来进行开发，从而产生了外部性。如果所有业主合作共同选择一个容积率，这时个体容积率等于集体社区容积率，并得到最优容积率。合作开发最终会导致密度降低，同时土地价值增加，并最终提高物业的价值，使各方利益达到最大化。实际中常常是政府通过土地规划管制措施来解决开发密度❶。

住宅用地的土地规划管制提供了纠正空间外部性以及限制房屋供应和房屋类型组合的方法。有关规划管制和房地产价格关系的实证研究表明，由监管引起的土地供应限制，无论是否有意，都会导致房地产价格的上涨。美国杨百翰大学曾对学生校外住房做出相关规定，划出学生租房范围。该行为对市场内住宅价格的影响，可以被视为学生群体对房地产市场产生的外部性。学生住房政策控制了学生群体的外部性，但同时也限制了对学生住房的供应。在关于此类政策的实证研究中可以发现，当学生对非学生群体产生更强的经济负外部性时，在学生住房的边界区域会加剧价格差异。相反，当非学生经济体的负外部性占主导地位时，对校外学生住房的价格边界效应是削弱的❷。

标准的城市经济学理论提出，严苛的城市用地监管会导致住房价格上涨，原因在于对成本的直接影响和供给价格弹性的降低。印度尼西亚是拥有亚洲最严格的土地注册和建筑许可制度的国家之一，但居民住房价格适中，并且住房供应方式相对灵活。关于印度尼西亚土地使用法规与住房市场的实证研究表明，法规确实会影响印度尼西亚的住房生产，但由于其灵活的实施以及广泛而活跃的非正式住房生产系统，因此并未以预期的方式影响住房市场。印度尼西亚严格的土地使用规定主要影响了与住房有关的市政基础设施方面的投资，严重损害了城市发展和经济增长。印度尼西亚的案例表明，在分析土地使用法规时，必须执行法规并结合当地情况❸。

---

❶ 有关合作开发和个体自行解决容积率外部性问题的分析，详见（美）丹尼斯·迪帕斯奎尔，威廉·C·惠顿：《城市经济学与房地产市场》，359~361页，经济科学出版社，2001。

❷ Munneke, H., Sirmans, C., Slade, B., & Turnbull, G. Housing Regulation, Externalities and Residential Property Prices, Real Estate Economics, 2014, 42 (2): 422-456.

❸ Monkkonen, P. Urban Land-use Regulations and Housing Markets in Developing Countries: Evidence from Indonesia on the Importance of Enforcement, Land Use Policy, 2013, 34: 255-264.

小 结

(1) 房地产公共物品可以分为纯公共物品和非纯公共物品。房地产领域的纯公共物品，如军事设施、防洪大堤、纪念碑、监狱、人防工程等，通常由政府提供。房地产纯公共物品通常具有正外部性。房地产的非纯公共物品，可分为公有资源和自然垄断物品。属于公有资源的房地产，具有消费的竞争性和非排他性，如土地有偿使用制度改革前的城镇国有土地、行政办公楼等。属于自然垄断物品的房地产，具有消费的排他性和非竞争性，如各种市政设施、轨道交通等。

(2) 政府有效率地提供纯公共物品相对比较困难，同时由于房地产公共物品投资数额巨大，政府投资决策困难。使用非纯公共物品时需要付费，以解决公地的悲剧和排他性问题。

(3) 政府提供房地产公共物品的方式主要有两种：一是政府直接生产，如军事设施、图书馆、防洪大堤、铁路、城市道路等；二是政府以预算安排、补贴、直接购买、政策安排等方式提供。

(4) 房地产的外部性主要表现为房地产对其他物业及其业主产生的外部收益或外部成本，而其他房地产及其业主又不需要对这种外部收益或外部成本支付费用或者获得补偿。公共设施、环境、交通、物业之间、交通等都会造成房地产领域外部性的产生。

(5) 由于房地产存在外部性，政府会采用相应手段进行管制。基于市场的管制方法包括征收税（费）、罚款、补贴等。政府直接管制办法主要包括建筑管制和土地利用管制等。

复习思考题

1. 什么是公共物品？举例说明房地产领域的公共物品。
2. 纯公共物品和非纯公共物品的区别是什么？
3. 试应用公共物品的有关原理分析中国的公共住房制度。
4. 什么是外部性？房地产的负外部性可以分为几类？
5. 政府提供房地产公共物品的主要方式有哪些？
6. 政府解决房地产外部性的市场性方法主要有哪些？以房地产为例进行分析。
7. 政府解决房地产外部性的管制方法有哪些？你认为这些措施有效吗？

课外阅读材料

1. Gyourko, J., & Molloy, Raven. Chap 19 Regulation and Housing Supply [J]. Handbook of Regional and Urban Economics, 2015, Volume 5B.

2. Monkkonen, P. Urban Land-use Regulations and Housing Markets in Developing Countries: Evidence from Indonesia on the Importance of Enforcement [J]. Land Use Policy, 2013, 34: 255-264.

3. Munneke, H., Sirmans, C., Slade, B., & Turnbull, G. Housing Regulation, Externalities and Residential Property Prices [J]. Real Estate Economics, 2014, 42 (2): 422-456.

4. (美) 斯蒂格利茨等. 政府为什么干预经济 [M]. 中国物资出版社, 1998.

5. 蒋晓全, 丁秀英. 我国房地产市场垄断势力度的测定与政策建议 [J]. 中国房地产研究, 2006 (1).

6. 况伟大. 土地用途、外部性与土地税 [J]. 中国土地, 2005 (10).

7. 钱文荣. 中国城市土地资源配置中的市场失灵、政府缺陷与用地规模过度扩张 [J]. 经济地理, 2001 (4).

第十二章 住房保障政策

住房问题是关系到一国国计民生的重要问题，而仅依靠市场往往并不能解决所有人的住房问题，政府在住房保障中的作用至关重要。本章第一节介绍贫困人口的住房问题；第二节阐述住房保障政策的途径，如供给方政策和需求方政策等；第三节梳理中国住房保障制度的历史沿革；最后对中国的住房保障进行实证分析。

第一节 贫困人口的住房问题

一、市场失灵与住房问题

（一）住房市场失灵

我国的住房市场化是在承认住房商品属性的前提下，将住房从计划经济下的福利转化成市场经济中的商品。由于住房市场化，住房市场得以形成运作，住房的建设（生产）、交换、分配和消费等活动都以市场为中心进行，住房经济成为国民经济的重要部门，住宅产业则成为经济增长的支柱产业。

然而，全社会并不是仅由那些买得起商品住房的富裕家庭组成的，还有许多中低收入家庭买不起商品住房，这一问题通过"市场规则"不可能完全得到解决。由于一些中低收入人口和贫困人口的支付能力与市场准入标准之间存在着相当的差距，产生了诸如住房拥挤、无家可归、贫民窟等住房社会问题。也就是说，在解决中低收入家庭的住房问题上，住房市场这只"看不见的手"有其"力所不能及"之处，而政府就有责任通过直接或间接的方式，来帮助这些家庭使其住房条件达到与社会的整体发展相协调的水平。

（二）居住需求与支付能力的矛盾

一个功能良好的住房体制应能满足各阶层大部分人口的住房需求。与一些市场经济发达的国家相比，发展中国家的经济发展水平低，城市居民家庭的收入所得有限，特别是一些大中城市中低收入阶层居民的住房支付能力与住房价格之间存在较大差距。如何协调住房市场化和中低收入阶层住房需求之间的矛盾，是国家住房产业发展中的重点。这个问题如果解决得好，蕴藏在这部分人口中的巨大住房潜在需求可以在住房市场中得到释放，进一步促进住房市场化，并加强住宅产业和房地产业作为国民经济支柱产业的重要地位。若解决得不好，不仅会出现这样或那样的住房问题，损害社会公正原则，并引发深层次的社会不稳定，甚至造成政治动荡。

（三）住房问题的社会性

仅把住房看作是物质实体是不够的，住房更应作为被称为"住房阶梯"（housing ladder）的社会体系的一部分。"住房阶梯"是指"若要为最大多数人提供最好的住房服务，则必须发展尽可能全面的住房形式以涵盖不同的住房消费需求，并以此为标准建设私人所有权的住房，住房类型应包括不具备完全卫浴的单人房、具有厨卫设施的中低等套房和配套舒适的大面积公寓；而人们的住房改良需求和个人房产投资保值增值的需求，将成为维持居住区社会组织结构的关键。"住房改良需求使得家庭通过努力工作提高经济收入，改善自己的居住条件，搬迁入更舒适更大的住房，并与更富裕的家庭为邻，实现社会进阶。而且为了避免所拥有的住房资产贬值，整个社区家庭会努力保有其社会等级，避免滑入下级梯档，这无疑对提高社会人口素质有积极作用。

随着人口的增长以及城市聚集经济效益的影响，工业和人口在城市高度集中，由此产生了对城市土地和住房的巨大需求，导致住房价格上涨，形成住房供应的短缺和房价超出广大中低收入家庭支付能力等问题。其结果是在各地的农村人口不断涌向大都市的同时，大批低收入居民拥挤在城市边缘的贫民窟中，在大城市原有的规划中心地区周围形成一个个无序发展地带，相应带来犯罪、疾病、社会规范和社会道德约束力下降等一系列社会问题。

那些明显降低发展中国家生产力的因素，都与工薪阶层贫困人口的居住条件有关。这些因素包括：缺少卫生条件，导致健康风险系数增加和出勤天数减少，还有更为严重的高死亡率；居住环境恶劣不利于一天辛苦工作后的休息和恢复；长期面临暴力、攻击、偷窃和强制驱逐等风险，造成巨大的精神压力、身体伤害和创伤。

因此，将住房阶梯发展作为经济和社会可持续发展的前提条件，在改善城市贫困人口的居住环境方面进行投资，改善工薪阶层贫困人口的居住环境将最终带来更高的生产力、更高的利润、更高的工资，以及更主要的，带来一个更有效的良性的社会阶层流动提升。

二、住房保障政策与公民住房权利

住房权利是社会最基本的社会权利之一，又称为居住权，或者住房福利，具体是指公民获得适足住房的权利（Right to Adequate Housing，RAH）。在1948年的联合国大会上，《世界人权宣言》首次提及"居住权利"，并倡导世界上各国居民理应享受其所在国家的居住权。随后在1976年颁布的《经济、社会及文化权利国际公约》以及1996年通过的《人居议程》中，联合国对住房权利做了更详尽的解释，并且呼吁各国政府采取适当的行动以促进、保护和保障享有适当住房的权利，进而得以逐步、全面实现。在西方国家中，例如《德国民法典》等，从法律上对公民的居住权利作出了明确界定，也有如英国的终生地产权等类似的制度，保障公民的居住权。

住房保障是国家为公民提供住房福利、保障公民居住权利的具体制度安排，尤其是为中低收入群体提供住房福利并且实现其居住权利的社会保障政策。从我国的实践来看，自

1994年《国务院关于深化城镇住房制度改革的决定》颁布以来，我国住房保障制度不断完善和发展，住房保障覆盖人群逐步扩大，保障体系与形式不断丰富。在2018年我国召开的十三届全国人大常委会第五次会议上，关于我国公民的居住权保障的相关内容被编入草案，并且专设一章，凸显了我国对公民实现居住权的重视。

"十二五"以来，我国已基本建立起"以廉租房、公租房、经济适用房、共有产权房、棚户区改造、游牧民定居工程以及农村危房改造为主要类别的保障性住房供给模式"，积极探索"共有产权住房"新模式，并且针对不同的社会群体适用不同的住房保障政策以满足其居住权利，见表12-1。例如：针对低收入家庭住房权利的保障，主要以廉租房（公租房）为主，经济适用房为辅；针对居住在矿区和林区的家庭，主要通过棚户区改造提高住房福利水平；针对新入职员工以及城市务工人员，主要通过申请租住公租房满足住房需求。

我国主要的保障性住房类型　　　　　　　　　　　　　　　表12-1

保障性住房类型	实施时间	保障形式	政策对象
廉租房	1994—2014年	租赁	低等收入人群
经济适用住房	1998年至今	出售	低等和中等收入人群
限价商品房	2007年至今	出售	中等收入人群
公租房	2010年至今	租赁	低等和中等收入人群
共有产权住房	2014年至今	出售	中等收入人群

资料来源：根据相关政策文件整理。

目前我国住房保障体系仍然存在着诸多问题，如相关法律法规不够健全，保障性住房建设的融资渠道狭窄，享受住房保障福利的人群有限等，也还不可能完全解决贫困人口的住房问题。但是我国颁布的《民法典》中已经对居住权做出了明确规定，这为我国实现公民"住有所居"的目标提供了坚实的制度基础和法律保障。

三、政府的住房保障职能

政府的作用是为住房发展营造一个有生命力的市场环境，而不是仅仅推出面向中低收入人口的孤立的建房项目。这样的一个市场环境包括适宜的制度框架、适当水平的住房金融市场、必要的且有针对性的住房补贴。政府应尽量放弃住房生产者的角色，而是以一种超脱的姿态将住房部门作为一个整体来协调管理。政府住房政策的目的应该是优化住房部门的整体功能，使其能够最有效地满足各参与方的利益，从而实现更高的社会和经济发展目标。

一个功能良好的住房部门应具有的特征是：(1) 多产性和高效性，有效利用资源使投资产出达到最佳比例的住房；(2) 能够协调各阶层的需求和资源，包括以合理的价格为贫困阶层提供充足的住房；(3) 能够将住房发展与城市及自然环境高度协调。

营造一个功能良好的住房部门需要为住房市场的有效运作创造条件，政府可以通过法律、规章制度、行政措施、投资、税收、补贴等塑造市场。住房市场在受到经济和社会因素影响的同时，也受到政府各项政策的规范和引导。

如果仅仅是自由市场发挥作用，那么常常是：首先，贫困阶层被摈除于正规的住房市场之外，他们或者被迫非法占用空地，私搭乱建一些缺少最基本安全卫生条件的住房；或者被迫挤住在廉价的租屋里。其次，住房需求也会由于缺乏可靠有效的私人产权保护制度、产权登记制度以及长期稳定的住房金融制度而萎缩。第三，住房供给则由于对主要基础设施投资的缺乏或者由于对土地、建材和住房建设的垄断控制而无法对需求作出响应。最后，住房存量的扩张也可能会对环境敏感地区造成危害，导致土地资源的浪费以及城市污染和废物处理等问题。

这些自由市场的弊端为政府的管理和干预行为提供了有力的依据，政府有责任干预市场，保障住房部门的良好运作，消除或减轻这些弊端。但是政府的干预需要尽量避免破坏市场本身的运行。许多政府的住房政策尽管动机良好，但在实际执行中却有很大的问题：一些旨在阻止农业用地无序开发或保障有序居住的规章制度，虽然其目的是保护环境、限制城市扩张以及保障住房安全，但最终往往通过限制土地供给和住房建设的措施体现出来，其结果是土地和住房成本的大幅攀升，与预期的政策目标相差甚远。而且，一旦房价上涨，政府往往又通过限制供给来控制价格，这进一步恶化了问题。

四、国家的住房发展目标

为了唤起人们对人类自身住房状况和拥有适当住房的基本权利的关注，1976年联合国第一届人类居所大会（Habitat I）将住房问题作为一个重大政策问题加以讨论。1982年第37届联合国大会确定1987年为"无家可归者收容安置国际年（国际住房年）"，1985年12月17日，第40届联合国大会又一致通过决议，确定每年10月的第一个星期一为"世界人居日"（World Habitat Day），亦称"世界住房日"。联合国的一系列国际宣言都包含了对安全和健康住房权利的关注，如《世界人权宣言》（Universal Declaration of Human Rights）（1948）、《经济、社会和文化权利国际公约》（International Covenant on Economic, Social and Cultural Rights）（1966）以及《公民权利和政治权利国际公约》（International Covenant on Civil and Political Rights）（1976）。1993年，联合国人居署通过了第一个专门针对住房权利的决议，拥有住房和庇护所成为一种基本人权。各国都积极采取各种政策和住房发展计划来解决住房问题，如公共住房、住房津贴、土地供应政策、房屋金融政策、营建标准、租金标准和市场营销规则等。

然而，尽管各国政府、国际机构和非政府组织作了大量努力，住房问题却有进一步加剧的趋势。在全球一体化的今天，没有永久住房或住房环境恶劣的人口一直在增长，尽管伴行的住房权利及相关法律体制已得到改善。随着经济的全球化和大规模人口迁移，住房问题往往在出现好转之前先经过恶化的阶段。恩格斯在《论住宅问题》中指出："当一个古老的文明国家这样从工场手工业和小生产向大工业过渡，并且这个过渡还由于情况极其顺利而加速的时期，多半也就是"住宅缺乏"的时期。一方面，大批农村工人突然被吸引到以发展为中心的大城市里来；另一方面，这些旧城市的布局已经不适合新的大工业的条件和与此相适应的交通：街道在加宽，新的街道在开辟，铁路铺到市里。正当工人成群涌入城市的时候，工人住宅却在大批拆除。于是，就突然出现了工人以及以工人为主顾的小商人和小手工业者的住宅缺乏现象。"❶ 恩格斯的这段论述表明，住房缺乏现象是大工业

---

❶《马克思恩格斯选集》，59页，第二卷。

迅速发展所导致的必然结果,是城市化进程的副产品,是大工业时代住房问题产生的直接原因。现在,城市化进程正在全世界范围内进行,各国也都因此而遭遇到了新的住房问题,尤其是人口一半以上为中低收入人群的发展中国家。

第二节 住房保障政策的途径

为提高居民的住房水平、推进住房市场化的进程,政府可采取多渠道的住房发展政策,鼓励居民尽最大可能地使用自己的资金解决住房问题。为调动中低收入阶层改善居住条件的积极性,各国政府还提供了形式多样的住房补贴,起到了重要的扶持作用。

一、住房保障政策的措施

一个有效的解决住房市场弊端的发展战略应从根本上解决问题。通过住房部门的良性运行,这种发展战略可以兼顾各方利益,不论是消费者、开发商、投资方还是从中央到地方各级政府。而且这种发展战略对任何体制的政府都适用,当然战略中各要素的权重因国家的具体国情不同而不同。

归纳起来,有以下七项措施可供政府选择采用,其中三项针对住房需求,另三项针对住房供给,还有一项是针对整体住房部门管理❶。

针对需求方的三项措施是:(1)发展住房产权:通过法律保障住房产权的所有及自由转让;实施并强化住房及土地登记制度;规范不当所有权形式。(2)发展住房抵押贷款金融:建立健康的、竞争性的抵押贷款制度;鼓励创新性的为贫困阶层提供财务支持。(3)合理补贴:提供适当的、政府财政可负担的补贴;补贴须对象明确、操作透明并可量化监督,而且应避免危害市场运作。

针对供给方的三项措施是:(1)为住房开发用地配备基础设施:组织、负责为居住提供基础设施的各个方面(交通道路、雨水排放、供水、污水排放以及供电等),集中为已有的基础设施进行维修或为尚未开发整备的土地进行基础设施建设,以便用于住房开发。(2)调节土地和住房开发:使影响城市土地和住房市场,尤其是土地利用和基本建设的成本和利润的规章制度保持平衡,取消那些不必要的、妨碍住房供给的制度。(3)有效组织建筑行业生产:在建筑行业引入竞争机制;消除住房建设中的阻碍;减少住房投资的屏障。

以上这六项措施都是在以下总措施的支持和指导下实施的,即:发展对住房部门管理的制度框架。具体包括:强化将整个住房部门的运行作为整体来监督管理的规章制度;将与住房有关的各主要公共部门、私人机构、政府部门以及社区组织有机地融为一体;确保住房政策和发展计划照顾到贫困阶层并能够引导他们参与。

这七项措施不同程度上适用于任何国家政府,同时因国情差异在事实上应有所侧重:(1)在低收入国家应强调这几项:发展市场导向的产权制度,同时通过增加基础设施投资促进住房供给,并努力提高建筑业竞争力;(2)在高负债额、中等收入国家应强调:财政

---

❶ Mayo, Stephen K., Shlomo Angel. Housing: Enabling Markets to Work. Policy Paper of the World Bank, 1993.

和金融政策改革，尤其需改进住房金融制度，减少预算划拨，扩大基础设施投资；（3）在计划经济或原计划经济国家应强调：集中对产权制度、住房金融制度、住房补贴制度、土地和房地产制度、土地开发、原材料生产和分配以及住房建设产业等方面进行改革；（4）其他中等收入国家：主要是对土地利用和住房建设进行制度改革，促进住房供给体制向更积极、更具弹性方向改善，同时进一步发展住房抵押贷款。

政府制定住房政策和住房发展计划的具体措施见表12-2。

政府对住房部门实施的措施　　　　　　　　　　表 12-2

措施	正确的措施	错误的措施
产权制度	规范土地所有形式 细化土地登记注册 私有化存量公共住房 征收财产税	大规模拆迁 制定成本高昂的管制规章 土地权利权益完全国有化 阻碍土地流转
抵押贷款	允许私人借贷 完善抵押品所有权转移的法律 规避抵押贷款的风险 贷款业务的创新	允许有息补贴 歧视以出租为目的的投资 忽视资源的流动性 允许高不良贷款率
合理补贴	做到补贴的透明化 补贴面向贫困阶层 向住房者而非向住房的补贴 对补贴进行跟踪总结	建设带有补贴的公共住房 允许的不公开的补贴 用租金控制作为补贴方式
基础设施	整顿土地开发 重视成本核算 强调因需而供 对贫民窟进行基础设施改造	允许轻视基础设施投资 以环保为借口拆迁贫民窟
规范土地和住房开发	简化规章制度 评估制度成本 消除价格失真 消除人为造成的短缺	强制实施不可负担的标准 执法力度不够 立项与制度改革脱节
组织建筑产业生产	消除垄断 鼓励小型公司的参与 减少进口控制 支持住房建设研究	允许长时间延误工期 对竞争的制度性抑制 继续公共垄断
政策、制度框架	平衡公共和私人部门间的平衡 为整体化管理住房部门建立论坛 发展激活战略 监督部门运作	直接参与公共住房的供给 忽略地方政府作用 无法保持财政上的可持续性

二、供给方住房政策

面向住房供给方的补贴政策的主要特点是政府直接介入住房供给,它能够有效地、直接地刺激和控制住房生产,在相对较短的时间里提供较多的住房。

(一) 供给方政策的经济分析❶

图 12-1 显示了是公共住房的供给政策对住房消费的影响。横轴代表住房消费单位,纵轴代表除住房外的其他所有商品的消费。假设消费者的初始状态如下:(1)月收入是 500 美元;(2)住房价格是每月每单位 0.25 美元。已知消费者的无差异曲线(图 12-1),则消费者在 B 点效用最大化,这时,消费者的住房支出为 150 美元(占据 600 单位的住房),在其他所有商品上的花费为 350 美元。

假设政府提供的公共住房是 800 单位,以 100 美元的价格提供给有资格获得的住房消费者,公共住房政策使消费者的效用移动到点 C,这时,该消费者每月消费 800 单位的住房和 400 美元的其他商品。因此,供给方的政策提高了消费者的效用。

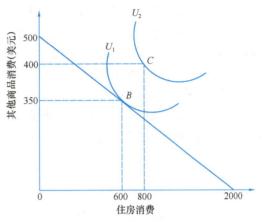

图 12-1 公共住房增加了住房消费

如果直接提供给受补助者现金的话,是否会给消费者带来不同的效用增加呢?假设公共住房的建筑和维修成本是每月每单位 0.25 美元,则 800 单位住房的花费是每月 200 美元,由于受补助者仅支付 100 美元,所以公共住房政策实际上是由政府补助了 100 美元。如果政府直接将这 100 美元现金补贴给消费者的话,则消费者收入增加了 100 美元,其预算线向右平移,消费者在 E 点达到效用最大化,E 点的效用要高于 C 点(图 12-2)。之所

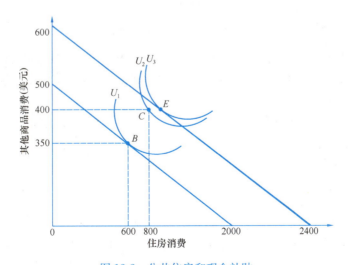

图 12-2 公共住房和现金补贴

---

❶ 参见(美)阿瑟·奥沙利文:《城市经济学(第四版)》,388~391 页,中信出版社,2003。

以现金补贴带来的消费者福利的增加大于公共住房，根据微观经济学的一个基本原理，即当消费者有更多的选择（现金可用于购买各类住房或其他物品）时，其效用更高。换句话说，从效率的角度看，由于公共住房政策限制了消费者的自由选择（仅提供特定区位、特定类型的住房），所以降低了政府补贴的效率。

图 12-3 显示了供给方政策对商品房市场的挤出效应。从短期来看，低档住房市场的供给曲线缺乏弹性，初始需求曲线与供给曲线在 B 点达到均衡。当政府提供了 200 套公共住房时，需求曲线则向左下方移动，与供给曲线在点 C 达到均衡。因此，短期来看，所有的住房消费者都从公共住房政策中受益，有的住进公共住房中，有的则享受到公共住房政策所带来的降低了的住房价格。然而，住房市场的供给曲线在长期内是有弹性的，供给曲线向右上方倾斜。由于商品房市场的价格因公共住房的提供而降低，所以住房的长期供给将减少，长期供给曲线与新的需求曲线在 D 点达到均衡。这意味着，从长期来看，由于低档住房的价格降低，低档住房市场的利润下降，所以，一些低档住房退出市场，供给方政策对商品房市场产生了"挤出效应"。

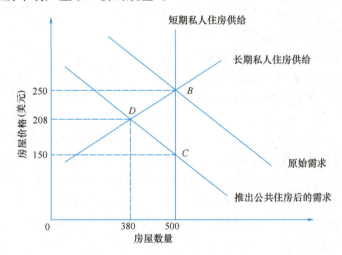

图 12-3　低档住宅市场：公共住房政策的短期和长期影响

公共住房的替代方式是政府通过税收和土地等方面的优惠政策，鼓励私人部门建设低档住房，然后以低于市场均衡水平的价格出售或出租给消费者。例如，当前中国的经济适用房、两限房等就属于这种方式。

（二）供给方政策的实践[1]

1. 政府自己建造公共住房

政府自己直接建造公房提供给住房困难户、低收入户居住。英国、新加坡等国家都采用过这种手段。英国地方政府在 1946—1976 年的 30 年间，平均年建造 14.3 万套公房，并从最初限于低收入困难户发展到向所有家庭开放。1945—1980 年英国全国竣工住房 1 千多万幢（套），半数是政府建造的。1980 年代以来的"住房私有化"浪潮后，英国仍有 34% 的公房（1989 年统计数）。但随着英国"住房私有化"改革的推进，保障性住房私有

---

[1] 孟晓苏：《住房政策的国际经验与启示》，《中国软科学》，1998（7）。

化的比率不断提高。据统计，2016年英国公房占社会存量房的比例下降为5.16%❶。截至2018年4月，英国地方政府拥有的公房仅为159万套❷。

2. 政府补贴企业建造公共住房

大多数国家由政府向房地产企业提供财政补贴，同时对建成住房的出租、出售作出限制，以"成本价"出租或出售给符合规定的住户。一种做法是，向营利性房地产企业提供的补贴必须用于建造租金或价格适中的住房。例如，西德在第二次世界大战后为迅速建设大批新住房，政府向私营房地产商提供无息贷款，同时还规定，向同意为低收入家庭建造或改建住房的私营开发企业提供低于市场利率的贷款，条件是它们必须降低出租租金或售价。

另一种做法是，依靠非营利房地产机构解决住房紧缺困难。非营利房地产机构包括公私合营的公司、工会系统组织、住房合作社和各种住房协会等。它们可以申请政府的低息或无息贷款，并可享受免税待遇，因此能以低于市场均衡水平的价格出租或出售所建住房。瑞典、荷兰、法国等多采用这一作法。瑞典政府通过给予非营利公司、住房合作社等种种财政优惠，建造了第二次世界大战国内总建房量三分之二的住房。这些非营利企业至今仍是瑞典住房市场上的主要力量并使瑞典成为世界上解决住房问题最成功的国家之一。

美国第二次世界大战后的住房短缺现象直至19世纪60年代依旧存在❸，此外，生育高峰时期成长起来的一代不久将建立家庭。为减轻政府的建房负担，保证住房市场的良性发展，美国联邦政府扩展了住房政策，开始鼓励私营发展商为低收入阶层建造住房。当时据美国住房和城市发展局（HUD）估计，1969—1978年间住房需求量将达2600万套，为此制定了补贴600万套住房单元的目标。1968年的住房法案采纳了这个目标，并制定了相应政策：为建造公寓的发展商提供低于正常市场水平的贷款利率，使其为中低收入者提供低于正常市场租金水平的住房。1968年住房法案的另外一部分内容是：在联邦住房行政管理局（FHA）的抵押贷款保险计划下，为符合要求的住房购买者提供低于市场水平的利率。通过这一补贴私营发展商建造住房的计划，1970—1973年间，美国住房存量中新增了170万套补贴住房。1974年的住房和社区发展法案（Housing and Community Development Act）的第8条即低收入者租金帮助计划，涉及新建住房、修复住房以及存量住房三部分。在新建住房和修复住房部分，承担新建和修复工作的私营发展商和非营利发展商可获得FHA担保的金融支持，HUD与发展商签订20～30年的长期合同，HUD补贴发展商市场正常租金（FMR）与房客支付的实际租金之间的差额，同时规定房客支付的实际租金应占其收入的25%（1981年后提高为30%）。但是，第8条中的新建计划代价过于昂贵，根据HUD在1982年的统计，每年用于一套单元的补贴超过了6000美元，因此到里根政府时代，于1983年终止了住房新建补贴计划❹。

---

❶ 王志成，麦格恩·R·布朗：《英国住房保障制度与时俱进新发展（一）》，《资源与人居环境》，2019（2）。

❷ 数据来源：Local authority housing statistics：Year ending March 2018，English，Ministry of Housing Communities & Local Government.（https://www.gov.uk/government/statistics/local-authority-housing-statistics-year-ending-march-2018）

❸ 1960年美国的人口和住房调查显示：17%的住房已经荒废了或者恶化了，12%的住房过分拥挤，低收入阶层的住房承受能力低下。

❹ 宋博通：《从公共住房到租金优惠券——美国低收入阶层住房政策演化解析》，《城市规划汇刊》，2002（4）。

(三) 供给方政策简评

从上述各国公共住房政策的实践来看,面向住房供给方(主要是私营或半官方住房开发商)的补贴政策的效果是:(1)与政府直接建造住房的公共住房计划类似,短期内可较好地解决低等级住房短缺问题,但因不得不提前拆毁一些尚可使用的旧房,易造成社会资源浪费,并招致住房弃置。(2)对政府来说,补贴成本较公共住房新建计划有所减少,减轻了一部分政府的负担。(3)对住房市场来说,虽然补贴方式没有打破住房供给链条的连续性,但与政府建造公共住房的后果类似,也对住房市场造成"挤出效应",降低了整个市场的运行效率,不利于提升全社会其他各收入阶层的住房消费水平。

三、需求方住房政策

(一) 需求方政策的经济分析❶

需求方政策是直接提供补贴给中低收入家庭,让他们自主选择自己的住房。由于直接提供现金,受补贴家庭有可能用于其他消费而不是改善居住,所以政府通过提供给低收入家庭住房券的方式来代替住房。与公共住房相比,住房券有以下两方面优势:一是住房券几乎等同于现金,政府花费同等的补助金额,需求方政策比供给方政策有效率;二是住房券可以用于二手房,而二手住房的成本要小于新建住房。美国的两种典型的住房券是租金凭单和住宅优惠券。

1. 租金凭单

如图 12-4 所示,假设租金凭单的发放对象是低于本地区平均收入二分之一的低收入家庭,并且存在着以下两方面的限制,即住房本身在大小和质量上符合最低标准;实际租金小于政府确定的公平市场租金,则租金凭单的补贴金额公式为:

补贴 = 实际市场租金 − 0.3 × 收入

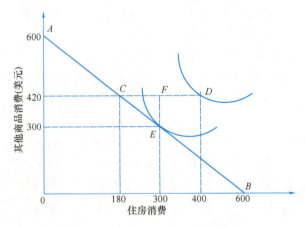

图 12-4 租金凭单对于住房消费的影响

假设家庭收入为 600 美元/月,公平市场租金为 400 美元,则只要实际租金小于 400 美元并且大于 180 美元就可以得到补助。现实中,如果搬迁成本很小,享受租金凭单政策

---

❶ (美)阿瑟·奥沙利文:《城市经济学(第四版)》,395~398 页,中信出版社,2003。

的家庭会从 E 点移到 D 点，福利得到改善；如果搬迁成本相对较大，家庭会从 E 点移到 F 点。

2. 住宅优惠券

与租金凭单相同的是，住宅优惠券也是补贴给贫困人群，并且住宅要符合最低标准，不同之处是住宅优惠券类似于现金，可以超出 400 美元公平市场租金的限制，不管家庭租用住房的实际租金为多少，只要家庭收入相同则享受的补贴也相同。住宅优惠券的补贴金额公式为：

$$面值 = 公平市场租金 - 0.3 \times 收入$$

如图 12-5 所示，预算线由 AB 移至 AFG，消费者具有更多选择，当住宅消费小于 220 美元时，其全部收入 600 美元都可用于非住宅消费；当住宅消费大于 220 美元时，则在住宅与非住宅消费间进行选择。当不存在搬迁成本时，家庭从 E 移至 H，福利得到改善。

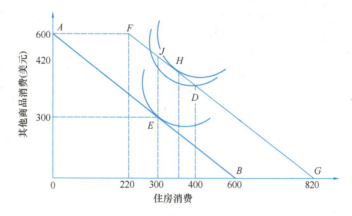

图 12-5　住宅消费券对于住宅消费的影响

（二）需求方政策的实践❶

住房需求方政策最常用的补贴手段是：(1) 免税或减税，通常用来补贴购买自住住房者；(2) 现金补贴，用于补贴购买自住住房者以及租房者（即房租补贴）。各国的实践见表 12-3 和表 12-4。

世界部分国家住房补贴的结构（单位:%）　　　　表 12-3

构成　国别	消费者补贴	减免税	生产者补贴	其他
法国(1984)	22	43	35	0
西德(1978)	9	50	21	20
荷兰(1983)	27	27	34	12
瑞典(1981)	24	47	29	0

资料来源：E. J. 亨斯町：《住房补贴的国际比较》，110～111 页，麦克米兰图书公司，1985；转引自孟晓苏：《住房政策的国际经验与启示》，《中国软科学》，1998（7）。

---

❶　参见孟晓苏：《住房政策的国际经验与启示》，《中国软科学》，1998（7）。

作为一种政策选择，住房租金补贴有三个显著特点（详见表12-4）：第一，避免了对住房市场的直接干预，不会给市场运行带来障碍，不会产生降低市场效率的副作用；第二，这种收入再分配的形式可以使国民平等的住房权利得到较为公正的实现；第三，对不同收入者区别对待，更能体现倾斜政策，并能适当减少财政支出。

部分国家住房补贴方案的特征　　　　　　　　　　　　　　　　表12-4

国别 项目	美国、加拿大、日本	法国	德国	英国	瑞士
方案种类	低租金公房	房租补贴	房租补贴	地方政府公房	房租补贴
对象	地方组织房管部门	半公营组织和私营开发企业	私营非营利或微营利及个体房主	地方政府房管部门	私人微利组织及个人
补贴形式	建造费用（美、加100%；日50%～75%）+日常管理维护补贴	利率补贴+（最高至建造费用20%的）拨款	利率补贴（第12年后减少）	利率补贴+部分维修管理补贴	利率补贴（第10年以后减少）+小笔成本补贴
租户付租占成本租金	32%或更低	初租时60%，30年后补贴减少房租增加	初租时70%，12年后补贴减少房租增加	55%～60%	初租时76%，10年后补贴减少房租增加
其他补贴	福利补贴	家庭补贴	家庭补贴	减免部分房租	家庭补贴

资料来源：C. 琼斯：《社会政策方式》，伦敦出版社，1985；转引自孟晓苏：《住房政策的国际经验与启示》，《中国软科学》，1998（7）。

第二次世界大战后，各工业化国家逐步将房租补贴作为政府住房政策的主要工具，到1980年代末，越来越多的第三世界国家也纷纷采用这种方式。世界银行在过去几十年广泛参与了第三世界国家解决住房问题的努力，在一定程度上促进了政府住房政策从"补砖头"（补贴住房建设）到"补人头"（补贴住房需求者）的转变。例如，荷兰从1967年开始逐步减少政府对住房建设的贴息，同时引入房租补贴政策。瑞典在1968年将政府建房抵押贷款的利率提高到市场水平（不再用低息贷款补贴住房生产），同时政府扩大对各类困难人员的房租补贴。西德政府于1956年就开始实行有限度的房租补贴，1970年通过立法扩大到所有家庭，补足每个家庭实际应付房租与"家庭能够承受的房租支出"之间的差距。美国于1970年尼克松政府通过一法案，实施一个3000万美元的全国性住房现金补贴试验方案。该试验从1972—1980年在美国10多个城市试运行，被称为是对联邦政府住房政策重新定向的一项根本改革。

发展中国家例如印度，早期的政策重点是政府或半政府机构直接建造大量公房，再以低价（通常低于市场价20%～30%）出售或出租给低收入家庭。由于低租金难以维持日常维修，公房损坏严重。印度城市的棚户区规模大，改造任务重，政府起初包下来，但是连改造好的棚户区的维修管理也难以为继。1975～1980年的"五五"计划（即印度国家经济发展第五个五年计划）以来，政策开始转向分期付款的卖房方式，对棚户区改造也仅限于一些基础设施和卫生设施的投入。进入 1985—1990 年的"七五"计划后，政府放弃了直接大量建房的政策，公共住房部门的工作重点放在开发基地，提供有助于住房发展的财政和金融手段。印度政府充分发挥住房金融的作用，可从其投资结构的变化上看出：政府投入与私人投入比"一五计划"时为 1∶3.6，"五五计划"为 1∶4.7，"六五计划"为 1∶7.7，从"一五"到"六五"期间政府住房投入增长约 6 倍，而私人建房投资增长约 12 倍。"七五"期间计划公共投资为 250 亿卢比，而私人投资预计超过该数额的 10 倍。

（三）需求方政策简评

综上所述，面向住房需求方的补贴政策效果是：(1) 可在市场机制的框架内，提高低收入阶层的住房支付能力，有效提高住房消费水平。通过加速住房"过滤"，充分利用旧房，节约了社会资源。此外，由于低等级住房租金水平提高，房主可拿出一部分钱维护住房，在一定程度上避免了弃置现象。(2) 与政府直接建造公共住房的政策相比，需求方政策的政府支出成本大大降低。(3) 保证了住房供应链条的连续性，由于其市场效果是带来租金的普遍上涨，刺激开发商兴建各等级的住房，拉动了经济增长。

第三节　中国住房保障制度的历史沿革

我国住房保障制度的历史已有近 70 个年头，本节回顾中华人民共和国成立以来我国住房保障政策的演变历程，并总结各阶段特点，将我国住房保障政策的历史沿革划分为三个阶段：第一个阶段为福利住房分配阶段（1949—1977 年），第二个阶段为住房保障制度改革探索阶段（1978—1997 年），第三个阶段为多层次住房保障体系构建阶段（1998 年至今）。

一、福利住房分配阶段（1949—1977 年）

中华人民共和国成立之初，经济基础薄弱，人口众多，受国际政治、经济环境的制约以及"苏联范式"影响，我国建立了高度集权的计划经济体制，奉行"先生产，后生活"的政策。这一阶段，我国在城镇实行的是完全福利化的住房政策，住房建设资金完全来源于国家基本建设资金，住房分配制度具有"低工资、低租金、加补贴、实物配给制"的特征。

（一）福利住房分配政策

福利住房政策的住房来源主要由政府通过以下三种方式筹集：一是地方政府或者企业直接投资建设福利住房，或者对旧房进行更新改造；二是自 1956 年起，以公司合营和统一经租的方式对私人出租房进行社会主义改造；通过接受、没收、代管等方式将敌伪房产、反革命分子及官僚资本家的房产收归国有❶。在这种政策之下，住房的建造资金属于财政拨款，住房所有权归国家所有，住房使用权归居民所有。国家筹集建设的公房有两种形式：一种是"直管公房"，由政府部门直接管理；另一种是"自管公房"，由企事业单位建造、分配并且管理。

福利住房政策的鲜明特征是住房完全脱离了商品属性，政府奉行"以租养房"政策，

---

❶ 肖淞元. 中国城市住房保障制度的演变、问题及建议. 中国房地产，2012（20）.

长期实行低租金制。中华人民共和国成立初期，政府将租金制定为全国统一标准——每平方米每月 0.3 元，总体上形成并维持了全国健康的租赁关系。而后随着 1955 年国家干部薪金制改革以及《中央国家机关工作人员住用公房宿舍收租暂行办法》的颁布，各地企业与机关单位住房租金进一步下降，国家公务员租金降为每月每平方米 0.12 元，"以租养房"难以为继，直至 1978 年《关于重申制止降低公有住宅租金标准的通知》的颁布，"降租风潮"才偃旗息鼓❶。

（二）福利住房分配制度的弊端

虽然福利住房分配制度在中华人民共和国成立初期对缓解国内住房紧张的局面起到了积极作用，但作为高度集中的计划经济时代的特殊产物，该政策存在着诸多弊端：

第一，由于政府分配的福利住房完全不具备商品属性，并且长期实行"低租金"制度，导致政府承担了过多的建设和维护成本，导致公房的日常管理和维护得不到充分的保障。由于常年缺少必要的维护，许多公房甚至变为危房，违背了提高居民居住条件的初衷。

第二，公房分配背后产权模糊，蕴含寻租风险。虽然公有住房名义上归国家所有，但是公房的集资、建设和分配都是在计划经济体制调节下进行的，其结果是公有住房产权模糊。并且，公房的分配遵循以家庭人口数、职别高低等条件为原则进行分配，其背后蕴含着分配不公和等级观念强化的风险。这样的制度安排给相关的公务人员制造了寻租机会，蕴含着腐败的风险。

第三，住房建设的发展受到福利住房分配制度的严重制约。由于完全福利化的住房政策严重依赖于政府的调节，住房的开发、建设以及消费完全脱离市场机制，市场作为资源配置的基础手段也起不到任何作用。此外，该政策下的住房买卖极其困难，更不存在所谓的交易主客体，并且使得城镇居民成为这种获得"无偿性"或者"完全福利性"住房的"免费搭车者"，住房的建设发展缺乏效率。

二、住房保障制度改革探索发展阶段（1978—1997 年）

1978 年伴随着我国开启改革开放的历史新时期，住房保障制度也进入新的改革探索发展阶段。据统计，1978 年我国城镇居民人均住房面积仅为 3.6m²❷。面对严峻的住房问题，1978 年 9 月的城市住宅建设会议上，传达了邓小平同志提到"解决住房问题的政策能不能宽一点"的想法。1980 年，邓小平同志关于住房问题的讲话中提出："关于住宅问题，要考虑城市建筑住宅、分配房屋住宅的一系列政策。城市居民可以个人购买房屋，也可以自己盖。不但新房子可以出售，老房子也可以出售。可以一次付款也可以分期付款，10 年、15 年付清。住房出售以后，房租恐怕要调整。要联系房价调整房租，使人们认识到买房合算。因此要研究逐步提高房租。房租太低，人们就不买房子了。繁华的市中心和偏僻地方的房子，交通方便地区和不方便地区的房子，城区和郊区的房子，租金应该有所不同。将来房租提高了，对低工资的职工要给予补贴。这些政策要联系起来考虑。建房可

---

❶ 王世联．中国城镇住房保障制度思想变迁研究（1949—2005）．复旦大学博士论文，2006．
❷ 数据来源于《关于建立我国住房市场体系的研究》，中国房地产与住宅研究会 2001 年版。

以鼓励公私合营或民建公助，也可以私人自己想办法"❶。邓小平这一提法，既肯定了住房所具的"商品属性"，同样也明确了我国住房保障制度改革的方向。

1992年10月党的十四大上，明确提出要建立社会主义市场经济体制，把社会主义基本制度和市场经济结合起来，建立社会主义市场经济体制。在住房保障领域，市场被渐进引入成为住房福利的提供者之一。此后，我国大力推广住房公积金制度，这是第一项具备"市场化"性质的改革，成功地将政府和市场结合起来，共同推进住房商品化的进程。此外，经济适用住房的推广和国家安居工程的推进，创新了保障房的供应方式，保障性住房建设由中央政府和地方政府共同承担，推进城镇住房社会化进程。

（一）"提租补贴"思想的演进

"提租补贴"制度的形成与"三三制"政策紧密相关。所谓"三三制"，是指购房的价格由居民个人、其所在单位以及地方政府平均共同负担。该制度起源于1979年，由中央拨发专款，首先在南宁、柳州、西安、梧州四个城市进行试点，地方政府负责组织住房建设，居民可以按照土建工程的成本价格进行购买。1982年，中央为进一步鼓励居民购买房屋，要求地方政府对居民购房实施补贴，由此推出"三三制"政策，首先在常州、郑州、沙市和四平展开新的试点工作，并于1984年扩大至北京、上海和天津三个直辖市。截至1985年底，全国共有60个城市和300个县、镇实行了补贴住房，共出售住房1093万$m^2$❷。"三三制"政策的推广，为接下来"提租补贴"思想的形成夯实了基础。

1986年，国务院成立了住房制度改革领导小组，提议改革现有住房制度，通过调整公房租金、发放住房补贴等手段推动出售共有住房❸。1988年，国务院召开了第一次全国住房制度改革工作会议，会议通过了我国第一个住房制度改革的法规性文件——《关于在全国城镇分期分批推行住房制度改革实施方案》（国发〔1998〕11号），内容的主要思想即是"提租补贴"，主要内容为：（1）合理调整公房租金；（2）从实际出发确定发放住房券的系数；（3）理顺住房资金渠道，建立住房基金；（4）坚持多住房多交租和少住房可得益的原则；（5）积极组织公有住房出售；（6）配套改革金融体制，调整信贷结构；（7）对住房建设、经营在税收政策上给予优惠；（8）加强房产市场管理。"提租补贴"制度从而正式宣布在全国范围实施。

（二）通过集资建房组织住宅合作社

1986年在上海诞生了我国第一家住宅合作社——新欣住宅合作社，我国住宅合作社是从公有住房制度向住房商品化时期过渡的特殊产物，其成立的初衷是解决国有企业职工住房难的问题。1988年，住宅合作社在住房制度改革文件中首次出现，《关于在全国城镇分期分批推行住房制度改革实施方案》（国发〔1988〕11号）文件中首次提及要组建建房合作社等改革措施，并积极推动单位和个人集资建房、合作建房。

1992年《城镇住宅合作社管理暂行办法》（建房〔1992〕67号）颁布，标志我国住宅合作社制度正式确立。该办法明文规定：住宅合作社是指经市（县）人民政府房地产行政主管部门批准，由城市居民、职工为改善自身住房条件而自愿参加，不以盈利为目的的公

---

❶ 国务院住房改革领导小组办公室. 城镇住房制度改革. 北京：改革出版社，1994.

❷ 参见王世联. 中国城镇住房保障制度思想变迁研究（1949－2005）. 复旦大学博士论文，2006.

❸ 肖淞元. 中国城市住房保障制度的演变、问题及建议. 中国房地产，2012（20）.

益性合作经济组织，具有法人资格。根据相关统计，截至1996年9月，20多个省市成立了不同类型的住宅合作社，总数超过5000个❶。

组织住宅合作社是国家渐进引入单位和个人共同解决住房问题的积极尝试，住房建设的任务由三者共同承担，对缓解国家住房建设资金紧张、改善居民居住以及住房难的问题起到了积极作用。但随着1998年城镇住房制度商品化改革的推进，以及经济适用房制度的建立和完善，2003年中央正式将这种以集资、合作建房为基础的住宅合作社纳入经济适用房的管理范畴，并且于2006年出台正式文件明文要求禁止集资、合作建房，我国住宅合作社制度伴随着住房制度商品化改革逐步瓦解。

（三）推广和完善住房公积金制度

1991年，在借鉴新加坡经验的基础上，《上海市住房制度改革实施方案》（沪府发〔1991〕8号）颁布，标着上海成为我国第一个实施住房公积金制度的城市。1994年，由财政部、国务院住房制度改革领导小组、中国人民银行正式联合颁布了《建立住房公积金制度的暂行规定》（〔94〕财综字第126号），标志着我国住房公积金制度正式建立。

住房公积金制度的实施，是我国住房保障领域渐进实施"货币化"改革的成功尝试，住房公积金制度不仅刺激了居民的住房消费，并且对居民获得住房福利起到的保障性作用。1994年住房公积金制度正式在全国范围内推广，县级以上机关、事业单位和国企职工基本上得到覆盖，而这部分群体是我国社会经济中最活跃也是最具潜力的消费群体。住房公积金制度的实施，直接为我国住房市场的消费主力军提供了充分的货币支持，对我国住房消费的刺激作用一直持续至今。

（四）以经济适用房建设为主要形式实施国家安居工程

在住房商品化改革的背景之下，为推进我国住房保障体系建设，经济适用住房被赋予社会保障性质，作为兼具经济性、保障性和实用性的商品房，其目标人群是中低收入家庭。1994年国务院下发的《关于深化城镇住房制度改革的决定》（国发〔1994〕43号）提出建立以中低收入家庭为对象、具有社会保障性质的经济适用住房供应体系，并将经济适用住房作为国家安居工程的主要建设形式。同年建设部、国务院房改领导小组、财政部联合发布的《城镇经济适用住房建设管理办法》规定经济适用房的价格应以建设成本为依据确定。

1995年，国务院住房制度改革领导小组正式下发了《国家安居工程实施方案》，明确了国家安居工程的目的是：结合城镇住房制度改革，调动各方面积极性，加快城镇住房商品化和社会化进程，促进城镇住房建设。1995年国家安居工程正式开始实施，目标用5年左右时间新增安居工程建筑面积1.5亿 m^2，采取中央和地方共同承担建设成本的方式，以成本价面向中低收入家庭出售。

经济适用住房政策的建立以及国家安居工程的实施，不仅推动了我国城镇住房制度改革，而且对我国房地产供应体系结构的调整起到了积极作用，促进了我国房地产业的发展，为丰富我国住房保障供应体系奠定了基础。

三、多层次住房保障体系构建阶段（1998年至今）

我国多层次住房保障体系构建伴随着1998年住房商品化改革起步，一直持续至今。

---

❶ 课题组. 上海职工住宅合作社发展方向及其相关政策研究. 城市，1999（2）.

1998年是我国住房保障制度改革具有转折性的一年，国务院颁布了《关于进一步深化城镇住房制度改革加快住房建设的通知》（国发〔1998〕23号），此次改革的目标是：停止住房实物分配，逐步实行住房分配货币化；建立和完善以经济适用住房为主的多层次城镇住房供应体系；发展住房金融，培育和规范住房交易市场。该文件的颁布标志我国住房市场货币化改革正式起步，有近50年历史的住房实物分配正式退出历史舞台，同时也确定了我国住房保障体系进一步改革发展的方向和基本框架。

此外，住房保障在保障民生方面的重要地位逐步凸显，被多次写入党的文件和"五年规划"当中。2007年10月党的第十七次全国代表大会上，首次提到"住有所居"，要加快社会建设，保障改善民生，着力解决住房问题。2009年的政府工作报告中，温家宝总理提到："要深化城镇住房制度改革，满足居民多层次住房需求，努力实现住有所居的目标"，这意味着"住有所居"成为我国住房保障政策的重要目标。而在"十二五规划纲要"中，更是提出要"加快完善符合国情的住房体制机制和政策体系，实现广大群众住有所居"的目标，并在规划中要求完成3600万套保障性安居工程的建设。

党的十八大又确立了"住房保障体系基本形成，社会和谐稳定"的新目标，以及规定了"构建以政府为主提供基本保障、以市场为主满足多层次需求的住房供应体系"的原则。在2016年的"十三五"规划纲要中，又提出了新目标和新要求，包括：全国开工棚户区住房2000万套。2017年10月党的十九大上，习总书记提出："坚持房子是用来住的，不是用来炒的"定位，加快建立多主体供给、多渠道保障、租购并举的住房制度，让全体人民住有所居，为新时代住房保障体系建设提出了新的要求。

在这个阶段的改革发展过程中，确立了经济适用房在我国住房保障体系中的主体地位，公积金制度不断完善，廉租房、公租房等保障性住房逐步发展，棚户区改造和国家安居工程稳步推进，住房保障成为促进我国房地产市场健康发展的润滑剂，基本上形成了适合我国国情的保障性住房供应体系。对不同收入家庭实行不同的住房供应政策成为这一阶段住房保障建设发展的点睛之作。

（一）加快经济适用房的建设推广，完善住房公积金制度

在大力推进住房货币化改革的背景下，大力推进经济适用房建设是我国住房保障政策在商品住房领域的重大举措之一，在解决中低收入家庭的住房困难问题方面，经济适用房发挥了主力军的作用。1998年政府颁发了《关于大力发展经济适用住房的若干意见》（国发〔1998〕23号），该意见指出：经济适用房用地享受政府扶持，并且实施行政划拨方式，低于市场价出售给中低收入家庭。

在这一阶段，住房公积金制度也进一步得到完善。1999年，国务院印发了《住房公积金管理条例》，该条例对住房公积金的管理机构、监督和处罚措施和公积金的缴存、提取、使用标准都作出了详细规定。

2003年是我国房地产业历史上具有里程碑意义的一年。2003年8月，国务院下发了《关于促进房地产市场持续健康发展的通知》（国发〔2003〕18号），文件中明确提到房地产业已经成为国民经济的支柱产业。该文件中首次对经济适用房的性质作出了明确规定：经济适用住房是具有保障性质的政策性商品住房，并且提出一系列推进住房保障政策持续深化的措施：（1）加快建立和完善适合我国国情的住房保障制度；（2）各地要根据情况合理确定经济适用房以及廉租房政策的具体实施标准；（3）加强经济适用房的建设和管理；

(4) 建立和完善廉租住房制度等；(5) 严格执行停止住房实物分配的规定，根据政策标准加大住房补贴资金筹集力度；(6) 加大住房公积金归集和贷款发放力度等。

(二) 针对城镇低收入家庭的廉租房政策

1999年，针对我国城镇低收入家庭住房难的问题，我国政府推出了廉租房这一新的住房保障政策，也是住房保障政策在租赁住房市场的首次尝试。廉租房指的是政府采取租金补贴或者实物配租的方式，向符合城镇居民最低生活保障标准且住房困难的家庭提供保障性的住房。其保障形式为以租金补贴为主，实物配租和租金减免为辅，且采取只租不售的形式。1999年4月，经第11次部常务会议通过，建设部发布了《城镇廉租住房管理办法》，规定了廉租房的来源渠道、定价标准、相关支持政策等。此举措在我国住房市场上形成了区别于经济适用房和商品房的住房分类供应体系。

但随着2010年政府推出公共租赁住房（公租房）的住房保障新模式，以租赁为主要方式的保障性住房政策出现了一系列问题。廉租房和公租房同属于租赁房范畴，虽然面向群体不同（公共租赁住房主要面向规定条件的城镇中等偏下收入住房困难家庭、新进就业无房职工和在城镇稳定就业的外来务工人员），但申请人经常混淆自己应该申请哪种保障方式，部分地区出现保障房和保障对象不匹配、由申请廉租房转向公租房程序繁杂等问题。

为解决以上问题，2013年12月2日，住房和城乡建设部、财政部、国家发展改革委联合印发的《关于公共租赁住房和廉租住房并轨运行的通知》（建保〔2013〕178号）提出，从2014年起，各地公共租赁住房和廉租住房将并轨运行。廉租住房、公共租赁住房并轨运行正在推进，统一纳入公共租赁住房管理体系，并实施市场租金、分类补贴方式运营管理❶。此外，2015年住房和城乡建设部印发《关于加快培育和发展住房租赁市场的指导意见》（建房〔2015〕4号），提出要通过多种渠道发展住房租赁市场。这些措施均强化了公租房在我国住房保障体系中的地位。

(三) 以公共租赁住房建设为主推进保障性安居工程

伴随着租赁市场的在我国房地产市场中的地位逐步上升，发展公共租赁住房为解决保障性住房供给不足，低收入群体住房难的问题提供了新思路。2010年《关于加快发展公共租赁住房的指导意见》（建保〔2010〕87号）和2012年《公共租赁住房管理办法》（住房和城乡建设部令第11号）两部文件的颁布，对我国公租房制度的申请条件、配租模式、使用和退出模式、租赁管理、房源筹集、政策支持、监督管理等方面做出了具体规定。

继1995年国家安居工程之后，2011年我国又实施了保障性安居工程，积极推进保障性住房的建设。2011年国务院办公厅印发《关于保障性安居工程建设和管理的指导意见》（国办发〔2011〕45号），确立了到"十二五"期末，全国保障性住房覆盖面要达到20%左右的目标要求，其中以公共租赁住房建设为主大力推进保障性安居工程建设❷。并且在"十二五规划纲要"中提出了"重点发展公共租赁住房，逐步使其成为保障性住房的主体"的新要求。

---

❶ 住房和城乡建设部．财政部．国家发展改革委．关于公共租赁住房和廉租住房并轨运行的通知（建保〔2013〕178号）[Z]．2013-12-2．

❷ 国务院办公厅．关于保障性安居工程建设和管理的指导意见（国办发〔2011〕45号）[Z]．2011-09-28．

据统计，在 2011 年开工的 1000 多万套保障性安居工程建设中，公租房占比 22%，相比于其他类型保障性住房占比最高❶；2012 年全国保障性安居工程财政支出中，公租房建设投入资金比例也最高，达 27.5%❷。

值得注意的是，2015 年 5 月 22 日，财政部、住房和城乡建设部等六部门联合下发了《关于运用政府和社会资本合作模式推进公共租赁住房投资建设和运营管理的通知》（财综〔2015〕15 号），提出鼓励地方开展运用 PPP 模式推进公租房的投资建设，开展赁住房 PPP 试点。这是我国关于推进公租房发展模式的新探索，对于降低房地产库存，促进房地产市场稳定，转变政府职能以及提高受保障人群的福利水平都发挥着积极的作用。

据住房和城乡建设部统计，"十二五"规划期间，全国累计开工建设公租房（含廉租住房）1359 万套，基本建成 1086 套，基本上实现了城镇低保家庭应保尽保。截至 2016 年底，我国已有 1126 万户家庭住进了公租房，2017 年全国新分配公租房 200 万套❸。

（四）限价房成为地方提供住房保障福利的重要补充

限价房指的是限房价、限地价的"双限房"，该政策是解决我国中低收入家庭住房困难的重要补充形式。2006 年国务院办公厅转发建设部等部门《关于调整住房供应结构稳定住房价格意见》的通知（国办发〔2006〕37 号），该文件明确了提出："土地的供应在限套型、限房价的基础上，采取竞地价、竞房价的办法，以招标方式确定开发建设单位"❹，这里所指的"限套型""限房价"的普通商品住房，即为"限价房"❺。

广州市是我国首个实施限价商品房政策的城市，2007 年广州市出台了《广州市限价商品住宅销售管理办法（试行）》和《2007 年、2008 年限价商品住宅销售对象、最高销售价格标准的公告》，规定限价商品住房的售价不得超过普通商品住房的 70%。继广州市出台限价房政策后，北京、天津和成都等一、二线城市纷纷根据当地实际情况出台对应的限价商品房政策。比如北京市实施了"限户型、限销售对象、限均价、限价差"以及"竞地价、竞方案"这种"四限双竞制"的限价房政策。

但是由于大部分二、三线城还并未实施限价商品住房的相关政策，因此地方政府的住房保障建设任务列表并未将限价房纳入其中。鉴于限价房的推广范围和体量的有限，且兼具商品房的性质，限价房成为我国住房保障体系中除公租房（包括廉租房）、经济适用房、棚户区改造等着力解决中低收入群体住房困难问题的重要补充，在我国住房保障体系中占有重要位置。

（五）棚户区改造在全国范围内迅速推进

棚户区改造是该阶段我国住房保障制度的重大创新之一，是解决城镇低收入群体住房难问题，改善其居住环境，提高城区落后面貌的重大举措。

---

❶ 数据来源：《住房和城乡建设部：今年新开工建设保障性安居工程已过 1000 万套》，2011 年 11 月 11 日 "中国广播网"（https://m.fang.com/news/bj/0_6316500.html）。

❷ 数据来源：《财政部：2012 年财政支持保障性安居工程建设情况》，2013 年 03 月 08 日 "财政部网站"（http://www.gov.cn/gzdt/2013-03/08/content_2349200.htm）。

❸ 数据整理于住房和城乡建设部官网。

❹ 国务院办公厅转发建设部等部门《关于调整住房供应结构稳定住房价格意见的通知》（国办发〔2006〕37 号）[Z].2006-05-24。

❺ 参见岳朝阳.中国限价房政策存在的问题与出路.中国公共政策评论，2013，7（00）.

2009年12月24日,住房和城乡建设部等五部门联合发布《关于推进城市和国有工矿棚户区改造工作的指导意见》(建保〔2009〕295号),该意见提出城市和国有工矿棚户区改造是改善民生的重大举措,是完善城市功能的客观要求,是促进经济社会协调发展的有效途径,并制定了具体的政策措施;并且提出了"用5年左右时间基本完成集中成片城市和国有工矿棚户区改造,有条件的地区争取用3年时间基本完成"的政策目标❶。2010年财政部先后印发了《关于切实落实相关财政政策积极推进城市和国有工矿棚户区改造工作的通知》(财综〔2010〕8号)和《中央补助城市棚户区改造专项资金管理办法》(财综〔2010〕46号),以支持地方棚户区改造工作,加强棚改补助金的管理工作。在接下来的几年,中央对全国棚户区改造工作提出了具体的目标要求,历年计划数和实际完成数见表12-5。

2013~2019年我国棚改情况(单位:万套) 表12-5

年度	计划数	实际完成数	实际完成比例
2013年	304	320	105.26%
2014年	470	500	106.38%
2015年	580	601	103.62%
2016年	600	606	103.62%
2017年	600	609	101.50%
2018年	580	626	107.93%
2019年	289	316	109.34%

数据来源:住房城乡建设部网站 http://www.mohurd.gov.cn/;国务院网站 https://www.gov.cn/。

棚户区改造不仅仅解决了低收入家庭的住房困难问题,对城区的落后面貌的改善,城市功能的提升,土地的合理利用等方面都起到了积极作用。

(六)积极探索共有产权住房的创新模式

共有产权住房是一种有限产权住房,其目的是解决城镇"夹心层❷"的住房问题。共有产权住房的建设成本由住房消费者和政府共同承担,二者不仅共享土地和房产带来相关的增值收益,更需要共同承担土地和房产潜在的贬值风险。

2007年江苏省首次展开了共有产权住房的试点工作,随后,2009年上海的徐汇区和闵行区也展开试点。2014年住房和城乡建设部的支持下,共有产权住房试点工作正式在北京、上海、深圳、成都、淮安、黄石6个城市推进。以北京市为例,北京市推出的共有产权住房售价低于周边市场30%,以90m²以下住房为主。据统计,北京市首个共有产权住房约提供2000套,最终申购用户多达6.53万人。

共有产权住房政策的实施不仅仅为我国住房保障体系提供了新的保障方式,而且为城镇居民提供了价格相对较低的商品住房,丰富了城镇居民的购房选择,尤其是缓解了房价上涨的压力,更是优化了一线城市和部分热点二线城市的商品住房供给结构。至此,我国

---

❶ 住房和城乡建设部.国家发展和改革委员会,财政部,国土资源部,中国人民银行.关于推进城市和国有工矿棚户区改造工作的指导意见(建保〔2009〕295号)[Z].2009-12-24.

❷ "夹心层"指的是游离在住房保障体系之外却无力购买商品住房的社会群体,以中等收入群体为主,大部分为新就职员工或者刚结婚的年轻人等。

房地产市场的供给结构由过去所谓的二分法（商品住房配合保障性住房）变革为三分法，具体分为：面向购房困难的低收入家庭提供公共租赁租房；相对较高收入的群体，以商品住房供应为主；"夹心层"的住房需求，尤其是刚结婚的年轻人，以政策性的共有产权住房为主。

综上所述，回顾我国住房保障制度改革发展的历史沿革，我国住房保障体系建设取得了长足进步，住房保障体系基本建成并不断完善，保障性住房供给总量不断扩大，结构不断优化。在现阶段的住房保障制度的完善过程中，更加注重"因时制宜"，根据不同阶段的不同特点，对不同的政策进行完善和发展，同时注重创新，为解决住房问题提供新思路、新方法。在我国政府的一系列政策措施的强力推动下，目前基本建立包括廉租房、公租房、经济适用住房、限价商品住房、共有产权住房、各类棚户区改造以及农村危房改造和游牧民住房工程在内的多层次保障性住房供应体系，尝试实现对中低收入群体、各种"夹心层"全覆盖（见表12-6）。

我国目前的保障性住房供应体系 表12-6

保障对象	政策类别	实施时间	实施范围	实施主体	资金来源
低收入家庭	廉租住房	1994—2014年	全国	中央、地方政府	中央、地方财政
	棚户区改造	2009年至今	全国	中央、地方政府	中央、地方财政
中低收入家庭	公租房	2010年至今	全国	地方政府	中央、地方财政及社会筹集
	经济适用房	1998年至今	全国	地方政府	政府无偿划拨土地，开发商先期垫付资金
中等收入家庭	限价商品房	2007年至今	部分城市	地方政府	限价房、竞地价
	共有产权房	2014年至今	部分城市	地方政府	地方政府、购房者

资料来源：根据相关文件和规定。

第四节 中国住房保障政策的实证分析

我国通过一系列城镇住房制度改革，已逐步建立起了以经济适用住房、廉租住房、公租房、限价商品房、各类棚户区改造以及住房公积金制度为主要内容的住房保障政策体系。本节主要以经济适用住房、廉租房、公租房以及限价商品房这四类主要的保障性住房对我国住房保障政策进行实证分析。

一、我国的经济适用房政策[1]

这里以北京市为例，介绍我国的经济适用房政策。1994年7月，国务院颁布了《国务院关于深化住房制度改革的决定》（国发〔1994〕43号），提出实现住房商品化，明确了住房分类供应体系，即建立以中低收入家庭为对象，具有社会保障性质的经济适用住房体系和以高收入家庭为对象的商品房供应体系。国务院1998年颁布的《关于大力发展经

---

[1] 杨晓敏：《对北京市经济适用住房政策的评价和分析》，中国人民大学MPA学位论文，2004。

济适用住房的若干意见》（国发〔1998〕23号）明确提出：经济适用住房具有社会保障性；经济适用住房建设用地实行行政划拨，享受政府政策，以微利价格向中低收入家庭出售，并要求在中低收入家庭购买新建的经济适用住房时，实行申请、审批制。1998年10月北京市人民政府印发了《关于加快经济适用房建设的若干规定（试行）》（京政办发〔1998〕第54号文），明确北京市经济适用住房建设进程，北京的经济适用房建设开始起步。

（一）经济适用房政策的有关规定

1. 经济适用住房的购买、上市程序

《北京市已购公房和经济适用住房上市出售管理办法》于1999年10月1日开始执行，明确了经济适用住房上市交易的主管部门、交易程序、有关费用等。《北京市城镇居民购买经济适用住房有关问题暂行规定》（京政办发〔2000〕131号），对购买新建经济适用住房的家庭住房、年收入、购房面积等作了进一步规定。

2. 经济适用住房的成本构成

2002年11月，北京市人民政府办公厅颁布的《北京市城镇居民购买经济适用住房有关问题的补充规定》明确了应在开工建设前确定经济适用住房的价格。同年《经济适用住房价格管理办法》（计价格〔2002〕2503号）出台，规定经济适用住房的售房基准价格由开发成本、税金、利润三部分组成。

（二）北京市首批经济适用住房情况

1998年10月，以回龙观、天通苑等为代表的19个首批经济适用住房项目在北京市房地产交易中心集中展示，拉开了经济适用住房在北京大规模开发的序幕，规划总建设面积为567.8万m^2。

从建设规模情况上来看，建设规模最大的是回龙观一期经济适用住房建设项目，总建设面积为100万m^2。在销售价格方面，经济适用房房价存在较大差距，售价最高的为4000元/m^2，售价最低的为2600元/m^2，总体平均价格为3338元/m^2。地理位置相对较好、交通方便、整体配套齐全区域的经济适用房售价约在3600~4000元/m^2；其他整体环境较差的经济适用房售价在2300~3200元/m^2。建设户型方面，以建设规模较大的天通苑、回龙观为例，户型以建筑面积90m^2以上为主。在居民购买方面，1998年回龙观文化居住区认购时，人们第一次领略到数百人排队购房的场景；至今，回龙观和天通苑这两个大型经济适用住房居住区始终处于供不应求的局面，每年都有数千户居民搬入；同时，每年也有上万人排队等候。在开发建设企业方面，首批经济适用住房开发建设单位基本上都是国有企业。

（三）初期经济适用住房政策实施中的问题

1. 选址问题

19个首批经济适用住房项目中，四环以内的只有2个，且在南三环以外，四五环之间的有8个项目，其余均位于远郊区。对于工作在市区，绝大部分无私家车的上班族来说，其上下班的交通是个问题。

2. 部分项目规划设计落后，户型、环境较差

主要表现在容积率高，如望京经济适用住房的容积率在4.2以上；居室采光面小，户型结构不合理；绿化率只达到国家规定的低限等。

3. 房型和面积上的问题

北京经济适用房的主打户型在 100m² 以上，而且出现了面积达 250m² 的豪华复式经济适用房，加上开发商奉送的楼顶露台，总面积达 300m²。面积过大会使得中低收入者无力承受过高的总房价，而高收入者却有可能更多地占用国家资源，侵害了中低收入者的权利。

4. 缺乏监控机制，开发商难以落实有关政策

经济适用住房是政策性保障住房，目前主要是以开发商为主组织建设。开发商追求利润最大化，即获取最高的投资回报率，由于缺乏监控机制，在经济适用住房建设上首先考虑的是销售和利润，而疏于对购买者资格的审查，于是出现了高收入家庭也能购买经济适用住房的情况，政府的政策初衷难以实现。

5. 对购买对象的资格审查还缺乏可操作性的规定

中央政府和各部委有关经济适用房的文件中，购买对象都泛指中低收入家庭，因此各地实施起来五花八门。目前北京市对中低收入家庭的界定上规定以年收入在 7000~60000 元之间为限。但目前 6 万元的限价，并未真正起到应有的作用。因为只要有盖着代表中低收入的单位公章就可以，而盖这个公章并非一件困难的事情，这使得部分高收入阶层的人有可能享受经济适用住房的优惠政策。据调查，自 1998 年以来，约有 16％的经济适用住房卖给了中高收入者，违背经济适用住房政策的初衷。

（四）北京市经济适用住房政策实施现状

面对经济适用房政策实施过程中出现的问题，北京市于 2007 年出台了《北京市经济适用住房管理办法（试行）》（京政发〔2007〕27 号），并于 2008 年进行修订。该管理办法进一步明确了经济适用房的受益群体为低收入人群，并提出了购买经济适用房五年后才可上市进行交易，同时根据不同居民家庭收入水平、住房和资产状况确定了保障对象和准入标准，建立了市、区、街三级审核、两级公示的管理制度，以及分类供应、分期轮候的制度，见表 12-7。

北京市城八区城市居民购买经济适用住房家庭收入、住房、资产准入标准　　表 12-7

家庭人口	家庭年收入	人均住房使用面积	家庭总资产净值
1 人	22700 元及以下	10m² 及以下	24 万元及以下
2 人	36300 元及以下	10m² 及以下	27 万元及以下
3 人	45300 元及以下	10m² 及以下	36 万元及以下
4 人	52900 元及以下	10m² 及以下	45 万元及以下
5 人	60000 元及以下	10m² 及以下	48 万元及以下

资料来源：《关于印发北京市廉租住房、经济适用住房家庭收入、住房、资产准入标准的通知》（京建住〔2007〕1129 号）。

随着我国住房保障体系的不断完善，保障性住房供给体系多元化发展，《北京市"十二五"时期体制改革规划》提出了基本建立由"廉租房、公租房、经济适用房、限价商品房"构成的分层次、合理衔接的住房保障供应体系的目标。经济适用房在北京市住房保障体系中的比例逐年降低，投资额逐年下降。2016 年北京市经济适用房完成投资额仅为

2010 年的 22.4%❶（图 12-6）。北京市保障性住房供给结构从"以售为主"向"租售并举、以租为主"转变。

图 12-6　2004—2017 年北京市经济适用房完成投资额
资料来源：北京市统计年鉴（2005—2018 年）。

"十二五"期间，北京市计划新增 20 万套经济适用房，仅占总体保障性住房新增计划的 20%❷。"十三五"期间，北京市规定在解决完已有候轮家庭的经济适用房申请之后，原则上不再新增经济适用房建设，增加公租房、棚户区安置房以及自住房，并以此作为未来北京市保障性住房的主要建设目标❸。

二、我国的廉租房政策

（一）廉租房政策的有关规定

1999 年 4 月建设部发布了《城镇廉租住房管理办法》（部长令第 70 号），明确城镇廉租住房是指政府和单位在住房领域实施社会保障职能，向具有城镇常住居民户口的最低收入家庭提供的租金相对低廉的普通住房。这是我国廉租房政策的伊始阶段。之后陆续出台了《城镇廉租住房租金管理办法》（发改价格〔2005〕405 号）、《城镇最低收入家庭廉租住房申请、审核及退出管理办法》（建住房〔2005〕122 号）、《关于切实落实城镇廉租住房保障资金的通知》（财综〔2006〕25 号文）、《城镇廉租住房工作规范化管理实施办法》（建住房〔2006〕204 号）《城镇廉租住房档案管理办法》（建住房〔2006〕205 号）等，构成了我国的廉租房政策体系。

《国务院关于解决城市低收入家庭住房困难的若干意见》（国发〔2007〕24 号文）进一步指出，要多渠道增加廉租住房房源，要采取政府新建、收购、改建以及鼓励社会捐赠等方式增加廉租住房供应。廉租住房制度的保障范围由"城市最低收入住房困难家庭"扩大到"低收入住房困难家庭"，而廉租住房资金来源则由住房公积金增值收益扣除计提贷

---

❶ 根据《北京市统计年鉴》数据计算得出。
❷ 资料来源：《北京"十二五"计划新增 100 万套保障房》，2010 年 12 月 15 日"人民网"（http://politics.people.com.cn/GB/99014/13491590.html）。
❸ 资料来源：《"十三五"北京将停止新建经济适用房、限价房》，2016 年 1 月 1 日"视频中国"（http://v.china.com.cn/travel/2016-01/06/content_37471679.htm）。

款风险准备金和管理费用后的全部余额以及土地出让净收益来予以保证。我国廉租房的补贴形式主要为"货币补贴"和"实物补贴"两种方式。"货币补贴"指向符合政策规定的低收入家庭发放一定金额的补贴,但需其自行寻找租住房源;"实物补贴"则直接向符合规定的困难家庭提供住房进行租住,并收取较低的租金。此外,廉租房的保障面积标准原则上不超过当地人均住房面积的60%;新建廉租住房套型建筑面积控制在50m^{2}以内。

(二) 廉租房政策的实施现状

截至 2005 年底,我国 291 个地级以上城市中,已有 221 个城市实施了廉租住房制度,占地级以上城市的 75.9%。全国累计用于最低收入家庭住房保障的资金为 47.4 亿元,已有 32.9 万户最低收入家庭被纳入廉租住房保障范围。其中,租赁补贴 9.5 万户,占保障总户数的 28.9%;实物配租 4.7 万户,占 14.3%;租金核减 18.2 万户,占 55.3%;其他方式保障 4796 户,占 1.5%❶。2008 年 12 月底,通过实物补贴获益的困难家庭约有 250 万户,占保障总户数的 52.2%,另有 229 万户困难家庭通过货币补贴的方式提高了居住条件,占 47.8%。截至 2009 年底,通过实物补贴以及货币补贴改善居住条件的家庭数分别增加至 510 万户和 406 万户❷。

为了更好地解决"夹心层"问题,扩大"以租为主"的保障性住房覆盖面,住房城乡建设部等三部委于 2013 年联合下发了《公共租赁房和廉租房并轨运行的通知》,规定从 2014 年起,各地公共租赁住房和廉租住房并轨运行。

以下分别介绍北京、上海和天津的廉租房政策实施情况。

1. 北京市的廉租房制度

北京市政府下发《北京市城镇廉租住房管理试行办法》(京政办发〔2001〕62号)后,市国土房管局和市财政局、民政局制定了《北京市城镇廉租住房管理试行办法实施意见》(京国土房管住字〔2001〕1005号),规定了城八区廉租住房统一的申请条件和配租标准,明确了廉租住房管理相关各部门的职责,规范了廉租住房管理工作受理登记、轮候摇号、配租实施、定期审核等程序。并成立了"廉租住房管理中心",负责廉租住房的日常管理工作。北京市目前已建立起市、区、街道三级管理,房管、民政、财政、街道办事处相配合的管理构架。《关于印发北京市廉租住房、经济适用住房家庭收入、住房、资产准入标准的通知》(京建住〔2007〕1129号)则进一步明确了北京市城市居民申请廉租住房租房补贴或实物配租的准入标准,见表12-8。2010年北京市住房城乡建设委出台《关于调整本市廉租住房家庭收入标准准入标准有关问题的通知》(京建发〔2010〕434号),对城六区居民申请廉租房的家庭收入标准进行上调,将家庭人家月收入低于 697 元调整为 960 元。

北京市城八区城市居民申请廉租住房家庭收入、住房、资产准入标准　　表12-8

家庭人口	家庭年收入	人均住房使用面积	家庭总资产净值
1人	6960元及以下	7.5m^{2}及以下	15万元及以下
2人	13920元及以下	7.5m^{2}及以下	23万元及以下

---

❶ 资料来源:《建设部通报全国城镇廉租住房制度建设和实施情况》,2006年04月02日"新华网"(http://news.xinhuanet.com/newscenter/2006-04/02/content_4374536.htm)。

❷ 李君. 我国廉租房制度存在的问题及对策研究. 山东财经大学博士论文,2013。

续表

家庭人口	家庭年收入	人均住房使用面积	家庭总资产净值
3人	20880元及以下	7.5m² 及以下	30万元及以下
4人	27840元及以下	7.5m² 及以下	38万元及以下
5人	34800元及以下	7.5m² 及以下	40万元及以下

资料来源：《关于印发北京市廉租住房、经济适用住房家庭收入、住房、资产准入标准的通知》（京建住〔2007〕1129号）。

北京市的廉租住房政策主要由准入制度、轮候摇号制度、备案制度、定期审核制度、退出机制等几方面构成。在最低收入家庭通过申请、审核、公告、登记等程序，确定符合承租廉租住房的条件后，通过轮候摇号制度确定配租资格；通过备案制度，将廉租住房补贴资金直接发到房主手中；通过定期审核，建立退出机制，使有限的资金能够用于解决最困难家庭的住房问题上，见图12-7。

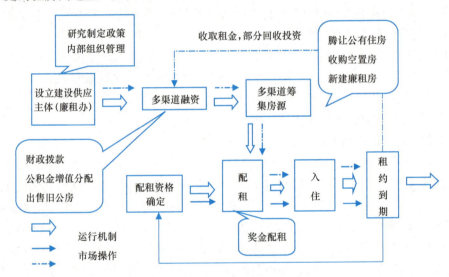

图12-7 廉租房保障体系框架图

2. 上海市的"廉租住房"计划

上海市实行的是谨慎的"廉租住房"计划，即由财政拨款，向最低收入家庭及住房特困户提供一定的租金补助，由贫困家庭自己在二手房市场寻找合适的住房。极小一部分伤残或独居老人等特困户，由政府出面购买二手房产向其提供住所。根据最新的廉租房政策规定，申请上海市廉租房的家庭必须在上海市居住且拥有上海市城镇户口满3年；在居住面积方面，申请廉租房的家庭人均居住面积不得超过7m²；在家庭收入和财产限制方面，3人以上家庭年收入需低于3.96万元，人均财产低于12万元，3人以下家庭年收入低于4.356万元，人均财产低于13.2万元；最后，政策明确规定申请廉租房的家庭成员之间必须具有赡养、抚养关系且前5年未发生过出售或赠与等情况，见图12-8。

上海从2000年10月开始试点廉租房政策，并于次年11月在全市推开，迄今已使1.4万多个家庭受惠，下一步有望受惠的将有1.8万户；而该政策实施5年来，全市共计

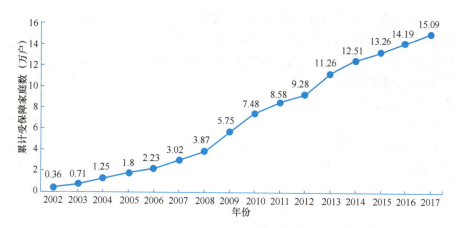

图 12-8　2002—2017 年上海市廉租房累计受保障家庭
资料来源：根据上海市住房和城乡建设管理委员会公布数据整理。

发出租金补贴 1.4 亿元❶。截至 2017 年，上海市通过廉租房累计受保障家庭数已达 15097 户，约为 2002 年的 42 倍。在补贴方式方面，以货币补贴为主，实物补贴为辅。根据相关统计数据，累计通过货币补贴受益的廉租房住户在 2017 年达到 73.3%，实物补贴则为 26.7%❷。上海市的廉租房并不是由政府集中造房，迄今为止，上海的廉租房政策实施颇有成效，但政府从未集中建造过任何形式的廉租房。

3. 天津市的廉租房建设

2004 年 7 月，天津市内六区首批廉租住房配租工作全面启动。2006 年 4 月起又有 3 个意见出台：(1) 符合廉租房配租条件的拆迁"双困"家庭，可以按照市人民政府《批转市国土房管局拟定的天津市最低收入住房困难家庭租房补贴管理办法的通知》的规定，申请最低收入住房困难家庭租房补贴。(2) 2006 年 3 月 24 日后，凡符合廉租房申请条件的拆迁"双困"家庭，在签订《天津市房屋拆迁补偿安置协议》3 个月内，可申请配租廉租房，也可申请最低收入住房困难家庭租房补贴；超过 3 个月未申请配租廉租房的家庭，只能申请最低收入住房困难家庭租房补贴。(3) 在 2006 年 3 月 24 日前，已签订《天津市房屋拆迁补偿安置协议》，且符合廉租房申请条件的拆迁"双困"家庭，在 2006 年 6 月 1 日前仍可申请配租廉租房，2006 年 6 月 1 日之后只能申请最低收入住房困难家庭租房补贴。

根据天津市的最新政策，申请货币补贴方式受保障的家庭人均年收入要低于 1750 元（含），家庭现住房人均使用面积不超过 9m²（含），且家庭人均财产 5 万元（含）以下。同时，申请廉租房的家庭必须为天津市非农业常住户口。

截至 2005 年底，天津市已有 26600 户生活、住房困难的家庭享受到廉租房政策的实惠。其中享受实物配租的家庭有 1200 户，核减租金的家庭有 23000 户，享受购买经济适用房、租房补贴等政策的家庭有 2400 户❸。"十一五"期间，2008 年和 2009 年天津市分

---

❶ 数据来源：http://www.huogo.com/hphtml/? thread-2932.html，2006.7.20.
❷ 数据来源：上海市住房和城乡建设管理委员会 http://zjw.sh.gov.cn/.
❸ 数据来源：http://www.tjb2b.com/zixuninfo.asp? fox=1231，2006.7.20 访问。

别计划新开工建设廉租房 1000 套，用于解决困难家庭住房问题❶。天津市"十二五"保障房计划中提出了新增保障性住房建设 40 万套的目标，相比于"十一五"期间增加 20%，其中在廉租房建设方面，实物补贴 0.5 万户困难家庭，货币补贴 2.5 万户困难家庭❷。

（三）廉租房政策实施中的问题

1. 僧多粥少的尴尬

根据建设部的调查统计，截至 2006 年 4 月，仍有 13 个省（区）没有将廉租住房制度建设纳入省级人民政府对市（区）、县人民政府工作的目标责任制管理，70 个地级以上城市没有建立廉租住房制度（图 12-9）。此外，还存在着以下主要问题：（1）没有建立稳定的廉租住房资金来源渠道，部分城市财政预算安排资金不足。（2）廉租住房制度覆盖面小，一些符合条件的最低收入家庭不能及时得到保障。（3）部分城市廉租住房制度不完善，有 122 个地级以上城市没有建立严格的申请审批程序❸。

建设部通报 70 个城市尚未实施廉租住房制度

4月2日，建设部通报全国城镇廉租住房制度建设和实施情况，其中70个地级以上城市尚未实施廉租住房制度

省份	城市		省份	城市		省份	城市	
辽宁	锦州市	盘锦市	黑龙江	双鸭山市	七台河市	广西	防城港市	贵港市
	营口市	葫芦岛市		黑河市	伊春市		钦州市	玉林市
江苏	泰州市	宿迁市		绥化市			崇左市	来宾市
福建	蒲田市	南平市	河南	平顶山市	三门峡市	云南	昭通市	思茅市
	三明市	宁德市		商丘市	许昌市		保山市	丽江市
	泉州市	龙岩市		周口市	濮阳市		临沧市	
海南	三亚市			洛阳市	鹤壁市	陕西	延安市	汉中市
吉林	四平市	松原市		济源市	开封市		商洛市	安康市
	江源市	白城市	湖北	孝感市	鄂州市		杨凌区	
	白山市			襄樊市		甘肃	金昌市	白银市
安徽	滁州市	宣城市	内蒙古	呼伦贝尔市	巴彦淖尔市		张掖市	武威市
	亳州市			鄂尔多斯市	乌兰察布市		陇南市	定西市
				通辽市	赤峰市		庆阳市	
						宁夏	固原市	中卫市

图 12-9 截至 2006 年 4 月仍未实施廉租房制度的城市

各地廉租房建设进展缓慢，对于那些亟待救助的低收入家庭来说，入住廉租房的概率简直与中大奖相似。面对"僧多粥少"的现实，廉租房只能通过摇号来确定住户，这凸显出一些地方政府的尴尬。

---

❶ 数据来源：《住房保障成天津 2008 年重点》，2008 年 2 月 22 日"北方网"（http://house.enorth.com.cn/system/2008/02/22/002851677.shtml?utm_source=UfqiNews）；《天津 2009 年建 11 万套保障房》，2008 年 11 月 16 日"北方网"（http://house.enorth.com.cn/system/2008/11/16/003780799.shtml?utm_source=UfqiNews）。

❷ 数据来源：《回眸"十一五"，展望"十二五"，暖流涌入千万家——天津市住房保障工作纪实》，2011 年 6 月 2 日"经济日报"（http://paper.ce.cn/jjrb/html/2011-06/02/content_153277.htm）。

❸ 资料来源：《建设部通报全国城镇廉租住房制度建设和实施情况》，2006 年 4 月 2 日"新华网"（http://news.xinhuanet.com/newscenter/2006-04/02/content_4374536.htm）。

2. "夹心层"的出现

到底谁可以申请廉租房？这是所有中低收入人群最为关心的问题。然而目前北京等实施廉租房建设的城市，不仅廉租房的数量非常少，而且在申请资格上也非常苛刻。由于我国廉租房制度实行了集民政低保和居住困难为一体的"双困"准入机制，导致其覆盖面狭窄，受益人群特别少。北京当初将经济适用房的销售对象设置为年收入6万元以下的家庭，并确定商品房、经济适用房和廉租房的覆盖人口范围分别是15%、80%和5%。但从近些年的实际情况来看，政府对经济适用房目标人群的覆盖面设定得明显过宽。在经济适用房的覆盖面中，年收入4万元以下的家庭占了约50%，他们既无能力购置经济适用房，又被排斥在廉租房覆盖面之外，成了不折不扣的"夹心层"。

3. 对于外地人的租房限制

外地人是否可以申请廉租房也引起了争议。以北京的政策来看，虽然政府近期表示有意扩大廉租房的供应规模和照顾对象，但具体对象却始终限定在北京本市户口范围内。作为纳税人，本地人、外地人应平等享受廉租房；而且由于外地人的收入水平和生活压力等原因，他们也许比本地人更需要廉租房。

三、我国公租房政策

（一）公租房政策的有关规定

公租房的发展是我国住房保障体系转向"以租为主"的重要体现，也是扩大住房保障覆盖面，解决社会"夹心层"住房问题的重要政策。2010年住房和城乡建设部等七部委联合印发了《关于加快发展公共租赁住房的指导意见》（建保〔2010〕87号），对公租房的基本原则、租赁管理、房源筹集、政策支持以及监督管理都做出了具体规定。该文件明确规定了公租房主要面向城市中等收入偏下的家庭，并提出不同地区可根据实际情况将新就业人口以及外来务工人员纳入保障范围，以及不同地区根据当地实际情况设定适宜的租金水平。在公租房的建设方面，鼓励社会主体参与到公租房的筹建当中，且规定单套建筑面积不得超过60m²。2012年住房城乡建设部通过《公共租赁住房管理办法》（住房和城乡建设部令第11号），对申请公租房的准入标准、候轮与配租模式、使用和退出机制等做出了具体规定，并提出公租房的租赁期限一般不得超过5年。

为了更好规范发展公租房，2019年住房城乡建设部等四部委联合印发了《关于进一步规范发展公租房的意见》（建保〔2019〕55号），该文件明确提出了要加大对新就业无房职工、城镇稳定就业外来务工人员的保障力度，着力解决覆盖面较低，发展不平衡等突出问题。另外，该文件也强调了要防止公租房转为商品房的违规现象造成的房产市场与住房保障的错位，更不能将公租房的支持政策用于商品房。最后，该文件明确了对不同收入群体的差异化保障方式，以实物配租保证低收入群体和新市民的住房需求，对于中等以及低收入群体则以租金补贴作为主要的保障方式。

（二）公租房政策的实施现状

自温家宝总理于2009年在《政府工作报告》中首次提出积极发展公共租赁住房以来，我国公租房政策的发展取得了长足的进步，已经成为我国保障性住房最主要的供给方式之一。2010—2012年属于我国公租房建设的高潮时期，其间全国累计计划新建公租房470

万套，公租房建设占当年保障性住房建设计划的比例从 2010 年的 7% 跃升为 2012 年的 33%❶。"十二五"规划对公租房提出了高要求，提出新增公共租赁住房不低于 1550 户，且树立起以公租房为主的住房保障供应体系。2013 年住房城乡建设部等三部委以《公共租赁房和廉租房并轨运行的通知》明确了公租房在住房保障体系中的重要地位，积极推进全国各地廉租房和公租房并轨运行。根据 2017 年《保障性安居工程跟踪审计结果》显示，2017 年底，公共租赁住房在保家庭 1658.26 万户，涉及 4100 多万城镇中低收入住房困难群众。截至 2018 年底，3700 多万困难群众住进公租房，累计近 2200 万困难群众领取公租房租赁补贴❷。

1. 北京市公租房实施情况

北京市公租房政策始于 2009 年，该政策在调整北京市保障性住房的供给结构，多渠道解决中低收入家庭的住房困难方面起到了积极作用，扩大了北京市住房保障整体的覆盖范围，同时推动了租售并举的住房政策转型。

2009 年北京市住房和城乡建设委员会印发《北京市公共租赁住房管理办法（试行）》（京建住〔2009〕525 号），对北京市公租房的受保障群体、筹集方式、租配管理和监督管理等都做出了明确的要求。2011 年出台的《北京市人民政府关于加强本市公共租赁租房建设和管理的通知》（京政发〔2011〕61 号）对公租房的建设、政策支持、申请审核管理以及配租管理等方面做出了更加严格的规定。同年出台的《北京市公共租赁住房申请、审核及配租管理办法》则细化落实了公租房申请、审核、配租和管理方面的政策规定，并首次提及将非京籍人员纳入保障范围。

从整体上看，北京市公租房政策的惠及对象为北京市具有住房困难的中低收入家庭，其中包括了新就职员工以及在京工作达一定年限的非北京户籍人员。在租金设定方面，遵循"市场定价、分档补贴、租补分离"的原则。所签住房租赁合同期限从三年到五年不等，租金缴纳灵活性较高，可按月、季、年视情况缴纳，且只租不售。

据统计，截至 2016 年上半年，北京市累计已开工公租房建设 19.7 万套，竣工 10.35 万套，已分配房源累计达 9.94 万套；截至 2016 年 7 月底，累计为 1.2 万户家庭发放租金补贴 2.5 亿元。《北京市"十二五"时期住房保障规划》（京建发〔2012〕26 号）提出大力发展公共租赁住房，要求"十二五"时期公租房供应量占公开配租配售保障性住房的 60% 以上；计划收购各类政策性住房 100 万套，其中 30 万套为公租房。"十三五"期间对公租房建设放缓，计划建设筹集各类保障性住房 20 万套（户）以上，其中建设筹集公租房 5 万套（户）❸。2009—2017 年期间，北京市累计完成公租房投资额 648.2 亿元，其中 2016 年多达 213 亿元❹，见图 12-10。

2. 重庆市公租房实施

重庆市公租房政策的纲领性文件于 2010 年出台，重庆市人民政府印发了《重庆市公共租赁住房管理暂行办法》（渝府发〔2010〕61 号），该办法对重庆市公租房的规划建设、

---

❶ 郑云峰．中国城镇保障性住房制度研究．福建师范大学博士论文，2014．
❷ 资料来源：《关于进一步规范发展公租房的意见》（建保〔2019〕55 号）。
❸ 资料来源：北京市住房和城乡建设委员会 http：//zjw.beijing.gov.cn/bjjs/xxgk/xwfb/318070/index.shtml。
❹ 数据来源：《北京市统计年鉴（2010—2018 年）》，北京市统计局网站 http：//tjj.beijing.gov.cn/。

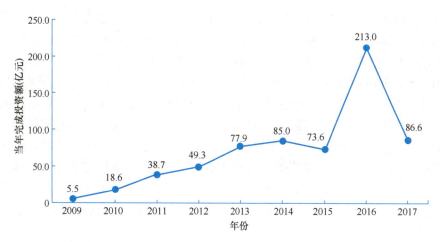

图 12-10 北京市 2009—2017 年公租房当年完成投资额
资料来源：北京市统计年鉴（2010—2018 年）。

政策支持、准入管理、配租管理、退出机制等做出了明确规定。2011 年出台的《重庆市公共租赁住房管理实施细则》（渝国土房管发〔2011〕9 号）对公租房的申请准则、审核配租、租后管理等方面也做出了非常详细的说明。

值得注意的是，重庆市公租房的申请方式不仅限于单户家庭进行申请租住，也可以单身人士身份或者采取多人合租的方式进行申请，但不得超过 3 人，此申请办法为来渝的务工人员解决住房困难提供了便利。在申请条件方面，要求单身人士月收入不得高于 2000 元，2 人家庭月收入不高于 3000 元，2 人及以上的家庭人均月收入不得高于 1500 元。在公租房配租方面，根据申请人的家庭人数进行不同户型面积的匹配，2 人以下配租建筑面积不超过 40m^2，3 人以下配租建筑面积不超过 60m^2，4 人以上配租建筑面积不超过 80m^2。与北京市只租不售的政策不同，重庆市公租房的承租人 5 年租赁期限满之后，可申请购买所租住的公租房，见表 12-9。

重庆市公租房申请要求　　　　　　　　　　　　表 12-9

收入限制	单身人士	月收入不高于 2000 元
	2 人家庭	月收入不高于 3000 元
	3 人家庭	人均月收入不高于 1500 元
户籍限制		重庆户籍和非重庆户籍均可申请
工作限制		与用人单位签订 1 年以上劳动合同，且在主城区连续缴纳 6 个月以上的社会保险费或住房公积金的人员；在主城区连续缴纳 6 个月以上社会保险费且在主城区居住 6 个月以上的灵活就业人员和个体工商户；在主城区退休的人员；国家机关、事业单位在编工作人员
住房限制		申请人和共同申请人在主城区无私有产权住房（私有产权住房包括已签订合同未取得产权证的房屋），未承租公房或廉租住房，且申请之日前 3 年内在主城区未转让住房；人均住房建筑面积低于 13m^2

资料来源：《重庆市公共租赁住房管理实施细则》（渝国土房管发〔2011〕9 号）。

重庆市公租房建设始于 2010 年，2010 年当年开工建设 1300 万 m^2 公租房，且提出 2012 年建设完成 4000 万 m^2 的目标，总投资规模 1000 多亿元；2011 年新开建公租房

21.92万套，1300万 m²，实际落实公租房用地550.2公顷，已配租房屋达11万套，近30万居民通过公租房解决了住房难题。根据有关资料，2012年重庆市公租房建设领跑全国❶，这与重庆市公租房建设的资金筹集模式有着密不可分的关系。重庆市在资金筹集方面执行财政投入和融资贷款共同负担的模式，除了依靠财政专项支出和本级政府的财政支出外，公租房的土地供给采取土地划拨的方式，且公租房的建设享有税费减免的优惠政策。除财政投入外，公租房的建设按照10%的比例配套商业用房，同时实施租售并举的运营模式，回笼的资金极大的缓解了财政投入的压力❷。截至2016年7月，重庆市已配租公租房数超过22.5万套，受保障居民近100万❸。根据《重庆市主城区统筹实施住房保障工作方案的通知》，2018—2020年重庆市每年提供2万套公租房进行配租；根据重庆市住房城乡建设委员会的报告，截至2019年4月，重庆市公租房累计竣工备案达49.1万套❹。

（三）公租房政策实施中的问题

1. 建设资金来源单一

从目前的实践来看，我国公租房建设的资金主要来源于中央财政专项支出和地方财政支出，虽然中央政府和地方政府均提出鼓励社会资本参与公租房的建设，提倡通过配建、PPP等模式吸引不同的社会主体参与建设，且在土地供给及税收方面给予一定的优惠政策，但由于公租房租金较低，回收期较长，只有较少的具有较高开发资质的大型国企参与了公租房的建设。截至2013年，全国1349万套新建的租赁性保障房中，政府投资1058万套，占78.7%；国企投资88万套，占6.5%；事业单位投资20万套，占1.5%；民间投资179万套，占13.3%❺。因此，这种过度依赖财政的建设方式会导致财政收入的减少，再加上各地发展情况不尽相同，财政支出能力差异也较为明显，进一步导致各地公租房的覆盖范围及质量出现较大的差异。另外，由于缺乏有效的融资工具，公租房建设资金同时也大量依赖于商业银行贷款和政策性银行贷款，再加上公租房的租金回报率较低，地方政府面临较大的还贷压力，从而也加重了地方的财政压力。

2. 申请和退出机制有待完善

我国现行公租房制度还正处于廉租房和公租房并轨的过程之中，很多城市仍处于两种不同的保障性住房双轨运行的状态。如何从申请机制上保障两种机制合理融合是各地政府亟需解决的难题，要保证廉租房和公租房的"夹心层"依制度合理获得保障，避免住房保障上的社会不公问题的发生。就退出机制而言，一方面由于租赁者的收入会随工作情况发生变化，需通过对当前租住者的收入和财富状况合理且准确的度量来判断其是否依然符合租住标准，当其条件不再符合公租房租住要求时需要设定合理的退租方式。另外，关于公

---

❶ 资料来源：《国家住建部：重庆公租房、"五个重庆"等令人瞩目》2012年2月，凤凰网 http://news.ifeng.com/c/7fbVr8tOgvY。

❷ 资料来源：重庆市公共租赁房信息网 gzf.zfcxjw.cq.gov.cn/。

❸ 资料来源：赖军．重庆市政府推进主城区公租房建设的案例研究．电子科技大学博士论文，2016。

❹ 资料来源：《重庆市公租房累计竣工备案49.1万套，今年将积极推进智慧公租房建设》，2019年4月9日"华龙网"（cq.cqnews.net/html/2019-04/09/content_50389073.html？spm=0.0.0.0.55HN3C）。

❺ 资料来源：《发展公共租赁住房是房地产调控的重要举措》，2017年7月"搜狐网"（http://www.sohu.com/a/160295557_619341）。

租房租赁期满后的处理问题,各地标准不一,有的地区只租不售,而有的地区在租赁期满后可以选择购买所租住的住房。在这种情况下,各地应实施一定的监督机制,保证公租房的保障目标,避免投机人员扰乱住房市场。

3. "居住隔离[①]"现象的发生

部分城市在建设公租房时,将大面积的公租房建设在城市较为偏远、交通不便的地区,且建设规模较为集中,与其他居民区产生较大的隔离,有的公租房居民区甚至被贴上了"标签"。另外,由于公租房的建设成本和收益的差异,很多公租房小区的配套设施落后,教育、医疗等条件也较差,也从一定程度上增加了公租房租住人群的生活成本和压力。公租房政策制定过程中允许商品房配建公租房的目的是促进社会融合,然而有的商品房开发商不仅将商品房和公租房隔离开来,还私设障碍,即使是在同一个社区,居住公租房的低收入群体也难以与其他社会人群融合在一起。

四、我国限价商品房政策

我国限价房政策始于2006年,所谓限价房,即"限地价、限房价"的双限商品房,政策制定之初是除经济适用房和廉租房之外提供住房保障的重要补充。2006年国务院办公厅转发建设部等部门出台的《关于调整住房供应结构稳定住房价格意见》的通知(国办发〔2006〕37号),其中提到"土地的供应应在限套型、限房价的基础上,采取竞地价、竞房价的办法,以招标方式确定开发建设单位",而这就是限价房政策。但是由于国家没有针对限价房政策具体细则规定的红头文件,因此各地在实施限价房政策的标准不一,再加上限价房并不属于地方政府每年达成住房保障建设任务的必要目标,因此相当数量的二、三线城市也并未实行限价房政策。较早实施限价房政策的城市大都为北京、天津、广州、成都等较为发达的一、二线城市。这里,以北京市为例介绍我国的限价房政策。

(一)限价商品房相关政策规定

2008年8月,北京市为完善限价房住房制度,保障中等收入家庭的基本住房需求,出台了《北京市限价商品房政策及管理规定》(京政发〔2008〕8号),该文件明确了限价商品房的定义,保障范围,申请标准以及配售户型规定等。并且实行"限户型、限销售对象、限均价、限价差"以及"竞地价、竞方案"这种"四限双竞制"的政策。在申请规定方面,不仅仅有户籍限制,而且有特殊的年龄限制。即申请者必须拥有北京市户籍,并要求年满18岁,但若为单身家庭申请购买限价商品房,则必须满30岁,见表12-10。

北京市城八区申请购买限价商品房准则　　　　　表12-10

家庭人口	家庭年收入	人均住房使用面积	家庭总资产净值
3人及以下	8.8万元及以下	15m² 及以下	57万元及以下
4人及以上	11.6万元及以下	15m² 及以下	76万元及以下

资料来源:《北京市限价商品房政策及管理规定》(京政发〔2008〕8号)。

2018年为继续完善住房保障体系,贯彻"房子是用来住的、不是用来炒的"定位,

[①] "居住隔离"是指城市居民由于生活习惯、文化传统、财富状况、教育水平等因素的差异而导致的具有不同特征的居民居住在不同的区域,而具有类似特征的群体居住在特定的区域。

合理调控房地产市场，北京市出台《关于加强限房价项目销售管理的通知》（京建法〔2018〕9号）。此限价房新政对商品房销售做出如下规定：限价房售价与在土地出让时所估算的售价相比，高于85%的，由开发建设单位按照限价房标准面向符合资格规定的居民进行出售，但若该比例低于85%（含），则由北京市住房保障中心转为共有产权住房，面向符合共有产权住房申请规定的家庭进行申购。

（二）限价房发展情况

在限价房政策实施之初，限价房快速发展为北京市住房保障体系的重要组成部分，其建设指标逐年增加。2007—2009年，北京市限价房新开工面积分别为312万m^2、451.5万m^2和683.5万m^2。2009年是北京市限价房建设的高潮时期，当年北京市经济适用房新开工面积仅为181万m^2，而廉租房为20万m^2。❶可见，限价房在3年内便迅速成为解决北京市中等收入群体住房困难的"主力军"。根据《北京市"十一五"保障性住房及"两限"商品住房用地布局规划（2006—2010年）》，其中全市规划安排"两限房"用地1500万m^2，占总规划新建住房总量的12.2%。随着"十二五"期间住房保障建设的主力方向转向公租房，限价房的建设力度和建设速度也逐步放缓。2017年北京市限价房新开工面积仅为34万m^2，为2009年新开工建设面积的5%，见图12-11。

图12-11 北京市2007—2017年限价房当年新开工面积

资料来源：北京市统计年鉴（2010—2018年）。

（三）限价商品房政策实施中的问题

1. 选址较为偏远

由于住宅用地储备有限，且市中心或者较好区位的土地价格较高，限价商品房的建设地址被迫规划在较为偏远的地界，从而带来了交通不便、缺乏公共服务、居住环境较差等一系列的问题。住进限价房的家庭确实从一定程度上解决或者缓解了住房难题，但却面临了新的问题。就北京市的规划来看，由于北京城四区居住用地紧张，三环内也几乎没有存量地，因此北京市的限价房几乎全都建在四环以外。❷

---

❶ 北京市住房和城乡建设委员会 http：//zjw.beijing.gov.cn/。

❷ 资料来源：《北京国土局：限价房将全部建在四环以外》，2009年2月2日"京华时报"（https：//finance.huanqiu.com/article/9CaKrnJlvvL）。

2. 建设质量缺乏监管

建设质量的保证,是限价房建设过程中的重要一环。但由于限价房的销售价格要远低于市场价格,开发商从中可获取的利润也较低,再加上较高的土地成本,因此有些开发商在建设过程中为了牟取利润而采取了偷工减料等一系列违规建筑行为。在限价房交工或者住户居住的过程中,多次出现质量问题。如北京市2012年"7·21"暴雨之后,北京市双限房建设项目——同馨家园小区出现了顶棚、窗户、墙体渗水、漏水等一系列质量问题,小区路面及停车位也出现砖块裸露的现象❶。而这种"豆腐渣"工程的出现却不是个例,也不仅限于北京。可见无论是从建设还是到验收的过程中,均有可能存在着"寻租行为"的发生,对建设质量的把控,竣工验收的监管均是以后限价商品房建设亟需加强的地方。

3. 售后监督管理有待加强

相关政策明确规定:符合双限房购房资格的家庭,在购置双限房后不得将所购房屋用于商业用途,否则取消其购房资格并给予相关处罚。但根据有关调查,2009年在北京双限房小区——瑞旗家园,将近有40户业主出租了自己的双限房,甚至有的住房变为了商品超市,而承担小区物业服务的物业管理公司却没有权利管理小区业主的这种违规行为❷。双限房的属性与商品房十分接近,正是这种近似模糊的界定,滋生了部分投机业主"租以商用"的违规行为,严重违反了其提供住房福利,解决住房困难的初衷。因此,如何在双限房出售以及业主入住以后,继续对此进行有效的监督管理,也是住房保障有关部门以后的工作重点之一。

小 结

(1)住房保障是关系到社会和谐稳定、经济持续发展的重要制度建设,贫困人口的住房问题是住房市场失灵所引起的,主要是居住需求与支付能力的矛盾,具有非常强的社会性特点。政府在住房保障方面的职责是建立和完善住房制度,维持一个良性的市场运作并进行必要的针对性强的住房救助。

(2)住房保障的途径包括供给方住房政策和需求方住房政策,经济学的分析表明,需求方政策效率更高。供给方政策包括政府自己直接建造公房供住房困难户、低收入户居住或者由政府向房地产企业提供财政补贴等。需求方政策则是通过发放住房券(例如租金凭单和住房优惠券)的方式来补贴住房消费。需求方政策类似于收入的转移,并且允许租住旧房,从而提高了效率。

(3)我国通过城镇住房制度改革,已逐步建立起了以经济适用住房、廉租住房、公租房、限价商品房、各类棚户区改造以及住房公积金制度等为主要内容的住房保障政策体系。经济适用住房政策是中国现行住房政策的重要组成部分,经济适用房的价格是政府依据成本核算的办法制定出来的,建设是由政府指导决定的,而不是由市场需求所决定。我国廉租房经过近几年的发展已初具规模,但是仍然存在着诸如供给量不足,出现了"夹心

---

❶ 资料来源:《暴雨之后北京限价房原形毕露 安居工程沦为"豆腐渣"》2012年8月2日,中国广播网(http://finance.cnr.cn/gs/201208/t20120802_510448873.shtml)。

❷ 李薇薇."四不象"的限价房.现代物业,2009(09)。

层",对外地人的租房限制等问题,需要进一步的制度创新。公租房是我国住房保障体系"以租为主"的主力军,其建设发展迅速,覆盖范围最广,但也存在着建设资金不足、来源单一等问题,公租房建设过程中出现的"居住隔离"社会现象也亟需重视。限价商品房主要面向中等收入群体,以低于市场价的方式出售给符合规定的住房困难人群,但由于其本身属性以及管理等方面问题,部分商品房项目出现了"寻租"现象。

复习思考题

1. 试分析住房问题的社会性。
2. 在国家住房发展中,政府应如何定位?
3. 试应用相关的经济学原理分析评价住房的供给方政策。
4. 试应用相关的经济学原理分析评价住房的需求方政策。
5. 试述我国经济适用住房政策的发展历程。
6. 试述我国现阶段多层次住房保障体系的主要内容。这些多样化的政策工具执行效果如何?怎样改进?
7. 试述从中华人民共和国成立至今,我国住房保障体系经历了哪些发展阶段?各阶段的特点?

课外阅读材料

1. Siqi Zheng, Zhida Song, Weizeng Sun. Do affordable housing programs facilitate migrants' social integration in Chinese cities? [J]. Cities, 2020 (96): 1-9.

2. Luque, J., Ikromov, N., & Noseworthy, W. B.. Affordable Housing Development: Financial Feasibility [J]. Tax Increment Financing and Tax Credits, 2019.

3. Mayo, Stephen K. Shlomo Angel. Housing: Enabling Markets to Work [J]. Policy Paper of the World Bank, 1993.

4. (美) 阿瑟·奥沙利文. 城市经济学 [M]. 4版. 北京: 中信出版社, 2003.

5. 孟晓苏. 住房政策的国际经验与启示 [J]. 中国软科学, 1998 (7).

6. 宋博通. 从公共住房到租金优惠券——美国低收入阶层住房政策演化解析 [J]. 城市规划汇刊, 2002 (4).

7. 唐焱, 周琳, 关长坤. 我国住房保障制度变迁与政策选择: 一个文献评述 [J]. 中国行政管理, 2014 (8).

8. 张超, 黄燕芬, 杨宜勇. 住房适度保障水平研究——基于福利体制理论视角 [J]. 价格理论与实践, 2018 (10).

第十三章 房地产政策与宏观调控

无论从短期还是长期看，房地产市场与宏观经济都有着复杂的交互影响关系。正是由于二者间的紧密联系，房地产政策成为政府宏观调控政策的重要组成部分。本章第一节简述宏观调控的内涵、理论基础及主要手段；第二节阐述房地产业与宏观经济的关联，介绍房地产宏观调控的政策目标和手段；第三节分析介绍"十二五"和"十三五"期间我国房地产宏观调控的主要措施、阶段性特点等，凸显房地产宏观调控的中国特色。

第一节 宏观调控概述

一、宏观调控的内涵

（一）宏观调控的含义

宏观调控是指国家运用经济政策（财政政策、货币政策等）对经济总量（总供给、总需求、总价格、总就业等）进行调节，以促进总供给与总需求的基本均衡，实现经济的平稳增长。

（二）宏观调控的目标

宏观调控的总体目标是保持经济总量平衡，即保持总需求和总供给的平衡。宏观调控的具体目标为：充分就业、价格稳定、经济增长和国际收支平衡。

1. 充分就业

西方经济学家通常用失业情况来衡量就业状况。失业率（unemployment rate）是失业人口占总劳动力人口的比例。充分就业并不是说失业率等于零，零失业率既不可能也不必要。货币主义者将充分就业状态下的失业率称为自然失业率，即总需求等于总供给时的失业率。每年的失业率均围绕自然失业率而波动。大多数经济学家认为 4%～6% 的失业率是正常的，此时可认为处于充分就业状态。

2. 价格稳定

商品的价格总是在不断变化的。价格稳定不是指价格水平固定不变，而是价格指数相对稳定，不会出现急剧或恶性的通货膨胀。通货膨胀（inflation）指总体价格水平的普遍上涨。目前主要采用价格指数，即以成千上万种产品的加权平均价格来计算通货膨胀，最常用的是消费者价格指数（CPI）。

$$通货膨胀 = \frac{t\text{年的价格水平} - (t-1)\text{年的价格水平}}{(t-1)\text{年的价格水平}} \times 100\%$$

根据价格上涨的速度，将通货膨胀分为温和通货膨胀、急剧通货膨胀和恶性通货膨胀三种。❶ 温和的通货膨胀指价格上涨缓慢，可以预测，通货膨胀率一般为1位数；后面两种的通货膨胀率则在两位数或三位数，并且若持续下去，将会出现严重的经济扭曲。现实生活中，零通货膨胀很难实现，当发生温和通货膨胀时，人们认为物价比较稳定。有的国家把通货膨胀率低于3%的情况认为是物价稳定，有的国家为低于5%。

3. 经济增长

持续均衡的经济增长是各国追求的目标，我国也是如此。党的十八大以前，我国多次明确提出"保8""保7"等经济增长目标。"保8""保7"目标与当时的宏观经济形势和发展阶段是相适应的，但如果继续沿用，就会出现过于注重经济增速、忽略其他重要方面的问题。党的十八大以来，我国不再偏重于保某一特定目标值，而是提出要对经济增长进行区间调控。区间调控意味着，只要经济运行处于合理区间，宏观调控政策就不需要有大动作。只有当经济偏离合理区间时，才需要实施刺激或紧缩政策。按照区间调控的思路来调控经济，就能够在保持经济平稳增长的同时，有效推进制度创新和结构调整。经济增长还与失业有着密切的联系。美国经济学家阿瑟·奥肯首先发现了产出变动和失业变动之间的关系：GDP每下降2个百分点，失业率大约上升1个百分点，即奥肯法则（Okun's law）。

4. 国际收支平衡

目前几乎每一个国家都会或多或少的与其他国家有着经济或文化上的交流，经济全球化使国家间的联系更加密切。一国的国际收支情况反映了国家对外交往情况，也反映了该国经济的稳定程度。长期的贸易逆差（一国进口额大于出口额）会使一国对外支付能力下降，陷入债务危机；长期的贸易顺差（出口额大于进口额）意味着大量的外汇储备，有效资金会闲置，进而影响扩大投资。无论是逆差还是顺差，都会制约经济的发展，所以国际收支平衡是国家宏观调控的目标之一。

[专栏13-1] 相机抉择还是固定规则？

政策选择的原则有相机抉择和固定规则。相机抉择是指决策者在事件发生时自由的做出判断并选择当时看来合适的政策，是可变规则；固定规则是指决策者事前宣布如何对各种情况做出反应，并承诺始终遵循这种宣布，是不变规则。两种原则各有优劣，借用制度经济学的经典结论，即"没有最好的原则，只有更适的原则"。

结合中国政府的宏观调控实践，在宏观调控适当增加相机抉择更符合现阶段我国的需求。2015年7月9日李克强总理在部分省（区）政府主要负责人经济形势座谈会上提出，要灵活施策，针对形势变化精准发力，在区间调控基础上加大定向调控，相机实施预调微调，在改革创新中释放新红利。公开报道显示，这是李克强总理首次使用"相机调控"一

---

❶ [美] 保罗·萨缪尔森，威廉·诺德豪斯：《经济学》（第十七版），547页，人民邮电出版社，2004。

词来明确对于宏观调控的要求。"相机调控"是指在宏观调控中实施相机抉择，是对"定向调控"（在宏观调控中实施固定规则）的一种平衡。在2016年政府工作报告中，李克强总理继续强调要"继续实施积极的财政政策和稳健的货币政策，创新宏观调控方式，加强区间调控、定向调控、相机调控"。"相机调控"的核心是"适时适度预调微调"，从而实现"控风险"。相机调控的特点是灵活高效、果断及时。相机调控可以不受任何固定程序或原则的约束，而是依据现实情况灵活取舍，最优地制定与经济运行态势相适应的调控政策与措施，并加以实施。

那么，是否相机抉择就优于固定规则呢？关于政策的争论从未结束。凯恩斯主义认为市场不会自动出清，需要政府调控，采取反周期的调节措施。货币主义者则认为货币政策应采取固定规则，但根据通货膨胀水平制定的货币政策是固定规则还是有约束的相机抉择呢？经济学中没有绝对的真理，经济学就是在各种争论中发展进步的。

资料来源：《生活中的经济学三则》，aiduan. blog. tianya. cn；《政府工作报告小词典》，新华网，2016年3月，http：//www.xinhuanet.com/politics/2016lh/2016－03/05/c_128775753.htm。

二、宏观调控的理论基础

宏观调控的理论基础主要有市场失灵、均衡理论和经济周期理论等。上一章详细介绍了经济周期理论，这里主要介绍市场失灵理论和均衡理论。

1. 市场失灵理论

市场机制不是完美无缺的，有其自发性、盲目性和滞后性的一面。在某些领域，任由市场调节，常常会出现过度竞争或垄断等情况，从而导致资源配置无效率。尤其是在一些市场经济不发达的国家，完全依赖市场机制进行调节，有时并不利于整个社会经济的协调发展。市场失灵是政府干预经济的基础，也是政府进行宏观调控的依据。

2. 瓦尔拉斯的一般均衡理论

相对于局部均衡理论，一般均衡理论考虑了各商品市场间的相互依存关系，是所有商品市场的一种均衡状态。在一般均衡理论中，任何一种商品的供求量不仅是该商品价格的函数，也是其他相关商品价格的函数，市场主体总是依据商品的价格信息做出商品交换的决定，当整个价格体系恰好使所有商品都供求相等时，市场就达到了一般均衡。

一般均衡理论试图证明：供求均衡不仅存在于单个市场，而且可以存在于所有市场。在一般均衡中，所有商品供需均衡，所有消费者实现利益最大化。瓦尔拉斯在极其严峻的条件下证明了一般均衡的存在性和稳定性。一般均衡理论说明了市场作为"看不见的手"可以自发调节市场供求的原理。由于市场上所有商品的供给、需求和价格是相互影响、相互依存的，因此当市场所有商品供给和需求同时达到均衡状态时，其价格的决定是唯一而且稳定的。

3. 凯恩斯的失业均衡理论

一般均衡理论是建立在微观经济分析基础上的，凯恩斯的失业理论是一种关于市场经济运行的宏观经济理论。凯恩斯理论是20世纪30年代西方资本主义国家经济大危机的产物。凯恩斯深入研究了现实市场总供给不等于总需求的原因，认为供给不会自动创造需求，价格机制就不可能在任何时候都使所有的市场供求相等，所以需要创造需求，消化供给。

凯恩斯失业均衡理论的核心是总需求决定论。他从理论上否定了市场价格机制会自动调节实现就业均衡的传统理论，认为失业的原因在于有效需求（总需求）不足，有效需求不足是消费倾向、流动偏好、资本边际效率和货币数量作用的结果。凯恩斯认为，要解决失业和危机，关键在于提高有效需求。在大萧条背景下产生的凯恩斯失业均衡理论为总供给大于总需求的市场宏观调控提供了重要的理论基础。

4. 现代非均衡理论

凯恩斯创造的宏观非均衡理论在第二次世界大战后的 30 多年里成为宏观经济管理调控的主要依据。然而，由于其缺乏相应的微观基础，1970 年以来美国经济的滞胀❶宣告了凯恩斯调控政策的失效。现代非均衡理论综合了上述两种理论，为宏观经济理论提供了具有微观基础的统一分析框架。其主要观点是：市场的总交易量等于总需求和总供给两者之中的最小量，则市场达到均衡。完全依赖价格机制调节从而实现一般均衡的可能性非常小，只有通过价格信号和数量信号的共同调节才能达到经济的均衡。

根据现代非均衡理论，宏观非均衡分为三种状态：商品市场和劳动市场都存在超量供给；商品市场和劳动市场都存在超量需求；商品市场需求大于供给，劳动市场供给大于需求。根据不同的非均衡状态，我们可以选择不同的调控政策。

5. 马克思的均衡与非均衡理论

马克思关于资本主义的论述中并没有提到政府的宏观调控或经济干预，但是他关于资本主义生产总过程及其危机的理论，实际上是关于市场均衡与非均衡的理论。马克思的扩大再生产公式揭示了总供给和总需求均衡的一般实现条件，其价值规律反映了实现总供给和总需求均衡的内在机制，提供了均衡理论的微观基础。根据其研究结论，总供求的失衡、总供给大于总需求是高度发达的、以信用和大生产为基础的商品经济内在矛盾发展的必然结果。马克思对市场经济矛盾的分析，对生产过剩的性质、形成机制和根源的全面分析，为我们制定宏观调控理论，推行宏观调控政策提供了依据。

三、宏观调控的主要手段

当宏观经济处于非均衡状态时，政府需要制定宏观调控政策进行干预，但选择采用什么样的政策需要谨慎的决策。宏观调控的主要手段是财政政策和货币政策两种。

1. 财政政策

财政政策是指一国政府为实现一定的宏观经济目标，而调整财政收支规模的指导原则及其相应的措施❷。财政政策包括收入政策（主要是税收政策）和支出政策（主要是政府的公共支出）。根据财政政策对经济总量的调节功能，财政政策又分为扩张性政策、紧缩性政策和中性政策。

在经济萧条时，一般采取扩张性财政政策，即增加财政支出或减少税收。在总需求不

---

❶ 根据凯恩斯主义者的理论和菲利普斯曲线，通货膨胀率与失业率成反比。滞胀是指经济衰退、通货膨胀率和失业率同时上升的经济现象。

❷ 陈共：《财政学》（第四版），390 页，中国人民大学出版社，2004。

足时，扩张性财政政策可以刺激社会总需求，使总供给和总需求差额减小以至平衡。在通货膨胀时期，一般采取紧缩性财政政策，即减少支出或增加税收，目的在于抑制过旺的需求，消除通货膨胀。中性财政政策是指财政收支活动对社会总需求的影响保持中性，既不产生扩张效应也不产生紧缩效应。一般情况下，中性财政政策要求财政收支保持平衡。1993—1998年，我国为治理通货膨胀，采取的是紧缩性财政政策；1998年后为应对通货紧缩又实行了扩张性财政政策；2005年决定采取稳健的财政政策，即中性的财政政策。

2. 货币政策

货币会影响到许多对经济的健康运行至关重要的经济变量，各国的政治家和政策制定者都非常关注货币政策的执行，即利率和货币的管理。理论上，一国货币的发行及货币政策的实施是由中央银行来决策和执行的，例如美国的中央银行即联邦储备体系（Federal Reserve）。

货币政策对经济影响的传导机制为：通过货币政策，调节货币供应量，从而影响利率；通过利率影响生产者和消费者的经济活动（包括投资和消费等），从而使总需求和总供给平衡。传统的货币政策工具主要包括：法定存款准备金率、中央银行对商业银行的贴现率和公开市场业务。金融危机以来，各国央行开始设计创新型货币政策工具，如我国为支持中小企业信贷发行的特别目的工具（SPV），就是一种创新型货币政策工具。

货币政策也分为扩张性政策和紧缩性政策。在经济萧条时采取扩张性货币政策，而在应对通货膨胀时采取紧缩性货币政策。在经济萧条时，通过降低法定存款准备金率、降低贴现率或扩大中央银行买进政府债券的规模等措施，增加货币供应，继而商业银行信贷规模增加，利率降低，从而有利于促进投资和消费，扩大总需求。在通货膨胀时则采取相反的政策。

第二节　房地产宏观调控

一、房地产业发展与宏观经济运行

1. 房地产与国内生产总值（GDP）

房地产业增加值占国内生产总值的比例是衡量房地产业在宏观经济中的地位的一项重要指标。在经济发达的国家和地区，房地产在国内生产总值中占有很大比例。美国是房地产业非常发达的国家，2018年房地产业的增加值占GDP的比例达到12.15%，相当于美国制造业所占比例的三分之二。中国大陆房地产业作为新兴产业，发展时间较短。2018年房地产业增加值占GDP总量的比例为6.6%，自2008年以来该比例处于不断上升的趋势。

2. 房地产与社会财富

房地产资产占国家财富的比例对一国整体社会经济的协调与稳定发展起着非常重要的作用。如果房地产资产价值量过高，就可能导致生产和生活成本上升，影响生产性投资者的积极性，降低国家或地区的整体竞争力。国际经验表明，如果该比例过高，就需要进行适当的调控，即通过调控房地产市场，使房地产价格稳定在与整体社会经济协调的水平。例如，国际上，日本的土地在国家财富中所占的比例最高。1985年日本的国家财富中有

57.1%是土地,住宅占 8.6%;由于地价高涨,日本土地资产由 1985 年的 952 兆日元上升到 1990 年的 2 338 兆日元,占国家财富的比例进一步上升到 64%。❶

3. 房地产与就业

房地产及相关的建筑业是吸收社会劳动力的主要产业。房地产业中既有资金密集、技术密集型的房地产经营管理行业,又有劳动力密集型的住宅建设、维修、装饰业等,房地产还与其他产业有很强的关联关系,房地产业的兴旺可以带动就业的增长。

4. 房地产与财政收入

从国际经验来看,房地产税及其相关税费是政府财政收入的重要来源,是城市基础设施和公共设施建设的重要资金支持。1986 年美国房地产税占国家总财政收入的 7.4%,占州和地方政府总财政收入的 14.3%,而到了 2009 年占州和地方的比例达到了 35%以上。中国香港每年房地产方面的收入占全部财政收入的 10%~15%。

5. 房地产与信贷

房地产是资金密集型产业,房地产的供需对信贷的依赖性都很强。1997~2017 年中国房地产的开发资金来源中,国内贷款与其他资金来源占资金总额的 58%以上;2018 年新增个人住房贷款占同期住宅商品房销售额的比例达 31%。房地产对信贷的依赖性决定了房地产波动可能会导致银行的信贷危机。

6. 房地产与经济波动

在房地产与宏观经济千丝万缕的联系中,房地产价格是关键的因素之一。宏观经济的变化会引起人们对未来期望的变化,进而影响房地产价格的变动。房地产价格的变动主要是通过影响消费与投资来影响宏观经济。在一定限度内❷,房地产价格的上升会促进总需求(价格的上升会带来财富效应,刺激人们消费的增长)和总投资的上升,从而促进宏观经济增长;但是如果房地产价格的上升超过了一定限度,则会引起社会总成本的上升,对需求和投资的负面影响超过积极影响从而又可能引起经济衰退。

二、房地产宏观调控的政策目标

房地产宏观调控的总体目标是实现房地产业的持续、健康、有序发展,以及与国民经济的协调。具体目标包括:总量平衡、结构合理、价格稳定、秩序规范❸。

1. 实现房地产经济总供给与总需求的平衡

这是对房地产市场调控的首要目标。房地产商品的社会需求包括投资性需求和消费性需求;既包括国内需求,也包括国外需求。总量平衡要将各种需求都考虑进去,通过研究预测这些需求的未来变化并决定相应的土地供应。调节总量平衡应综合考虑以下几个方面:①在一个市场区域内,实现总供给与总需求的平衡;②注重住宅市场的平衡,住宅建设的总量要同地区居民对住宅需求相平衡;③区分有效需求和潜在需求,有效需求是有支付能力的实际需求,供给总量要与有效需求平衡,而潜在需求是房地产长期发展要考虑的

---

❶ 谢经荣,吕萍:《房地产经济学》,11 页,中国人民大学出版社,2002。
❷ 张红:《房地产经济学》,420 页,清华大学出版社,2005。
❸ 发展和改革蓝皮书·中国经济发展和体制改革报告 No.5《以民为本:中国全面建设小康社会 10 年(2002—2012)》。

需求；④协调房地产业与整体国民经济特别是地区经济发展的关系，促进区域经济和宏观经济的稳定增长。

2. 优化房地产产业结构，提高资源配置效率

结构协调和优化是对房地产业调控的一个重点，具体包括两个方面：①从国民经济全局看，房地产业的发展要与其他产业相协调，既带动相关产业发展，又保持与其他产业的合理比例，与其他产业平衡发展；②房地产业内部结构的协调，即不同的房地产类型的协调发展，如工业用房、商业用房、住宅、娱乐设施等各类房地产的供需结构的平衡。

3. 保持房地产价格的稳定

房地产价格的整体水平将影响宏观经济，房地产价格稳定与宏观调控中的保持物价稳定的目标是一致的，如果房地产价格暴涨，一方面，将带动相关产业（如建筑、水泥等）产品的价格上涨；另一方面，如果消费者和投资者预期未来价格将会进一步上涨，这种预期将会造成房价进一步上涨。房地产价格的上涨会带动整体物价水平的上涨，并且带来房地产经济过热，对国民经济造成负面影响。

图 13-1　1991—2018 年我国商品房销售价格及变化

从图 13-1 中可以看出，从 1992 年开始我国商品房平均销售价格一直处于上升趋势，2003 后上涨更为明显。由图 13-2 可见，除 1994 年、1995 年、2008 年等少数年份外，全

图 13-2　1992—2018 年我国商品房价格与 CPI 的增长率

国房价的增幅高于消费者价格指数（即 CPI）的增幅，并且在 2004 年和 2005 年两者的差距拉大，2009 年差距达到自 1992 年以来的峰值，房地产价格的大幅上涨不利于一般物价水平的稳定。

[专栏 13-2] 土地宏观调控的必要性和可能性：中国的现实

总的来说，新古典经济学有关土地的观点是与实践发展相符合的。随着农业社会逐步被工业社会所取代，工业化的大生产成为经济的主导方式，土地的重要性实际上下降了；同时，认识到土地与资本的相互替代性，在一定程度上可以将土地视为资本的一种，以及资本（包括人力资本）和技术进步对经济增长和社会发展的决定性作用是理论的深化和进步。

由于成熟市场经济国家大多已进入工业化后期和高度城市化阶段，经济增长和社会经济制度稳定，土地利用结构变化小，因此目前的主流经济学能够较好地解释这些国家的经济现实。成熟市场经济国家基本上采用货币政策和财政政策作为宏观调控的主要工具，几乎没有采用土地政策参与宏观调控的先例，事实上也无此必要或可能，反映在学术研究中则是缺乏对该主题的直接研究探讨。

然而，土地对于中国经济的重要性是不言而喻的。一方面，人多地少是中国的基本国情，我们用仅占世界 7% 的耕地养活了世界 22% 的人口，所以"耕地保护"一直是我国的一项基本国策，中央政府也始终坚持"世界上最严格的"耕地保护政策和土地管理政策。另一方面，当前中国经济的宏观特点进一步增强了土地的重要性。大致可概括为：（1）农业和工业两大经济部门并存，并面临着工业化的任务。从土地利用来看，存在着农地向非农地大量转化即土地利用结构大幅变化的可能。（2）计划与市场两大资源配置手段并存，并面临着市场化转轨的任务。从土地利用来看，土地改革（制度变迁）为经济增长提供了动力。（3）快速发展阶段的特点进一步强化了前两个特点，事实上，改革开放以来中国的土地利用结构变化快而大，土地制度变迁快而剧烈。

1980—2019 年，中国城镇人口的比例由 19.4% 上升到 60.6%。城市规模的增长也十分可观，据测算，1981—2018 年中国的城市建设用地面积扩张了 8.34 倍，年均增长 6%。城市个数则由改革开放初期的 190 个增至 2019 年的 672 个。随着城市人口的增加和城市规模的扩张，农业用地以非常快的速度转为城市使用。

同时，城镇土地有偿使用制度改革和城镇住房制度改革，为中国的土地市场和房地产市场的发展提供了制度保障。例如，土地改革从无偿划拨到有偿出让，从以协议出让为主到全面推行招拍挂出让，土地制度的变迁提高了土地资源配置效率，并保障了经济的稳定增长。

总之，中国人多地少的基本国情，以及当前中国正同时处于发展中国家的二元经济、转轨时期的过渡经济以及快速工业化和城市化发展阶段等宏观特点，对中国的土地利用以及土地与宏观经济的关系产生重要影响，导致主流经济学的有关假设并不适用，相应的经济分析结论也就有可能不同。

发达国家或成熟市场经济国家，多采用土地私有制，政府对土地市场的控制是间接的和薄弱的。中国则有本质不同，一方面，城市土地国有以及政府对农村集体土地的实际控制，使得中国政府直接控制着土地市场的供给面，决定了全国的土地供应总量和供应结构（各年度、各地区、分用途的供地量），从而对土地市场、房地产市场乃至宏观经济产生重要影响。另一方面，中国的城市土地价格固然受土地需求等市场力量的影响，土地出让的招拍挂等制度变革也增强了市场机制在决定地价方面的作用，但是政府的价格管制以及土地市场的双轨制仍然是决定中国城市土地价格的主导力量。所以，中国政府具有采用土地政策参与宏观调控的可能性，并扩大了宏观调控政策工具的可选择集。当然，应避免对土地市场的过度干预可能造成的微观市场主体和政府行为的扭曲，造成经济效率和社会福利的损失，并导致宏观经济的不稳定。

中国的现实决定了土地政策参与宏观调控不仅具有可能性，也具有必要性。发达国家或成熟市场经济国家多采用货币政策和财政政策作为宏观调控的主要工具，并能够取得较好的效果。其基本前提是上百年的市场经济的实践，以及政府长期调控经验的积累。中国则不同，上述宏观经济特点导致市场机制不完善，政府调控缺乏经验，货币政策和财政政策的传导机制不顺畅，导致经济手段的调控效果不显著，而类似"治理整顿"等行政手段在短期内似乎更有效。

三、房地产宏观调控的工具体系

经过几十年的丰富和积累，我国房地产宏观调控工具开始走向多样化、市场化、细致化和柔性化，主要包括：价格调控政策、产业政策、货币政策、税收政策、土地政策、行政手段等。

1. 房地产价格调控政策

对房地产价格调控的最直接的目的是稳定房价。除了对房地产价格进行直接管制外，对房地产供应总量和结构的调控也可以起到调节房地产价格的作用。这里主要分析房价管制。

房价管制是指政府对房地产商品的价格实施最高限价，例如国外常见的对租金的管制，我国的对经济适用房的限价管制等。图 13-3 说明了最高限价对消费者、生产者和社会福利的影响。政府规定的最高限价 P_{max} 一般要低于市场均衡价格 P_e。在该限价水平上，消费者的需求量 Q_d 会大于生产者的供给量 Q_s，即供不应求。由于实际的市场交易量只能是 Q_s，因此，最高限价政策在使市场价格下降的同时也减少了市场交易量。市场超额需求为 $Q_d - Q_s$。从中国的经济适用房政策的实践来看，买到经济适用房的消费者的福利增加，但这是以那些无法买到经济适用房的消费者的损失为代价的。

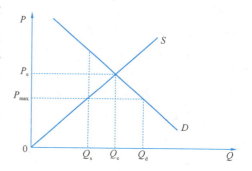

图 13-3　最高限价对房地产市场的影响

2. 房地产产业政策

产业政策的主要内容包括产业结构政策、产业组织政策、产业技术政策和产业布局政策等。产业政策的目的是通过国民经济各产业的协调发展和资源在产业间的有效分配实现经济的长期稳定发展。房地产产业政策是指在科学地确定房地产业与国民经济各部门的比例关系的基础上,合理调整房地产业在国民经济中的比例及其结构,从而促进房地产业乃至宏观经济的健康稳定发展。

实施房地产产业政策,要根据房地产业的具体特征制定具体的产业发展规划和政策。政策的实施一般需要借助于货币、财政、土地等政策手段实现。房地产产业政策的具体目标可以从以下几方面考虑:①产业发展水平目标。在产业结构体系中,需要确定房地产业部门的发展水平和社会上可供房地产业发展的经济资源数量的限制,还要考虑到各地区实际情况的差异。②房地产业效益水平和产业竞争力目标。主要是设定房地产业劳动生产率水平的提高幅度、投资回报率的提高幅度等。③房地产业内部调整结构目标。产业内部结构的调整主要是协调各个分部门之间的关系。对房地产业来说,就是实现房地产业各部门(即不同类型的房地产)在时期和空间上的平衡发展。

3. 房地产货币政策

货币政策指包括政府、中央银行和其他有关部门所有有关货币方面的规定和所采取的影响货币供给数量的一切措施。❶ 具体到房地产调控领域,主要运用的货币政策有存贷款利率、准备金率、首付比例等。货币供应量增加,促进资产价格的上涨,叠加较低的银行贷款利率促进购买力的提升,房价上涨。一般而言,宽松的货币政策会刺激房价上升,紧缩的货币政策会导致房价下跌。

例如,为了满足刚需住房和改善性住房的需求,2015年全年中国人民银行5次下调了存款准备金率,由2015年1月的20%下调至2015年底的17%。2015年全年也5次降低了存贷款基准利率,一年期贷款基准利率由2015年1月的5.6%下调至2015年底的4.35%,一年期存款基准利率由2015年1月的2.75%下调至2015年底的1.75%。

近年来,中国人民银行也积极创设新型货币政策进行宏观调控。2013年初,央行创设常备借贷便利(Standing Lending Facility,SLF)主要满足政策性银行和全国性商业银行期限较长的大额流动性需求,最长期限为3个月。利率水平根据货币调控需要,发放方式等综合确定。常备借贷便利主要以抵押方式发放,合格抵押品包括高信用评级等债券类资产及优质信贷资产等。2014年9月,央行创设中期借贷便利(Medium-term Lending Facility,MLF),通过招标方式为金融机构提供中期基础货币。2014年9月、10月,中国人民银行通过中期借贷便利(MLF)向国有商业银行、股份制商业银行、较大规模的城市商业银行和农村商业银行等分别投放基础货币。2014年,中国人民银行创设抵押补充贷款(Pledged Supplementary Lending,PSL),央行以抵押方式向商业银行发放贷款,进行基础货币投放,合格抵押品是包括高信用评级的债券类资产及优质信贷资产等。当年4月,中国人民银行通过PSL工具为国家开发银行支持棚户区改造提供了1万亿元的资金额度,资金利率为4.5%,较当时市场利率低约1个百分点。相比较常备借贷便利与中期借贷便利,抵押补充贷款的期限较长,一般为3~5年。

同时,住房贷款利率市场化改革取得重大突破。2019年8月17日,中国人民银行对贷款市场报价利率(LPR)定价机制进行改革,进一步深化利率市场化改革。此外,央行为保持住房个人贷款利率水平基本稳定,规定从2019年10月8日起,新发商业性个人住

---

❶ 黄达,张杰:《货币银行学》(第六版),439页,中国人民大学出版社,2017。

房贷款以最近一个月相应期限的 LPR 为定价基准加点形成，首套商业性个人住房贷款利率不得低于相应期限贷款市场报价利率，二套商业性个人住房贷款利率不得低于相应期限贷款市场报价利率加 60 个基点。

4. 房地产税收政策

国内外的相关成功经验表明，房地产市场的健康发展离不开高效完备的房地产税收制度。例如，2006 年 5 月 17 日，国务院总理温家宝主持召开国务院常务会议，提出了促进房地产业健康发展的六项措施（即"国六条"）。"国六条"出台后对住房转让环节的营业税进行了调整，规定：从 2006 年 6 月 1 日起，对购买住房不足 5 年（"国八条"规定为 2 年）转手交易的，销售时按其取得的售房收入全额征收营业税；个人购买普通住房超过 5 年（含 5 年）转手交易的，销售时免征营业税；个人购买非普通住房超过 5 年（含 5 年）转手交易的，销售时按其售房收入减去购买房屋的价款后的差额征收营业税。如果此规定能严格执行，那么对抑制房地产投机会起到一定作用。

再如，为进一步调控房地产市场，2011 年 1 月 28 日上海和重庆开始试点征收房产税，上海征收对象为本市居民新购房且属于第二套及以上住房和非本市居民新购房，税率暂定 0.6%；重庆征收对象是独栋别墅高档公寓，以及无工作户口无投资人员所购二套房，税率为 0.5%～1.2%，同时均出台税收减免等相关配套政策。政策实施后，虽然两地的高端不动产市场出现了成交量下降、价格趋稳的现象，但从整体长期而言对沪渝的房价影响不大，且房产税并未获得可观的税收收入。试点效果有限的原因在于征税范围较窄且税率偏低，下一步将进一步加强税收体系建设，同时择机增加房产税改革试点城市并逐步向全国推行。

5. 土地政策

土地供应对房地产开发投资的调节功效尤为直接和显著，在中国城市土地国有的条件下，政府供应土地的数量和质量直接影响房地产开发的规模和结构。当房地产市场投资过热时，政府可适当减少土地供应，在没有投机的情况下，可以起到降低投资、减缓经济过热的作用；当经济低迷时则可以扩大土地供应以刺激经济增长。当然，土地供应的增加是否必然带来房地产有效供给的增加，还取决于开发企业对土地的储备或囤积行为。

在"国六条"细则中明确提出了要利用土地政策调节房地产市场。如保证中低价位、中小套型普通商品住房的土地供应。各级城市人民政府要编制年度用地计划，科学确定房地产开发用地的供应规模。要优先保证中低价位、中小套型普通商品住房（含经济适用住房）和廉租住房的土地供应，其年度供应量不得低于居住用地供应总量的 70%；土地的供应应该在限套型、限房价的基础上，采取竞地价、竞房价的办法，以招标方式确定开发建设单位。

由图 13-4 可以看出，1998—2004 年间我国土地购置面积增幅逐年降低，在调控政策出台后，2005 年的绝对量也出现下降，之后虽有小幅上升但总体呈波动状态。由图 13-5 可见，房地产开发投资增长的走势与固定资产投资增长的走势基本一致，2005 年我国房地产开发投资增长在 1998 年以来首次低于固定资产投资增长。

6. 行政手段

房地产经济活动从投资立项到开发建设的生产领域，再到房地产的流通和消费领域，都要涉及政府各部门的参与、监督和管理，房地产经济活动涉及的管理环节多，政府行政

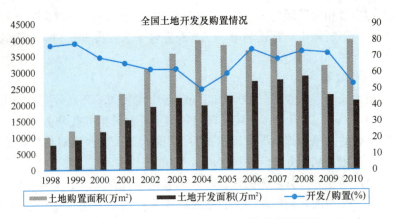

图 13-4　1998—2010 年我国土地开发及购置情况

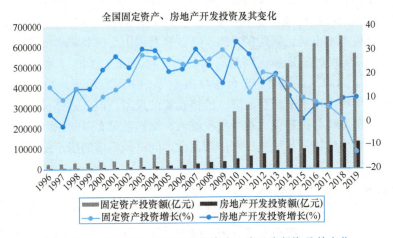

图 13-5　1996—2019 年全国固定资产、房地产投资及其变化

管理活动的跨度大，运用行政手段进行调控的效果在某些领域和地区也较明显。例如，在投资立项阶段，政府可以加强项目审批；在项目验收、产权登记、税收交纳等方面，各行政部门的职责分明，有效的管理和监督对于房地产市场的良好发展起到很大的作用。

第三节　中国房地产宏观调控实践

中国的房地产政策是政府宏观调控意图在房地产领域的集中反映，也一直是市场关注的焦点问题。中国房地产宏观调控发轫于 2002 年的"土地改革"，伴随着近二十年中国城镇化进程的加速推进、房地产市场的快速成熟，特别是政府对房地产市场发展规律认识程度的提高，中国房地产政策内容逐渐全面，目标逐渐清晰，任务逐渐明确，并建立发展出一套促进房地产行业健康发展的长效机制。

下面以"十二五""十三五"期间为主要发展阶段，分析我国房地产市场与宏观经济运行的概况以及房地产宏观调控的主要措施、阶段性特点和中国特色[1]。

---

[1] 以下内容的数据来源：中国国家统计局、中国住房和城乡建设部所发布的统计年鉴和统计公报。

一、中国房地产市场与宏观经济运行概况

(一)"十二五"规划期间(2011—2015年)

1. 房地产市场发展概况

2011—2015年间,全国共竣工商品房约49.76亿m^2,商品房销售约60.04亿m^2,商品房销售价格从5357元上涨至6793元,涨幅约为26.8%。伴随着宏观经济增长减速,2011—2015年间,全国固定资产投资增速从12.0%降至9.76%,房地产开发投资增速从28.03%降至0.99%,土地购置面积也从2011年的44327.44万m^2降低至22810.79万m^2。整体来说,"十二五"期间,我国房地产市场发展具有以下特点:

(1) 房地产市场总量仍不断扩大,但增速呈现回落趋势

随着国民经济持续较快增长以及市场经济体系不断完善,我国房地产市场的规模不断扩大。"十二五"期间,房地产开发投资总额约为41万亿元,较"十一五"期间的16万亿元增长约156%;商品房竣工面积约为49.76亿m^2,较"十一五"期间的31.59亿m^2增长约57.5%;商品房销售约60.04亿m^2,较"十一五"期间的40.47亿m^2增长约48.34%。但是从2011年到2015年,各项指标增速基本上呈现下降态势。其中,房地产开发投资增速从28.03%下降至0.99%;商品房竣工面积增长率从17.49%下降至-6.9%,商品房销售面积增长率从2011年的4.39%下降至2014年的-7.59%,2015年反弹至6.50%。1998年以来的住房市场化改革使广大居民的住房消费潜力得到极大释放,以商品房销售为主的住房一级市场快速发展。"十二五"期间房地产总量仍然保持扩大趋势,但增速回落则表现出房地产市场后劲不足。

(2) 商品住宅销售均价合理上涨

"十二五"规划期间,在住房市场较快发展的过程中,也出现了商品住房价格上涨的问题。从全国房价总体水平看,全国商品住宅销售平均价格呈现出逐步上涨态势,全国商品住宅销售均价由2011年的5010元上涨至2015年的6472元,涨幅约为29.17%。而在"十一五"规划期间,全国商品住宅销售均价由2006年的3132元上涨到2010年的4724元,涨幅约为50.8%。"十二五"期间有效遏制了房价过快上涨的势头,使全国商品住宅销售平均价格处于合理范围之内。

(3) 房地产开发融资仍旧以银行信贷为主

从与房地产相关的金融制度来看,形成了以商业银行为主,其他金融机构为辅的住房金融格局。房地产开发资金的筹资渠道包括国内贷款、自筹资金、利用外资、其他资金等多种形式。"十二五"时期,房地产金融等制度还处于优化调整中,仍旧以银行信贷为主,2011—2015年银行的房地产开发贷款依次为1.31万亿、1.48万亿、1.97万亿、2.12万亿和2.02万亿,贷款量基本逐年稳定上升(见图13-6)。由于目前我国存在住房预售制度,在房地产开发企业其他资金来源渠道中,购房者的定金和预付款占到80%左右,这部分资金主要来自个人住房消费信贷,因此银行贷款所占的比例远高于15%的水平,我国银行贷款对于房地产市场的发展有着非常重要的作用。

2. 宏观经济运行概况

"十二五"是一个具有巨大挑战性的时期,国际金融危机后,国际经济环境发生了巨大变化,国内处于经济增速换挡期、经济结构调整阵痛期和前期刺激政策消化期"三期叠

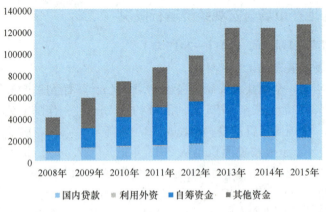

图 13-6 房地产开发资金构成（单位：亿元）

加"，中国经济逐步步入增速趋缓，结构趋优，动力转换的"新常态"[1]。

(1) 经济从高速增长换档到中高速增长

"十二五"规划之初，GDP 年增长率高达 10.6%，中国经济经过多年的发展，已经成为世界第二大经济体，第一贸易大国，GDP 年增长率超过 10% 是经济发展的常态。然而，进入"十二五"以来，我国经济面临着不少困难——全球需求乏力，国内产业结构调整阵痛，前期刺激政策消化，这些困难既是我国发展阶段性特征的必然表现，也是未来我国经济发展的合理常态。面对这一系列新情况、新问题，中央审时度势，沉着应对，化机遇为挑战，主动提出和适应"新常态"，适度调低增速预期，使其基本保持在合理区间。"十二五"期间，2011—2015 年的 GDP 年增长率分别为 10.6%，9.6%，7.9%，7.8% 和 7.3%，尽管整体保持下降趋势，但是下降趋势逐步减弱，下降速度逐步放缓，我国在"十二五"期间完成了经济发展从旧常态向"新常态"的历史性转变[2]。

(2) 制造业稳步升级，"中国制造"变身"中国智造"

"十二五"期间，中国工业稳步向中高端迈进，高技术产业增长速度明显高于整体工业增速。2014 年我国制造业产值占全球制造业产值的 25%，在 500 种主要工业品中，有 220 种产品产量位居世界第一，一些高端制造业和战略性新兴产业迅速崛起。高技术产品出口额从 4924 亿美元增加到 6603 亿美元，制成品出口额占世界的比例从 14.8% 提高到 17.5%。中国核电的技术水平已经进入了世界第一阵营，目前中国在运和在建的核电机组的数量分别为 20 多台，其中，在建核电机组数量位居世界第一[3]。中国的高铁建设被誉为"奇迹"，试验时的时速曾创下 350km、380km 乃至 486km 的纪录，频频刷新世界纪录。"中国速度"已经在世界市场上占有一席之地。仅 2015 年国内高铁新增里程就达 9000 多千米，年增近万千米，这在过去是难以想象的。截至 2019 年底，高速铁路营业里程达 3.5 万 km，稳居世界第一[4]。

(3) 产业结构逐步优化，服务业成为经济增长的主动力

---

[1] 黄群慧，李晓华．中国工业发展"十二五"评估及"十三五"战略．中国工业经济，2015 (9)。

[2] 景天魁．超越进化的发展——"十二五"时期中国经济和社会发展回眸与思考．社会学研究，2016 (2)。

[3] 钱智民．原子科技改变世界．中国核工业，2015 (11)。

[4] 数据来源：人民网，《我国高铁营业里程年底将达 3.5 万公里》，2019 年 11 月 23 日。

"十二五"期间，我国第一产业稳步发展，第二产业占比下降，第三产业占比增加。农业综合生产能力逐年提高，粮食产量实现"12连增"。服务业2013年首次上升为国民经济第一大产业，2015年服务业增加值同比增长8.3%，高于工业和GDP增速2.3和1.4个百分点，占GDP比例为50.5%，高于第二产业10个百分点。采用服务业五大行业（批发零售餐饮业、交通运输仓储邮政业、房地产业、金融业和其他服务业）的全产业口径数据，进一步分析发现，只有金融业和其他服务业增速超过服务业总体增速，比例在不断提高，领跑服务业增长，房地产成为服务业的拖累产业❶。受人口结构影响，"十二五"期间，我国购房人口、城镇居民住宅的历史需求以及房地产施工面积等几项房地产需求指标，都在出现峰值后下降，房地产业黄金十年基本结束。随着房地产投资和销售的下滑，房地产业增加值增速和比例也都出现了大幅下降，增速从2011年的7.4%下降到2015年的3.8%，占服务业比例从2011年的13.1%下降至2015的12.1%，总体呈现在筑底中低位运行的态势。

（二）"十三五"规划期间（2016—2020年）

1. 房地产市场发展概况

（1）经济增速放缓、人口老龄化导致住房需求减少

国际经验表明，人均GDP在达到一定水平后经济往往从高增长阶段过渡到中高速增长阶段，增长率会有较明显下降。经济增速放缓使得人均可支配收入增长趋缓，从而减少对房地产的投资需求和消费需求。我国的房地产市场发展亦符合这一规律。如图13-7所示，全国商品房竣工增长率延续自2011年起的降低态势，销售增长率则在波动中缓缓下降。另一方面，日本、韩国等国发展的经验表明，人口结构同经济增长正相关，人口结构老化将减少储蓄，增加养老相关消费，从而抑制经济增长速度。我国现已进入老龄化社会，人口结构老化减少了社会储蓄、改变了人们的消费结构，住房作为一种特殊商品也受到影响，房地产市场的供求结构及供求总量将更加倾向于服务老年社会，催生养老地产。

（2）产业结构调整压力导致房地产投资乏力

"十三五"时期是经济结构调整的关键期，经济产业结构转型升级是转变经济发展方式的战略任务，加快发展服务业是产业结构优化升级的主攻方向。当前我国经济发展结构性问题突出，经济增长主要依靠投资拉动，投资对经济增长的贡献率维持在40%~60%的较高水平，而固定资产投资又以房地产投资为主，占比25%左右。经济增长过度依赖房地产投资，制约经济增长的可持续发展。

产业层次调整将降低房地产业占GDP比例，房地产供给将减少。产业结构优化将在巩固第一产业基础地位、增强第二产业核心竞争力的基础上，大力发展第三产业，让第三产业在国民经济中发挥更大作用。服务业、高新技术产业将成为主导产业，战略性新兴产业将得到大力发展，产业层次调整将使房地产业产值占GDP比例不断下降，促使房地产市场供给总量减少，供给结构也将根据产业布局重新调整。产业在空间上的调整将影响房地产市场在不同区域间供给。在产业分布密集、服务业发达的区域需要增加房地产供给、在产业聚集度较低的区域适度增加供给，配合供给结构的调整，以满足不同收入家庭的住

---

❶ 国家发改委产业经济与技术经济研究所课题组，郭怀英."十二五"服务业回顾与"十三五"展望预测——服务业能否支撑"十三五"经济中高速增长？经济研究参考，2016（27）.

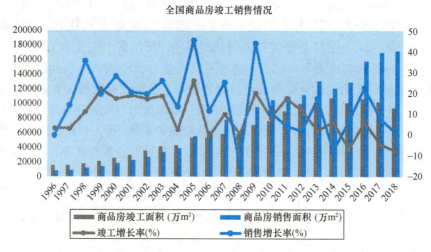

图 13-7　1996—2018 年全国商品房竣工销售情况

房需求，实现房地产供需总量的动态平衡。在需求结构方面，投资结构优化，资本将逐步从房地产业转移，更多投向农业和战略新兴产业，更多转向民生领域，房地产投机需求将得到有效抑制。房地产市场的供给也将更加侧重对中低收入群体的住房供给。

(3) 全面深化改革地有序推进促进我国房地产市场健康可持续发展

财税体制改革将改变房地产市场供给总量及结构。跨年度预算平衡机制、权责发生制的政府财务报告制度的建立，将有助于克服官员在政治周期驱使下过度举债的倾向，减少地方政府对土地财政和房地产开发的依赖，为防范地方债务风险将减少对市场上商品住房的供给，而财务报告制度的建立作为地方政府发行市政债券前提条件，为保障性住房体系建设提供资金支持，将增加保障性住房的供给。

金融体制改革将拓宽居民投资渠道，降低居民对房地产投资的偏好；另一方面利率市场化加剧银行业竞争，降低市场主体融资成本，促进居民住房消费和房地产企业投资。利率与汇率的市场化，银行业的对内开放，股票发行制度改革这三大核心任务的落实，将在一定程度上改变金融体系低效率的状态，扭转金融特权化的趋势，缓解民企融资难，并为居民财富保值增值开辟更多渠道，拓宽家庭海外投资渠道。届时，将减少对房地产的投资需求。而政策性金融制度改革，将为中低收入群体住房消费提高更多金融服务和金融支持，鼓励首套住房消费。同时金融监管体系的建立健全，防范金融系统性风险的能力增强，有效抑制房地产投资、投机性需求，鼓励自主性需求，将使房地产市场的供求结构更加合理。

政府管理体制改革，清晰界定和加快转变政府职能。政府将减少对房地产市场的直接干预，房地产市场机制更加健全，房地产价格扭曲程度降低，更加凸显市场配置资源的基础作用。政府效率提高，将提供更多公共产品，提高公共服务均等化水平，减少区域间房价差异，有利于降低房地产市场分化的风险，促进房地产市场健康发展。

土地制度改革释放僵化资本，促进土地要素在市场上的流通，提高土地要素的效率，降低土地价格，有利于降低房地产开发成本，房地产价格有望回归到经济基本面水平。另一方面，土地制度改革有望使农民从土地增值收益中受益，增加农民的收入，提高农民住房消费能力,增加房地产市场需求。

分配体制改革将加大对因房产等存量财富引发的收入差距的调节力度,减少房地产市场中商品住房的需求,增加保障性住房的需求。清华大学中国金融研究中心开展的第一期中国消费金融与投资者教育研究报告显示,在中国家庭资产构成中,房产是最主要资产,占比62.72%❶,房价上涨越快,中国居民收入的财富差距越大,特别是有房者和无房者的资产和财富差距被严重拉大。通过收入分配制度改革将抑制高收入群体的住房需求,鼓励并增加低收入群体住房需求。

住房制度改革将缓解由于城镇化和工业化快速推进造成的部分城市住房供求失衡、房价大幅波动、居民住房支付能力不足、住房保障滞后等问题,通过深化住房制度改革,加快完善住房制度体系,促进房地产市场平稳健康发展。深化住房制度改革,将进一步完善商品房市场的调控体系,更加关注并着手解决部分城市高房价带来的居住成本高和加剧分配不公的问题,防止房地产市场出现大的波动,更加重视规范房地产市场秩序,实现房地产市场有序发展。

2. 宏观经济运行状况

"十三五"规划以来,我国经济已由高速增长转向中高速增长,服务业发展较快,产业结构调整取得积极进展,宏观经济运行平稳。期间,我国经济也受到了来自中美贸易争端和新冠疫情冲击的巨大负面冲击。"十三五"期间我国宏观经济运行具有以下特点:

(1) 经济增长减慢,产业结构优化

2016—2019年,中国GDP年增速分别为6.9%、6.7%、6.8%和6.11%,明显低于"十二五"期间的年平均增速8.63%,也是自2000年以来GDP增速最低的四年。全社会固定资产投资年增速明显低于"十二五"期间的年平均增速17.43%,也创国际金融危机以来的新低。从各产业增长看,采掘业、粗钢、水泥、玻璃、有色金属等过剩行业产量增速放缓较大,是导致工业增速减慢的主要因素。受新冠疫情冲击影响,医药等高技术产业、装备制造业继续保持较快增长。农业发展平稳,第三产业延续2013年以来的增长势头并快于第二产业,旅游、文化、信息、现代物流等服务业发展较快。三次产业结构和工业内部产业结构符合经济转型的要求,趋于优化过程中。

(2) 消费增长乏力,出口未来承压

2016—2019年,社会消费品零售总额同比名义分别增长10.43%、10.21%、4.02%和8.0%,平均增速为8.17%,与"十二五"期间的年平均增速9.96%相比有所下降,主要受到2018年消费增速的拖累。从外贸统计数据看,2016—2019年,中国出口总额增速分别为-7.73%、7.9%、9.9%和7.8%,平均增速为4.47%,与"十二五"期间的年平均增速7.58%相比有明显下降。而且2018年的出口总额同比增长9.9%,其中"抢出口"❷的订单占据较高比例,这透支了未来几年甚至更长时间里中国企业的供给和国际市场的需求。另外,国外主要经济体(如美国和欧盟)受新冠疫情影响明显,我国经济"外循环"受阻,因此在中美贸易摩擦未见明显缓和,新冠疫情没有在全球范围内得到有效控

---

❶ "推进经济体制重点领域改革研究"课题组,2013:《改革攻坚(下)——推进经济体制重点领域改革研究》,《中国发展出版社》,第118页。

❷ "抢出口"是指一些企业出于规避高关税的考虑,将未来的订单赶在关税升高之前报关出口的行为。

制的情况下,中国出口将继续承压。

(3) 物价和就业形势基本稳定,但后期压力较大

2016—2019 年,消费者价格指数(CPI)增速分别为 2%,1.6%,2.1% 和 2.9%,增幅处于合理区间,低于"十二五"期间 2.8% 的水平,其中 2019 年 CPI 增速高达 2.9%,主要受到猪肉价格上涨的影响。2016—2019 年生产者出厂价格指数(PPI)增速分别为 -1.4%,6.3%,3.5% 和 -0.3%,平均增速为 2.73%,与"十二五"期间的年平均增速 -1.00% 相比有明显上升,因此,消费者价格指数在未来也有进一步上升的压力。就业方面,2016—2019 年城镇登记失业率分别为 4.0%,3.9%,3.8% 和 3.62%,低于"十二五"期间 4.1% 的水平。但失业人口数目增加,"十二五"期间,城镇登记失业人数平均值为 936.6 万人,而 2016—2019 年城镇登记失业人数分别为 982 万、972 万、974 万和 945 万。受新冠疫情影响,2020 年跨省市流动就业群体(如农民工)的就业情况也将受到一定的负面冲击。因此,来自就业方面的压力不可小觑。

二、中国房地产宏观调控政策的主要措施

(一)"十二五"期间(2011—2015 年)

"十二五"规划纲要将"提高住房保障水平"作为这一阶段的主要政策导向,提出"把保障基本住房、稳定房价和加强市场监管纳入各地经济社会发展的工作目标",要求"以政府为主加大保障性安居工程建设力度,增加住房用地供应总量,增加各类保障性住房的供给",以实现城镇居民"住有所居"。但是,"十二五"期间我国经济发展放缓,由高速增长转向中高速增长,并叠加全球经济的低增长、低通胀、高失业和高负债的"新平庸",因此,房地产调控还需兼顾稳增长、刺激需求等任务,多目标给房地产调控带来了严峻的挑战。具体来看,在"十二五"期间,我国房地产调控主要包括以下内容:

(1) 适度调整住房公积金政策

2014 年 10 月 9 日,为提高住房公积金个人住房贷款发放率,支持缴存职工购买首套和改善型自建住房,住房城乡建设部、财政部、央行三部门联合下发《关于发展住房公积金个人住房贷款业务的通知》。通知提出降低贷款申请条件至连续缴存 6 个月(含)以上,并且针对发放率在 85% 以下的城市,提高首套自住住房的贷款额度,而针对发放率在 85% 以上的城市,积极协调组合贷。同时,该通知中也提出积极推进异地贷款,并简化公积金贷款申请流程,降低中间费用。

(2) 适时调整实施差别化信贷政策

2014 年 5 月 12 日,中国人民银行副行长刘士余召开住房金融服务专题座谈会,针对目前存在的问题提出五点要求(即"央五条"),其中再次强调"满足首套自住房贷款者需求"。随后,平安银行、中国银行表示将支持首套自助性住房需求。2014 年 9 月 30 日,央行发布《中国人民银行中国银行业监督管理委员会关于进一步做好住房金融服务工作的通知》,对个人住房贷款需求的支持力度大幅提升:首套房贷利率下限重回基准利率的 0.7 倍;已有 1 套住房并已结清相应购房贷款后再次申请贷款的,银行执行首套房贷款政策;在已取消或未实施"限购"措施的城市,对拥有 2 套及以上住房并已结清相应购房贷款的家庭,又申请贷款购买住房,银行自行把握并具体确定首付款比例和贷款利率水平。同时《中国人民银行中国银行业监督管理委员会关于进一步做好住房金融服务工作的通

知》还表示支持当地银行业金融机构把握好各类住房信贷政策的尺度,促进当地房地产市场持续健康发展。

(3) 持续推出降息、定向降准等金融政策

2014年4月、6月,央行两次定向下调存款准备金率;2014年8月,央行对部分支行增加再贴现额度;2014年9月、10月,央行通过中期借贷便利(MLF)向国有商业银行、股份制商业银行、较大规模的城市商业银行和农村商业银行等分别投放基础货币;2014年11月21日,央行发布通知决定自2014年11月22日起下调金融机构人民币贷款和存款基准利率。金融机构一年期贷款基准利率、一年期存款基准利率、五年以上金融机构人民币贷款基准利率均下调;同时将金融机构存款利率浮动区间的上限由存款基准利率的1.1倍调整为1.2倍;其他各档次贷款和存款基准利率相应调整,并对基准利率期限档次作适当简并。同时个人住房公积金贷款利率也随之做相应调整。

(4) 逐步放开限购政策

2014年4月25日,南宁采取定向放宽限购措施,规定广西北部湾经济区内的五市户籍居民家庭可参照南宁市户籍居民家庭在南宁市购买房屋;2014年5月郑州出台《郑州市个人住房置业贷款政策性担保管理办法(征求意见稿)》,提出购房贷款可获政策性担保;2014年6月26日,呼和浩特发文在居民购买商品住房时,不再要求提供住房套数查询证明,至此,呼和浩特成为第一个正式出台文件取消限购的城市。2014年7月后,限购调整政策呈现扩大趋势,仅7~8月两个月时间,30多个城市放宽限购,之前采取定向放松限购的城市,在这一时期加大放松力度。2014年末,全国47个实施限购的城市中有32个城市正式取消限购,10个城市限购有所放宽,仅北京、上海、广州、深圳、三亚5个城市的限购政策未做调整。

(5) 逐步建立房地产市场健康发展的长效机制

主要包括:①逐步开展不动产统一登记、房地产税立法相关工作。2014年8月国务院法制办公室公布《不动产登记暂行条例(征求意见稿)》,2014年11月不动产登记中心成立,2014年12月22日,修订后的《不动产登记暂行条例》正式出台,于2015年3月1日起执行。此外,十八届三中全会、十八届四中全会均提出要推动房地产税立法相关工作。②陆续推进户籍制度改革。2014年,我国户籍制度改革进入全面实施阶段。李克强总理在两会政府工作报告提出,要"有序推进农业转移人口市民化。推动户籍制度改革,实行不同规模城市差别化落户政策"。2014年4月30日,国务院批准的发改委《关于2014年深化经济体制改革重点任务的意见》中提出"根据各类城镇的综合承载能力和发展潜力,实行差别化落户政策"。国务院印发了《关于进一步推进户籍制度改革的意见》,指出"能放开的放开,该控制的控制"。③同时进行城乡土地制度改革。2014年9月26日,国土资源部下发《关于推进土地节约集约利用的指导意见》,对大力推进节约集约用地进行整体部署,东部地区特别是优化开发的三大城市群地区将以盘活存量为主,率先压减新增建设用地规模。2014年11月《关于引导农村土地经营权有序流转发展农业适度规模经营的意见》出台,提出稳定完善农村土地承包关系,规范引导农村土地经营权有序流转。

(二)"十三五"期间(2016—2020年)

面对我国经济进入新常态这一客观现实,中央政府适时适度地调低了"十三五"期间

的预期经济增长目标，更加注重优化经济结构、提升发展质量，为房地产调控预留了空间。"十三五"规划纲要专门对房地产行业发展做出了总体部署，具体可概括为以下三点：

（1）优化市场供需结构

与"十二五"期间侧重于提高住房保障水平不同，"十三五"规划纲要中将"提高住房保障水平"和"健全住房供应体系"位置对调，后者作为主标题，前者仅作为一项分任务，理顺了二者之间的关系，构建了推动房地产市场健康发展的基本框架。这一方面体现出中央政府对房地产市场发展规律有了新认识，进一步理顺了政策逻辑，更加注重房地产市场的健康发展；另一方面也将供给侧结构性改革的战略思想贯彻落实到房地产行业发展中，政策目标更科学，方向更明确。

（2）建立购租并举的住房制度

"十三五"规划以解决城镇新居民住房需求为主要出发点，以建立购租并举的住房制度为主要方向，深化住房制度改革，促进房地产市场平稳健康发展。对无力购买住房的城镇新居民特别是非户籍人口，支持其租房居住，对其中符合条件的困难家庭给予货币化租金补助。把公租房扩大到非户籍人口，实现公租房货币化。积极发展住房租赁市场，鼓励自然人和各类机构投资者购买库存商品房，将其转化为租赁房源，在多渠道筹集公共租赁房房源的同时助力去库存任务的推进。

（3）丰富住房保障提供手段

与"十二五"规划纲要中主要依靠"加大保障性住房建设力度"不同，"十三五"规划以更加丰富的手段提高住房保障水平。提出"完善投资、信贷、土地、税费等支持政策""实物保障与货币补贴并举""加大租赁补贴发放力度""提高棚户区改造货币化安置比例"和"健全保障性住房投资运营和准入退出管理机制"等举措，建立保障性住房和普通商品住房的联系，将提高住房保障水平与促进房地产市场健康发展有效结合起来。

三、中国房地产宏观调控的阶段特点

（一）"十二五"期间（2011—2015年）

（1）房价调控受到保增长目标的约束

"十二五"规划实施期间，宏观经济刚刚从2008年全球性经济危机中企稳复苏，房价调控受限于保增长压力，房地产调控政策始终在"稳房价"和"保增长"之间寻求平衡。在此过程中，调控政策重心在不同阶段体现出明显变化：2012—2013年房价上涨迅速时，调控措施趋严趋紧，政策重心在于抑制房价过快上涨；2014年房价持续回落、房地产市场活跃程度降低时，政策又逐渐放松，重心转向保增长。

同时，中央政府和地方政府在房地产调控中也呈现出不同特点。对许多地方政府而言，土地出让收入是地方财政收入的主要来源，房地产行业是许多地区的重要支柱产业，限于保增长的目标任务，其在执行房地产调控政策时并未与中央政府保持高度一致。具体表现为：实行严格的房地产调控政策时，往往是中央率先出台政策，地方政府采取拖延或者选择性执行的策略，而调控政策放松也往往是地方政府的自主行为。以限购政策为例，2010年4月《国务院关于坚决遏制部分城市房价过快上涨的通知》出台后，北京率先实行限购，其余城市陆续跟进，到2013年共有46个城市执行了限购政策；2014年房地产价格下行趋势明显，但中央的信贷、财税政策并未有明显放松，地方政府则不同程度地放

松了调控，从 2014 年 5 月至 8 月，仅 3 个多月时间，已有 37 个城市在不同层面放松限购。

(2) 政策偏重于需求侧调控

"十二五"期间我国房地产市场逐步表现出城市间分化的态势，随着大城市群格局的确定，大量劳动人口的聚集推动了一二线城市住房需求的快速增长，同时许多三四线城市则出现了劳动力持续净流出、房地产库存高企的情况。这一现象的根源在于住房市场供求关系的结构性失衡。针对这一现象，"十二五"期间中央政府房地产调控政策思路偏重于需求侧调控，无论是限购、差别化信贷，还是对营业税、所得税纳税条件的细化规定，目的都是限制购房需求、提高购房成本，抑制投资投机性需求，保障城镇居民的消费性住房需求得到满足。

这类政策本质上均是试图"堵"需求。对消费性需求群体而言，由于房地产调控而产生的房价下降预期使部分有购房需求的居民暂缓购房；对投资性需求群体而言，这部分或暂缓投资，或转向其他投资渠道，当然也存在一部分资金流向其他调控政策相对宽松地区的情况。

(3) 对房地产市场的区域性考虑不足

区域性是房地产市场的重要特征，这一特征体现在区域差异性和区域联动性上。"十二五"规划实施初期，为控制房价过快上涨，政府多采取"一刀切"的宏观调控手段，对区域差异性考虑不足，客观上对房地产行业的发展造成了一定影响。2015 年末中央明确提出"分类调控、因城施策"的理念，在调控思路上有一定进步，各地方政府在制定当地的房地产调控政策时针对性也有所加强。在"十二五"期间城镇化水平不断提高、大城市群逐渐形成的背景下，城市间经济联系更加密切，我国城市间存在明显的房价溢出效应（余华义、黄燕芬，2015），但中央政府对房地产市场区域联动性特征和房价溢出效应的考虑仍显不足，城市政府间对房地产调控的协同效应仍不够重视，客观上不可避免地出现了由于投资投机性需求由一线城市或区域核心城市外溢而导致周边城市房价上涨的情况。

(二) "十三五"期间（2016—2020 年）

在总结"十二五"期间房地产调控经验的基础上，"十三五"规划期间更加注重促进房地产市场健康发展。"十三五"期间的调控是在以往调控经验基础上的政策升级，政策逻辑更清晰，系统性更强，体现出一些新特点。

(1) 供需两端规制，疏堵结合管理

本轮调控的一个突出特征在于政府改变过去侧重需求侧调控的方式，在房地产供需两端同时规制。除了以往多次使用的、属于需求侧规制措施的限购、限贷政策，多个城市还实行了限价、限售政策，这些政策既考虑需求侧因素，也糅合了供给侧成分，特别是限售政策，直接限制了存量市场的房源供给，大大延缓了房地产市场的流通速度，将投资于房地产的资金固化于资产之上，切断了部分投资投机性需求的资金来源，间接提高了房地产投资的成本，抑制了投资性需求。"四限政策"同时实施，供需两端同时规制，调控效果显著增强。

此外，本轮调控政策强调主动管理、分类调控，其中根据去化周期调节土地供应，是一个供给侧层面的创新做法。2017 年 4 月国土资源部和住房城乡建设部联合发文，规定"各地要根据商品住房库存消化周期，适时调整住宅用地供应规模、结构和时序。对消化周期在 36 个月以上的，应停止供地；36～18 个月的，要减少供地；12～6 个月的，要增加供地；6 个月以下的，不仅要显著增加供地，还要加快供地节奏"。这一政策有效地将去库存与优化供给结构结合起来，以土地供应作为主动的供给侧房地产调控手段，较以往政策是一个进步。

(2) 重视溢出效应，加强区域统筹

本轮调控政府改变了过去"头痛医头，脚痛医脚"的思路和"定点作业"的做法，重视房地产市场的区域联动性和核心城市的房价溢出效应，在制定调控政策时注重加强区域统筹和协同，重点抑制投资投机性需求向被调控城市周边蔓延。

在京津冀一体化战略大背景下，2016 年北京严格的限购政策使得大量投资投机性需求涌入北京周边的天津、廊坊等城市，而这些城市调控政策并未跟进，从而促使其房价短时间内迅速上涨。2017 年 3 月北京调控新政发布当日，石家庄即同时发布了调控政策，天津、廊坊等地也迅速跟进，有效遏制了投资投机性需求的外溢，房地产调控的区域协同特征明显加强。与此相同，长三角、珠三角核心城市群的调控也体现出这一特点，充分反映出中央和各地方政府在制定和实施房地产调控政策时对市场规律认识更深刻，大局观更强。

(3) 加强预期管理，合理引导需求

2016 年 12 月召开的中央经济工作会议上习总书记明确提出"房子是用来住的，不是用来炒的"，"房住不炒"的定位贯穿了整个"十三五"规划期间房地产领域的宏观调控。2017 年两会期间住房城乡建设部等相关部门重申这一定位，2017 年 3 月央行表态货币宽松时代结束。2020 年 9 月，习近平总书记再次提到了面对"外部不确定性"，要"以国内大循环为主体"，坚持房地产"住"的属性，积极培育"房住不炒"的房地产融资环境。最高领导人、相关部门负责人的表态，以及随后不断升级的调控政策，目的都是希望改变公众认为"房价会始终上涨"的预期。

在总结前期调控经验的基础上，政府越来越意识到公众预期是影响房地产供需的重要因素。本轮调控政策旨在促使公众对房价的预期回归理性。政府作为政策信息和市场信息的主要发布来源，提高信息透明度，正确引导市场形成合理的预期，通过预期管理合理引导市场需求，而不是一味压制需求，是本轮调控更深入更持久的一个显著特征。

(4) 强调行政手段与市场机制的配合

本轮调控运用行政手段并非只是依靠行政命令获得房价下降的短期效果，而是着眼于建立房地产市场健康发展长效机制，是为了让市场发挥决定性作用的同时更好地发挥政府作用，从而为在金融、土地、财税、投资、立法等领域采取措施促进房地产市场平稳健康发展奠定基础。

短期来看，行政手段在本轮调控中仍发挥了重要作用，一方面体现为以限价、限售等直接措施挤出一部分房地产需求，另一方面体现为以行政手段保证调控政策的贯彻落实。因此，与前期调控相比，本轮调控政策制定更加迅速、内容更加严格、范围更加广泛，更加彰显出中央抑制房地产市场泡沫、稳定房地产价格的决心。

(5) 重视市场监管，着眼构建机制

加强市场监管是本轮调控的一项重要措施。中央加快推动不动产登记制度，各地也积极建立房地产信息系统，提高信息透明度；多地出台规范房地产中介市场的具体要求，严厉打击曲解政策、散布涨价信息、提供违法违规金融产品等行为；2017年5月3日上海市发布加强商品住房销售监管的政策，要求新开盘商品房应当采取由公证机构主持的摇号方式公开销售，摇号排序，按序购房，摇号排序名单现场公示；严格落实购房实名制；不得以任何名义收取价外价。

建立房地产市场发展的长效机制需要良好的市场环境作为保证。上述措施加强了市场监管，并遏制一切为炒房提供便利的行为，有利于营造健康的市场环境，并进一步促进房地产市场健康发展。

四、房地产宏观调控的中国特色

（一）中央和地方的两种角色：土地财政的视角

房地产调控中，地方政府往往和中央政府站在不同的位置，形成房地产调控政策执行中的选择性或变通性倾向。现象背后的制度因素是土地财政。土地财政形成于1994年分税制改革。分税制改革后，中央政府将财权大幅上收，大量事权却依然留在地方，造成地方财政出现巨大缺口。分税制改革后，土地出让收入全部纳入地方财政，经济绩效成为地方主要领导晋升的重要参考，地方政府"GDP锦标赛"为地方主要领导发展经济提供了强大的激励。地方政府开始经营城市土地。地方政府成为"地王"与"高房价"的主要推手。房价的下降会影响到地方政府的财政收入以及地方GDP增长，与地方政府的利益相悖。一般而言，除非受到来自中央政府的调控措施的压力，地方政府往往不会在房价上涨时进行逆周期调节，反而在房价下跌时出台刺激性政策。

（二）调控主体的转变：从"中央"到"地方"

区域性是房地产市场的重要特征，这一特征表现在区域差异性和区域联动性上。区域性也决定在房地产调控中"一刀切"的政策效果会受到很大的影响，往往难以达到调控的目标。

"十二五"规划实施初期，为控制房价过快上涨，政府多采取"一刀切"的宏观调控手段，对区域差异性考虑不足，客观上对房地产行业的发展造成了一定影响。"十三五"以来中央政府十分注重房地产调控中"因城因地施策"，尊重地方经济社会发展实际，给予了地方政府一定程度的政策空间，体现中央妥善处理中央和地方可能存在的利益冲突，平衡二者关系的基本思路。2015年末中央提出"分类调控、因城施策"的理念，各地方政府在制定当地的房地产调控政策时针对性有所加强。2017年的中央经济工作会议更是明确提出，"完善促进房地产市场平稳健康发展的长效机制，保持房地产市场调控政策连续性和稳定性，分清中央和地方事权，实行差别化调控"。"因城施策，分类指导，夯实城市政府主体责任"反映了房地产市场调控的主体从中央政府到地方政府的转变。中央充分赋权给地方，地方政府在调控中掌握灵活性与主动性，能够更有效地对房地产市场进行调控。

小　　结

（1）宏观调控是指国家运用经济政策对经济总量（总供给、总需求、总价格、总就业等）进行调节，以促进总供给与总需求的基本均衡，实现经济的平稳增长。宏观调控的总体目标是保持经济总量平衡,即保持总需求与总供给的平衡。宏观调控的具体目标为:充分就业、价格稳定、经济增长和国际收支平衡。财政政策和货币政策是宏观调控的主要手段。宏观调控的理论基础主要有市场失灵、均衡理论和经济周期理论等。

(2) 房地产市场与宏观经济关系密切,对房地产市场进行调控,一方面有利于房地产资源的优化配置,另一方面也可以避免因房地产市场的问题而引起的国民经济的波动。

(3) 房地产宏观调控的总体目标是实现房地产业的持续、健康、有序的发展,以及与国民经济的协调。具体目标包括:总量平衡,结构合理,价格稳定以及秩序规范。有可能参与宏观调控的房地产政策手段主要有房地产价格政策、产业政策、金融政策、税收政策、土地政策以及行政手段等。在房地产宏观调控的过程中,要把握好调控的力度和实施的时机。

(4) 2002 年起国家为防范可能出现的房地产市场过热,从土地、信贷、房地产等方面对市场进行调控。2003 年中国人民银行的"121 号文"拉开了房地产宏观调控的序幕,伴随着近二十年里中国城镇化进程的加速推进、房地产市场的快速成熟,特别是政府对房地产市场发展规律认识程度的提高,中国房地产政策内容逐渐全面,目标逐渐清晰,任务逐渐明确,并建立发展出一套较为完善的长效机制。

复习思考题

1. 宏观调控的目标是什么?宏观调控的理论基础有哪些?
2. 简述房地产政策参与宏观调控的相关理论支持。
3. 房地产宏观调控的目标是什么?
4. 试结合我国实际,列举有可能参与宏观调控的房地产政策手段,并指出房地产政策参与宏观调控时应该注意的问题。
5. 试分析我国房地产政策如何参与宏观调控以及成效。
6. "十二五""十三五"期间我国房地产宏观调控实践的历程及特点是什么?
7. 结合"十四五"规划,指出我国在"十四五"期间房地产宏观调控的重点与难点。

课外阅读材料

1. Cao, Junjian Albert. The Chinese real estate market: Development [J]. regulation and investment. Routledge, 2015.
2. McDonald, John F., Daniel P. McMillen. Urban economics and real estate: theory and policy [J]. John Wiley & Sons, 2010.
3. (美) 丹尼斯·迪帕斯奎尔,威廉·C·惠顿. 城市经济学与房地产市场 [M]. 经济科学出版社, 2002.
4. (美) 麦肯齐. 房地产经济学 [M]. 4 版. 经济科学出版社, 2003.
5. (美) 米什金. 货币金融学 [M]. 11 版. 中国人民大学出版社, 2016.
6. (美) 威廉·N·邓恩. 公共政策分析导论 [M]. 4 版. 中国人民大学出版社, 2011.
7. 陈共. 财政学 [M]. 10 版. 中国人民大学出版社, 2020.
8. 张红. 房地产经济学 [M]. 清华大学出版社, 2005.
9. 胡细英,刘桂海. 房地产基本制度与政策 [M]. 2 版. 化学工业出版社, 2020.

附　录

2003 年以来我国房地产调控政策汇总

2003 年 6 月 5 日——中国人民银行下发《关于进一步加强房地产信贷业务管理的通知》银发〔2003〕121 号（简称"121 号文"）

2003 年 9 月 24 日——国土资源部下发《关于加强土地供应管理促进房地产市场持续发展的通知》国土资发〔2003〕356 号

2004 年 3 月 18 日——国土资源部、监察部联合下发了《关于继续开展经营性土地使用权招标拍卖挂牌出让情况执法监察工作的通知》国土资发〔2004〕71 号（业界称为"8·31大限"）

2004 年 4 月 9 日——国务院下发《关于深入开展土地市场治理整顿严格土地管理的紧急通知》国办发〔2004〕20 号

2004 年 4 月 21 日——国务院下发《关于做好省级以下国土资源管理体制改革有关问题的通知》国发〔2004〕12 号

2004 年 5 月 21 日——国土资源部下发《关于贯彻落实国务院紧急通知精神进一步严格土地管理的通知》国土资发〔2004〕109 号

2004 年 9 月 21 日——建设部办公厅发布《关于加快房地产市场信息系统和预警预报体系建设的通知》建办住房〔2004〕78 号

2004 年 10 月 21 日——国务院下发《关于深化改革严格土地管理的决定》国发〔2004〕28 号

2004 年 11 月 1 日——国土资源部下发《关于发布和实施〈工业项目建设用地控制指标（试行）〉的通知》国土资发〔2004〕232 号

2004 年 12 月 2 日——国土资源部下发《关于开展全国城镇建设存量用地情况专项调查工作的紧急通知》国土资电发〔2004〕78 号

2005 年 3 月 17 日——央行上调房贷利率

2005 年 3 月 26 日——国务院办公厅下发《关于切实稳定住房价格的通知》国办发明电〔2005〕8 号（即"老国八条"）

2005 年 4 月 27 日——国务院出台"加强房地产市场引导和调控的八条措施"（即"新国八条"）

2005 年 5 月 11 日——七部委出台稳定房价八条意见，国务院转发建设部七部门《关于做好稳定住房价格工作的意见》国办发〔2005〕26 号

2005 年 5 月 31 日——三部委出台政策限制期房转卖，国家税务总局、财政部、建设部三部委联合出台了《关于加强房地产税收管理的通知》国税发〔2005〕89 号

2005 年 8 月 22 日——国土资源部下发《关于坚决制止"以租代征"违法违规用地行为的紧急通知》国土资发〔2005〕166 号

2005 年 10 月 18 日——国家税务总局下发《关于实施房地产税收一体化管理若干问题的通知》国税发〔2005〕156 号

2006年4月28日——央行再次上调房贷利率

2006年5月8日——建设部上调住房公积金贷款利率

2006年5月17日——国务院总理温家宝主持召开国务院常务会议。会上提出了促进房地产业健康发展的六项措施（即"国六条"）

2006年5月29日——九部委联合出台十五条调控细则。国务院办公厅转发建设部、监察部、财政部、国土资源部、人民银行等九部门《关于调整住房供应结构稳定住房价格意见的通知》国办发〔2006〕37号

2006年5月30日——国土资源部下发《关于当前进一步从严土地管理紧急通知》国土资电发〔2006〕17号

2006年5月30日——国家税务总局下发《关于加强住房营业税征收管理有关问题的通知》国税发〔2006〕74号

2006年7月6日——建设部出台《关于落实新建住房结构比例要求的若干意见》国办发〔2006〕165号

2006年7月6日——建设部、发改委、工商总局出台《关于进一步整顿规范房地产交易秩序的通知》国办发〔2006〕166号

2006年7月11日——建设部、商务部、国家发展和改革委员会、中国人民银行、国家工商行政管理总局、国家外汇管理局发布《关于规范房地产市场外资准入和管理的意见》建住房〔2006〕171号

2006年7月13日——国务院办公厅发布《关于建立国家土地督察制度有关问题的通知》国办发〔2006〕50号

2006年7月26日——国税总局发布《关于住房转让所得征收个人所得税有关问题的通知》国税发〔2006〕108号

2006年8月31日——国务院下发《关于加强土地调控有关问题的通知》国发〔2006〕31号

2007年1月16日——国税总局发布《关于房地产开发企业土地增值税清算管理有关问题的通知》国税发〔2006〕187号

2007年3月17日——建设部下发《关于调整个人住房公积金存贷款利率的通知》建金管〔2007〕76号

2007年3月29日——建设部、国土资源部、财政部、审计署、监察部、国家税务总局、国家发展和改革委员会、国家工商行政管理总局下发《关于开展房地产市场秩序专项整治的通知》建稽〔2007〕87号

2007年5月18日——建设部下发《关于调整个人住房公积金存贷款利率的通知》建金管〔2007〕123号

2007年6月18日——国家税务总局关于贯彻落实建设部等八部门《关于开展房地产市场秩序专项整治的通知》的通知 国税发〔2007〕69号

2007年7月20日——建设部下发《关于调整个人住房公积金存贷款利率的通知》建金管〔2007〕177号

2007年8月7日——国务院发布《关于解决城市低收入家庭住房困难的若干意见》国发〔2007〕24号

2007年8月21日——建设部下发《关于调整个人住房公积金存贷款利率的通知》建金管〔2007〕199号

2007年8月30日——全国人民代表大会常务委员会关于修改《中华人民共和国城市房地产管理法》的决定 中华人民共和国主席令（第七十二号）

2007年9月14日——建设部下发《关于调整个人住房公积金存贷款利率的通知》建金管〔2007〕225号

2007年10月10日——财政部关于印发《中央廉租住房保障专项补助资金实施办法》的通知 财综〔2007〕57号

2007年11月8日——关于《廉租住房保障办法》施行的通知 中华人民共和国建设部、国家发展和改革委员会、中华人民共和国监察部、中华人民共和国民政部、中华人民共和国财政部、中华人民共和国国土资源部、中国人民银行、国家税务总局、国家统计局令第162号

2007年11月19日——建设部、发展改革委、监察部、财政部、国土资源部、人民银行、税务总局关于印发《经济适用住房管理办法》的通知 建住房〔2007〕258号

2007年12月5日——中国人民银行、中国银行业监督管理委员会下发《关于加强商业性房地产信贷管理的补充通知》银发〔2007〕452号

2007年12月28日——国家发展改革委关于印发《中央预算内投资对中西部财政困难地区新建廉租住房项目的支持办法》的通知 发改投资〔2007〕3676号

2008年1月18日——中国人民银行、中国银行业监督管理委员会关于印发《经济适用住房开发贷款管理办法》的通知 银发〔2008〕13号

2008年3月3日——财政部、国家税务总局下发《关于廉租住房经济适用住房和住房租赁有关税收政策的通知》财税〔2008〕24号

2008年5月20日——住房和城乡建设部、国务院纠风办、监察部、财政部、中国人民银行、审计署、中国银监会关于印发《关于开展加强住房公积金管理专项治理工作的实施意见》的通知 建保〔2008〕93号

2008年6月26日——财政部关于修订《中央廉租住房保障专项补助资金实施办法》的通知财综〔2008〕48号

2008年9月16日——住房和城乡建设部下发《关于调整个人住房公积金贷款利率的通知》建金〔2008〕169号

2008年10月30日——住房和城乡建设部下发《关于调整个人住房公积金存贷款利率等有关问题的通知》建金〔2008〕207号

2008年11月26日——住房和城乡建设部住房公积金监管司下发《关于调整个人住房公积金存贷款利率的通知》建金〔2008〕217号

2008年12月20日——国务院办公厅下发《关于促进房地产市场健康发展的若干意见》国办发〔2008〕131号

2008年12月23日——住房和城乡建设部下发《关于调整个人住房公积金存贷款利率的通知》建金〔2008〕229号

2009年2月9日——《中国人民银行、中国银行业监督管理委员会关于认真学习和贯彻落实〈国务院办公厅关于促进房地产市场健康发展的若干意见〉的通知》银发

〔2009〕41号

2009年5月22日——住房和城乡建设部、国家发展和改革委员会、财政部下发《关于印发2009—2011年廉租住房保障规划的通知》建保〔2009〕91号

2009年8月27日——《中华人民共和国城市房地产管理法》通过

2009年10月12日——中央国家机关住房资金管理中心下发《关于调整购买政策性住房职工提取住房公积金支付首付款政策有关问题的通知》

2009年12月23日——财政部下发《关于加强中央廉租住房保障专项补助资金管理的通知》财综〔2009〕83号

2010年1月7日——国务院办公厅出台《关于促进房地产市场平稳健康发展的通知》国办发〔2010〕4号

2010年2月22日——《中国人民银行、中国银行业监督管理委员会下发关于贯彻落实〈国务院办公厅关于促进房地产市场平稳健康发展的通知〉的通知》银发〔2010〕58号

2010年4月17日——国务院出台《关于坚决遏制部分城市房价过快上涨的通知》国发〔2010〕10号

2010年4月22日——住房和城乡建设部下发《关于加强经济适用住房管理有关问题的通知》建保〔2010〕59号

2010年4月23日——住房和城乡建设部、民政部、财政部下发《关于加强廉租住房管理有关问题的通知》建保〔2010〕62号

2010年5月26日——住房和城乡建设部、中国人民银行、中国银行业监督管理委员会下发《关于规范商业性个人住房贷款中第二套住房认定标准的通知》建房〔2010〕83号

2010年6月8日——住房和城乡建设部、国家发展和改革委员会、财政部、国土资源部、中国人民银行、国家税务总局、中国银行业监督管理委员会出台《关于加快发展公共租赁住房的指导意见》建保〔2010〕87号

2010年7月8日——财政部、国家发展改革委、住房和城乡建设部下发《关于印发〈中央补助公共租赁住房专项资金管理办法〉的通知》财综〔2010〕50号

2010年9月27日——财政部、国家税务总局下发《关于支持公共租赁住房建设和运营有关税收优惠政策的通知》财税〔2010〕88号

2010年11月2日——住房和城乡建设部、财政部、中国人民银行、中国银行业监督管理委员会下发《关于规范住房公积金个人住房贷款政策有关问题的通知》建金〔2010〕179号

2010年12月19日——国土资源部下发《关于严格落实房地产用地调控政策促进土地市场健康发展有关问题的通知》国土资发〔2010〕204号

2011年1月19日——住房和城乡建设部、财政部、中国人民银行、中国银行业监督管理委员会下发《关于加强和改进住房公积金服务工作的通知》建金〔2011〕9号

2011年1月26日——国务院办公厅下发《关于进一步做好房地产市场调控工作有关问题的通知》国办发〔2011〕1号

2011年1月27日——财政部、国家税务总局下发《关于调整个人住房转让营业税政

策的通知》财税〔2011〕12号

2011年2月5日——国土资源部下发《关于切实做好2011年城市住房用地管理和调控重点工作的通知》国土资发〔2011〕2号

2011年2月9日——住房和城乡建设部下发《关于调整住房公积金存贷款利率的通知》建金〔2011〕15号

2011年3月18日——中国人民银行下发《关于做好差别化住房信贷政策实施工作的通知》银发〔2011〕66号

2011年4月6日——住房和城乡建设部下发《关于调整住房公积金存贷款利率的通知》建金〔2011〕44号

2011年5月11日——国土资源部出台《关于坚持和完善土地招标拍卖挂牌出让制度的意见》国土资发〔2011〕63号

2011年5月11日——国家发展改革委办公厅下发《关于开展商品房销售明码标价专项检查的通知》发改办价检〔2011〕1050号

2011年6月9日——国家发展和改革委员会办公厅下发《关于利用债券融资支持保障性住房建设有关问题的通知》发改办财金〔2011〕1388号

2011年7月1日——财政部、住房和城乡建设部下发《关于多渠道筹措资金确保公共租赁住房项目资本金足额到位的通知》财综〔2011〕47号

2011年7月6日——住房和城乡建设部下发《关于调整住房公积金存贷款利率的通知》建金〔2011〕94号

2011年8月4日——中国人民银行、中国银行业监督管理委员会下发《关于认真做好公共租赁住房等保障性安居工程金融服务工作的通知》银发〔2011〕193号

2012年1月18日——财政部下发《关于切实做好2012年保障性安居工程财政资金安排等相关工作的通知》财综〔2012〕5号

2012年2月15日——国土资源部下发《关于做好2012年房地产用地管理和调控重点工作的通知》国土资发〔2012〕26号

2012年3月14日——住房和城乡建设部下发《关于做好2012年城镇保障性安居工程工作的通知》建保〔2012〕38号

2012年5月28日——《公共租赁住房管理办法》通过中华人民共和国住房和城乡建设部令（第11号）

2012年6月8日——住房和城乡建设部下发《关于调整住房公积金存贷款利率的通知》建金〔2012〕88号

2012年6月20日——住房和城乡建设部、国家发展和改革委员会、财政部、国土资源部、中国人民银行、国家税务总局、中国银行业监督管理委员会下发《关于鼓励民间资本参与保障性安居工程建设有关问题的通知》建保〔2012〕91号

2012年7月19日——国土资源部、住房城乡建设部下发《关于进一步严格房地产用地管理巩固房地产市场调控成果的紧急通知》国土资电发〔2012〕87号

2013年2月26日——国务院办公厅下发《关于继续做好房地产市场调控工作的通知》国办发〔2013〕17号

2013年4月8日——中央国家机关住房资金管理中心下发《关于执行住房公积金个

人贷款差别化政策有关问题的通知》国机房资〔2013〕117号

2013年10月28日——住房和城乡建设部出台《关于加强住房保障廉政风险防控工作的指导意见》建保〔2013〕153号

2013年12月2日——住房和城乡建设部、财政部、国家发展和改革委员会下发《关于公共租赁住房和廉租住房并轨运行的通知》建保〔2013〕178号

2014年3月10日——财政部下发《关于做好公共租赁住房和廉租住房并轨运行有关财政工作的通知》财综〔2014〕11号

2014年4月22日——住房和城乡建设部下发《关于做好2014年住房保障工作的通知》建保〔2014〕57号

2014年8月11日——财政部、国家税务总局下发《关于促进公共租赁住房发展有关税收优惠政策的通知》财税〔2014〕52号

2014年10月9日——住房和城乡建设部、财政部、中国人民银行下发《关于发展住房公积金个人住房贷款业务的通知》建金〔2014〕148号

2015年1月6日——住房和城乡建设部发布《关于加快培育和发展住房租赁市场的指导意见》建房〔2015〕4号

2015年3月25日——国土资源部、住房城乡建设部发布《关于优化2015年住房及用地供应结构促进房地产市场平稳健康发展的通知》国土资发〔2015〕37号

2015年3月30日——中国人民银行、住房城乡建设部、中国银行业监督管理委员会发布《关于个人住房贷款政策有关问题的通知》银发〔2015〕98号

2015年8月27日——住房和城乡建设部、财政部、中国人民银行发布《关于调整住房公积金个人住房贷款购房最低首付款比例的通知》建金〔2015〕128号

2015年12月30日——财政部、国家税务总局发布《关于公共租赁住房税收优惠政策的通知》财税〔2015〕139号

2016年2月1日——中国人民银行、中国银行业监督管理委员会发布《关于调整个人住房贷款政策有关问题的通知》银发〔2016〕26号

2016年5月17日——国务院办公厅出台《国务院办公厅关于加快培育和发展住房租赁市场的若干意见》国办发〔2016〕39号

2016年10月10日——住房和城乡建设部发布《关于进一步规范房地产开发企业经营行为维护房地产市场秩序的通知》建房〔2016〕223号

2017年4月1日——住房和城乡建设部、国土资源部发布《住房城乡建设部、国土资源部关于加强近期住房及用地供应管理和调控有关工作的通知》建房〔2017〕80号

2017年8月21日——国土资源部、住房和城乡建设部关于印发《利用集体建设用地建设租赁住房试点方案》的通知 国土资发〔2017〕100号

2017年9月6日——国家税务总局、住房和城乡建设部、财政部发布《关于进一步做好建筑行业营改增试点工作的意见》税总发〔2017〕99号

2017年9月14日——住房和城乡建设部发布《关于支持北京市、上海市开展共有产权住房试点的意见》建保〔2017〕210号

2017年10月16日——国家发展改革委办公厅、住房和城乡建设部办公厅发布《关于开展商品房销售价格行为联合检查的通知》发改办价监〔2017〕1678号

2018年3月19日——国务院发布《城市房地产开发经营管理条例》(2018修正)

2018年5月16日——住房和城乡建设部发布《关于进一步做好房地产市场调控工作有关问题的通知》建房〔2018〕49号

2019年3月2日——国务院发布《中华人民共和国城镇土地使用税暂行条例》(2019修订)

2019年3月24日——国务院发布《城市房地产开发经营管理条例》(2019修订)

2019年5月7日——住房和城乡建设部、国家发展改革委、财政部、自然资源部发布《进一步规范发展公租房的意见》建保〔2019〕55号

2019年8月26日——全国人大常委会修改《中华人民共和国土地管理法》中华人民共和国主席令第32号

2019年10月8日——中国人民银行发布《关于个人住房贷款利率调整相关事项的公告》中国人民银行公告〔2019〕第16号

2020年3月27日——国务院发布《城市房地产开发经营管理条例》(2020修订)

2020年7月29日——自然资源部、农业农村部发布《关于保障农村村民住宅建设合理用地的通知》自然资发〔2020〕128号

2020年8月14日——国家发展改革委、国家开发银行、中国农业发展银行、中国工商银行、中国农业银行、中国建设银行、中国光大银行发布《关于信贷支持县城城镇化补短板强弱项的通知》发改规划〔2020〕1278号

第十四章 房地产税收

税收作为国家获得财政收入和进行宏观调控的重要手段，对房地产业的发展和房地产市场的运行具有重要影响。房地产税收既有税收的一般特征，又有自己的特点。对房地产税收进行经济分析，有助于理解房地产税收的内在属性，完善现行的房地产税收制度，充分发挥税收对房地产市场的积极作用。

本章第一节介绍税收的概念、种类以及税收的转嫁与归宿等基本问题；第二节阐述房地产税收的概念、特点、类型以及各国的实践；第三节分析我国现行房地产税收制度的问题以及未来的改革方向。

第一节 税收理论概述

一、税收的概念

关于税收的重要性，富兰克林有一句名言："死亡和纳税是人生不可避免的两件事情"。税收作为国家财政收入的主要形式，以及国家调节国民收入分配和进行宏观经济调控的重要手段，在经济生活中起着重要作用。

一般来说，税收具有强制性、无偿性和固定性等。（1）强制性。税收的强制性是指国家征税凭借的是国家的政治权力，税收法令具有法律强制力，并依靠国家机器予以执行，任何单位或个人都不得违抗。国家是征收主体，其他的所有权人或行为人处于被动地位，意味着政治权力凌驾于所有权之上。（2）无偿性。税收的无偿性是指国家征税后，税款归国家所有，既不需要偿还，也不需要对纳税人付出任何代价。不过，税收的无偿性并不意味着税收就无偿地收归国家了，而是指税款不是一对一的返还或回报。国家将征收上来的税款再统一用于公共服务的提供，即所谓的"取之于民，用之于民"。（3）固定性。税收的固定性是指征税前以法律的形式规定了征税的对象、税率等，并严格按该标准征税。没有经过法律手段，政府不能随意改变征税标准。这既是为了维护税法所代表的国家权力的权威性，也是为了保护纳税人的合法权益，保障社会经济的正常运行。

在市场经济条件下，税收的功能主要表现在以下三个方面：(1) 组织收入的功能。税收是国家财政收入的主要形式，筹集收入是税收的首要目的。从诞生之初，税收就承担着为国家政权的运行组织收入的职能。尽管随着国家财政的发展，公债、规费等非税收入在政府收入中的比例不断提高，但是税收在组织财政收入中发挥的作用仍然不可替代。(2) 调节收入分配的职能。作为国民收入再次分配的主要形式，税收分配是国民收入分配体系的一个有机组成部分。国家通过调整税收政策，可以对国民收入分配进行调节。随着市场经济的发展，税收在调节国民收入分配中所扮演的角色越来越重要。(3) 宏观调控的职能。由于税收对价格、利润、地租、工资、利息等国民收入初次分配的变量都能产生直接影响，因此税收的变化也影响到经济的整体运行。在现代市场经济中，税收被视为国民经济的"内在稳定器"。同时，政府灵活地运用税收政策，并与货币政策相结合，能够起到较好的宏观调控的作用。

二、税收的种类

（一）按征税对象的性质分类

按征税对象的性质可分为流转税、所得税、财产税和行为税等。流转税是以流转额（包括商品销售额和非商品营业额等）为征税对象的税种，如增值税、消费税、营业税等；所得税是以所得额为征税对象的税种，如企业所得税、个人所得税等；财产税是以财产为征税对象的税种，如房产税、土地增值税、遗产税和赠与税等；行为税是以特定行为为征税对象的税种，如固定资产投资方向调节税、耕地占用税和屠宰税等。

（二）按征税环节分类

按征税环节可分为生产环节课税、流通环节课税、分配环节课税、资源占用环节课税、消费环节课税、投资环节课税等。所谓生产环节课税、流通环节课税和分配环节课税即分别在商品的生产环节、流通环节和分配环节对纳税人所取得的收入进行课税。资源占用环节课税是在资源占用环节对占有和使用国有资源的单位和个人课征的税收。消费环节课税是在消费环节对消费品或消费行为课征的税收。投资环节课税是在投资环节对单位或个人进行的投资活动课征的税收。

（三）按计税依据分类

按计税依据可以分为从价税和从量税两种。从价税是以征税对象的价值量为依据课征的税收；从量税是以征税对象的实物量为依据课征的税收。

（四）按税收与价格的关系分类

按税收与价格的关系可分为价内税和价外税两种。价内税是指税金包含在价格之中，作为价格构成部分的税种；价外税是指税金不包含在价格之中，价税分列的税种。

（五）按税收课征目的分类

按税收课征目的可分为一般税和特定目的税两种。一般税是指主要以筹集财政收入为目的的税种；特定目的税是指以贯彻特定的政策，实现特定的社会、政治、经济等目标为主要目的的税种。

（六）按税收管理权限和收入归属分类

按税收管理权限和收入归属可分为中央税、地方税和中央地方共享税三种。中央税是指由中央政府负责征收管理，收入归中央政府支配使用的税种；地方税是指由地方政府负责征收管理，收入归地方政府支配使用的税种；中央地方共享税是指由中央和地方政府共同负责征收管理，收入由中央政府和地方政府按一定比例分享的税种。

（七）按税收负担能否转嫁分类

按税收负担能否转嫁可分为直接税和间接税两种。直接税是指税收负担不能转嫁，纳税人与负税人一致的税种，如所得税和财产税等；间接税是指税收负担可以通过一定方式转嫁出去，纳税人与负税人不一致的税种，如流转税和行为税等。

三、税收转嫁与归宿

由于大部分税收的税收负担具有可转移性，即直接纳税人可以通过一定的方式方法把自己的税收负担转嫁给其他人承担，以达到减轻自己税收负担的目的。这种转移税收负担的做法在税收理论上被称为税收转嫁（shifting of tax）。因为存在着税收转嫁问题，现实中直接纳税人不一定就是税收负担的最后承担者，人们把特定税收负担最终由哪些社会群体承担，以及税收负担转嫁可能给不同社会群体带来的各种经济影响，称为税收归宿（tax incidence）。税收转嫁的存在，导致税收负担的"税法归宿"（即依据税收法规判断的税收负担的分配格局）与"经济归宿"（现实中因税收负担转嫁形成的税收负担分配格局）之间存在巨大差异，可能造成名义上的公平税收实际上并不公平。

税收转嫁的基本方式有两种，即前向转嫁和后向转嫁。前向转嫁又称为顺转，指纳税人通过抬高销售价格将税收负担转嫁给购买者。后向转嫁又称为逆转，指在纳税人无法实现前转时，通过压低进货的价格以转嫁税收负担的方式，往往是通过厂商和销售商以谈判的方式解决。现实中，往往是前向转嫁和后向转嫁并行，即一种商品的税负通过提高销售价格转移一部分，又通过压低进价转移一部分，称为混转或散转。

研究税收归宿通常采取两种方法：一般均衡分析法和局部均衡分析法。一般均衡分析法认为，市场经济是各类市场（商品市场、资本市场、劳动市场等）组成的综合体，各个市场是相互联系和相互影响的，只要税收使任何一一单一市场的均衡受到扰动，其影响就要扩散到其他市场，使其他市场供求状况发生"连锁"反应。如果这些反应进一步对初始变动的市场产生"反馈"影响，则会继续对其他市场产生第二轮、第三轮等的"连锁反应"。然而，由于受税收影响的市场太多，逐一分析几乎没有可能，所以实际中在对税收归宿进行一般均衡分析时采取简化的"两市场—两要素—两产品模型"。

局部均衡分析则是在假定其他市场不变的条件下，就税收对单一市场的影响进行初步分析，即仅仅探讨税收对该市场供求双方的经济影响，并作出基本判断。相比之下，这种方法通常能够更方便地研究税收负担转嫁、税收归宿的基本原理，更明确地阐释税收负担转嫁和税收归宿的主要规则。

在市场经济中税收负担分配与转嫁的一般规则是：(1) 正常条件下，商品供求双方共同分担税收负担，弹性较大者相应承担较小的税负；(2) 供求双方如有一方为无弹性，则无弹性的一方将承担全部税负；(3) 供求双方如有一方为无限弹性，则另一方将承担全部税负；(4) 消费者在一定条件下也可以将税收负担转嫁出去，既可前向转嫁，也可后向转嫁，主要取决于时间长短（经验表明，短期内税负不易转嫁，长期内任何税负转嫁都是可能的）；(5) 生产者进行税负转嫁的难易程度，还取决于市场结构，一般来说，在垄断的市场条件下，生产者税负转嫁比在竞争市场条件下更加困难。

第二节 房地产税收的基本理论

一、房地产税收的概念和特点

简单地说，房地产税收就是直接或间接以房地产为课税对象的各种税收的总称。房地产就其物质形态看，有三种表现形式：房产、地产以及房地合一的房地产。与此相联系，房地产税收也事实上包括了单纯以房产价值或收益为课税对象的房屋类税种；单纯以地产价值或收益为课税对象的土地类税种；以房地产价值或收益为课税对象的各种房地产税。我们通常所说的房地产税指的是由这些相关税种组成的一个完整的税收体系。

可以从以下几方面理解房地产税：（1）纳税人。即纳税主体，是指税法规定的负有纳税义务的单位和个人。纳税人可以是自然人，也可以是法人。房地产税收的纳税人一般是房地产的开发者、拥有者和交易者等。（2）课税对象。课税对象又称税收客体，是指税收规定的征税的目的物，是一种税区别于另一种税的主要标志。房地产税收的课税对象主要是房地产本身，如各类房地产保有税；或者是房地产收益所得，如契税、土地增值税等。（3）税率。税率是指国家征税的比率，可以分为比例税率、定额税率和累进税率等。如土地增值税实行累进税率；房产税实行比例税率；城镇土地使用税实行定额税率。

房地产税收的特点如下：（1）房地产税收具有比较稳定的税源。由于房地产具有位置固定、价值稳定、税源不易转移等特性，房地产价值往往在一定时期内呈现出比较稳定的保值或增值状态，而且房地产具有难以隐匿的特点，因此以房地产为课税对象税源比较稳定。房地产税是地方政府重要的财政收入来源。（2）房地产税收具有较强的功能性。与一般税收相比，房地产税收具有较强的功能性。例如，通过开征房地产保有税，可以加大房地产持有者的持有成本，促使业主对房地产的有效利用；通过征收适当的土地增值税，可以调节土地增值收益的分配；通过对城市空地征收空置税，可以提高土地的利用率；通过调整房地产交易时的课税，可以调节房地产市场的平稳运行等。（3）房地产税收是一个多环节征收的税收体系。房地产税收的政策功能是通过对房地产的生产、持有、转移等多环节征收有关税收来实现的。围绕房地产的生产、交换、消费过程形成了一个多税收相互作用、相互配合的统一的税收体系。例如在房地产的生产环节，一般要征收营业税、企业所得税等；在房地产持有环节，一般要征收不动产税或物业税等；在房地产有偿转让环节，一般要征收土地增值税或所得税、契税和印花税等；在房地产赠与、继承等无偿转让环节，一般要征收赠与税和遗产税。（4）房地产税收的征收成本较高。由于房地产的异质性，要得到某一地区所有房地产的价格水平，需要建立房地产的价值评估系统，往往要花费相当大的费用；同时房地产因位置差异、经济形势和政策变化等因素的影响，其价格又会产生较大的变动。因此，与一般税收相比，房地产税的征收成本较高，许多国家和地区都为此建立了专门的房地产价格评估体系。

二、房地产税收的种类

（一）按照课税对象可以分为两类，即：直接以房地产为课税对象的税种，如土地增值税、城镇土地使用税、耕地占用税、房产税、城市房地产税、固定资产投资方向调节税和契税等；与房地产紧密相关的税种，如营业税、企业所得税、个人所得税、印花税和城市维护建设税。

（二）按照税种性质可以分为四类，即：与房地开发经营有关的税收，主要包括营业税、印花税、固定资产投资方向调节税、城市维护建设税以及教育费附加；与房地产交易有关的税收，主要包括营业税、城市维护建设税以及教育费附加、契税、印花税、土地增值税；与房地产保有关的税收，主要包括房产税、城镇土地使用税、耕地占用税；与房地产相关的所得税主要包括企业所得税和个人所得税。

（三）按照房地产的各个环节可以分为三类，即：房地产开发环节的税收，如营业税、印花税等；房地产保有环节的税收，如不动产税或财产税、所得税等；房地产流转环节的税收，如遗产税、赠与税等，见表14-1。

各国房地产保有环节、流转环节税种设置情况　　　　表 14-1

国家或地区	保有环节	流转环节
美国	财产税（其中土地税收有不动产价值税，包括住宅土地税、经营用土地税、农用土地税、房屋税等）	遗产税、赠与税、对土地转让实现的资产利得征收所得税、法人税
英国	所得税（中央政府）、不动产税（地方政府）	遗产税、资本利得税、土地收益税
法国	不动产税、已建筑地税、未建筑税、地方建筑税、都市计划税	资本利得税、土地增值税（对短期土地转让加重收税）
日本	地价税（暂停）、固定资产税、城市规划税、特别土地所有税	继承税和赠与税、不动产取得税、特别土地取得税、宅地开发税、土地增值税、登记许可税
中国香港	差饷税（相当于不动产税），对拥有土地房屋、其他建筑物等不动产的所有者课征	遗产税、印花税

资料来源：财政部税收制度国际比较课题组：《美国税制》，中国财政经济出版社，2000年；财政部税收制度国际比较课题组：《日本税制》，中国财政经济出版社，2000年；以及武彦民：《中外土地税制比较》，中国劳动社会保障出版社，2000年。

三、单一税思想及其应用❶

单一土地税最早为18世纪法国重农学派所倡导，其先驱布阿吉尔贝尔（Pierre Le Pesant）主张建立地租单一税。该学派创始人魁奈（François Quesnay）进一步从理论上阐述了单一土地税的必要性。他认为，在整个国民经济中，只有农业才是创造"纯产品"的唯一生产部门。土地所有者得自于"纯产品"的地租是最适合于课税的来源。因此，他们主张只征一种地租税，把全部税负都加在土地所有者身上。19世纪末，美国经济学者亨利乔治（Henry George）又提出土地价格单一税的主张，认为这种税应由地主负担，不能转嫁给其他消费者。

---

❶ ［美］保罗·萨缪尔森：《微观经济学》（第十六版），118页，华夏出版社，1999；以及［美］阿瑟·奥沙利文：《城市经济学》（第四版），180~181页，中信出版社，2003。

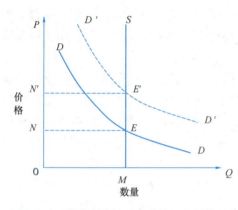

图 14-1　供给不变的要素获取租金的情况

自然界最初赋予的土地可看作是数量不变的。当供给独立于价格时,供给曲线是垂直的,即供给无弹性。这表明,无论价格如何,某些物品或生产要素的数量是完全固定不变的。如图 14-1 所示,土地价格的上涨并不能引起(土地)产量的增加。对土地需求的增加,仅仅会影响到价格,供给量并没有变化。价格上升的幅度正好等于需求向上移动的幅度。在对土地征收一种赋税时,其影响仅仅是降低供给者所得到的价格,降低的幅度正好等于赋税的数量(EE')。赋税完全由供给者(比如地主)支付。供给者用其经济租金来支付赋税。消费者购买的物品和劳务仍然和过去一样多,并没有支付更高的价格。因此,单一税思想的倡导者认为,仅对土地本身(素地)进行征税,并且可以按照土地价值的 100% 的税率征税,而不会造成市场扭曲。

单一税由于以下原因受到批评:一是单一税使返还给土地所有者的净利润(净地租)减少为零,使土地的市场价值为零,这会让人感到有失公平;二是如果土地的净返还为零,土地所有者将舍弃土地,而政府所管理的土地市场不太可能物尽其用地分配土地;三是很难衡量地租(和适当的税收)。大多数土地上有建筑物和其他设施,很难将未开发土地的生地价值与由土地改良产生的增值分开。

因此,对于单一税,可采取两种变通做法:一是部分土地税(partial land tax)。即按照低于 100% 的税率对土地价值征税。由于部分税留给土地所有者正的净返利,所以那些把土地分配给出价最高者而获得私利的人将会继续经营土地;二是双比率税(two-rate tax)或分割税(split tax)。分割税对土地与土地改良物(如房屋等)按不同的比率征税,用分割税取代传统的财产税(对土地及其改良物征收相同的税率)可刺激资本投资。

四、房地产税收的实践

(一)主要国家和地区房地产税收中的做法

1. 纳税人

美国对不动产保有课税称财产税,是地方税的主体税种。美国财产税的纳税义务人为不动产的所有人。

英国对物业所有者与租用者征收的税种称为住房财产税,它是英国目前唯一的地方税,分为住宅房产税和营业房屋税。其住宅房产税纳税人为年满 18 岁的住房所有者或住房承租者(含地方政府自有房屋的租客),包括完全保有地产者、住房租借人、法定的房客、领有住房许可证者的居民以及住房所有者,如一处住房为多人所有或多人居住,则这些人将共同负有纳税义务。其营业房屋税纳税人是非住宅房屋的所有人。

法国的房屋税是地方税收最重要的税种之一,是地方财政收入的主要来源。通常在巴黎和其他拥有 1 万住户以上的城市征收,纳税人是房屋的所有者。

新加坡财产税的纳税人就是应税不动产的所有者。

智利和墨西哥的纳税人是拥有城市和乡镇的土地、房屋、其他建筑物等不动产的个人和法人。

2. 征税对象

在房地产税作为地方财政收入主要来源的国家，房地产税的税基很广，各种非农用地、居民住宅是主要征税对象。美国财产税的课税对象是纳税人所拥有的不动产，主要包括土地和房屋建筑物。

加拿大的房地产税主要是对不动产即土地及相应的建筑征税，但是具体的范围各地方不同。例如纽芬兰的财产税包括土地、房屋以及机器设备，而魁北克把不动产定义为所有不动产，除了上述外还包括码头、矿藏等。

英国住宅房产税的征税对象是居民住宅，包括楼房、平房、公寓、出租房屋、活动房以及可供住宅用的船只。营业房产税的纳税范围仅包括企业及个人的营业性房屋。

在挪威，不动产税是不动产所在城市的一种地方税。对城市以及类似的建筑物多的地区的不动产征收，甚至还对不在城市中的制造厂和加工厂征收。这样，许多小城镇对大部分电厂征收不动产税，其税收收入的重要部分来自于这些资产的不动产税。对乡村的农场和其他资产则不征收这种税。

中国香港房地产税是对土地及建筑物课征的一种税，主要是对业主来自物业的租金收入征税，没有租金收入的业主则不需要缴纳房地产税。

法国的房屋税以住宅及其附属物为征税对象。

新加坡的房地产税采取一般财产税形式，对居民和非居民的土地、房屋合并征收不动产税，实际上就是把营业性和居住性房屋作为征税范围，对房屋、公寓、商店、办公室、厂房以及土地征收房地产税。

3. 计税依据

美国的房地产税采取一般财产税的形式，以土地、房屋的财产总额为计税依据。每年各州都会对公司或个人的房产、企业营业不动产、土地进行估价征税。此外，每一个县或市也会额外要求不动产所有人缴纳不动产税。总体来说，美国应税财产税基大概是其财产真实价值的30%~70%。

加拿大的房地产税也是对不动产征收，是地方的主要税种。不动产的税基包括两个部分：一是土地，二是建筑物和其他不动产。税基由政府来评估，政府估价一般用市场价评估法。为了将评估误差减至最低程度，加拿大各省都成立了专门的评估机构。每个省都制定评估手册来指导评估师的工作。同时，绝大部分省都通过立法来保证评估师调查和取得必要信息的权力，评估师有权索取相关资料，当事人须予以配合。

英国的住房财产税是把房地产的年度价值的一定比例作为计税依据，英国的营业性房屋税的征税依据是物业的租赁收入。

法国的房屋税以住宅及其附属物为征税对象，以评估价值作为计税依据。

挪威不动产税依据不动产的总价值计税，对债务没有扣除额。资产以销售价格计价。

4. 税率

美国的财产税税率由各地方政府自行规定，一般依据地方的支出规模、非财产税收入额以及可征税财产的估价来确定，其税率的确定原理可表示为：税率=（地方支出－非财产税收入)/可征税的财产的估价。其名义税率各地不一,在3%～10%之间,纽约、芝加哥等大城市的税率要高些。

英国的房产税率也是根据地方开支情况和可收税额的情况来确定的。住宅房产的价值由国内收入署的房产估价部门评估,每5年重估一次,按房产的价值分为A～H共8个级别,分别按不同的税率征税。一般情况下最高税率是最低税率的25倍。具体每个级别的税率全国并不作统一规定,由各地区政府根据当年预算支出情况而定。营业房屋税按租金计税,租金由专门设置的评估机构对纳税人财产按视同出租的租金收入进行估定,每过5年重新估定一次。营业房屋税全国实行统一税率,由英国财政部逐年核定或变更,法律规定税率提高幅度不得超过全国平均通货膨胀指数,目前税率为41.6%,按年缴纳。

加拿大没有全国统一的房地产税率,税率主要依据各地方政府的收支状况自行规定,因此,即便在同一省辖区内,不同城市的房地产税率也有较大差异,一般税率在1%～3%之间。

挪威的不动产税税率在0.2%～0.7%之间。法国的房屋税税率由各地自行制定,允许纳税人按抚养子女数的多少予以一定扣除。葡萄牙城市不动产税率为1.1%～1.3%。

新加坡的房地产税采取一般财产税形式对居民和非居民的土地、房屋合并征收不动产税,按照不动产估价的10%课税,居民自用住宅适用较低税率4%。

中国香港房地产税是对土地及建筑物课征的一种税,主要是对业主来自物业的租金收入征税,房地产税的税率在15%左右,2004年增加为16%。

5. 税收优惠

美国财产税的优惠规定主要是针对非商业用途以及对年长公民和残疾人的减免。一般对政府、宗教、教育、慈善等非盈利组织免税;对家庭自用住宅设一定的宽免;对低收入家庭,当纳税人缴纳的财产税和个人所得税的比率达到一定的标准时可享受一定的抵免额,用来抵免个人所得税或直接退回现金;所得有限的老人和残疾人、靠近发达地区的农场主可享受税收递延。

加拿大房地产税收的减免与美国类似,主要也是依据物业的用途和物业的所有者予以减免。主要包括对农业用地、森林用地、宗教用途的土地等给予轻税待遇;对政府拥有物业给予免税待遇。除此之外,加拿大的一些省还设有税额扣除法、延期付税法,以减轻低收入家庭和有困难的特定纳税人的税收负担。

英国住房财产税减免政策主要有折扣、优惠、伤残减免、过渡减免四大类。其中,优惠主要是针对没有收入支持或低收入的纳税人,优惠多少则取决于纳税人的收入、储蓄和个人境况,最高可达100%。伤残减免主要是针对某些伤残者,在征税时,可以降低其住房价值应纳税的档次,给予适当的减税照顾。

日本在评估房屋和建筑物的价值时,根据住房供给政策,对房屋提供税收减免。具体减免规定为,2002年3月31日前新建的面积为50～120m^2的房屋,在前3个纳税年度减征50%;2002年3月31日前新建的3层以上的耐火住宅,面积为50～280m^2的,前5个纳税年度减征50%。此外,公路、墓地或教育、宗教、社会福利以及地方税法案规定的其他用途的财产免税,中央政府、都道府县和市町村以及外国大使馆所拥有的财产也免税。

中国香港对房地产税的免除项目主要有三项：一是由业主支付的差饷，即物业管理费[1]；二是来自物业的租金收入；三是作为支付修理费及其他开支费用的20%免税额，这是一个不论实际开支数目大小而规定的统一的扣除额。

（二）国外房地产税的经验总结

房地产税在国外是一个相对成熟的税种，尽管各国基于各自的国情和现实需要，选择了不尽相同的房地产税税制模式，但也具有一定的共性。具体说来，各国房地产税的一般经验可以概括为以下几点：

1. 房地产税是地方财政收入的重要税源。房地产税由于税源稳定、易征管等特点，且税源的区域特征明显，因此，在实行分税制的国家内，基本将其划为地方财政收入。如美国的房地产税收收入在地方税收收入中所占比例约为30%，在一些州和地方政府所占的比重甚至更高，如纽约的斯科多尔区1996年房地产税收收入占该区全年全部收入的72%，新泽西的泽西市则占90%以上[2]。日本的房地产税收基本上划归地方政府，如房地产税是市町级政府的主体财源，约占税收收入总额的40%。在加拿大的温哥华，房地产税是2002年地方财政收入总量的58.4%[3]。

[专栏14-1] 底特律的破产

底特律，位于美国密歇根州东南部的底特律河畔，与加拿大温莎市隔河相望，是美加边境最大的城市。在20世纪上半叶，底特律聚集了通用、福特、克莱斯勒等汽车产业巨头，成为举世闻名的"汽车城"。1929年底特律的汽车产量占美国的80%和全世界的70%。汽车产业的兴盛吸引了大量美国南部居民，底特律市的人口迅速增长，并在1950年达到185万的峰值。然而，目前底特律面临的形势极为严峻。底特律市"产业空洞化"严重，徒有"汽车城"虚名，三大汽车厂商中只有通用汽车的总部还在底特律市。1990年以来，底特律市的失业率长期维持在10%以上的高水平上，2009年甚至达到24.9%，2012年仍高达18.6%。从收入水平看，2010年底特律市人均收入仅1.5万美元，远低于州3.6万美元和全国4万美元的水平。底特律市总人口从1950年的185万，锐减至2010年的71万。

随着汽车业的衰落和大量人口外流，底特律的房地产市场也彻底崩溃。尤其是经历过2008年的次贷危机发生后，大量房产沦为负资产，房主断供，银行竞相以远低于市场价拍卖住房。市场的房屋总价的中位值仅有8.6万美元，总空置率达22.8%。底特律房产税是全美最高的城市之一，每年政府都要根据它确定的房产评估价值收一笔财产税，税率大约是3.35%，而政府的评估价一般要高于房屋的市价。按照法律，房主拖欠房产税达到一定年份，房产就被政府充公。政府拥有大量房子，根本管不过来，而且政府手上的这些房子不会产生任何收益。于是，一些房子已经被市政府推倒。

---

[1] 中国香港的差饷是香港对楼宇或物业征收的间接税。纳税人为楼宇或物业的占有人（使用人），计税依据为估算的物业每年所得的合理租值，差饷税每季度缴纳一次。

[2] 刘晓光：《美国房地产税收制度及借鉴》，《广西经济管理干部学院学报》，1999年第3期。

[3] 刘维新：《温哥华的房地产开发与地税征收》，《城市管理》，2004年第2期。

作为地方重要税源的房地产市场持续走低后，底特律市的财政状况迅速恶化，2008—2012 年，政府长期负债从 86 亿美元增至 140 亿美元，净资产从 12.6 亿美元减至 -3.7 亿美元。日益恶化的财政状况与产业衰退相互交织，使底特律市陷于破产。2013 年 12 月，美国法院判决批准底特律市的破产保护申请。

资料来源：国务院发展研究中心发展战略和区域经济研究部课题组：《美国底特律市衰败的原因及启示》，《中国经济时报》，2013 年 7 月 23 日（http://jjsb.cet.com.cn/show_166291.html）。

2. 房地产税的功能一般旨在调节社会收入分配。房地产税作为财产税的一个重要组成部分，是对社会财富的存量课税，具有直接性、经常性的特点，因此，税收功能一般定位于调节收入分配，因此，在税制要素的确定中，往往区分纳税人、征税对象和范围的不同，税率规定上具有较大的弹性，实行的减免税规定也往往根据国家政策目标来确定。美国除了对公共、宗教、慈善等机构的不动产实行免税措施外，凡拥有或占有不动产者均要向政府缴纳房地产税，为房地产税收提供了稳定充足的物质基础。

3. 房地产税的设计普遍坚持"宽税基、少税种、低税率"的原则。"宽税基"表现在征税范围和征税对象的广度上，除对公共、宗教、慈善等机构的不动产实行免税外，其余的均纳入征收范围，除了少数国家对农村不征收外，普遍将农村与城市统一纳入征收范围。"少税种"，是指一般在整个税制结构中，房地产税往往是对不动产课税，而相应的如交易、转移等行为一般划归相应的流转税和所得税管理，避免因税种复杂而出现重复征税。"低税率"表现为税率一般在房地产价值的 1％～3％之间，在租金收入价值的 10％～20％之间，而且税率的弹性较大，房地产税纳税人的总体负担水平并不高。但是由于税基范围较大，收入总量相当可观。

4. 从房地产业各环节的税收负担水平来看，各国都重视对不动产的保有环节课税，而其开发、转让和交易的税收相对较少，从而鼓励不动产市场的交易活动，促进房地产资源的优化配置。

5. 从房地产税的计税依据来看，一般采用评估价值作为标准，采取从价计征，由专门的评估机构完成评估工作。不动产的评估一般以房地产的市场价值或其租金收入作为基准值，计税依据则根据各国的实际，依照公平税负的原则，地方政府可根据本地的预算要求，对这一基准值的比例作出选择，较客观地反映了地方税源情况，在征收管理上节约征税成本，同时，将地方税收收入与地方经济发展水平联系起来，很好地推动了地方政府发展其经济的积极性。

第三节 我国现行的房地产税收体系

一、我国房地产税收体系的现状

目前，我国的房地产税收主要有：

1. 房地产取得环节：耕地占用税、营业税、城市维护建设税、教育费附加、城镇土地使用税、土地增值税、印花税、固定资产投资方向调节税（2000 年以后暂停征收）、契税、企业所得税或外商投资企业所得税❶，以及个人所得税等；

2. 房地产转让环节：营业税、城市维护建设税、教育费附加、土地增值税、契税、印花税、企业所得税或外商投资企业所得税或个人所得税等；

3. 房地产保有环节：房产税或城市房地产税❷、城镇土地使用税等。

上述各环节的税收，超过了我国现行的 23 个税种的一半。从表 14-2 中可以看出，房地产业涉及的税收，多数是 20 世纪 80 年代中期设置的，有的甚至更早，其税制内容滞后于经济形势的发展，在某些方面甚至阻碍了经济的发展。

我国现行房地产税收一览表　　　　　　　　　表 14-2

类别	税种	税率（%）	发布日期	生效日期	适用范围
占有类课税	耕地占用税	1～10 元/m²	1987.4.1	1987.4.1	全部
	城镇土地使用税	0.2～10 元/(m²·年)	1988.9.27	1988.11.1	国内企业和个人
	房产税	自用：1.2 出租：12	1986.9.13	1986.10.1	国内企业和个人
	城市房地产税	自用：1.2 出租：18	1951.8.8	1951.8.8	外商投资企业和外籍个人
	固定资产投资方向调节税	2000 年以后暂停征收			
流转类课税	营业税	5	1993.12.13	1994.1.1	全部
	城市维护建设税	1～7	1985.2.8	1985	缴纳增值税、消费税、营业税的纳税人
	教育费附加	4	1986.4.28	1986.7.1	凡缴纳增值税、消费税、营业税的纳税人，已缴纳农村教育费附加的除外
	印花税	0.003～1	1988.8.6	1988.10.1	全部
	契税	3～5	1997.7.7	1997.10.1	全部
收益类课税	土地增值税	30～60	1993.12.13	1994.1.1	全部
	企业所得税	33	1993.12.13	1994.1.1	内资企业
	外商投资企业和外国企业所得税	30%，地方所得税 3%	1991.4.9	1991.7.1	外商投资企业、外国企业
	个人所得税	20	1993.10.31（修正）	1993.10.31	全部

资料来源：《我国房地产税的要素设计》，杭州市地方税务局课题组，中国国际税收研究会 2005 年调研课题成果。

---

❶ 根据 2008 年 1 月 1 日起实施的《中华人民共和国企业所得税法》，企业所得税与外商投资企业所得税已合并，税率为 25%。

❷ 城市房地产税已于 2008 年 12 月 17 日起被取消，内外资企业和个人统一适用《中华人民共和国房产税暂行条例》。

二、我国房地产税收体系的问题

(一) 不动产保有环节税制存在的问题

1. 税种少，征税范围窄，收入规模小。我国现有保有环节只有房产税（城市房地产税）和城镇土地使用税（农业税已取消），税种偏少、收入规模太小、难于形成地方财政的支柱税源。而且，目前我国的房产税适用依据为1986年的《中华人民共和国房产税暂行条例》，条例中将所有非营业的个人用房纳入免税范围，排除了80%以上的可征税房产。尽管这些税种收入规模一直在增长，但是占整个税收的比例却基本上维持在2%左右。

2. 税种老化，计税依据不合理。城市房地产税1951年开征，主要对外资企业和外籍人员、华侨、港澳台同胞所拥有的房地产课征；房产税1986年开征，主要对经营性房地产征收；城镇土地使用税1988年开征，主要对经营性用地或者单位用地进行征收。房产税分从价计征和从租计征两种，从价计征的房地产税，是依据房地产原值减去10%~30%后的余额，以1.2%的税率计征，而这种价值是历史成本，不反映市场价值；从租计征的房地产税，是以租金的收入乘以12%的税率计征。城市房地产税是按照净值计征。城镇土地使用税则是直接按照所使用的土地面积从量计征，税率为0.2~10元/m^2。实行定额税导致保有阶段的不动产税收收入缺乏弹性。

3. 税权过度集中于中央。在分税制财政体制下，税权过多地集中于中央，地方只有征管权而无立法权，不但难以适应房地产的区域性特点，无法促进房地产的资源优化配置和有效利用。而且地方政府为满足其财力需要，在无法增加地方税收的情况下，只能采取开征各种基金、增加收费项目和提高收费标准的方式来补充财政支出的缺口。

(二) 不动产流通环节税制存在的问题

1. 税负偏重、逃税现象严重。现行税制房地产交易环节营业税及附加税率5.55%，契税税率3%~5%，土地增值税税率30%~60%，所得税税率33%，个人买卖房地产按交易合同记载金额的万分之五的税率对买卖双方征收印花税，在交易环节理论税负比较高。

2. 收费项目多、费大于税。目前，我国涉及房地产业的各种收费项目名目繁多，且费项和费额总数远多于税项。税费不分，目前房地产交易过程出现税费交叉、费中有税的情况。我国的土地闲置费就属于费中有税的情况，其他国家则是利用空地税实行管理，而我国却将它划为费来管理。而城镇土地使用税含有地租属性，不完全属于税收类别，我国却按照税收进行管理。

3. 税种设计重叠。对土地课税设置土地使用税和耕地占用税两个税种；对房屋租金收入既征收5%的营业税，又征收12%的房产税；对土地使用权的转让，既要按转让收入征收营业税，又要按转让的增值额依率征收土地增值税，同时还要征收3%~5%的契税；对房屋销售，既要交营业税及其附加，又要交土地增值税和所得税；对房地产产权转让签订的产权转移书据或契约，承受既要缴纳印花税，又要缴纳契税。重复征税使有些税种名存实亡。

[专栏14-2] 上海与重庆的房产税改革试点

为了应对2009年开始的短时间内我国住房市场的房价快速上涨问题，2010年4月国务院推出《关于坚决遏制部分城市房价过快上涨的通知》（即"新国十条"），开始在全国主要省会及计划单列市进行限购措施，而房产税也被当作抑制不合理房地产需求和房价过快上涨的工具进行试点。2011年，上海和重庆率先试点进行房产税改革，开始对个人住房征收房产税。

两座城市的房地产税方案各不相同。上海征税方案的主要特点为：（1）仅对新购住宅征收，本市家庭、住满3年或属于高新人才的非本市家庭首套免征；（2）家庭人均有60m^2免征面积；（3）税率0.4%～0.6%。重庆征税方案的主要内容为：（1）存量房仅对独栋住宅征收、新购房仅对独栋住宅、高档住宅和在本市无工作、无户籍和无企业的人员第二套住宅征收；（2）交易价格在前两年主城均价3倍以下的税率为0.5%，之后随着价格递增税率到1.2%；（3）存量住宅每户有180m^2免征面积，除三无人员外的家庭新购商品住宅有100m^2免征面积。

这两座城市房产税的实施，从市场效果看对房价影响不显著。短期看，2011—2012年上海和重庆商品房均价涨幅放缓，其中上海2012年出现负增长。实际上这并非主要受到房产税试点的影响，而是政府宏观政策调控的结果。对比2011—2012年部分重点城市，相同时期内，各城市新建商品住宅价格指数步调一致，上海和重庆并未出现独立走势。从税收效果看，试点并未带来可观的税收收入。上海和重庆房产税在税收总占比中未明显增长，2018年两市房产税分别为213.8亿元和67.3亿元，占地方财政税收比例分别为3.4%和4.2%，分别占各自土地出让收入的11.1%和3.2%。而扩围的个人住房房产税并不多，重庆市2011年对居民住宅征收房产税收入1亿元，2012年也仅1.4亿元。

上海和重庆房产税试点效果不及预期，主要原因如下：

一是征税范围窄、税率偏低，免征面积大。上海的房产税只针对增量房，不涉及存量房，因此试点之前拥有多套房产的产权人就不被纳入征税范围；重庆包括了存量房，但只针对高档住房，不涉及重庆市居民家庭拥有的大量普通住房。这一方案操作性强、精准定位，但税基窄，且对试点前后买房者稍显不公。税率方面，上海房产税税率是0.4%和0.6%；重庆是0.5%、1%和1.2%，税率偏低。低税率不能增加投机者的持房成本，降低了抑制投机的作用。免征面积方面，上海市新购住宅免征面积为人均60m^2，重庆市独栋住宅每户免税180m^2、新购独栋住宅和高档住房每户免税100m^2，而截至2011年末，两市城镇人均住房建筑面积仅分别为33.4m^2和31.8m^2，免征面积过大进一步削弱了对房价的影响。

二是试点城市房价上涨的背后是住房供给不足，房产税对房价抑制作用有限。两地房地产市场整体上一直处于供给不足、供求失衡的状态。随着城镇化进程不断推进，人口向大城市集聚的趋势愈加明显，对于住房需求旺盛的大城市来说，房产税难以起到房价调控作用。

资料来源：根据恒大研究院报告《中国房地产税的改革历程、征收现状及效果》（http://pdf.dfcfw.com/pdf/H3_AP201909181362369897_1.pdf）改写。

三、我国房地产税收体系的改革方向

我国房地产税制改革应按照"简税制、宽税基、低税率、严征管"的原则，理顺各税种的关系，正税轻费，条件成熟时推出统一规范的物业税，建立我国完整的房地产税收体系。

1. 简并税种，开征统一的不动产税。把房产税、城市房地产税、城镇土地使用税和土地使用费四种税费，以及属于税收性质的其他有关收费，合并为不动产税。对内外资企事业单位、个人和城市、乡村都统一适用。契税是对取得房地产环节征收的一个特别税种，自古有之，国际上也有类似税种，可仍单独征收，不予合并。

2. 扩大征收范围，选定征免税界限。要转变房地产税收"重流转、轻保有"的现状，需要扩大不动产税的征收范围，取消那些不适应现实情况的减免和优惠。一是取消现行个人所有非营业性住房免税的规定。取消此项免税政策后，征税范围将大为扩充，但考虑到实行初期，面对千家万户，征税工作涉及面太大，一般群众骤然直接增加许多税负，也有承受能力的制约，因而可以对自有普通住房暂时仍予免税，而把征税范围只扩大到非普通住房，特别是超级豪宅、别墅。二是取消对事业单位有关免税规定，把非公益性事业单位和社会团体用房列入征税范围。三是把乡村的房屋、土地纳入统一税制征收范围，但为便利农民休养生息，扶持发展农业，在一个较长时期内，应只限于对工商营业用房地产和高标准的住房，征收不动产税，其余均予免税。

3. 区别不动产类型、用途分别制定税率。现行城镇土地使用税分地区按单位面积设计固定税额，国家不能及时分享土地增值的利益。借鉴国际通行做法，对工商业不动产、单位和个人住房、无建筑物土地，可实行不同的幅度税率，由省级政府根据当地情况自行决定本地区的适用税率。为加强税收调节个人占有财富关系的分配力度，也可借鉴有的国家的做法，对个人住房按类型、价格采用三四级超额累进税率制。

4. 以评估市场价格为计税依据。现行房产税是以原房价余值（原房价值一次性减除20%~30%的余额）为计税依据，出租房屋以房产租金收入为计税依据，其不合理处有二：一是各时期的房价水平高低不一，却在不同年度均按原价即历史成本价余值计算税额，很不合理；二是出租房屋是按租金收入计算纳税，租金收入是现实的市场价格计算出来的税额，往往要比按原价余值计算的高出数倍以至十多倍，购房时间越早，原价越低，税额差距越大，限制了租赁市场发展。

5. 下放管理权限，培育县市级地方税主体税种。适应建立和完善分税制财政体制的要求，作为地方税的不动产税，应当下放部分立法权，中央只制定不动产税的基本法，对税法要素作政策原则性规定，在国家统一的大政方针下，由省级人大或政府制定实施细则，明确具体的征收范围，选定适用税率，批准减免税优惠或加征税款，确定计征方法，以利于地方因地制宜相机处理问题，繁荣地区经济，逐步把不动产税培育成为县市级地方税的主体税种。

小　结

（1）房地产税收是直接或间接以房地产为课税对象的各种税收的总称。税收的一般规律对于房地产税收也都是适用的；同时，房地产税收又具有自己一些特殊的性质，如税源稳定、调节功能强、多环节征收、征收成本高等，在制定税收政策时需充分考虑。

（2）由于土地供给无弹性，单一税的倡导者认为仅对土地本身（素地）进行征税，并且可以按照土地价值的100%的税率征税，不会造成市场扭曲。而单一税的开征，由于使土地的净返还为零、不利于土地的合理分配、难以衡量地租（和适当的税收）而遭到批评。现实中则可以采用部分土地税和双比率税等变通方法。

（3）世界各国的房地产税收各有特点，主要根据本国的实际情况制定。其通行的一些好的做法值得我们借鉴，如将房地产税作为地方财政收入的重要税源；利用房地产税收调节社会收入分配；房地产税的设计普遍坚持"宽税基、少税种、低税率"的原则，重保有环节课税，轻流转环节课税，鼓励不动产市场的交易活动，促进房地产资源的优化配置；房地产税的计税依据上，一般采用评估价值作为标准，由专门的评估机构完成评估工作等。

（4）我国现行的房地产税收制度存在着收费种类繁多、征税范围窄、免税项目多、税种老化、计税依据不合理等问题。应按照"简税制、宽税基、低税率、严征管"的原则，理顺各税种的关系，正税轻费，逐步完善我国的房地产税收体系，积极发挥税收在房地产经济中的重要作用。

复习思考题

1. 房地产税收有什么特点？
2. 简述单一税的基本原理及其应用。
3. 我国的房地产税收体系的基本框架是什么？
4. 我国现行的房地产税收体系存在哪些问题？
5. 谈谈你对我国房地产税收体系改革方向的认识？

课外阅读材料

1. Bai, Chongen, Qi Li, Min Ouyang. Property taxes and home prices: A tale of two cities [J]. Journal of Econometrics [J]. 2014, 180 (1): 1-15.
2. （美）H. James Brown 编著. 土地利用与税收：实践亨利·乔治的理论（中译本）[M]. 北京：中国大地出版社, 2004.
3. （美）阿瑟·奥沙利文. 城市经济学 [M]. 4版. 北京：中信出版社, 2003.
4. （美）丹尼斯·蒂帕斯奎尔, 威廉·C·惠顿. 城市经济学与房地产市场 [M]. 北京：经济科学出版社, 2002.
5. 谢伏瞻主编. 中国不动产税制设计 [M]. 北京：中国发展出版社, 2006.
6. 谢经荣等. 房地产经济学 [M]. 北京：中国人民大学出版社, 2001.

第十五章 房地产产权与制度

现实世界与主流的新古典经济学的完全竞争假设相距甚远，存在着信息不对称、交易成本大于零、外部性等。新制度经济学以及产权学派是对主流经济学的发展，通过探讨清晰界定产权来降低交易费用和内部化外部性以实现资源的最优配置。本章介绍产权学派和新制度经济学的基本概念和基本原理，简要介绍我国的房地产产权体系，并应用上述基本原理分析我国的土地制度和住房制度改革。

第一节 产权、制度与房地产

一、基本概念

1. 产权

产权（property rights）是指财产权。《牛津法律大辞典》将产权定义为："存在于任何客体之中或之上的完全权利。产权决定资源和物品的使用和所有权利，包括占有权、使用权、出借权、转让权、消费权、获利权和其他与财产有关的权利。……产权不是单一权利，而是若干独立权利的集合体。其中有一些独立权利可以在不丧失所有权的情况下予以转让。"

产权是社会经济生活中广泛应用的概念，只有拥有相对清晰界定的产权，产权主体才会自觉地关心资源利用的成本和效益，从而达到利益最大化以及资源有效配置。

产权关系并非人与物之间的关系，而是指基于物的存在和使用而引起的人与人之间的关系。产权制度是界定每个人在稀缺资源利用方面地位的一组规则体系，由此决定的产权分配格局则具体规定了与物相关的人的行为规范，每个人在与他人的相互交往中都必须遵守这些规范，或者必须承担不遵守这些规范而引起的后果。因此，产权制度的功能在于作为一种规则决定了人们进行竞争、合作的条件与方式，并通过这种对人的行为方式的影响而影响资源配置、产出结构和收入分配。

从几十年来西方学者对产权的研究结果来看，有多种多样的表述，定义不完全一致，但其共同性为：

其一，西方学者是从行为权利的意义上定义产权，它是人与物的关系基础上的人与人的关系。德姆塞茨认为，"产权是一种社会工具，其重要性就在于事实上它们能帮助一个人形成他与其他人进行交易的合理预期。这些预期通过社会的法律、习俗和道德得到表达。"[1]阿尔钦认为，"产权是一个社会所强制实施的选择一种经济品使用的权利。"[2]菲吕博腾和佩杰威齐认为，"产权是因物的存在而产生的，与这些物的利用相联系的、人们之间的一组被认可的行为性关系。"[3]

其二，与产权相联系的"物"不限于生产资料，甚至可以超越"财产"的概念，因此较之于所有权概念，产权概念在经济分析中的运用领域更为广泛。经济学家使用的产权概念在内涵和外延上都比一个律师使用这一概念的含义深广，它不仅包含侵权法和合同法，普通法和成文法，而且也包含民法、刑法等的含义在内[4]。

其三，产权不完全是指所有权。所有权是一个归属问题，指的是所有者可以处置归自己所有的财产的权利；产权则是指人们是否有利用自己的财产采取某种行动并造成相应后果的权利。即使这种行为不被允许，他仍然保持对自己财产的所有权。

综上所述，产权是指社会经济运行中通过一定方式界定并加以维护的各经济行为主体对财产的权、责、利关系。这种关系一旦建立，就要通过立法、行政、习俗或道德等加以界定，以维护社会经济活动的正常运行。

2. 产权制度

所谓产权制度，是指既定产权关系和产权规则结合而成的，并且能对产权关系进行有效的组合、调节和保护的制度安排。能保证资源最优配置的产权制度至少应包括以下内容：(1) 确定排他性的权利，即为了使市场交易顺利地进行，必须确立排他性的产权，通过产权界定，确定谁有权做什么并确定相应的产权规则；(2) 形成有效的产权结构；(3) 有效的产权保护。

3. 交易费用

交易费用是资源利用的重要成本。不同产权制度带来的激励结构差别会造成不同的交易费用，从而导致不同的资源配置结果。比如，房屋买主通过分析市场价格来决定是否购买某个房屋，但是他需要首先了解房屋价格和房屋特征。如果这些信息的产权属于中介，买主则需要支付中介费来获取信息，此费用就是交易费用的一部分；如果这些信息是公共信息，则交易费用降低。

有的学者把交易费用定义得很宽，认为一切不直接发生在物质生产过程中的制度运行费用都是交易费用，包括信息成本、谈判成本、拟定和实施契约的成本、界定的和控制产权的成本、监督管理的成本和制度结构变化的成本等。目前在经济学界较多地接受马修斯为交易费用所下的一个定义，即：交易费用包括事前为达成一项合同而发生的成本和事后监督、贯彻该合同执行而发生的成本。

具体来说，交易费用包括以下各项行为所引起的费用支出：(1) 搜寻有关价格分布、

---

[1] H·德姆塞茨：《关于产权的理论》，《美国经济评论》，1967 年 57 卷。

[2] A·A·阿尔钦：《产权：一个经典注释》，《财产权利与制度变迁》，上海三联书店，1991。

[3] E·G·菲吕博腾，S·佩杰威齐：《产权与经济理论：近期文献的一个综述》，《经济文献杂志》，第 10 期，1972.12。

[4] 杨瑞龙：《现代企业产权制度》，15 页，中国人民大学出版社，1996。

产品质量和劳动投入的信息，寻找潜在的买者和卖者，了解他们的行为和所处的环境；（2）当价格可以商议时，为确定买者和卖者的真实要价而进行讨价还价的过程；（3）起草、讨论、确定交易合同的过程；（4）监督合同的签订者，了解他们是否遵守合同上的各条款；（5）当合同签订者不承担他们所承担的义务时，强制执行合同；一旦这种违约行为对另一方造成损害，则受害方将提出起诉，要求赔偿；（6）保护产权，以防止第三者的侵犯。

4. 外部性

外部性是指当一个人从事了一种影响旁观者福利的活动，而这种影响既不付报酬又得不到报酬，这时就产生了外部性。如果对旁观者的影响是不利的，称为"负外部性"；如果这种影响是有利的，称为"正外部性"。在存在外部性时，社会对市场结果的关注扩大到超出市场中买者与卖者的福利以外，还要包括受到影响的旁观者的福利。由于买者和卖者在决定需求或供给多少时并没有考虑他们行为的外部效应，所以，在存在外部性时，市场均衡从全社会的角度看并不是有效率的。

二、科斯定理

在存在交易成本和外部性的情况下，价格机制或者说市场这只"看不见的手"不能起到优化资源配置的作用，即出现市场失灵。1991年诺贝尔经济学奖获得者科斯将交易费用（或交易成本）和外部性概念引入主流经济理论，探讨了产权界定对于降低交易成本和内部化外部性的作用。在案例分析的基础上形成了影响深广的科斯定理的三种表述：（1）从自由交换角度定义科斯定理，即法定权利的最初分配从效率角度看是无关紧要的，只要这些权利能自由交换。（2）从交易费用角度定义科斯定理，即法定权利的最初分配从效率角度看是无关紧要的，只要交换的交易费用为零。（3）从完全竞争的角度定义科斯定理，即法定权利的最初分配从效率角度看是无关紧要的，只要这些权利能够在完全竞争的市场上进行交换。

这三种表述分别从不同角度阐述了相同的道理，即交易费用为零的情况下，产权的初始界定从效率角度看是不重要的。此种表述的科斯定理造成了对科斯定理的两个常见"误解"。一是既然认为在交易费用不为零的情况下，市场价格机制不能有效配置资源，则政府应大力干预市场；二是自由市场经济倡导者认为在交易费用很低的情况下，市场是有效的，从而不需要干预。然而，科斯的本意是：由于现实中的交易费用大于零，因此产权的界定以及制度安排对于经济效率非常重要，并且可以通过合法权利的明确界定以及经济组织形式的选择来降低交易费用。通过改变激励，使人们考虑到自己行为的外部效应，从而实现外部效应内部化，提高资源配置效率，而无需抛弃市场机制引入政府干预。例如，在解决污染产生的外部性问题时，科斯之前的经济学家往往依据庇古的观点，倾向于采取向释放污染的工厂征税或罚款的方式。科斯对这种做法提出了挑战，他在《社会成本问题》中指出，不需要政府通过征税和罚款的方式进行干预，市场通过界定产权也能解决问题，因为征税和罚款本身会带来新的交易成本。具体来说，影响具有"相互性质"，允许污染者释放污染会损害周边环境，但是禁止污染者释放污染则影响工厂生产。双方都受到影响的前提下，产权可以属于任何一方。比如，如果被污染影响的居民具有污染的产权，则工厂需要购买污染的权利，有成本的污染会让工厂选择一个最大化利润的生产量，从而降低污染。居民因为能获得收益也会结合自身情况来衡量是否允许一部分污染，从而达到市场平衡；如果工厂具有污染权，居民可以通过购买污染权来降低污染，也能达到一个市场平衡。具体将污染权界定给工厂还是居民取决于这两种情况造成损害的大小，两害相权取其轻，应遵循使社会总损失最小的原则来界定产权。因此，财产权的界定将影响资源的配置效率。界定产权的目标是使社会产出最大化，只要界定产权的收益大于成本，确定新的产权就是可行的。

[专栏 15-1] 中国政府将从温室气体排放交易中收获 10 亿美元

世界银行（World Bank）和 11 家公用事业公司、银行、贸易公司及其他实体已共同促成了历史上最大的一笔温室气体排放交易。这笔总金额达 10 亿美元的交易将帮助两家中国化工企业减少温室气体排放量。据信这两家化学企业每年将因此减少 1900 万吨二氧化碳的排放量。中国政府将通过向两家公司征税获得其中 65% 的交易额。这笔资金将被投入到新成立的清洁发展基金中，用于发展太阳能、风能等可再生能源，并减少导致全球气候变暖的其他气体排放。75% 的资金将来自欧洲和亚洲企业，其中很多企业正急于购买气体排放指标，以达到《京都议定书》（Kyoto Protocol）的要求。在气体排放交易中，排放量低于配额的企业有权将富余的指标卖出；而未达减排指标的企业则可购买排放指标，以弥补其中的差额。企业还可以通过资助像中国这样的发展中国家的减排项目来获得排放指标。尽管中国已成为继美国之后的世界第二大温室气体排放国，但由于属发展中国家，中国并不受《京都议定书》的约束。即将成为该项目受益者的两家中国企业均位于东部沿海的江苏省。它们在生产制冷剂的过程中产生出大量 HFC-23 气体，这种惰性气体的温室效应潜势相当于二氧化碳温室效应潜势的 11700 倍。该气体是《京都议定书》中规定的六类温室气体之一，目前在生产过程中被直接排放到空气中。10 亿美元交易额中将有一小部分被用来购买焚化设备以分解 HFC-23 气体。交易是按照市场价格进行的。

资料来源：http：//www.stockstar.com,《华尔街日报》, 2006-8-30。

三、产权制度

（一）产权制度的特征

1. 产权的排他性

产权的排他性是私有产权制度的一个根本特征。产权的排他性有两层含义：一是产权所有者享有排除他人占有、使用其财产以及从使用其财产中获得收益的权利；二是财产的所有者在对自己的财产享有自由支配权和收益权的同时，必须承担相应的责任，即承担管理和利用自己的财产产生的成本及行使自主决策权所带来的风险。产权的排他性使所有者有很强的动力去寻求带来最高价值的资源使用方法。

2. 产权的可分割性

要使私有产权制度有效地发挥作用，产权必须具有可分割性。只有产权能够进行分割，大规模的财产和高度集中的财产才能得到有效的利用。在很多情况下，财产的各种组成部分只有被不同的人利用,才能实现最高的利用效率。

3. 产权的可转让性

产权的可转让性又称作产权的可交易性或可让渡性。产权的可转让性能够引导或激励财产的所有者认真地考虑和权衡以不同的方式利用财产的不同价值。不包括转让权的产权制度是一种有缺陷的产权制度,将造成经济运行的低效率。只有包括转让权的产权制度才能激励资源向能够最有效利用的人流动。

4. 产权的宪法保护性

所谓有恒产者有恒心,个人财产权的法制化与延续性是西方国家繁荣昌盛的主要原因。只有在根本法上确立财产权的法律依据,才能保证资本的扩张和积累,获得社会发展的永久动力。而保护财产权利的最根本的法律是国家的根本法——宪法。在宪法中规定对私有财产的保护,主要有两个重要意义:一是以国家根本法的形式将私有财产权纳入宪法基本权利,规定政府保护私有财产权的义务;二是以国家根本法的形式,对政府的权利加以限制,即规定政府未通过正当法律程序及未进行公平和公正的补偿,不得剥夺私人财产。

(二) 产权界定

产权界定即明晰产权边界,界定各权能之间的职能。明晰产权边界本身就是对资源的一种配置,有利于减少资源的浪费,提高经济效益。权利的界定是市场交易的基本前提,产权界定源于产权的不确定性与所有权的确定性之间的矛盾和产权主体间的矛盾,它是产权理论研究的核心内容之一。市场制度建立在交换的基础上,所谓交换,实质上是产权的交易。产权不明确,交换就无从谈起,资源的优化组合和利用也就无从实现。模糊不清的产权常常损害资产的价值,使其难以得到正确的估价。在很多情况下,市场无法有效地配置资源,正是因为产权未得到很好的界定。

人们耗费产权界定费用的根本目的,不是为了单纯的精确,而是借达到一定的精确度给产权主体以公平感,从而激励产权主体更加努力,获得最大收益。如果产权界定费用过大,就会得不偿失;但如果没有任何界定产权的耗费,表面上好像是节省了成本,但由于对未来产权收益全然不知,必然影响投资,影响资源的配置效率。在追加产权界定成本的过程中存在着一个均衡点,即产权界定的边际成本等于边际收益的均衡点,这时界定产权得到最大"效益"。

(三) 产权制度的作用

1. 规范交易行为,保证有效竞争

在现代市场经济中,财产的实际占有关系具有复杂性和多样性,一个在法律上强有力的产权制度不仅有助于制定公平而有效率的交易规则,能有效地约束和规范行为人的交易行为。恰当的产权制度所设定的各种约束会对经济主体产生激励作用,促使人们为追求效用最大化而进行竞争。因此,产权关系明晰化是市场经济有序运行的重要条件。

2. 提高资源配置效率

社会的各种制度和规则规定了人们配置稀缺资源,从而进行有效竞争的行为方式。排他性产权的确立,使公平、自由的市场交易成为可能;产权的可分离性和可转移性,使资源根据市场需求的变化在全社会自由流动,提高资源的配置效率。

3. 减少不确定性

当经济主体之间发生交易时，交换的本质是产权的交换。如果没有对产权的界定，一方面他们面对的环境是不确定的，且交易越多、越复杂，不确定性也就越大；另一方面人的理性是有限的，即人对环境的认识不可能做到全知全能。产权界定就是通过一系列的制度和规则减少环境的不确定性以及信息的不完全和不对称，提高人们认识环境的能力。

4. 避免"搭便车"行为

不确定性导致了外部性的存在，从而产生"搭便车"等机会主义动机和行为。只有产权关系清晰，经济行为主体才能形成与他人进行交易时的合理预期，并使经济主体能够全面衡量成本与利益，以效用最大化原则来支配和处分产权。这种影响是通过外部性的内在化实现的，产权清晰有利于引导经济主体追求生产效率和创新，进而促进经济增长。

5. 确定政府经济职能和管理制度的基础

政府经济职能存在的基础除来自于社会化大生产和市场失灵，还源于交易费用的存在以及界定产权的需要。外部性的存在对于资源配置和社会福利极为不利，按照庇古的理论，当外部经济出现时，国家应当对当事人课以赋税。这样可以使社会收益等于私人收益，社会成本等于私人成本。但是要保证实现资源配置的帕累托最优，还要明确界定各经济行为主体的产权，从而为其进行交易设定规则，以减弱不确定性。

四、中国的房地产产权体系

房地产产权及产权登记管理制度的完善是建立房地产管理制度的基础。清晰的房地产产权关系，有利于保证房地产的合理利用与有效配置，而有效的房地产管理制度是实现房地产权利界定及分配的基本条件。我国的房地产产权体系如图15-1所示。

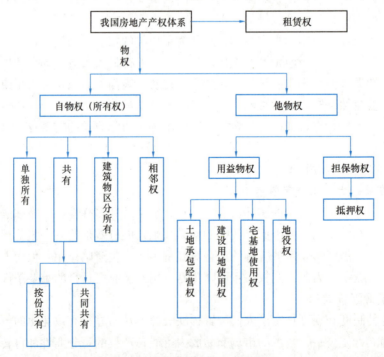

图 15-1 我国的房地产产权体系

第二节 中国的土地制度

我国实行社会主义公有制，土地也实行公有制，简单地说，农地属于农民集体所有，城市土地属于国家所有。

一、农地制度

农地制度是人们在一定的社会经济条件下的农地关系的总和。农地制度是农业、农村和农民问题的关键，是农村经济制度的基础与核心。

（一）农地土地集体所有制的现状和问题

1. 农地土地集体所有制的现状[1]

我国的农地所有制的具体形式几经调整，到 1962 年终于普遍落实了以生产队作为农村人民公社基本核算单位的"三级所有，队为基础"的体制，即公社、生产大队、生产队三级共同拥有土地所有权，但以生产队所有为主。1978 年后，又进行了更大幅度调整；到 1982 年，家庭承包经营制已普及；1984 年，政社已全部分开，全国普遍重建了乡镇政府。随后，公社、大队、生产队三级分离，各自成为完全独立的集体经济组织，农村人民公社随之解体并消亡。

目前，中国农村集体所有制的土地产权主体（所有者）有三种：乡镇集体经济，即集体所有的乡镇企业；村级集体经济，相当于原农村人民公社生产大队，与村民委员会同级；村民小组级集体经济，相当于原农村人民公社生产队。农村集体所有的土地，主要是归后两者所有，其中又以村级集体经济为主。后者是由于，在农村人民公社解体的过程中，大量的原人民公社生产队随之瘫痪，而在村一级适时建立了村民委员会并兼承了村级集体经济的某些职能。

2. 农村土地集体所有制存在的问题

（1）土地所有权主体不明晰。目前无论在理论上还是在法律中，都规定农地所有权主体是集体，但集体可以是乡镇、村、村民小组三个层次，具体到底是指哪一层次，法律规定较为模糊。乡镇、村、村民小组在不同程度上都是农村集体土地产权的所有者代表。

（2）集体所有权名不副实。作为土地所有者的集体对土地除了拥有在农户间进行调整一类的权利外，并不拥有法律赋予的所有权人的全部权利，国家凭借行政权力在很大程度上限定了集体对土地经济权利的处置。无论是上交税费还是在社区贯彻各项政策及从事必要的公共建设，村集体扮演的都是国家代理人的角色，村集体与其说是权利的享有者，还不如说是义务的承担者。现实中，由于土地所有权主体不明确以及集体所有权的残缺，没有激励镇、村、村民小组乃至农民对农地进行长期投资和开发建设。

（3）农地集体所有制局限于狭小范围造成效率低下。农村集体所有的土地局限于村，在这样狭小的范围内进行土地使用权的流动和集中，很难满足农业现代化的需要。农村土地由各村分散管理，对土地资源的滥用和浪费就很难避免。

---

[1] 详细论述参见周诚：《土地经济学原理》，242～245 页，商务印书馆，2003。

3. 农地所有制的完善

近年来，国内学术界对农村土地所有制的改革提出了三种基本思路：一是农地私有化；二是农地国有化；三是坚持和完善农地集体所有制。

（1）农地私有制

农地私有制的优点显而易见。首先，土地私有可以使农户取得完整的土地所有权，排除了公权干预和侵蚀的空间，农民的利益得到应有的保障；其次，一种产权结构是否有效率，主要视其能否将市场的外部性内在化。农地私有化可以促使农户合理利用和保护土地，增加对土地的投入，最大限度地激发农户的生产积极性。

农地私有的缺点是：我国实行的是社会主义制度，土地私有化可能会引起社会震荡，增加土地制度改革中的阻力，减少制度创新的绩效。并且，土地私有化也并不必然导致土地利用效率的提高。持农地私有化观点的学者认为，只要土地归个人所有，土地便可自由流转、合并集中，最终形成农业生产的规模效应，提高土地效率。事实上，我国地少人多，农民惜地心理很强，不到万不得已他们不会轻易放弃土地，尤其是在没有其他增收途径的情况下。因此即使土地归私人所有，在短期内也很难畅通地流转起来，形成规模经营。

（2）农地国有制

农地国有化的优点是：土地国有制与社会主义制度密切联系，能够得到我国政治经济体制的支持。农地国有既可以克服现行集体所有、农户承包经营体制下的土地社区界限，有利于国土综合整治，又可以避免土地私有制下农民财产占有心理对土地流转形成的障碍，解决土地集中难的问题，有利于农业生产的规模经营。同时，国家有充分的权利主动利用经济、行政手段，对土地使用权进行管理，促进土地流转制度的建立。实行农村土地国有化，国家可以对农民实行永佃制，把土地使用权永佃给农民。国家可以在实行永佃制过程中，引入竞争机制，促使土地的流动和集中，以便实行规模经营，实现社会化大生产。

农地国有化的缺点是：对农地实行国有，把农地投资主体由农民、集体经济转为国家，不仅不利于调动前者的积极性，而且还会增加国家的负担。而实行"国有永佃制"，一般认为，这意味着佃者拥有较大比例的产权，其结果很可能更接近私有制而不是国有制，这与实行国有制的出发点相矛盾。最后，由国家直接管理农村土地，成本可能很高，得不偿失；而若由国家委托村管，则与目前的状况相差无几❶。

（3）坚持和完善集体所有制

持此种观点的学者，都是反对农地国有化和私有化的，而且认为改为国有制或私有制，不仅其标准难以掌握，而且不同所有制之间会相互影响而造成制度动荡。周诚（2003）是持该观点的代表性学者，他认为，探索现阶段中国农村土地制度问题，不能离开中国现阶段的政治、经济环境，不能离开中国所处的社会主义初级阶段，不能脱离坚持和完善公有制为主体、多种所有制经济共同发展的基本经济制度的要求。这是中国农村土地制度运行和变迁的宏观方面的强制性约束。现阶段的中国农村，生产资料公有制的主要代表是土地集体所有制。如果改为土地私有制，便意味着在整个农村领域中生产资料公有

---

❶ 周诚：《土地经济学原理》，250页，商务印书馆，2003。

制基本消失，不符合在农村中坚持以生产资料公有制为主体的基本要求。至于改为土地国有制，尽管是社会主义土地制度的发展方向，但难免对全国非农部门的非公有制经济产生消极冲击，也是人们不希望看到的。因此，现阶段坚持并完善农村土地集体所有制是最为现实的选择——风险最小，回旋余地最大。

（二）农地使用制：土地承包经营权

家庭联产承包责任制，建立了土地所有权与使用权相分离的基本制度，使农民获得了对土地自主经营的权利。该制度既坚持土地生产资料的公有制，又通过生产资料的紧密结合，赋予农民生产经营自主权，调动了农民生产积极性；既吸收了分散经营所有权主体与使用权主体绩效偏好一致的优点，又发挥了集体经济统一经营公平有所保证的优越性；既体现了土地的社会功能，又考虑了土地的经济功能，并使两者有机地统一于农户，充分调动广大农民长期被压抑的积极性，提高了土地的利用效益，增加了农产品的供给总量。家庭联产承包责任制的普遍实行以及由此带动的整个农村经济改革，保证了农业生产的持续发展和农民收入的显著增长，促进了农村社会的全面进步。

但也要看到目前我国农村的承包经营权的内涵仍不很明确，实质上只是一种耕种权，而不是真正的使用权。这导致了集体在土地支配上的权利空间过大，土地调整具有很大的随意性；农户对土地使用权缺乏安全感，农地耕种趋向于短期化行为；农民没有转让或转租的权利，土地流转极其困难，不利于土地资源的合理配置等问题。

下一步改革首先着眼于土地承包经营权的物权化，进一步稳定农民的长远预期，充实并完善农地承包经营权作为财产权的权能。承包经营权是农民以合同形式取得的一种用益物权，在合同有效期内为农民所占有、经营、使用，其产品为农民所支配，在规定的使用期限内可以继承、再租赁、赠予、拍卖、抵押、入股等，使农民的土地财产权在长度、广度、独立性和确定性上得以保障。其次完善土地承包经营权的流转机制。承包经营权只有在不断流动中才能实现其最优组合。建立土地流转市场，使承包的土地使用权可以继承、转让、抵押，并通过建立完善程序、制定严格的管理制度，以保障土地使用权的交易，使农户对承包土地的转包（出租）赠馈、买卖等可以在不违背所有权主体意志下依法进行。开发和引导农地产权市场的发育是土地制度的内在要求，人为限制或行政配置可能导致土地资源配置效率低下，出现诸如非法交易、土地投机、土地"寻租"等行为。

二、市地制度

我国城市土地属于国家所有，由国务院代表国家行使土地所有权❶。《中华人民共和国土地管理法实施条例》第二条进一步明确了国有土地的范围：（1）城市市区的土地；（2）农村和城市郊区中已经依法没收、征收、征购为国有的土地；（3）国家依法征收的土地；（4）依法不属于集体所有的林地、草地、荒地、滩涂及其他土地；（5）农村集体经济组织全部成员转为城镇居民的，原属于其成员集体所有的土地；（6）因国家组织移民、自然灾害等原因，农民成建制地集体迁移后不再使用的原属于迁移农民集体所有的土地。

---

❶ 《中华人民共和国宪法》第十条规定："城市的土地属于国家所有。"《土地管理法》第二条规定："全民所有，即国家所有土地的所有权由国务院代表国家行使。"

国家实行国有土地有偿使用制度[1]。中国城镇国有土地的有偿使用制是以 1979 年起向中外合资企业征收场地使用费为开端的，经过 20 年的探索和实践，中国城镇国有土地有偿使用的基本格局已经形成，有偿使用的基本方式包括土地使用权出让制、土地使用权租赁制（即"年租制"）、土地使用权作价入股制等。

土地使用权出让制是由国家将一宗土地若干年的使用权出让给土地使用者，由土地使用者一次缴纳土地使用权出让金的制度。土地出让的年限因用途而异。期满之后，如果国家对该宗地另有安排，则连同地上建筑物无偿收回，否则，可对原承让者进行再次有偿出让。这种制度的最大特征之一是，土地使用者要一次支付一大笔土地出让金，负担较重，而土地所有者却可集中获得一大笔收入。

土地使用权租赁制（即"年租制"）作为土地使用权出让制的补充形式，从 20 世纪 90 年代中期开始试行，现已成为一种正式制度。此种土地有偿使用制度除了适用于短期用地之外，也适用于长期用地。它与土地使用权出让制的根本性区别是地租的支付方式不同：前者是一次性交付几十年地租的折现值，而后者是逐年交付地租。当由划拨制改为土地有偿使用制时，实行年租制的阻力较小，具有较大的可行性。在实践中，年租制往往主要用于国有企业改革中的土地资产处置。

土地使用权作价入股制，也是土地使用权出让制的补充形式，开始于 20 世纪 90 年代后期。其突出特点是，针对国有企业改革，在土地使用制度方面进行配合，以便做到"活地兴企"。具体的做法是：将原划拨土地折价，向集团公司或企业注入国有土地股本金，并使企业获得相当于出让的土地使用权，可转让、出租、抵押，但是改变土地用途者，应补交不同用途的土地出让金差价。实行这种办法可使企业免交土地出让金而获得相应的权利。

[专栏 15-2] 70 年（50、40 年）土地使用权到期后怎么办？

我国法律规定土地使用权出让最高年限为：居住用地 70 年；工业用地、教育、科学、文化、卫生、体育用地、综合或者其他用地 50 年；商业、旅游、娱乐用地 40 年。自 2021 年 1 月 1 日起施行的《中华人民共和国民法典》（下称《民法典》）第三百五十九条规定：住宅建设用地使用权期限届满的，自动续期。续期费用的缴纳或者减免，依照法律、行政法规的规定办理。非住宅建设用地使用权期限届满后的续期，依照法律规定办理。该土地上的房屋以及其他不动产的归属，有约定的，按照约定；没有约定或者约定不明确的，依照法律、行政法规的规定办理。相比于此前生效的《中华人民共和国物权法》第一百四十九条规定，《民法典》添加了"续期费用的缴纳或者减免，依照法律、行政法规的规定办理"细则，但是关于住宅建设用地"如何续期、按什么标准交多少"等问题的法律法规还有待完善。总之，《民法典》将居住用地和其他建设用地分别对待，居住用地到期后可自动续期，但关于续期费用缴纳问题，还需要出台详细的法律规定。

土地使用权到期的续期费用涉及一系列问题。法律规定土地所有权属于国家，当土地使用权到期时，国家有权对到期土地征收费用。但是，这个费用是否永远持续征收和以什

---

[1] 参见周诚：《土地经济学原理》，355~357 页，商务印书馆，2003。

么标准征收涉及地方政府服务和地方政府财政的匹配。具体来说，地方政府提供公共服务，包括基础设施建设，教育，警力，医疗，卫生等。为了维持公共服务，政府财政的来源一般包括税费和借款。房地产有关税费大体包括土地出让金，房产税、土地增值税，房产转让税等。其中，土地出让金是一次性阶段式财政来源，房产税、土地增值税和房产转让税是分期式财政收入，但是补缴土地增值税也是一部分一次性收入。具体以哪种作为主要地方财政来源应该考虑地方具体情况。如果城市处于前期建设阶段，则需要大额投资，大额投资可以通过土地出让金、土地增值税、中央财政拨款和地方政府贷款（地方政府债券）解决；而如果城市处于发展维护阶段，细水长流的房产税可能更符合现实财政需要。

最后，土地续期费用涉及可行性、公平性和征收成本问题。虽然土地出让期限早就有所规定，但是购房者在购买房屋时大多数可能并没有将土地续期费用考虑在内。尤其对于二手房和多手房购买者来说，土地使用期限变短，但是交易发生时并没有考虑二次出让金。那么，土地产权的认知偏差将直接影响税收成本。在 2016 年，温州就曾发生过住宅建设用地使用权期满后需要缴纳高额续期费用问题：一批 20 年使用权的住宅即将到期，业主们发现自己可能需要重新缴纳占房价总额约 1/3 的土地出让金。这一事件引起大量媒体报道，并引发民众对住宅建设用地使用权续期问题的关注和热议，最终以国土资源部提出"两不一正常"的过渡性办法处理，即"不需要提出续期申请；不收取费用；正常办理交易和登记手续"为结束。

资料来源：《人民日报》，"土地大限"忧虑须依法化解，2016 年 4 月 16 日；央广网，国土部明确温州房屋国有建设用地使用权到期过渡性办法，2016 年 12 月 23 日。

[专栏 15-3] 城乡二元土地制度及其对房地产市场的影响

我国《宪法》第十条规定"城市的土地属于国家所有。农村和城市郊区的土地，除由法律规定属于国家所有的以外，属于集体所有；宅基地和自留地、自留山，也属于集体所有"，由此在制度安排上形成了城乡二元分割的土地制度。在这种制度下，城乡土地在所有权、征用、使用权等方面存在显著差异，如国有土地使用权可以进入市场进行流转，但集体土地只能限于耕种、集体公共建设和集体内农民自建房，不能抵押和买卖。集体农用土地想要转成非农建设用地，必须由政府出面征收，完成土地集体所有制向国家所有制的转变。

二元土地管理体制塑造了城乡二元的住房体系：农村住房建于宅基地上，除了同村居民间的转让外，无法进行交易；而城市住房则可以自由交易。城市住房市场化改革后，城市资本通过住房的形式固化在城市居民上，农村住宅却因为交易限制价值得不到体现，城市住房与乡村住房的价值越拉越大。

城乡二元土地制度曾在中国城市化与现代化的过程中发挥出重要作用：现行制度通过农地转用一律实行征收、建设用地只能使用国有土地，土地用途、规划、年度计划指标和所有制管制，城市政府独家供应土地等方式形成了一套高效的促进土地向城市转换的机制，这种机制又加剧了劳动力和资本往城市配置的趋势，使得中国在一定时期内能够以较低的成本快速的进行城市化和工业化发展。但是随着中国经济发展阶段的转变，增长的动力更多依靠全要素生产率提高与创新驱动,单纯土地要素的增加对经济增长的带动减小,此时增加土地要素的配置效率显得更加重要。城乡二元的土地配置制度阻碍了现阶段城乡融合与平等发展,阻碍了土地要素配置效率的进一步提高,因此学者们呼吁对此进行改革,集体建设用地入市、农村宅基地改革等问题也是近年来的热点话题。

虽然现行的法律和制度不允许集体建设用地入市,但巨大的城乡住房价格差距促使现实中出现了许多处于灰色地带的案例,给房地产市场和政府带来了困扰,小产权房就是其中的代表之一。在城市郊区,一些村集体经济组织在集体土地上集中建设包括联排别墅、公寓等各种类型的住宅。除用来安置本集体经济组织成员外,还以较低的价格向本集体经济组织以外的成员销售,形成了所谓的"小产权房"。这些小产权房体现出了农民与城市之间的博弈智慧,但难以取得当前制度的认可,同时也会扰乱正常的房地产市场秩序,为进一步的改革造成了难题。政府如何发挥积极作用,建立起农村住房与城市住房的融通机制,让农民分享城镇化的红利,从根本上解决以"小产权房"为代表的一类问题,维护房地产市场的稳定与发展,是目前改革亟需考虑的问题。

资料来源:罗锡莲,马爱丽.中国城乡二元土地制度的问题与改革策略研究.农业经济,2020(10);

申明锐.城乡二元住房制度:透视中国城镇化健康发展的困局.城市规划,2011,35(11);

刘守英.城乡中国的土地问题.北京大学学报(哲学社会科学版),2018,55(03).

第三节 中国的住房制度

一、传统的住房制度

我国原有住房分配体制是与计划经济体制相适应的,主要有以下几个特征:一是住房投资主要是由国家和企业统包;二是住房分配采取实物福利分配;三是低租金使用。这种住房制度存在诸多弊端:首先,多年来福利性分配住房以及相应的福利性住房低租金制度与住房的建设、维修、经营等脱钩,不能维持简单的再生产;其次,形成了职工对住房等、靠、要的观念,抑制了个人对住房的投入;第三,排斥了市场机制的作用,市场机制在住房领域未能发挥对资源配置的基础性作用,抑制了住房市场的发育,阻碍了住宅产业及相关产业的发展;第四,难以从机制上抑制不合理的住房需求,助长了以权谋房的不正之风等。这样的住房制度,既不公平也无效率,使住房的供需矛盾无法根本解决。

我国住房制度改革的实质,就是将原有的国有或单位所有改变为个人或私人所有,从而明晰住房产权,降低交易费用,提高资源配置效率。

二、住房制度改革的历程

1. 售房试验阶段(1979—1985年)

首先是新建住房成本价出售。这段时期的新房出售是由政府直接面向个人,售房价格在 120～150 元/m² 之间，一套住房价格相当于双职工家庭年收入的 5～6 倍，尽管房价与家庭总收入的比例较为合理，但这一措施却因公房租金低、工资制度未改革、居民收入水平有限、"买房不如租房"的观念占主导、住宅建设部门担心地方出的补助多等原因，出现了群众不愿买房、建设部门不愿卖房的现象。这期间，出售的新建住宅只占同期建设住宅的 1/2300。1982 年后，已开展住宅出售试点的城镇大部分未能继续进行下去。

其次是补贴出售。1982 年后，在总结前两年公房出售试点经验的基础上，鉴于城镇居民工资水平低、购买能力有限，国家建委和国家城市建设总局决定在郑州、常州、四平、沙市四个城市试行公有住房的补贴出售。出售办法是：原则上个人负担售价的 1/3，职工所在单位及地方政府各补贴 1/3，即所谓的"三三三"制。售价确定仍然以土地建安成本价为标准，规定公共设施建设费用、建筑税和能源交通费不摊入成本，大致在 150～200 元/m² 之间。补贴出售住房，个人负担部分仅相当于家庭年收入的 2 倍。再加之各地采取了一些优惠办法，如一次性付款折减优惠，所以向个人补贴出售住宅的试点取得了显著效果。但由于低租金制度没有改变，租售比价仍然悬殊，买房不如租房，所以人们买房的积极性仍不高。此外，在补贴出售中，个人的负担轻了，但是政府或企业的负担却过重。建房越多，补贴也就越多，因而未能持续推行下去。

2. 提租补贴试点阶段（1986—1988 年）

在总结前一段售房试点经验的基础上，1987 年国务院住房制度改革领导小组将提租补贴作为住房制度改革的基本环节，并于同年 8 月起在烟台、沈阳、蚌埠、唐山、常州等城市开始试点。

"提租补贴"（包括"提租增资"）的主要依据是，在传统住房制度下，由于政府统一建房，以实物形式向职工分配并无偿使用，因而，可以认为职工工资中未包含或只包含了很少的住房消费因素，因此，提高公房租金的同时应适当增加工资。当时考虑到有相当一部分职工住私房，因而采取给住公房的职工发补贴的过渡性办法。

租金改革抓住了我国传统住房制度的根本弊端，实践证明大幅提租，同时给予相应补贴的房改方案不仅可以抑制住房的不合理需求，而且能够促进售房，同时有助于居民转变住房福利制和等级制的旧观念。

根据租金改革的思路，许多城市和单位无论是对住房存量还是增量方面都进行了多种试验，例如"超标加租、累进计租""小步提租不补贴""多提少补、超标自负""新房新租、以息代租""提租增资或提租发券"等。在实践中，由于住房单位所有制下的住房资金来源无序且分布不均衡，补贴资金难于落实，使得基于原有住房投入资金转换的提补方案难以全面推广。此外，房多的单位可以通过租金回收发出补贴，房少的单位只能是发多收少，无房单位只能是有出无进，使得提租补贴难以全面推广。

3. 优惠售房阶段（1988—1989 年）

从前两个阶段的结果看，国家对住房消费因素的扣除并没有公平地再分配给每个职工。城市与城市之间、行业与行业之间、单位与单位之间住房拥有状况存在很大差别。一部分职工从传统的住房分配体制得到的住房收入远远超过了国家对其住房的扣除，而另一部分职工则没有得到国家对其住房扣除后的再分配，或者仅得到了其中一部分。基于以往的改革经验，通过对房改理论认识的深化，促进了房改思路的变化，即"优惠售房"。

"优惠售房"的主要特点是：第一，从变革住房所有权入手，通过将已出租的公房出售给租住者以及鼓励和组织职工购买新建住宅，提高住房自有率。第二，职工个人购买住房不发补贴而给予价格优惠。一般来说，新建住宅的优惠价为其标准价的80%左右，旧公房为60%~80%。不同人在购买住房时享受的优惠幅度不同。第三，对出租的公房估计价值，重新核实公房租金标准。不买房仍继续租住公房的，按新的房租标准缴纳房租，但不发给补贴。第四，出售公房回收的资金加上政府和单位原有的住房建设资金，纳入住房资金内，进一步扩大住房建设，实现住宅再生产的良性循环。

由于实际执行中的价格偏低，与该方案的初衷——抑制消费膨胀、吸收个人手中资金相悖，而且造成国有资产的流失，最终在中央的严令制止下，优惠售房的办法宣告结束。

4. 多种措施并举阶段（1989—1994年）

1991年5月出台的"上海方案"提出了"推行公积金、提租发补贴、租房配债券、买房给优惠、建立房委会"的基本框架。该方案推动了全国房改的深化进行。1991年6月，国务院发出了《关于继续积极稳妥地推进城镇住房制度改革的通知》，提出分步提租、缴纳租赁保证金、新房新制度、集资合作建房、出售公房等多种形式推进房改的思路。1991年10月，全国第二次房改工作会议肯定了上海等地的做法，确定了租、售、建并举，以提租为重点，"多提少补"或"小步提租不补贴"的租金改革原则，基本思路是通过提高租金，促进售房，回收资金，促进建房，形成住宅建设、流通的良性循环。

提租以分步提租不补贴或多提少补为主。全国公房租金水平由原来的每平方米使用面积0.08~0.13元提高到0.20~0.50元之间，部分地区提高到1.0元以上，租金支出占职工家庭消费支出的比例由原来的0.87%提高到2%左右❶。在售房方面，明确了售房以优惠性质的标准价和成本价出售的原则。同时，住宅抵押贷款成为解决城镇居民经济承受力不足的一种手段。公积金制度也开始建立，从一定程度上解决了住房资金来源不足的问题。此外，住房租赁保证金制度、新房新制度也在较大范围内推动，集资合作建房也成为中小城市房改的主要形式之一。

这一方案在实施中的困难主要是：一方面，住房维修、管理及新建成本上升较快，小步提租赶不上物价上涨的速度；另一方面，大步提租又面临着财政、企业以及个人难以承受的问题。在此背景下，1993年11月召开了第三次全国房改会议，改变了第二次房改会议所确定的思路，代之以"以出售公房为重点，售、租、建并举"的新方案。原意是通过出售公房来盘活存量，回笼货币减轻通货膨胀压力，引导消费、调整产业结构。但是，这个方案受到曲解，导致了全国范围的年终突击售房，且售房价格大大低于国家规定的底线。因此，国务院办公厅于1993年12月31日下发了紧急通知，要求各地立即停止低价售房并冻结一切售房款，至此，房改又陷入困境。

5. 房改深化阶段（1994年至今）

1994年第三次全国住房制度改革工作会议公布了《国务院关于加快城镇住房制度改革的决定（草案）》（国发〔1994〕43号文），提出房改的根本目的是"建立与社会主义市场经济体制相适应的新的城镇住房制度，实现住房商品化、社会化；加快住房建设，改善居住条件，满足城镇居民不断增长的住房需求"。方案提出向中低收入职工家庭出售公有住房实行成本价。

---

❶ 空竹：《中国城镇住房制度改革理论政策与实践的发展（中）》，《北京房地产》，1996年第11期。

1998年6月国务院在北京召开全国城镇住房制度改革和住房建设工作会议，通过了《国务院关于进一步深化城镇住房制度改革，加快住房建设的通知》，提出停止住房实物分配，逐步实行住房分配货币化、建立和完善以经济适用住房为主的多层次城镇住房供应体系，发展住房金融，培养和规范住房交易市场。

从总体上看，我国城镇住房制度改革的目标已基本实现：建立了与社会主义市场经济体制相适应的新的城镇住房制度，实现了住房商品化、社会化；住宅市场化程度不断提高，从过去以集团单位购买为主转向以个人购房为主的市场；住房建设平稳快速增长，基本满足了城镇居民逐步增长的住房需求；建立了住房金融体系及住房公积金制度，促进了居民消费；基本形成了市场化的住房供应体系，有效地促进了住宅产业的持续快速健康发展。

三、住房制度改革中的产权关系

必须清醒地认识到，住房制度改革过程是一个各方权益的磨合、协调过程。人们的权益分配关系在房改中要发生变化：有的人或集团的权益将减少，有的人或集团的权益将增加。房改难，难就难在要进行这些权利的调整及协调这些利益分配和再分配关系。为此，有必要从理论上进一步研究产权关系及其住房利益分配问题。

（一）我国现行住宅产权的状况

从我国现行住宅产权状况来看，住宅产权是否完全应以包括房产权和地产权的状况来衡量。完全的住宅产权应包括完全房产权（所有权）和完全地产权（出让土地使用权）。例如，以市场价购买的商品房，具有房产权和出让土地使用权，具备完全产权的特性；不完全的住房产权如房改中的福利性产权、有限产权、部分产权等。

总的来看，我国存在的不完全住房产权主要是房改以后以不同方式出售的住房产权。公有住房的出售价格与所获得的产权间的关系可参见图15-2。

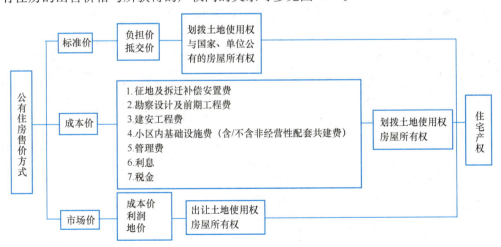

图15-2　房改中的主要售价方式体现的产权关系

从权利获取的方式来看，不完全产权可以大致归纳为以下几种形式：（1）福利性产权，即产权单位将房屋以极低的价格（有时甚至是无偿的）销售给职工，个人支付的价款大都是象征性的，不具有实质意义。其目的是将产权以低价转让给个人后，单位可以摆脱房产管理的包袱。(2) 有限产权,即有关部门或单位在居民购买旧住房或建造新住房时予以适当补贴,或者以低于成本价(建筑造价加征地拆迁补偿费)的价格将住房销售给受让人,住房在一定条件下可以进入市场。这一方面在一定程度上减少福利性价格条件中存在的国有资产流失,又可以在较短的时间里缓解职工住房紧张状况。(3) 部分产权,即居民以成本价格获得住房产权(完全房产权),却未获得出让土地使用权。(4) 共有产权,即公私集资共同建造或购买住房,产权共有,个人享有长期使用权。在这种产权形式中,个人出资金额具有较大的随意性。

(二) 公房入市中的住房产权关系变化

"房改房"是我国住房制度改革的产物,是政府以低于商品房市场价的成本价或标准价出售给公有房屋的使用者而形成的。由于价格中不含地价(土地出让金),加上有税费减免等一系列优惠政策,从而使价格降低,并使其与普通居民消费者的承受力相当。这样,一方面使国家作为公房所有者,摆脱了出租人所应承担的责任和义务,减轻了负担;另一方面也使越来越多的中低收入的城市居民拥有了自己的"家",总体来看对城镇住房制度改革有着积极的意义。

但是,由于房改房多是以成本价购买的,与其价格相对应的是不完全产权。据问卷调查[1],在所有购买房改房的城镇居民中,以成本价购买的比例最大,为46.5%;其次是按标准价购买的,占43.6%;以市场价购买的最少,仅为9.9%。以成本价购买的住房包括由于支付成本价而获得的完全房产权,以及由于政府优惠政策获得的不包括土地的收益和处置权利的不完全产权。

首先,不完全产权使土地的所有者受到侵害。以无偿划拨方式获取土地使用权的公房入市时,购房者可以市场价购买公有住房的完全产权,使原来不完全的产权成为完全产权,特别是实现了土地产权的完整化,同时也使原政府对地价的减免部分量化、显化。如果不采取适当措施,不仅会违背原政府减免地价的初衷,也会使国有土地所有者的权益受到侵害。据国务院政策研究室测算,全国每年通过隐形市场流失的土地收益高达上百亿元,其中仅因房产买卖而直接流入居民手中的地租即达20亿元。

其次,公房入市也会使原本存在的不合理的住房分配合法化。众所周知,我国传统的住房分配制度产生了种种不合理的利益分配矛盾,原因之一是传统的政治、经济体制所造成;原因之二则是在房改中政府以单一的成本价出售公房,造成居民对潜在土地级差收益的占有量不等。对于前一类原因,一些省、市在房改时已采取一定措施积极解决;而后一类原因,则是公房入市后可能会暴露出的较大矛盾。

最后,公房入市如果不加以调控也会带来住宅市场不公平的竞争。公房入市实质是拥有划拨土地使用权的住宅的权利转移行为,如果不考虑土地权益问题,不仅会造成国有土地资产的流失,也会使市场产生不公平竞争,即市场不同主体以不同的条件获得了相同的土地权利,不利于市场的发育。

总之,由于公房现行产权关系的特殊性,公房入市将不可避免地带来一系列问题,需进一步理顺产权关系,并进行明确界定,这样才有利于收益分配的调整,有利于完善市场的运行。

---

[1] 林增杰,吕萍,余翔:"国家自然科学基金应急课题:公房入市政策设计"课题报告。

四、构建新的住房制度

在传统住房制度下,住房分配以"实物福利"分配方式为主要特征。实践证明这一分配模式不适应生产力的发展。城镇住房制度改革有利于建立一种新的住房利益分配关系和利益分配格局,以便形成住宅经济运行中强大的动力和活力。

住房利益协调的基本原则是:(1)保障人们的基本住房权利——"居者有其屋"。城镇住房制度改革的根本目的是满足城镇居民不断增长的住房需求。适当控制高档住宅的建设,加强普通住宅的建设,使绝大多数人的住房条件得以改善,满足人们的基本居住需要,实现"居者有其屋",是现阶段住房利益协调的根本原则。(2)适当调整既得利益,合理分配新增利益。由于住房存量分配的失衡是历史造成的,所以对于存量住房利益,应承认历史和现实,通过市场调节和采取逐步提租等措施进行调整;对于增量利益(即由于住房面积、标准、区位的不同而在房改过程产生的利益差别,其货币表现为新获得的经济利益与房改买房时的价格之差),则完全可以重新进行分配。这样既尊重了职工的既得利益,又较公平地分配了新增利益。(3)从长远利益着眼,兼顾暂时利益。在房改过程中,各种利益关系的调整难以一次性理顺。在房改的某个阶段,一部分人难于实现应得的住房利益,而另一部分人实现较多的住房利益,从而形成利益差别。但这只是暂时现象,随着房改的深入,国家经济实力的增强,个人的应得利益将会实现。(4)保证全局利益,兼顾局部利益。在房改过程中,各部门、各单位都会从自身利益出发,尽力维护其既得利益,在行业、单位之间又形成了利益差别和矛盾,影响房改政策措施的顺利执行。应采取一定措施,平衡各部门、单位间的利益矛盾。

新的住房制度要摒弃旧的住房制度的缺陷与不足,同时也要防范公房入市过程中可能出现的旧住房制度及房改过程中存在的"分配不公"的显性化、货币化等新问题,通过政策设计和实施,把矛盾控制在一定的范围内,避免引发新的"矛盾"。在新的住房制度设计中应坚持以下基本原则:(1)理顺住房产权关系。结合登记发证工作,将现有多种住房产权形式明确界定,如完全产权、部分产权、无条件入市产权、有条件入市产权等,以减少利益分配可能产生的矛盾,促进住房市场的良性运转。(2)停止住房福利实物分配制度,实行住房分配货币化。公房准入市前,许多机关、单位,纷纷以市场价抢购商品房,然后再以成本价或标准价卖给干部、职工。这种情况给公房入市带来负面影响,扩大了住房分配新的"不公"和"矛盾"。实行住房货币化分配可以更多地体现"按劳分配"的原则,减少"不公"或"新矛盾"的显性化和货币化。(3)实行公房入市的申报、登记、建档和跟踪管理制度。公房入市要实施"宽进严出"的政策,大部分已购公有住房都可以按规定实行准入政策。但是,对入市的公房要实行申报、登记和建立住房档案制度,实现公房入市的跟踪管理。发现有多处分房、多占房的超标住房,要追查房源的合法性,当发现属于弄虚作假,明显违反政策和违纪、违规的,要补缴超标住房面积的土地出让金和增值税,以及其他相关税费或实行政府或单位优先购买权的政策。

[专栏 15-4] 新时代租购并举住房制度构建

住房制度改革以来,我国住房租售市场发展不平衡,住房销售市场蓬勃发展,而住房租赁市场却一直处于落后状况，无法满足高房价下大城市新市民居住需要。在此背景下，构建租购并举的住房市场成为新一轮住房体制改革的重要目标。2015 年国务院在《关于深入推进新型城镇化建设的若干意见》中首次提出："以满足新市民的住房需求为主要出发点，建立购房与租房并举、市场配置与政府保障相结合的住房制度"；国家"十三五"规划纲要则进一步明确了建立租购并举的住房制度为主要方向深化住房制度改革。党的十九大报告进一步指出我国社会主要矛盾已经转化为人民日益增长的美好生活需要和不平衡不充分的发展之间的矛盾，提出"坚持房子是用来住的、不是用来炒的定位，加快建立多主体供给、多渠道保障、租购并举的住房制度，让全体人民住有所居"。这是新时代我国住房制度构建的根本性指导思想。

围绕租购并举住房制度构建，党中央和国务院做出了一系列决策部署，先后出台了多项重要政策措施。2016 年 5 月，国务院发布《关于加快培育和发展住房租赁市场的若干意见》，从培育市场供应主体、鼓励住房租赁消费、完善公共租赁住房、支持租赁住房建设、加大政策支持力度、加强住房租赁监管等多方面提出若干要求。2017 年 7 月，住房和城乡建设部等九部委联合出台《关于在人口净流入的大中城市加快发展住房租赁市场的通知》，在培育机构化、规模化住房租赁企业，建设政府住房租赁交易服务平台，增加租赁住房有效供应，创新住房租赁管理和服务体制等方面做出具体部署。2017 年 8 月，国土资源部、住房和城乡建设部联合印发《利用集体建设用地建设租赁住房试点方案》，在北京等 13 个城市开展利用集体建设用地建设租赁住房试点。2019 年 2 月，财政部、住房和城乡建设部联合发布《关于开展中央财政支持住房租赁市场发展试点的通知》，提出中央财政分批支持部分人口净流入、租赁需求缺口大的大中城市发展住房租赁市场，构建有利的体制机制，多渠道筹集租赁住房房源，促进专业化、机构化租赁企业发展，建设住房租赁信息服务与监管平台，改善租赁住房消费环境，加快形成租购并举的格局。2020 年 11 月，党的十九届五中全会在"推进以人为核心的城镇化"一篇中进一步提出"探索支持利用集体建设用地按照规划建设租赁住房，完善长租房政策"。2020 年 12 月，中央经济工作会议将解决好大城市住房突出问题作为 2021 年重点任务之一，明确提出"加快完善长租房政策，逐步使租购住房在享受公共服务上具有同等权利，规范发展长租房市场"。在大城市高房价的背景下，规范发展住房租赁市场是解决新型城镇化下新市民住房问题的必然要求。

资料来源：黄燕芬，张超．加快建立"多主体供给、多渠道保障、租购并举"的住房制度．价格理论与实践，2017（11）。

小 结

（1）产权理论是房地产经济学理论体系的一个重要部分。只有具备明晰的产权，产权主体才会自觉地关心资源利用的成本和效益。产权分析致力于发现和评价各种制度之间的交易费用和激励结构的差别。由于强调了"交易成本论"，根据科斯定理的交易成本论所引申的政策结论是：要利用法律最大程度地降低交易成本。合理的产权制度有助于规范交易行为，保证有效竞争，提高资源配置效率。

（2）农村集体所有土地的制度变革有助于农地产权的明晰，提高农地资源配置效率。目前我国的农地所有制存在着土地所有权主体不明晰、集体所有权名不副实、农地集体所有制局限于狭小范围造成效率低下等主要问题。改革农地所有制主要有农地私有化、农地国有化以及坚持和完善农地集体所有制三种思路。

（3）我国实行房改之前的单一的房产公有制结构是典型成本收益外部化的例子，这种住房制度既无效率也不公平，不利于可持续发展。我国住房制度改革的实质，就是将原有的国有或单位所有改变为个人或私人所有，从而使房屋产权的收益和成本"内部化"。

（4）我国城市土地属于国家所有，实行国有土地有偿使用制度。城市国有土地有偿使用的基本方式主要包括土地使用权出让制、土地使用权租赁制、土地使用权作价入股制等。

（5）我国传统的住房制度主要有以下几个特征：住房投资由国家和企业统包；实物福利分配；低租金使用。住房制度改革的实质是明晰住房产权，提高资源配置效率。住房制度改革经历了售房试验、提租补贴试点、优惠售房、多种措施并举和房改深化等几个阶段。住房制度改革是各方权益的磨合、协调过程。

房改形成的住房不完全产权可大致归纳为福利性产权、有限产权、部分产权和共有产权等。公房入市过程中需理顺住房产权关系。在构建新的住房制度过程中应保障人们的基本住房权利，实现"居者有其屋"；适当调整既得利益，合理分配新增利益。

复习思考题

1. 什么是产权、交易费用和制度？
2. 试应用产权经济学的有关理论分析我国的房地产产权体系。
3. 试从产权经济学的角度分析当前我国的农地制度。
4. 试用制度变迁理论分析我国的住房制度改革历程。

课外阅读材料

1. DiPasquale Denise，William C. Wheaton. Urban Economics and Real Estate Markets. Chapter 13 Local Governments，Property Taxes and Real Estate Markets. Chapter 14 Public Goods，Externalities and Development Regulation. Pearson，1996.

2. Green Richard K.，Stephen Malpezzi. A Primer on U.S. Housing Markets and Housing Policy. Chapter 3 A Brief Review of Housing Policies and Programs [M]. Urban Institute Press，2003.

3. （美）阿瑟·奥肯. 平等与效率——重大的抉择 [M]. 北京：华夏出版社，1987.

4. （美）R·科斯，A·阿尔钦，D·诺斯等著. 财产权利与制度变迁：产权学派与新制度学派译文集 [M]. 上海：上海三联书店，上海人民出版社，1991.

5. 包宗华. 发达国家住房管理制度 [M]. 北京：时事出版社，2001.

6. 周其仁. 产权与制度变迁——中国改革的经验研究 [M]. 北京：北京大学出版社，2005.

7. （美）阿瑟·奥沙利文. 城市经济学 [M]. 8版. 北京：中国人民大学出版社，2013.

参 考 文 献

第 1 章

1. Bao X. H. Helen. Behavioural Science and Housing Decision Making: A Case Study Approach[M]. London: Routledge, 2020.
2. Bao X. H. Helen, Lizieri C. Behavioural Finance and the Housing Market[M]. Working paper, 2020.
3. Bao X. H. Helen, Saunders R. Reference Dependence in the UK Property Market[J]. Real Estate eJournal, DOI: 10.2139/ssrn.3436015, Corpus ID: 207914737, 2019.
4. Fama E. F. Two Pillars of Asset Pricing[J]. American Economic Review, 2014, 104(6): 1467-1485.
5. Kahneman D, Tversky A. Prospect Theory: An Analysis of Decision under Risk[J]. Econometrica, 1979, 47(2): 263-291.
6. Simon, H. A. Rational choice and the structure of the environment[J]. Psychological Review, 1956, 63(2): 129-138.
7. Thaler R. Toward a positive theory of consumer choice. [J]Journal of Economic Behavior & Organization, 1980, 1(1): 39-60.
8. (美)保罗·克鲁格曼. 发展、地理学与经济理论[M]. 北京: 北京大学出版社、中国人民大学出版社, 2000.
9. (美)保罗·萨缪尔森, 威廉·诺德豪斯. 微观经济学[M]. 16版. 北京: 华夏出版社, 1999.
10. (美)N·格里高利·曼昆. 宏观经济学[M]. 5版. 北京: 中国人民大学出版社, 2005.
11. (美)N·格里高利·曼昆. 经济学原理: 微观经济学分册[M]. 7版. 北京: 北京大学出版社, 2015.
12. (美)米尔顿·弗里德曼. 弗里德曼文萃[M]. 北京: 北京经济学院出版社, 1991.
13. (美)埃里克·弗鲁博顿, [德]鲁道夫·芮切特. 新制度经济学: 一个交易费用分析范式[M]. 上海: 格致出版社、上海三联书店、上海人民出版社, 2006.
14. (冰)思拉恩·埃格特森. 新制度经济学[M]. 北京: 商务印书馆, 1996.
15. 尼克·威尔金森. 行为经济学[M]. 北京: 中国人民大学出版社, 2012.
16. 陈璋. 西方经济学方法论研究[M]. 北京: 中国统计出版社, 2001.
17. 高鸿业. 西方经济学[M]. 2版. 北京: 中国人民大学出版社, 2002.
18. 钱颖一. 现代经济学与中国经济改革[M]. 北京: 中国人民大学出版社, 2003.
19. 张五常. 经济解释(三卷本). 卷一: 科学说需求[M]. 香港: 花千树出版有限公司, 2002.
20. 周诚. 土地经济学原理[M]. 北京: 商务印书馆, 2003.

第 2 章

1. Bao X. H. Helen. Behavioural Science and Housing Decision Making: A Case Study Approach[M]. London: Routledge, 2020.
2. (美)阿瑟·奥沙利文. 城市经济学[M]. 4版. 北京: 中信出版社, 2003.
3. (美)保罗·萨缪尔森, 威廉·诺德豪斯. 微观经济学[M]. 16版. 北京: 华夏出版社, 1999.
4. (美)丹尼斯·迪帕斯奎尔, 威廉·C·惠顿. 城市经济学与房地产市场[M]. 北京: 经济科学出版社, 2002.
5. (美)雷利·巴洛维. 土地资源经济学[M]. 北京: 北京农业大学出版社, 1989.

6. (美)美国估价协会. 不动产估价[M]. 11 版. 北京：地质出版社，2001.
7. (美)N·格里高利·曼昆. 宏观经济学[M]. 5 版. 北京：中国人民大学出版社，2005.
8. 毕宝德. 土地经济学[M]. 8 版. 北京：中国人民大学出版社，2020.
9. 曹振良，等. 房地产经济学通论[M]. 北京：北京大学出版社，2003.
10. 况伟大. 垄断、竞争与管制——北京市住宅业市场结构研究[M]. 北京：经济管理出版社，2003.
11. 刘玉录. 房地产的七个"市场失灵"[J]. 中国房地产金融，2003(10).
12. 乔志敏. 房地产经营管理教程[M]. 北京：立信会计出版社，2001.
13. 盛松成，宋红卫，汪恒. 房地产与中国经济[M]. 北京：中信出版集团，2020.
14. 严金海. 转型期土地供给管制政策对房价波动的影响机制与政策效果评估研究[M]. 厦门：厦门大学出版社，2019.
15. 周诚. 土地经济学原理[M]. 上海：商务印书馆，2003.

第 3 章

1. Michael Ball，Colin Lizieri，Bryan D. MacGregor. The Economics of Commercial Property Markets[M]. Routledge，1998.
2. Richard K. Green，Stephen Malpezzi. A Primer on U. S. Housing Markets and Housing Policy[M]. The Urban Institute Press，2000.
3. (美)阿瑟·奥沙利文. 城市经济学[M]. 4 版. 北京：中信出版社，2003.
4. (美)保罗·萨缪尔森，威廉·诺德豪斯. 宏观经济学[M]. 16 版. 北京：华夏出版社，1999.
5. (美)丹尼斯·迪帕斯奎尔，威廉·C·惠顿. 城市经济学与房地产市场[M]. 北京：经济科学出版社，2002.
6. (美)丹尼斯·J·麦肯齐，等. 房地产经济学[M]. 北京：经济科学出版社，2003.
7. (美)N·格里高利·曼昆. 宏观经济学[M]. 5 版. 北京：中国人民大学出版社，2005.
8. (美)威廉姆·B·布鲁格曼，杰夫瑞·D·费雪. 房地产金融与投资[M]. 10 版. 大连：东北财经大学出版社，2000.
9. 董藩，丁宏，陶斐斐. 房地产经济学[M]. 北京：清华大学出版社，2012.

第 4 章

1. Daniel P. McMillen，John McDonald. Reaction of House Prices to a New Rapid Transit Line：Chicago's Midway Line，1983-1999[J]. Real Estate Economics，2004，32(3)：463-486.
2. Himmelberg C，Mayer C，Sinai T. Assessing high house prices：Bubbles，fundamentals and misperceptions[J]. Journal of Economic Perspectives，2005，19(4)：67-92.
3. Khan，T. S. Asian Housing Markets：Bubble Trouble? Report Number 67883：An Eye on East Asia and Pacific. World Bank：East Asia and Pacific Economic Management and Poverty Reduction[EB/OL]. http：//documents. worldbank. org/curated/en/2012/01/16211688 /asian-housing-markets-bubble-trouble，2012.
4. Lancaster K. J. A New Approach to Consumer Theory[J]. Journal of Political Economy，1996.
5. Phang，S. -Y.，M. Helble. 2016. Housing Policies in Singapore. ADBI Working Paper 559. Tokyo：Asian Development Bank Institute[EB/OL]. Available：http：//www. adb. org/publications/housing-policies-singapore.
6. Poterba J. M. House price dynamics：the role of tax policy and demography[J]. Brookings papers on economic activity，1991(2)：143-203.
7. Wong，Y. Hong Kong Land for Hong Kong People：Fixing the Failures of Our Housing Policy[M].

Hong Kong: Hong Kong University Press, 2015.
8. (美)阿瑟·奥沙利文. 城市经济学[M]. 4 版. 北京:中信出版社,2003.
9. (美)Dennis J. McKenzie, Richard M. Betts. 房地产经济学[M]. 4 版. 北京:经济科学出版社,2003.
10. (美)保罗·萨缪尔森,威廉·诺德豪斯:微观经济学[M]. 16 版. 北京:华夏出版社,1999.
11. (美)丹尼斯·迪帕斯奎尔,威廉·C·惠顿. 城市经济学与房地产市场[M]. 北京:经济科学出版社,2002.
12. (美)雷利·巴洛维. 土地资源经济学[M]. 北京:北京农业大学出版社,1989.
13. (美)曼昆:经济学原理(原书第 3 版)(上册)[M]. 北京:机械工业出版社,2005.
14. (美)威廉姆·B·布鲁格曼,杰夫瑞·D·费雪. 房地产金融与投资[M]. 10 版. 大连:东北财经大学出版社,2000.
15. 毕宝德. 土地经济学[M]. 5 版. 北京:中国人民大学出版社,2006.
16. 曹建海. 居民住房到底是消费品还是投资品呢[N]. 中国财经时报,2006.8.23.
17. 丁珊. 房地产价格波动与宏观经济指标关系的实证研究[J]. 中国物价,2007(7).
18. 段忠东,曾令华,黄泽先. 房地产价格波动与银行信贷增长的实证研究[J]. 金融论坛,2007(2).
19. 高宇波. 我国城市住房价格持续上涨的原因分析及对策研究[J]. 北京房地产,2005(2).
20. 冯群科,唐根年,王逸芬. 商品住宅价格与城市人居环境关系的定量研究——以杭州市区为例[J]. 生态经济(学术版),2007(1).
21. 方毅,赵石磊. 房屋销售价格和租赁价格的关系研究[J]. 数理统计与管理,2007(11).
22. 高凌江. 地方财政支出对房地产价值的影响——基于我国 35 个大中城市的实证研究[J]. 财经理论与实践,2008(1).
23. 关柯,芦金锋,曾赛星. 现代住宅经济[M]. 北京:中国建筑工业出版社,2002.
24. 韩乾. 土地资源经济学[M]. 台中:沧海书局,2001.
25. 华伟. 房地产经济学[M]. 上海:复旦大学出版社,2004.
26. 蒋立红,高霞. 城市商品住宅价格水平影响因素研究[J]. 城市发展研究,2007(6).
27. 李敏捷,傅泽田. 住宅价格的影响因素综述[J]. 建筑经济,2007(2).
28. 美国估价学会. 房地产估价[M]. 12 版. 北京:中国建筑工业出版社,2005.
29. 倪鹏飞,赵峥,车峰. 中国城市房地产市场分析[J]. 中国城市经济,2005(1).
30. 曲闻. 影响我国房地产价格的宏观经济因素实证分析[J]. 价格月刊,2006(9).
31. 沈悦,刘洪玉. 住宅价格与经济基本面:1995—2002 年中国 14 城市的实证研究[J]. 经济研究,2004(6).
32. 宋勃,高波. 国际资本流动对房地产价格的影响——基于我国的实证检验(1998—2006 年)[J]. 财经问题研究,2007(3).
33. 王德,黄万枢. 外部环境对住宅价格影响的 Hedonic 法研究——以上海市为例[J]. 城市规划,2007(9).
34. 王来福,郭峰. 货币政策对房地产价格的动态影响研究——基于 VAR 模型的实证[J]. 财经问题研究,2007(11).
35. 王霞,朱道林,鸣明. 城市轨道交通对房地产价格的影响——以北京市轻轨 13 号线为例[J]. 城市问题,2004(6).
36. 温海珍. 城市住宅的特征价格:理论与实证研究[M]. 北京:经济科学出版社,2005.
37. 温海珍,贾生华. 住宅的特征与特征价格——基于特征价格模型的分析[J]. 浙江大学学报(工学版),2004(10).
38. 吴公樑,龙奋杰. 中国城市住宅价格与居民收入关系的定量研究[J]. 土木工程学报,2005(6).

39. 余凯. 中国房地产价格上涨的内生机制研究[J]. 云南财经大学学报，2007(8).
40. 赵财福，赵小虹. 房地产估价[M]. 上海：同济大学出版社，2004.
41. 郑捷奋，刘洪玉. 深圳地铁建设对站点周边住宅价值的影响[J]. 铁道学报，2005(10).
42. 中国房地产估价师与房地产经纪人学会. 房地产估价理论与方法[M]. 北京：中国建筑工业出版社，2005.
43. 周毕文，郑硕. 上海和北京商品住宅价格的实证分析和趋势研究[M]. 中国商品学会第九届学术研讨会暨商品学发展与教育论坛论文集，2006.
44. 朱晓刚，杨小雄，周书祥. 我国房地产价格非理性增长的动因剖析及对策建议[J]. 改革与战略，2007(3).

第 5 章

1. Denise Dipasquale, William C. Wheaton. Urban Economics and Real Estate Market[M]. Upper Saddle River: Prentice-Hall, 1996.
2. William C. Wheaton. The Cyclic Behavior of the National Office Market[J]. AREUEA Journal, 1987, 15(4): 287-299.
3. William C. Wheaton, Baranski M. S., Templeton C. A.. 100 Years of Commercial Real Estate Prices in Manhattan[J]. Real Estate Economics, 2009, 37(1): 69-83.
4. William C. Wheaton, Raymond G.. Torto. An investment Model of the Demand and Supply for Industrial Real Estate[J]. AREUEA Journal, 1990, 18: 530-547.
5. (美)阿德里安娜·施米茨，德博拉·L·布雷特. 房地产市场分析——案例研究方法[M]. 北京：中信出版社，2003.
6. (美)丹尼斯·迪帕斯奎尔，威廉·C·惠顿. 城市经济学与房地产市场[M]. 北京：经济科学出版社，2002.
7. (美)丹尼斯·J·麦肯齐，理查德·M·贝兹. 房地产经济学[M]. 北京：经济科学出版社，2003.
8. 迈克·E·米勒斯，盖尔·贝伦斯，马克·A·韦斯. 房地产开发——原理与程序[M]. 北京：中信出版社，2003.
9. 曹振良，等. 房地产经济学通论[M]. 北京：北京大学出版社，2003.
10. 陈建明. 商业房地产投融资指南[M]. 北京：机械工业出版社，2003.
11. 国务院研究室课题组. 中国农民工调研报告[M]. 北京：中国言实出版社，2006.
12. 特瑞斯. M. 克劳瑞特，G·斯泰西·西蒙. 房地产金融－原理和实践[M]. 北京：经济科学出版社，2004.
13. 邹高禄. 成都市商业房地产市场需求敏感性因素分析[J]. 资源与人居环境，2004(5).
14. 项敏，王学英. 商铺攻略[M]. 上海：上海远东出版社，2003.

第 6 章

1. Buchanan, J. M. Opportunity Cost in the world of economics[M]. London: Palgrave Macmillan, 1991.
2. Harrison Jr D., Kain J. F. Cumulative urban growth and urban density functions[J]. Journal of Urban economics, 1974, 1(1): 61-98.
3. Raleigh Barlowe. Land Resource Economics[M]. 4th ed. Prentice-Hall, Inc., 1985.
4. (美)阿瑟·奥沙利文. 城市经济学[M]. 8版. 北京：北京大学出版社，2015.
5. (美)丹尼斯·蒂帕斯奎尔，威廉·C·惠顿. 城市经济学与房地产市场[M]. 北京：经济科学出版社，2002.

6. (美)丹尼斯·J·麦肯齐,理查德·M·贝兹. 房地产经济学[M]. 北京:经济科学出版社,2003.
7. (美)迈克·E·米勒斯,盖尔·贝伦斯,马克·A·韦斯. 房地产开发原理与程序[M]. 北京:中信出版社,2003.
8. 曹振良,等. 房地产经济学通论[M]. 北京:北京大学出版社,2003.
9. 查尔斯·F·弗洛伊德,马库斯·T·艾伦. 房地产原理(原书第六版)[M]. 上海:上海人民出版社,2005.
10. 崔寒清. 城市用地容积率与城市经济发展的关系研究——以全国九个大型城市为实证分析的对象[J]. 中国房地产,2006(3).
11. 方维慰. 房地产投资环境评价体系的构建及应用[J]. 南京航空航天大学学报(社会科学版),2002(4).
12. 傅珆. 城市房地产开发投资潜力评价[J]. 统计与决策,2006(1).
13. 顾清明. 跨国房地产投资的动因及其风险分析[J]. 中国国土资源经济,2007(6).
14. 韩乾. 土地资源经济学[M]. 台中:沧海书局,2001.
15. 李荣梅. 房地产企业开发成本核算业务的难点与重点分析[J]. 现代商业,2019(32).
16. 李勇,等. 房地产行业投资促进报告[R/OL]. https://www2.deloitte.com/cn/zh/pages/real-estate/articles/re-industry-investment-promotion-report.html,2018.
17. 刘洪玉. 房地产开发[M]. 3版. 北京:首都经济贸易大学出版社,2006.
18. 全国高校建筑与房地产管理学科与专业指导委员会. 房地产经济与管理[M]. 北京:中国人民大学出版社,1997.
19. 单胜道,尤建新. 容积率对地价的影响规律分析分析[J]. 长安大学学报(社会科学版),2003(1).
20. 慎勇扬,叶艳妹. 城市化进程中建设用地开发方式选择的经济学分析[J]. 经济地理,2004(11).
21. 王伟宁,李淑同. 房地产开发项目可行性研究与经济评价手册[M]. 北京:地震出版社,2001.
22. 文余源. 中国主要城市投资环境评价[J]. 国土与自然资源研究,2001(4).
23. 吴旭. 朗诗物业的绿色探索[J]. 城市开发,2018(21).
24. 章波,苏东升,黄贤金. 容积率对地价的作用机理及实证研究——以南京市为例[J]. 地域研究与开发,2005(10).
25. 张涛,陈颖梅,张怀清. 房屋预售制度的国际比较[J]. 金融纵横,2006(1).
26. 张永岳,等. 新编房地产经济学[M]. 北京:高等教育出版社,1998.
27. 中华人民共和国建设部. 房地产开发项目经济评价方法[M]. 北京:中国计划出版社,2000.

第7章

1. Case K E, Quigley J M, Shiller R J. Comparing wealth effects: The stock market versus the housing market[J]. The B. E. Journal of Macroecononmics,2005,5(1):1-34.
2. John D. Benjamin, Peter Chinloy, G. Donald Jud. Real Estate Versus Financial Wealth in Consumption [J]. 2004,29(3):341-354.
3. Muellbauer John, Murphy Anthony. Booms and Busts in the UK Housing Market[J],1997,107(445):1701-1727.
4. (美)N·格里高利·曼昆. 经济学原理[M]. 3版. 北京:机械工业出版社,2003.
5. (美)阿瑟·奥沙利文. 城市经济学[M]. 4版. 北京:中信出版社,2003.
6. (美)保罗·萨缪尔森,威廉·诺德豪斯. 经济学[M]. 17版. 北京:人民邮电出版社,2004.
7. (美)丹尼斯·迪帕斯奎尔,威廉·C·惠顿. 城市经济学与房地产市场[M]. 北京:经济科学出版社,2002.
8. 巴曙松,杨现领. 从城镇化大趋势看房地产市场的未来发展[J]. 东岳论丛,2020(2).

9. 曹嘉辉. 住房消费对经济增长的带动作用[J]. 武汉冶金管理干部学院学报，2000(6).
10. 陈斌开，金箫，欧阳涤非. 住房价格、资源错配与中国工业企业生产率[J]. 世界经济，2015(4).
11. 陈斌开，杨汝岱. 土地供给、住房价格与中国城镇居民储蓄[J]. 经济研究，2013，48(1).
12. 陈伯庚. 经济理论与房地产研究论文集[G]. 上海：上海人民出版社，2003.
13. 崔光灿. 房地产价格与宏观经济互动关系实证研究——基于我国31个省份面板数据分析[J]. 经济理论与经济管理，2009(1).
14. 杜莉，沈建光，潘春阳. 房价上升对城镇居民平均消费倾向的影响——基于上海市入户调查数据的实证研究[J]. 金融研究，2013(3).
15. 高春亮，周晓艳. 34个城市的住宅财富效应：基于panel data的实证研究[J]. 南开经济研究，2007(1).
16. 黄静，屠梅曾. 房地产财富与消费：来自于家庭微观调查数据的证据[J]. 管理世界，2009(7).
17. 黄妍妮，高波，魏守华. 中国城市群空间结构分布与演变特征[J]. 经济学家，2016(9).
18. 贾康. 中国住房制度与房地产税改革[M]. 北京：企业管理出版社，2017.
19. 况伟大. 房地产与中国宏观经济[M]. 北京：中国经济出版社，2010.
20. 况伟大. 房价变动与中国城市居民消费[J]. 世界经济，2011，34(10).
21. 李雪松，张莹，陈光炎. 中国经济增长动力的需求分析[J]. 数量经济技术经济研究，2005(11).
22. 梁云芳，高铁梅，贺书平. 房地产市场与国民经济协调发展的实证分析[J]. 中国社会科学，2006(3).
23. 吕风勇. 房地产与中国宏观经济：历史与未来[M]. 广州：广东经济出版社，2019.
24. 骆祚炎. 住房支出、住房价格、财富效应与居民消费增长——兼论货币政策对资产价格波动的关注[J]. 财经科学，2010(5).
25. 皮舜，武康平. 房地产市场发展与经济增长的因果关系[J]. 管理评论，2004(3).
26. 沈悦，刘洪玉. 房地产资产价值与国家财富的关系研究[J]. 清华大学学报(哲学社会科学版)，2004(1).
27. 王学德. 宏观层面的中国房地产研究[M]. 青岛：中国海洋大学出版社，2016.
28. 许宪春，贾海，李皎，等. 房地产经济对中国国民经济增长的作用研究[J]. 中国社会科学，2015(1).
29. 严金海，丰雷. 中国住房价格变化对居民消费的影响研究[J]. 厦门大学学报(哲学社会科学版)，2012(2).
30. 颜色，朱国钟. "房奴效应"还是"财富效应"？——房价上涨对国民消费影响的一个理论分析[J]. 管理世界，2013(3).
31. 叶剑平，谢经荣. 房地产业与社会经济协调发展研究[M]. 北京：中国人民大学出版社，2005.
32. 余华义，王科涵，黄燕芬. 中国住房分类财富效应及其区位异质性——基于35个大城市数据的实证研究[J]. 中国软科学，2017(2).
33. 张杰，杨连星，新夫. 房地产阻碍了中国创新么？——基于金融体系贷款期限结构的解释[J]. 管理世界，2016(5).
34. 张永岳，谢福泉，胡金星. 房地产市场与上海经济发展[M]. 上海：上海交通大学出版社，2016.
35. 赵永升. 主要城市群及其房地产市场发展分析[J]. 现代管理科学，2019(11).
36. 郑思齐，刘洪玉. 住宅产业发展与国民经济增长[J]. 建筑经济，2002(10).
37. 中国经济增长前沿课题组. 城市化、财政扩张与经济增长[J]. 经济研究，2011(11).
38. 周华东. 中国住房"财富效应"之谜：一个文献综述[J]. 消费经济，2015，31(3).

第8章

1. Clauretie T M, Sirmans G S. Real Estate Finance: Theory and Practice[M]7th edition. On Course

Learning, 2013.
2. Jacobus C. J. Real Estate, An Introduction to the Professional[M]10th Edition. Thomson South-western, 2006.
3. McKenzie D. J., Betts R. M. Essentials of Real Estate Economics[M]6th edition. South-Western Educational Pub, 2010.
4. (美)扈企平. 资产证券化：理论与实务[M]. 北京：中国人民大学出版社，2007.
5. (美)陈淑贤，约翰·埃里克森，王诃. 房地产投资信托：结构、绩效与投资机会[M]. 北京：经济科学出版社，2004.
6. 宾融. 住房抵押贷款证券化[M]. 北京：中国金融出版社，2002.
7. 曹建元. 房地产金融[M]. 上海：上海财经大学出版社，2003.
8. 曹振良，等. 房地产经济学通论[M]. 北京：北京大学出版社，2003.
9. 郭连强，刘力臻，祝国平. 我国房地产金融创新面临的突出问题与对策[J]. 经济纵横，2015(3).
10. 何平平，等. 大数据金融与征信[M]. 北京：清华大学出版社，2017.
11. 毛志荣. 房地产投资信托基金研究[R]. 深圳证券交易所综合研究所，2004.
12. 施方. 住房抵押贷款证券化——运作和定价[M]. 上海：上海财经大学出版社，2005.
13. 谢经荣，殷红，王玉玫. 房地产金融[M]. 3版. 北京：中国人民大学出版社，2012.
14. 谢平，邹传伟. 互联网金融模式研究[J]. 金融研究，2012(12).
15. 徐伟川. 互联网金融快速发展对金融普惠的重要意义[J]. 改革与战略，2017(10).
16. 王达. 美国互联网金融的发展及中美互联网金融的比较——基于网络经济学视角的研究与思考[J]. 国际金融研究，2014(12).
17. 吴晶妹. 资信评估[M]. 北京：中国审计出版社，2001.
18. 殷红，张卫东. 房地产金融[M]. 北京：首都经贸大学出版社，2002.

第9章

1. Michael Ball, Colin Lizieri, Bryan D. Mac Gregor. The Economics of Commercial Property Markets [M]. Routledge, 1998.
2. (美)保罗·萨缪尔森，威廉·诺德豪斯. 经济学[M]. 17版. 北京：人民邮电出版社，2004.
3. (美)N·格里高利·曼昆. 经济学原理[M]. 3版. 北京：机械工业出版社，2006.
4. 丰雷，公衍奎. 中国当前几种主要的房地产指数[J]. 中国房地产. 2002(4).
5. 刘志峰. 大力推进住宅产业化，加快发展节能省地型住宅[J]. 建设科技，2005(13).
6. 曲波. 房地产经济波动理论与实证分析[M]. 北京：中国大地出版社，2003.
7. 谭刚. 房地产周期波动[M]. 北京：经济管理出版社，2001.
8. 谢百三，蔡文洁. 香港房地产市场累及全港经济的教训及警示[J]. 价格理论与实践，2006(2).
9. 叶剑平，谢经荣. 房地产业与社会经济协调发展研究[M]. 北京：中国人民大学出版社，2005.

第10章

1. Allen F., Gale G. Churning bubbles[J]. Review of Economic Studies, 1993 (60): 813-836.
2. Allen F., Gale G. Optimal Financial Crisis[J]. Journal of Finance, 1998 (53): 1245-1284.
3. Black A., Fraser P., Hoesli M. House Prices, Fundamentals and Bubbles[J]. Journal of Business Finance and Accounting, 2006, 33(9-10): 1535-1555.
4. Black F. Noise[J]. The Journal of Finance, 1986, 41 (3): 529-543.
5. Chakraborty S. Real estate cycles, asset redistribution, and the dynamics of a crisis[J]. Macroeconomic Dynamics, 2016, 20(7): 1873-1905.

6. Chen J, Hao Q, Stephens M. Assessing Housing Affordability in Post-reform China: A Case Study of Shanghai[J]. Housing Studies, 2010(25): 877~901.
7. De Long, Shleifer, Summers, et al. Noise trader risk in financial markets[J]. Journal of Political Economy, 1990, 98(4): 703-38.
8. Hamilton J D. A New Approach to the Economic Analysis of Nonstationary Time Series and the Business Cycle[J]. Econometrica: Journal of the Econometric Society, 1989, 57(2): 357-384.
9. Hamilton J D, Charles H. W. The Observable Implications of Self-Fulfilling Expectations[J]. Journal of Monetary Economics, 1985, 16(3): 353-373.
10. Hulchanski, David J. The concept of housing affordability: Six contemporary uses of the housing expenditure to-income ratio[J]. Housing Studies, 1995, 10(4): 471-491.
11. Kingdleberger, Charles P. Maniacs Panics and Crashes: A History of Financial Crisis[J]. 2nd Edition. John Wiley & Sons, 1989.
12. Muth J. F. Rational expectations and the theory of price movements[J]. Econometrica, 1961(7): 315-335.
13. Mohannad Tajik, Saeideh Aliakbari, Thaana Ghalia, Sepideh Kaffash. House Prices and Credit Risk: Evidence from the United States. Economic Modelling, 2015(51): 123-135.
14. Nicholas Barberis, Andrei Shleifer, Robert Vishny. A model of investor sentiment. Journal of Finance Economics, 1998(49): 307-343.
15. Rupert Nabarro, Tony Key. Performance Measurement and Real Estate Lending Risk. Bis Papers Chapters, Bank for International Settlements, 2005(21).
16. Shih Y N, Li H C, Qin B. Housing price bubbles and inter-provincial spillover: Evidence from China. Habitat International, 2014, 43: 142-151.
17. Suhaida M S, Tawil N M, Hamzah N, et al. Housing Affordability: A Conceptual Overview for House Price Index. Procedia Engineering, 2011, 20(3): 346-353.
18. (美)霍默·霍伊特. 房地产周期百年史: 1830—1933年芝加哥城市发展与土地价值. 北京: 经济科学出版社, 2014.
19. (日)野口悠纪雄. 土地经济学[M]. 北京: 商务印书馆, 1997.
20. (日)野口悠纪雄. 泡沫经济学[M]. 上海: 三联书店, 2005.
21. 曹振良, 傅十和. 房地产泡沫及其防范[J]. 中国房地产, 2000(2).
22. 陈长石, 刘晨晖. 利率调控、货币供应与房地产泡沫——基于泡沫测算与MS-VAR模型的实证分析[J]. 国际金融研究, 2015(10).
23. 陈国庆. 英国金融体系的特征与新发展(上)[J]. 南开经济研究, 1990(3).
24. 丁如曦, 李东坤. 日本房地产泡沫形成及破灭原因的综合检视及其对当代中国的启示[J]. 当代经济研究, 2019(7).
25. 丰雷, 朱勇, 谢经荣. 中国地产泡沫实证研究[J]. 管理世界, 2002(10).
26. 高汝熹, 宋忠敏. 上海房地产泡沫实证研究[M]. 上海: 上海社会科学院出版社, 2005.
27. 郭文伟. 中国多层次房价泡沫测度及其驱动因素研究——兼论我国房地产调控政策的实施效果[J]. 经济学家, 2016(10).
28. 郭子睿, 陈骁, 魏伟, 等. 房地产周期嬗变: 短期走向、城市差异与宏观影响[J]. 金融市场研究, 2017(12).
29. 韩克勇, 阮素梅. 中国房地产泡沫测度及成因分析[J]. 东岳论丛, 2017(11).
30. 胡健颖, 苏良军, 金赛男, 等. 中国房地产价格有几成泡沫[J]. 统计研究, 2006(1).
31. 扈文秀, 刘刚, 章伟果, 等. 基于因素嵌入的非理性资产价格泡沫生成及膨胀演化研究[J]. 中国管理科学，2016(5).
32. 姜春海. 中国房地产市场投机泡沫实证分析[J]. 管理世界，2005(12).
33. 黎超，胡宗义，施淑蓉. 基于股市投资者情绪的非理性投机泡沫模型研究[J]. 财经理论与实践，2018(5).
34. 刘骏，赵魁，张平. 基于小波分析的中国房地产泡沫测算[J]. 统计与决策，2020(3).
35. 李伦一，张翔. 中国房地产市场价格泡沫与空间传染效应[J]. 金融研究，2019(12).
36. 刘晓星，石广平. 杠杆对资产价格泡沫的非对称效应研究[J]. 金融研究，2018(3).
37. 刘艳萍，于然. 投资者情绪传染、非理性决策与股市危机[J]. 科技与管理，2017(2).
38. 彭俊华，许桂华，周爱民. 城市房地产泡沫测度研究——基于基础价值与泡沫成分甄别的分析[J]. 价格理论与实践，2018(7).
39. 曲波. 房地产经济波动理论与实证分析[M]. 北京：中国大地出版社，2003.
40. 邵谦谦，王洪. 日本房地产泡沫的成因分析及对我国的经验借鉴[J]. 中国房地产金融，2003(5).
41. 沈悦，李博阳，张嘉望. 城市房价泡沫与金融稳定性——基于中国35个大中城市PVAR模型的实证研究[J]. 当代财经，2019(4).
42. 施悻. 论撒切尔夫人执政时期英国的货币政策[J]. 国际金融研究，1991(4).
43. 史永东. 投机泡沫与投资者行为[M]. 北京：商务印书馆，2005.
44. 孙焱林，张攀红，王中林. 房地产泡沫的测度方法及实证比较[J]. 统计与决策，2015(24).
45. 王捷. 关于我国房地产市场风险防范与协同监管的若干思考——基于中日泡沫对比[J]. 时代金融，2020(8).
46. 王雪峰. 房地产泡沫和金融不安全研究[M]. 北京：中国财政经济出版社，2008.
47. 王子明. 泡沫与泡沫经济非均衡分析[M]. 北京：北京大学出版社，2002.
48. 韦汝虹，金李，方达. 基于GIS的中国城市房地产泡沫的空间传染性分析——以2006—2014年35个大中城市为例[J]. 长江流域资源与环境，2018(9).
49. 吴传清，邓明亮. 土地财政、房价预期与长江经济带房地产泡沫指数[J]. 华东经济管理，2019(6).
50. 吴地宝，余小勇. 房地产泡沫问题及实证分析[J]. 经济研究导刊，2007(2).
51. 吴艳霞，王楠. 房地产泡沫成因及其投机度测度研究[J]. 预测，2006(2).
52. 谢经荣，等. 地产泡沫与金融危机[M]. 北京：经济管理出版社，2002.
53. 徐滇庆，等. 泡沫经济与金融危机[M]. 北京：中国人民大学出版社，2000.
54. 徐滇庆，等. 房价与泡沫经济[M]. 北京：机械工业出版社，2006.
55. 修梓峰. 房地产短期周期的研究——基于金融政策的视角[J]. 市场周刊，2019(4).
56. 闫妍，思危，黄海涛，等. 地产泡沫预警模型及实证分析[J]. 系统工程理论与实践，2006(6).
57. 杨红林. 历史上的三次房地产大泡沫[N]. 环球时报，2006-6-6.
58. 杨静，陈亮. 20世纪后期日本应对贸易战策略及其对我国的镜鉴[J]. 理论探索，2019(2).
59. 叶卫平，王雪峰. 中国房地产泡沫到底有多大[J]. 山西财经大学学报，2005(4).
60. 余华义，徐晨昱. 地方政府发展工具有限、非理性投机与城市房价泡沫变动[J]. 社会科学研究，2015(4).
61. 张凤兵，乔翠霞，张会芳. "结束"还是"延续"：中国房地产市场泡沫测度——基于递归SADF与GSADF检验[J]. 统计与信息论坛，2018(7).
62. 张炜. 预期、货币政策与房地产泡沫——来自省际房地产市场的经验验证[J]. 中央财经大学学报，2017(8).
63. 周京奎. 金融支持过度与房地产泡沫[M]. 北京：北京大学出版社，2005.

第11章

1. Gyourko, J., Molloy, Raven. Chap 19 Regulation and Housing Supply[J]. Handbook of Regional and

Urban Economics, 2015, Volume 5B.
2. Leonard. T. Housing Upkeep and Public Good Provision in Residential Neighborhoods[J]. Housing Policy Debate, 2016, 26(6): 888-908.
3. Monkkonen, P. Urban Land-use Regulations and Housing Markets in Developing Countries: Evidence from Indonesia on the Importance of Enforcement[J]. Land Use Policy, 2013, 34: 255-264.
4. Munneke H., Sirmans C., Slade B., et al. Housing Regulation, Externalities and Residential Property Prices[J]. Real Estate Economics, 2014, 42(2): 422-456.
5. Rossi-Hansberg E., Sarte P., Owens R. Housing Externality[J]. Journal of Political Economy, 2010, 118(3): 485-535.
6. (美)阿瑟·奥沙利文. 城市经济学[M]. 4版. 北京: 中信出版社, 2003.
7. (美)查尔斯·H·温茨巴奇, 迈克·E·迈尔斯, 苏珊娜·埃思里奇·坎农. 现代不动产[M]. 北京: 中国人民大学出版社, 2001.
8. (美)丹尼斯·迪帕斯奎尔, 威廉·C·惠顿. 城市经济学与房地产市场[M]. 龙奋杰, 等, 译. 北京: 经济科学出版社, 2001.
9. (美)曼昆. 经济学原理(原书第三版)[M]. 梁小民, 译. 北京: 机械工业出版社, 2006.
10. (美)斯蒂格利茨. 公共部门经济学[M]. 北京: 中国人民大学出版社, 2005.
11. (美)斯蒂格利茨等. 政府为什么干预经济[M]. 北京: 中国物资出版社, 1998.
12. (美)兰迪·T·西蒙斯. 政府为什么会失败[M]. 北京: 新华出版社, 2017.
13. 陈锋. 住房公积金的属性争论与再思考[J]. 暨南学报(哲学社会科学版), 2019(9).
14. 高志文, 方玲. 微观经济学[M]. 北京: 北京理工大学出版社, 2018.
15. 郭磊, 许玲玲. 企业住房公积金缴费的所有制差距[J]. 公共管理与政策评论, 2018(5).
16. 韩乾. 土地资源经济学[M]. 台中: 沧海书局, 2001.
17. 建设部甲级科研项目. 城市暂住人员住房问题研究报告[M]. 深圳: 海天出版社, 2005.
18. 蒋晓全, 丁秀英. 我国房地产市场垄断势力的测定与政策建议[J]. 中国房地产研究, 2006(1).
19. 康书隆, 余海跃, 刘越飞. 住房公积金、购房信贷与家庭消费——基于中国家庭追踪调查数据的实证研究[J]. 金融研究, 2017(8).
20. 况伟大. 土地用途、外部性与土地税[J]. 中国土地, 2005(10).
21. 李光禄, 解直凤. 邻避设施致使房地产贬值的弥补路径研究[J]. 山东警察学院学报, 2018(9).
22. 钱文荣. 中国城市土地资源配置中的市场失灵、政府缺陷与用地规模过度扩张[J]. 经济地理, 2001(4).
23. 叶剑平, 谢经荣. 房地产业与社会经济协调发展研究[M]. 北京: 中国人民大学出版社, 2005.
24. 中国房地产估价师与房地产经纪人学会. 房地产估价理论与实务[M]. 北京: 中国建筑工业出版社, 2006.
25. 中国房地产估价师与房地产经纪人学会. 房地产基本制度与政策[M]. 北京: 中国建筑工业出版社, 2006.
26. 张昕. 公共政策与经济分析[M]. 北京: 中国人民大学出版社, 2004.
27. 张秀智, 丁勇才. 受污染房地产的估价初探: 北美地区与大陆地区的比较[J]. 两岸四地土地学术研讨会(会议论文), 2006(9).

第12章

1. Siqi Zheng, Zhida Song, Weizeng Sun. Do affordable housing programs facilitate migrants' social integration in Chinese cities?[J]. Cities, 2020(96): 1-9.
2. Luque J., Ikromov N., Noseworthy W. B. Affordable Housing Development: Financial Feasibility

[M]. Tax Increment Financing and Tax Credits, 2019.
3. Mayo, Stephen K., Shlomo Angel. Housing: Enabling Markets to Work[M]. Policy Paper of the World Bank, 1993.
4. (美)阿瑟·奥沙利文. 城市经济学[M]. 4版. 北京：中信出版社，2003.
5. 成思危. 中国城镇住房制度改革[M]. 北京：民主与建设出版社，1999.
6. 侯西安. 对住房公积金提取中有关问题的思考[J]. 西安金融，2006(3).
7. 赖军. 重庆市政府推进主城区公租房建设的案例研究[D]. 成都：电子科技大学，2016.
8. 李薇薇. "四不象"的限价房[J]. 现代物业，2009(9).
9. 李君. 我国廉租房制度存在的问题及对策研究[D]. 济南：山东财经大学，2013.
10. 孟晓苏. 住房政策的国际经验与启示[J]. 中国软科学，1998(7).
11. 宋博通. 从公共住房到租金优惠券——美国低收入阶层住房政策演化解析[J]. 城市规划汇刊，2002(4).
12. 谭显. 重庆公租房制度研究[D]. 重庆：西南政法大学，2014.
13. 唐焱，周琳，关长坤. 我国住房保障制度变迁与政策选择：一个文献评述[J]. 中国行政管理，2014(8).
14. 王前福. 部分城市限价房建设的发展状况[J]. 中国房地产，2008(2).
15. 翁清. 我国现阶段限价房政策研究[D]. 福州：福建师范大学，2010.
16. 王世联. 中国城镇住房保障制度思想变迁研究(1949—2005)[D]. 上海：复旦大学，2006.
17. 王志成，麦格恩·R·布朗. 英国住房保障制度与时俱进新发展(一)[J]. 资源与人居环境，2019(2).
18. 肖淞元. 中国城市住房保障制度的演变、问题及建议[J]. 中国房地产，2012(20).
19. 徐东辉. 中国公租房制度创新研究[D]. 长春：吉林大学，2012.
20. 余地. 公租房建设中的居住隔离与社会融合——以北京市为例[D]. 北京：清华大学，2015.
21. 杨鹏. 论我国公租房准入机制的困境与规范建构——以国务院及部分省市的规范性文件为例[J]. 政法论丛，2016(1).
22. 杨晓敏. 对北京市经济适用住房政策的评价和分析[D]. 北京：中国人民大学，2004.
23. 岳朝阳. 中国限价房政策存在的问题与出路[J]. 中国公共政策评论，2013(7).
24. 张清勇，中国住房保障百年：回顾与展望[J]. 财贸经济，2014(4).
25. 张超，黄燕芬，杨宜勇. 住房适度保障水平研究——基于福利体制理论视角[J]. 价格理论与实践，2018(10).
26. 郑云峰. 中国城镇保障性住房制度研究[D]. 福州：福建师范大学，2014.
27. 邹迎娟. 创新思路：进一步完善公积金管理模式[J]. 理论界，2006(3).

第13章

1. (美)保罗·萨缪尔森，威廉·诺德豪斯. 经济学[M]. 17版. 北京：人民邮电出版社，2004.
2. (美)丹尼斯·迪帕斯奎尔，威廉·C·惠顿. 城市经济学与房地产市场[M]. 北京：经济科学出版社，2002.
3. (美)N·格里高利·曼昆. 经济学原理[M]. 8版. 北京：北京大学出版社，2020.
4. (美)弗雷德里克·S·米什金. 货币金融学[M]. 6版. 北京：中国人民大学出版社，2005.
5. (美)丹尼斯·J·麦肯齐. 房地产经济学[M]. 4版. 北京：经济科学出版社，2003.
6. (美)威廉·N·邓恩. 公共政策分析导论[M]. 2版. 北京：中国人民大学出版社，2002.
7. 陈共. 财政学[M]. 4版. 北京：中国人民大学出版社，2004.
8. 陈蕾. 当前房地产宏观调控政策的特点及政策效应研究[J]. 中国城市经济，2005(8).

9. 陈辛. 中国高铁水平世界第一[N]. 长江商报，2014-12-15.
10. 崔光灿. 房地产业发展与宏观调控[J]. 宏观经济管理，2004(8).
11. 崔光灿. 房地产价格波动与宏观调控[J]. 中国房地产，2006(1).
12. 国家发改委产业经济与技术经济研究所课题组. "十二五"服务业回顾与"十三五"展望预测——服务业能否支撑"十三五"经济中高速增长？[J]. 经济研究参考，2016(27).
13. 黄达，张杰. 货币银行学[M]. 6 版. 北京：中国人民大学出版社，2017.
14. 黄群慧，李晓华. 中国工业发展"十二五"评估及"十三五"战略[J]. 中国工业经济，2015(9).
15. 景天魁. 超越进化的发展——"十二五"时期中国经济和社会发展回眸与思考[J]. 社会学研究，2016(2).
16. 林增杰. 房地产经济学[M]. 2 版. 北京：中国建筑工业出版社，2003.
17. 刘维新. 中国房地产宏观调控的回顾与展望[J]. 城市开发，2006(7).
18. 刘琳，岳国强. 宏观经济背景与房地产价格上涨[J]. 中国经贸导刊，2005(21).
19. 钱智民. 原子科技改变世界[J]. 中国核工业，2015(11).
20. 孙寒冰，李世平. 均衡理论与房地产市场政策调控目标分析[J]. 中国房地产金融，2006(1).
21. 汤在新，吴超林. 宏观调控：理论基础与政策分析[M]. 广州：广东经济出版社，2001.
22. "推进经济体制重点领域改革研究"课题组. 改革攻坚(下)——推进经济体制重点领域改革研究[M]. 北京：中国发展出版社，2013.
23. 吴淑莲，房地产调控中应注意的若干问题[J]. 商业时代，2006(15).
24. 翁少群，刘洪玉. 从开发商的心理特征和行为模式看宏观调控对房地产市场的影响[J]. 商业研究，2005(12).
25. 王洋. 房地产调控的宏观视角——基于与宏观经济关系的分析[J]. 上海经济研究，2005(10).
26. 谢经荣，吕萍. 房地产经济学[M]. 北京：中国人民大学出版社，2002.
27. 张红. 房地产经济学[M]. 北京：清华大学出版社，2005.
28. 邹东涛. 中国经济发展和体制改革报告 No5-以民为本：中国全面建设小康社会 10 年（2002—2012）[M]. 北京：社会科学文献出版社，2000.

第 14 章

1. Bai Chongen, Qi Li, Min Ouyang. Property Taxes and Home Prices：A Tale of Two Cities[J]. Journal of Econometrics，2014，180(1)：1-15.
2. (美)阿瑟•奥沙利文. 城市经济学[M]. 4 版. 北京：中信出版社，2003.
3. (美)保罗•萨缪尔森. 微观经济学[M]. 16 版. 北京：华夏出版社，1999.
4. (美)丹尼斯•蒂帕斯奎尔，威廉•C•惠顿. 城市经济学与房地产市场[M]. 北京：经济科学出版社，2002.
5. (英)锡德克里•桑福德. 成功税制改革的经验与问题[M]. 北京：中国人民大学出版社，2001.
6. 陈多长. 房地产税收论[M]. 北京：中国市场出版社，2005.
7. 陈共. 财政学[M]. 4 版. 北京：中国人民大学出版社，2006.
8. 高世星，何杨. 物业税开征的难点剖析[J]. 涉外税务，2006(2).
9. 胡怡建. 物业税模式选择及政策制度设计[J]. 税务研究，2004(9).
10. 巨宪华. 改革税外费的对策研究[M]. 北京：中国税务出版社，1999.
11. 刘桓. 物业税的开征及其难点透析[J]. 涉外税务，2004(4).
12. 刘晓光. 美国房地产税收制度及借鉴[J]. 广西经济管理干部学院学报，1999(3).
13. 刘维新. 温哥华的房地产开发与地税征收[J]. 城市管理，2004(2).
14. 王洪卫，陈歆，戴扬，等. 房地产租费税改革研究[M]. 上海：上海财经大学出版社，2005.

15. 王振义，朱元强，颜红州. 重构我国物业税制的设想[J]. 广东地税调研成果汇编，2004.
16. 吴俊培. 关于物业税[J]. 涉外税务，2004(4).
17. 夏杰长. 我国开征物业税的效应与时机分析[J]. 税务研究，2004(9).
18. 谢经荣，等. 房地产经济学[M]. 北京：中国人民大学出版社，2001.
19. 杨秀琴，钱晟. 中国税制[M]. 北京：中国人民大学出版社，2004.
20. 苑新丽. 国外房地产税制的特点及启示[J]. 税务研究，2004(7).
21. 余永峰. 台湾地区房地产税收制度的经验和借鉴[J]. 中国房地产金融，2004(3).
22. 钟伟，冯维江. 物业税征收的国际经验及借鉴研究[J]. 税务研究，2004(4).

第 15 章

1. DiPasquale Denise, William C. Wheaton. Urban Economics and Real Estate Markets. Chapter 13 Local Governments, Property Taxes and Real Estate Markets. Chapter 14 Public Goods, Externalities and Development Regulation[M]. Pearson, 1996.
2. Demsetz, Harold. Toward a Theory of Property Rights. Classic Papers in Natural Resource Economics[M]. London: Palgrave Macmillan, 1974.
3. Furubotn E G, Pejovich S. Property Rights and Economic Theory: A Survey of Recent Literature[J]. Journal of Economic Literature, 1972, 10(4): 1137-1162.
4. Green Richard K., Stephen Malpezzi. A Primer on U.S. Housing Markets and Housing Policy. Chapter 3 A Brief Review of Housing Policies and Programs[M]. Urban Institute Press, 2003.
5. （美）阿瑟·奥肯. 平等与效率——重大的抉择[M]. 北京：华夏出版社，1987.
6. （美）阿瑟·奥沙利文. 城市经济学[M]. 8版. 中国人民大学出版社，2013.
7. （美）R·科斯，A·阿尔钦，D·诺斯，等. 财产权利与制度变迁：产权学派与新制度学派译文集[M]. 上海：上海三联书店、上海人民出版社，1991.
8. ［南］斯韦托扎尔，平乔韦奇. 产权经济学[M]. 北京：经济科学出版社，2004.
9. 包宗华. 发达国家住房管理制度[M]. 北京：时事出版社，2001.
10. 陈杰，吴义东. 租购同权过程中住房权与公共服务获取权的可能冲突——为"住"租房还是为"权"租房[J]. 学术月刊，2019（2）.
11. 邓大才. 效率与公平：中国农村土地制度变迁的轨迹与思路[J]. 经济评论，2000（5）.
12. 黄燕芬，张超. 加快建立"多主体供给、多渠道保障、租购并举"的住房制度[J]. 价格理论与实践，2017（11）.
13. 柯武刚，史漫飞. 制度经济学[J]. 北京：商务印书馆，2004.
14. 空竹. 中国城镇住房制度改革理论政策与实践的发展（中）[J]. 北京房地产，1996（11）.
15. 刘守英. 城乡中国的土地问题[J]. 北京大学学报（哲学社会科学版），2018（3）.
16. 罗锡莲，马爱丽. 中国城乡二元土地制度的问题与改革策略研究[J]. 农业经济，2020（10）.
17. 申明锐. 城乡二元住房制度：透视中国城镇化健康发展的困局[J]. 城市规划，2011（11）.
18. 杨瑞龙. 现代企业产权制度[M]. 北京：中国人民大学出版社，1996.
19. 易磬培. 中国住房租赁制度改革研究[D]. 广州：华南理工大学，2018.
20. 张协奎，樊光义. 论习近平新时代住房发展观[J]. 财经科学，2020（3）.
21. 周诚. 土地经济学原理[M]. 北京：商务印书馆，2003.
22. 周其仁. 产权与制度变迁——中国改革的经验研究[M]. 北京：北京大学出版社，2005.
23. 周树基. 美国物业产权制度与物业管理[M]. 北京：北京大学出版社，2005.